발트해와 북해

이 역서는 2008년 정부(교육부)의 재원으로 한국연구재단의 지원을
받아 수행된 연구임(NRF-2008-361-B00001)

발트해와 북해

초판 1쇄 발행 2017년 6월 25일

지은이   데이비드 커비 · 멜루자-리자 힌카넨
옮긴이   정문수 외
펴낸이   윤관백
펴낸곳   ◾️도서출판선인

등록   제5-77호(1998.11.4)
주소   서울시 마포구 마포대로 4다길 4(마포동 324-1) 곳마루빌딩 1층
전화   02)718-6252 / 6257
팩스   02)718-6253
E-mail   sunin72@chol.com

정가   45,000원
ISBN   979-11-6068-108-6   93300

· 잘못된 책은 바꾸어 드립니다.

발트해와 북해

데이비드 커비 · 멜루자-리자 힌카넨 지음

정문수 외 옮김

 도서출판 선인

저자 _

데이비스 커비: 전 런던대학교 슬라브 및 동유럽지역학부 교수

멜루자-리자 힌카넨: 헬싱키대학교 핀란드 및 북유럽역사학부 교수

역자 _

정문수: 한국해양대학교 국제해양문제연구소 소장/ HK 해항도시문화교섭학 연구책임자

박민수: 한국해양대학교 국제해양문제연구소 HK교수

이학수: 전 해군사관학교 교수

정남모: HK 해항도시문화교섭학 일반연구원

정진성: 한국해양대학교 해사글로벌학부 교수

최은순: 한국해양대학교 해사글로벌학부 교수

최진철: 한국해양대학교 해사글로벌학부 교수

김낙현: HK 해항도시문화교섭학 연구보조원(박사과정)

해양(바다와 대양)은 지구 표면의 약 2/3를 덮고 있다. 태곳적부터 해양은 인간에게 먹거리를 제공해 왔다. 우리 시대에 해양은 풍족하면서도 다양한 자원의 보고로 인식되어 왔으며, 해양 자원개발은 논쟁거리 중의 하나이다. 그러나 세계의 해역들이 자연의 포용성을 보여주는 대표적인 사례, 또는 문명의 쓰레기를 쉽게 버릴 수 있는 하치장에 불과한 것은 아니다. 바다들이 횡단할 의지와 수단이 부족한 사람들에게는 엄청난 장애가 될 수 있다. 이와는 반대로 어떤 이유에서건 바다를 이용하겠다고 마음먹은 사람들에게는 바다들이 과학 발전의 강력한 자극제이자 기술 개발의 무대가 될 수 있다. 바다들은 지식, 사상, 신앙을 자유로이 흐르게 함으로써 널리 흩어져 있고 근본적으로 서로 다른 문화와 경제를 연결할 수 있다. 해안지역coastal region을 따라 발달한 해항(海港)들은 자신들이 속한 국가나 지역사회의 내륙 후배지들이 아니라 역외의 해항들과 더 많은 공통점을 갖는다.

바다들은 그 자체가 부의 원천이면서, 수세기 동안 멀리 떨어진 지역의 부에 접근할 수 있는 유일한 통로였기에, 육상 열강들이 바다에 대한 주권 행사와 관련된 야심찬 요구들을 주창해 왔다. 콜럼버스와 바스코 다 가마 시대 이후, 유럽의 사상가들과 옹호론자들이 이러한 권리를 정당화하거나 부정해 왔다. 실제이든 가상이든 바다에 대한 경제적·정치적·전략적 필요성은 해군 경쟁을 촉발시켰고, 해군은 근대국가 권력의 가공스러운 표상이 되었다. 해상무역이 선박 건조를 촉진시켰으며, 선박은 무엇으로 동력을 얻는가에 상관없이 오랫동안 당시 경제에서 가장 비싸고 기술적으로도 최첨단 제품에 속했다. 세계 해운산업은 다른 산업 노동자들과 근본적으로 다른 사회조직과 생활방식을 가진 노동자들의 등장을 가능하게 만들었다.

그러나 바다의 역사에는 폭풍우나 해전 속의 인간 승리, 화물 수송량, 그리고 선박 건조수를 보여주는 인상적인 연대기 이상의 무엇이 있다. 모든 곳에서 크고 작은 바다들이 서로 연결된 다양한 문명권에 대해 중요한 문화적 영향력을 행사해 왔다.

이와 같은 문제들과 그 밖의 많은 사안들이 서로 구별되면서도 긴밀하게 연결된 두 바다들에 관한 포괄적인 연구에서 다루어진다. 북해와 발트해의 명운은 좋건 나쁘건 일찍부터 연계되어 왔다. 바이킹 해상활동의 전성기이든, 17세기 영국-네덜란드 사이의 혹독한 전쟁기이든 혹은 최근 해체된 소련이 바다에 대한 야심을 드러내지 않은 짧은 막간이든 말이다. 이런 방대하고 정치한 작업은 발트해역에 대한 독보적인 연구를 수행해 온 데이비드 커비와, 근대 발트해 경제사와 핀란드 사람들의 기억 속에 살아남은 마지막 대항해의 선상 생활연구에 관한 권위자 멜루자-리자 힌카넨에 의해 수행되었다. 종종 동료 학자들의 능력을 넘어서는 언어로 된 저작을 포함한 저자들의 학문의 폭과 깊이, 그리고 과감하고 상상을 자극하면서도 원본에 충실한 종합적 방식으로 결론을 맺는 이들의 능력은, 이 책이 특정한 지역의 해양 사이면서 바다와 인간 사이의 총체적인 관계의 이해에 기여하게끔 만든다.

제프리 스캠멀

해역에 초점을 둔 역사연구는 대단히 매력적이지만 전적으로 새로운 시
도로서 온갖 위험을 감수해야 한다.

(페르낭 브로델,
『필립 2세 시대의 지중해와 지중해 세계』 1권, 19쪽)

1940년대 후반에 작성된 브로델의 경구는 이 책의 저술 기간 중 수시로 우
리 귓전을 울렸다. 우리는 바다처럼 변화무상하며 다면적이고, 여전히 포착
하기 어려운 하나의 주제를 어떻게 다룰 것이며, 더욱이 두 개의 바다들은
말할 것도 없고 하나의 바다에 대한 역사 서술을 어떻게 시작할 것인가? 이
문제를 다루고자 시도해 왔던 사람들은 여기에 대한 해법을 감추고 있는 바
다들처럼 한결같이 다양한 해법에 이르게 된다. 제국적인 야망과 권력 정치
power politics*의 시대에 성장한 구세대의 역사가들은 지배와 정복, 그리고 유
럽의 발견이라는 관점에서 바다들과 대양들을 정의하려는 경향이 있다. 하
지만 1980년대 이래, 권력 정치 추구를 위한 경연장이라기보다는, 브로델의
표현을 빌리면 바다 사람들에 대한 서술로서 바다들의 역사를 제시하려는
몇몇 시도가 있어 왔다. 예를 들어, 케니스 맥퍼슨Kenneth McPherson은 인도양

---

* 정치의 내용이 이념적 · 윤리적인 계기보다도, 지배자 또는 국가가 자기의 이익
추구를 위하여 행하는 권력투쟁으로서 파악하는 생각이나 정책(옮긴이 주).

을 상품의 유통과 사상, 종교 그리고 기술혁신 확산을 위한 고속도로이자 통로로 보았다. 여기에 따르면 인도양은 그 해안 주변의 사람들을 문화적 경제적 연결망과 수천 년간 지속된 '공통성' 속으로 끌어당겨 왔다.[1]

바다들은 통합되기도 하지만 또한 분리될 수 있다. 중세 지중해 연구에서, 존 프라이어John Pryor는 동시에 작동 중인 수렴하는 힘과 정반대의 분산적인 힘을 강조한다. 지중해가 해역 주변의 다양한 사람들을 하나로 묶는 구심력으로 작용할 뿐만 아니라 사람들을 분리시키고 그들의 독특한 역사적 발전의 도가니 속에 매몰되게 하는 원심력으로 작용한다.[2] 1940년대 후반 이후 국경을 허물고 유럽의 통일이나 통합의 역사적 흔적을 발견하려는 욕망은 역사가들이나 다른 학자들로 하여금, 바다들이 해양경계를 가진 국민국가들을 분리시켜 왔던 방식이나 국민국가들이 바다들을 분리시켜 왔던 방식을 과소평가하도록 만들었다. 냉전의 후유증과 유럽통합을 향한 강렬한 동기가 있었던 시기라 하더라도 이런 시도가 전적으로 수용되려면, 대륙의 상당 부분을 감싸고 있는 해양 거들girdle의 통합적이며 통일적인 양상들에 대해 상당한 관심을 가져야만 한다.

동-서 축을 따라 이루어진 교역을 유럽의 연속적인 정치발전을 위한 토대로 해석하려는 시도가 시기별로 존재해 왔음에도 불구하고, "발트해 세계"에 대해 저술한 역사가들이 전반적으로 바다의 역할을 결정적 인자로서 진지하게 고려하진 않았다. 유럽의 서쪽 바다들에 대해서는 발트해 세계보다 훨씬 광범한 시공간을 다루면서 바다의 역할을 강조하는 주장들이 시도되어 왔다. 예를 들어, 미국의 해양사학자 어치볼드 루이스Archbald Lewis는 1950년대의 저술에서 대서양-유럽 운명이 로마제국 몰락 시기 언저리에서 시작된다고 주장했다. 그리고 1990년대에, 네덜란드 역사가 레시 에르마 반 보스Lex Heerma van Voss가 과감하게 근대 초 "북해 세계"라는 개념을 발전시켰는데, 그는 북해 해안 주변의 개방적이고 역동적인 교환 시스템 내에서 뚜렷이 공유되는 특징들을 식별한다.[3]

우리는 유럽 북쪽 바다들 역사 전공자들의 저술에서 많은 시사를 받았고,

당연히 이 책의 내용도 그들의 연구에 근거하고 있다. 우리의 서술 원칙들 중의 하나는 북쪽 바다들을 자연적 현상으로 다루는 것이며, 그리고 북쪽 바다들이 그 해안에 거주한 사람들에 의해 정의되고, 이용되며 경험되어 온 다양한 방식을 주목하는 것이다. 말하자면 우리의 출발점은 최초 현생인류의 도래다. 그들은 빙하기 말기에 발트해와 북해가 드러나고 형성됨으로써 북유럽의 추운 해안에 정착하기 시작했다. 이 책의 전반부는 해양환경과 인간과의 관계에 대한 세 가지 중요한 측면을 고찰한다. 즉 자연적 환경의 형성과 특징들에 대한 과학적 '발견', 궁지에 몰린 바다를 보전하기 위한 지속적인 투쟁, 그리고 북유럽의 해양 및 해사(海事) 세계가 상상되고 묘사된 방식들이다. 후반부에서는 부영양화(富營養化)와 남용으로 인한 생태계 교란 징후들을 벌써 보여주는, 인간행위에 취약한 자연자원으로서 바다라는 주제를 다룬다. 바다들 '자체' 역사의 이런 형성자들 사이에서, 이 책은 북유럽의 사람들이 자신들의 역사적 맥락과 과정 속에서 주변의 바다들을 이용하고 경험해 왔던 다양한 방식들을 다룬다. 말하자면 생계를 위한 중요한 원천, 유용한 교역로, 특히 중화물과 벌크 화물 수송로, 열강의 정책수행을 위한 전략적 '공해'로서뿐만 아니라 인간 실존 체험의 보고, 건강, 레저, 기쁨과 즐거움, 그리고 역동적이면서 기막힌 경험으로서의 바다이다.

19세기는 여러 측면에서 유럽의 해사 경험이 절정에 달한 시기였으며, 바로 이런 이유에서 우리는 다른 시기에 비해 19세기에 좀 더 비중을 두고 다루었다. 해안shore은 낭만주의 세계관의 중심적 위치를 차지하였다. 바닷가seaside는 매년 수십만 명의 휴가객이나 당일치기 여행객을 끌어들인다. 바다는 많은 사람에게 어로나 항해와 같은 전문 해양직종에서부터 막 시작된 여행업을 위한 서비스나 숙식제공에 이르기까지 일자리를 제공하였다. 북해와 발트해는 점차 보다 넓은 해역 세계로 나아가는 문턱이 되었으며, 네덜란드 해안에서 동 발트해에 이르는 항해seafaring 공동체를 방문한 19세기 관광객들은 남루한 오두막 속에서도 세계 만유의 놀라운 증거에 대해 종종 언급하였다.

이상에서 이 책의 많은 부분은 해안, 해사 공동체들, 그리고 해안과 내륙 사이의 대조와 관련될 것이라는 것을 알 것이다. 실제로 유리요 카우키아이넨Yrjö Kaukiainen은 모든 바다에서, 해안지역coastal region이 가장 흥미로운 지점인 육지와 바다의 접촉공간이 되었는지를 고찰한다.[4] 비록 우리가 이러한 북쪽 바다들의 해안에서 보편적으로 적용되는 하나의 공통된 해사 문화maritime culture라는 개념 도출을 망설인다 하더라도, 우리는 해양을 통한 접촉이 새로운 상품과 사상의 확산에 크게 도움을 주었고, 그리고 해안지역이 후배지에 비해 서로서로 더 광범하고 활기찬 연결망을 가졌다는 것을 보여주고자 한다. 하지만 우리에게, 진실로 또렷하게 드러나는 것은 발트해와 북해 해역에서의 엄청나게 다양한 해사 경험이다. 폴 험Poul Holm이 스카게라크Skagerrak(덴마크와 노르웨이 사이의 해협)와 카테가트Kattegat(덴마크와 스웨덴 사이의 해협) 주변 해안 공동체에 관한 연구에서 입증하듯, 19세기에 해사 문화가, 바다들의 해역들에서는 물론이고 상대적으로 작은 해역 내에서조차도 많은 결정적인 점에서 서로 달랐다.[5] 해사 경험의 다양성은 무엇보다도 북쪽 바다들 사람들의 엄청난 적응력에서 나온다.

우리는 얄팍한 분량의 발트해와 북해 역사서술이 쉽지 않은 작업이었다는 것을 솔직히 인정한다. 왜냐하면 특히 발트해와 북해는 본질적으로 바다와 육지를 잇는 '해안적인coastal' 세계관이 전개된 곳이고, 따라서 학문적 연구와 사료가 잘 축적된 보고일 뿐만 아니라 대단히 풍부하고 다양한 역사를 가지고 있기 때문이다. 하지만, −출판사의 요청이 아니더라도!− 두 바다를 하나로 취급한 데는 많은 이유가 있다. 그 주된 이유 중 하나는, 두 바다가 복잡한 방식으로 수세기간 해상 무역에 의해 연계되어 왔기 때문이다. 발트해와 북해를 따로 분리하는 역사서술은 전체 윤곽을 놓칠 위험을 감수해야 할 뿐만 아니라 서술을 심하게 왜곡시킬 수도 있다. 따라서 두 바다를 포괄하는 것은 확실히 도움이 되었을 뿐만 아니라, 다루어져야 할 주제에 대해 유용한 판단의 근거들을 제공하여 왔다.

예를 들어, 우리는 발트해와 북해의 다양한 하위 권역에 대해 균등한 지면을 할애하진 않는다. 특히 기존의 많은 연구와 시시각각 변화하는 바다의 상태는 이런 공평 정대한 지면 할애가 대개 무의미하다는 것을 보여주기 때문이다. 대신에 우리는 특정 국가들을 중점적으로 서술한다. 덴마크가 여러 장에서 언급될 것인데, 덴마크는 실제로 발트해와 북해에 걸친 국가이면서, 두드러진 자연적 중심축이기 때문이다. 한편 이 책의 다른 부분에서 보다 중점을 두는 것은 영국, 핀란드, 네덜란드의 경험이다. 아쉽게도 우리들의 언어 능력 한계로 인해 특정 지역, 예컨대 폴란드의 연구 성과는 충분히 반영할 수 없었다.

이따금씩 발트해 지역이나 북해 지역의 전형으로 간주되는 특징들을 제시하고, 동시에 발트해나 북해 지역 내 하위 권역들 간의 의미심장한 차이들을 지적하고자 했다. 물론 그와 같은 차이들을 식별하는 것은 대단히 어렵지만 말이다. 특히 18세기 이후의 역사가 그러한데, 이때부터 교역과 항해가 점차 지구적으로 통합되면서 보다 협소하고 지역에 기반을 둔 지방권 교역을 대체하게 되었기 때문이다. 해상교역과 문화적 영향은 북쪽 바다들에 국한되지 않고 훨씬 넓은 지역까지 미쳤다. 19세기 항해자들의 직업 이력을 볼 때, 이들은 종종 지구 전역을 항해하였다.

이 책 서술 범주로부터 귀결되는 또 다른 명백한 결과는 한 권의 책 속에 지나치게 깊숙이 혹은 백과사전식으로 접근하는 것이 어리석다는 사실이다. 전반적으로, 우리는 20세기의 해전, 조선 혹은 해운과 같은 지구적 영향을 갖는 해양사의 여러 특성들에 관해 상론하지 않는다. 우리는 연대기적 서술로서 이 책을 집필하고자 시도하지 않았다. 대신에 각 장은 포괄적인 주제어를 다루며, 여기서 특수한 주제를 취하였다. 예를 들어, 선박과 작은 배boat를 주제어로 삼은 장에서는 기술의 이전과 사상의 확산을, 해사 여성의 장에서는 해사 노동에서의 젠더 이슈를 서술하였다. 우리는 여러 시기에 걸친 바다에 대한 경험의 다양성을 제공하고, 이 책이 많은 학자들의 업적을 그냥 취합한 것이 아니라 시간을 두고 변하여 온 유럽의 북쪽 바다들을 대상으로 한 사람들의 인식 방식에 관한 일종의 포괄적인 해석에 기여하길 바란다.

저술 과정에서 우리는 발트해와 북해의 구상과 관련하여 다양한 방식으로 친절하게 도움을 주었던 동료들, 학자들 그리고 연구소들로부터 많은 은혜를 받았다. 우리는 아보 아카데미 해양박물관의 킴 몬틴, 에스비에르의 지역사 및 해양사 센터의 폴 홈, 그리고 이 저서 시리즈의 편집인 제프리 스캠멀에게 많은 도움을 받았다. 특히 패트릭 살먼에게 감사의 말씀을 드린다. 그는 1999년 봄에 영국과 발트해에 관련된 훌륭한 국제학술회의를 조직하였고, 저자들은 이 때 함께 만나 이 책을 마무리할 수 있었다. 데이비드 커비는 스반데 비오케, 레시 에르마 반 보스, 윌 라이언 그리고 런던의 바르부르크 연구소 직원들, 아보 아카데미 역사과 교직원들, 그리고 무엇보다도 늘 상냥하게 대해주었던 로리 켈러에게 도움을 받았다. 멜루자-리자 힌카넨의 연구는 핀란드 아카데미와 헬싱키 대학의 렌발 연구소 지원으로 수행될 수 있었다. 그녀는 또한 노르딕 심화연구 아카데미로부터 연구비 지원을 받아 에스비에르의 지역사 및 해양사 센터에서 연구년을 보낼 수 있었다. 그녀는 이 센터의 소장과 연구원들 그리고 에스비에르의 수산·해양박물관의 소장과 연구원들에게 감사의 말씀을 드린다. 그녀는 또한 머지사이드 해양박물관이 있는 리버풀 방문연구와 이때 전폭적인 도움을 주었던 리버풀대학교 항만·해양사 연구 센터의 아드리안 자비스에게 감사드린다. 또한 머지사이드 국립박물관·전시관 연합이사회, 미켈 스탬머, 존 쿡, 올레 몬텐슨, 유리요 카우키아이넨, 타파니 코호넨, 사리 마엔파, 조지 모드, 그리고 조교들에게 고마움을 전한다. 연구기간 내내 마티아즈 레이드넌이 수고하였으며, 투르쿠의 마티 펜틸라는 이 책 안의 많은 삽화를 찾아주었고, 오시 코코넨은 기술적인 도움을 주었다.

두 저자가 처음부터 끝까지 각자의 초고에 대해 조언을 하면서 진행되었던 점을 감안하면 이 책은 공저이지만, 우리는 각자의 분담을 독자적으로 서술하였다. 데이비드 커비는 1~8장과 9장의 4개의 절을 집필하였고, 멜루자-리자 힌카넨은 9장의 마지막 절과 10~12장을 집필하였다.

데이비드 커비
멜루자-리자 힌카넨

차 례

![삽화목록]

지도

사진

소장 중인 그림 또는 사진의 전재를 허락해 주신 다음의 관계자들께 감사드립니다:

Åbo Akademis bildsamlingar, Turku, Finland (9); DSB/Young & Rubicam, Copenhagen, M-SAT Editions, Belgium (19); Eesti meremuuseum, Tallinn (7, 15); Langelands Museum, Rudkøbing, Denmark (17); Lynn News and True's Yard Fishing Museum, King's Lynn (3); Sjöhistoriska museet vid Åbo Akademi, Finland (8, 11, 14, 16, 18); Sjöhistoriska museet, Stockholm (4); Southwark Local Libraries (10); Stavanger Maritime Museum, Norway (13); Vikingeskibsmuseet, Roskilde, Denmark (5).

많은 사본들을 제공해 주신 마티 펜틸라Matti Penttilä에게도 감사드립니다.

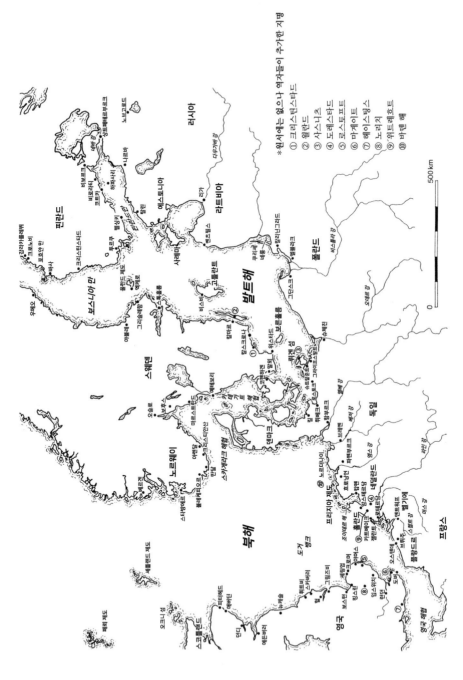

지도 1. 발트해와 북해

*원서에는 없으나 역자들이 추가한 지명
① 크리스티안스타드
② 욀란드
③ 사스니츠
④ 도베스타드
⑤ 로스토프트
⑥ 마게이트
⑦ 헤이스팅스
⑧ 노리지
⑨ 위트테호드
⑩ 바덴 해

500 km

러시아

핀란드

에스토니아

라트비아

발트해

폴란드

스웨덴

독일

노르웨이

북해

프랑스

영국

지도 2. 덴마크 주변 해역

*원서에는 없으나 역자들이 추가한 지명
① 오덴세 ② 룬드 ③ 트렐레보리 ④ 레릭 ⑤ 에케른피르데 ⑥ 헤데비 ⑦ 하데르슬레우 ⑧ 콜링 ⑨ 린드홀름

1. 원주는 미주, 옮긴이 주는 각주로 구분하였으며, 간단한 해제는 본문 ( ) 안에 설명하였음.

2. 외래어 표기는 일반화된 범례를 따랐으며, 범례가 없는 외래어 표기는 현지 발음을 기준으로 한글로 표기하였음.

3. 원저자들이 병용한 지명들은 대부분 그대로 이중 표기하였음. 예를 들면 프리슬란트(프리지아), 예테보리(고텐부르그), 그단스크(단치히), 오보(투르쿠), 레발(탈린), 슈테틴(슈체친), 바덴(와덴) 등.

4. 일반적인 선박명은 크나르선, 헐크선, 코그선 등으로 표기하고, 고유한 선박명은 '고야' 호, '핀란드' 호, '에스토니아' 호, '힐다' 호 등으로 구별하여 표기하였음.

1장

바다들을 발견하기

바다들이 모습을 드러내다

그대, 장엄한 거울이여, 그곳에 전능하신 형상이
폭풍우 속에 비치네. 언제나 영원히 -
잔잔하거나 요동치며, 미풍이나 돌풍 혹은 폭풍우에,
극지를 얼게 하거나, 혹은 열대의 기후에도
캄캄한 어둠 속 - 끝없고, 영원하며 그리고 숭고한
불멸의 영상, 보이지 않는
왕좌여. 그대의 점액에서 바로
심해의 괴물들이 만들어졌지. 각 해역은
그대에게 복종하네. 그대는 저 멀리 몹시 두렵고, 깊이를 알 수도 없는
곳으로, 혼자 떠나가네.

(조지 고든 바이런, 『차일드 해럴드의 순례』, 칸토Ⅳ, clxxxiii)

경계가 없으며, 영원하고, 불변하면서, 역사적 변화에 영향을 받지 않는
대양이라는 관점은, 낭만주의 시대가 시작되었을 때부터 오늘날까지 끊임없

이 시인들의 마음을 사로잡아 왔다. 하인리히 하이네는 1820년대 북해 해안에서 '불변의 바다'를 묘사했다. 고트프리트 벤*Gottfried Benn*은 1913년에 그 해안에서 영구불변한 바다의 외침을 들었고, 그런가하면 프랑스 시인 트리스탕 코르비에르*Tristan Corbière*는 익사한 선원들이 전인미답의 공간인 대양 속에서 영원히 살았으면 좋겠다고 기원했다.[1] 하지만 이 책에서 논의의 대상이 되는 바다들은, 지구 역사적인 면에서 정반대로 변화무상하다. 오늘날 북유럽 바다들*의 윤곽은, 바이크젤Weichselian 빙하기의 마지막 주기가 끝나면서, 약 13,000년 전에 시작된 해빙의 결과로 비로소 형성되었다. 오늘날 우리가 발트해와 북해로 인식하는 두 바다가 막 형성되기 시작했을 때, 중석기 시대의 수렵·채집인들은 그전부터 두 바다의 해안에서 살고 있었다. 덴마크 고고학자 J. 얀센*Jensen*은, 사람들이 자신의 보금자리가 될 풍경을 처음으로 응시하게 되었을 때, 즉 빙하기 끝 무렵의 겨울날의 장면을 다음과 같이 묘사한다. "삭막한 북극 대지, 가파른 등고선, 춥고 바람이 심하게 불며, 순록 떼가 일 년 중 한 때만 여기서 식량을 해결할 수 있는 정도의 메마른 툰드라 식물 식생."[2] 오늘날 덴마크는 스웨덴과 연륙교로 연결되어 있다. 스웨덴 뒤로는 거대한 얼음 호수가 있으며, 오늘날 발트 지역의 조상들이 줄어드는 만년설의 가장자리인 북쪽에 접해 있었다. 영국 섬들을 형성하게 되는 곳은 유럽 대륙의 광활한 땅덩어리에 거의 맞닿아 있는데 노스씨랜드 Northsealand라고 하는 지역으로, 그 북쪽의 경계가 플램버러 곳에서 유틀란트 반도까지 이어져 있었다. 이 평원을 가로질러 석기 시대 수렵인들은 먹잇감을 찾아서 돌아다녔다. 지금은 수심 40패덤fathom(1패덤은 1.8미터, 또는 6피트)에서 50패덤의 바닷물이 차있다. 그들이 사용한 도구나 무기는 둑 같은 흙더미에서 지금도 발굴된다. 따라서 최초창기에, 유럽 대륙의 북쪽 가장자리를 구성한 상대적으로 수심이 얕은 바다들은 인간의 정착에 영향을 주었

---

* 이 책에서 북유럽의 바다들(the northern European seas)은 북쪽 바다들(the northen seas), 바다들(the seas)로 표기되기도 하는데, '발트해와 북해'와 동의어이다(이하 각주는 옮긴이 주).

으며, 이어 인간의 정착은 바다들에 영향을 끼쳐왔다.

약 200,000년 전, 만년설이 최고조의 시기에, 북해, 브리튼 섬, 스칸디나비아, 독일 북부 그리고 네덜란드로 불리게 되는 공간의 대부분은 얼음으로 덮여 있었다. 그 이후 이어진 빙하기의 후퇴와 해빙 기간 동안, 해빙수와 강들이 거대한 얼음 호수들을 형성했다. 그러나 재개된 빙하작용 덕분에 해수면은 낮아졌고, 반면에 온대 삼림지역은 여름철에만 잠시 해빙이 풀리는 북극의 불모지역으로 변하였다. 마지막 빙하기의 주요 국면은 약 13,000년 전에 끝이 났으며, 얼음이 서서히 녹기 시작했다. 그리하여 하나의 얼음 호수가 스칸디나비아 대륙 빙하의 남쪽 가장자리를 따라 형성되기 시작했고, 오늘날 북부 독일과 폴란드 해안에 해당되는 낮은 언덕으로 인해 남쪽에 댐이 만들어졌다. 후기 빙하기 초기 단계 동안에, 엄청난 양의 얼음으로부터 해빙된 대지는 해수면보다 더 빨리 솟아올랐다. 약 11,200년 전, 갇혀 있었던 얼음 호수의 물은 바다로 나아가는 새로운 서쪽 출구를 -오늘날 중부 스웨덴의 저지대로 추정된다- 발견한 것 같다. 왜냐하면 수위가 빠르게 내려갔기 때문이다. 얼음물이 통과한 곳, 즉 현재 발트해의 외레순드의 통로에는 이제 대륙과 스칸디나비아 반도를 잇는 교량이 놓였다. 한층 온화한 해양성 기후가 처음에는 구석기 시대 사람들을 이 지역 및 그 주변에 정주하도록 유혹했을지도 모르지만, 400년도 못가서 북극 기후 상태로 회귀하였다. 전진한 빙하는 중부 스웨덴을 가로질러 바다로 향한 출구를 막았고, 따라서 넘쳐나는 해빙수는 한 번 더 외레순드 해협을 관통하여 흘러갔다.

상대적으로 온난한 기후의 재개는 중부 스웨덴을 가로질러 바다로 향하는 통로를 다시 열어주었다. 하지만 이번에는 해수면이 불과 몇 년 사이에 약 25미터나 낮아졌기 때문에 얼음 호수로부터 물이 바다로 이르는 과정은 장관을 이루었다. 지금은 외레순드 지역을 가로지르는 훨씬 큰 다리가 다시 등장했다. 동시에, 풍부하면서도 다양한 식물군과 동물상의 군체 형성과 정착을 조장하기에 충분할 정도로 기후가 따뜻해지기 시작하였다. 그러나 이들 동물상과 식물군은 얼마 안가서 빠르게 변화하는 환경에 적응해 나가야 했다. 대서양의 염수가 또한 계속해서 흘러들어와, 이전의 얼음 호수보다 약간 큰, 기수(汽水, 염수와 담수의 중간 염도를 함유한 물)로 이루어진 욜디아 해를 형성했다.[3]

2,500년이 지나면서 융기한 육지가 다시 이런 수역들을 염수로 구성된 대양으로부터 분리시켰고, 이리하여 곧 안킬루스 담수호가 만들어졌다. 이 호수의 물은 이른바 다나 강을 통하여 최종적으로 대서양으로 빠져나가는데, 다나 강은 그레이트 벨트(스토어 벨트), 즉 오늘날 핀 섬과 셸란Sjælland 섬 사이의 수로를 구성하게 될 공간을 관통하여 흘렀다. 거의 동시에, 영국과 대륙 사이를 이어준 육지 통로는 북해 해분의 해빙수가 도버 해협을 관통해 대양 너머로 뚫고 나가면서 사라졌다. 기원전 약 6,000년경, 북아메리카 대륙의 만년설이 녹아내리면서 지구의 해수면을 상승시키기 시작했고, 대양의 바닷물은 안킬루스 호수를 리토리나 해로 변형시키면서, 덴마크 해협들을 구성하게 될 공간을 관통했다. 이어진 육지 융기는 대양의 해수가 발트해로 들어오는 통로를 더욱더 좁고 얕게 만들었는데, 오늘날 발트해 기수성(汽水 性)의 기본적인 전제 조건은 이렇게 조성되었다.

지각균형과 해수변동 연동설로 알려진 지각과 바다 사이의 균형 상태에 관련된 복합적인 연구는 해안선, 하구, 만 그리고 당연하겠지만 해저지반 그 자체의 진화 규명에 중요한 역할을 해 왔다. 1920년대에 덴마크의 해안 주변 바다의 변화를 지도로 그렸던 엘렌 메츠Ellen Mertz는 덴마크가 유틀란트 반도의 북서쪽 귀퉁이에서 팔스터 섬까지 남동 대각선 방향으로 기울었다는 것을 처음으로 확실하게 증명했는데, 이는 초기 원주민의 정주에 관한 연구와 뒤이은 고고학적인 발굴에 중요한 단서를 제공하였다. 발트해의 북쪽 수역에서, 육지의 융기는 현재에도 계속되고 있다. 19세기 핀란드 작가인 사가헤리스 토펠리우스Zachris Topelius는 "핀란드가 한 세대 간격으로 바다로부터 솟아오르는 새로운 영지와 100년 간격으로 새로 편입되는 공국을 선사 받는다"고 열변을 토했다. 보다 사실적으로, 최근 조사는 핀란드가 바다로부터 매년 약 7제곱킬로미터의 신천지를 획득하고 있다고 보고한다.[4]

북해의 남단에 있는 네덜란드의 얕고 개방된 해안선은 폭풍우로 인해 선사시대와 역사시대를 거치면서 한층 급격하게 변해 왔다. 북해 해분이 마지막으로 퇴각하는 빙하로 가득차면서, 서쪽에서 불어온 바람과 파도가 해저로부터 올라온 가벼운 물질들을 쌓아올려 연안사주(沿岸 砂洲)*나 다양한 모래 언덕을 만들었다. 기원전 약 1,800년 무렵에는 약 8~10킬로미터 너비의 해안 절벽이 조성되었다. 높이 10미터를 넘는 경우가 드물었던, 모래가 섞인 해성점토로 만들어진 방벽은 점차 낙엽림 산림지대의 보호막으로 덮이게 되었다. 따라서 이 방벽은 이후 3천 년 동안 북해 해침(海浸)을 막아주는, 평평한 후배지의 주요한 천연 요새로 남게 되었다. 이 방책 뒤편의 석호들은 점차 민물 습지로 바뀌게 되었다. 사람의 정착은 북쪽 해안, 토사를 함유한 강의 높은 둑, 그리고 서쪽의 해안 방벽의 가장자리에 형성된 어종이 풍부한 해수 소택지에 국한되었다. 재개된 육지로의 해침, 즉 기원전 2세기에서 기원후 12세기 사이에 이른바 '덩케르크 해침'은 지역적으로 상당한 편차가 있긴 하지만 다시 한 번 네덜란드의 등고선을 변화시켰다. 이를테면 플랑드르의 해안은 12세기 초에 발생한 태풍과 홍수로 인하여 심하게 영향을 받았고, 그래서 스켈트Scheldt 강 서쪽 지류는 이 때문에 상당히 넓어졌다. 북부 네덜란드는 훨씬 경미한 영향만 받았으며, 그래서 이곳에서는 실제로 대규모의 간척지 개간이 가능하였다. 그렇지만 12세기 후반이 되면, 폭풍을 동반한 해일이 모래 언덕 방책을 무너뜨리고, 로마시대에는 담수로 가득한 플로보 호수였으며 그 뒤에 조이데르 해로 바뀌게 되는 알메르Almere 확장 과정이 시작되면서, 피해를 입게 되는 대상은 다름 아닌 바로 이 북부 네덜란드였다.

한편 동부 잉글랜드의 낮은 평원에서 육지와 바다의 관련성은 상대적으

---

* 바다 물결의 작용으로 해안선과 거의 평행을 이루며 형성되는 좁고 긴 모래와 자갈로 이루어진 퇴적 지형을 말한다. 해안가에서 멀리까지 물이 얕은 사질해안에 바다 물결이 앞바다에서 부서질 때 운반해온 토사가 퇴적하여 만들어진다. 연안사주와 해안 사이에는 얕은 석호가 이루어지며 외해와 연결되는 출입구가 군데군데 생긴다.

로 미미하였다. 워시Wash는 덴마크 해안에 위치한 텍셀에서 에스비에르에 이르는 프리지아(프리슬란트) 해안 전경을 대변하는 얕은 갯벌로 구성된 바덴 해와 가장 유사한 영국의 해안이다. 워시는 로마시대엔 지금보다 규모가 더 컸을 것으로 추정되지만, 상대적으로 등고선은 과거 300년 동안 거의 변하지 않았다. 해안 침식은 홀더니스Holderness의 빙하기 빙퇴석으로 된 퍼석퍼석한 방책을 집어 삼켰으며, 동 앵글리어 해안을 따라 마을들, 교회들, 심지어 중세의 유명한 해항인 라벤서와 던위치Dunwich를 위협하였다. 이 해안을 따라 펼쳐진 모든 전안(前岸)*은 조수간만과 해류가 야기하는 수중침식을 방지하기 위해서 보호되어야 할 필요가 있다. 잉글랜드의 남동 모서리는 과거 1만 년의 시간을 거치면서 남서 모퉁이에 비해 약 2~3미터 더 침식되어 왔는데, 달리 말하면 남동 해안에서는 해수면이 눈에 띌 만큼 상승해 왔다. 그렇지만 네덜란드의 해안선과 비교하면, 동부 잉글랜드의 해안선이 역사적 과정에서 급격하거나 근본적인 변화를 경험해 왔다고 보기 힘들다.

영국의 섬들은 또한 세상에서 폭풍우가 가장 빈번하게 발생하는 대서양과 접하고 있다. 북해로 들어가는 관문에 위치한, 오크니Orkney 섬들과 셰틀랜드 섬들은 아이슬란드 저기압에서 불어오는 강력한 폭풍의 길목에 전적으로 노출되어 있다. 알렉산더 조지 핀들리Alexander George Findlay는 1883년 북해 항해 안내서에서, 이 같은 겨울 강풍이 오크니의 암석 절벽으로 휘몰아치는 격렬한 장면을 생생하게 묘사했다.

> 이 시기에는 엄청난 파도가 비바람에 노출된 해변으로 격렬하게 폭풍노도처럼 휘몰아치고, 그런 다음에 수백 피트 높이의 해안절벽 꼭대기 위로 물보라를 솟구치게 하며, 또 주변 지역을 흠뻑 적신다. 해안 1마일 이내의 모든 샘들은, 이 같은 폭풍이 그친 며칠간 기수로 바뀌며, 절벽으로부터 반 마일 이내 거주자들은 거처의 동쪽 마룻바닥이 파도의 충격으로

---

* 최고 해수면과 최저 해수면 사이에 있는 지역으로, 해빈(海濱, 해파나 연안류가 모래나 자갈을 쌓아 올려서 만들어 놓은 퇴적지대)의 경사가 가장 급한 지역이다.

흔들린다고 증언한다.5)

스코틀랜드 북쪽 해안 연안의 좁은 수로 사이로 흐르는 조류는 세계적으로도 험하기로 유명하다. 펜틀랜드 해협Pentland Firth으로 진입하는 모든 선박들은 비록 좋은 날씨일지라도 위기에 대비하기 위하여 '북해 도선사North Sea pilot'의 탑승안내를 강력하게 권고할 정도였다.

영국 해안을 따라 일어나는 조수(밀물과 썰물)는 서로 반대편, 즉 남쪽과 북쪽에서 흘러온다. 이 때문에 서로 다른 방향의 조수가 일시적으로 상쇄되면, 밀물과 썰물이 바뀔 때의 정지 상태인 게조(憩潮)와 소용돌이가 일어난다. 북해 남부의 얕은 수심과 깔때기 형상은, 영국의 섬들 주변에서 분리되는 대서양 조수 흐름의 결과 나타나는 두 개의 만조가 합류되는 효과와 결합되어, 밀물과 썰물의 수위가 멀리 떨어진 북쪽보다 훨씬 더 높게 나타난다. 주요한 강들이 바다로 흘러가는 것은 다름 아닌 바로 이러한 깔때기의 맨 아래 부분에서다. 저지대 국가들을 통과하여 바다로 흘러 들어가는 유럽의 주요 수로들에 비하면, 자체의 배수 분지를 보유한 영국의 강들은 크기가 왜소하다. 유럽의 주요한 수로들은 풍광, 해안선 그리고 해저지반의 형성에 중요한 역할을 해 왔다. 라인, 발, 그리고 마스 강들의 하구에서의 무수한 배수로, 포구, 사구를 통해 하루에 두 번, 심지어 세 번 일어나는 조수는 젤란트Zeeland의 낮은 해안지대에 특히 좋은 토질을 제공한다. 지리학자 A. 드망종Demangeon의 표현에 따르면 이 과정은 다음과 같다.

(조수는) 하루에 두 번 바다로부터 모습을 드러내고 그 다음에 바다 속으로 다시 모습을 감춘다. 갑작스런 폭우 뒤에 도심의 도로에서 물이 빠져나가는 것처럼 썰물이 되면 사람들은 물이 수로에서 바다 속으로 콸콸 흘러 나가는 것을 볼 수 있다. 물이 콸콸 흘러 빠지면, 개펄은 바다로부터 모습을 드러내고 그 속도만큼 개펄이 확장된다.6)

북해에는 섬이 거의 없다. 플리니우스가 1세기에 쓴 글에 따르면, 덴 헬더에서부터 아이더 강 어귀에 이르는 프리지아 해안을 따라 23개의 섬이 산재하고 있었다. 지금은 15개의 섬만 남아 있는데, 헬리골란트 섬 인근 앞바다에 있는 15개 섬들은 로마 시대 이후 크기도 크게 축소되어 왔다. 작은 고무 원반처럼 생긴 이러한 모래섬은 바덴 해Wadden Sea(네덜란드어로는 Waddenzee) 조습지의 가장자리에 있다. 바덴 해의 얕은 해수는 슐레스비히-홀슈타인과 유틀란트 반도 해안을 따라서 북쪽으로 덴마크 바데하베트까지 펼쳐지며, 에스비에르 항구 북쪽인 브라반쇼크Blaavandshuk까지 이어진다. 셰틀랜드 제도와 오크니 제도는 노르웨이와 스웨덴 서부 지역인 보후슬렌Bohuslän 연해의 섬들, 암초군, 바위들을 뒤죽박죽 섞어 놓은 다발로 보인다. 그러나 북해는 대서양으로 통하는 끊임없이 이어진 개방된 해역이다. 이와 반대로 발트해는 육지로 둘러싸여 있고, 조수간만이 없으며, 저염수의 바다이다. 발트해의 출발점은 덴마크의 좁은 해협에서 시작하여 동쪽으로 약 650킬로미터 정도 펼쳐지며, 북동 끝단에서 두 개의 줄기 또는 만으로 분리된다. 낮은 석회암 절벽, 모래로 뒤덮인 황야지대, 충적토질의 삼각주 그리고 긴 모래톱으로 인해 바다로부터 보호되는 얕은 석호들은 남부 해안지역 특유의 모습이다. 북쪽에는, 무수히 많은 연해의 섬들과 바위 암초로 구성된 곶과 만의 해안선 형성에 결정적인 역할을 한 오래된 수정지층이 존재한다. 투르쿠Turku와 올란드Åland 다도해에서만, 1만 7천 개 이상의 섬, 작은 섬, 그리고 암초가 존재한다(사진 14 참조). 남부 발트해의 섬들은 수가 많지 않지만 훨씬 더 크고, 지질학적 구성 요소는 매우 다르다(사진 2 참조). 또한 섬들 사이의 거리가 매우 짧은 교차지들이 많은데, 예를 들어, 뤼겐Rügen 섬의 사스니츠Sassnitz와 남부 스웨덴의 트렐레보리 사이, 또 스웨덴의 우메오Umeå와 핀란드의 항구 도시 바사Vaasa 사이를 마주보는 좁은 '길목'(크바르켄 군도)을 들 수 있다. 이 중 가장 좁은 교차지점은 발트해의 입구에 있다. 이전의 덴마크령(1660년까지)이었던 스코네Skåne와 셸란 섬 사이의 해협(외레순드)으로, 헬싱보리Helsingborg 시와 헬싱외르Helsingør 시 사이의 간격은 불과 3.5킬로미터에 불과하다. 이렇게 좁고도 길게 뻗은 수역은 세상에서 가장 교통량이 많은 해역 중의 하나다.

담수, 염수 그리고 기수(汽水)

덴마크 해협들과 카테가트 해협의 입구를 제외하면, 발트해는 약 400,000 제곱킬로미터에 걸쳐 있고, 세계 해수의 0.1퍼센트 정도를 저장하고 있다. 북해는 일반적으로 남쪽의 도버 해협과 스코틀랜드 및 북해의 섬들에서부터 노르웨이 해안에 이르는 연장선, 즉 북위 61°와 62° 사이에 놓인 바다로, 면적은 530,000제곱킬로미터가 조금 넘으며, 용적량은 인근 동쪽의 발트해의 거의 두 배이다. 북해 해분에서 가장 깊은 곳은 발트해로 들어가는 문턱에 위치해 있으며, 이곳에는 노르웨이 해구가 수심 700미터 너머까지 뻗쳐 있다. 남부 북해의 얕은 바닥은 대체로 빙하 시대 말기에 해빙되면서 나온 자갈과 모래로 주로 구성되어 있다. 또한 다수의 깊게 패인 침강지대나 함몰된 구덩이가 발견되는데, 일부 지질학자들은 이것들이 빙하로부터 녹아떨어진 얼음의 유출 경로일 것이라고 생각한다.

발트해의 바닷물의 상태는 그 해안선처럼 다양하다. 북해로부터의 해수 유입은 종종 갑작스럽고 격렬하게 일어나지만, 매우 드물며 그 경우도 오래 지속되지 않는다. 발트해의 염분 함유도는 대양의 해수보다 더 낮은데, 육지 유출수와 섞이기 때문이다. 카테가트 해협의 남쪽 및 서쪽과 주변의 해협들에서의 경우처럼 수심이 더 얕아지는 곳에서는, 염수가 수면 가까이로 몰리는데, 다양한 물이 최대한 뒤섞이는 곳이 바로 이곳이다. 이러한 물의 뒤섞임 현상이 일어나지 않았더라면, 그 해역보다 네 배가 되는 엄청난 하천의 배수지역을 가진 발트해는 이내 담수호로 변하였을 것이다. (카테가트 해협, 외레순드, 벨트들Belts을 제외한) 협의의 발트해에서, 표층수 아래 산소 결핍은 특히 심각하다. 게다가 발트해의 심해수는 수면 가까이 있는 물보다 훨씬 적게 교환된다. 북해로부터 유입되는 물의 약 20%만 염분이 많고 무겁기 때문에 130미터 아래로 가라앉을 수 있고, 이보다 훨씬 더 적은 분량의 해수가 노르쾨핑 심해(Norrköopingsdjupet, 205미터)와 랜드소르트 심해(Landsortdjupet, 459미터) 같은 심해 바닥까지 가라앉을 만큼 무거우며, 그리하여 기존의 심해수를 밀어 올릴 수 있다고 알려져 있다.

발트해 해수의 수온과 염분은 중요한 장기 변수를 보여준다. 20세기 초부터 수행한 조사는, 심해의 염분은 전쟁 중에 발생한 엄청나게 많은 염수의 유입 결과이겠지만, 1920년대 초에 증가했다는 것을 보여준다. 동일한 현상이 1940년대 후반과 1950년대 초반에도 있었던 것으로 보인다. 1930년에서 1960년 사이 염분의 전반적인 상승이 해수온도 상승에 따라 발생했다. 하지만 수온 상승은 장기적으로는 도움이 되지 않는데, 새로운 물이 비활성 상태로 있거나 산소 함유량이 점차 고갈되어 가기 때문이다. 침강분석은 이런 현상이 결코 새삼스러운 문제가 아니라 발트해의 지형적 특성의 필연적인 결과라는 것을 보여준다. 만약 해협이 더 넓어지거나 깊어진다면 그리하여 북해의 산소가 풍부한 물과 섞인다면, 이 문제는 훨씬 완화되었을 것이다. 동일한 문제가 흑해와 노르웨이의 많은 피오르드에서도 발생하고 있는데, 이 수역들 역시 얕은 나들목 해협을 갖고 있다.

카테가트 해협으로부터 염수를 몰고 오는 편서풍과 발트해 염분 수준을 떨어뜨리는 동풍 때문에 발트해로 유입되는 산소가 풍부한 염수 양은 주기적으로 늘었다 줄었다 한다. 그렇지만 심해 속의 산소농도는 20세기 내내 심각하게 감소해 왔다고 평가된다. 또한 카테가트 해협과 스카게라크 해협의 표층수 아래에 산소 농도 희석에 대하여 우려할 만한 징후들이 나타나고 있다. 산소 농도를 격감시킨 주요 원인은 얕은 수역에서의 엄청난 영양소의 축적인데, 이는 곧바로 플랑크톤 성장을 촉진시킨다. 손쉽게 산화된 유기물의 배출은 엄청나게 많은 산소를 소모한다. 북해에서 대부분의 영양염이 남쪽의 얕은 수역으로 배출되는데, 이 수역은 북서 유럽 배수량의 대부분을 받아들인다. 이런 현상은 물속 염분과 해류가 반시계방향으로 순환함으로써 어느 정도는 상쇄되긴 하지만, 그럼에도 불구하고 물이 뒤섞이는 낮은 비율을 감안하면 이처럼 얕은 수역에서는 영양소 축적의 위험이 상존한다. 발트해의 여러 만들과 다도해들처럼 얕으면서 물의 교환이 제한적인 수역에서는, (무기 염류의 물을 다량으로 발생시키는) 유기물의 산화가 조류 형성을 조장할 때 심각한 부영양화가 발생할 수 있다. 심해 속 산소는 또한 유기물의 침전으로 인하여 대폭 감소된다. 1890년대에 발트해에서 측정이 시작된 이후, 산소 함유량 수준은 낮게 나왔지만, 현재 일부 수역에서는 산소 함유량이 거의 제로 수준으로 떨어졌다.

현재의 연구의 상당수는 부영양화 수준 조사에 집중하고 있다. 그러나 이것의 가장 분명한 징후, 즉 플랑크톤 생성의 증가를 파악하는 것은 부분적으로 비교할 이전의 수치들이 부족하기 때문에, 지금까지 용이하진 않았다. 예를 들어, 발트해에서 남조가 백년 이전에 비해 번성했다는 사실은 잘 알려진 일이지만, 과학자들이 이것의 의미를 추정할 수 있는 정확한 통계자료는 없다. 1970년대 초에 획득된 측정치조차도 완전히 신뢰할 수 없다. 무엇보다도 기상조건이나 플랑크톤 생물군 내부에서의 경쟁에 영향을 받는 플랑크톤 생산의 급격한 변동성 때문에, 측정은 엄격하고 규칙적으로 진행되어야 한다.

바다에서의 생물학적 생산성은 동물성 플랑크톤이 잡아먹는 식물성 플랑크톤, 부유생물 그리고 아주 작은 식물들의 풍부성과 빠른 증가율에 의존한다. 동물성 플랑크톤은 더 큰 동물들에게 연차적으로 잡아먹힌다. 겨울 동안에 폭풍우가 해저지반의 영양소를 휘저어 놓으면 표층수는 풍요롭게 된다. 봄에 증가한 일조량은 식물성 플랑크톤 군집이 이용할 이러한 영양소들을 풍족하게 만들며, 식물성 플랑크톤은 빠르게 성장한다. 가열작용은 바닷물끼리 층을 이루게 하고 영양소 이동을 억제시킨다. 냉각작용은 이 층을 와해시키고 가을에 식물성 플랑크톤 생산의 두 번째 거대한 팽창으로 이어지는, 표층수면에서 영양소가 보충되는 것을 가능하게 만든다. 북해는 북대서양이나 태평양의 수치와 비교해도 특히 식물성 플랑크톤의 생산성이 높다. 그러나 1950년대 이래 북해의 동물성 플랑크톤과 식물성 플랑크톤의 수많은 종들의 풍부성은 하강 추세를 보여 왔다. 이런 추세가 오염에 따른 것이라기보다 장기적인 기후조건, 해양학적 조건 때문인지는 여전히 논쟁의 여지는 있지만 말이다. 하지만 북해는 발트해에 비하면 훨씬 더 풍부한 생물 다양성을 보여준다. 예를 들어, 카테가트 해협이나 스카게라크 해협과 비교해 볼 때, 발트해의 해저지반에 사는 생명체는 불과 몇 개의 종에 불과한데, 이는 기수에 사는 생물들 중 극히 일부만이 심해에 적응할 수 있다는 것을 보여주는 증거이다. 북해에는 200종이 넘는 어종이 있는 반면에, 협의의 발트해에서는 약 29종의 어류만 존재하는 것으로 추정된다.

과거 북유럽의 해역들은 풍부한 수산자원으로 명성을 떨쳤다. 스카니아 해안 연해의 엄청난 청어 떼는 일종의 중세 전설이 되었으며, 어류와 어업의 중요성은 16세기 스웨덴의 성직자 올라우스 마그누스Olaus Magnus가 쓴 북유럽 역사에 상세하게 묘사되었다. 청어는 북극에서 출발하여 남쪽으로 꽤 먼 거리를 이동했다고 오랫동안 간주되어 왔다. 어떤 사람들은 청어 떼가 포식자인 고래로부터 피신해오는 것이라고 주장하긴 했지만, 일반적 견해는 북유럽 연해에서 정기적인 청어 떼의 출현은 신의 섭리를 보여주는 것이었다. 블로흐Bloch, 노엘Noel 그리고 라세페데Lacépéde 같은 어류학자들이 청어가 사실 산란장을 찾고 있었다는 점과 산란기는 날씨와 수온에 의존했다는 점을 규명한 뒤에도, 지혜로운 자연이 해안가 주민들에게 선물로 청어를 인도하였다는 믿음이 여전히 계속되었다. 뿐만 아니라, 많은 어부들은 산란기의 개념이 없었고, 청어 떼가 3년마다 '창조된다'고 믿었다.[7]

수산 자원은 환경 변화에 대단히 민감하다. 중세 후기에 스카니아 해안 연해에서 '사라진' 것으로 보이는 청어 떼는 수온이나 해류 변화 때문에 아마도 멀리 떠나갔을 것이다. 거대한 청어 떼는 18세기 마지막 10년 동안에 카테가트 해협의 바다에 다시 나타났다가, 19세기 초에 사라졌고, 1870년대에 다시 나타났다. 아마도 시시각각 변하는 수계의 지리적 조건들이 노르웨이 해안 청어 어장 부침에 엄청난 영향을 주었을 것이다. 어류 자체도 또한 환경에 영향을 준다. 예를 들어, 1988년 이후 노르웨이 북부 작은 피오르드들에서 월동하고 봄에 산란하는 3~4백만 톤의 청어 떼는 이 수역의 산소 함유량을 심각하게 감소시키는 원인이 되었고, 이 때문에 이 피오르드 안에서의 양분 농도가 증가되었다.

산업혁명 이전 유럽의 또 다른 주요 식량인 대구가 염분 감소와 같은 수역의 환경 변화에 훨씬 더 민감하여, 염분의 감소는 번식 패턴과 수온 변화에 영향을 미친다. 기후학자 휴버트 램*Hubert Lamb*에 따르면, 노르웨이 연안의 대구 어업은 후기 중세의 '소빙기' 동안에, 동 그린란드의 차가운 해수의 남쪽으로의 유입을 상쇄시키는 대서양의 따뜻한 해수의 유입 증가가 있었기 때문에 업황이 개선되었고, 이는 중부 노르웨이 산악지대의 주거지와 농장을 방기하는 원인이 되었다. 새로운 '빙하기'는 17세기 말에 발생하였으며, 이 시기에 북극의 냉수가 노르웨이 해 쪽으로 확산되면서, 기존 어장의 대구를 노르웨이 해안과 페뢰*Færø* 섬들 연해로 몰아내었다.[8]

북해를 상대적으로 온난한 기후로 만드는 것은 다름 아닌 멕시코 만류의 따뜻한 물과 대서양 멀리 서쪽에서 불어오는 바람이다. 특히 겨울철에 대서양으로부터 밀려오는 저기압이 폭풍우와 돌풍을 일으키긴 했지만 말이다. 폭풍 해일은 보름달 혹은 그믐달이 뜰 때, 즉 조석 간만의 차가 제일 큰 대조(大潮) 때 발생하는 경우가 많았다. 폭풍 해일은 물론 부정적인 효과, 즉 해수면을 낮추는 원인이 되고, 남부 북해의 얕은 수역과 혼잡한 해운에 재앙을 초래한다. 폭풍 해일은 대개 북쪽 및 북서쪽에서의 강풍과 급작스러운 기압 하강을 동반한다. 다니엘 디포*Daniel Defoe*는, 자신의 아이들이 기압계를 가지고 놀고 있었는데 마침 1703년 11월에 북해 수역을 관통한 무서운 폭풍우가 맹위를 떨치기 시작했을 때 기압이 갑자기 떨어졌다는 것을 회상하였다. 조수는 북해 주변에서 반시계 방향으로 진행하다가, 이 물길은 영국 해안을 따라 가면서 남쪽으로 방향을 바꿔 진행되어 더욱 심한 마찰을 일으키는 것으로 보인다. 1953년에는 셰틀랜드 제도를 경유하여 대서양에서 온 저기압 진로가 북해를 휩쓸었다. 이런 저기압 진행 경로 때문에 초래된 기압의 하강은 북해의 평균 해수면을 0.5미터 이상 상승시켰다. 취송거리와 바람의 세기는 길고 높은 파도를 만들며, 일부 지역에서는 12미터짜리 파도를 만들었다. 1월 30일과 31일 사이의 밤에 스코틀랜드 해안을 강타한 저기압은 아일랜드 해Irish Sea에서 '프린세스 빅토리아Princess Victoria' 호를 침몰시켜 133명의 목숨을 앗아갔고 다음날 북해 연안 방어 시설물들을 망가뜨렸다. 공해에서의 폭풍 해일은 홀란드 후크Hook의 조류 수위를 평균보다 3미터 이상 높였으며, 네덜란드 해안의 평균 파고를 2.7미터 상승시켰다. 폭풍 해일은 브리튼 섬의 동쪽 해안에서는 이보다는 약했고, 동 앵글리어에서의 파고는 1~2미터 정도에 불과했다.

사실상 내해인 발트해는 거대한 대서양의 너울에 전면적으로 영향을 받는 것은 아니지만, 이곳의 폭풍우는 불규칙한 잔파도를 일게 하고 가파른 수역을 만듦으로써, 북해와 마찬가지로 선박들을 위태롭게 한다. 발트해 기후는 북해의 기후와 비교하면 훨씬 불규칙적이다. 이 기후가 멕시코 만류와 온화한 편서풍으로 어느 정도 완화되지만 말이다. 염도가 낮고 조수가 약하기 때문에, 얼음이 매년 북부 발트해의 대부분을 뒤덮고, 이따금씩 발트해 전부가 얼음으로 뒤덮인다. 16세기 연대기 작가인 앨버트 크란츠Albert Krants에 따르면, 말을 탄 사람들은 1423년 겨울날 얼음 위에 마련한 임시 숙소에서 하룻밤을 보낸 뒤, 단치히(그단스크) 항구에서부터 뤼베크까지 그리고 거기에서 덴마크까지 뱃길을 따라 말을 타고 갈 수 있었다. 1658년 3월 스웨덴의 찰스 10세는 그의 군대를 유틀란트 반도 동해안에서 출발시켜 얼어붙은 해협들(벨트들)을 가로질러 이동시킬 수 있었다. 한편 1871년의 겨울은 유난히 추워서 빙판이 멀리 남쪽으로 템스 강과 스켈트 강까지 확대되었다. 코펜하겐 항과 함부르크 항이 두 달 동안 동결되었고, 우편물은 바다 위에서 말이 끄는 썰매에 의하여 스톡홀름에서부터 올란드 섬들까지 운송되었다(사진 4 참조). 근대에는 버스회사들이 바사와 우메오 사이의 꽁꽁 얼어붙은 보스니아 만을 가로지르는 교통망을 제공할 수 있었고, 1809년 러시아 - 스웨덴 전쟁 동안 바클레이 드 톨리Barclay de Tolly 장군이 이끄는 러시아 군대가 이 노선을 이용하였다.

결빙 과정은 북쪽 지방에서 보통 10월 말 또는 11월 초에 시작한다. 그리고 점차 남쪽으로 확산되며, 1월 말이 되면, 핀란드에서 올란드 섬들까지 바다를 연결하는 얼음 다리가 만들어지며, 2월이 되면 보스니아 만들과 핀란드 구석구석까지 얼음으로 덮이게 된다. 눈이 쌓이는 것은 얼음 형성 과정에서 중요하다. 만약에 두껍고 부드러운 눈으로 된 막이 얼음 위에 먼저 형성된다면, 이것은 더 이상의 결빙을 막는다. 그렇게 되면 심지어 혹한이라도 얼음은 비교적 얇게 남아있을 것이다. 만약에 눈이 아예 없거나 조금밖에 없다면, 이때의 얼음은 훨씬 두꺼워진다. 해안을 따라서 형성되거나 바다 위로 줄지어 있는 암초들 사이에 형성된 얼음은 바다에서 형성된 얼음보다 더 단단하면서 더 매끄럽고, 종종 균열로 부서지거나 표면에 이랑이 형성되면서 유빙 덩어리를 형성한다. 일반적으로 심해에서는 4월이 되면 해빙이 시작되며, 유빙 형태로 남아있는 마지막 얼음은 보통 6월까지 이리저리 떠다닐 수도 있다.

바다의 과학적 '발견'

해양환경과 생물권에 대한 방대한 지식의 축적은 20세기에 고도로 정밀하고 신뢰도가 높은 측정 기술을 이용한, 과학적 연구를 통하여 이루어졌다. 그 이전 시기에는, 바다에 관한 기본적인 실용적 지식을 정립하는 데 기여한 것은 주로 개인의 관찰과 경험이었다. 바다로 나간 사람들에게, 이런 지식은 필수적이었다. 13세기 초에 작성된 노르웨이의 과학서적인 『왕의 거울 *Konungs skuggsjá*』에서, '아버지'는 그의 '아들'에게 하늘의 빛, 천체의 경로, 시간의 분류, 수평선의 끝, 뿐만 아니라 대양의 운동을 주의 깊게 관찰할 것을 충고했다. 거의 동시대에 작성된 북유럽의 영웅담들은 항해와 해류와 관련된 지식, 바람, 조수, 그리고 바닷새의 비행과 같은 자연 현상에 관해 아주 상세히 설명하고 있다. 색슨 노섬브리아Northumbria 뱃사람들은, 조수와 관련한 저술 작업에 몰두했던 신학자이자 역사가인 비드Bede에게, 십중팔구가 소중한 정보원이었을 것이다. 영어로 된 최초의 조수 간만표는, 성 알바누스St. Aban 수도원의 수도승들이 런던 다리의 만조 시간을 대략적으로 예보했던, 13세기 초에 만들어졌다.

관측과 설명은 별개의 일이었다. 세계에 대한 개인화되고 신화적인 관점에서, 환경의 변화는 대개 신적인 혹은 초자연적인 동인이나 힘에 의한 것으로 설명된다. 그렇지만 이러한 설명들은 관측을 통해 축적된 지식에 기반하고 있다. 예를 들면 대홍수에 관한 신화는 폭우가 장기간 지속된 사실을 근거로 삼았고, 반면 강력한 화산 활동이나 기타 지각 변동은 스스로의 동인에 따라 움직이는 의인화된 대지에 대한 믿음을 확인시켜 주었을 것이다. 기독교적 세계관에서, 지구 역사는 신의 의도를 반영한 성서 계시 속에서 그 설명과 이유를 찾았다. 지형이 대홍수와 같은 큰 재난이나 점진적이고 자연적인 쇠퇴에 의해 초래된 것이라는 개념을 제기하는 것과 ―신이 창조한 완벽한 지구가 변형되었다는 것― 지구가 계속적인 변화의 상태에 있다고 보는 것은 삼라만상에 대한 완전한 신의 질서를 부정하는 것과 같았다. 로이 포터Roy Porter에 따르면, "지구의 조직은 자율적이고 독립적인 시스템으로 간주되지 않았고, 인간 또한 독립적인 행위자로 간주되지 않았다."[9]

합리적이면서 과학적 탐구의 필수요소인 자연에 대한 '탈신비화'는 변화의 특성과 본질과 관련된 토론에 문호를 개방했지만, 신의 의도가 여전히 과학적 사고를 지배했다. 17세기 말의 이론가들은 지구가 인간이 사용하고 향유하기 위해 신에 의해 창조되었다는 가설과, 인간은 지상에서 (신만큼) 오래 수(壽)를 누려온 것은 아니므로 단기적인 시간척도*가 장기적인 시간척도만큼 타당하다는 가설에서 출발하였다. 변화는 신이 의도한 것으로 여겨졌다. 즉 뉴턴학설 신봉자들의 세계관에서, 지구는 본질적으로 수동적이

---

* 운동이 존속하는 시간의 대략적 크기.

고 정태적이다.

그러나 18세기 동안에, 거대한 형이상학적 추론은 점차 실증적 관찰로 대체되었다. 자연력이 작용하는 활동적인 과정의 무대로서 지구를 파악함에 따라, 과학자들 역시 자연사에 관한 역동적 개념을 만들어냈다. 이제는 훨씬 더 장기적인 시간의 척도가 선호되었다. 18세기 말에 이르면, 지구는 신의 의지로 만든 소극적인 창조물이라는 개념이 사실상 사라지고, 장기간에 걸친 자연력의 영향을 중시하는 신념으로 대체되었다.

스코틀랜드 학자인 제임스 허턴James Hutton은 지구 역사에서 동일과정설의 성립에 결정적 역할을 했다. 『지구의 이론Theory of the Earth』(1788)에서 허턴은 침식된 땅의 퇴적물이 해저로 씻겨가서 그 곳에서 지구 핵으로부터 나오는 압력과 열에 의해 단층으로 고정되는, 점진적 퇴보와 재생을 거치는 자연 순환economy의 개념을 주장했다. 허턴은 표면 침식과 재생의 3단계 이론을 주장함으로써, 지구가 소멸하고 있다는 걱정스런 전망을 떨쳐냈다. 그러나 그의 학설은 또한 잠재적으로 혁명적인 의미를 함축하고 있었다. 왜냐하면 장기간에 걸쳐 활동하는 자연의 힘이 절대적 존재와 창조의 드라마를 대체한 것처럼 보였기 때문이었다.

동일과정설에 반대하는 격변설 주창자들이 장기간 부질없이 논쟁을 걸어왔지만, 점진주의적인 동일과정설의 지지자들이 프랑스 대혁명의 후폭풍으로 힘을 얻으면서 승리하기 시작했다. 당시까지, 지구 지형의 중요한 결정자로서의 바다의 역할은 거의 무시되어 왔다. 17세기의 과학자들은 해퇴와 해침보다는 바다가 어떻게 원래대로 다시 채워지는가 하는 문제에 관심이 더 많았다. 그 중에서도 르네 데카르트를 포함한 대다수의 견해는 대양들이 지하의 동굴로부터 흘러나온 물로 채워진다는 것이었다. 수십 년간 영향력을 발휘한 책인 『지하의 세계Mundus Subterraneus』(1664)를 저술한 아타나시우스 키르허Athanasius Kircher는 압력을 받은 물이 솟아오를 수 있다는 것을 입증하기 위한 실험에 몰두했다. 노르웨이 서북해안 앞바다의 큰 소용돌이인 마일스토름Maelstorm은 스칸디나비아의 육괴 아래의 보스니아 만으로 쭉 이어지는 이러한 엄청난 지하수로의 한 출구로 간주되었다. 프랑스 과학자들인 페로*Perault*와 마리오트*Mariotte* 및 잉글랜드 과학자인 에드먼드 핼리*Edmund Halley*가 17세기 말에, 실험을 통해 비와 관련된 학설을 입증하면서 지하 수원에 관한 학설이 사라지기 시작했다.

17세기에 대홍수의 재앙을 통해서가 아니라 다른 설명, 즉 바다가 지구의 등고선 형성에 어떠한 역할을 해 왔다고 고수하는 것은 위험한 신학의 영역으로 들어가는 것이었다. 해안 침식은 쇠퇴의 현상으로 설명되었다. 그래서 바다가 신의 창조물을 파괴하는 것이자 해롭고 예측할 수 없는 행위자로 여겨졌다. 때로는 가브리엘 플래츠*Gabriel Plattes*처럼 개성이 강한 이론가가 1639년에, "잉글랜드 전역, 즉 언덕, 골짜기, 그리고 울퉁불퉁한 지표까지 바다였으며, 잉글랜드 전역에 바다의 분명한 흔적이 있다"[10]고 주장했다. 해수면 한참 위의 선명한 화석 층들이 많은 의문을 불러일으켰지만, 광범위한 해식의 가능성은, 1830년대에 찰스 라이엘*Charles Lyell*이 본격적으로 수용하기 전까지, 대체로 무시되어 왔다.

라이엘은 격변설의 홍수 이론을 포기하고, 파도와 해류의 활동에 의한 침식이라는 그의 생각을 발전시키는 과정에서 동일과정설을 수용하였다. 그는 '육지 융기설' 지지자였고, 남부 스웨덴에서 자신의 논거를 입증하는 증거를 발굴하였다. 예를 들면, 일찍이 중세 법전에 바다로부터 새로 올라온 대지의 소유권과 관련된 조항이 포함되어 있었던 사실에서 알 수 있듯이, 북부 발트 해안의 이동에 관한 기록이 오래전부터 있어왔다. 그리고 여기에 관한 많은 과학적인 조사가 18세기에 수행되었지만, 북부 발트해 외부에는 사실상 알려지진 않았다. 진지한 과학적인 조사를 제일 먼저 착수한 이는 스웨덴 학자 우르본 히아나*Urban Hiärne*였는데, 그는 1694년에 왕국의 주요 인사들에게 특히 해안 이동에 관해 묻는 설문지를 발송했다. 히아나 연구의 가치는 그가 수행한 지방적, 지역적 현상과 보편적 현상의 구별, 원인과 근인의 구별, 그리고 다양한 설명들의 적극적인 수용에 있었다. 그렇지만 그를 능가하는 저명한 후계자인 안데르스 셀시우스*Anders Celsius*나 칼 폰 린네

*Carl von Linné*는 분류와 단일한 원인으로 설명하는 것을 선호했다. 북부 스웨덴의 사냥꾼들을 초청하여 바다표범의 휴식처로 이용된 암석의 상승에 관한 정보를 수집하였던 셀시우스는 백 년마다 1미터 이상의 수위 하강이 진행되었다는 것을 추산했다. 그는 또한 향후의 연구를 위해서 수위를 알 수 있는 암석에 표식을 새겼다. 셀시우스처럼, 칼 폰 린네는 지구가 하나의 작은 섬뿐만 아니라 원래 물로 덮여 있었으며, 모든 최초의 종은 물에서 나왔다고 믿었다. 마른 땅은 대양이 줄어들면서 드러났고, 동물군과 식물상이 대지로 퍼져나갔으며 점점 개체수가 늘어났다.

이러한 과학적 발견들이 도전받지 않은 것은 아니다. 역사 기록가인 올로프 달린*Olof Dalin*은, 셀시우스의 원칙에 따라 스웨덴의 최초의 지형을 복원하고, 스웨덴에서는 세계 창조 이래 (바로 역사가 시작된 것이 아니라) 2/3 시기가 지난 후 비로소 사람이 살기 시작했으며, 그것도 아주 작은 군도로서 출발했다고 결론 내렸다. 이로 인해 그는 왕국의 품위 모독 혐의로 스웨덴 의회로부터 고발당했다. 일련의 흥미로운 실험들이 아보(Äbo, 오늘날 핀란드 공화국의 투르쿠) 대학교 연구진에 의해 수행되었는데, 그들의 조사결과는 요한 브로왈리우스*Johan Browallius* 주교가 해양 수축론자들을 공격하기 위해 사용한 실증적 증거들을 주로 이용하였다. 야콥 가돌린*Jakob Gadolin*은 마을로 들어서는 강의 어귀를 방어하는 성의 해발고도를 측정했다. 셀시우스 가설을 적용하면, 중세 기사들이 성 입구까지 반드시 물속을 헤치며 걸어갔을 것이라 추정되며 성의 해발고도는 이 사실을 입증하였다. P. A. 갯*Gadd*은 바다 가까이 자라고 있는 일련의 소나무 나이테를 측정하여 현대의 과학적 나이테 연대측정법의 창시자가 되었다. 셀시우스에 의하여 제안된 가설에 따르면 소나무들은 바다 밑에서 성장이 시작되었다는 것을 보여준다. 1765년 핀란드의 지적 측량 책임자인 에브라임 루네바리*Efraim O. Runeberg*는 땅과 수위의 관계를 확실하게 측정할 수 있는 어떤 고정점도 없다고 주장하였다. 허턴의 동일과정설을 예견하면서, 루네바리가 지각의 큰 변동은 작은 변동과 똑같은 원인에 기인하고, 지진에 의해 방출된 힘이 암반을 천천히 그리고 격변을 초래하는 일 없이 융기시켰을 것이라고 주장했다.

역사적 시간으로부터 지질학적 시간을 분리시키는 것은 해안선 이동에 관한 연구에서 중요한데, 이런 시도는 18세기 말에 나타나기 시작했다. 이리하여 18세기 말에 육지의 대부분이 한때 또는 종종 몇 번씩 바다 밑에 존재했었다고 보는 견해와 현재는 과거를 푸는 열쇠라는 동일과정설의 원리가 전반적으로 수용되었다. 육지 융기와 해역의 축소에 관한 문제가 일종의 지역 현안이었던 북유럽은 19세기 초에 지질학 연구의 국제적인 탐사지역으로 주목받았다. 포메라니아 사람인 레오폴드 폰 부흐Leopold von Buch는 1806년과 1808년 사이의 스칸디나비아 육지 융기에 관해 연구한 뒤, 바다의 평형으로 인해 수위가 하락할 수 없었기 때문에 육지가 융기하는 것이 틀림없다고 결론을 내렸다. 그는 또한 스웨덴이 노르웨이보다 더 많이 솟아올랐고, 남쪽보다 북쪽이 더 많이 융기했다고 추정했다. 찰스 라이엘은 1834년에 스웨덴을 방문했고, 해안 이동에 관한 그의 관찰이 이듬해 『원리Principles』 4판에 실렸다. 그는 이미 1830년의 초판에서 바다가 감소한다는 학설을 무시했으며, 더 나아가 노를란트Norrland 해안을 따라 답사한 뒤, 그는 육지 융기 설명의 타당성과 거대한 바위 덩어리들을 먼 거리까지 운반할 수 있는 얼음의 엄청난 힘을 확신하였다.

또 다른 영국 지질학자들 역시 지구 생성에서 빙하가 끼쳤던 역할에 대해 주목하고 있었다. 제임스 허턴은 이전 시기의 거대한 빙하의 존재를 암시하였다. 로버트 제임슨Robert Jameson이 에든버러 강연에서 이전 시기의 스코틀랜드 빙하의 입증 가능성을 넌지시 언급하였고, 광물학자 젠스 에스마르크Jens Esmark가 1826년에 출판한 보고서는 노르웨이에서 최근에 어마어마한 빙결이 진행되었으며, 이전 시기의 빙하 흔적은 심지어 덴마크에서도 확인할 수 있다고 강조하였다. 북부 독일 평원에서 발견된 명백히 노르딕 지역에서 이동해 온 것으로 보이는 수많은 바위 조각과 둥근 돌의 파편들은 라인하르트 베른하르디Reinhard Bernhardi로 하여금 선사시대의 빙하 존재 가능성을 연구하도록 자극하였다. 『빙하연구Etudes sur les glaciers』(1840)를 통해 유럽 빙하

시대설을 전면적으로 발전시켰던 인물은 다름 아닌 스위스 고생물학자 장 루이 아가시*Jean Louis Agassiz*였다. 열정적이면서 자신의 주장을 전파시킬 재능을 겸비하였던 아가시는 그의 스승인 조르주 퀴비에*Georges Cuvier*의 격변설 논쟁을 쇄신하려 한다는 의심을 불러일으켰다. 찰스 라이엘은 표류설의 옹호자로 남았다. 표류설은 빙하로 인해 발생한 표석(漂石)*들이 녹아내리는 빙산 때문에 해저에 축적되어 왔고, 그 후에 융기로 인해 지면 위로 올라왔다는 학설이다. 그래서 표류설은 널리 빙하작용의 전면적인 확장을 촉발시켰을 것으로 보이는 엄청난 혹한 기후가 그 전에 있었다는 어떤 추론도 거부한다. 로더릭 머치슨*Roderick Murchison*은 1842년 지질학회 연설에서 대부분의 영국 지질학 연구소들이 느꼈던 불안감을 다음과 같이 요약하였다.

> 제네바 호수의 거대한 깊이 파인 틈새 골chasm과 마찬가지로 스위스의 가장 깊은 계곡들이 이전에 단단한 눈과 얼음으로 채워져 있었다는 아가시의 말을 일단 인정하게 되면, 나는 중도에 멈출 지역을 찾을 수 없을 것이다. 이 가설을 수용하면, 우리는 발트해와 북해를 눈과 얼음으로 가득 채워야 하고, 남부 잉글랜드와 독일과 러시아의 절반을 유사한 얼음판으로 덮어야 할 것이다.11)

이십 년이 지나서, 머치슨은 아가시에게 자신이 틀렸다는 것을 정중하게 인정하고, 이제는 전적으로 빙하설을 수용한다는 편지를 보냈다. 빙하시대라는 아가시의 대담한 개념은 빙하작용의 결과에 대한 실재 관찰 가능한 증거 중심에서 추론의 영역으로 인도했기 때문에 동시대인들에게 충격을 주었다. 미국의 에드워드 히치콕*Edward Hitchcock* 같은 과학자들의 심화된 연구들, 즉 극지 탐험을 통해 얻어진 관측, 시베리아와 북미의 냉동 매머드와 버팔로와 같은 동물의 발견은 아가시의 이론을 더욱더 그럴듯하게 만들었다. 스피츠

---

* 빙하의 작용으로 운반되었다가 빙하가 녹은 뒤에 그대로 남게 된 바윗돌을 말한다.

베르겐Spitzbergen의 바다 속에서 관찰한 북극의 연체동물과 스웨덴에서 발견한 화석 사이의 매우 밀접한 유사성에 근거하여, 스웨덴의 동물학자인 스벤 로벤Sven Lovén은 이전 시기에 한대기후가 스칸디나비아 반도를 휩쓸었을 가능성이 있다고 일찍이 1846년에 결론을 내렸다. 로벤은 스칸디나비아와 핀란드를 덮고 있는 어마어마하게 두꺼운 얼음판이라는 개념을 개진하였고, 그리고 중간에 간빙기가 있는 두 번의 빙하시대가 존재했을 것이라고 주장했다.

1848년에는 로벤의 제자인 오토 토렐Otto Torell이 서부 스웨덴의 보후슬렌 지방에서 역사에 기록될 만한 욜디아 북극 홍합류 화석을 발견했다. 나중에 토렐이 회상했듯이, 당시 유럽 지질학의 대가들 대부분은 빙하설을 극히 회의적으로 보았으며, 스웨덴과 다른 나라의 동시대인과 마찬가지로, 그는 빙하설을 수용하기 이전에 구체적인 현장조사를 먼저 수행해야만 했다. 스피츠베르겐의 연체동물에 관한 1859년 박사논문은, 이전 시기의 북극 지역의 광활한 자연계에 관한 개관과 함께, 처음으로 육지 빙하설을 명쾌하게 설명했다. 스코틀랜드 지질학자인 아치볼드 램지Archibald Ramsay와 거의 동시에, 토렐은 빙하 침식이 지구의 현재 모습 형성에 중요한 역할을 했다는 것을 입증하였다.

홍수설 또는 표류설 옹호자들이 맹렬하게 논쟁을 걸어왔지만, 빙하설과 빙하시대에 관한 견해는 1870년대가 되어서 전반적으로 인정받게 되었다. 1880년대에 바다의 감소 가능성에 대한 해묵은 논쟁이 재개되었는데, 오스트리아의 에두아르트 쥐스Eduard Suess가 이 논쟁을 주도하였다. 쥐스는 『지구의 얼굴The Face of the Earth』(1888)에서 (바다가 암석권과 평형 상태로의 복원을 지향할 것이라는) 해면변화 이론을 논증하였고, 발트해 또는 북해 지역에서 해안 융기의 경향을 찾아볼 수 없고 해수면의 증감 변동은 기후 변화 때문이라고 주장했다. 19세기 중엽부터 스웨덴과 핀란드의 관측소에서 해수면을 매일 관찰한 결과는 정말로 이러한 견해를 뒷받침하는 것 같았고, 그리고 해수면의 지속적인 하강이 보스니아 만 해안선의 변화를 해명할 수 있는 유일한 설명이라고 결론지은 스웨덴의 지질학자 리오나르드 홈스톰 *Leonard Holmstörrr*을 지지하는 것 같았다.

해수면 변화 이론에 반대한, 토렐의 가까운 동료 제라드 드 기어*Gerard de Geer*는 빙하-지각 균형설을 발전시켰다. 이 균형설은 1860년대에 스코틀랜드의 토마스 제이미슨*Thomas Jamieson*이 엄청난 무게와 양의 빙하기가 사라진 후의 지면 상승을 설명하기 위해 처음 주장하였다. 1896년에 드 기어는 이전 시기의 해수면을 주의 깊게 관찰한 뒤, 빙하작용이라는 그의 새로운 개념을 정리한 책을 출판했다. 후기 빙하 점토층들(빙호)에 관한 연구를 심화시켰고, 그렇게 함으로써 퇴빙 시기의 시대구분을 위한 기반을 제공한 사람은 다름 아닌 드 기어였다. 그는 발트해 지역의 얼음 호수에서, 욜디아 해와 안킬루스 호수에 이르는 발트해의 진화 단계를 대체로 다니빙기daniglacial, 고시빙기gotglacial 그리고 피니빙기finiglacial로 구분하였다. 1887년에 헨릭 뮌터 *Henrik Munthe*에 의한 고틀란트Gotland 섬에서의 화석화된 민물 연체동물인 강삿갓 조개라는 안킬루스 플루비아틸리스*Ancylus fluviatilis* 발견으로 후기 욜디아 단계가 확인되었고, 욜디아 해 형성에 선행한 얼음 호수의 개념을 처음으로 제안한 사람이 바로 뮌터이다. 드 기어가 수행한 많은 발견과 측정이 나중에 수정을 거듭하긴 했지만, 그가 1910년 스톡홀름에서 열린 국제 지질학회에서 발표한 4기로 구분한 발트해 지역 역사 개관은 1990년대에도 지질학자들이 여전히 사용하고 있는 틀이다.

바다의 과학적 탐구와 조사 규모는 20세기 들어 엄청나게 증대하였다. 이런 활동의 대부분이 직·간접적으로 국익이나 경제적 이익 때문에 지원받고 있다. 국가들은 17세기에 바다에서의 일반적인 항해술 개선에 적극적으로 관심을 갖기 시작했다. 발트해의 해도 제작은 일찍이 1643년 스웨덴 해군성의 후원으로 시작되었다. 영국과 덴마크가 처음으로 발트해를 조사한 것은 17세기 말이었다. 옌스 쇠렌센*Jens Sørensen*이 덴마크 해역의 해도를 제작하는데 30년이 걸렸고, 해도 완성 이후 왕실함대만 사용할 수 있었다. 그러나 국가가 바다의 탐험에 실질적으로 깊숙이 관여하기 시작했던 것은 지정학(地

政學), '공해' 이론, 제국의 팽창 시대인 19세기 말이었다. 제2차 세계대전 이후, 바다에서의 국제공조는 큰 진전을 이룰 수 있었다. 국가 안보와 상업적 이익이 의제를 여전히 압도했지만 말이다.

19세기에 이루어진 바다의 과학적 '발견'이 당연히 20세기의 해양과 해저 자원의 개발에 중요한 실질적인 영향을 주었다. 수많은 과학기구와 위원회가 해양환경을 지속적으로 들여다보고 있으며, 세계 대양들의 일체를 다룬 연구서는 방대하고 계속 추가되고 있다. 그러나 역설적으로, 이 엄청난 지식의 증대가 북쪽 바다에서의 실제적인 경험 감소와 대중 인식의 변화를 배경으로 진행되고 있다. 지금은 항해를 생계수단으로 삼는 사람들은 훨씬 줄어들었고, 배와 증기선은 19세기에 그랬던 것처럼 더 이상 사람들의 상상력을 사로잡거나 언론의 주목을 받지 못한다. 바다는 또한 다른 측면에서도 뒤로 밀려났다. 네덜란드와 같은 아주 특별한 경우를 제외하고, 발명하고자 하는 국가의 역사와 정체성과 같은 특성을 식별하는 것은 그 나라를 접하거나 둘러싸고 있는 바다라기보다는 다름 아닌 육지로부터 나온다. 예를 들어, 4권으로 된 오울 펠드벡*Ole Feldbæk*의 덴마크 정체성을 다룬 연구서에서 땅과 농부에 대해서 엄청 세세하게 다루어지지만, 바다에 대해서는 거의 아무것도 언급되지 않고 있다. 그러나 J. G. 콜*Kohl* 같은 19세기 중엽의 관찰자에게, 덴마크를 정의하고 형성한 것은 바다였다. 즉 덴마크 전역을 답사한 후 집필한 그의 책은 바다에 관한 관찰로 가득하다. "하나가 된 바다와 분리된 육지"라는 T. C. 스마우트*Smout*의 17세기 스코틀랜드에 관한 설명은 광활한 해안을 갖고 있는 북유럽의 수많은 다른 나라들에 적용될 수 있었다.[12] 네덜란드 공화국과 영국과 같은 해양 강국에게, 바다는 국가 번영과 안보의 요체였다. 1707년 해이버샴 경*Lord Haversham*은 "경애하는 선원들은 함대의 생명이며, 여러분의 함대가 곧 무역의 안전과 보호를 보장하고, 이 둘은 영국의 부, 힘, 안전이자 영광으로 연결된다"고 일갈했다.[13] 덴마크, 스웨덴, 러시아, 심지어는 아주 작은 쿠를란드*Kurland* 공국의 정부조차도 17세기와 18세기에 해상 무역을 촉진하고 양성시키기 위해 엄청나게 노력하였다. 1650년과

1800년 사이 영국의 공문서 일정을 대충 훑어보더라도 국사(國事)의 얼마나 많은 부분이 해군과 해양관련 업무로 구성되어 있었는지 알 수 있고, 그리고 지식 협회 학술지를 정독하면 바다와 해양생물에 대한 친숙한 인식과 한결같은 매력을 발견할 것이다. 환언하자면 바다는, 유럽의 북쪽 바다들 주변에 살고 있는 사람들의 일상생활에서 중요했고 시공간적으로 아주 가까운 존재였다. 이런 바다는, 실제적인 일상의 경험이 아니라 가물가물한 유년의 기억과 빛바랜 낭만주의적 이미지가 바다에 대한 우리의 비전을 형성하는, 소위 '컨테이너화' 시대에, 가물가물 사라졌다.

2장

바다들과 씨름하기

핀란드 투르쿠의 가장 높은 구릉지 중 하나, 중세 대성당이 내려다보이는 그곳에 올라가면 기원전 5000년에 세워진 해발 고도 표석이 있다. 그 시절부터 오늘날까지 해발 고도는 수시로 측정되었고, 그 측정치는 강에 잇닿은 가파른 돌투성이 경사면 곳곳에 세워진 또 다른 표석들에 새겨져 있다. 이들 측정치에 따르면 기원전 5000년 이후로 해수면은 50미터쯤 낮아졌다. 여기서부터 남서쪽으로 천마일 정도 떨어진 지역으로 시선을 돌려보자. 그곳에는 네덜란드 노르트홀란트 주의 비옥한 간척지가 펼쳐져 있다. 간척지는 진입로와 거대한 제방 사이에 놓여 있고, 제방은 바다를 가로질러 멀리 프리슬란트 주까지 30킬로미터나 뻗어 있다. 이 간척지에 처음 와 본 사람은 눈앞의 모든 땅이 제방에 찰랑대는 조이데르 해의 해수면보다도 몇 미터쯤 아래 있다는 사실을 알고서 아찔한 기분에 사로잡히곤 한다.

이 두 가지 사례는 발트해와 북해의 형성 과정에서 나타나는 양극단의 상황을 명확히 보여주는 것일 수 있다. 즉 보스니아 만 해안지역은 내륙 융기 현상으로부터 지속적 영향을 받고 있는 반면, 바다에 맞서 육지를 넓히려는 인간의 노력도 나타나는 바, 이 경우에는 특히 조이데르 해의 간척사업이 가장 웅대한 사례로 꼽힐 만하다. 이 장에서 우리의 주된 논제가 되는 것은 육지와 바다의 경계지역에서 이루어지는 인간과 자연환경의 상호작용이다.

땅과 물을 가르는 선은 결코 고정되어 있지 않다. 오히려 그 선이 -외지인에게는 눈에 잘 띄지 않겠지만- 일련의 국지적 경계선들이 변화를 거듭하기에 조금씩 바뀌어나간다. 대(大) 플리니우스*Plinius*는 조수 간만이 하루 두 차례 일어나는 프리슬란트 해안의 수변환경에 관해 기록할 때 그런 지역을 육지라 할지 바다라 할지 종잡지를 못했다. 로버트 어스킨 차일더*Robert Erskine Childer*의 소설 『모래톱의 수수께끼*The Riddle of the Sands*』(1903)에 나오는 선장 캐러더스*Carruthers*도 바덴 해 모래톱에서 요트를 띄우려고 애쓸 때 아마 비슷한 의문을 품었으리라.

과거에 바다의 영향은 해안보다 훨씬 더 깊숙한 내륙까지 영향을 미쳤다. 요크나 링컨, 이프르*Ypres*, 겐트처럼 배가 다닐 수 있는 수로 가까이 위치한 내륙 도시는 중세의 주요 항구였다. 그리고 흘수선이 낮은 작은 배*boats with shallow draught*는 -오늘날엔 갈대만 무성한- 작은 개천까지 통과하면서 후배지와 바다를 오가며 재화를 운반했다. 중세 후기부터는 발트해 유역 평야와 삼림의 산물이 서유럽으로 대량 수출되었는데, 이것들은 대개 광대한 후배지의 산물이었고, 발트해 남부 연안에 이를 때까지 넓고 느린 강물을 수백 마일 통과해야 하는 경우도 적지 않았다.

하지만 철도와 도로가 후배지와 해안 사이의 이런 오래된 수로망을 해체시켰다. 물론 그에 앞선 수세기 동안은 하구에 토사가 쌓이고 짐을 가득 실은 선박들의 왕래가 잦았기에 원양 항해선의 내륙항 접근이 어려웠다. 아이더슈테트나 디터마르셴, 동 앵글리어의 잔잔한 바다 위로 부지런히 오가는 견고한 가로돛을 단 폭이 넓은 선박들, 혹은 여름마다 드비나*Dvina* 강이나 비스툴라 강을 따라 내려온 수백 척의 뗏목들과 바지선들, 즉 항해 동안 곡식 화물의 표면층에 싹이 터서 마치 떠다니는 목초지처럼 보였던 그 선박들의 모습을 오늘날 눈앞에 그려 보려면 상당한 상상력이 요구될 것이다.

---

* 로마 제국의 고관으로 조카인 소(小) 플리니우스와 구별하기 위해 대(大) 플리니우스이라 불린다. 박학다식한 인물로 많은 저작을 남겼다고 하나, 오늘날 전해지는 것은 『박물지*Naturalis Historia*』가 유일하다.

바다의 침입 막기

범람이 잦은 저지대 주민들에게는 바닷물을 통제하고 어떤 식으로든 방재 시설을 갖추는 것이 중대한 문제였다. 네덜란드 제방 건축가인 안드리스 피얼링*Andries Vierlingh*은 "밤이고 낮이고 잠들지 않은 채 포효하는 사자마냥 사납게 덤벼드는" "우리의 적, 바다"라는 실감나는 표현을 사용한 바 있다.[1] 네덜란드 육지의 약 40퍼센트는 통상적 만조 해수면보다 낮기 때문에 거대하고 복잡한 제방 및 운하 체계의 보호를 받는다. 이 체계가 붕괴된다면 파국적 결과를 피하기 어려울 것이다. 대홍수로 인한 그런 재난의 가장 최근 예로는 1953년 2월에 일어난 '이그나티우스의 홍수*Ignatiusvloed*'를 들 수 있다. 당시 춘기 만조 현상에 극심한 북서풍이 더해져서 200,000헥타르의 땅이 물에 잠겼으며, 그 결과 140,000채 이상의 가옥과 농장이 피해를 보았고 45,000마리의 가축과 2,000명에 가까운 사람이 실종되었다. 북해 연안의 여타 저지대도 바다의 급습을 받았지만 네덜란드처럼 국가적 차원의 피해를 입지는 않았다(사진 3 참조).

북해 연안 홍수를 연구한 역사학자이자 기상학자인 휴버트 램에 따르면, 해일은 13세기 및 16~17세기에 높은 발생률을 보였다. 램이 1099년에서 1570년까지 발생한 약 30차례 홍수에서 산정된 유실량을 근거로 삼아 계산한 바에 따르면, 북해 지역에서는 최소한 286개 소읍과 마을이 피해를 입었고 150만이 넘는 생명체가 유실되었다.[2] 견고하던 물체가 너무 갑작스레 유동체로 변하기에 피신하거나 대피시설로 옮길 시간이 거의 ―혹은 전혀― 없다는 점, 그것이 해일의 가장 무서운 점이다. 1953년 2월 1일 영국 동부해안에 즐비한 영화관과 댄스홀, 술집에 모여 토요일 저녁시간을 즐기던 수백 명의 사람들은 바깥 거리가 물에 잠기고 있음을 전혀 의식하지 못했다. 방파제가 너무나 갑작스레 무너졌기 때문에 대피할 시간이 거의 없었다.[3] 1200년쯤 전인 838년 성 스테파누스 축일에 거대한 폭풍과 해일이 네덜란드 해안 전역을 초토화했다. 당시 크산텐Xanten 지역의 연대기 작가가 남긴 기록에 따르면, 강풍에 떠밀린 바닷물이 해안을 덮쳤고 갑작스레 밀려든 엄청난 물이 건물을 파괴하고 주민들을 휩쓸고 갔다.4)

홍수가 크게 일어 범람한 지역은 복구에 여러 해가 걸렸다. 영구적으로 바다에 잠긴 경우도 적지 않았다. 엘베 강과 아이더 강 하구 사이의 해안지역은 1216년과 1240년 그리고 특히 1634년 심각한 수해를 입었다. 1634년에는 육지 일부가 바다를 사이에 두고 북부해안과 분리되어 오늘날의 펠보름Pellworm 섬이 되었고, 북부 프리슬란트의 해안선이 상당히 다른 모습을 갖게 되었다. 중세에는 플랑드르와 젤란트 및 홀란드 해안에서 심한 범람이 자주 일어나 조이데르 해의 해안선 및 라인 강과 마스 강 및 스켈트Scheldt 강의 거대한 하구 형성에 결정적 영향을 끼쳤다. 텍셀의 영주 얀 반 블루아Jan van Blois가 1360년대 사냥을 즐겼던 회이즈되이넌Huisduine은 1514년경 작은 섬으로 고립되었고 모래에 덮이지 않는 날이 없는 척박한 땅으로 변했다.5)

해안 주민들이 직면할 수밖에 없는 또 다른 문제는 바람에 날리는 모래였다. 1413년 스코틀랜드 북동부 해안의 마을 포비가 모래폭풍에 휩쓸렸다. 마을이 있던 장소에는 오늘날 약 30미터 높이의 사구(砂丘)가 있다. 네덜란드 해안에서부터 −프리셰 네룽과 쿠리셰 네룽이라 불리는− 좁고 기다란 곶(과거엔 동 프로이센 령이었으나 오늘날은 러시아 령)에 이르기까지의 지역은 점점 더 많은 모래로 덮이는 바람에 사람들이 집과 교회 등을 버리고 떠나야 했다. 유틀란트 반도 북부에는 상태가 변화무쌍해 '비탄의 만'이란 적절한 이름으로 불렸던 장소가 있는데, 19세기 말 이곳에 선박 출항을 돕기 위한 등대가 건설되었다. 하지만 오늘날 이 등대는 완전히 사구에 덮여 바다에서는 보이지도 않는다. 유틀란트 반도 서부 해안의 사구는 지속적으로 내륙을 잠식하거나 내륙 깊숙이 있는 석호들의 좁은 입구를 막아버렸다. 주로 담수호인 이들 석호는 비스툴라Vistula 강 및 네만 강 지류와도 연결되었는데, 이들 석호의 물이 발트해로 흘러나가는 출구는 퇴적물이나 강물에 떠내려 온 모래 때문에 수시로 이동되었다.

그러나 해안 주민들이 가장 주의를 기울였던 문제는 뭐니 뭐니 해도 파도와 조수간만에 대한 대응책이었다. 19세기의 수많은 시인과 소설가는 폭풍과 만조의 극적 광경 및 그 비극적 결과에 매혹을 느꼈다. 시인 진 인질로우 *Jean Ingelow*는 '링컨셔 해안의 만조'에서 영감을 받아 동명의 작품을 썼다(『링컨셔 해안의 만조*High Tide on the Coast of Lincolnshire*』, 1571). 테오도르 슈토름 *Theodor Storm*의 대표작 『백마의 기사*Schimmelreiter*』는 프리슬란트를 무대로 한 유령이야기이다. 프리드리히 슈필하겐*Friedrich Spielhagen*도 1872년 11월 13일 포메라니아 지방을 초토화한 폭풍을 묘사한 바 있는데, 그는 이를 독일 제국 초기의 천박하고 이기적인 금전욕의 파괴적 결과를 상징하는 것으로 그렸다(『해일*Sturmflut*』, 1876). 범람 위협에 항시 노출되어 살아가는 사람들은 부실한 해안 제방을 강타하는 거센 파도 앞에서 침울한 숙명론의 기분에 젖기 십상이었다. 17세기 초의 지형학자 윌리엄 캠던*William Camden*에 따르면, 수많은 양떼를 먹여 살린 비옥한 노퍽Norfolk 습지대는 "포효하는 바다의 거센 파도와 범람으로 인해 시도 때도 없이 혹독한 파괴와 말썽에 시달리기에 고비용의 제방 공사가 멈출 날이 거의 없었다."[6] 1742년 가을철 해일이 북부 독일의 -발트해와는 나지막한 암벽으로 맞닿아 있는- 좁다란 피쉬란트 Fischland 반도의 광대한 지역을 휩쓸고 갔을 때, 메클렌부르크 공국 관리들은 절망을 금할 수 없었다. 기슭은 "믿을 수 없을 만큼 높고, 거친 바다의 힘은 그 무엇도 저항할 수 없을 만큼 강하다."[7] 1998년 8월 영국 의회 내 '동 앵글리어 해안 인접 저지대 농경지 유실 대책 위원회'는 해안 제방의 좀 더 효과적인 정비를 위한 제안서를 작성했다.

해안지역을 안정시키고 바다를 통제하기 위해서는 바다의 작용에만 대응하면 되는 것이 아니라 생명체인 인간 및 동물의 행동과도 씨름해야 했다. 로스토크와 비스마르 및 포엘 섬에서는 건축용 석재·모래·자갈 채취가 마구잡이로 행해져 이들 지역 전체가 소규모 지역 채굴단지처럼 변해 버렸고, 수시로 채취 금지령이 내려졌지만 아무 소용이 없었다. 1846년 레데비쉬의 영주는 메클렌부르크 공국 정부에 해안과 바다에서 석재 채취를 금하는 포고령을 내달라고 요청했다. 레데비쉬 영주 측에 따르면, 암석 채취의 결과 1793년 이후 5헥타르가 넘는 땅이 바다에 잠겨버렸던 것이다. 이런 우울한 상황은 레데비쉬 영지에 국한된 현상이 아니었다. 네덜란드 북해 연안에서 발트해 동부 연안에 이르기까지 행정 관료들의 보고에 따르면, 사구의 풀을 소에게 먹이거나 침식을 막기 위해 박아놓은 말뚝을 훔치거나 베어가는 경우, 또 모래침식을 막으려 조성한 풀밭에서 아이들이 뛰노는 경우가 허다했다. 16세기에 덴마크 왕실은 리베Ribe와 스카겐 사이의 사구에서 자라는 식물을 베거나 해치는 행동을 금했으며, 이렇게 해서 유틀란트 반도의 노출된 해안선에서 나타나는 모래 침식 현상을 막으려 했지만, 이런 노력은 효과를 보지 못한 것 같다. 모래바람으로 마을이나 정착지가 파괴되었다는 보고 횟수가 지속적으로 늘었으니 말이다.

바다의 침입을 막는 데는 아주 다양한 기술과 재료가 사용되었다. 네덜란드에 세워진 가장 초기의 제방은 흙을 다져 만든 나지막한 둑이었는데, 이는 주로 성장기의 곡식을 만조로부터 지키기 위해 설계된 것으로 겨울철 해일은 막아낼 수 없었다. 13세기에는 노르트홀란트로 진흙 제방이 도입되었다. 흙으로 제방을 쌓은 후 바닷물과 접하는 쪽에 진득거리는 진흙을 발랐고, 시간이 지나면 그곳에 해초가 무성히 자랐다. 바다로 면한 쪽을 돌이나 벽돌로 보강하면 제방은 더욱 튼튼해졌다. 나무말뚝으로 보강된 제방은 쌍각연체동물의 서식으로 쉽게 손상되었다. 그 손상이 얼마나 큰지는 1732년 해일이 지나간 후에 드러났다. 서부 프리슬란트의 조사위원회가 "엄청난 벌레 떼의 서식"으로 인해 수많은 말뚝이 약해졌음을 알아낸 것이다. 타르를 칠한 말뚝에 덧칠하는 것은 효과가 없었다. 부식된 말뚝은 석재로 대체되어야만 했다. 하지만 그러기 위해서는 엄청난 비용이 소요되었다. 예를 들어, 발허러의 제방은 1732년부터 1790년까지 완전히 교체되었는데, 그 비용으로 2백 7십만 길더가 소요되었다.[8] 시간이 흐르면서 새로운 제방 체계가 고안되었는데, 이는 흙벽 가에 돌로 된 옹벽을 비스듬히 잇대는 형태였다.

생물학적 방법에 의한 해안방제는 비용이 훨씬 적게 들면서도 종종 훨씬 더 높은 효율성을 보여주었다. 17세기 초 노르트홀란트의 칼란트소그와 회이즈되이넌 사이의 해변에는 모래바람을 막기 위해 갈대로 엮은 울타리가 세워졌다. 하지만 5년도 안 되어 사구가 형성되자, 서부 프리슬란트 여러 마을과 홀란드의 노르트크와티어 주민들은 -암스테르담의 재정지원을 받는 가운데- 협업으로 4미터 높이의 제방을 쌓았다. 이때 거머리말 해초가 흙을 뭉치는 데 집중적으로 사용되었다. 쥘트 섬이나 메클렌부르크 해안처럼 모래 침식이 심한 지역에서는 갯보리사초 등의 씨앗을 뿌려 얼마간 성공을 거두었다.

호안시설의 관리는 항시적으로 수행되어야 하며 비용도 많이 든다. 거기에는 해안을 따라 거주하는 주민들의 신중한 조직편성과 협력 또한 요구된다. 저지대국가들에서는 11세기 이래로 간척된 땅을 보호하고 유지하는 구역들이나 단체들이 존재하고 있었다. 이러한 지방 주도의 통제 형식은 1790년대에 프랑스가 이 지역을 점령할 때까지 표준적인 것으로 남았다. 1790년대에는 프랑스 혁명의 중앙집권 원리에 따라 호안 관리와 행정을 책임지는 정부 부서가 설치되었다. 영국에서는 호안과 수해방지를 책임지는 당국이 하나가 아니라 여러 기관의 기묘한 융합체로 구성되었다. 도로시 서머즈 *Dorothy Summers*는 1953년 홍수에 관해 논하면서 영국의 그런 상황을 간략히 설명한 바 있다.

> 런던 및 템스 강 주변의 상황은 그 밖의 많은 곳보다도 훨씬 더 복잡했다. 런던 카운티 아래의 하안지역은 에식스 및 켄트 주의 하천관리위원회River Board*의 책임 아래 있었다. 런던 카운티 및 이스트 햄과 웨스트 햄의 특별시들 내에서는 런던 카운티 의회와 웨스트 햄 특별시 의회, 이스트 햄 하수위원회 및 리 강 유역 관리단이 홍수방재 관할권을 가졌다.

---

* 1950~1965년 잉글랜드와 웨일즈에서 하천의 홍수, 어업, 오염 등을 관리했던 지방자치 기구.

런던 항무청은 부두 근처 30마일(48킬로미터) 내의 방재시설 관리에만 책임을 졌다. 여타 템스 유역의 홍수 관리 책임은 특별시인 반즈, 브렌트 퍼드, 치스위크, 헤스턴, 아일워드, 리치먼드 및 트위크넘에 있었다. 홍수 방재를 총괄하는 의무나 권리는 그 어느 기관에도 인정되지 않았다. 그리하여 이 지역에서는 주목할 만한 홍수 방재 시설이 거의 없었다.9)

1930년 이전까지 영국에서는 배수와 홍수 방재로 이익을 얻으리라 기대하는 사람들이 그 비용을 조달했다. 많은 소규모 해안 공동체에게 이는 과중한 부담이 되었다. 1930년 토지배수법Land Drainage Act이 발효되어 고지대의 카운티들도 예외로 인정하지 않는 총괄조세체제가 만들어졌지만, 농지의 경우는 감세 혜택을 받았기에 이 조치의 효과가 상당히 약화되었다. 농업부는 홍수 방재에 소요되는 비용을 지원할 권한이 있었지만, 여전히 '가능한 한 견뎌보기'가 일상적 관행으로 유지되었다.

　동부 잉글랜드는 홍수 통제를 관할하는 기관이 융합체로 구성되어 있던 유일한 지역은 아니다. 메클렌부르크의 상황도 상당히 유사했다. 독일이 통일을 이루어 프로이센 당국이 여러 공국들에서 좀 더 효율적인 조치를 취하기 시작한 후에도 상황은 크게 달라지지 않았다. 1903년 메클렌부르크 주정부의 노동부 장관은 해안방재 수준의 암담한 현실에 관해 언급한 바 있다. 당시 가장 효율적인 해안방재 형식은 사구의 형성이라 생각되었는데, 이 사구 형성을 도울 만한 해안 모래밭의 조성작업이 시작되기조차 어려웠다. 1918년까지 메클렌부르크 해안선의 관리 책임은 사실상 여러 기구에 분산되었다. 1918년 독일혁명이 일어나고 나서야 지역 관리와 지주 귀족과 마을 주민으로 책임 권한이 삼분되어 있던 관행은 없어졌다.

파도와 더불어 살기

바다와 해안은 홍수 및 침수에도 불구하고 아주 먼 옛날부터 인간에게 정착을 유혹했다. 빙하기가 지나자 기후는 점점 따뜻해졌고, 삼림이 울창해졌고 그리하여 석기시대 인의 수렵대상인 동물들의 개체수와 사냥범위가 한계에 도달했으며, 생태 환경적으로 생물다양성을 유지하는 북쪽의 해안들이 새로운 생활터전을 모색하는 사람들에게 매력적인 장소로 부각되었다. 특히 주거에 적합한 좁은 만이나 강어귀, 석호와 피오르드는 다양하고 풍부한 생태계를 제공했다. 발트해 서안의 피오르드와 하구 퇴적지에서는 기원전 5천 년의 것으로 추정되는 조개더미가 발견되곤 하는데, 이는 당시 −이런 유적지가 최초 발견된 덴마크의 장소 이름을 따서 이 시기는 '에어더뷜레Ertebølle* 시대'라 불린다− 이 지역에서 사냥과 채집 활동이 수행되었음을 입증한다. 또 다른 증거에 따르면, 당시의 다양한 어로기술은 여러 지역에 걸쳐 친화성을 보여준다. 대구와 청어, 고등어, 연어, 장어, 넙치, 가자미, 작은 가자미 등이 잡혔으며, 그 밖의 작은 물고기류도 잡았지만 이는 소비용이기보다는 낚시용 미끼로 사용되었던 듯하다. 돌고래와 고래도 사냥되었고, 조개가 채취되었으며, 새는 올가미로 사냥되었다. 포식용이나 가죽 채취용으로 잡힌 육지 포유동물의 뼈 또한 이런 유적지나 그와 유사한 장소에서 발견되었다.

이런 곳이 항구적인 정주지였는지 아니면 계절적 거주지였는지, 그리고 곡물이 해안가에서도 재배되었는지 아니면 물고기나 기타 해산물과 교환되어 멀리 내륙으로부터 수송되었는지에 관해서는 고고학자들 사이에 다양한 견해가 제시되었다. 후기 신석기 시대에는 네덜란드의 해수 소택지와 해안 사구 및 내륙, 그리고 하안 진흙지대와 이탄지대에 사람들이 살았는데, 이런 정주지에는 농업경제의 흔적이 남아 있다. 흔히 '블라딩겐Vlaardingen** 정주

---

* 스칸디나비아 특유의 전기 신석기 문화가 꽃피웠던 시대(기원전 5300년경~기원전 3950년경).
** 이런 유적지가 최초 발견된 네덜란드의 도시 이름.

지'라 불리는 이런 장소는, 환경을 지배하여 습지를 농경지로 바꾸려 한 초
기 정주민들의 선구적 시도를 보여준다. 그렇지만 북해 연안 저지대의 이
초기 정주민들은 해수면 상승으로 인해 그 장소를 떠날 수밖에 없었던 듯하다.

네덜란드의 아세델버 폴더 프로젝트*의 발굴 보고에 따르면, 기원전 9세
기에는 해수면이 육지보다 낮아졌고, 이때 사람들이 생성 중인 습지로 이주
했다. 처음에는 야생의 식량을 채집하기 위해서였고, 나중에는 가축의 목초
지로 사용하기 위해서였다. 기원전 800년경에는 가장 건조한 지역, 흔히는
조류세곡**의 둑 위에 정주지가 형성되었다. 기원전 5세기에는 베저 강과
라인 강 사이 늪지 해안으로 프리슬란트 인의 선조로 알려진 사람들이 북방
에서 이주해 왔다. 이들은 이 지역에 넓이 2~20헥타르, 높이 4~10미터의 인
공 언덕을 조성했다. 19세기 말 스코틀랜드 의사인 로버트 먼로Robert Munro
가 호수 정주지의 탐사를 시작했는데, 당시 그가 들은 바에 따르면, 현지에
서 '테르프terp'라 불리는 이런 정주지는 서부 프리슬란트에도 150개가량 있
었다고 하며, 더 멀리는 '와르프Warf', '우르트Wurth', '위르드Wierd' 등의 이름을
갖고 동부 해안까지 형성되어 있었다고 한다. 20세기 초 네덜란드 고고학자
A. E. 반 기펜van Giffen은 에징에Ezinge를 탐사하여 기원전 300년부터 서기
1300년까지 이곳에는 6개의 주요 정주지가 생성과 해체를 거듭했음을 밝혀
냈다. 가장 초기의 정주지는 그저 평지의 가옥 하나와 헛간으로만 구성되었
다. 후일 바로 이곳에 인공 언덕이 형성되고 지속적으로 확장되었지만, 나
중에 제방이 건설되자 언덕은 정주지 보호물로서는 불필요한 것이 되었다.
기펜은 가장 초기 정주지에서 목축이 이뤄졌다는 증거도 찾아내어 19세기
미국 역사학자 존 로스러프 모틀리John Lothrop Motley의 주장을 흔들어버렸다.

---

* 아세델버Assendelver는 암스테르담에서 북서쪽으로 20킬로미터 거리에 있는 지역
  이고, 폴더Polder는 네덜란드 해안의 간척지를 가리키는 말이다. 아세델버 폴더
  프로젝트는 이 간척지에서 이뤄진 고고학적 발굴 프로젝트이다.
** 강물이 바다로 흘러드는 부분 중에서 특히 조수간만의 영향을 크게 받는 좁은
   수로.

모틀리는 "바닷물에 쓸리는 흙 위에 비버처럼" 인공 언덕을 쌓은 정주민은 "물고기나 잡아먹으면서 참담하게 살았다"고 주장했던 것이다.[10] 1950년대 독일 브레머하펜 북부의 염분소택지 페더젠 비르데에서 철기시대 정주지가 발굴되었는데, 이 발굴에서도 그 지역이 주로 방목지로 이용되었다는 증거가 발견되었다. 즉 철기시대에 이곳에서는 특화된 산물이 생산되었고, 그것이 목재나 도기 등과 교역되었던 것이다. 이런 농경 정주지는 −1951~1953년 엠덴 센터의 베르너 하르나겔Werner Haarnagel이 최초 발굴한− '교역 테르프'와는 형태와 구조면에서 차이가 있었다. 하르나겔이 발견한 것과 유사한 교역 테르프는 네덜란드 흐로닝언Groningen 서부의 야데부젠(현재는 독일지역)과 −이제는 완전히 마른땅으로 변한− 미델제Middelzee 근처에도 있었다.

해안을 간척하기

습지대에 정주하려면 범람 방지와 식수 확보 및 자원의 완전한 개발을 위한 엄격한 집단적 기강이 확립되어야 했다.[11] 1000년경 네덜란드에서 시작된 습지의 범람 방지도 집단적 기강과 노력을 필요로 했다. 간척 사업의 주된 동기로 작용한 것은 점증하는 인구의 압박 및 그에 따른 경작지 증대의 필요성이었다. 일리Ely나 위트레흐트의 주교 같은 성직자들, 플랑드르나 홀란드 내 카운티의 영주들은 사업 초기부터 능동적으로 참여했지만, 노역은 지역 주민들의 몫이었다. 13세기에는 링컨셔 습지대에서 데인로Danelaw*에 속한 수백 촌락의 주민들이 배수 작업과 제방건축에 공을 들였다. 이들은 '로마 제방'이 있는 해안까지의 늪지와 내륙 쪽의 소택지에서 이런 공사를 벌였다. 해침 방지를 관리할 감독관들이 선출되었고, 새로이 간척된 땅들이 보

---

* 잉글랜드에 침입·정주한 바이킹 계의 데인 인이 시행한 법률명이지만, 이 법의 지배를 받았던 잉글랜드 북동부 지역.

베이트(bovate, 1보베이트는 약 20에이커) 단위로 분할되었으며, 감독관들은 1보베이트씩 할당을 받아 제방 유지와 보수의 책임을 졌다. 8년이 채 못 되어 50평방 마일 가량의 땅이 보스턴과 웨인플리트 사이 로마 제방에 위치한 군구townships에 추가되었다. 오늘날 이 지역의 도로와 소로들이 몹시 구불구불한 것은 바다와 간척지 사이의 경계선이 남긴 흔적이며, 또 이제는 바다에서 수 마일이나 떨어진 내륙 지역에 비커 헤이븐Bicker Haven이나 모울턴 시즈 엔드Moulton Seas End 같은 이름이 붙은 것은 과거 그 지역에 해안선이 있었음을 말해준다.[12]

북해의 다른 편에서는 홀란드의 백작들과 위트레흐트의 주교들이 임자 없는 황무지에 대한 통제권을 주장했고, 매년 일정한 소작료를 받는 대가로 소작농들에게 토탄지를 빌려주었다. 좁다란 땅뙈기가 제방이나 둑에서 소택지 방향으로 길게 확장되었고, ─간척 사업이 일정 정도 진행됨에 따라─ 마을들이 둑 위에서 간척된 땅 한가운데로 옮겨가는 경향을 보이기 시작했다. 1300년경에는 홀란드 남부와 위트레흐트 서부의 광대한 소택지가 해수 방어시설로 둥그렇게 둘러싸였다. 이 지역은 여러 개의 해수 관리구역으로 엄격히 구획되었고, 대개는 지역 영주들이 각 구역을 할당받아 감독권 및 감독관 임명권을 갖고서 제방의 보수 관리에 책임을 졌다. 플랑드르 해안으로부터 프리슬란트 북부에 이르는 지역에서도 유사한 자치조직이 운영되었던 것으로 보인다.

간척 방법은 다양했다. 해안 개펄은 통상 수로를 만들고 퇴적물을 청소하고 제방을 쌓는 방식으로 간척되었다. 날마다 간조 때면 드러나는 해변 개펄 ─이를 네덜란드어로는 '와덴wadden', 독일어로는 '바트Watt', 덴마크어로는 '바데vade', 영어로는 '워시Wash'라 불렀다─ 에서 물을 끌어내면 해상 점토라는 것이 남았다. 이 점토지는 배수를 위해 섶보호공brush work*에 둘러싸인 다수 구간으로 분할되었다. 섶보호공에는 작은 틈이 많아 바닷물을 흘려보

---

* 침수를 막고 배수를 원활히 하기 위해 섶(잡목)으로 만든 구조물.

낼 수 있었다. 각각의 구간들에는 수로를 내서 바닷물을 흘려보냈고, 연중 1~2회에 걸쳐 수로의 퇴적물을 청소했다. 다소 시간이 걸리기는 하지만, 염수식물을 생장시켜 개펄의 소택지화를 촉진시키는 방법도 사용되었다. 이런 방법이 해안 가까이로도 보급되자, 여름 폭풍을 막기 위해 건설된 나지막한 '여름 제방zomerdijk'만으로는 충분하지 않게 되었다. 간척지를 항구적으로 유지하기 위해 여름 제방이 더욱 든든한 제방으로 대체되었다.

내륙 소택지 배수 작업에 의해 형성된 간척지에는 통상 제방을 둘렀고, 물은 완전히 뺐냈다. 가장 초기의 간척 사업에서는 중력을 이용한 배수장치가 사용된 듯하다. 그것은 양동이들이 줄이어 있는 물푸레 바퀴를 인력이나 축력에 의해 돌리는 방식이었다. 풍차가 최초로 언급된 때는 13세기인 바, 그것은 근동에서 전래된 기술이었다. 풍차는 원정에서 돌아온 십자군에 의해 전래되었을 가능성이 있지만, 16세기 네덜란드 인들에 의한 혁신적인 기술적 진보가 있기까지 풍차는 크기도 작고 비효율적인 도구에 불과했다.

1000년경부터 북해 주변 여러 저지대에서 착수된 간척 사업들에는 상대적으로 건조하고 따뜻한 기후가 상당히 유리한 조건을 형성해 주었다. 중세 말에 이르자 조건이 현저히 악화되었고, 폭풍 해일이 야기한 조건악화는 우기로 심화되었다. 1494년, 홀란드 정부가 해침 방어 상황에 대한 집중적 조사를 실시했다. 당시 관리책임자들의 우려 섞인 보고에 따르면, 제방 곳곳이 침수 피해를 입었고, 보수와 유지에는 많은 비용이 소요되었으며, 또 조이데르 해안 및 하를레메르메이르Haarlemmer Meer의 동부 연안을 따라 적지 않은 토지가 유실되었다. 15세기 동안에는 홀란드가 내전에 휩싸인 결과 수많은 풍차가 유기되었고, 간척지의 막대한 부분이 다시 물에 잠겼다. 해수 범람으로 이 지역 주민이 대량으로 빠져나가자 제방 수리를 위한 노동력이 부족해졌고 간척 사업도 지연될 수밖에 없었다. 제방 붕괴가 우려를 금할 수 없을 만큼 증대했고, 해안선이 갑작스레 변한 때문인지 많은 땅이 침수된 하구퇴적지에서는 조류의 변화현상이 나타났다.

더욱이 네덜란드에서는 간척공사를 했던 토탄지대에서 부작용이 나타났다. 즉 토탄이 건조하여 수축되자 육지 높이가 더 낮아졌고, 제방과 배수시설의 항구적 관리와 보수작업 또한 필요해졌기 때문이다. 강물의 범람에서 간척지를 보호하기 위해 댐과 횡단제방zijdwindediken이 건설되었다. 그런 곳 중의 하나는 발 강과 마스 강 사이의 지역인 그로테 와르트였는데, 강물 사이의 이 고립된 땅 전체가 거대한 제방 체계에 의해 보호를 받았다. 이 지역의 항구인 도르트레히트는 방대한 중부 유럽 하천계의 머리 부분에 위치한 곳으로, 여기서는 많은 양의 곡물과 목재와 생선 및 라인산 백포도주의 교역이 이뤄졌다. 연료용 토탄의 채굴은 제방을 약화시켰기에 이를 억제하려는 노력이 있었지만 큰 효과를 거두지는 못했다. 간척지 관리위원회는 이 문제를 둘러싸고 불화를 겪었으며 그 때문에 기능이 약화되었다. 좁은 수로들이 많은 그로테 와르트는 범람 방지에 아주 취약했다. 성 엘리자베스 축일인 1421년 11월 18일 해일로 인해 제방이 부서졌고, 파손된 틈으로 발과 마스 강물이 흘러들었다. 광대한 그로테 와르트 지역—오늘날 비스보스의 갈대숲이라 불리는 곳—이 바다에 잠겼고, 도르트레히트 항은 조그만 섬 모양으로 고립되었다. 더욱이 폭풍이 자주 몰아쳐서 물에 잠긴 땅을 복구하는 작업도 계속 지체되었다.

간척은 바다로 물을 배출하는 데도 심각한 영향을 주었다. 프리슬란트 해안의 미델제 같은 작은 만은 제방 건설로 점차 폐쇄되었으며, 그 결과 예전에는 울타리로 보호된 하구퇴적지로 배수를 했던 지역들이 이제 새로운 배수구를 모색해야만 했다. 반면 제방이 없는 해안에는 조수로 인해 모래언덕이 형성되었다. 이제는 —종종 보수상태가 형편없는— 제방과 배수로 관리만이 중요한 것이 아니라 증대하는 배수량의 문제도 처리해야 했다. 해수면은 높아지는 반면 토탄지대는 건조될수록 낮아졌기에 주요한 모든 강어귀마다 제방이 건설되었고, 그로 인해 홀란드는 바다로부터 분리되었다. 그에 따라 —이제 막 그들 나름의 산업에 집중하기 시작한— 내륙 마을과의 해상교역 및 하상운송이 방해를 받았다. 그와 동시에 일련의 새로운 타운이 형성되었다. 그것은 해로와 내륙수로를 잇는 환적장 근처 제방에 형성된 도시

로 엥크회이젠Enkhuizen과 호른Hoorn, 에담Edam, 암스테르담 등이 그런 곳이었
다. 제방으로 인해 바다로 연결되는 주요 통로가 막히자 암스테르담은 이익
을 누렸다. 암스테르담의 에이Ij 강은 막혀 있지 않았기 때문이다. 하루 2차
례 일어나는 조수현상 덕분에 강의 운하들이 청소되었고 마을부두에서 먼
바다로 나갈 수도 있었다. 또한 암스테르담은 암스텔 강을 거쳐 내륙으로
접근할 수 있었고, 운하망 덕분에 홀란드와 젤란트의 모든 수공업 중심지
및 인구 집중지와 연결되었다.

오늘날 조이데르 해로 알려진 곳의 서안 항구들 역시 반사이익을 누렸는
바, 한때 번영을 누렸던 동부 연안 에이셀의 도시들이 하천 퇴사로 인해 심
각한 질식 상태에 내몰렸기 때문이다. 1416년 캄펜의 앞바다에는 120척의
선박이 정박했고, 15세기에는 번영의 정점에 올라 그 인구가 12,000명 이상
에 달했다. 캄펜에서는 1년에 세 번 정기시가 열렸고, 멋진 공공건물이 줄지
어 있었으며, 북부의 모든 네덜란드 도시들을 능가하는 규모의 선대도 있었
다. 이런 캄펜이 당시 포르투갈에서 발트해에 걸친 네덜란드 무역을 지배했
다. 캄펜보다 작은 규모지만 그 못지않은 번영을 누린 이웃 도시 스타보렌
Stavoren에서는 문의 빗장과 지붕의 풍향계를 금으로 만들었다는 얘기도 전해
진다. 스타보렌 항구 바로 앞에는 브로우웬산드(여인의 모래)라는 이름의
모래톱이 있는데, 이는 어느 여인에 관한 전설에서 유래한다. 부유한 상인
의 아내인 어느 여인이 남편에게 고용된 선장들 중 한 사람에게 세상에서
가장 귀한 것을 갖다달라고 부탁했다. 그 선장이 단치히로부터 밀을 가져다
주자 여인은 잔뜩 화가 나서 항구 근처 바다에 밀을 던져버렸다. 이런 경솔
한 행동은 도시의 쇠락을 몰고 왔다. 전설에 따르면, 바다 속의 밀이 뿌리를
내렸고 그 위에 모래톱이 형성된 것이다.

육지에서 물을 빼내기 위한 고군분투가 낳은 결실의 하나는 움직이는 풍
차 지붕이었다. 1570년경 발명된 이 지붕 덕분에 풍차를 돌리기가 더 쉬워졌
고, 그 결과 훨씬 큰 날개를 단 높다란 제분소를 세울 수 있었다. 이러한 풍
차가 세워지는 장소의 높낮이는 다양했고, 낮은 곳에서부터 높은 곳까지 풍

차들이 서로 연결되어 기존의 경우보다 훨씬 더 고지대까지 물을 끌어올릴 수 있었다. 1630년대부터는 수차가 나선형 스크루로 대체되자 풍차 한 대만으로 여러 대만큼의 양력을 갖게 되었다.

네덜란드 인들은 간척 작업에서 앞선 기술을 갖추었기에 유럽 전역에서 환대를 받았다. 이미 1297년 프로이센 소택지 곳곳에 프로이센 홀란드가 형성되었다. 16세기에 네덜란드 메노파 교도들을 중심으로 두 번째 이주 물결이 일었던 바, 그 규모는 훨씬 더 컸고 장소는 단치히 동부의 비스툴라 삼각주였다. 17세기 초 네덜란드 기술자들은 코펜하겐 외곽 아마게르Amager 섬의 소택지와 스웨덴 국왕령 예테보리의 신생 서안 마을 근처에서 해침 방지와 배수를 관리했다. 네덜란드 기술자들은 잉글랜드 동부 악솔름Axholme 섬과 펜스Fens 섬의 습지대 배수를 위해서도 초빙되었다. 16세기 말과 17세기 초 네덜란드 및 기타 지역에서 시행된 주요 배수 프로젝트는 비용이 많이 드는 모험적 사업이었다. 그렇기에 이런 사업들은 대개 잉글랜드의 베드포드 백작 4세나 암스테르담 상인들 같은 부유한 사업가들이 '모험가들'의 지원을 받는 전문기술자들에 의해 수행되었다. 노르트홀란트의 해안지역인 제이페Ziipe 어귀의 배수 사업에 돈을 댄 것도 암스테르담 상인들이었다. 네덜란드 상인들은 초기에 비용만 대고 후에는 직접 사업을 감행했는데, 이들 중 많은 이는 베크트 강 등의 주요 수로 제방을 따라 멋진 시골 별장을 건설하기도 했다. 배수 공사가 완료된 잉글랜드 동부의 펜스 섬에는 소수의 선별된 젠트리들만이 거주할 수 있었지만, 이 지역은 기후환경이 좋지 않아 학질이 빈발하는 등 비위생적인 장소로 유명해졌다.

비교적 최근의 간척 프로젝트 중 가장 규모가 크고 야심만만했던 것은 조이데르 해 배수 사업이었다. 이곳 및 와덴 해 일부 지역을 배수하는 계획은 17세기 말부터 지속적으로 제기되었다. 1667년 헨드리크 스테빈Hendric Stevin 은 북해 방향 입구를 댐으로 막아 조이데르 호를 담수 호수로 되돌리고 이렇게 해서 염분 문제를 해결하려는 계획을 세웠다. 1891년 코르넬리스 렐리 Cornelis Lely 는 댐 뒤편에 4곳으로 분할된 거대한 간척지를 건설하는 포부를 품었다. 그의 계획에 따르면, 네덜란드의 기존 경작지 넓이에 거의 10배에 해당하는 20만 헥타르의 땅과 12만 헥타르의 담수 저수장이 확보될 수 있었다. 1916년의 해일과 제1차 세계대전 중의 식량부족은 당국의 행동을 자극하였고 마침내 1918년 렐리의 계획이 승인되었다. 1932년 댐이 완공되었고, 이는 전환점이 되었다. 1940년경 배수공사 예정지역 ─ 오늘날의 위링어메어 간척지 ─ 으로 5천 명의 사람들이 최초로 이주했다. 이 간척지들은 1945년 독일 점령군에 의해 물에 잠겼지만, 그 해 말 파괴된 댐이 복구되고 육지의 배수 작업이 이뤄졌다. 위링어메어 프로젝트는 20년이 넘는 세월 동안 추진되어 1950년 완료되었다. 그리고 더욱 규모가 큰 여러 계획이 연속적으로 실현되었다. 간척 사업을 원활히 하기 위해 섬들로 둘러싸인 좁은 와덴 해를 따라서 튼튼한 댐이 건설되었다. 좀 더 북쪽에서는 독일 정부가 1920년대에 쥘트 섬과 본토 사이에 힌덴부르크 댐을 건설했고, 그 결과 간척 사업이 원활해졌으며 휴가객들의 쥘트 섬 접근도 용이해졌다. 반면 덴마크의 회여 섬과 쥘트 섬 사이의 한때 활발했던 교역은 크게 쇠퇴하게 되었다.

바다 곁에서 살기

배수 프로젝트의 성공은 일찍이 습지였던 수백 헥타르의 땅을 농경지로 바꾸어 놓았지만 바람직하지 못한 생태문제를 동반할 수도 있었다. 예컨대 에이 강 남부에서는 마을 주민의 연료가 되는 토탄층에 쉽게 접근하려고 풍차를 이용해서 습지의 수위를 낮췄다. 그 결과 많은 물웅덩이가 생겨서 근처의 제방을 위협하는 요인이 되었다. 18세기 초 위트레흐트 지방에서는 그런 웅덩이에 고인 물이 흘러서 틴호벤Tinhoven 주변의 못들과 연결되었다(이런 못들은 오늘날 야생동물 보호구역이다). 반면 하를레메르메이르 해 지역은 1531년 2,600헥타르의 넓이였던 것이 1700년에는 16,000헥타르로 확장되었다. 이 광활한 지역의 간척사업에서 최초로 증기 펌프가 배수 작업에 동원되었다(1836년 이 지역에서 홍수가 났을 때는 암스테르담과 라이덴 등의 인근 도시들도 물에 잠길 뻔했다). 이 지역을 둘러싼 제방은 1840~1845년에 건설되었고, 배수 작업은 1852년경 완료되었다.

주요 프로젝트의 결과로 간척 사업이 눈에 띄는 진전을 나타내자 저지대로 흐르는 강들도 여기서 영향을 받게 되었다. 마스·라인 강 유역을 보면, 이미 주변 수로들에서 흘러든 물로 인해 불어난 강물 양이 더욱 증대하게 되었다. 그 때문에 18세기와 19세기 이 지역에서 엄청난 홍수가 일어났다. 18세기 초 판에르덴스 운하가 건설되자 라인 강의 옛 지류가 토사로 막혔으며, 그 때문에 발Waal 강의 흐름을 로우어 라인과 겔더제 아이셀Gellderse Ijssel 쪽으로 돌리는 조처가 이뤄졌다. 하지만 이는 다시금 남부 홀란드의 약한 제방을 압박했고, 그로 인해 또 다른 수로 정비 사업이 추진되었다.

덴마크의 와덴 해는 수심이 유난히 얕았기에 강물 흐름의 조절을 위한 수문이 건설되자 홍수가 통제되지 않았을 때의 씻어내는 효과가 사실상 사라져버렸고, 그 결과 강 입구가 퇴적물로 막혀버렸다. 이 문제를 해결하기 위해 만조나 홍수 때 저수장에 채워진 물을 수로 청소를 위해 주기적으로 방출했다. 잉글랜드 동부의 펜랜드Fenland에서는 완전히 건조된 땅이 낮게 가라앉자 강어귀에서 나타나는 문제가 더욱 악화되었다. 해안 습지대는 짙은 빛깔의 비옥한 내륙 토탄지보다 지고(地高)가 훨씬 더 높았다. 1713년 홍수로 불어난 물이 덴버 강의 수문을 부숴버리자, 그 물이 다시 역류하여 캠 계곡의 여러 지역이 물에 잠겨버렸다. 캠 계곡은 킹스린King's Lynn 인근 우즈 강에 연결된 ―토사가 잔뜩 쌓인― 수로들보다도 훨씬 더 낮은 곳에 위치하고 있었다. 우즈 강물이 둑 너머로 범람하지 않게 하고 퇴사와 배수 문제에 대처하는 일은 오늘날까지도 쉽지 않은 과제로 남아 있다.

간척 사업은 습지대 생태계에 막대한 영향을 끼칠 뿐 아니라 해안가 토탄지대와 소택지에 거주하는 주민들의 생활방식과 생계에도 중대한 영향을 주었다. 네덜란드에서 육지의 획득은 일반적으로 바다와의 부단한 투쟁의 일부로서, 그리고 점증하는 도시 인구의 수요에 부응하는 경작지 개척의 위업으로 생각되었다.[13] 하지만 잉글랜드 동부 주요 도시와 멀리 떨어진 고립된 소택지에서 간척 사업을 벌였던 17세기 귀족들의 사업은 거센 저항에 직면했다. 이런 습지대에는 매우 다양하고 고유한 생태계가 있었다. 윌리엄 캠던은 소택지가 많았던 지역인 펜스에 관해 다음과 같이 쓰고 있다.

> 겨울 동안, 때로는 거의 일 년 내내 강물이 범람하는 그 지역 전체에는 … 이를 방지할 만큼 널따란 수로와 배수시설이 갖추어져 있지 않다. 하지만 범람한 물이 다시 강물의 지류들로 빠져나가면, 땅이 비옥해져서 정말이지 풍성하게 건초용 풀(이를 주민들은 '리드Lid'라고 부른다)이 자라난다. 주민들은 이 풀을 최대한 베어낸 후 11월이 되면 풀 그루터기에 불을 지른다. 이것이 다시금 땅을 비옥하게 만들어준다. 이 시기 펜 지역 습지대 도처에서 타오르는 불길을 바라보고 있노라면 경탄을 금치 못한다. 게다가 이 땅에는 불을 지필 때 쓰는 사초 등의 풀이 아주 넉넉히 자라며, 또 지붕을 잇는 데 쓰는 갈대, 그리고 오리나무와 기타 수변 잡목도 아주 풍성하게 자란다. 하지만 뭐니 뭐니 해도 갯버들이 아주 무성하게 자라는데, 자연적으로 나는 것도 있지만 말 먹이로 많이 쓰이기에 사람 손으로 심은 것도 있다. 갯버들이 지나치게 무성해지면 이따금 베어내며, 그리고도 다시금 무수히 자라나는 '후손'(플리니우스의 표현)은 둑으로 밀려드는 거센 물을 막아준다.[14]

수천 명의 사람이 임금을 받는 대가로 "갈대와 마초, 사초, 대크, 플래그, 해쇼크, 제그 등의 식물, 염료 제조용 식물인 플레그위드, 교회나 시청 혹은 가정 꽃밭에서 쓰는 매트위드, 그밖에도 도회와 농촌 어디서나 쓰임새가 큰 기타 습지 산물"을 거둬 모았다. 일리의 대주교 등이 진술한 바에 따르면 그렇다. 하지만 케임브리지대학 총장과 타운 시장은 우려를 표명했다. 총장은 식탁에서 생선이나 야생조류 고기가 사라질까봐 걱정했고, 시장은 배수로 인해 바다로 나가는 접근로가 끊길까봐 걱정했다.[15]

중세에서 오늘날에 이르기까지 배수와 간척을 둘러싸고 찬성과 반대의 입장이 갈린다. 유틀란트의 성직자였던 스딘 스딘센 블리거*Steen Steensen Blicher*에 따르면, 바다는 흔히 파괴적이기도 하지만 서부해안 습지대 농부들에게 부를 가져다주었다. 간척 사업 덕분에 바다에서 얻은 풍부한 해양 진흙이 습지대 농부의 곳간과 함부르크의 정육점을 모두 채워 주었다. 하지만 블리거와 거의 동시대를 살았던 E. 그로베*Grove*는 이렇게 주장한다.

> 1634년 이후로 모든 간척 사업이 수행된 방식을 보면, 당장의 경제적 이익 외에 다른 모든 관심사는 완전히 그리고 간단히 도외시되어 왔다. 바로 그 때문에 오늘날 전체 습지대가 물과 수렁의 무계획적 카오스가 된 것이며, 바로 그 때문에 모든 항구와 마을이 완전히 황폐해진 것이고, 또한 바로 그 때문에 해안 지역의 경제가 오직 현재와 같은 모습, 즉 고기라는 하나의 상품 수요에만 의존하는 모습을 띠게 된 것이다.16)

북해 남부의 끝자락인 저지대 지역의 풍경을 형성한 것은 바다, 좀 더 구체적으로 해침과 침식 그리고 그 침전물인 반면, 발트해 북부 끝자락의 상황은 좀 다르다. 발트해 북부 연안에서는 빙하 시대가 끝난 후의 지각평형반발*isostatic rebound* 현상이 아직도 현저하게 나타나며, 육지는 계속해서 바다로부터 융기하고 있다. 보스니아 만의 상대적으로 평평한 동부 해안에서는 육지 융기가 주민의 생계 환경과 조건에 주목할 만한 변화를 가져왔다. 예를 들어, 1772년 제작된 뵈르퀴 섬의 지도에는 주민생활의 관찰기록이 첨부되어 있는데, 그에 따르면 이들의 어장은 예전보다 훨씬 더 작아졌고, 이들이 한때 고기를 낚았던 곳이 이제는 목초지로 바뀌었고 반면, 예전에 목초지였던 곳에는 나무가 울창해졌다. 이제는 목초지와 경작지인 오스트로보스니아*Ostrobothnia* 해안은 4~5백 년 전만 해도 얕은 바다였다. 육지가 상승하자 어장과 어장의 수로도 영향을 받아서 배가 지날 수 없는 곳으로 변해 버렸다. 어쨌거나 오스트로보스니아 만의 남부 및 중앙 해안 근처 암초 군에는 배가 지날 만한 길이 거의 없고, 있다고 해도 바위 암초투성이의 좁은 수로이다. 핀란드 남부 및 남서부 해안의 군도는 육지 상승의 영향을 적게 받았으며, 그렇기에 이곳에는 수심 깊은 좋은 항로와 훌륭한 항구가 많다. 이곳의 정주지는 작은 규모의 촌락과 개인 농지로 산포되어 있다. 반면 오스트로보스니아의 정주지 형태는 수수한 항구가 있는 거대 규모의 마을이 일반적이다.

바다는 지속적으로 모습을 바꾸면서 인접 해안의 물리적 윤곽을 만들어낸다. 바다의 침입을 막아내기란 북해 인접 저지대 주민들에게는 필수적이고 항상적인 작업이며 고비용의 사업이기도 하다. 네덜란드의 물리적 형태가 크게 달라진 것은 바다 때문이지만, ─특히 지난 세기 동안의─ 인간 활동 때문이기도 하다. 조이데르 해 배수 작업의 상당 부분은 제1차 세계대전이 끝난 후에 시작되었으며, 이 작업은 홀란드 경작지를 10퍼센트 정도 증가시켰다. 1920년대 쥘트 섬과 내륙 사이에 건설된 힌덴부르크 댐은 슐레스비히 서부 해안의 간척 사업에 큰 도움을 주었다. 하지만 이 댐의 건설로 물이 얕은 와덴 해 인근의 해안 항해가 심각한 영향을 받은 것도 사실이다. 북해와 발트해의 공통점 중 하나는 수심이 얕다는 것인데, 이 점은 1960년대 이후 초대형 유조선이 증가했을 때 여러 가지로 문젯거리를 낳았다. 예컨대 1970년대 초의 한 연구에 따르면, 북부 유럽 항구 중 간조 때 16미터 이상의 수심을 유지하는 출입 수로가 있는 곳은 단 하나도 없었고, 화물 만재 시 27미터까지 수심에 잠기는 초대형 유조선이 드나들 만한 전용터미널이 있는 곳은 헬리골란트 군도와 밴트리 만 및 포스 만Firth of Forth밖에 없었다.

바다의 침입을 막아내기란 지속적 노고를 요하는 일이며, 엄청난 노력과 자원이 투여되는 일이다. 1헥타르의 땅을 애써 간척할 때마다 다른 무엇인가는 상실될 수도 있다. 20세기 초 네덜란드의 전체 육지 넓이는 서기 100년의 그 넓이보다 줄어들었을 수도 있다. 수세기에 걸쳐 엄청난 노력과 기술이 투여되었는데도 말이다. 지리학자 폴 워그리트*Paul Wagret*의 비교연구에 의하면, 그 비용은 수에즈 운하 백 개를 뚫는 비용에 상응한다.17) 앞서 보았듯, 간척과 배수 작업은 또 다른 부작용을 낳으며, 그로 인해 생계와 생활방식을 위협받는 사람들의 입장에서는 반드시 환영할 만한 일은 아니다. 습지대 보존은 언제부턴가 주요한 환경 관련 이슈의 하나가 되었다. 자원 남용과 착취로 점점 더 훼손되어 가는 환경 문제 중의 하나가 된 것이다. 물론 자연보호구역을 설정하고 과학적으로 상당히 흥미로운 육지 영역을 보존하려는 노력은 어느 정도 지속되어 왔다. 하지만 해양 환경은 현재까지도 그다지 보호의 대상으로 자리 잡지 못하고 있다. 바다의 침입과 파괴적 힘으로부터 육지 정주지를 보호하는 것에 쏠렸던 인간의 관심이 인간의 약탈적 행위로부터 바다를 보호하는 것으로 향하게 되었다는 사실은 우리 시대의 고약한 아이러니 중의 하나이다. 다음 장에서 살펴보겠지만, 이런 초점의 변화는 바다를 대하는 우리의 심적 태도가 근본적으로 달라졌음을 암시한다. 미지의 무시무시한 것에 대한 공포감은 사라지고 지구상의 해역들을 지배할 수 있겠다는, 아니면 최소한 통제할 수 있다는 우리 능력에 대한 확신이 자라난 것이다.

3장   바다들을 상상하기

경험의 지도

여기에서 다루는 해안선과 바다 풍광의 심상 지도는 주로 낭만주의 시대를 배경으로 한다. 우리가 주목하는 바다는 질서 정연하게 규격화된 바다가 아니다. 빅토리아 시대의 저명한 비평가 러스킨*Ruskin*이 그토록 혐오했던 17세기의 네덜란드 그림에서 묘사된, "수평을 유지한 채 변함없이 잔잔한 바다"가 아니라, 거품이 일고 폭풍으로 요동치는 바다이다. 프랑스의 역사학자 알랭 코르뱅*Alain Corbin*이 우리에게 상기시키듯, 18세기 말경에 해안은 황량한 장소가 아니라 그곳에서 우리가 자연 세계를 관조하고 스스로 돌아보는 무대가 되었다.[1] 또한 해안은 여가와 휴양의 장소로 변하였고 오늘날까지도 그런 장소로 이용되고 있다. 북해와 남 발트해의 모래사장에서 스웨덴과 핀란드의 바위투성이 외딴 섬들의 해안에 이르기까지, 북유럽의 해변과 해안에는 매년 수천 명의 휴가객들이 여전히 모여들고 있다.

이 장은 북유럽 일반 사람들이 보는 바다와 해변의 이미지들을 다룰 것이다. 먼저 상상의 지도와 우리가 경험의 지도라고 부르는 것을 구별하는 것이 중요하다. 바다에 대한 선원의 견해는 일반 관찰자의 그것과는 확연히 다르다. 물론 때로는 국외자들과 공유되기도 하고 때로는 이들로부터 침해

받는 상상의 세계인 바다에 관한 뱃사람의 구전 지식이 존재하긴 하지만 말이다.

미묘하고 계속해서 경계가 변하는 조수, 조류, 모래톱과 암초에 관한 지식은 출항하는 선원들에게는 필수적이다. 이들은 출항할 때마다 안전한 항해와 혹여 발생할지 모르는 재난을 감안하여 항로를 결정한다. 해안선의 형세는 오늘날에도 항해에 반드시 필요한 지식이다. 마찬가지로 해저에 관한 지식도 중요하다. 중세 항해자들이 수심 측량을 위해 떨어뜨린 줄 끝에 매단 납덩이에 묻어나온 작은 돌조각 형태의 모래나 진흙의 색깔은 15세기 북부 해역들의 항해지침서인 『해서Seebuch』에 상세하게 기록되었다. 동 앵글리어의 한 어부는 1880년대 도거뱅크Dogger Bank의 해저를 상세하게 묘사하고 나서 다음과 같이 명쾌하게 결론 맺었다.

> 일단 수심과 해저의 특성을 익히고 나면, 세상에서 북해 주변을 안전 항행하는 것보다 더 쉬운 일은 없다.[2]

그리고 노르웨이를 등지고 주방에 앉아서 피오르드 해안 쪽을 바라보는 어부에게, 바다는 "파도치는 평평한 회색빛 수면이 아니라 여울과 심해가 있고, 점토, 모래, 돌, 해초가 가득하며, 조류와 소용돌이가 일고, 또 바다 생물들이 약동하는 수면 밑의 경관이다."[3]

이와 같은 수면 밑의 세계에 대한 정통한 지식은 모든 뱃사람들에게 필수적이다. 이런 특별한 지식이 없는 우리는 페터 회Peter Høeg의 1980년대 소설 『미스 스밀라의 눈에 대한 감각Miss smilla's Feeling for Snow』에 나오는 여주인공 같이, 바다가 우리를 질식시킬 뿐만 아니라, 우리의 방향 감각을 잃게 만든다는 이유로 바다를 두려워할지 모른다. 황량하고 살기 힘든 곳이지만 사람들이 정착하여 살아갈 수 있었던 것은 바로 (수면 밑의) 보이지 않는 세계와 그 풍요로움에 관한 정통한 지식 덕분이다. 하지만 이 지식은 널리 공유되진 않았다. 비밀을 캐묻는 세관원이나 경쟁하는 어부에게 이런 지식을 알려주지 않는 것은 어쩌면 당연했다. 선원과 해안가 주민은 18세기부터 문학 작품과 화가의 소묘에 등장하기 시작하였다. 그러나 초상화가들은 이들을 위해 혹은 이들을 통해 더 많은 것을 말했지만, 당사자들 스스로는 대체로 침묵하였다. "해안에 사는 사람들에게 바다란 무엇일까, 아무도 모를 거다, 그들이 아무것도 말하지 않으니." 19세기 노르웨이 소설가 알렉산더 키엘란 *Alexander Kielland*은 다음과 같이 적고 있다.

> 그들은 바다와 부대끼며 일생을 보낸다. 바다는 그들의 동반자이자 조언 자이며, 친구이자 적이고, 생계수단이자 묘지이다. 그런 이유로 바다와 그들의 관계는 말이 필요 없는 사이이다. 물결 저 넘어 바라보는 시선은 바다가 이끄는 분위기에 따라 변한다. 때로는 믿을 만하며, 때로는 두렵 고 가늠하기 힘들다.4)

폭풍 치는 바다, 안전한 항구

모험은 언제나 바다와 불가피하게 관련되어 있다. '모험venture(고대 노르웨 이어의 *œfintyr*)'이라는 단어는 미지의 예측 불가능한 사태에 직면할 때, 흥 분과 도전으로 뒤섞이는 강한 위험 요소를 의미한다. 17세기 스웨덴 선원이 자 시인이었던 베르너 폰 로젠펠트*Werner von Rosenfelt*의 관점에서 보면, 뱃짐 에 보험을 들지 않은 채 '자신의 모험에*stod dec deres eventyr*' 모든 것을 건 스 칸디나비아 상인은 현명하였지만, 화물에 모든 세금과 관세를 지불하고 나 서 모험으로 가득 찬*på skepp gå äfventya* 바다로 짐만 부쳤던 사람은 그리 현명 하지 않았다.5) 고대 영시에서 "저 멀리 이국땅을 경험하러/ 나는 떠나야만 한다"고 선원을 다그치는 것은 다름 아닌 '모험 정신'이다.

> 지금까지 세상의 어느 누구도 그토록 자신감으로 충만하고,

재능이 출중하며, 젊어서 대담한 사람은 없었으니
참으로 용감무쌍한, 아니면 자신의 주군에게 지극히 충성스러운
항해자는 언제나 바다로 모험에 나선다.
신이 내리실지 모르는 처분을 아랑곳하지 않고.[6]

지도나 장비도 없이, 대서양으로 멀리 모험을 나간 일천 년대의 항해자들은 그들을 안내하는 자연계의 신호와 소리에 의지했다. 새들의 이동, 조류의 흐름, 심지어 바위에 부딪치는 파도의 소리 말이다. 그들의 모험을 기록한 사람들은 동시대인이거나 후대 사가saga(중세의 국왕이나 영웅을 주제로 한 산문) 작가였는데, 위험, 외로움, 춥고 어두운 밤과 조난당하기 쉬운 해역들을 빼놓지 않고 기술하였다. 하지만 서술은, 힘, 권위, 이동의 전형적인 상징이자, "신들과 지배자들처럼 시공간을 관통하여 이동하는 강력한 존재의 능력"으로 간주된, 견고한 배를 타고 떠나는 항해에 대한 흥분과 모험심에 집중된다.[7]

그러나 평범한 여행자로서 출항하는 대부분의 사람은 두려움과 공포를 느끼며 바다로 나간다. 초기 유럽 선교사들의 여행을 상세히 기록한 연대기에는, 무시무시한 폭풍, 해적, 난파를 모면하는 기적적인 이야기들로 가득하다. 주교 아이단Aidan의 조언을 상기하면서, 사제 우타Utta는 폭풍 치는 바다에 성유를 부어 오쉬Oswy 왕의 신부와 함께 노섬브리아로 귀항 중이던 자신의 배를 구했다. 9세기 말에 잉글랜드에서의 외교 임무를 마치고 귀환하던 프랑크왕국 외교관 그리포Grippo가 불로뉴에 있는, 샤를마뉴 대제가 복원한 고대 로마제국의 등대에 근접할 때까지 풍랑에 시달려야 했다. 풍랑으로 그는 성 반드릴Wandrille의 유골을 안치할 장소에 대한 환영을 보게 되었고, 성 반드릴에게 간절히 빌었다. 성인은 파도를 잠재움으로써 이에 응답하였다. 선교사 안스가Ansgar는 829년에 상인들과 함께 스웨덴으로 항해할 때 해적들의 공격을 받았다. 상인들은 완강히 반항하였지만 사로잡혔다. 해적들은 선박과 물품들을 약탈하고 나서 안스가와 그의 수행원을 석방시켜 주었고, 그

들은 비르카Birka 교역 중심지까지 도보로 여정을 이어갔다.[8]

중세 말에 승객은 승선 중에 더 나은 편의시설을 제공받았지만 -재력가들은 객실, 침상과 심지어 침구도 제공받을 수 있었다- 항해의 공포는 조금도 줄지 않았다. 카탈로니아의 해양관습법Customs of the Sea은 "가끔씩 항해 중에 바다로 인해 병이 난 사람이, 만약 천 마르크의 은화를 소지하였다면, 육지로 자신을 데려다주는 선원에게 그 돈을 주겠다고 (마지못해) 약속할 수도 있기"[9] 때문에 항해 중에 맺은 협약은 유효하지 않다고 규정했다. 예비 순례자를 위한 15세기 입문서에서는 항해의 위험과 불편을 다채롭게 묘사하고 있다. 시인 유스타스 데샹Eustace Deschamps은 폭풍이 칠 때, 배 갑판 밑에 있는 여행자들에게, 지독한 악취가 나는 구역질을 피하려면 입을 크게 벌리라고 충고한다. 이러한 묘사와 충고는 항해를 측은하게 여겼던 중세의 일반적인 관점을 공명하고 있다.[10]

16세기와 17세기에도 상황이 그리 나아지지 않았다. 홀란드의 최고 지도자, 얀 더 빗Jan de Witt처럼 운이 좋은 여행자는 몇 없었다. 유명한 과학자 크리스티안 호이겐스Christiaan Huygens는 그를 위해 진자 시계와 같은 방식으로 작동되며 매달 수 있는 특수 해먹을 디자인해 주어 뱃멀미를 이길 수 있게 해주었다. 작가들은 여전히 항해를 고통스런 체험으로 묘사하고 있다. 바다는 변함없이 격렬하고 좀처럼 잠잠해지지 않는다. 유일한 위안은 항해가 끝나면 입항할 것이라는 기대이다. 위험한 항해와 안전한 피난처의 대조가 바로크 시대의 시에서는 상투적인 줄거리이다. 바다는 늘 번개, 천둥, 우박, 폭풍과 비로 묘사된다. 발트해로 여행을 자주 했던 17세기 스웨덴 시인 구노 달셰나Gunno Dahlstierna는 『왕국의 시인Kunga Skald』에서 짙은 안개로 완전히 덮인 바다를 서술했다. 벨트 해역의 거친 바다에서 영감을 받은 또 다른 스웨덴 시인 토르스텐 루딘Thorsten Rudeen은 해저 밑바닥에서 요동치는 파도를 상상했다. 존 던John Donne은 도항하는 바다의 경치를 묘사해서 그의 종교시 중 종교적 상상력이 풍부한 가장 섬세한 시로 주목을 받게 되는데, 시에서 '난파선'은 노아의 방주를, 바다는 신의 피를 상징한다. 세상은 자주 바다에 비유되었다. 대표적인 예가 프랜시스 콕*Francis Coke*이 그의 동생 존*John*에게 보낸 편지이다. 1621년 그의 셋째 동생의 죽음을 애도하며, 그는 이렇게 언명했다.

> 우리는 이러한 고해(苦海) 속에 내던져진 채 이렇게 남게 되었구나. 나에게 세상살이(고해)는 언제나 폭풍노도였다. (너와 셋째의 주관자이신) 신이 자비로운 수단으로 나를 도와주지 않았더라면, 나는 꼼짝없이 고해 속으로 빨려 들어갔을 것이고 파도가 내 영혼을 앗아 가버렸을 것이다.[11]

출항의 위험을 경고하는 속담들이 프랑스 브르타뉴*Brittany*로부터 러시아에 이르는 북유럽 전역에서 발견된다. 돈키호테의 하인 산초 판자*Sancho Panza*와 덴마크 속담은, 누구든 기도하는 법을 배우려면, 바다로 가기만 하면 된다고 언명하고 있다는 점에서 서로 통한다.

　바다는 기독교 신학과 도상학에서 핵심 주제였지만 대단히 다의적인 해석이 가능한 자리를 차지했다. 바다는 생명의 근원인 동시에 죽음의 공포였고, 자비심이 많고 유익하지만 그에 못지않게 유해하고 사악하며, 폭풍우에 시달리면 격노한다. 바다는 에덴동산에는 알려지지 않은 채, 천지창조가 미완인 상태로 잔존해 왔다는 증거인 '거대한 암흑세계'였다. 바다는 "전적으로 반문명적인 상징이 되어서, 요한계시록의 작가가 지구의 종말에 나타나는 새 하늘과 새 땅에 관한 그의 전망에서 제일 먼저 일갈한 것이 이제 바다가 더 이상 존재하지 않았다"[12]고 할 정도로, 문명 이전의 혼란을 연상시킨다. 마찬가지로 노아의 홍수가 보여주었듯이, 바다는 신의 심판의 도구였다.

　항해는 자주 파란만장하고 다사다난하면서 악령들에 시달리는 인생의 여정에 비유된다. 난폭한 바다는 악마가 파도 위에서 춤추는 지옥에 비유된다. 폭풍은 사악한 마법사가 마술로 불러낸 악마의 소행으로 간주되었다. 가톨릭 전통에서 자란 항해자들이 성유골을 바다에 던지거나 성모 마리아나 성 니콜라스*St Nicholas*의 도움을 애타게 구하면서, 바다로부터 귀신을 몰아내고자 하였다. 종교개혁은 경건한 규율의 중요성을 강조했을 것이다. 포메라니아 소재 카민*Cammin* 주교관할구의 세속통치자인 공작의 젊은 비서에 따르면, 1561년 그는 스웨덴 왕 에리크 14세*Erik XIV*의 대관식에 참여하려고 주군을 수행하여 발트해를 지나고 있었는데, 항해자들이 저녁마다 모여 안전하고 순조로운 여행을 위해 기도했고, 그리고 그들은 선상에서 맹세한 금기를 어긴 자들을 모두 벌했다.[13] 폭풍우 치는 바다를 헤치고 승객을 무사히 운송하는 일종의 선박으로서의 교회의 이미지가 모든 사람에게 알려졌다. 국가를 선박에 비유하는 것은 중세 초기에 유행했던 또 다른 은유이다. 물론 중세 후기에 세바스챤 브란트*Sebastian Brant*의 풍자시 『바보들의 배*The Ship of Fools*』에서처럼, 선박이 사회의 병폐를 드러내는 데 사용되기도 했지만 말이다.

시인과 극작가가 그려낸 무시무시한 항해의 이미지는 북부 해역들을 여행해야만 했던 사람들에게는 생생한 사실이었다. 예측 불가능한 날씨는 만사가 불확실하다는 것을 의미했다. 경험이 풍부한 17세기 여행가 피터 문디*Peter Mundy*는 마게이트*Margate*에서 네덜란드 해안으로 향하면서 2주 동안 겪었던 고뇌와 위험이 그가 4반세기 동안 세계의 대양들에서 겪은 것보다 다섯 배나 더 심했다고 증언한다. 비교적 비바람이 심하지 않은 해역에서의 단거리 항해도 위험할 수 있었다. 러시아에서 집으로 돌아갈 때 주로 육로를 이용했던 스코틀랜드의 병사 패트릭 고든*Patrick Gordon*은 권유를 마지못해 받아들여, 1667년 3월초에 바덴 해를 건너서 함부르크로 가는 바닥짐이 없는 배에 승선하게 되었다. 엘베 강 하구 앞바다에서, 승객들은 남쪽에서 다가오는 폭풍을 감지하였고, 고든은 폭풍이 닥치기 전에 출항하려는 선장에게 닻을 내리도록 설득하느라 아주 애를 먹었다. 또한 폭풍으로 인해 배 앞으로 떠내려 온 빙산을 승무원과 승객이 긴 장대로 막아 냈다.[14] 안개는 수심이 얕은 해역이나, 노르웨이, 스웨덴 서부와 발트해 북부의 바위가 많고 들쭉날쭉 굽어져 있는 해안선에서 항해를 위태롭게 만들었다.

여행자는 접대와 여흥을 위한 편의시설이 열악한 항구에서 여러 날을 꼬박 기다리거나, 아니면 앞바다에 정박한 배 안에 있었을 것이다. 역풍으로 선박이 항로를 벗어나거나 전진하지 못했을 수도 있었다. 상트페테르부르크에서 스톡홀름까지의 항해는 역풍 때문에 악명이 높았다. 가령, 함부르크 출신 목사 볼트만*Woltmann*은 해역에서 예측 불허한 날씨보다는 확실한 육로를 선호했다. 핀란드 만에 부는 역풍에 진절머리가 나서 배를 육지로 대라고 요구하는 사람이 그가 유일했던 것은 아니다.[15] 낮이든 밤이든 어느 때에 배가 육지에 닿을지 알 수 없었다. 1804년 가을에 위스타드*Ystard*의 작은 도시에서 순풍을 기다리면서 할 수 있는 소일거리를 찾으면서 며칠간을 보냈던 에른스트 모리츠 아른트*Ernst Morits Arndt*는 마침내 한밤중에 슈트랄준트*Stralzund*에 도착하였으나 도시의 모든 문들이 잠기고 빗장이 질려 있는 것을 알게 되었다. 몇 년이 지나 같은 항구로 아침 6시에 도착한 스웨덴 작가 프레드리카 브레머*Fredrika Bremer*는 그녀의 자매들과 골든 라이언Golden Lion 소재의 가구 없는 큰 방에 묵으면서, 매일 아침 마당에서 암탉들이 도살되는 광경을 볼 수 있었다. 그녀는 '사랑하는 사촌' 아가트 레드*Agathe Wrede*에게 보낸 가슴 졸이게 하는 편지 속에 자신의 항해 경험을 즐겁게 기록했다. 위스타드에서 슈트랄준트로 가는 우편선은 폭풍우 때문에 연기되었고, 1821년도 8월 19일 오후에 그들 일행이 배에 오를 때 바람은 여전히 세찼다. 작가는, 가족 한 명 한 명씩, (가벼운 체조 덕분에 프레드리카는 그럭저럭 견딜 수 있었다) 어떻게 뱃멀미가 났는지 즐겁게 기록하였다. 하지만 배가 더 거친 바다로 들어갈 때, 그녀의 어조는 바뀐다.

배는 오르락내리락 거렸다. 선장도 선원들도 서 있을 수가 없었다. 그런데도 그들은 대단히 쾌활했고 자기들끼리 저지 독일어로 떠들썩하게 대화를 이어갔다. 나는 스웨덴, 나의 친구들, 나의 항해, 풍랑의 바다, 그리고 주님을 떠 올렸는데, 이 모든 것이 나에게 꿈처럼 한순간에 나타났다. 나는 눈을 감았는데, 잠깐 동안 아주 행복했다. 파도가 잇따라 두 번 갑판 위로 들어쳤다. 그 때문에 나는 불쾌해서 눈을 떴다. 소금물에 몸이 온통 젖었고, 차가운 바람 때문에 추워졌다. 그리고 나는 선장의 도움으로 겨우 객실로 갔다. 엄마는 남성용 객실에 있는 소파에 누워 있었는데, 우리 침대가 찬장들처럼 벽에 고정되어 있었다. 찬장마다 두 개의 선반이 있고, 각 선반에는 말 털 매트리스가 깔려 있다. 여기에 친구들이 한숨 쉬며 누워 있었다. 끔찍한 밤이었다. 파도가 배를 때리는 바위 같았고, 목재의 이음매마다 삐걱거렸다. 더욱이 배가 심하게 움직여서 나는 침상에서 뒹굴었다. 우리는 누군가에게 소리를 지를 때만 얼굴을 들어올렸다. 설상가상으로 우리 위쪽에서 철제 막대를 달카닥거리는 승무원의 동작 때문에 생기는 무시무시한 소음, 사람들의 고함과 비명, 삭구 안에 있는 악령과 같은 날카로운 바람 소리, 그래서 너는 병에 걸린 샤롯테 *Charlotte*가 침상에서 나직이 내뱉는 탄식에 전혀 놀라지 않겠지. "오, 이 밤은 분명 우리 제삿날이 되겠구나!"16)

18세기 말부터 북부 해역들을 왕복하던 정기 우편선은 부유층 승객들의 편의에 상당히 신경을 썼다. 아른트는 위스타드-슈트랄준트 우편선의 객실을 호평했다. 그리고 1799년 11월에 할링엔Halingen에서 조이데르 해를 거쳐 암스테르담까지 항해한, 핀란드의 한 사업가는 부유층 승객들을 위한 객실이 네 개의 침대와 깨끗한 침구가 있어 널찍하고 편안하다고 묘사했다.17) 편의 시설은 이전 세기의 수준에 비하면 현저하게 개선되었다. 이전 세기의 불운한 승객은, 편안한 침상이 폭풍에 시달리는 항해에서 작은 위안이었던 점을 제외하면, 그칠 줄 모르는 삐걱거림과 끽끽대는 소리, 곤두박질과 흔들림, 잦은 물벼락과 머리에 떠오르는 난파의 두려움은 물론이고 배 밑바닥에 괸 더러운 물과 사람들의 잡다한 배설물에서 나오는 악취를 견뎌야 했다. 범선은 결국 폭풍이 한창 휘몰아칠 때는 괴물 같은 파도에 휩쓸려 떠다니는 '일엽편주'에 지나지 않았다.18)

프랑스 역사학자 장 들뤼모Jean Delumeau는 두려움이란 위협적인 자연 환경으로부터 오는 다양한 도전에 대처할만한 기술이 부족한 모든 문명의 특징이라고 주장한다.[19] 계몽주의 시대에 바다의 공포는 결코 사라지지 않았지만, 기술의 개선, 특히 항로 표지의 개선과 훨씬 나은 선박 설계로 인해 극심한 불안을 어느 정도 떨쳐낼 수 있었다. 다니엘 디포는 1703년 끔찍한 폭풍의 경험담 서문에 다음과 같은 방식으로 쓸 정도로 과감했다.

> 포세이돈의 초창기 후예들(뱃사람들)을 공포에 떨게 한 만들은 오늘날의 선원들에 의해 발견되어 유용한 작은 만, 항로와 안전한 항구로 만들어졌다. 초기 뱃사람들에게 끔찍한 불안감을 주었던 바다 쪽으로 튀어나온 곳은 우리에게는 피난처이자 오랜 항해 끝에 집으로 돌아오는 선원이 처음 발을 디디는 육지거나 아니면 폭풍우 속에서 우리의 배가 바람을 피할 수 있는 은신처이듯이, 선원들에게 안도감을 준다.
> 오늘날 해안의 수심은 측정이 가능하고, 우리는 이전 사람들이 거의 아니면 아예 몰랐던, 그리고 이전 사람들이 들려준 끔찍한 이야기들보다 더한 진짜 위험이 잠재되어 있는, 모래톱과 얕은 여울들에 대해 잘 알고 있다. 유용한 항해 표지와 육상 표지는 해안가에 설치되고, 부표는 물 위에, 등대는 가장 높은 바위에 설치된다. 그리고 이전에 뱃사람들을 공포에 떨게 만들었던 만과 곳은 무역의 거점이자 항해의 중심지로 바뀌었다. 즉 기술은 모든 어려움을 완화시켜 왔고, 기술의 활용은 초창기의 모든 잔혹함과 끔찍함을 햇빛처럼 자연스럽고 익숙한 것으로 만들었다.[20]

18세기의 바다에 대한 관점은 이전 세기들에 비해 훨씬 더 호의적이었다. 지도 제작사에 의해 해도로 그려지고, 자크 사바리*Jacques Savary*와 말라시 포스트웨이트*Malachy Postethwayt*와 같은 무역백과사전의 편집자들에 의해 대중에게 알려지게 된, 전지구적인 무역 팽창과 세계의 대양 및 그 특성에 관한 눈부신 학술 연구의 축적에 힘입어, 인간은 천지창조의 과정을 이해하는 자신의 능력에 대해 새로운 확신을 갖게 되었다. 계몽시대의 자연 신학에서 (바다)세계는 하나의 장관, 즉 신의 창조물을 숭배하도록 신에 의해 제공된 하나의 이미지로 변하였다. 실제로, 중세 교회가 만들어 낸 무시무시한 바다의 이미지는 좀체 사라지지 않았다. 바다에는 여전히 괴물들이 있었다. 지금은 이 괴물들이, "신의 모든 피조물 중에서 가장 거대하고 대양을 따라 헤엄치는 바다동물/리바이어던"이라기보다 오히려 학회의 출판물에서 묘사되는 호기심거리 정도로 여겨지긴 하지만 말이다.[21] 염수로 가득 찬 대양이 유해하다는 통념도 여전히 수용되고 있었다. 린네는 처음으로 유빙이 남아 있는 봄철의 발트해를 해명한 사람이었지만, 그는 바다 냄새가 불쾌하다고 생각했다. 그리고 조지 크래브*George Crabbe*는 스스로를 '영광의 유아 숭배자'라고 내세웠지만 자신의 가장 유명한 바다의 시, 피터 그라임스*Peter Grimes*의 이야기인 『시민사회*The Borough*』에서 바다를 끈끈하며, 악취가 나고 심지어 악마 같은 속성들이 있는 것으로 세세하게 묘사한다.[22] 하지만 이와 상관없이 휴양과 여가의 장소로서 바다와 해안에 대한 관심은 증가한다. 한때 건강에 해롭다고 여겼던 바다가 지금은 건강에 이롭다고 찬미를 받고, 고대 선원들이 그토록 두려워하던 바위섬은 이제 "사냥과 낚시에 이루 말할 수 없는 기쁨"을 준다. 바위섬에서 '친목 모임'은 과학 관찰학습에 피크닉의 재미를 곁들이고, 그들의 방문 기록을 돌에 새길 수도 있다.[23]

해안에서 보는 경관

해안은 바다에 대한 낭만주의적 상상의 중심적 무대였다. 알랭 코르뱅의 표현에서, 해안은 이제 "자연력의 충돌 이야기가 펼쳐지는 무대"[24]가 되었다. 해안은 황량함과 공포의 장소가 아니라, 바다의 분위기와 배의 움직임을 그림과 문학의 형태를 통해 관찰하고 즐기는 장소이자 더 많은 사람들이 찾는 장소가 되었다. 화가와 작가는 해변에 있는 사람들에게로 시선을 돌렸다. 그리고 해변은 병약자와 행락객을 위한 휴양지로서 인기를 끌었다.

휴양지와 천지창조의 경이로움을 감상하는 전망대로서, 해변의 출현은 자연 세계에 대한 인식의 변화에 힘입은 바 크다. 생명이 바다에서부터 유래한다는 믿음은, 라이프니츠와 뷔퐁*Buffon* 같은 영향력 있는 과학자가 주창했는데, 인간에게 이로운 바다라는 긍정적 이미지를 강화하였다. 영국과 홀란드의 학자들은 썰물이 어떻게 해안의 모래를 쓸어내어 항해하기 좋게 만드는지에 주목하였다. 스칸디나비아 사람들은 신이 그의 지혜로 어떻게 노르웨이의 해안선을 위해 앞바다의 섬들과, 안전한 항구를 위해 수많은 작은 만들을 준비하였는지를 알았다. 의사들은 북부 해역의 공기와 소금물이 건강에 이롭다고 환자들에게 강조하기 시작했다. 자연 세계를 이해하는 열쇠인 관측은 또한 바다를 친숙하게 만들고 무시무시한 이미지를 완화시켰다.

바다와 해안선에 대한 인식의 변화는 문학과 회화에서 두드러지게 나타났다. 파도를 지배하거나 괴롭혔던 바다 괴물과 신들은 사라지고 이제 생업에 종사했던 보통 사람들에게 유리한 환경이 조성되었다. 즉 포세이돈을 대신해서, 갤리선Galliot과 스쿠너Schooner가 파도를 탔다. 18세기를 거쳐 오면서, 바다에 떠있는 배 그림의 판매 시장이 발달했다. 부유한 후원자가 유화를 주문했고, 선장과 심지어 일반 선원까지도 돛을 편 범선이 그려진 중국산 항아리와 그릇을 샀다. 세세한 부분까지도 놓치지 않는 섬세한 주의는 작업의 전제조건이었고, 따라서 정확한 배 모형은 화가의 화실에서는 기본 도구였다. 많은 화가들이 바다를 실제로 경험했다. 가령 존 클리블리 옹*John Cleveley the Elder*의 직업은 조선공이었다. 조지 챔버스*George Chambers*는 9살의 나이로 휘트비Whitby 석탄선의 선장 밑에서 견습생으로 있으면서 배 장식가로 생계를 꾸려갔다. 그는 발트해 항구에 있는 교회들을 찾아가 그림을 보고 혼자서 그리는 법을 배웠다. 선박의 전문 설계를 가장 정확하고 충실하게 재현할 수 있는 화가들은 그림을 의뢰 받아 충분한 생계비를 벌 수 있었다. 예를 들어, 크니펠 부자*W.A. Knippel & E. N. Knippel*는 핀Fyn 섬에 있는 파보르Faaborg 조선소에서 진수되는 선박의 그림들을 의뢰받아 30년이 넘도록 세밀화를 그렸다.

19세기 중반부터, 고가로 의뢰받은 작품부터 유럽의 항구와 선창에서 거래를 구걸했던 '부둣가' 화가의 초라한 그림에 이르기까지, 있음직한 모든 종류의 배와 해운의 그림이 폭발적으로 증가했다. 대부분의 화가들이 자기 고장의 선박을 그리는 것에 만족하였지만, 세계 곳곳을 항해하는 다양한 형태의 선박을 그리는 화가들도 일부 있었다. 예를 들어 1870년 험버Humber 강 하구 후크Hook에서 태어난 르우벤 채펠Reuben Chappell이나 1890년 앤트워프에 자리 잡은 미국인 존 헨리 모맨John Henry Mohrmann이 그랬다. 모맨은 바지선부터 대형 범선에 이르기까지 온갖 형태와 크기의 선박을 그렸다. 채펠은 처음에는 험버 강의 바지선과 슬루프Sloop를 그렸고, 이후로는 스쿠너와 증기선을 그렸다. 미국과 핀란드 같이 멀리 떨어진 곳에도 그의 그림이 팔렸다. 그는 평생 동안 12,000척이 넘는 배를 그렸다.

17세기의 회화에서 바다는 중심 소재인 배를 위해 없어서는 안 되는 프레임으로 사용되었다. 바다 그 자체는 주제가 아니었고, 네덜란드 화가들은 자주 하나의 정원처럼 빛과 그림자로 깃든 캔버스 안에 바다를 배경으로 넣고 파도를 비단처럼 일렁이고 주름지게 그렸다.[25] 더 사실적인 바다 배경은 18세기의 해양 미술에서 분명해지지만, 주요한 관심 대상은 여전히 배였다. 18세기 말이 되어서야 비로소 해변에서 바라보는 바다는 주로 풍경 화가들에게 창작의 대상으로 주목받았으며, 그들은 선박에 전문가적인 관심이 없는 사람들에게 그림을 팔았다.

바다와 해안은, 1824년 여름 존 콘스터블John Constable이 그린 브라이튼Brighton 해변의 밝고 화창한 유화 스케치에서 카스파 다비드 프리드리히Caspar David Friedrich의 유령이 나오는 상상화에 이르기까지, 다양한 분위기로 그려졌다. 그라이프스발트Greifswald의 발트해가 보이는 포메라니아 구항에서 태어나 성장한 프리드리히는 어쩌면 바다의 낭만주의 몽상가 중에서 가장 독창적이고 큰 반향을 불러 일으켰던 사람이었을 것이다. 그의 작품은 1840년 사후에 별다른 주목을 받지 못한 채 방치되었지만, 60년이 지나 미술 평론가 안드레아스 오버트Andreas Aubert에 의해 재평가되었다. 그의 작품들 중 가장 유명한 배경이 되었던 것은, 다채로운 해안 경관과 과거 이교도였던 슬라브 족의 문화적 흔적을 일부 보전한 어촌 마을들이 있는, 바로 뤼겐 섬이었다(사진 1 참조). 뤼겐은 이미 성직자이자 시인인 루드비히 고트 코제가르텐Lugwig Gotthard Kosegarten에게 영감을 주었다. 1806년에, 코제가르텐은 프리드리히를 초대하여 뤼겐 섬에 있는 비테Vitte의 '바닷가 예배당'의 제단 뒤편에서 그림을 그리도록 권유하였고, 그는 여기에서 관습적인 구상 장치에서 벗어나, 보는 사람을 그림 속으로 끌어들임으로써 자신만의 구성 스타일을 찾아냈다. 그의 〈아르코나의 풍경View of Arkona〉(1805-1806)은 보는 사람을 무한한 바다로 끌어들이는데, 석양이 바다 넘어 빛을 드리우며, 그림의 전경에 자리 잡은 파도로 요동치는 해안선은 왼쪽 절벽으로 인해 균형을 이루고 있다. 이보다 더 유명한 그의 그림, 〈뤼겐 섬의 절벽The Cliffs at Rügen〉은 과장된 투시화법을 사용했는데, 보는 사람이 아찔할 정도로 높고 희미하게 빛나는 하얀 절벽 때문에 깊은 바다로 빠져드는 듯하다. 프리드리히는 기존의 구도를 해체하여 모호함과 불확실성을 표현하는 대가이다. 보는 사람을 그림 안으로 끌어들이지만 장애물을 둔다. 가령 출항을 앞둔 배는 안개 사이로 거의 보이지 않거나, 바다는 눈에 띄지 않는다. 하인리히 클라이스트Heinrich Kleist가 1810년 평론에서 프리드리히의 〈수도자와 바다Monk and the Sea〉를 비평하듯이, "여기에는 어떠한 생명도 없다. 하지만 돌진하는 파도에서, 불어오는 바람 속에서, 이동하는 구름에서, 고독한 새들 사이에서 생명의 목소리를 깨닫는다."26)

장엄함을 탐구하는 사람에게 해변은 이상적이었으며, 하인리히 하이네보다 바다의 낭만주의적 감상을 더 잘 표현할 사람은 없을 것이다. 그는 해질녘에 바닷가를 홀로 걷는다. 그의 뒤에는 모래언덕이, 그의 앞에는 파도가 크게 굽이치는 바다가 있고, 위로는 거대한 수정 돔 같은 하늘이 있다.

천연 그대로 내 주위를 도처에서 둘러싸고 있는 자연의 장엄한 소박함이 나를 의기소침하게 만들기도 하고 동시에 들뜨게 만든다. 그 효력이 너무나 강력해서 나는 다른 어떠한 장대한 곳에서도 이와 비슷한 영향을 이전에 경험한 적이 없다. … 내가 밤 바닷가를 걸으면서 내 안에 있는 모든 종류의 기억과 육감을 깨우는 파도의 노래를 들을 때, 나는 마치 내 영혼이 과거의 지식을 온전히 품은 천상에 한동안 머물다가, 어지러움과 두려움에 사로잡혀, 지상으로 떨어지는 것 같았다.27)

19세기가 지나면서 이와 같은 고독과 소박함은 점점 더 찾아보기 힘들어졌다. 프리스*Frith*의 유명한 파노라마 풍경, 〈램즈게이트 모래사장*Ramsgate Sands*〉(1854)은 물론이고 스카버러Scarborough나 오스텐데Ostende를 그린 그림에서 보이듯이, 가장 인기 있는 해안 휴양지의 해변과 바위들에는 관광객들이 붐볐다. 그림 같이 아름답고 한적한 수많은 작은 만들과 외딴 어촌 마을들은 모험을 좋아하는 관광객들에게 '발견되었고' 몇몇 장소에는 화가촌이 들어섰다. 화가들은 거기서 찾은 소박한 삶의 풍경을 다소 의식적으로 묘사하였고, 훼손되지 않은 자연의 진수를 찬미하였다.

해변 자체는 변화무상한 무대였다. 피더 세브린 크로여*Peder Severin Kroyer*가 1893년에 그린 유틀란트 반도의 최북단 스카겐Skagen 바닷가에서 북부의 고요한 여름밤의 밝은 풍경은 폭풍이 지나간 황량한 해변으로 바뀌기도 하고, 비바람은 광포한 해침을 수반하는 물보라로 바뀔 수 있었다. 조난당한 선박은 대중들에게 가장 인기 있는 주제였다. 왜냐하면 선박이 우레와 같은 파도에 밀려 해안에서 얼마 떨어지지 않은 곳에서 자주 막을 내렸던 진짜 드라마였기 때문이었다. (예를 들어 토마스 루니*Thomas Luny*의 그림, 〈플리머스 만에서의 동인도무역선 더튼 호의 난파*The Wreck of the East Indiaman Dutton at Plymouth Sound*〉, 1796년 1월 26일에서 묘사된 것처럼) 많은 구경꾼들이 가끔은 그 장면을 지켜보기 위해 그곳으로 모여들었을 것이다. 터너*Turner*의 1805년도 그림, 〈난파선: 승무원을 구조하려 애쓰는 어선*The Shipwreck: Fishing Boat Endeavouring to Rescue the Crew*〉에서처럼 자칭 구조자들의 영웅주의는 종종 주목을 끌었지만, 필립 드 루테르부흐*Philippe de Loutherbourg*의 〈난파선*The Shipwreck*〉(1793)과 같이 음울한 분위기도 있었다. 터너의 〈약탈자들―노섬벌랜드 해안*Wreckers-Coast of Northumberland*〉(1834)에서 난파선의 생존자들이 해변에서 약탈자들에게 살해당하는가 하면, 카스파 다비드 프리드리히의 북극 빙산에 충돌하여 부서진 선박의 그림은 무자비한 자연 앞에 노정된 나약한 인간의 조건을 상징적으로 묘사했다.

또한 전설과 신화는 작가와 여행자들을 해안으로 유인하였다. 하이네는 침몰한 도시와 다른 북해의 전설에 이끌려 노르더나이Norderney로 갔으며, 오시안(Ossian, 3세기경의 고대 켈트 족의 전설적인 시인이자 용사) 숭배와 노르웨이의 신화는 〈핑걸의 동굴Fingal's Cave〉을 비롯하여 다채로운 예술적 가치를 지닌 무수한 연극과 시에 영감을 주었다. 전설과 민간 설화의 개작판은 19세기 초 십여 년간 굉장히 유행했다. 그리고 바다 이야기는 여가와 휴양의 장소로서 해변의 새로운 시각과 아주 잘 맞아 떨어졌다. 하지만 민속시 수집가들이 자료를 편집하거나 종합하는 경향이 있는 것과 마찬가지로, 유령선, 유령, 영혼의 이야기들로 열렬한 독자층을 오싹하게 만들었던 작가들은 미신을 개작하거나 심지어 재창작하는 일도 있었다.

적절한 실례는, 저지대 발트 지역에 이르는 북부 바다의 전설과 믿음에서 나오는 배 정령인 '클라바우터만Klabautermann'(발트해와 북해에서 선원이나 어부를 도와주는 물의 정령)의 신화이다. 일부 특징이 반복되긴 하지만, 이 배 정령의 유형은 각양각색이다. 정령은 나무와 아주 밀접한 관련이 있다. 그는 배가 건조된 목재들 속에 섞여 배에 들어가거나 아니면 배 목수로 변장하여 배에 나타날 수 있다. 클라바우터만은 평범한 인간의 용모로, 보통 키가 작고, 종종 파이프 담배를 피우며, 그리고 가끔은 빨강 혹은 회색 재킷을 입고 있다. 이 정령은 위급할 때는 자애롭고 도움이 될 수 있지만 해를 입힐 수도 있다. 이 이름 자체는 '코볼드kobold'에서 '칼파터만kalfatermann'까지 수많은 변이형이 있고, 때론 덴마크의 '스킵스니스skibsnisse'나 프리슬란트, 슐레스비히-홀슈타인과 포메라니아의 '퍽Puck'과 같은 다른 전승들과 융합되어 왔다. 1820년대가 막 시작할 즈음, 클라바우터만의 전승 신화에서 유래하는 문학 작품들은 수집 작품들보다 기껏해야 10년 앞서 출현하고 있었다. 이를테면, 여행가 리히터T. F. M. Richter는 1806년 덴마크 배를 타고 함부르크에 있는 성 토마스St. Thomas로 가는 선상에서 네덜란드 선원이 들려준 전승들을 환기시켰다. 그런가 하면 1820년대에 노르더나이의 프리슬란트 섬에서 한 선장은 하인리히 하이네에게 클라바우터만의 존재에 대한 믿음이 지난 50년 동안 공고해졌고, 또 자신의 선장실에 클라바우터만을 모시는 공간을 만들어 그를 대접할 최고급 고기와 술을 공물로 바쳤다고 말했다.

하이네와 같은 시대 작가, 즉 바다 이야기의 독일 작가인 하인리히 슈미트Heinrich Smidt는 이 배 정령의 수호자 역할을 강조하였다. 슈미트는 이 전통을 잉글랜드에서 독일 선원들이 찾아냈다고 믿었다. 영국에서는 이런 전통의 증거가 거의 없거나 아예 없지만 말이다. 그리고 그는 클라바우터만을 이렇게 묘사했다.

> 모든 선박에 대해 소상히 알고 있어 위험으로부터 배를 보호하는 정령 그리고 그가 갑판에 머무르는 한, 그 배나 승무원은 무탈하다. 하지만 그는 쉽게 길을 잃는다. 그래서 한번 사라지면, 다시는 돌아오지 않는다.

배의 수호자의 관념은 오랜 역사를 가지고 있다. 그리고 클라바우터만 전승과 5세기 흑해에서 다른 해역으로 전해진 시노페Sinope의 성 포카스St. Phokas의 전설이 연관이 있다는 추측이 있어 왔다. 하지만 라인하트 부스Reinhard Buss는 이 관련성에 대해 의문을 제기하였다. 대신에, 그는 초기 기독교나 심지어 기독교 이전의 전통에서 유래하여 민간전승으로 널리 퍼진 실질적인 모티브들과 개념들이 합쳐져서 클라바우터만과 관련된 새로운 전승 전통이 되었다고 주장한다.[28]

이보다 더 잘 알려진 전설은 플라잉 더치맨(Flying Dutchman, 희망봉 근해에 출몰한다는 네덜란드의 유령선)에 관한 것이다. 워싱턴 어빙Washington Irvine은 『브레이스브릿지 홀Bracebridge Hall』(1822)에서 폭풍에 떠밀리는 배의 이야기를 자세하게 서술하였다. 하인리히 슈미트는 1825년에 『영원한 항해자Der ewige Segler』를 썼고, 이 작품은 에드워드 피츠볼Edward Fitzball이 1827~

1828년 겨울 런던에서 만원 관객 앞에서 연극으로 공연하였다. 하이네는 이 전설을 『노르더나이Norderney』(1826)에서 언급한 바 있고 리하르트 바그너Richard Wagner는 리가에서 런던으로 향하는 항해 중에 한 선원에게서 이 이야기를 들었다고 했다. 19세기 초기에 나온 이 전설에 관한 여러 종류의 판본들은 이 신화가 단순한 문학적인 허구가 아니라는 점을 보여주는 것 같다. 이 전설의 구성요소들은 희망봉을 넘는 최초의 항해로 거슬러 올라갈 수 있다. 예를 들어 포르투갈 시인 카몽이스Camões는 『오스 루시아다스Os Lusiadas』(1498년 인도로 항해한 바스코 다 가마의 여행 이야기)에서 거대한 악마가 구름 속에 나타난다고 말한다. 이것은 오귀스트 잘Auguste Jal 제독의 『해양생활의 정경Scènes de la vie maritime』(1832)에서 선원 이야기꾼이 들려주는 플라잉 더치맨의 장면과 매우 흡사하다.

캔버스뿐 아니라 출판물에서도 감각을 자극하고 흥분케 하는 이미지가 많이 있었다. 성장하는 관광산업과 보조를 맞추어, 안내책자와 조언이 쏟아져 나왔다. 영국 웨일즈 공의 섭정시대(1811~1820)에 관광산업에 영향력 있는 권위자, 윌리엄 길핀은 경이로운 광경의 끊임없는 추구를 통한 새로운 것에 대한 부단한 탐색을 강조했다. "영혼을 지속적이며 유쾌한 기대감으로 유지하는 것"이 바로 부단한 탐색이다. "단언컨대, 대양보다 장대한 것은 없지만, 만약 대양을 동반하는 것이 아무것도 없다면, 대양은 그림 같이 아름다울 수 없다"고 말한 길핀에 이끌리고, 또 폴 샌드비Paul Sandby와 같은 화가들이 그린 해안 경치에 매료되어, 19세기 초의 여행자들은 여행을 나서면서 최고의 풍광을 찾겠다고 결심하였다.[29]

장엄함과 두려움의 심상은 바다와 해안의 인식과 경험에 얼마나 영향을 미치고 구현하였을까? 모두가 바다를 찬미하였던 것은 아니라는 점은 분명하다. 많은 사람들이 해안을 황량하고 살기 힘든 불모의 땅이라고 생각하였다. 자기 수양과 목적의식을 가지고 즐길 거리를 추구하는 경향은 ─화석, 식물과 갑각류를 쉼 없이 채취하려고 애쓰는 일─ 실제로 바다를 응시하는 일 대신에 '무언가' 하려는 필사적인 열망 때문일 것이다. 윌리엄 다이스

William Dyce의 그림, 〈페그웰 만*Pegwell bay*〉(1858)의 전경에 나오는 어린 소년의 어찌할 바 모르는 외로움은, 크리스토퍼 마스덴*Christopher Marsden*의 표현인, "물, 바위, 해초로 구성된 이러한 적대적이고 필설로 표현하기 어려운 세계에 둘러싸인 느낌"을 정확히 담아낸다.[30] 19세기 거의 내내, 많은 해안이 접근하기 어려운 외딴 곳에 위치한 스칸디나비아에서, 황량한 바위섬들은 사람들에게 그리 매력적인 장소가 아니었다. 스웨덴 여행가 요나스 칼 리네옐름*Jonas Carl Linnerhielm*은 연중 내내 풍랑이 몰아치고, 칙칙하며, 바람 잘 날 없는 바다가 있는 나라에서는, 전망 좋은 곳에서 가끔씩 아주 잠시 동안만 바다를 감상하고 녹수(綠樹) 속에서 사는 것이 더 낫다고 생각했다. 요한 발린*Johan Wallin*은 50여 년이 지나 보후스*Bohus*의 해안을 이와 같이 묘사한다. 군도의 풍경이 극적이고 인상적이지만, "슬프고 침울하다. 둥글어진 바위들과 더 많은 바위들. 몇 백 피트 높이에 가끔 보이는 바위에 나무는 아예 없다. 어디를 봐도 나무도, 관목도, 녹수도 없다."[31]

여행안내서들은 보통 자연을 먼발치에서 숭고해 보이는, 잘 다듬어진 대상으로 소개하곤 했다. 예를 들어, 뷔르크너*Bürkner*의 1844년 판 프로이센 잠란트*Samland*의 여행안내서는 푸른 골짜기, 나무 그늘이 드리워진 정감 넘치는 언덕과 매력적인 마을 등을 소개하고 있으며, 자연의 숭고함을 즐길 거리도 전혀 없지는 않다. 왜냐하면 "여기저기에서, 반사하는 푸른 바다가 숲과 숲 사이에서 잠깐 동안 살짝 보이기" 때문이다.[32] 안톤 폰 에첼*Anton von Etzel*은 헬싱보리의 스웨덴 타운 위쪽으로 테라스가 있는 정원에서 해협 너머로 보이는 전경을 묘사하는데, 이것은 이 장르의 전형을 보여준다.

> 드디어, 부상을 개의치 않고 올라가야만 볼 수 있는 언덕 꼭대기와 허물어진 벽으로부터, 하나의 장면 그 자체가 보여주는 아름다움에 깜짝 놀라게 된다. 해변 전체가 시야에 들어온다. … 바다의 짙은 아주로 색이 하늘의 보다 연한 파란색과 수평선 가장자리에서 겹쳐진다. 셸란 섬은 화려하게 장식된 양탄자처럼 펼쳐진다. … 스웨덴 해안을 따라 가면 한쪽에서는 란스크로나*Landskrona*의 성탑들이 보이고, 다른 쪽에서는 북쪽 방

향으로, 아주 멀리 떨어져서 푸른 안개에 싸인 쿨렌Kullen 갑의 칙칙한 절벽이 눈에 들어오는데, 멀리 있는 높은 알프스 산이라는 착각을 불러일으킨다.33)

그러나 여행자들은 자연 장관에 감탄하면서도 냄새 나는 해초나 해안에서 연기를 뿜고 악취를 내는 공장들 때문에 불편했을지도 모른다. 『시민사회』의 서문에서, 조지 크래브는 독자들이 그가 계속해서 묘사하는 연기가 자욱하고, 냄새 나는 해변보다 내륙의 푸르고 비옥한 초원을 더 좋아할지 모른다고 넌지시 암시하였고, 또한 메리 울스턴크래프트Mary Wollstonecraft가 목초지의 꽃향기로부터 느꼈던 즐거움은 보후스 지방의 통조림 공장에서 기름을 짜고 남은 청어 찌꺼기에서 생긴 악취 때문에 엉망이 되었다.

18세기 말경 수많은 관광객들이 바다를 보기 위해 모여들기 전까지, 바다는 대체로 내륙의 주거지로부터 떨어져 사람들이 접근하기 어려운 곳에 위치하고 있었다. 사람들이 붐비는 중세 연안 타운의 경계 밖에 있는, 유럽의 해안 대부분은 주민이 살지 않고, 흔히 황량하고 인가에서 멀리 떨어져 있었다. 거기에 사는 몇 안 되는 사람은 모래언덕이나 습지에서 수확하고 남은 것을 모으거나 아니면 해안가에 밀려온 표류화물과 해양 폐기물을 수집하여 겨우 생계를 꾸려가는 쓰레기 처리꾼, 즉 야만인으로 여겨졌다. 그들은 조난당한 불운한 사람을 서슴없이 약탈하고 죽이는 사람으로 의심받았다. 유틀란트의 성직자 스틴 스틴센 블리처Steen Steensen Blicher 같이 이러한 편견을 적극적으로 시정하려고 애썼던 사람들조차도, 문명의 바깥에서 사는 해안 주민들은 뭔가 '다르다'는 일반적인 생각에 동의하였다. 그들은 체격, 방언, 의복과 얼굴에서부터 내륙의 이웃과 달랐다. 그들의 얼굴은 해풍으로 인해 거무스름해지고 거칠었으며 모진 고생의 흔적이 역력했다. 어떤 작가는 보후스 지방 남부의 바위섬들에 사는 주민이 핀란드 북방 변경의 라플란트 사람들과 비슷하다고 평가했다. 그리고 또 다른 작가는 그들을 스웨덴 국가에서 버림받은 사람으로, 교육과 덕성이 부족하고 가난에 시달리며 모두가 배척하는 사람으로, 그들은 "자신들의 비참한 삶을 어떻게 연명할지만 생각한다고 묘사했다. 가령 그들은 조난당한 사람이 도움을 구하는 외침을 갈매기의 울음소리처럼 대수롭지 않게 여길지 모른다."[34] 훨씬 비호의적인 가이드북 작가 뷔르크너에 의하면, 그가 만난 프로이센 어민들은 건장하고, 검게 그을렸으며, 방수 바지 차림에 무거운 장화를 신고 터벅터벅 걸으며, 관광객을 말없이 빤히 쳐다보고 있었다. 그러나 이들의 야수 같은 용모가, 관광객이 화가의 화필을 통해 잘 알고 있고 그토록 좋아했던 '특유의 이미지'를 잠시 즐기는 것을 방해할 수는 없었다. 관광객들은 돌아가기 전에 한 번 더 그 모습을 감상하고자 했다.[35]

종종 해안 주민들의 가난과 후진성에 대해 이런 저런 말이 많았다. 관광은 그와 같은 해안 공동체에 부수입의 형태로 실질적인 혜택을 주었지만, 공동체 주민들과 관광객들 간의 관계에는 어떤 경계심과 불신이 항상 존재하였다. 어민들과 어선 및 그물이 그림 같이 아름다울 수 있었을 테지만, 동시에 이 모든 것이 악취가 나고 어수선한 상황으로 보일 수도 있었다. 관광객들은 곧 어촌에서 나는 악취를 맡고서는 주춤하기 시작했다. 일찍이 1858년에, 사스니츠 마을은 똥 더미와 외양간의 악취가 훈제실의 냄새와 뒤섞여 앙등하는 오두막촌으로, 이곳의 바다 경관과 어울리는 '쾌적한' 숙박시설이 극히 부족한 곳으로 묘사되었다. 해수욕장 개발업자는 때때로 어항을 해수욕장에서 격리시키려고 애썼다. 단치히에서 가까운 조포트Zoppot의 해변은 프로이센 왕실의 소유였는데, 조포트는 현지 어촌 공동체와 아무런 협의 없이 관광지로 조성되었을 뿐만 아니라 공동체 주민들은 공공장소에서 보기 흉하지 않은 옷을 착용하도록 통제를 받았다. 일반적으로, 어민의 칙칙하고 묵직한 작업복과 관광객의 가벼운 휴가철 옷차림이 확연하게 달라서 서로 다른 문화적 차이를 외관으로 쉽게 식별할 수 있었다. 인류학 연구에 따르면, 일반적으로 항해자 문화의 전통이 강하게 잔존하는 공동체에서 방문자들과 주민들 간의 관계가 훨씬 더 좋았다. 선장들은 보통 갑판선원들보다는 관광객들과 지위 면에서 더 가까웠고, 또 고래잡이와 같은 특정 종류의 어로 활동이 사양길로 접어들면서, 새로운 수입원으로 관광업이 환영받았다. 다른 한편, 어촌 공동체는 어촌의 진풍경을 놓치지 않으려는 관광객들 때문에 자주 불편을 겪기도 했으나 그에 못지않게 관광객들의 발길이 닿지 않은 곳에 어촌 고유의 전통을 보전하고자 노력하였다. 그리고 어촌공동체는 특히 종교 의례에 관련하여 관광객들의 태도와 습관 때문에 이따금 비위가 상하기도 했다.

그래도 어민과 선원이 낭만주의 시대의 화가와 작가들에 의해 대중의 심상에 확실히 새겨졌다. 1838년에 그레이스 달링*Grace Darling*과 그녀의 아버지가 폭풍우 속에서 수행한 유명한 구조작업을 모델로 한 제임스 윌슨 카마이클*James Wilson Carmichael*의 〈노섬벌랜드 앞바다에서의 난파 선원 구조를 위한 노 젓기*Rowing to Rescue Shipwrecked Sailors off the Northumberland Coast*〉나 1846년 영국왕립학술원에 전시된 윌리엄 클락슨 스탠필드*William Clarkson Stanfield*의 〈도거뱅크에서*On the Dogger bank*〉와 같은 그림들은 대단한 인기를 누렸다. 흔히 어부는 교훈적 본보기로 격찬을 받았다. 스웨덴 초등학교에서 널리 사용되는 독서 책에 실린 시에는 어부의 노동 생활에 대한 이야기는 거의 없지만, 어부를 헌신적이며 그의 운명에 만족하는 사람으로 묘사했다. 가난의 무게는 죄의 무게보다 가벼우니 말이다. 북유럽의 화가나 작가는 반농반어들에게서 과거 바이킹의 영웅적 기질을 찾아낼 수 있었다. 1880년대에 스카겐에 있는 화가촌을 방문한 핀란드 화가 한나 뢴베르그*Hanna Rönnberg*는, 악천후에 굴하지 않고 심신을 단련시켜 온 강건하고 투박한 어부들을 "문명이 지금까지도 길들이지 못한, 강인한 사람들"이라고 열렬히 칭송했다. 그럼에도 불구하고 1860년대와 1870년대 뒤셀도르프 학파의 영향을 받아 어부와 선원을 낭만적으로 그린 이미지와, 노르웨이의 크리스티안 크로그*Christian Krohg*나 덴마크의 애나 안가*Anna Ancher*와 같은 사실주의학파가 훨씬 더 있는 그대로 심지어 적나라하게까지 그린 이들의 초상화는 확연하게 달랐다. 후자의 화풍은 곧이어 피더 세브린 크로여가 주도하는 스카겐의 후속 세대 화가들의 무드페인팅(19세기 상징주의 미술의 한 경향)으로 일부 대체되었다.[36]

해변에서 보는 경관

해변 휴가의 활성화는 대체로 18세기 상류 사회의 건강에 대한 관심과 증기력이 가져온 교통혁명에 기인한다. 해변 휴가의 기원은 영국에서 유래한다. 오염된 도회지에서 벗어나 공기 맑은 교외에서 여가를 즐기려는 붐은 해변에서 휴가를 보내려는 붐보다 몇 십 년 더 빨리 시작되었는데, 대체로 바닷가가 여전히 황량하고 무슨 일이 일어날지 종잡을 수 없는 곳이었기 때문이다. 그래서 해수욕의 즐거움에 동참하였던 사람들은 문화 시설이 들어선 곳에서 조심스럽게 해수욕을 즐겼다. 그런데 18세기 말이 되면, 브라이튼과 스카버러와 같은 상류층이 즐기는 해수욕장 휴양지는 확실히 명소로 자리 잡았다. 오스텐데와 불로뉴와 같은 유럽 대륙에 있는 몇몇 휴양지는 주로 영국인 관광객을 겨냥하거나 잉글랜드의 사례에 고무되어 개발되었다. 1774~1775년에 마게이트에서 살았던 게오르그-크리스토프 리히텐베르크*Georg-Christoph Lichtenberg*가 독일에서 해수욕의 이점을 대중에게 홍보하였다. 1794년 도베란*Doberan*에 해수욕장이 만들어지자, 곧 이어 발트해의 남부 해변을 따라 다른 휴양지들에서도 해수욕장이 조성되었다. 하지만 프리슬란트 해안선에서는 해수욕이 아주 느리게 확산되어 갔다. 1820년대부터 사람들이 해수욕을 즐기러 헬리골란트와 노르더나이 섬들로 이동하고 있었지만 말이다. 덴마크와 스웨덴에서는 왕실의 후원으로 인해 푀르*Föhr* 섬에 있는 비크*Wyk*와 스웨덴 서부 해안의 구스타프스베리*Gustafsberg*가 개장하자마자 사람들로 붐볐다.

새로운 해변 휴양지 ─제인 오스틴*Jane Austen*의 중편소설 『샌디턴*Sanditon*』(1817)의 등장인물 파커*Parker*의 표현으로는, "수천 명이 찾을 것으로 보이는 바로 그 장소"─ 개발 열풍이 19세기 초 몇 십 년간 급속도로 확산되었다. 19세기 중반이 되면, 북해와 발트해의 해안에는 해수욕장과 휴양시설이 촘촘히 들어섰고, 한 작가가 리가 만 해변으로의 대이동이라고 묘사했듯, 여름철에 수천 명이 그곳에 체류하면서 "해수욕을 즐기며 활기를 되찾고자 하였다."

또 다른 작가에 따르면, 프로이센 해안 모래언덕의 불모지에 둘러싸인 외딴 어촌 마을들이 '적절한 편의시설을 갖춘' 매력적인 장소를 찾는 단기 체류 관광객을 위해 해수욕장으로 변모했다.[37] 1855년에 고틀란트 섬의 비스비에 해수욕장 조성을 촉구하는 한 기사는, 이런 조치를 통해 스웨덴의 다른 해변 타운들이 어떻게 번성했는지를 지적하고, 비스비가 이런 조치를 취하지 않는다면 경기 침체를 겪고 도시의 위상도 급락할 것이라고 진단하였다. 보통 새롭게 급성장한 휴양지들은 오히려 소박한 모습을 띠었다. ─목초지에서 먹는 시골 밥상 같은 식은 음식을 제공하는 그랜드 호텔과 어설프게 만들어진 통나무 오두막 몇 채가 1888년에 작곡가 페루치오 부조니*Ferrucio Busoni*가 핀란드 한코Hanko의 휴양지에서 받은 인상이었다─ 하지만 이 휴양지들은 지금까지 벽지였던 지방을 전국적인 명소로 바꾸는 데 중요한 역할을 했다.[38]

북해의 해안 곳곳에서 바다 해수욕은 보통 이동탈의차bathing machine*의 도움을 받아 이루어졌으며, 해수욕 자체가 '치료'였다. (반면) 발트해와 스웨덴 서부 해안의 해수욕장에서는, 온천 치료와 약물 요법에 더 많은 중점을 두었다. 이곳에서도 사교활동이 중시되었고, 그래서 지나친 사교활동을 금하는 적절한 기준이 만들어지긴 했지만 말이다. 일찍이 1760년대에, 토마스 페넌트*Thomas Pennant*가, 스카버러에 모여든 "많은 사람들에게 건강은 핑계일 뿐이고 방종이 목표"라는 논평은 많은 사람들에게 공감을 얻었다.[39] 발린은 스웨덴 서부 해안의 해수욕장 시설에 관한 자신의 안내서에서, 무도회장에서 밤늦게까지 즐겁게 보내는 것은 해수욕 휴가 본연의 건강증진 효과를 완전히 무효로 만들 수 있다고 한탄했다. 이런 사교모임이 메마르고 음울한 바위섬들 주변에 자리 잡은 휴양지에서는 용납될 법도 하지만, 상류층을 겨냥한 구스타프스베리와 같이 청명한 자연에 둘러싸인 장소에서는 있을 수 없는 일이었다.[40]

---

* 이동탈의차는 문과 계단이 있는 큰 나무상자 같은 수레이며, 말이 바닷물 속으로 수레를 끌고 가서 여성들이 그 안에서 옷을 갈아입고 입수할 수 있도록 만들어졌다.

잉글랜드 남동부 지역의 휴양지는 런던과의 근접성에 힘입어 빠르게 성장했다. 바다로 돌출한 방파제로부터 끝없이 펼쳐진 민박집 테라스와 수백개의 여흥 장소들에 이르기까지, 영국의 해변 휴양지가 너무 갑작스럽게 성장하였기 때문에 관광객들의 물결은 사실상 그 곳 해변의 지형과 문화를 만들고 확정지었다. 찰스 디킨스가 그의 단편 소설 『램즈게이트의 턱스*The Tuggses at Ramsgate*』[41]에서 언급하였듯이, 해변은 "이야기하고, 웃으며 접대하고, 즐겁게 떠드는 것 이외엔 아무것도 들리지 않는 장소였다." 한 세기 뒤에, 크리스토퍼 마스덴은 독일 악단이 불협화음 속에 기초저음을 연주하는 장면과 함께, 빅토리아 시대의 왁자지껄 소란스런 해변 휴양지를 연상시키는 그림을 그렸다. 즉 악을 쓰고 괴성을 지르는 아이들, 짖어대는 개들, 시끄럽게 우는 당나귀, 그리고 펀치·주디 인형극과 쇼어디치Shoreditch 협곡에서 온 스코틀랜드 백파이프 연주자에 이르기까지, 구매자나 관객을 끌려고 소리치거나 악기를 연주하는 수십 명의 노점상들과 놀이꾼들 말이다.[42]

인구 밀도가 높은 영국 해변 휴양지는, 20세기 중반 몇 십 년간까지도 바다로 휴가 가는 것이 대체로 유복한 사람들의 전유물로 남았던 스칸디나비아나 독일 북부의 휴양지에 비해 훨씬 빠르게 성장했다. 토마스 만의 소설 『부덴브로크가의 사람들*Buddenbrooks*』(1901)에서 묘사된, 바다에서의 한가하고 목가적인 북부의 여름날은 바쁜 노동자 계급이 추구하는 즐거움, 이를테면 아놀드 베네트*Arnold Bennett*가 그의 단편 소설 『시계 아래에서*Under the Clock*』(1912)에서 묘사하는 맨Man 섬에서의 '광란의 6일'과는 상당한 차이가 있다. 영국의 급격하고 빠른 철도의 확장으로 "한 주에 2~3 파운드로 상류층을 흉내 내고 싶어 하는" 중하층 계급이 해변으로 쉽게 접근할 수 있었다. 예를 들어 트롤로프*Trollope*의 소설 『수상*The Prime Minister*』에 등장하는 '밉상스러운 속물' 섹스투스 파커*Sextus Parker*는 그리 고급스럽지 않은 도버코트Dovercourt 휴양지의 한 오두막에 머무는가 하면, (조지 & 위든 그로스미스의 소설 『어느 무명 인사의 일기』에서) 푸터*Pooter* 가족은 브로드스테어Broadstairs 역 근처에서 저가의 숙소에서 휴일을 즐긴다.[43] 증기선과 철도로 인해 노동자 계급은 그라브센드Gravesend나 마게이트와 같은 대도시에서 쉽게 접근할 수 있는 휴양지에 당일치기로 방문할 수 있었다(사진 7 참조). 포교단과 자선단체들은 축제나 경기와 같이 건강에 좋지 않은 지방의 여흥거리를 대신할 만한 것으로 (해변으로의) 당일치기 여행을 적극 추진하였다. 그러나 장터, 뮤직홀 그리고 휴가객의 돈을 우려내려고 조성된 수많은 다른 시설물이 급속도로 늘어나면서 종교적 희망은 곧 사라졌다. 존 월튼John Walton이 보여주었듯이, 노동자 계급이 영국 섬에서 보내는 휴일의 행락 양상들은 저마다 달랐지만, 19세기 말경이 되면 노동자 계급의 해변 문화에는 동질적인 특징이 명확하게 존재하였으며, 그리고 북 잉글랜드의 산업 중심지에서 오는 연례 휴가철 인파를 겨냥한 블랙풀Blackpool과 같은 휴양지가 성업 중이었다. 그러나 북유럽의 다른 곳에서는, 도시 노동자와 그 가족들이 세계대전 전간기에 유독 대규모로 해변을 방문하기 시작했는데, 이들의 방문 동기가 도시 중산층의 그것과는 상당히 달랐다. 예를 들어 고텐부르크와 코펜하겐에서 온 노동자들은 섬이나 도시 외곽의 해안에 작은 땅을 찾아 여름 별장을 짓고 땅을 경작하였다. 전간기 중 높은 실업률로 인해, 많은 가족들이 일 년 내내 피난처로 삼을 만한 이들 허름한 오두막을 찾는 데 내몰릴 수밖에 없었다. 1924년에는 코펜하겐의 변두리 코뮌 하나에만 600여 개의 오두막이 있었다. 같은 시기에, 영국에서도 노동자 계급에 대한 해변의 민박집 여주인의 악명 높은 횡포를 피할 대안으로, 휴가철 캠프 형태의 오두막이 출현하였다.

해변은 모든 연령과 모두의 취향을 포용할 수 있는 탁월한 만남의 장소였다. 해변은 18세기 온천 휴양의 경직성과 격식을 배제하고 건강에 좋은 자연환경 속에서 치료와 즐거움을 동시에 충족시켜 주었다. 휴식과 탈격식성은 해변 휴가의 본질적인 특징이었다. 해변에서, 부르주아계급은 자신의 거추장스러운 옷을 벗어 던지고 더 가볍고 편한 옷을 입을 수 있었다. 주된 만남의 장은 수변 공간 내 산책로였다. 1884년에 안데르센H. C. Andersen이 방문한 뷔크의 덴마크 휴양지에서는 농민, 선원 그리고 부르주아계급의 딸들이 광장에서 아무런 제약 없이 함께 춤을 췄다. 어떤 춤은 키스와 함께 시작하고 끝났으며, "상대방의 기분을 상하게 할까 봐 어떤 처녀도 감히 춤을 거부할 수 없었다."[44] 젊은 남성이 여인의 자태를 흠모하게 되는 장소는 바로 광장이나 산책로였다. 파도에 떠밀리며 수영하는 여성의 광경은 1797년 폭풍 이후 스뷔네뮌데Swinemünde를 방문한 여행가 요한 프리드리히 쵤르너Johann Friedrich Zöllner를 매료시켰는데, 이 광경에서 그는 격렬하게 거품이 이는 파도에 노출된 여성의 연약성을 떠올렸다. 약 20년 뒤 스뷔네뮌데에서 해변이 (남녀로) 분리되면서 —다른 곳에서도 일반적으로 수용하게 되는 관행인데— 초기의 비교적 자유롭고 용이했던 해수욕 행위는 중단되었을지 모르지만, 크리스토퍼 마스덴이 관찰한 바대로, 새로운 해변 산업이 소비자를 유혹하기 위해서는 성적 자극에 비견할 만한 소재가 없다는 것을 잊지 않았다.[45]

바다들의 경계 만들기

여기까지 우리는 인간의 상상 속에 있는 바다를 주로 다루었다. 문서, 지도, 조약과 협정에서 바다를 정의하는 일은 바다를 이해하고 포섭하려는 인간 노력의 또 다른 측면이며, 이러한 활동을 선도한 사람들은 바다로부터 중요한 정치적 이득이나 혜택을 누렸다. 4장에서 설명되겠지만, 초기의 여행기나 지도에 묘사되었던 북쪽 바다들은 자주 다른 어떤 것보다도 상상력에 더 많이 의존하였다. 북방세계에서 일찍이 출판되어 널리 활용된 2종의 출판물, 『해도Carta marina』(1539년 베네치아 출판)와 『북유럽인들의 역사Historia de gentibus septentrionalibus』(1555년 로마 출판)는 모두 추방당한 스웨덴 성직자 올라우스 마그누스가 자신의 지식과 그 지역에 관해 서술한 이전의 다양한 저술들의 지식을 취합하여 쓴 것으로, 사실과 허구가 유달리 심하게 혼재된 상태로 서술되었다.[46] 북부 지역들의 지형과 동물상 및 식물군에 대한 보다 섬세하고 정확한 그림은 사실상 18세기가 되어서야 등장하였다. 해안선과 해역, 그리고 해안 거주민의 특징과 특이성이 수많은 지역 역사서 속에서 상세히 묘사되었고, 학회 학술지의 전문독자층에게 소개되었다.

19세기 중반 경에, 발트해 동쪽 가장자리에서 일어난 초기 민족주의 운동은 바다에 관심을 보이기 시작하고 있었다. 몇 세기 동안 내륙에서만 살았던 에스토니아와 라트비아 사람들에게 바다는 기회의 수단으로 여겨졌으며, 에스토니아와 라트비아의 민족주의자 1세대는 선원학교와 해운회사의 설립을 적극적으로 지지했다. 19세기 말경, 핀란드에서의 스웨덴어 소수화자 출신 작가들은, 핀란드어 화자 대다수가 거주하고 있는 우울한 후배지와 대비하여, 바다와 바위섬들을 자유롭고 개방적인 자신들의 천혜 고향이라고 소개하는 빈도수가 증가하고 있었다. 아르비드 뫼른*Arvid Möme*은 핀란드어 화자인 동료 시인 에이노 레이노*Eino Leino*에게 자신의 시 『핀란드와 스웨덴*Finskt och svenskt*』(1899)을 헌정하면서, "나무에 부는 바람 소리, 호밀이 익어가는 들판에 부는 산들바람"과 같은 레이노의 서정적인 시풍과 "경쾌한 팡파르로 당신의 심금을 달래주는" 거품이 이는 파도를 노래한 그의 시풍의 차이를 보여주었다. 뫼른은 스웨덴어 소수화자들을 위해 신설된 사립대학 아보 아카데미의 수로학과 해양생물학의 학과 신설을 열렬히 지지한 사람이었다. 그는 발트해와 스웨덴 해를 공부하는 것이 핀란드계 스웨덴인의 권리이자 의무라고 믿었다.[47]

바다는 또한 열강의 정치적 야심을 달성하기 위한 욕망의 대상이 되었다. 이미 1846년에, 유명한 독일 여행 작가, 콜은 프로이센을 발트해와 북해에서 독일의 이해를 대변해 왔던 한자*Hanse*의 계승자로 주장하면서, 슐레스비히-홀슈타인 해안의 "독일적인 속성*Germanness*"을 크게 강조하였다. 콜은 또한 세계의 다른 나라들에서와 마찬가지로 독일인들이 어떻게 바다를 점점 더 포섭해 왔는지를 언급하였다. 훔볼트*Humboldt*와 같은 역사학자들과 지리학자들은 바다를 연구했고, 시인들과 소설가들은 바다에 대해 썼으며 새롭게 창간된 『베저운트브레머차이퉁*Weser und Bremer Zeitung*』과 같은 신문들은 북해의 독일과 그 후배지 사이를 보다 긴밀하게 통합하기 위해 노력하였다.[48] 10년이 안 되어서, 안톤 폰 에첼은 '발트해가 본질적으로 게르만의 지중해'이 며, 발트해 지역의 다른 민족들은 '항상 수동적이었기에' 결코 해양 민족이 될 수도 독립 국가를 형성할 수도 없었다고 단언한다. 즉 "타민족에게 추월 당하는 것은 항상 그들의 역사적 숙명이 되어 왔다."[49]

이 같은 주장은 곧 프로이센 주도의 독일제국에 의해 실체를 갖게 되었 다. 제국 성립 이전인 1869년, 독일해 연구를 위한 장관급 위원회가 창설되 었고, 제국 성립 직후인 1871년과 1973년, 이 위원회는 발트해로 탐험대를 보내어 수산업 촉진의 가능성을 조사하게 하였다. 1864년에 프로이센이 슐 레스비히-홀슈타인 협정의 결과 획득하였던 킬 항구는 주력 군항으로 건설 되었으며, 운하를 통해 북해로 연결되었다. 발트해와 접하고 있었던 다른 국가들 또한 이에 뒤질세라 이 해역에서의 자신들의 권한을 주장했다. 스웨 덴에서는 장갑함 '스베리에*Sverige*' 호의 건조를 두고 제1차 세계 대전 전야에 격렬한 정치적 갈등이 야기되었다. 폴란드 군인들이 1920년 1월 애국 행사 로 발트해와 약혼식을 거행했고, 부활된 폴란드 국가는 발트해에 강력한 해 군 군사력을 증강하고자 했다. 그리고 소련이 1945년부터 소련 해체까지 거 대한 해군력에 의해 교묘하게 보장되는 평화의 바다라는, 발트해에 대한 소 련의 이미지를 고취했다. 노골적인 민족주의적 관점이 심지어 역사서술에 도 반영되었으며, 그 서술은 (바다) 지배나 주도권을 위한 투쟁을 집중적으 로 강조하였다.

냉전 종식 이후, 국민국가보다는 지역공동체, 그리고 과거의 국제적이고 코즈모폴리턴 차원의 특징에 대한 관심이 급증하여 왔다. 네덜란드 역사학 자 레시 에르마 반 보스는 일정 시기 동안, 즉 1500년과 1800년 사이에, 남 발트해를 아우르는 공동의 북해 문화라고 할 만한 것이 있었고, 이 시기에 는 언어 소통과 무역의 수월성이 (공동 문화권의) 교류를 가능케 하고 강화 시켰다고 주장해 왔다. 특히 에르마 반 보스는 이 공동 문화의 구성 요소들 로, 프로테스탄티즘, 높은 수준의 읽고 쓰는 능력, 합리적 세계관 그리고 위험에 대비한 사회안전망 구축의 전통 등을 예시하였다.[50] 또한 독일 인류학자 볼프강 루돌프*Wolfgang Rudolph*는 19세기 발트해 주변 연안의 해사 문화와 내륙지방의 농촌 문화 사이에는 명확하고 뚜렷한 차이, 즉 종교와 언어의 차이들에 구애받지 않는 문화적 경계선이 존재하였다고 주장했다. 루돌프에 의하면, 발트해 주변 연안 공동체 특유의 두드러진 특징들 중에 항해자가 고향으로 가져왔던 유리그릇이나 스태퍼드셔 도자기와 같은 명품들이 있었고, 연안 해항도시들에서 지식, 학식과 기술을 중시 여기는 경향이 있었다. 지역사회 전반에 확산된 선박 공동소유권 때문에, 부기 기술, 운임과 보험의 중요성에 대한 인식, 그리고 은퇴 선원, 과부와 고아를 위한 복지 기금 마련이 필요하게 되었다. 해운 동향, 보험 및 운임율, 그리고 상품 가격에 관한 정보의 교환을 통해, 항구는 보다 넓은 세계와 연결되었다. 여름이 가장 바쁜 시기인 농경의 후배지와 달리, 선대가 출항한 뒤 여름의 해항도시는 가장 한가했다.[51]

무늬와 문양을 새겨 넣은 유리잔과 펀치볼 같은, 루돌프가 인정한 스태퍼드셔 도자기와 다른 명품들, 항해용 의복이나 자유로운 외국어 구사는 의심의 여지없이 발트해와 북해 주변 해안 공동체에서 주목할 만한 뛰어난 요소 중 두드러진 특징들이었다.[52] 그러나 어떤 점에 있어서, 이러한 신분을 나타내는 상징은 공동체 내 집단의 차이를 노정시킬 수도 있었다. 예를 들어 당시의 많은 여행가들은 여성이 어떻게 지역의 전통 의상을 계속해서 입어왔는지, 또 여성이 뱃사람의 말을 섞어 쓰는 남성의 대화에서 어떻게 배제되었는지에 대해 언급했다. 몇몇의 경우에, 특히 카테가트 지방에서는, 두 개의 문화가 공존했던 것 같다. 즉 여성이 작은 농장을 책임지고 본토의 일꾼을 고용한다는 점에서, 남성적인 해사 문화와 여성적인 농경 문화 말이다. 또한 루돌프의 다소 물질 만능적인 해사 문화의 이미지는 자주 나란히 존재하는 연안 공동체의 각양각색의 서로 다른 사회 환경 −'항해자 타운들'뿐만 아니라 어부 거주구역, 상인 귀족과 부두 노동자, 그리고 오가는 많은 사람들− 을 간과한다. 항구에서 항구로 이동하는 선원뿐만 아니라 (예컨대 19

세기 스코틀랜드와 잉글랜드의 동해안에서의 청어잡이에 특히 필요한) 연해의 계절노동 어부와 보조 노동자, 선원 소유의 농작물과 가축을 경작하고 사육하기 위해 고용된 농촌 노동자, 그리고 항만 건설과 해양방재시설 그리고 해안 지역에 영향을 미쳤던 산업개발업계의 전반적인 기반시설과 같은 거대 공사에 점점 더 많이 유입되었던 노동자들 말이다. 작업 상황은 흔히 협력을 필요로 하였지만, 긴장을 유발할 수도 있었고, 또한 일부 품목(염장 생선, 고래 기름 등)에 대한 수요가 급감하면서 연안 공동체는 변화를 겪었고, 자주 상당히 급격한 변화를 경험하였다.

바다는 북유럽 공동체의 형성과 경계의 확정에 아마도 흔히 인정하는 것보다 더 중요한 역할을 해 왔지만, 바다를 일종의 민족 형성의 응집력이나 추진력으로 발명하려는 시도도 있어 왔다. 53) 혹자는 북유럽의 역사가 바다를 빼고서는 이해할 수 없다는 브릿 베르그린*Brit Berggreen*의 의견에 동의할 수 있겠지만, 북유럽 이외의 다른 세계 사람들에게는, 바다와 북유럽의 해사적 삶이 북유럽에 가장 두드러진 특성을 부여하고 북유럽을 정의한다고 주장하는 것이 내륙, 도시, 법정, 군대나 교회에서 —해사적 범주에 속하지 않는 몇 가지 사례만 나열한 것이다— 살아왔던 스칸디나비아의 대다수 사람들의 기여를 격하시킬 뿐만 아니라 앞서 이미 언급해 온 해사 공동체 내부의 미묘한 차이를 호도하는 일이다.54)

우리는 일련의 영역들로 구성된 지상에서 우리의 삶을 영위하며, 그리고 우리가 다른 동물들이 자신의 영역을 표시하는 것만큼 부지런히 영역 표시를 하지 않는다 하더라도, 우리는 소유와 인정을 의미하는 수많은 의례들을 만들어 왔고 계속해서 보전할 것이다. 영역을 표시하는 선은 종종 명확하게 정해진다. 국경, 의사소통 네트워크, 영역 통제를 담당하는 기관들의 일상적인 운영 등이 그것이다. 이 외의 사례들은 누구든지 말할 수 있을 테니 상상에 맡긴다. 바다와 해안은 영역의 표시와 관련하여 항상 두드러진 특징을 보여 왔으며, 모르긴 해도 바다와 땅이 만나는 지점은 인간 존재의 심연에 내재한 원초적 본능을 일깨운다. 전반적으로 우리는 해안을 자연 구성요소들의 한 경계로서 간주하는 것을 계속하겠지만, 한 국가가 끝나고 다른 국가가 시작되는 지점으로는 간주하지 않을 것이다. 해안에 살면서 일하는 사람들은 일반적으로 다르다고 인식되어 왔다. 노르웨이를 등지고 앉아 있는 늙은 선원처럼 기이한 복장, 버릇, 관습을 가진 사람들이나 칼 홀름버그*Carl Holmberg*가 1840년대에 스웨덴 국가로부터 버림받은 자들로 묘사한 보후슬렌 남부 섬의 사람들처럼 말이다. 인류학자 오르바르 뢰그렌*Orvar Löfgren*이 스웨덴 서부 해안의 '감자 먹는 사람들potato people' 연구에서 규명하여 왔듯이, 또 1930년대 레오 웜슬리*Leo Walmsley*가 요크셔 근해에서 어부 이야기에서 잘 그려냈듯이, 해안선의 상당 부분은 완전히 주변에 있었기 때문에 주민들이 그 환경에 적응하지 않을 수 없었다. 많은 해안 주민들이 멀리 떨어진 수도보다 자신들이 쉽게 방문할 수 있는 장소나 긴밀하게 접촉해 왔던 장소에 더 큰 애착을 느끼는 데는 타당한 이유가 있었다. 예를 들어, 유틀란트의 서부 해안에서 코펜하겐보다는 함부르크로 여행하는 것이, 혹은 오스트로보스니아 해안에서 헬싱키보다는 스톡홀름이나 심지어 탈린Tallinn으로 가는 것이 훨씬 더 용이했다. 그래서 많은 해안 마을에서는 종종 주변성과 해사적인 코즈모폴리터니즘의 흥미로운 혼종이 존재했으며, 양자는 상호간에 영향을 끼쳤다.

산업화, 도시화 그리고 교통 혁명은 의심의 여지없이 바다를 보는 우리의 눈을 흐리게 하였거나 아니면 근본적으로 낭만주의적 틀 안에 고정시켜 버렸다. 우리는 모든 북유럽인들의 실존에 해항도시가 얼마나 필수적인 역할을 했는지, 그리고 물자, 패션, 질병과 사상의 통로로서 (특히 예술작품의 종교적 형상화에서) 바다가 얼마나 강력한 영향을 끼쳐 왔는지에 대해 망각하고 있다. 농업 세계에서, 바다로의 출구가 없었더라면 철저하게 주변 지역이었을 공동체들에 대해 일정한 수준의 사회/경제적 역동성과 중요성을 제공한 것은 다름 아닌 바다로의 근접성이었다. 산업화 이전의 해안선은, 봉건영지나 관료적 군사 국가의 중핵 지역보다 규제와 통제가 훨씬 더 약한, 그리하여 넓은 세계를 향한 '열린' 경계, 즉 통과 혹은 확산의 지대였으며,

그곳의 주민들은 해사 환경으로 인하여 어느 정도는 이질화되어, 이들을 봉건적이고 계급적인 세계 속에 범주화하기 힘들었을 것이다.

그러나 해안 지대 안에는, 사실상 외부에는 알려지지 않은 또 다른 경계들(장애물들)이 존재하지만, 그것들은 생존을 위한 필수적인 지식이다. 항해의 일시성과 근본적인 긴장감은 스웨덴 시인 토마스 트랜스트뢰머*Tomas Tranströmer*의 시 〈외스터셔아*Östersjöar*〉(The East Seas)에서 훌륭하게 포착되었는데, 여기에서 그는 도선사의 일을 묘사한다. 그가 제기하는 의문들은 바다에 대한 상상을 다룬 3장에서 북쪽 바다들에서의 항해와 탐험을 다루는 4장으로 넘어가는 연결고리로 적절해 보인다.

> 도선사는 사람들을 발트해로 안내했다.
> 섬들과 바다의 경이로운 미로를 통과하여,
> 그리고 선상에서 처음 조우한 사람들은 한 배를 탔다.
> 몇 시간 아니면 며칠 동안,
> 그들은 서로에 대해 얼마나 알게 되었을까?
> 서투른 영어로 주고받는 대화, 이해와 오해
> 그러나 고의적인 거짓말은 거의 없으니.
> 그들은 서로에 대해 얼마나 알게 되었을까?55)

4장 항해하기

북쪽 바다들의 지도 만들기

고대 세계에서는 유럽의 북쪽 바다들에 관하여 아주 모호한 개념만 존재했다. 대서양과 북해는 그리스인들과 로마인들이 인지하고 있는 세계의 경계 밖에 존재했고, 폭풍우가 휘몰아치는 북쪽 바다들로 위험을 무릅쓰고 항해하였던 지중해 출신의 항해자는 거의 없었다. 기원전 325년경 폭풍우 때문에 북해로 표류하게 되었던, 마르세유에서 출항한 그리스 탐험가 피테아스 *Pytheas*는 프리슬란트의 근해로 추정되는 곳에서 경험하였던 밀물과 썰물을 북해의 폐가 바닷물을 들이마시고 내뱉는 것으로 묘사하였다. 기원전 55년 율리우스 케사르의 최초의 영국 침공은 만조가 ─로마군은 이러한 조수를 그 전에는 경험한 적이 없었다─ 해변으로 몰려오면서 일부 전함을 침수시켜 항행이 불가능하게 만들고, 닻을 내리고 정박해 있는 수송선에도 심각한 피해를 주었던 바, 완전히 실패로 끝났다. 유럽의 북쪽 바다들에 대한 로마인의 서술은 일관되게 그 곳의 폭풍우와 예측 불가한 특성을 누누이 지적하고 있으며, 2세기의 역사학자 애피언 *Appian*은, 로마인들이 지중해에서 영국으로 가야하거나 그 반대의 경우가 아니라면, 대서양 혹은 게르만의 바다들로 항해하는 것을 삼가라고 주장할 정도였다.

로마인들이 경험한 바다들은 인접한 육지들의 지명을 따서 명명되었다. 예컨대, 77년경에 작성된 『자연사*Natural History*』에서 플리니우스가 영국 해Oceanus Britannicus와 게르만 해Germanicum mare라 명명한 사례 말이다. 하지만, 아우구스투스 황제가 4~5년경 티베리우스가 지휘하였던 해군 원정에 관한 치사에서 인정하였던 것처럼, 유틀란트 반도 너머에는 대체로 그들이 모르는 미지의 바다들이 있었다.[1] 지리학자 폼포니우스 멜라*Pomponius Mela*가 스카게라크 해협Sinus Codanus을 언급하였던 것은 43년이고, 프톨레마이오스가 알렉산드리아에서 제작했던 세계지도에 스칸디아Skandiai 섬만 홀로 떠있던 거대한 텅 빈 바다인, 게르만 해Oceanus Germanicus 혹은 사르마티아 해Oceanus Sarmaticus를 명기하였던 것은 2세기이다.[2]

북쪽 사람들이 자신들의 역사를 서술하기 시작하면서, 더 정확하고 상세한 (북쪽 바다들의) 지도가 출현하기 시작한 것은 10세기 말이었다. 샤를마뉴의 전기 작가인 아인하르트*Einhard*가 동쪽으로 길게 이어진 서쪽 바다, 즉 미지의 서쪽 해역에 관해 서술하였는데, (여기에 따르면) 그 해역은 폭이 100,000 파수스passus(180킬로미터)를 넘지 못하고, 그 주변의 해안가에 많은 사람이 모여 살고 있었다. 프랑크 족들이 북쪽의 해안과 섬에 거주했던 북부 사람들(normannos)이라 불렸던 데인 족 및 스베아 족(dani et suetones), 슬라브 족과 에스트 족(sclavi et aisti), 그리고 남쪽 해안가에 거주했던 다른 종족들 말이다. 아인하르트는 덴마크 동쪽 해안선과 접하고 있는 이 바다를 데인 족들이 '오스타르살트Ostarsalt'라 불렸고, 스페인 성직자 파울루스 오로시우스*Paulus Orosius*가 5세기에 저술한 역사를 번역한 (9세기) 알프레드 대왕 *Alfred the Great* 시대의 번역본에는 이 바다를 '동해Ostsæ'로 명명한 것으로 보인다고 언급하였다. 그리고 이 번역본에는 (9세기에 활동했던) 북 노르웨이의 부유한 항해자 오데르*Ohthere*와 헤데비Hedeby 출신의 상인 울프스탄*Wulfstan*이 알프레드에게 헌정했던 두 사람의 동해 여행기가 첨부되어 있다고 언급하였다.[3]

서유럽에서 중세 내내 발트해를 지칭하는 용어로 통용된 것은 다름 아닌

11세기에 브레멘 출신의 성직자 아담*Adam*이 명명했던 동쪽의 바다라 불리는 바다*mare quod vocant Orientale*, 즉 '동해'이다. 폴란드의 해안지대의 앞바다는 (동해 대신) 사르마트의*Sarmatic* 바다 혹은 스키타이의*Scythian* 바다로 여전히 불리긴 했지만 말이다.4) 스칸디나비아 반도가 보스니아 만과 북극해 사이에 해협이 있다는 맹신 때문에 이 반도가 사실상 섬이었다는 믿음이 오랫동안 지속되었다. 예컨대 1583년까지도 루카스 얀손 바흐나르*Lucas Janszoon Waghennaer*가 작성한 북해와 동해에 관한 해도에 이 해협이 실존하는 것으로 나타나고 있었다.5)

북유럽의 해역들을 항해했던 사람들로서는, 바다의 명명법보다는 해안의 등고선과 해수면 아래의 장애물에 관한 지식이 더 중요하였다. 중세에 발간된 신뢰할 수 있는 최초의 해도들은 지중해를 대상으로 한 것이었다. 프톨레마이오스의 원리에 근거하여 하나의 이론을 예증하고자 시도하였던 학자들의 지도와는 달리, 이 해도들은 도선사가 참조할 수 있도록 해안선의 구체적인 거리와 간격을 표시한 실무용 지도였다. 15세기까지, '해서'로 불리기도 한 해도들은 영국의 서쪽 및 남쪽 해안에 관한 지식이 괄목할 만큼 성장했다는 것을 보여주지만, 동쪽 및 북쪽 해안에 관한 지식은 답보 상태라는 것을 보여준다. 위험을 무릅쓰고 발트해를 드나들었던 선장들은 항해에 관해 상세한 지침을 제공하는 저지 독일어로 된 설명서를 이용할 수 있었을 것이다. 물론 남쪽 유럽인들은 북쪽의 변방 항해자들이 나침반은 물론이고 해도도 없이 위험한 북쪽 해역들을 무모하게 항해하였다고 단언하겠지만 말이다.6)

16세기와 17세기에 해도 제작을 주도했던 사람들은 다름 아닌 네덜란드인들이었다. 이른바 독도법(讀圖法, *leeskaart*)인 해로들에 관해 설명한 최초의 인쇄본은 얀 세이버스존*Jan Severszoon*이 1532년에 펴낸 『아버지 바다 지도 *De kaert väder zee*』이다. 이 해도는 1541년에 얀 야콥손*Jan Jacobszoon*이 네덜란드 해역들에 관해 훨씬 더 상세한 내용을 담아 개정판으로 다시 출판하였는데, 여기에는 암스테르담으로 연결되는 해로에 도움을 주는, 예를 들면 봉화, 항로표지, 수심 그리고 조석을 설명하고 있다. 원래 1543년 출판되었던 라틴어 판 『동쪽의 육지로부터 항해 길라잡이*Caerte van Oostlandt*』 서문에서, 코르넬리 스 안토니즈*Cornelis Anthonisz*는 컴퍼스 한 벌만 있으면 자신의 해도를 오차 없 이 활용할 수 있다고 주장했다. 더욱이 그 해도에 항해에 위험한 모래톱도 표시했다. 뿐만 아니라 안토니즈는 이 소책자가 항해자들에게 많은 도움이 될 것이라고 장담했다. 현존하는 1558년의 3판 사본은 가로 길이가 세로보 다 긴 직사각형의 지면이 이어진 76쪽인데, 이런 제작 방식으로 인해 해안선 을 훨씬 용이하게 그릴 수 있었다. 앞부분은 선박 조종술에 관한 내용을, 뒷 부분은 암스테르담에서 발트해로 향하는 해로를 상술하였다.

　최초의 바다 지도책은 1584~1585년경 네덜란드의 라이덴에서, 도선사인 루카스 얀손 바흐나르가 제작했으며, 그의 작업은 빌렘 얀손 블라우*Willem Janszoon Blaeu*에 의해 계승되었다. 바흐나르의 『항해의 거울*Spiegel de Zeevaerdt*』 은 축척비율을 무시한 하구들과 항구들을 보여주고 있지만, 아래쪽에 해안 의 윤곽과 위쪽에 그 해안에 관한 설명을 제시하고 있어, 이러한 하구들과 항구들을 드나들었던 항해 안내서의 제작 의도를 분명하게 보여준다. 두 권 의 책에서 각각 23개의 지도를 싣고, 지도책에 항해 개론, 조석표, 항해 달 력, 지도에 나오는 해안에서의 항해 지침을 실었다. 실제로 바흐나르는 당 시의 항해자에게 '휴대용 항해 백과사전'을 제공했으며, 이 책은 4년 안에 프 랑스어, 라틴어 그리고 영어로 번역되었다. 1592년에 출간된 그의 『항해의 보고*Thresoor der Zeevaert*』는 더 작은 판형의 지도책으로 새로운 수리학 정보를 포함하였다. 이 책은 네덜란드 인의 항해 지식이 1580년대 이후 어느 정도로 확장되어 갔는지를 암시하는데, 왜냐하면 이 지도책은 스코틀랜드의 북쪽 해안과 섬들, 남 아일랜드 그리고 백해뿐만 아니라 지중해 및 극동 지역에 서의 항해 설명서를 첨부하였기 때문이다. 어떠한 네덜란드 항해사도 그 위 치를 찾아낼 수 없었던, 보스니아 만과 북극 사이의 해협은 이제 지도에서 삭제되었다.[7]

　1608년에 출판된 빌렘 얀손 블라우의 탁월한 지도책은 "서부, 북부, 동부 및 중부 지방의 바다들에 관한 모든 항구와 해안의 도해를 싣고 명확하게 설명한 지도책*Licht der Zee-vaert daerinne claerlijck beschreven ende afghebeeldet werden alle de Custen ende Havenen van de Westersche, Noordsche, Oostersche ende Midellandsche Zeen*"이라는 서명을 달아 신생 네덜란드 공화국의 해사분야에서의 우월성을 천명하였다. 일반적으로 서해Westerzee는 네덜란드 상선이 그 너머의 세계와의 교역을 위해 나아가는 문턱으로, 반면 스카게라크를 거쳐 들어가는 동해 Oostzee는 네덜란드 상업적 번영의 원천으로 간주되었다.[8]

하지만 네덜란드의 해사 환경에 대한 그들의 인식은 다른 나라 국민들의 견해와 항상 일치하진 않았다. 예를 들어 스웨덴인에게 서해는 (에스토니아인에게 발트해가 서해인 것처럼) 우선적으로 스웨덴 서해안의 해역을 의미했다. 1640년 스웨덴 수상 악셀 옥센셰르나*Axel Oxenstierna*가 북해의 경계를 책정하라고 요청하자, 네덜란드 특사 부렐*Bourel*이 북해는 영국해협에서 노르 곶North Cape까지의 수역이라고 추정했다. 하지만 2년 전, 덴마크 수상 크리스티안 프리스*Christian Friis*의 요청에 따라, 북해와 발트해의 경계를 확정하기 위해 소집된 회의에 참석한 덴마크인 선장과 타국인 선장은 아래와 같이 결론을 내렸다.

> 동해는 드레거 리프Dragør Reef를 기점으로 시작하여 멀리 핀란드의 샨츠 세르네이Schandtz Cherneij에 이르는 해역이다. 서해는 남쪽의 웨상 섬 Ouessant에서 북쪽의 리저드 포인트Lizard Point까지이다. 북해는 스카겐 리프Skagen Reef로부터 스피츠베르겐 너머의 7개의 도서, 얀마옌 섬Jan Mayens, 그리고 그린란드에 이르는 수역이다.[9]

바다의 이름을 둘러싼 이러한 혼선은 덴마크의 구어에서 '서해'가 일반적으로 유틀란트 반도 서해안의 해역을 지칭하였기 때문에 더욱 복잡해졌다. 수세기 동안 바다의 명명법은 일관성이 거의 없었다. 18세기와 19세기의 독일 지도 제작자들은 네덜란드와 독일 해안의 북쪽 해역을 '북해Nordsee'로 표기하였고, 그런가하면 그들은 동일한 지역을 '서해Westsee'라는 용어로 표현하기도 했다. 영국 지도책에서, 이 지역이 '독일 해' 혹은 '독일 양Ocean'으로 명기되었고, 반면 프랑스 지도들에서는 독일 해Mer d'Allemagne, 혹은 칼레와 스피츠베르겐 섬 사이의 전체 바다를 의미하는 덴마크 해Mer de Danemark라는 용어로 명기되기도 했다. 1819~1820년에 덴마크의 한 학교에서 사용된 지도는 스카게라크 해협을 북해로, 슐레스비히의 서해안을 서해로 명기하였다. 그런데 이 지도에는 홀슈타인 해안선에 북해로 명기된 바다가 다시 등장하는데, 네덜란드 연해의 독일 해를 북해로 개칭하였다.10)

  네덜란드에서 발간된 지도들과 항해 설명서는 북유럽 전역에서 광범위하게 복사되고 사용되었다. 1702년 출판된 클라스 드 브리스Klaas de Vries의 항해 안내서인『보물 혹은 조타수의 항해술Schat-Kamer ofte Konst der Stier-Lieden』은 11쇄 이상 발간되었으며, 18세기를 통틀어 북유럽에서 가장 유명한 항해서적들 중 하나가 되었다. 네덜란드어는 해사 관련 사계(斯界)에서 널리 통용되고 수용되었다. 예컨대 함부르크와 엠덴Emden에서 항해 강좌는 네덜란드어로 교육되었으며, 또한 외국인들이 발간하는 선박 잡지는 종종 네덜란드어로 발간되기도 했다. 17세기에 단치히에서 출판되었던 조선 공학 교과서들이 약간의 라틴어를 사용하면서 주로 독일어와 네덜란드어를 혼용하여 서술되었다. 해군과 해사 전문용어는 네덜란드의 영향력이 어느 정도였는지 잘 보여준다. 특히 러시아는 네덜란드로부터 선진적인 해군 및 해사 기술을 수용하여, 표트르 대제(1689~1725) 치세에 발트해의 열강으로 발돋움하였다.

  지도제작술과 항해술에 관한 네덜란드 인들의 명성에도 불구하고, 그들은 발트해와 북해에 관련된 이러한 기술의 교육과 보급을 놓고 경쟁자들과 주도권 경쟁을 벌여야만 했다. 북부 발트해에서는 스웨덴 해군성의 후원을 받아 작성된 설명서, 예컨대 베르너 폰 로젠펠트의『항해자를 위한 항해술, 또는 조타술Navigationen, eller styrmans-konsten, til ungdomens nytta』(1693)과 요한 몬손Johan Månsson의 발트해역의 항해 안내서인『해서Siöbook』(1644)가 주로 사용되었다. 몬손의 안내서는 독일어, 덴마크어와 러시아어로 번역되었고, 이후 수백 년간 여러 차례 재판 및 개정판이 나왔다. 스웨덴의 항해 안내서들 및 해도들은 표트르 대제 치세부터 러시아에서 사용되었으며, 심지어 네덜란드 출판사들에 의해 불법 복제되기도 했다. 17세기 중엽 이후 잉글랜드와 스코틀랜드의 조선공들, 선원들, 그리고 이러한 기술을 전수하는 교관들이 북유럽으로 진출하여 취업했을 뿐만 아니라, 영국의 출판인들은 항해 설명서 출판물 시장을 두고 네덜란드와 치열하게 경쟁했다. 표트르 대제가 네덜란드의 해사의 전통적 우수성을 입이 마르도록 칭찬하였지만, 정작 모스크바에 신설한 수학 및 항해학 전문대학에서의 천문학과 등사 항법loxodromical navigation과 같은 주요 교과목은 1명의 러시아인과 2명의 영국인 교수가 담당하였다(사진 6 참조).

연안 해역에 대한 최초의 체계적인 조사가 17세기에 수행되었으나, 과학적 수로학 원리를 적용한 해도 작성과 정밀한 계측기의 사용은 18세기부터 시작되었다. 알렉세이 이바노비치 나가이예프Alexei Ivanovich Nagaiev의 지휘 아래, 러시아는 발트해 수로도 제작에서 가장 앞서가는 국가로 자리 잡았고, 이 해역에서 새로운 열강의 반열에 올랐다. 스웨덴 인들은 군도의 위험한 해역들에 대한 더 정확한 해도 작성에 심혈을 기울였고, 1756년 측지조사를 단행하여 발트해안 전역의 해도를 갱신하는 대대적인 프로젝트에 착수하였다. 18세기 동안, 정부 주도의 발트해역 해도 작성은 더욱 체계적으로 진행되었다. 프랑스의 '항해 관련 … 지도 및 도면 보관총국(1720년)'은 ―이후 '해양 보관소Dépôt des marins'로 개칭되었다― 정부가 주도하여 설립한 최초의 기관들 중 하나였는데, 이 기관이 주도하여 벨렝Beilin의 『프랑스 수로학 L'Hydrographie française』(1756)과 현대 수로학의 기본서인 보탕-보프레Beautemps-Beaupré의 『해도 및 수로도의 수집과 제작을 위한 방법Méthode pour la levée et la construction des cartes et plans hydrographiques』(1808)과 같은 선구적인 몇몇 저서들을 출간하였다. 1798~1799년 프랑스의 네덜란드 지배기에 네덜란드 해역에 관한 정확한 해도를 작성하였던 최초의 인물은 다름 아닌 보탕-보프레였다. 1795년 알렉산더 달림플*Alexander Dalrymple*을 영국 해군의 수로학자로 임명한 것이 조직적인 해도작성을 위한 새로운 시대의 시작을 알렸으며, 이러한 조치로 인해 작성된 영국 해군성 해도는 명성을 떨치게 되었다. 1792년에서 1815년까지 장기간 전쟁으로 인해 정부가 주도적으로 해도 제작을 적극 장려하였다. 한편 나폴레옹 전쟁이 종전되면서 발트해에서 훨씬 광대한 해안선을 갖게 된 프로이센 상무부는 1832년, 해도 책자를 출판하였고, 약 30년 뒤에는 수로국을 설립하였다.

항해술

항해의 지식과 기술에서의 비약적인 발전에도 불구하고, 많은 항해자들이 해도나 새로운 장비의 이용을 망설였다. 17세기 말에 네덜란드 어부들은 납과 줄*에만 의존하여 항해하는 것으로 평판이 자자했고, 또한 같은 시기의 유언장 목록을 보면 대부분의 네덜란드 항해자들이 해도는 물론 항해 안내 책자도 없이 항해하였다는 것을 암시한다. 한참 뒤인 1800년에 시인 프란스 마이클 프란센*Frans Michael Franzén*은 핀란드 선박들이 얕은 바다와 암초군으로 둘러싸인 암석 해역들, 거의 모든 지역을 해도 없이 운항하고 있다고 주장하였다. 1540년 독일 인문주의자이자 수학자인 레티쿠스*Rheticus*(게오르크 요하임 폰 라우헨*Georg Joachim von Lauchen*)로부터 항해 전문지식이 부족하다고 질책 당했던 프로이센 선장처럼 의심할 여지없이 많은 선장들은 지식과 경험에 의존하여 항해하는 것을 여전히 금과옥조로 여겼다. "잉글랜드와 포르투갈로 항해하려는 프로이센 출신 선장들이 일반적으로 위도를 참조하지 않을 뿐 아니라 해도나 나침반도 등한시 하였다"는 비난은 "프로이센 출신

---

* 납과 줄은 눈금을 매긴 줄에 납을 매달아 물에 담그면서 수동으로 수심을 측정하는 기구이며, 측심의(測深儀), 수동 측심장치, 수동 측연 등으로 불린다.

선장들이 머릿속에 항해술을 숙지하고 다니는 것을 자랑스러워 했다"는 말로 반박되었다.[11] 이러한 태도는 특히 연안 해역에서 만연되어 왔던 것으로 보이는데, 그곳에서 많은 소형 배들이 그 해역에 대한 정통한 경험적 지식과 선박들을 인도하는 믿을 수 있는 납과 줄에만 의존하여 해협들을 드나들었다. 1580년 윌리엄 본*William Bourne*은 "바킹Barking의 평범한 어부가 이 지역의 최고의 항해사나 선장보다 바킹의 작은 만을 더 잘 알았다는 것은 의심스럽다"고 인정하였다. 물론 그가 다음과 같은 기대를 피력하고 있지만 말이다.

> 선장들의 지식은 현저히 개선되고 있다. 왜냐하면 내가 지난 20년간 알고지내는 선장들이, 지도와 도면을 비웃고 조롱하였던 고리타분한 선장들이었는데, 도면과 지도를 이용하고 있기 때문이다.[12]

교역을 촉진하고자 열망했던 군주들과 도시자치단체는 중세 때, 연안 해역들에서 더 안전한 항해를 보장하는 조치를 취하기 시작했다. 얕은 곳과 진흙 사주를 통과해야 하는 해협들에 기둥을 박거나 통을 띄워 항로표지를 만들었다. 노르웨이 인들이 항로표지로 멀리서 볼 수 있는 돌을 쌓아올린 탑을 세웠으며, 그런가하면 네덜란드 인들은 어선대가 항해할 때 참조할 수 있도록 높은 언덕 위에 봉화할 수 있는 작은 오두막을 지었다. 잉글랜드의 동해안에서는 교회가 등대의 역할을 담당했던 것으로 보인다. 예컨대, 타인머스 수도원의 사제관 동쪽 끝의 작은 탑 꼭대기의 야외 화로에서 뿜어 나오는 석탄불은 17세기까지 항해자의 등대로 이용되어 왔다. 등대의 건설은 비용이 많이 드는 사업이었지만, 그와 같은 항해표지 시설물이 주요 교역로의 요충지에 건립되었다. 1560년 안홀트Anholt 섬과 스카겐 반도의 그레넨 Grenen에 세워진 등대나 19세기까지 해안선의 대부분이 미지의 상태로 남아 있었던 조이데르 해 입구 혹은 타인Tyne 강과 험버 강의 어귀에 건립되었던 등대들 말이다.

부표, 표지 그리고 불빛을 제공함으로써 항해의 수월성을 제고하기 위한 노력에도 불구하고, 선원들이 범선 시대 내내 여전히 해안 윤곽이나 눈에 잘 띄는 육지의 지형지물을 참조하는 항법에 거의 의존하였다. 1840년 덴마크어로 번역되어 발행되었던 발트해역에 관한 다양한 정보를 실은 항해안내서가 항해자에게 이 책에 부록으로 실린 발트해안선의 개요 시리즈를 참조할 것을 권하면서, 이 해역에서 입항을 위한 안전한 항로들뿐만 아니라 천해, 암초, 그리고 기타 항해의 장애물들을 나열하면서 아래와 같이 언급한다.

> 항해자가 해도를 활용하면, 그는 모든 정보, 말하자면, 락스카르Lågskär와 우퇴Utö(의 외곽 섬) 사이에 있는 암초군에 관한 정보를 얻을 수 있다. 그러나 해도에는 항해자가 너무 가까이 다가가지 말라고 경고하는 많은 이유도 표시되어 있다. 주요 지형지물의 부족, 지천으로 널린 위험한 암초와 수심이 얕은 곳, 뿐만 아니라 작은 만과 안전한 피난처나 정박지의 부족은 이 해역이 항해하기에 극도로 어려운 곳임을 의미한다.13)

북쪽 발트해에서의 항해자들이 나무들 혹은 특히 나무들로 덮인 바위들과 같은 자연적인 항로표지를 활용하여 항해해야만 했고, 그래서 16세기부터 19세기까지 항해자들은 농민들이 나무를 벌목하여 필수적인 항로표지를 없앤다고 자주 항의하곤 했다. 항해자들은 또한 자신들의 항로를 설정하기 위해 교회의 첨탑과 탑을 주로 활용하였다. 중세 후기의 『해서』에 따르면, 외레순드를 통과하는 배들은 헬싱외르 성당의 탑을 기준 삼아 항로를 정해야 했다. 1644년 레발Reval(탈린) 항구로 들어가는 입구에 관해 서술했던 요한 몬손은 항해자들이 이 도시의 동쪽에 위치한 폐허가 된 브리지틴 수도원을 지표 삼아 항로를 정하라고 조언한다. 19세기 말에 나온 알렉산더 조지 핀들리Alexander George Findlay의 북해 항해 편람은, 스틴 딥Steen Deep에서 오스트 갓Oost Gat으로 항해하고자 하는 항해자들이 미델부르크Middelburg 첨탑과 돔

뷔르흐 교회가 일직선이 되게 만든 뒤, 노스 스틴North Steen 부표의 서쪽을 지나 베스트카펠Westkapelle 등대들이 일직선이 될 때까지, 그 방향으로 계속 항해하다가, 그 다음에 남미동(南微東) 방위로 항로를 정해, 북서미서 방향으로 약 1마일 떨어진 곳의 붉은 부표가 나올 때까지, 이 항로를 유지하고, "그 다음에는, 베스트카펠 등대와 풍차가 일직선을 이룰 때까지, 베스트카펠 지점에서부터 약 1련(鏈, 1련은 미 해군에서는 720피트, 영 해군에서는 608 피트에 해당하는 거리를 말한다) 정도의 거리까지 운항하라"고 설명한다. 등대와 부표 그리고 컴퍼스 방위와 같은 기능을 적절하게 활용한다는 점에 서, 이러한 지침서들은 중세의 해서들과 매우 유사하다.[14]

물론 11세기 이전까지 항해자들이 해도와 항해기구의 도움을 받지 못했 기 때문에 북대서양 해역들을 오가는 항해는 위험을 무릅쓰고 감행할 수밖 에 없었다. 북유럽 항해자들은 추측항법, 천문항법, 그리고 심지어 (파도) 소 리와 움직임을 활용하는 항법을 이용할 수밖에 없었다.[15] 북유럽인들이 자 기 나침반이나 다른 항해기기를 사용했을 것이라는 주장들은 많지만, 이를 입증하는 구체적인 증거는 없다. 13세기 말에 출간된 아이슬란드의 『광물지 鑛物誌 Landnámabók』는 북유럽에서 자철석이 13세기 이전엔 미지의 광석이었 다고 고백하고 있다.[16] 유럽의 해역에서 나침반이 사용되었다는 것을 명백 히 기술하고 있는 최초의 저서는 12세기 말에 출간된 알렉산더 넥컴Alexander Neckham의 『물성론 物性論 De naturis rerum』이지만, 1400년 이전에 선박들의 수 많은 물품 목록 속에 나침반은 거의 보이지 않는다. 헨리 4세 통치기에 국왕 의 배들을 관리하던 직원 존 스탈링John Starlyng의 장부에는, 돛 꿰매는 바늘 과 나침반이 빈번하게 나오며, 1437년경에 작성된 『영국 해사 재판소의 판 례Lybelle of Englysshe Polycye』는 바늘과 돌을 이용해 아이슬란드로 갔던 브리스 톨 출신의 항해자들에 관해 서술하고 있다. 1394년 한자 회의록에는 슈트랄 준트 출신 나침반 제작자에 관한 기록이 나오며, 그리고 1400년 이후의 기록 물에는 나침반, 눈금판 그리고 상자가 언급되는 빈도가 증가한다. 나침반, 눈금판 그리고 상자라는 용어들이 정확히 어떤 의미로 사용되었는지 확실히 알 수 없지만 말이다. 만약 보관을 잘못하면, 나침반은 아무짝에도 쓸모 없는 도구가 되었으며, 그리고 변형에 따른 방향지시 계기의 오류는 종종 간과되었거나 무시되었는데, 치명적인 결과를 초래할 수 있었다.[17]

중세 동안에 북쪽 해역에서 선원들이 다른 어떤 항해 보조 장비보다 납과 줄을 주로 활용한 것으로 보인다. 해서와 항해 설명서는 수심측정에 비중을 많이 할애하였다. 요한 몬손은 항해자들에게 "훌륭한 조타수가 되려면, 납과 줄의 사용을 소홀히 하지 말아야 한다*Then som vil en rätt Styreman wara, Loolijnan måste han icke spara*"[18]고 강조했다. '해로 안내자'는 선상에서 막중한 책임을 가진 항해자였던 바, 중세의 법규와 규정은 해로 안내자의 의무를 비중 있게 명시하였다.[19] 예를 들어, 조타수나 도선사의 의무가 1300년 이후 비스비 타운 법에 상세히 열거되었으며, 그리고 1350년대에 스웨덴 국왕 마그누스 에릭손*Magnus Eriksson*이 공표한 비스비 타운 법은, 폭풍우로 인한 불가피한 경우가 아니라면, 도선사나 조타수는 기존에 합의하였던 그 항로로 운항해야 한다는 책임을 명시하였다. 중세에 잉글랜드의 도선사들이 계약대로 운항하지 않아 자주 고소당했고, 그리고 해군성은 배심원들에게 자질 부족으로 선박이나 인명 피해를 유발하였던 도선사들을 의무적으로 유죄판결 내리도록 만들었다.[20]

도선사의 업무와 의무에 관한 더 상세한 규정은 16세기와 17세기에 만들어지기 시작했다. 잉글랜드에서, 도선사 협회*Corporation of Trinity House*는 1547년에 템스 강 어귀에 있는 등대, 부표, 항로표지 등의 감시 감독의 의무뿐만 아니라 도선사 시험 및 허가의 책임을 부여받았다. 저지대 국가에서의 합스부르크 통치자들과, 뒤이어 독립한 북부 지방의 주들은 도선사의 의무를 규정하고 통제하기 위한 조치들을 만들었다. 1520년대에 스칸디나비아 3국 연합의 최종 분열 이후 초대 스웨덴 왕이 된 구스타프 바사*Gustav Vasa*(1523~1560)는 도선사 업무를 관장할 상설 기구의 초석을 마련하였으나, 이 기구가 도선사 관련 모든 업무를 총괄하지는 못했던 바, 국왕은 왕국의 선박 운항에 적합한 도선사들을 모집하라고 이 기구의 관료들에게 정기적으로 명령을 하달해야 했다. 구스타프 바사는 핀란드 해역에서 안정적인 도선사 지원 체제의 확립에 남다른 노력을 경주하였고, 그리하여 이곳에서 도선사 임무를 담당한 사람들은 농장 임대료를 면제받거나 현물로 보상을 받았다. 그의 아들 에리크 14세(1560~1569)는 왕립 해군의 필요에 부응하기 위하여 도선사 협회를 발전시켰는데, 이 단체는 1634년 설립된 해군대학College of Admiralty의 지휘를 받는 상설기구가 되었다.

이 시기에 북유럽의 군주들과 국가들이 제정한 모든 규정과 지침의 공통된 주제는 숙련된 유능한 항해사의 양성 방안이었다. 스웨덴 해군성은 1643년 요한 몬손에게 연안 해역에 관한 도선사들의 지식을 향상시키려는 시도로, 도선사 그룹과 함께 핀란드 만을 항해하는 임무를 부여했고, 1680년대에는 그린빌 콜린스Greenvile Collins 대령에게 영국 연안 해역을 철저히 조사하도록 했는데, 이것 역시 도선사들을 지원하기 위해 의도된 것이었다.

항해술은 다양한 사립학교에서 교육되었지만, 이 교육기관에서는 도선사나 조타수가 이론 교과를 반드시 이수하도록 전혀 혹은 거의 강제하지 않았으며, 그리고 당시까지도 여전히 만연하던 항해법인 추측항법에 의존하여 항행하고 있었던 바 선상에서의 그와 같은 이론 교육에 근거한 기술들은 도선사나 조타수에게 권장되지도 않았다.

국가가 이 문제에 접근하는 방식은 도선사 자질 부족을 극복하는 교육보다는 오히려 무능에 대한 처벌로 일관했다. 1561년 프레데리크 2세Frederik II가 제정한 덴마크의 해양법은, 동승하고 있던 두 명 혹은 세 명의 중립적인 증인들로부터 무능하다고 평가받은 조타수는 임금 전부를 몰수당하며, 그 절반은 왕에게 나머지 절반은 선장에게 나누어 주고, 그리고 유감스럽게도 조타수들이 이 벌금을 낼 돈이 없다면, 그들은 밧줄에 묶인 채 배 밑으로, 즉 한쪽 끝에서 다른 쪽 끝까지 용골 밑을 세 번 지나가야 하는 벌을 받는다고 공표하였다. 이 법은 또한 다음과 같이 명시하였다.

선장이 도선사가 안내하는 수역으로 들어설 경우, 선장은 자신이 지불할 수 있는 최고 임금으로 도선사를 고용해야 한다. 그리고 선장은 도선사에게 식사를 제공해야 하며, 화물이 하역되는 항구의 관례와 관행에 따라 선장은 화물로부터 나오는 그의 수입에서 도선사에게 수수료를 지급해야 한다. 그리고 도선사를 고용하지 않고 선장이 직접 배를 운항하다가 손실이 발생할 경우, 부득이하게 일어난 사고가 아니라면, 선장은 그 손실을 보상해야 한다.

1568년, 로렌츠 베네딕트*Laurentz Benedicht*는 선장이 자주 도선사의 고용을 거부하거나 고용을 하더라도 도선사에게 터무니없게 적은 돈을 지급하는가 하면, 때로는 조타수가 고용된 도선사의 지휘를 받는 것에 적대감을 가졌다고 기록했다.[21]

　도선사의 자질과 조건을 개선하려는 정부 당국의 지대한 노력에도 불구하고 무능한 도선사들에 대한 불만은 계속되었다. 네덜란드 연해에서 발생한 일련의 참사들은 네덜란드 정부가 1615년 북해에서 활동하는 도선사들의 자질과 도선료를 법제화하는 계기가 되었다. 이 법에 따라 도선사 지망생들은 자격시험을 필수적으로 통과해야 했다. 도선사가 되기에 가장 적절한 사람은 25세와 60세 사이의 지적인 남성으로, 적어도 4년의 지속적인 항해 경험과 항로에 관해 해박한 지식을 구비한 자로 제한되었다. 이와 유사한 규정들이 1616년 남부 홀란드에서도 제정되었으며, 주요 항구들의 대표들로 구성된 수로안내위원회가 도선사 시스템과 항로표지를 감독하고 점검할 목적으로 설립되었다. 하지만 덴 브릴Den Briel 지방자치체는 전통적으로 보유하고 있던 마스 삼각주Maas delta의 수로통제권을 포기하지 않으려고 저항했고, 국가가 분쟁 해결을 위해 개입해야만 했다.

　스웨덴에서도, 국가적 차원의 조직이 형성되기 시작한 것은 17세기 말이었다. 1679년 해군 소장 베르너 폰 로젠펠트는 수로안내 지원업무의 감독관으로 임명되었는데, 그의 임무는 쭉 늘어선 바위섬들의 해로 거점에 도선사를 배치하고, 해안 타운별로 적어도 2명의 전업 도선사를 확보하는 것이었다. 1696년 도선사 칙령에 따라, 전국이 세 지역으로 구획되었으며, 각 구역은 해군에서 선발된 전담 공무원이 도선사 지원업무를 관장하였다. 터무니없이 적은 수당과 부실한 훈련을 받은 도선사 지원체계로 시작되었지만, 이 지원체계는 도선사 지원업무를 훨씬 '전문적인' 수준으로 격상시키는 출발점이 되었고, 그리하여 전문적인 도선사 지원 체계는 도선사들을 정부 공여 농지에 거주하게 한 구식 유사 봉건제가 마지막으로 폐지된 19세기가 되면 최종적으로 완성되었다.

핀란드의 경우, 1809년 러시아 황제의 통치하에서 통과되었던 법령에 의거하여 핀란드 정부는 도선사 업무의 통제권을 유지할 수 있었다. 러시아 발트해 함대 사령관들이, 러시아에 대한 충성심이 의심스러운 핀란드 도선사들이 적군을 지원하거나 자신들의 전함들을 암초 방향으로 도선할 수도 있다고 의심하여, 반대했지만 말이다. 새로운 국가 차원의 조직은 1812년 러시아황제에 의해 승인되었고, 이어 1814년 아보(투르쿠)에서의 항해학교의 설립은 도선사 교육 시설의 개선으로 이어졌다. 그러나 항해학교 신설 후 10년간 도선사 지망생의 등록 건수는 손에 꼽을 정도였다. 핀란드의 도선사 지원업무가 1912년 러시아 제국주의의 영향을 받는데, 이 해에 핀란드 도선사 지원업무는 러시아 해양부의 지휘권 아래로 들어가 자율권을 상실하였다. 이 조치는 도선사의 집단적인 사임을 초래하였는바, 20개의 도선 거점에 근무하는 도선사들의 공석 사태가 발생하였다. 일부 도선사만이 얼마 뒤에 복귀하였고, 따라서 나머지 인원은 핀란드뿐만 아니라 러시아 제국 소속 각지의 도선사들로 충원할 수밖에 없었다. 이러한 사태가 해운에 치명적인 영향을 주지 않았지만, 이 해역에 대한 충분한 지식과 항해 경험을 구비하지 못한 핀란드 출신이 아닌 도선사들이 충원된 결과, 해난 사고는 예전에 비해 증가했다.

다른 국가에서와 마찬가지로 핀란드에서도, 19세기 동안 도선사들이 새로운 책임을 떠안아야 했다. 그들은 세관원의 일부 업무를 수행하였으며, 질병의 확산을 막기 위해 검역 통제도 담당하였고, 그리고 종종 인명구조와 물품인양 활동까지도 떠안아야 했다. 일반적으로 국가가 인명 구조 단체와 연루되는 것을 꺼렸기 때문에, 이 활동은 대부분 민간인 단체가 담당하였다. 예를 들어, 북해에서 19세기 초에 있었던 이목을 끌었고 잘 알려진 대형 조난 사고는 대중의 경각심을 불러일으켰고, 조난자들을 구조하거나 원조하기 위한 협회나 회사의 설립으로 이어졌다.

선원들은 난파될지 모른다고 몹시 두려워하였는데, 여기에는 타당한 근거가 있었다. 1858년에서 1888년 사이에 624번의 난파 사고가 발생하였는데, 이중 40% 이상이 카테가트 해협의 래쇠Læsø 섬에서 일어났고, 승무원 전원이 목숨을 잃었다. 이보다 2세기 전에 덴마크의 학자 페테르 쉬브*Peder Syv*는 "트린델, 안홀트 그리고 래쇠는 많은 선장을 곧 황천길로 보낸다*Trindel, Anholt og Læsø, gør mangen skipper snart at dø*"는 속담을 언급하였었다.22) 국가 차원에서 조직화된 구조 지원과 해안 경비 지원 시스템이 구축되기 이전, 항해자들이 바다에서의 위험 요소뿐만 아니라 해안에서의 불확실성에 대해 대처해야만 했다. 1768년 홀란드 법원의 검사장은, 항해자들이 본국의 해안가보다는 이웃 나라의 해안가에서 난파당하길 더 선호하는 것은 유감스러운 일이라고 보고하였는데, 본국의 해안가에서는 불운한 조난을 당하면 '무자비한 운명'에 방치되었던 반면에 이웃의 해안가에서는 일상적으로 보호받고 (난파 관련) 법규들이 엄격하게 준수되고 있었기 때문이었다. 하지만 최근 연구에서 보듯이, 당시 사람들이 난파선 구조자들을 잔인하고 냉혹한 살인자로 간주하였다는 것을 입증하는 구체적인 증거는 거의 없다.23) 해변 거주자들이 간혹 익사의 위험에 빠진 조난자들을 구조하는 것을 꺼렸고 ─일부 사람은 난파가 신의 벌이라 생각했고, 또 네덜란드 연안의 많은 사람은 익사할 사람을 구조하는 행위가 바다의 먹이를 바다로부터 앗아 오는 것이고 그래서 그 사람은 머지않아 익사할 운명에 처할 것이라고 확신하였다─ 대개의 경우는 속수무책이라 그저 방관하였을 것이다. 그러나 난파선의 조난자를 구조하려고 시도하는 과정에서 목숨을 무릅쓰고 구조 활동을 했다는 수많은 증언이 있다.

사정이야 어찌되었든 대개 어렵게 살아가던 사람들에게, 난파된 배를 구조하는 일은 재화를 챙기거나 아니면 난파선으로부터 해안으로 휩쓸려 들어온 물품을 챙길 수 있는 횡재의 기회였을 것이다. 그렇지만 그들의 활동은 자주 당국과 갈등을 빚었다. 난파선에 대한 정의가 문제의 소지를 내포하고 있었다. 잉글랜드의 중세 법은 '난파'가 선박으로부터 탈출할 생존자가 없을 경우에 국한하여 발생하는 상황으로 간주된다고 명시하였으며(물론 이 문구는 배 안의 모든 생존자를 죽여도 좋다는 의미로 해석될 수 있다), 왕실이나 지방 영주는 일반적으로 난파선에서 떠밀려 해안에 도착한 화물과 목재에 대한 소유권을 주장하였고, 또 지방 주민들이 표류 화물과 표착 화물을 수거하는 것을 가혹한 처벌 규정을 두어 금하였다. 덴마크의 크리스티안 2세*Christian II*는 1521년의 난파 및 구조에 관한 다음과 같은 칙령 제140조를 공포하였다.

> 우리는, 많은 사람이 자신의 황소와 말을 찾는다고 할딱할딱 거리며 해안선을 돌아다니는 일에 전념하는 것을 자주 접하였다. 그들이 하는 일이라곤 훔칠 것이 있는 난파선을 찾는 일이다. 이에 짐은 바람이 불고 폭풍우가 칠 때 그런 일을 하다가 적발되거나 해안에 남아있는 사람들은 즉시 교수형에 처하게 될 것이라고 포고한다.24)

13세기부터 난파와 관련되어 야기될 수 있는 사안들에 대한 국왕의 적극적인 관여는 교역의 중요성 증대와 자신들의 (상품에 대한) 권리를 관철할 상인들의 자신감 증대를 반영한다. 일반적으로, 화물의 소유권을 입증할 수 있는 상인들은 만 1년 1일 이내에 화물들을 회수할 권리가 있었다. 물론 상인들이 통상 인양 비용과 기타 경비를 지불해야 했지만 말이다. 중세의 해상 구조 작업의 규모와 특성에 대해서는 거의 알려지지 않았지만, 고리와 쇠갈퀴가 사용되었다는 기록은 있다. 하지만 사실상 왕실이 후원하는 해난 구조 활동의 착수를 가능하게 만들었던 것은 고가의 무기를 실은 선박의 조난이었다. 스웨덴 국왕의 전함 '크로난Kronan' 호가 1676년 올란드 해안에 난파하였을 때 26미터 수심 밑으로 가라앉았던 126개의 병장기들 중 거의 절반이 잠수기(1986년 난파선에서 활동한 현대 잠수부들에 의해 성공적으로 검정된 기술)의 지원을 받아 인양되었다. 잠수부와 해난 구조자로 종사한 사람에 관해 규명된 것은 거의 없다. 그렇지만 적어도 한 가지 사례, 즉 코펜하겐의 미켈 옌슨Mikkel Jensen의 경우는, 1560년에 국왕으로부터 "자신의 장비로 발견할 수 있는 것은 무엇이든 해안에서 건져 올려라"는 서신을 받은 이후 성업했던 것으로 짐작할 수 있다. 왜냐하면 14년 뒤, 그가 덴마크 수도 인근의 아마게르 섬에 대농장을 소유하였기 때문이다.[25]

항로와 장애물

바이킹의 롱쉽(대형노선)에서 범선 시대 말기의 (돛대가 두 개 혹은 그 이상의 돛대를 가진) 스쿠너와 바크barques까지 잘 알려진 범선의 이미지는 범선들이 육지에서 멀리 떨어진 대양에서 항해하고 있는 것으로 착각하게 만든다. 하지만 실제로는, 유럽을 둘러싸고 있는 바다에서 거의 대부분의 항차는 연안 항해였다. 발트해와 같은 내해에서 노 포인트(지형지물을 더 인지할 수 없는 한계 점 또는 한계 지점)는 육지로부터 67해리 이상이거나 아니면 평균 5노트의 속력으로 '13시간을 약간 넘게' 항해한 거리 이상에서 존재한다. 반면에 북해는 대서양으로 열려 있지만, 남단은 해역이 상당히 좁다. 3세기에서 8세기까지 네덜란드에서 간석지의 광대한 확장은 선박들이, 해안의 방책과 섬들을 항로표지로 삼아 유틀란트 반도에서부터 라인-마스 강의 삼각주 아래로 운항하는 것을 가능하게 만들었다. 일단 유럽 대륙과 영국 해안을 분리하는 해역의 길게 뻗은 좁은 해로를 가로지르면, 그곳에는 피항이나 교역, 약탈을 하기 위해 닻을 내리거나 배를 댈 수 있는 어귀나 크고 작은 만들이 무수히 늘려 있었다.

강들은 마찬가지로 해상 교역과 소통의 필수적이면서 통합적인 구성요소였다. 노를란트의 바위가 많고 유속이 빠른 강에서 이용된 선폭이 좁고 유연한 백양목으로 만든 목선이나 폴란드와 리투아니아의 강 하류로 곡식을 실어 나르는 바지선과 같은 하천 전용 선박들이 있기는 했지만, 바다를 항행했던 선박들이 근대 초에 내륙 깊숙이 (강을 따라) 진입할 수 있었고, 실제 그렇게 운항하고 있었다.[26] 유럽의 강들은 청동기 시대에 북유럽과 남유럽을 잇는 교역의 필수적인 동맥이었다. 유틀란트 반도의 호박은 엘베 강과 잘레 강을 통해 남쪽으로 운반되었다가 거기에서 육로를 통해 다뉴브 강으로 가서, 지중해로 운송되었고, 반면 청동제품들은 동일한 운송로를 따라 남쪽에서 북쪽으로 운반되었다. 로마제국 시대 대부분의 기간 동안, 라인 강을 중심축으로 하는 육로와 수로의 네트워크가 상품을 북쪽으로 운반하는 데 사용되었다. 영국으로 향했던 상품들은 라인 강의 평저선을 이용하여 환승지인 라인-마스 강과 스켈트 강어귀에서 양하되었을 개연성이 매우 높다. 여기서 (바다를 항행하는 선박으로) 환적된 상품들은 해안을 따라 불로뉴까지 간 다음 영국해협을 건너 리치버러, 도버, 런던과 같은 항구로 운반되었다.[27] 11세기 이전 북유럽 교역 중심지는 거의 예외 없이 외해로부터 약간 떨어진 곳, 즉 선박의 접안이 안전한 피오르드, 강, 때로는 특별히 건설된 육로를 통해서만 접근할 수 있는 호수에 자리 잡고 있었다.

바이킹들과 십중팔구 유틀란트 반도와 프리슬란트 해안의 수심이 얕은 섬에서 해적질을 일삼았던 바이킹의 선조들은 선박의 접안이 안전하고 폐쇄된 해안을 선호했다. 흘수선이 낮은 바이킹 배들은 협소한 작은 만이라면 거의 어디든 그들을 데려다 줄 수 있었다. 50명의 무장 남성들을 태운 18미터의 롱쉽은 흘수선이 고작 55~60센티미터에 불과했고, 연안용 작은 배는 40센티미터 미만의 수심에서도 운항이 가능했다. 9~11세기 영국해협 양안의 주민들을 그토록 괴롭혔던 무장한 약탈자들을 실어 나른 선대들은 유틀란트 반도와 주변 섬들 속으로 깊숙이 들어간 수많은 피오르드 안에 집결해 있었다. 예를 들면, 셸란 섬에 위치한 이세피오르드Isefjord의 이제레Isøre나 림협만Limfjord 서단의 선박의 안전한 접안이 가능한 만들인데, 1085년 여름 실패로 끝난 크누드 국왕의 잉글랜드 원정대가 집결하였던 장소이다. 이 선대들은 잉글랜드, 플랑드르 그리고 북프랑스의 강을 이용하여 내륙 깊숙이 들어갔다. 앵글로색슨 연대기에 따르면, 887년 데인 족의 군대가 마른 강을 이용하여 파리 너머 셰지Chezy까지 진격했고, 이곳과 인근 욘의 캠프에서 두 번의 겨울을 보냈다. 8년 후, 머지 강에 거주하던 데인 인들은 템스 강과 레아 강 상류로 자신들의 배를 예인하여, 런던에서 20마일 떨어진 지점에 캠프를 설치하였다. 나중에 판명된 일이지만, 이 시도는 어리석은 행동이었다. 왜냐하면 잉글랜드 인들이 템스 강과 레아 강을 차단시키는 바람에 데인 인들은 세번Severn 강으로 통하는 육로로 퇴각할 수밖에 없었기 때문이다. 정착지나 요새로 통하는 수로에 접근하는 것을 방어하거나 지체시키려는 의도로 난파선들(예를 들면 로스킬레 피오르드에 있는 스쿨델레우Skuldelev에서 페버렌든Peberrenden 해협을 봉쇄하였던 난파선들처럼)이나 일련의 기둥 방책을 배치하는 것은 중세 해안 방어에서 일반적으로 활용되던 방식이었다.[28]

상인들 역시 수심이 얕고 안전항행이 가능한 연안 해역을 이용하는 것을 선호하였다. 프리지아 인들과 발트해에서 교역하기를 원했던 서유럽 상인들은 스카겐 주변의 위험한 항로를 피할 수 있는 최소한 세 개의 안전항로를 이용할 수 있었다. 상인들은 흘수선이 낮은 선박으로 조수를 따라 아이더-트레네Eider-Treene 강수계를 항해하여 홀링쉬테트Hollingstedt로 갔으며, 그런 다음 화물들 혹은 실제로는 선박들을 짧은 거리의 육로와 수로를 통해 힘들여 이동시킨 뒤, 길고 안전한 슐레이Schlei 만과 헤데비 항으로 나아갔다. 이보다 북쪽에 있는 항로는 리베와 하데르슬레우Haderslev 강 사이의 수계를 이용하는 것인데, 림협만이 유틀란트 반도 북부를 횡단하는 안전한 항로를 제공했다. 흘수선이 50센티미터가 채 안 되는 배조차도 그레이트 벨트에서 쾨게Køge 만까지 셸란 섬을 횡단하여 항해할 수 있었다. 스켈트 강에서 네바Neva 강에 이르는 모든 강에서의 만성적인 항해 위협 요소인 토사와 교역량의 증대에 대처하기 위한 대형 선박의 건조는 이러한 고대 해상 운송로를 사실상 활용할 수 없게 만들었다. 네덜란드의 캄펜 타운의 기록 보관소에 보존되어 있는 1251년 덴마크 아벨*Abel* 왕이 발표한 칙령은 아이셀IJssel 타운에서 출항한 선박들이 이미 '대륙으로 우회하여', 즉 스카겐 반도를 돌아서 운항하고 있었다는 사실을 암시하는데, 칙령은 "소위 대륙으로 우회하는*qui Umlandsfarae dicuntur*" 상인들에게 고한다고 시작되기 때문이다. 더욱 효율적인 도구와 돛 덕분에 선장들은 자신감을 갖고 이러한 위험 해역을 항해하였을 것이다. 물론 대륙을 우회하는 항해*Ummelandsfart*가 발트해의 나들목 항로로서 일반화되는 것은 100년 뒤의 일이지만 말이다.[29]

하지만 북해와 발트해 사이의 유틀란트 반도의 목neck을 횡단하는 단거리 항로는 여전히 이용되었다. 화물들은 뤼베크와 함부르크 사이의 육로를 개선하기 위해 1390년에 건설되었던 스테크니츠Stecknitz 운하를 운항하던 바지선으로 환적 운반되었다. 하지만 항차는 수문이 많고 배를 예인하는 길(towpath, 강이나 운하에서 배를 끄는 길로서 이 길을 따라 말이 바지선을 끌었다)이 부족했기 때문에 14일이나 걸렸다. 17세기에 발트해와 북해를 연결하는 새로운 운하 건설을 위한 숱한 계획안이 마련되었지만 성사된 것은 한 건도 없었다. 킬 항구와 아이더 강을 연결하는 운하는 1777과 1784년 사이에 만들어졌다. 이 운하에서는 흘수선 3미터 선박까지 운항할 수 있었고, 특히 덴마크 수도로 건어물과 도자기를 실어 날랐던 바덴 해 도서에서 출항한 선박들이 많이 이용했다.

유틀란트 반도의 목을 횡단하는 수로들보다 한층 더 효율적이고 방대했던 것이 내륙 수로망*binnenlandvaart*으로, 홀란드의 항구들과 타운들은 이 내륙 수로망을 통해 젤란트 및 플랑드르의 항구들 및 타운들과 연결되었다. 공식적인 루트는 에이IJ(암스테르담)에서 스파르네Spaarne로 가는 수문이 있는 스파렌담Sparendam으로 연결되고, 그 다음에 하를레메르메이르, 우데 라인Oude Rijn 강 그리고 홀란데스 아이셀Hollandse IJssel 강을 거쳐 마스 강으로 연결된다. 이 공식 수로와 기타 수로들은 라인-마스 강어귀로 가는 해로보다 훨씬 안전했고 그래서 주로 이용되었다. 1542년 5월에서 1543년 4월 사이에 고다

Gouda 수문을 이용하기 위해 통행세를 지불한 선박들과 바지선들은 6,126척에 달하였으며, 한편 내륙수로망의 북단에 위치한 스파렌담 수문에서는 운하로 진입하려고 대기하는 선박들이 너무 많아 분쟁의 소지를 없애기 위해 선장들에게 번호표를 나누어 주어야 했다. 18세기의 여행자들은 운하의 바지선trekvaart, 즉 운하를 따라 말이 끄는 바지선의 효율성과 안락함에 대해 경탄하였다. 예컨대 암스테르담에서는 매주 800척 이상의 보트들이 180곳의 행선지로 출항했고, 그리고 엠덴에서 출발하여 네덜란드 해안선을 따라 브뤼주까지 4일 만에 여행하는 것이 가능해졌다.[30]

프랑크푸르트의 오데르Oder와 베를린을 연결하는 운하들과 하펠 강과 엘베 강을 연결하는 운하들이 브란덴부르크-프로이센의 호헨촐레른 가문 왕들에 의해 건설되었다. 말하자면 러시아의 후배지인 상트페테르부르크를 연결하고, 간접적으로는 백해, 카스피 해, 흑해를 연결할 작정으로 표트르 대제가 착수한 이 운하망은 최종적으로는 1760년대에 완공되었다. 북해와 스웨덴을 연결하는 운하를 건설함으로써 발트해 입구에서 덴마크 통제권으로부터 벗어나려는 스웨덴의 계획이 15세기부터 시도되었지만, 최초의 체계적인 시도는 18세기 크리스토퍼 폴햄Christoffer Polhem에 의해 추진되었다. 폴햄은 트롤헤탄Trollhätta의 폭포에 가로막혀 애초 의도대로 운하를 완공할 수 없었지만, 결국 하나의 운하가 건설되었고 (그의 사후인) 1800년에 완공되었다. 스웨덴의 동서해안을 연결하는 고타운하Gota canal는 19년 후에 완공되었다. 철도가 구축되기 이전에 이와 같은 내륙 수로들은 특히 고립된 해안의 항구들이 새로운 시장으로 연결되게 만들었다. 1769년 요크셔 해안을 방문한 토마스 페넌트는 스카버러 타운에서 105명의 남성이 어로에 종사하여 연간 5,250파운드의 소득을 올리고 있는데, 만약 리즈와 맨체스터로 가는 항구로 연결되는 운하가 있었더라면 훨씬 많은 소득을 올릴 수 있을 것이라는 말을 들었다.[31] 운하들은 군사적인 목적 때문에 건설되기도 했다. 독일 제국의 새로운 해군기지를 북해와 연결하기 위해 건설된 킬 운하가 대표적인 사례이지만, 약 250년 전에 있었던 운하 건설은 네덜란드를 봉쇄하고 굴복

시키려는 합스부르크 왕가가 취할 수 있는 수단들 중의 하나로 추진되었다.[32]

운하가 해상 교류를 촉진시켰던 하나의 수단이었다면 연락선은 또 다른 수단이었다. 북해와 발트해 주위의 많은 항구는 오래 전부터 연락선 선착장을 운영하고 있었다. 사우샘프턴의 선주들과 선장들의 단체가 처음으로 노르만왕조 국왕들을 위해 로얄 페리 서비스를 제공했고, 그리고 일찍이 1312년에 대륙으로 가는 중세 잉글랜드의 주요 항구였던 도버에 페리-선장들의 길드가 존재했다는 기록이 있다. 하리치Harwich는, 전시에 총을 실어 나르는 40~80톤의 우편선인 패킷선packet들이 네덜란드로 주 2회 정기적으로 운항 서비스를 개시하였던 1660년 이후, 페리 항구로 급성장했다. 패킷선은 최대 60명의 승객을 태울 수 있었으며, 승객들 중 절반이 이용할 수 있는 침대도 구비하고 있었다. 일기가 좋으면 도항은 하루가 채 안 걸렸지만, 지연되는 경우가 허다했고, 초만원 상태로 운항되기 다반사였다. 운임은 비쌌다. 도항 운임은 12실링에 육박했고, 침대 하나에 6실링, 그리고 객실 하나에 1기니의 추가요금을 지불해야 했다. 게다가 여행자들은 상륙 허가를 받기 위해 통상 별도로 상당 액수를 지급해야 했다. 예컨대 피프스Pepys는, 그의 일지에서 스케브닝겐Scheveningen의 해안으로 가서 하선하기 위해 10길드를 지급해야 했으며, "공기, 땅, 물, 심지어 악마에게도 / 브릴Brill에서는 요금을 지불해야" 하는 것이 일반적인 관례였다고 적었다.[33]

해상 교통의 유지가 북쪽 대륙의 주민 및 통치자에게 무엇보다 중요했던 것은 그곳에서 안개 폭풍우나 결빙과 같은 자연적 재해가 공동체와 왕국 전체를 몇 주 동안 완전히 고립시킬 수도 있었기 때문이다. 1840년대에 독일 여행 작가인 J. G. 콜은 혹한의 겨울이 덴마크의 많은 지역을 외부 세계와 어떻게 단절시켰는지, 그리고 심지어 수도인 코펜하겐까지도 3주 동안, 외교관, 중개상 그리고 통신원이 우편 정기선을 애타게 기다리며, 고립된 상황에 빠질 수 있는지를 기록하였다. 덴마크의 섬들과 외부 세계와 국내 섬들 사이를 연결하는 많은 페리 항로에 최근(19세기)에 증기선을 투입하였지만,

10월이나 11월부터 시작하여 운항 서비스가 중단되는 경우가 허다했던 겨울
은 여전히 골칫거리였다. 그레이트 벨트에 유빙들이 떠돌아다니면, 여행객
들이 노를 젓기도 하고, 들것으로 운반하기도 하며, 썰매로 끌기도 하는 작
은 빙상 요트로 바다를 건너야 하고 경우에 따라서는 항해 도중에 스프로괴
Sprogø 섬에서 하룻밤을 묵게 되면 도항이 2일 동안 지속될 수도 있다는 암시
였다. 그러나 콜은, 국왕 프레데리크 6세와 그의 수행원들이 한때 스프로괴
섬에서 오도 가도 못하고 머물렀을 때 삶은 완두콩 말고는 먹을 것이 없는
신세로 전락하였던 일이 있었는데, 이때 체신청이 이 섬에 숙소를 지었고,
19세기 초부터 많은 여행객들은 편의를 누렸다고 적고 있다.[34]

스웨덴과 핀란드 사이의 항로들의 유지는 많은 섬사람들에게 선원, 도선
사, 선술집 주인, 여관 주인 등의 일자리와 생계를 제공했다. 스웨덴 국왕이,
수도와 왕국의 동쪽 절반과 17세기 초에 획득한 발트해 동쪽의 새로운 영토
를 연결하는 항로들을 포함하여, 수도와 외부 세계를 연결하는 필수적인 해
상 교통로를 유지하기 위해 세심한 정책을 시행하였다. 1630년대에 건설된
올란드 해를 오가는 우편 항로의 연결 지역에 거주하는 주민들에게 이 교통
망의 유지 의무를 부과하였고, 대신에 그들은 자신의 농장에 부과된 왕실에
대한 의무 감면이나 현금 지원을 통해 보상받았다. 1800년 1월에 몇몇 여행
동료들과 함께 바다를 건너려던 에드워드 클라크*Edward Clarke*는 그리슬레함
Grisslehamn에서 엑케로Eckerö에 이르는 공해에서 거의 익사할 뻔했고, 난파를
모면한 뒤에 군도 주변의 위험한 빙산 속에서 꼼짝달싹 못하게 되었다. 9개
월 먼저 이 항로를 항해했던 안데르스 스키올드브렌트*Anders Skiöldebrand*는 그
리슬레함에서 시작되는 수평선까지 펼쳐진 결빙 바다를 상술한 바 있었고,
결빙 바다가 폭풍이 휩쓸고 지나간 부서진 얼음 더미에 서리가 무성하게 덮
여 지진에 의해 파괴된 거대 도시를 닮았다고 했다. 러시아 인들은 올란드
군도 서쪽 극단의 엑케로에 인상적인 신-고전주의 건물인 세관과 우체국을
건립하여 계속 업무를 보게 했다. 1858년에 핀란드의 우체국장이 유럽에서
가장 위험한 항로라고 표현했던 이 해상 우편 서비스는 19세기 말까지 지속

되었다.

일 년 내내 해상 네트워크의 유지가 절대적으로 필수적인 곳이 아니었기에, 폭풍우가 몰아치고 바닷물이 동결되는 겨울 동안에 위험을 무릅쓰고 항해에 나서는 선박은 거의 없었다. 1225년경에 서술된 것으로 보이는 어느 노르웨이 인의 기록은 10월 이후에 항해하면 안 되는 이유를 다음과 같이 열거하였다. 낮 시간이 점점 더 짧아지며, 밤은 어둡고, 바다가 거칠어지며, 파도가 점점 더 강해지고, 바닷물이 점점 더 차가워지며, 강우량이 많아지며, 폭풍우가 강력해지고, 이 해역에서는 양호한 항만이 부족하며, 승무원들이 지치기 십상이고, 선박 화물의 물동량도 줄어들기 시작하는 계절이기 때문이다. 항해 시즌은 만성절과 성 마르틴 축일의 후반기인 11월 초순에 마감되었다가 2월말과 3월초에 재개되었다. 한자 도시들과 교역하는 상인들이 이러한 항해의 계절적 주기를 무시하면 화물의 선박 적양하가 거부될 위험을 감수해야 했다. 로렌츠 베네딕트의 1568년의 해도Søkartet는, 해운이 성녀 제르트루다St Gertrude 축일(3월 17일)에 개시될 수 있도록 외레순드 전역에 항로표지통들을 성 그레고리 축일(3월 12일)에 깔도록 했으며, 그것들은 11월 1일 만성절까지 그곳에 놓여 있었다는 것을 보여준다. 1560년 스카겐 등대의 조명에 관한 지침은, 얼음 상태가 항해를 가능하게 할 정도라면, 3월 1일부터 불을 밝혀야 한다고 명시하였지만, 16세기의 말경이 되면 그 지침이 겨울에도 불을 밝히라고 바뀌었는바, 배들은 이제 일 년 내내 발트해를 오가는 항해를 감행하고 있다는 것을 암시한다. 하지만 11월에 발트해에 정박하고 있던 선박들 대부분은 본격적인 항해 시즌이 재개되면 바로 출항하기 위해서이겠지만 그곳에서 월동하였다.

교역이 지구적 범주로 확대되고 경쟁과 집중이 훨씬 심해지면서, 겨울 동안 발트해에서의 해상 운송의 폐쇄는 이 해역 연안 국가들의 경제 발전에 심각한 지장을 주기 시작했다. 이는 실업을 초래하거나 악화시켰으며, 생산 및 소비를 위한 필수적인 자재의 부족으로 연결될 수 있었다. 예를 들어 1867~1868년의 심각한 결빙은 북쪽 발트해의 대부분 지역에서 만연하였던 대기근의 한 원인이 되었던 것은 분명하다. 선주들의 입장에서는, 겨울 동안에 돈벌이를 위해서 자신들의 선박들을 대양 무역에 투입할 수밖에 없었다. 1883년에 설립된 핀란드 증기선 회사FAA의 첫 취항 선박들이 봄에서 가을까지는 발트해와 지중해 사이를 운항했고, 겨울철에는 남아메리카 노선을 운항하였다. 특히 핀란드는 결빙으로 심각한 장애에 직면하였다. 결빙기 동안 서해안 항구를 통해 수출할 수 있었던 스웨덴이나 무르만스크와 흑해의 해항들을 통해 연중 내내 수출할 수 있었던 노르웨이나 러시아 제국의 연안 국가들과 달리, 핀란드는 부동항이 없었기 때문이다. 그래서 핀란드 수출업자들은 서방의 시장으로 상품을 수출하기 위하여 잠재적인 경쟁자가 운영하였던 해운을 이용할 수밖에 없었다. 러시아에 위치한 발트해 지방에서의 최적지 경쟁은 1870년대에 한코Hanko 반도의 끝에 '동계 항만' 개항으로 이어졌는데, 철도 연결과 부두의 건설에 자금을 대었던 컨소시엄으로서는 실패한 모험사업이었지만, 러시아가 운영하였던 이 항구는 19세기 후반 20~30년 동안 서방으로 가는 동계 여행객과 핀란드 버터 수출을 위한 거점 항구가 되었다.

　장갑 증기선이 일반적으로 얇은 얼음을 부수고 운항할 수 있었지만, 여전히 두꺼운 얼음으로 덮인 바다를 운항할 수는 없었다. 특수선만이 겨울철 내내 운항을 보장하는 유일한 방법이었다. 쇄빙선으로 건조된 최초의 특수선은 1830년대부터 허드슨Hudson과 델라웨어Delaware에서의 하상 해운에 사용되었다. 유럽에서의 최초 쇄빙선은 크론슈타트Kronstadt와 그 연해 사이의 얼음을 깨기 위하여 네바 강 어귀에서 1864년 진수하였던 작은 증기선 '파일럿Pilote' 호였을 것으로 추정된다. 1871년의 혹한은 성능이 개선된 쇄빙선의 개발을 촉진하는 계기가 되었다. 예컨대 함부르크에서, 앞으로 얼음에 갇히는 상황을 방지하기 위한 아이디어 공모가 추진되었고, 우승 작품의 설계는 증기 '쇄빙선Eisbrecher'의 건조에 영감을 제공했다. 이 선박은 성공적인 쇄빙선으로 입증되었고, 추가로 두 척의 쇄빙선이 20년 안에 진수되었다. 덴마크와 스웨덴의 최초의 쇄빙선들은 1880년대 초에 진수되었다. 발트해 주위의 많은 타운들 역시 1870년과 1880년 동안 자신들의 항만을 겨울철에도 활용하기 위해 쇄빙선을 진수하였다. 대단히 신속한 쇄빙 서비스를 제공하는 것은 항구의 성패를 가늠하는 지표가 되기 시작하였기 때문이다.

선속과 범선 성능

중세 시대 선원들과 선박들의 항해 능력과 항로들에 관한 많은 연구들이 있었다. 13세기 말 왕립 지적도의 여백에 작성된 이른바 『항해 일정표Itinerary』, 혹은 『덴마크에서 발트해를 거쳐 에스토니아로 가는 항해Navigatio ex Dania per mare Balthicum ad Estoniam』는 많은 논란을 불러일으켰다. 일부 논자들은 덴마크의 에스토니아 소유권 강화를 목적으로 한 선전이거나 아니면 동 발트해로 진출하기 위한 프란체스코 교단의 치밀한 계획의 산물로 『일정표』를 간주하였다. 다른 논자들은 발트해를 지나는데 널리 활용된 항로의 증거로서 『일정표』를 활용하였다. 예를 들면 그들은 『일정표』에 언급된 포인트들이 실제로 정해진 항로를 따라 설치된 도선사 거점이었을 뿐만 아니라 이 거점들과 16세기 도선사들의 농장이 병존한다고 주장해 왔다. 『일정표』에서 특히 주목할 점은, 고틀란트 섬에서 에스토니아 해안에 이르는 공해를 건너는 항로를 택하기보다는 스웨덴과 핀란드의 해안을 따라 항해하고 있다는 것이다. 이 사실은 『일정표』의 항로가 사실상 노도선이 이용하였던 구 항로였다는 주장을 지지하는 것으로 보이는데, 구 항로에서는 밤에 대피할 자연항과 해변이 많았다. 고고학자 크리스터 웨스테르달Christer Westerdahl은 스웨덴의 동해안을 따라 노도선의 중간 계류장이 17해리 혹은 32킬로미터마다 존재한다는 것을 입증하였는데, 17해리는 『일정표』에서 사용한 고대 북유럽의 조정 측정단위인 '우케시오ukœsio'의 4배 거리에 해당되었고, 1우케시오는 노잡이의 교체가 필요한 거리를 나타내는 단위였다.[35]

이 측정 단위는 발트해에서 널리 통용되었고, 심지어 범선이 노도선을 대체한 뒤에도 수 세기간 사용되었다. 예컨대 포메라니아 인 하인리히 노먼 *Heinrich Norman*은 1561년에 콜베르크Colberg에서 칼마르Kalmar까지의 횡단 항해 가, 그가 당시 여행했을 때 승선했던 배로는 4일 걸리며, 30 '웨케 지스weke sees' 즉 30우케시오의 거리라고 적었다. 해안을 따라 돛과 노를 병행하여 스 톡홀름까지 가려면 14일을 더 항해하여 가야 하지만 말이다. 중세의 항해에 걸리는 시간에 관해서도 많은 연구가 존재하며, 1일 평균 60~70해리의 '고속' 개념과 30~35해리의 '저속' 개념(승무원들이 밤에 잠을 자기 위해 배를 해안 에 정박시키거나 닻을 내리기 때문에 1일 평균 해리는 더 저속으로 나온다) 이 제시되어 왔다. 스쿨델레우 선박Skuldelev ship 몇 척을 현대적으로 복원하 여 진행한 항해 실험은 이 선박들이 돛을 활짝 펴고 항해할 수 있고 변침도 가능하였지만, 평균 시속은 그다지 빠르지 않았다. 순풍이 불면 스쿨델레우 선박은 시속 10~12노트까지 속력을 낼 수 있었던 바, 림협만의 서쪽 입구에 서 타인머스까지의 횡단 항해는 가장 빠른 속도로 가면 약 24시간이 소요될 것이고, 통상적인 속도로의 항해는 2.5일 소요될 것이라는 것을 말해 준다. 1990년에 복원한 코그선cog의 항해 실험은, 강한 순풍 속에서도 최대 시속이 8노트에 불과하여 코그선이 바이킹의 배(스쿨델레우 선박)보다 현저히 느렸 을 것이라는 사실을 입증하였다.

이러한 실험들은 고·중세 범선의 항해 성능에 관해 귀중한 정보를 제공 하고, 배가 한 장소에서 다른 장소로의 항해에 걸리는 시간이 어느 정도였 는지 추정할 수 있게 만든다. 그러나 이러한 실험들의 결과를 확대 해석하 거나 평균 운항 시간을 계산하거나 시도하는 것은 현명하지 못하다. 왜냐하 면 분명한 사실은 동력을 자연력에 의존하는 선박에서 '평균' 속도는 있을 수 없었기 ―아니 없기― 때문이다. 중세 이후 시기의 훨씬 광범한 증거는 항해가 변덕스러운 날씨에 좌지우지되었다는 것을 분명하게 입증하고 있다. 현존하는 항해일지를 근거로 추산하면, 17세기 초에 헬싱외르에서 헐까지의 평균 항해는 17.6일 걸렸을 것이다. 하지만 최고 속력으로 항해하면 1주일 걸렸을 것이고, 최저 속력으로 항해하면 거의 5주일 걸렸을 것이다. 선상에서나 항만에서의 현저한 기술 개선과 혁신에도 불구하고, 돛을 단 배로 항해하는 데 걸리는 시간은 범선시대가 끝날 때까지 대체로 바람의 속도와 방향에 달려있었다. 이 사실은 덴마크 파뇌Fanø 섬 출신의 어떤 선원의 회고록 속에 자세하게 예증되고 있다. 그는 1906년에 바르바드Barbadoes 섬에서 슈테틴Stettin까지 바크, '마사Martha'로 항해하였다. 대서양의 항해는 순풍을 탈 수 있어 순조롭게 진행되었고, 북해에서 그 일행은 에스비에르 외곽에서 증기선 '라쿠르I. C. La Cour' 호를 따라잡고 추월할 수 있었다.

> 우리는 약간의 장난기가 발동하여 증기선 '라쿠르' 호의 선원들을 향해 그들을 예인할 수 있다고 소리치면서 무거운 예인줄을 잡고 고물 쪽으로 힘껏 당겼다. ⋯ 그러나 우리 배가 스카겐을 돌자마자, 순풍은 사라졌고 헬싱외르로 가는데 3주나 걸렸다. 우리가 대서양을 건너는 데 걸렸던 시간만큼 오래 항해해야 했다. ⋯ 헬싱외르에 도착한 이후, 우리는 (바람이 불어) 슈테틴으로 돛으로 항해를 재개할 수 있기까지 예인선의 도움을 받아 외레순드를 통과할 수밖에 없었다.36)

자연항

북쪽 바다들에서의 해양산업과 항해는 이곳의 연해와 강어귀의 얕은 수심으로 인해 고유한 현안에 직면하였고, 이 해역을 항해할 선박의 설계와 디자인은 이러한 물리적 특성을 기본적으로 반영할 수밖에 없었다. 토사가 쌓인 수로를 누비며 다닐 수 있고 해변 위로 계류할 수 있는 흘수선이 얕은 작은 배들은 흘수선이 깊은 선박들에 비해 유용하였고, 이러한 작은 배들이 해안 경제에 중요한 역할을 담당해 왔지만 자주 과소평가되어 왔다. 하지만 11세기 이래 1,000년 동안 국제 해상 교역의 확대는 상인들을 위한 임시 천막이나 부스를 설치한 해변 시장이나 후미진 작은 만의 자연항의 기반시설과는 근본적으로 다른 기반시설을 필요하게 만들었다. 임시적으로 계절에 따라 열리는 항구나 교역장이 사라지지 않고 상설 항구와 병존하고, 많은 시설들을 보전한 채 때로는 상설 항구에서의 교역을 위협하는 일도 있었지만 말이다.

북유럽의 교역 장소의 입지와 발전에 관해서는 이어지는 장들에서 상세히 고찰할 것이다. 이 장에서는 항구와 항만의 기원에 관한 물리적인 그리고 지형학적 특성들을 설명하고자 한다. 무엇보다도 먼저 지적되어야 할 사실은 해안선이 지속적으로 변화를 거듭해 왔고, 현재의 해안선이 이천 년이나 심지어 천 년 전의 해안선과는 매우 상이했다는 것이다. 라인 강 하구에 있는 바타비아 해안에 로마 인들이 건설한 요새들과 항만들은, 잉글랜드의 중세 항구인 라벤서나 던위치와 마찬가지로, 지금은 북해 해역의 물밑에 자리 잡고 있다. 도레스타드Dorestad, 비르카, 헤데비 같은 8~11세기에 국제 교역의 중심지였던 항구들이 수세기 전부터 배로는 접근할 수 없는 상태로 변했다. 육지 융기와 해양 활동에 의한 지속적인 토사와 모래의 퇴적으로 인해 북쪽 바다들에서는 취항하기가 용이한 항구가 거의 없었으며, 그리고 항만으로 활용할 공간이 심각하게 축소되거나 아니면 항만시설을 강 하류나 해안선이 확보되는 먼 곳으로 옮겨야 했던 사례가 허다했다.

11세기와 12세기 동안 플랑드르 지역에서의 집중적인 간척과 해안선의 변화로 인해 예전 해항들은 자신들의 시장과 외항으로 가는 기존 연결망을 운하들과 수로들의 광범위한 연결망으로 대체해야만 했다. 로Lo 만의 퇴적으로 인해 바다로부터 격리된 이프르는 처음엔 새로운 항구 딕스마이데Diksmuide를 건설하여 바닷길을 확보하였지만, 이 신항도 얼마 못 가 토사가 퇴적되어 무용지물이 되자, 1163년 니우포르트Nieuwpoort 항구를 새로 만들어야 했다. 저지대 주변의 간척과 브뤼주와 츠빈Zwin을 연결하기 위해 12세기에 건설한 수로의 퇴적으로 인해 브뤼주는 출항지를 담Damme에서 슬라위스Sluis로 이전할 수밖에 없었다. 700년대 초에 바다로 연결되는 강의 동쪽 제방에 건설된 리베 타운은 거의 천년 동안 북해로 나가는 덴마크의 주요 항구로 기능하였지만, 18세기 초가 되면 선박들이 입항할 수 없는 한물 간 부두로 전락하며, 바지선조차도 만조 때만 입항할 수 있었다. 알프스 빙하의 해빙을 가속시켰던 중세 후기의 온난한 날씨가 라인 강과 아이셀을 포함한 라인 강의 지류들을 통해 바다 쪽으로 흘러들어오는 침전물의 양을 증폭시켰고, 이와 동시에 해수면의 상승이 조이데르 해에서의 입출항에 영향을 미치기 시작했다. 대규모의 준설에도 불구하고 캄펜, 즈볼레, 그리고 스타포렌과 같은 아이셀 강의 항구들로 이어지는 수로에는 지속적으로 퇴적물이 쌓였다. 가장 많이 이용되었던 자위더디엡Zuiderdiep 수로의 수심이 1573년의 기록에 따르면 바람이 잠잠할 때 4.5피트이지만, 바람이 동쪽에서 불 때 3피트에 불과했다. 20년 후 이러한 타운들로 연결되는 모든 운항은 중단될 수밖에 없었다.

발트해의 북쪽 해역에서, 변화를 초래한 것은 바로 지각평형반발이었다. 육지 상승은 서서히 쇠데르텔리에Södertälje 육로를 상품 수송이 불가능한 멜라렌 호수로 바꾸었고, 바이킹시대의 교역 중심지였던 비르카 섬으로 연결되는 항로는 이용하기 힘들어졌다. 그리하여 선박들은 스톡홀름의 중세 도시가 건설되었던 해협을 거쳐야만 멜라렌 호수로 들어갈 수 있었고, 또한 감라 웁살라Gamla Uppsala의 정치 및 종교 중심지로 가는 수로 요충지인, 10세기 후반에 건설된 왕실의 도읍지 시그투나Sigtuna로 항해할 수 있었다. 13세기 중반이 되면, 스톡홀름은 시그투나의 교역 기능을 대신하였을 뿐만 아니라 곧바로 왕권의 중심지가 되었다. 보스니아 만을 둘러싼 근대의 모든 항구들은 육지 융기의 영향으로 원래 항만이 있던 곳과는 다른 장소에 자리 잡았다. 예컨대 러시아 연대기는, 이미 1188년에 아우라Aura 제방의 코루즈크Koruzk(코로이넨Koroinen) 구거주지와 노보토르조크Novotorzok(투르쿠) 신거주지의 차이를 설명하고 있었다.

북유럽에서 초기 교역 장소는 예외 없이 해안에서 좀 떨어진 내륙에 위치하여 작은 만이나 강, 호수를 통해 연결되었다. 따라서 교역 장소는 바람이나 파도의 피해를 입지 않았고, 해적의 약탈로부터 다소 보호되어 있었지만,

교역 장소에 거주하는 주민들은 지반 상승이나 모래톱의 이동에는 무력할 수밖에 없었다. 작은 강과 만은 퇴적되거나 바짝 말라 들어갔고, 배가 더 커지고 무거워졌기 때문에 운항은 더욱 힘들게 되었으며, 그리고 해적의 급습이 수반한 대규모 약탈은 외부 세계와 연결되는 항로를 유지하느라 이미 기진맥진한 상태에 빠진 교역 중심지에 대해 아마 최후의 결정타를 가했을 것이다. 라인 강과 레크 강의 분기점 근처의 크롬므 라인Kromme Rijn 강 서쪽 제방을 따라 2킬로미터에 걸쳐 7세기의 주요 교역 중심지로 부상하였던 도레스타드는 9세기 초가 되면 수로의 지속적인 미사 퇴적으로 골머리를 앓기 시작한다. 샤를마뉴 대제 사후 제국의 내부 갈등과 바이킹의 습격, 특히 834년의 대참사를 수반한 습격으로 인해, 이 도시는 더 이상 프랑크제국으로부터 확실한 보호를 받을 수 없게 되었고, 동방의 은이 항시 공급되던 이 도시의 기능도 쇠퇴하고 말았다. 864년 화재로 완전히 파괴되었던 이 도시는 1세기가 지나기도 전에 "한때 도레스타드로 불렸지만, 지금은 우이크로 불리는 *villa quondam Dorstet, nunc autem Uuik nominata*" 신세가 되었고, 현재는 빅 베이 코르넬리오Wijk bij Duurstede로 불리고 있다.[37]

흘수선이 얕고(60센티미터를 넘지 않음) 선저가 평평했기 때문에 프리지아의 초기 코그선과 바이킹의 상선은 수심이 얕은 작은 만에서 항해할 수 있었고 모래사변 위로 계류할 수 있었다(사진 5 참조). 하지만 오슬로피오르드Oslofjord의 도레스타드, 헤데비, 카우팡Kaupang과 뤼겐 섬의 랄스비크Ralswiek를 포함한 바이킹 시대의 다수의 교역지에서 최근 발굴된 부두와 선착장은 상인들이 해변에 계류시켜 놓은 자신들의 선박 옆에서 거래하였다는 통설을 반박하고 있다.[38] 예를 들어 도레스타드에서, 배들이 처음에는 주도로를 따라 늘어선 상인들의 주거지 아래의 경사면에 끌어 올려놓았으나, 675~725년경에 선착장이 건설된 것으로 보이고 9세기경에 선착장은 대체로 계속 증축되면서 부두로 확장되었다.

부두 옆에 묶어 두었던 작은 배의 종류가 무엇이었는지는 여전히 불확실하고, 많은 의문들이 ―배를 어떻게 계류하였는지, 부두 벽에 부딪힐 경우에 대비하여 어떤 보호 장비를 선박에 설치하였는지, 혹은 계류한다는 의미가 이제는 선상의 텐트에서 밤을 지새우는 일이 없다는 것을 뜻하는지, 아니면 선원들이 선상의 초라한 선실에서 묵었는지 등과 같은 – 미제로 남아있다. 중세 초기의 배들은 거룻배를 이용하여 적·양하 작업을 하였는데, 엘머스는 특히 인양장치 없이 그러한 작업이 사실상 힘들었다고 주장한다. 엘프스 텐Ælfstan 수도원장의 사례를 보면, 그는 '부두hwearf' 건설의 허가를 받지 못하자, 자신의 엡스피트Ebbsfleet 항구로 연결되는 수로를 깊게 파고자 노력했으나 허사였고, 그는 부두의 건설만이 해결책이었다고 한탄한다. 그도 그럴 것이 큰 선박들은 엡스피트로의 입항을 포기하였고, 부두가 들어섰던 샌드위치Sandwich로 취항하였기 때문이다.[39]

부두, 선착장 그리고 잔교는 중세 항구의 발전에 있어 얼마나 중요했는가? 그림을 통해 추정하면, 선착장과 잔교는 중세 당시에 거의 존재하지 않았으며, 있다하더라도 선착장이나 잔교를 이용한 배들은 소형이었고, 종종 바지선들이 닻을 내린 작은 배로부터 물품을 양하받았던 것으로 보인다. 예를 들면 고틀란트 섬의 비스비 항은 양호한 정박 부두 시설을 보유한 것으로 보이지만, 작은 배들만이 부두에 줄지어 정박해 있었다. 당대인의 기록에 의하면, 큰 선박들은 모래가 지속적으로 퇴적되었던 비스비로 사실상 입항할 수 없었기 때문이다. 말뫼 항구로 향했던 화물과 여객은 바지선과 '마인드리커myndrikker'로 알려진 짜리몽땅한 배로 갈아탄 뒤 페리 부두에 도착할 수 있었다. 부두에 도착한 여객은 이곳에서 관세를 지불해야 하며, 그 다음에 페리 선상의 짐을 시내까지 운반해 줄 짐꾼과 협상해야 했다. 반면, 16세기 말에 게오르그 브라우니우스Georg Braunius와 프란스 호겐베르크Frans Hogenberg가 출판한 유럽 도시 조감도에 나오는 앤트워프 항구에서는 스켈트 강 위를 오가는 많은 작은 배들과 함께 부두에 줄지어 정박한 대양을 오가는 대형 선박들을 흔하게 볼 수 있었다. 알브레히트 뒤러Albrecht Dürer가 그린 것과 같은 앤트워프 부둣가에 정박한 내륙용 작은 배는 남쪽 바다들에서 이곳으로 입항한 '대형' 선박의 도선 역할을 한 것으로 추정된다.[40] 항만 건설을 위해 대대적인 투자가 있었다는 것도 입증할 수 있는데, 예를 들면 13세기에 건설된, 바다로부터 약 15킬로미터 거리의 좁고 꼬불꼬불한 강변의 가파른 절벽에 위치한 타인 강의 뉴캐슬어폰타인 항구의 방대한 부두시설의 경우이다. 중세 후기가 되면 그림 속에 크레인이 등장하기 시작한다. 그림을 근거로 추론하면 세 개의 큰 돛대를 갖춘 상선이 부두가 아니라 바다에 닻을 내리고 바지선으로 적·양하할 때 사용한 것으로 보이지만 말이다.

해상 교역량의 증대와 흘수선이 깊은 선박의 건조는 적어도 네덜란드에서는 심각한 문제를 초래하였다. 스켈트 강과 마스 강의 하구와 조이데르해의 주요 항구들은 하나같이 입항하기 힘들어졌다. 그래서 제방들과 수심이 얕으면서 변하는 수로들을 통과해야 하는 항해는 뛰어난 기술과 지방의 지형에 대한 지식을 필요로 했다. 탁월풍이 해안 정 방향으로 불었고, 바람 때문에 출항하는 것이 힘들었다. 더욱이 해안의 얕은 해역들은 겨울철에 흔히 동결되었다. 진흙, 모래 그리고 자갈은 끊임없이 수로를 막아 선박의 운항을 위협하였다. 항만에서의 원활한 입출항을 위해 여러 가지 방법이 동원되었다. 1612년 스키담Schiedam 시는 구항과 수문을 설치한 신항을 분리하기로 결정하였는데, 만조 때는 수문을 닫았으며 간조 때는 수문을 열어 가득 찬 물을 힘차게 바다로 흘려보냈는데, 이 방식은 다른 항구에서도 활용되었다. 하지만 항구에서 바닥짐을 투기하는 관행으로 인해 수심이 얕아지는 현상은 심화되었고, 미사 퇴적은 여전히 골칫거리였다. 족히 12피트의 수심이 나올 것이라고 예상되었던 암스테르담의 해군 부두는 1680년에 수심이 간신히 6피트를 상회하였다. 물레방아의 원리로 작동되는 준설기, 즉 주스트 얀스 빌헤머Joost Jansz Bilhamer의 '준설기moddermolen'는 1575년 암스테르담에서 처음 사용되었고, 이 모델들을 변형시킨 준설기들이 곧 다른 곳에서도 널리 이용되었다.

선박들은 통관을 담당한 관료주의 혹은 역풍, 적절한 정박지 확보를 위한 대기, 적하와 양하로 인해 부두에서 지나치게 많은 시간을 허비하였다. 16세기 중엽에 뤼베크와 리가 사이를 연간 2~3회 항해했던 선박들은 항차 당 평균 12일을 항해했지만, 입항 후 부두에서 거의 한 달을 소비하였으며, 만약 리가에서 겨울을 보낸다면 더 오랫동안 부두에 머물러야 했다. 레발(탈린) 타운의 의회가 소유했던 작은 상선은 트라베뮌데 항과 단치히(그단스크) 항에서 도합 7주를 허비했지만, 1554년 4월 말과 7월 1일 사이에 항해하는 데 걸린 시간은 2주에 불과했다. 반면 리스Leith에서 노르웨이까지 왕복항해 건으로, 1700년에 체결된 용선 계약서는 노르웨이에서 "적하와 재적하에는 21일의 청천하역일" 그리고 리스에서의 양하에는 8일이 소요된다고 규정하였다.[41] 부두는 언제나 초만원이었고, 크레인이 부족했기 때문에 선박들은 줄을 서서 대기하거나 바지선으로 짐을 넘겨야 했다.

18세기에 이르면, 런던, 함부르크 그리고 암스테르담과 같은 주요 항구들에서 기존 부두공간의 부족으로 인한 압박은 점점 심해졌다. 이 문제의 가장 일반적인 해결책은 도크의 건설이었다. 관세를 포탈할 수 있는 많은 기회를 제공했던 기존의 제방이나 잔교를 그대로 유지하려는 강력한 반발이 있었지만 말이다. 1716년과 1793년 사이에 입항 선박용적톤수가 18배 증가했던 잉글랜드 동해안의 킹스턴어폰헐에서, 많은 사람들은 세관원이 화물에 관세를 부과할 수 있는 공인 부두는 교역에 악영향을 끼칠 것이라 믿었다. 다른 곳에 공인 부두를 설립하겠다는 위협에 직면한 이 도시의 상업협회는 결국 1774년 도크법을 지지하지 않을 수 없었고, 이 법에 따라 헐도크회사 Hull Dock Company가 창립되었다. 1세기 전에 비해 연간 물동량이 40배나 증가한 1829년이 되면, 헐은 3개의 도크로 둘러싸이게 되었다. 이러한 시설 확충에도 불구하고, 헐로 들어가는 항로는 여전히 선박들로 넘쳐났고 그리하여 사람들은 헐 강의 바지선과 뗏목선 사이로 요리조리 헤치며 항해하는 데 걸리는 시간이 상트페테르부르크에서 헐 강까지의 항해 시간보다 더 길다고 푸념했다. 강력한 부두 기득권 세력은 18세기 내내 런던브리지에서 라임하우스에 이르는 템스 강에 이르는 풀오브런던Pool of London 부두 체증을 완화하려는 계획에 반대하였지만, 템스 강 북안의 이 와핑Wapping 부두 건설안을 수용하여 1797년 시티오브런던 자체의 도크 건설안을 추진하자, 입장을 바꾸었다. 결국 풀오브런던 부두와 와핑 부두 계획안이 모두 의회의 승인을 얻었고, 새로운 서인도도크와 런던도크West India and London Docks가 각각 1802년과 1805년에 완공되었다.

모든 항구들이 물동량 증가에 대처하기 위해 복합 도크 건설을 택한 것은 아니다. 엘베 강에서는 상대적으로 밀물과 썰물의 차이가 적었기 때문에 강변 항만을 선호했던 함부르크는 런던을 모델로 한 도크 건설안들을 포기하였다(사진 8 참조). 19세기 동안 여객수송과 무역량의 폭발적인 증가에 직면하여, 새로운 항구나 외항이 철도건설과 연계하여 건설되었다. 시대에 뒤처진 경쟁제한협정을 고수하는 기존의 항구들은 혁신해야 했고 아니면 몰락할 수밖에 없었다. 리가나 뤼베크와 같은 옛 한자동맹 도시 무역권과 비회원 도시들 사이의 무역 금지가 최종적으로 폐지되었던 것은 19세기 중엽에 이르러서였다. 리가는 항만시설의 근대화에 성공하였고, 러시아 제국의 주요 항구가 되었다. 반면, 뤼베크는 특히 근대화에 뒤처졌고, 그리하여 1900년까지 발트해로 나가는 독일의 가장 큰 항구인 슈테틴이 뤼베크의 역할을 대체하였다.

해안 쪽으로의 항구 이전 추세가 20세기에 괄목할 정도로 가속되고 있다. 항구들의 이전은 부동산 개발업자와 문화유산 활용 산업이 눈독 들이는 거대한 창고, 선창, 녹슨 크레인과 철도 선로의 유산을 남겨놓았을 뿐만 아니라, 해사적 흔적을 보유한 그 도시들의 문화적 사회적 역사의 찬란했던 시절을 앗아갔다. 오늘날이라면 영국작가 프리스틀리J. B. Priestley의 소설 『천사의 길Angel Pavement』의 등장인물 매트필드Matfield 양이 런던브리지에서 라임하우스에 이르는 템스 강변의 풀오브런던 부두에서 역사, 난센스, 그리고 시로 탁월하게 표현하였던 소재를 발견할 수 없었을 것이다. 왜냐하면 배들이 이제는 강 하류 너머로 사라졌기 때문이다. 말하자면 프리스틀리 소설 속의 전쟁 발발 이전의 숙녀가 낭만을 찾아 이곳으로 돌아오더라도, 그녀는 틸버리나 그레이브젠드 항에서 컨테이너를 적하하거나 양하하는 로로ro-ro 사이에서, 발트해의 낯선 억양, 음식 냄새, 그리고 독주를 담은 기묘한 모양의 병들이 어우러진 위풍당당한 증기선 '레말라*Lemmala*' 호를 조우하는 일은 없을 것이다. 해상 무역은 시기에 관계없이 항상 경쟁이 치열한 사업이며 따라서 근대적 발전에 대해서 지나치게 감상적으로 해석하지 말아야 한다. 데이비드 윌리엄스*David Williams*가 지적한 바와 같이, 정박할 선석이 없는 항구의 앞바다에 대기하는 선박들은 적자를 내고 있으며, 그렇기 때문에 "항만 운영의 효율성 제고는 선박 운용의 비용절감을 위해서도 바람직하고 점점 더 필수적인 과정이 되어 왔다." 그렇기는 하지만, 매트필드 양이 묘사했던 피부에 와 닿는 경험과, 많은 그림과 시에서 표현되었던 항만에서의 활기찬 삶의 소멸은 한때 항구였던 많은 도시들에서 역동성을 앗아가 버렸다.[42)]

5장

보트와 선박

기원

아마 수역 위의 어떤 통나무가 빙빙 돌고 있었겠지.
아무짝에도 쓸모없는 떠밀려온 더미, 안쪽으로 거칠게 파진 채,
그러다가 속이 빈, 처음엔 물길을 떠다니는 여물통이 되었고,
마침내 시내 물길을 횡단하는 운항이 시작되었지.

아일랜드의 경보병(輕步兵) 같고 천부적인 재능을 타고난 인디언 같은,
통나무배가, 시냇물 위를 활주하였지.
뾰족한 용골을 갖춘 배들이 큰 파도를 막아내거나,
혹은 지느러미같이 생긴 노들이 배의 양현에서 날개 짓을 하기 전에.

하지만 배에 돛을 단 것은, 사투르누스가 나타나면서였지.
잃어버린 제국들로부터 추방된 그는,
티베르(카피톨리누스)의 황금시대를 열었고,
그곳에서 사투르누스가 화폐와 최초의 무역을 발명하였지.

존 드라이든, 『경이의 해Annus Mirabilis, CLVI~CLXIII』

태곳적부터 배boat는 북유럽 지역에서 인간 생존의 필수적 요소였다. 고고학의 증거에 따르면, 사람들이 중석기 시대에 연해의 섬들에 거주하기 시작했으며, 석호나 하구의 얕은 수역에서뿐만 아니라 심해의 수역에서도 다량의 생선과 해양포유동물을 잡았다. 핀 섬에 위치한 튀브린드 빅Tybrind Vig에서 출토된 카누 유적은 북해 연안지역에 살았던 이들 초기 정착민들이 크고 견고한 배vessel를 만들 수 있었을 것이라는 사실을 암시한다.

하지만 북유럽 초기 정착민들이 처음부터 대담하게 파도를 가로질러 노를 젓고 다녔는지 아니면 안전한 석호에서 (어로를 하다가) 서서히 그리고 조심스럽게 외해로 진출했는지는 알 수 없다. 신석기 시대 이후부터 해상교역이 있었다는 증거들이 대단히 많고, 이 증거들은 사람들이 오래전부터 항해에 나섰다는 사실과 또한 지형지물에 의존하지 않고 바다를 횡단하는 데 필요한 항해기술을 알고 있었다는 것을 보여준다. 그런데 과연 어떤 종류의 배가 7,000여 년 전에 종종 위험하고 언제나 예측 불가능한 바다들을 드나들었을까? 이는 해양 고고학 분야의 괄목할만한 성과에도 불구하고 여전히 논쟁거리로 남아있다. 북유럽의 기후와 해수온도, 해류, 염분 등 바다 상태는 열대지역에서 배를 만드는 데 널리 사용되는 다양한 선재를 이용할 수 없게 만든 것이 분명하고, 단순한 보트를 만드는 데 사용했음직한 두 가지 선재는 동물가죽과 목재로 추정된다. 하나의 학설은 위험을 무릅쓰고 북쪽 바다들의 차갑고 거친 해역으로 나가는 데 사용된 초창기 보트들은 단순한 뼈대구조 위에 가죽을 걸쳐서 팽팽하게 잡아당겨 조선되었다고 본다. 이러한 가볍고 쉽게 운반할 수 있었던 배를 이용하여, 북쪽 바다들의 초창기 정착민들이 안전한 만이나 피오르드에서 순록과 바다표범을 사냥하거나 물고기를 잡았을 것이며, 그 당시 그들이 사냥과 어로를 했던 지역은 나무가 거의 없었지만 동물의 가죽을 충분히 확보할 수 있었던 아(亞)북극의 해안지역이었을 것이다. 이뉴잇 족이 거주했던 지역들의 사례가 이와 비슷했을 것이다. 하지만 현재 노르웨이 동부지역 암석바위에 새겨진 기원전 8000~2000년 사이에 활동했던 순록 사냥꾼들이 묘사한, 두 개의 늑재(肋材, ribs)로 이루어진 뼈대구조를 갖추고 늑재 사이에 노 젓는 사람이 앉아 있는 갑판이 없는 작은 배가 스칸디나비아 지역의 뼈대를 갖춘 작은 목선의 원형이었다고 주장하는 학설도 있다. 이 이론을 주장하는 사람들은 스칸디나비아 배craft의 널빤지가 얇으며 오늘날 일부 방언에서 (널빤지를) 여전히 '가죽skin'이라고 부르고 있다는 점을 지적한다. 널빤지들은 독특한 '클링커clinker' 방식(보트 뱃전의 바깥 면을 나무판을 겹쳐서 붙여 만든 방식)으로 겹쳐서 붙여지며, 그리고 청동기 시대의 보트 유물의 경우도 널빤지들이 우미악(umiak, 목재에 바다표범의 가죽을 댄 에스키모 배)과 매우 동일한 방식으로 서로 겹쳐 꿰매져 있다. 이 이론에 반대하는 사람들은 목재 뼈대를 빙 둘러싸 만들어진 가죽보트가, 널빤지들을 겹쳐서 붙여 외부 구조를 먼저 만들고 그 뒤에 늑재를 설치하여 널빤지들을 견고하게 했던, 스칸디나비아의 전형적인 보트로 승계되었다고 보는 것은 어불성설이라고 주장한다. 하지만 통나무 배 학설 옹호자들도 통나무가 측면 널빤지들과 나무줄기들을 덧대어서 길이가 늘어났었는지, 혹은 그 뒤에 늑재에 열을 가한 후 끼워 맞추어 폭이 확장되었는지에 관해 명쾌하게 설명하지 못한다.[1]

이미 19세기 선구적인 고고학자들에 의해 언급되었던, 스칸디나비아 지역에서의 암각화와 보트 유물과 같은 비교적 풍부한 증거들, 바이킹 시대의 인상적인 항해 활동의 전통 그리고 노르딕 보트 설계에서 보이는 확연한 연속성은 배에 관한 논쟁의 논지를 지나치게 '스칸디나비아적인' 것으로 전개되도록 만들고, 따라서 스칸디나비아 이외의 북유럽에서 조선 기술의 또 다른 측면들을 간과하도록 만들었을 수도 있다. 보트나 선박의 구조와 설계는, 무엇보다도 조선에 사용할 수 있는 재료, 그 배가 항해할 해역에 대한 지식과 경험, 그리고 배의 용도에 의해 거의 전적으로 결정된다. 십중팔구, 보트 설계는 임시방편적 해결책을 찾거나 다른 지역의 전통적인 조선 방식을 차용하는 시행착오의 지난한 과정을 거치면서 진화하였을 것이다. 예를 들어 폴란드 고고학자 예즈 리트빈Jerzy Litwin은, 세느 강에서 드비나 강 사이를 운항했던 하상선이 더 거친 파도가 일렁이는 바다에서 항해하기 위해, 특정

하구에서 19세기까지 고수하여 온 관행, 즉 추가로 임시 널빤지나 외판strake을 장착하던 관행이, 일종의 임시변통에 해당되는 사례라고 주장한다. 북해지역을 연구하는 해양 고고학자들은, 낮은 건현(乾舷, freeboard, 선박의 흘수선에서 상갑판 윗면에 이르는 부분)과 외견상 돛대와 방향타가 없는 이러한 유형의 배들은 (강이 아닌) 바다에서 항해했을 가능성이 희박하다는 입장을 취해 왔다.[2]

철기시대 북유럽의 배 설계의 발전에 대해서는 거의 알려진 바가 없다. 스칸디나비아와 발트해에서 배는 대개 길고 좁은 선체hull를 가진 가벼운 형태로 만들어졌다. 왜냐하면 북해 남쪽의 조수 때문에, 더 견고하고 배 밑바닥이 넓적한 평저(平底)형 배가 일반적으로 건조되었을 것으로 보이기 때문이다. 소위 북해 주변의 켈트 전통을 따랐던 조선 기술자들이 2세기에 배의 널빤지를 단단히 고정시키기 위해 긴 쇠못을 사용하였던 반면, 아마도 이보다는 이른 시기의 스칸디나비아와 발트해 지역의 조선업자들이 철기시대로 들어선 뒤에도 계속해서 선박의 널빤지들을 서로 꿰매어 연결하거나 끈으로 묶어 연결했던 것으로 보인다. 여기에 대해서는 그럴만한 경제적 이유가 있었다는 주장이 많다. 널빤지들을 꿰매는 것이 확실히 더 저렴했을 뿐만 아니라, 얇은 나무에는 (못을 박는 것보다는) 꿰매는 방식이 더 확실했을 것이다. 적어도 4세기 초부터, 아마 고대 로마와 켈트의 조선 기술을 받아들인 결과이겠지만, 덴마크에서는 보다 큰 배를 만드는 데 대갈못rivet을 사용하였다는 증거가 나오지만, 다른 혁신적인 방식이 통상 그렇듯이 쇠못은 처음엔 시험적으로 신중하게 사용되었을 것이다. 꿰매어 이어 붙인 배의 중요한 접합부분들에 철제 못을 사용한 것은 이 두 가지 방식이 공존했다는 것을 입증하고 있다.[3]

수이노즈(Suiones, 고대 스웨덴 민족) 족의 원시적인 노도선을 언급하고 있는 타키투스Tacitus를 제외하면, 로마 사료들에는 고대 세계에서 대체로 미지의 해역이었고 해도에도 나오지 않았던 발트해 지역의 선박과 배에 관한 내용은 거의 없다. 반면 켈트 족이 만든 배에 관해 알려진 사실은 훨씬 많다.

동그랗고 작은 배hide boat는 몇몇 자료에서 언급되고 있다. 기원전 56년 북서 골Gaul 지역과 남서 브리튼 지역에 정주했던 켈트 족의 한 분파인 베네티 Veneti 인들과 벌였던 주요 해전에 참전하였던 율리우스 케사르는 당시 자신들의 적이었던 베네티 인의 목선에 대해 상세한 설명을 담은 기록을 남겼다. 케사르는, 베네티 인들의 배가 높은 파도에 견딜 수 있는 높은 선수와 선미, 견고한 오크나무로 만든 선체, 남자의 엄지손가락만한 굵기의 철제볼트로 고정시킨 교차늑재cross-timbers를 갖추고 있기 때문에 자신의 배보다 그 지역의 해상에서 더 우수했다고 솔직하게 인정하였다. 그리고 베네티 인의 배는 얕은 수심과 조수에 운항할 수 있도록 배 밑바닥이 로마 인의 배에 비해 평평했다고 기술하며, 케사르는 자신의 조선 기술자들에게 브리튼 지역 정벌에 이용할 선박 건조 시 이 사례를 참조하라고 명령하였다. 1962년 영국 런던 블랙프라이어스Blackfriars 지역의 템스 강 밑바닥에서 2세기에 항해했던 바지선이 발견되었는데, 이 바지선의 외판은 대단히 긴 쇠못으로 오크나무로 된 널따란 바닥늑재에 고정되어 있어 케사르가 설명하고 있는 배와 아주 흡사하다. 다른 유물, 즉 독일 마인츠에서 발굴된 고대 로마 선박 잔해 10조각들은 로마 인과 켈트 인의 조선 기술들의 융합을 보여준다.

기원전 1세기 이전부터 기원후 3세기 이후까지 켈트 족의 널빤지 조선술 전통의 주요 특징들은 일반적으로 널빤지들의 가장자리를 겹치게 꿰매어 나무판자planking를 만드는 것이 아니라, 큰 쇠못이 J자 모양이 되도록 180도 구부림으로써 쇠못으로 단단히 고정한 무거운 바닥늑재와 측면늑재에 널빤지들을 고정시켜 나무판자를 만들고, 그리고 외판과 외판 사이에 잔가지나 뱃밥으로 틈새를 막았던, 뼈대 구조물의 이용이라고 잠정적으로 인정하여 왔다. 켈트 족의 배들 전부는 아니지만 일부 배에서 전형적인 것으로 보이는 또 다른 독특한 특징들은, 케사르가 언급했던 가죽 돛의 사용과 높은 선수 돌출부의 존재를 들 수 있을 것이다.[4] 고대 로마시대 저지 라인 강 지역의 사람들은 용골이 없는 평저형 바지선에 돛을 사용하였던 것처럼 보이지만, 북쪽 해역에서 돛의 전반적인 사용 여부에 대해서는 논란이 진행 중이다. 네덜란드 츠밤머담Zwammerdam에서 발견된 2세기경의 크고 평평한 바닥을 가진 강에서 운항하던 모든 바지선은 돛판mast step을 가지고 있었으며, 벨기에 브뤼주에서 발굴된 한 척의 배 잔해에서는 돛판 꽂는 구멍mast-step socket이 나오기도 했다.

이 브뤼주에서 발굴된 배는 대개 북유럽 중세 상선의 원형, 즉 코그선으로 간주되어 왔다. 이 배는 용골은 없지만, 선수에서 선미까지 널빤지들이 깔린 배 바닥 구조를 갖추고 있다. 끝기둥들은 바닥 쪽으로 예각을 이루는데, 이는 썰물을 만나면 배에서 짐을 양하할 수 있고, (수심이 낮은) 모래톱에서 밀물과 썰물을 탈 수 있도록 설계되었기 때문으로 보인다. 이러한 설계가 선박의 건현을 높게 만들었으며, 배를 이상적인 운반선으로 만들었다.5) 1864년 남부 유틀란트 반도에서 발굴된 세 척의 배 중 한 척인 니담Nydam 보트는 대개 바이킹 배의 원형으로 간주되어 왔다. 이 배는 길이가 약 25미터로, 15조각의 목자재로 조선되었다. 즉 바닥 널빤지, 선수, 선미 그리고 양현에 다섯 개의 외판, 폭이 거의 50센티미터나 되는 오크나무 기둥들을 서로 겹쳐 쇠 대갈못으로 고정시키는 방식으로 선체 전장을 쭉 두르고 있는 테두리 말이다. 둥근 머리 못을 박고 선박 안쪽에서 '고정 똬리쇠rove' 혹은 4면 금속판plate으로 널빤지를 조우는 방식은 북유럽 선박건조의 전통적인 특징이다. 코그선을 널리 확산시킨 것으로 간주되는 프리슬란트 지역의 선박 조선술은 켈트 방식으로, 사각의 쇠못을 구부려서 나무 안으로 박아 넣어 널빤지를 연결하였다.

코그선, 크나르선, 헐크선

북해 주변의 해안선을 크게 변형시켰던 해침이 발생했던 5~6세기 동안, 북쪽 바다들 해역 주변과 해역을 가로질러 많은 사람들의 이주와 이동이 있었다. 고대 로마제국에 복무한 용병으로서 아니면 남쪽의 프리슬란트로 이동한 이주민으로서, 저지 엘베 강과 유틀란트 남부지역 사이에 근거지를 두고 있는 게르만족은 다양한 선박건조 기술의 전통들과 조우했으며, 이를 통해 (선박건조에 대한) 아이디어와 기술이 지속적으로 전달되고 교류되었을 가능성이 매우 높다. 예를 들면, 유틀란트 선박건조 기술자들은 보다 더 튼튼하면서 항해에 적합한 선박을 건조하기 위해 그들의 널빤지 건조선plank-built ship의 꿰매어 고정시킨 부분에 쇠못을 사용하는 방식을 받아들여 적용하였을 것이다. 하지만 니담에서 발견된 소형 소나무 보트의 린덴목재limewood 현연(gunwale, 외부요판)이 보다 아래쪽 널판자에 꿰매거나 동여매어 있었다는 사실은 발트해 지역에서 전통적 방식이 여전히 지속되었을 수도 있다는 것을 말해 준다.[6]

가장 상태가 양호하지만 아쉽게도 가장 전형적 선박 형태로 간주할 수 없는 색슨 족의 선박이 제2차 세계대전 발발 직전 영국 서퍽Suffolk 주의 서튼후 Sutton Hoo에서 분묘유적지 봉분 발굴과정에서 출토되었다. 600년경에 만들어진 이 배는 니담 호 출토 보트와 마찬가지로 전반적으로 스칸디나비아 방식의 기술 전통을 따르고 있다. 물론 좀 더 자세히 살펴보면, 예컨대 몇 개의 연결된 선로joined length로 만들어진 더 많고 협소한 외판들과 고정 방향키를 갖추고 있어, 색슨 족의 배가 훨씬 개선되었지만 말이다. (시신을 배에 담아 땅에 묻는) 선관장(船棺葬, ship-burial) 의례 자체도 스칸디나비아의 기원을 입증한다고 주장한다. 서튼후 출토 선박에서 나온 부장품들과 동 앵글리어에서 나온 또 다른 고고학적 증거는 스칸디나비아 지역과 상당히 많은 접촉이 있었음을 보여 주고 있다. 이러한 조선술의 교류가 아마 노르웨이 남부와 스웨덴에서 온 이주민들에 의해 서서히 수용되었을 것으로 추정된다. 5세기와 6세기에 브리튼 섬에 정착하기 위해 북해를 횡단한 이주민들이, 유틀란트 서부 해안에서부터 라인-마스Rhine-Maas 강 삼각주와 플랑드르 지역에 이르기까지 바다 쪽으로 뻗어있는 모래언덕의 방책으로 인해, 안전한 수역을 우회 항해함으로써 상대적으로 짧은 거리만 바다를 횡단하면 되었던 항로를 이용하였는지 아니면 경험 많은 선원이라면 충분히 가능했던 항해하기 좋은 여름철의 바람과 조류를 타고 바로 (북해를) 횡단하는, '북방' 항로 northern route를 이용했는지 여부에 대해서는 의견이 분분하다.[7]

브리튼 섬으로 건너온 초기 이주민들이 범선 또는 노도선으로 왔는지에 대해서도 많은 추론들이 있어왔다. 일반적으로 북유럽인들이 돛에 대한 지식을 가지고 있었던 것으로 추정하기는 하지만, 외부 영향과 무역활동의 필요 때문에, 700년 훨씬 전에 돛을 일반적으로 사용하였다는 증거는 거의 없다. 700년 이전에 북해지역에서 범선이 없었던 것으로 보는 외견상의 이유들 중에는 갑옷식 판붙임 형식의 가벼운 선박(클링커 방식 건조선clinker-built vessel)의 선체에 돛대와 돛의 압력을 지탱하기 위해 필요한 힘을 제공할 수 있는, 진정한 용골에 대한 고고학적 증거가 부족하고, 얕은 연안 해역에서는 돛보다는 노가 더 효율성이 높다는 사실을 들 수 있다. 이안 헤이우드Ian Haywood는 '진정한 용골 부재weak keel' 주장을 강하게 논박하여 왔다. 그는 그들이 이미 돛을 알고 있었고 범선이 훨씬 빠르기 때문에, 위험한 해안선을 따라 항해할 때 돛이 중요하게 고려될 수밖에 없었다는 이유를 들어, 색슨족의 범선 사용을 옹호하였다.[8]

스칸디나비아 지역 대형 범선의 존재에 대한 이론의 여지가 없는 최초의 증거는 800년경쯤 만들어진 오세베르Oseberg 선박이다. 1904년 노르웨이 남부 베스트폴드Vestfold 지역 봉분에서 발굴된 이 멋진 배는 크고 선폭이 넓으며, 배의 중앙부에 육중한 중심선 내용골keelson이 있어 완벽한 형태의 명실상부한 용골을 구비하고 있으며, 돛대가 내용골의 지지를 받고 있다. 길고 우아한 라인과 곡선형 높은 선수와 선미를 갖춘 이 배는 바이킹 롱보트 longboat의 대중적 이미지를 구현하고 있다. 낮은 건현으로 인해 이 배는 같은 지역에서 약 20여 년 앞서 발굴된 9세기 중반의 선박으로 추정되는 곡스타드Gokstad 선박에 비해 항해에 훨씬 덜 적합하지만 말이다.

덴마크 셸란 섬에 있는 로스킬레Roskilde 피오르드 안의 수로를 막기 위해 침몰시켰던, 1962년 11세기 배 5척의 인양 덕분에 우리는 바이킹 족의 선박

건조 기술에 대한 지식을 현저히 확장시킬 수 있었다. 5척 전부, 특유의 가벼고 신축성 있는 덧붙여 꿰맨 선체를 갖추고, T자 모양의 용골 널빤지와 곡선형 끝기둥들이 조합을 이루어 바이킹 배 특유의 안정감과 내구력을 갖춘 범선이었다.[9) 하지만 이 배들은 구성비가 서로 다르다. 소형 연안교역선(스쿨델레우Skuldelev 3)은 선창의 앞과 뒤에 몇 개의 노만 장착한 형태로, 짧고 땅딸막하며squat 상대적으로 높아 보인다. 전투선(스쿨델레우 2~4)은 소형 교역선보다 길이가 두 배 이상이며, 현연을 따라가면서 노걸이 창oarports을 갖추고 있다. 60명의 노잡이를 태운 전투선은 장거리를 평균 5노트 속도로 운항할 수 있었고, 순풍하에서 운항하면 12노트까지 속도를 낼 수 있었다. 그러나 바이킹들이 북해와 발트해 항로뿐만 아니라 대서양 항로에서 주로 이용하였던 배는, 뱀처럼 보이는 전투선이 아니라 원양항해용 무역선(스쿨델레우 1)인, 넓은 선폭을 갖춘 크나르선Knarr이다. 바이킹 선박 박물관의 웅장한 바이킹 선박과 더불어 로스킬레 항에서 최근 발견된 다른 일곱 척의 난파선 연구를 통해 우리의 북유럽 중세 조선술에 대한 지식은 한층 더 심화될 것이다.

경탄을 자아내게 하는 해상선 여러 척이 스칸디나비아 지역에서 발굴 보전된 사실과 뱃사람으로서의 바이킹의 엄청난 명성으로 인해 북유럽 다른 지역에서의 선박 건조기술의 발전은 무시되어 온 경향이 있다. 프리슬란트 방식이나 덴마크 방식과 구별되는 유형으로, 60개 혹은 그 이상의 노를 장착한, 앵글로색슨 연대기의 기록에 나오는 알프레드 대왕의 긴 배들은, 한 척도 발굴된 사례가 없다. 그리고 베이유 태피스트리Bayeux tapestry*에 그림으로 묘사된 잉글랜드 배들은 노르만 족의 배들과는 거의 다르지 않다. (영국과 스칸디나비아) 양 쪽의 선박들은 바이킹의 선박건조 전통과 확실히 그

* 프랑스 노르망디의 소도시 베이유Bayeux에 있는 Musée de la Reine Mathilde에 보존되어 있는 길이 70미터, 너비 50센티미터의 자수 작품. 마틸드 왕비의 작품인 것으로 전해지고 있으며, 노르만 인들의 영국 정복(1066년)을 72장면으로 그린 것으로 1100년경에 만들어졌다고 한다.

맥을 같이 하는 것으로 보인다.[10] 가끔 널빤지들이 선수재와 선미재 방향으로 경사지게 깎긴 것으로 보이진 않지만, 널빤지들은 묶여 결합되고 덧대어져 있었다. 발트해 남부와 동부 삼각주와 석호 지역에서는 바이킹과 약간 다른 슬라브 족의 선박 건조기술을 —훨씬 더 평평한 평저형 선체, 쇠로 된 대갈못 대신 나무못의 사용, 코킹caulking(틈새 메우기)용으로 짐승 털 대신 이끼의 사용— 이용했다는 증거와 그리고 덴마크 팔스터Falster 섬에 있는 바이킹 시대 조선소에서 슬라브 족의 조선기술들을 혼용했다는 증거가 존재한다. 독일 해양인류학자 볼프강 루돌프는, 북유럽 노르딕의 클링커 방식 선박과 매끄러운 널빤지를 붙인 슬라브 방식 선박이라는 조선술의 양대 고대 전통이 발트해 지역에서 존재했고, 모르긴 해도 통나무 조선 전통을 확장시켜 나간 핀란드와 발트국가들이 일종의 중간 지역으로 존재했다고 주장하기도 한다. 하지만 지금까지, 이 주장을 입증할 유물 증거가 너무 희박하기 때문에 발트해 지역에서 스칸디나비아의 조선 전통과 명백히 구별되면서 왕성하게 이용되었던 해운선 조선술이 병존했다고 확신할 수는 없어 보인다.[11]

네덜란드 간척지에서 소위 켈트 족의 조선술 전통 지속의 가능성을 암시하는 약간 애매모호한 증거물들이 발견되어 왔다. 대부분의 전문가들이 1930년 위트레흐트에서 발견된 난파선 한 척을 헐크선Hulk 모델의 전형을 보여주는 것으로 간주하였다. 방사성 탄소 연대 측정에 의하면 8, 9세기경의 것으로 보이는 이 배는 폭이 넓은 중앙 널빤지가 하나 있지만 용골은 없고 직립된 지주가 없다. 말하자면 선수와 선미 부분들은 널빤지들이 묶여 결합되면서 형태를 갖추고 있으며, 선체의 전체 모양은 바나나와 비슷한 모습을 하고 있다. 돛대를 어떻게 지탱하였는지에 대한 흔적은 없지만, 전형적인 켈트 족의 선박 설계에서 볼 수 있는 상당히 진전된 돛 밑판의 증거는 존재한다. 헐크선의 특징들은 전적으로 도상학적 증거로부터 추론해 왔다. 즉 주로 프랑스의 도상학적 자료와 1295년 뉴쇼어햄New Shoreham의 인장에 나오는 말로 표현된 암시가 유일한 증거이다. 이 인장에는 바나나 모양의 배와 헐스머스Hulksmouth라는 이 도시의 원명에 대한 언어적 유희—즉 이러한 폐선들(hulci, 또 다른 의미는 헐크선)은 유골(os, 또 다른 의미는 머스mouth)을 의미하는 바, 헐스머스라 불릴 만하다*hoc hulci signo vocor os sic nomine digno*라는 문구—가 담겨있다.[12]

중세시대 두 번째로 중요한 선박의 형태인 코그선에 대해서는, 특히 1962년 독일 브레멘 항구에서의 넓은 선폭을 갖춘 14세기 상선인 코그선의 발굴 덕분에 (헐크선에 비해) 더 확실하게 알 수 있다. 코그선의 전신은 현재 벨기에 브뤼주에서 발굴된 용골이 없는 평저형의 하상 바지선 형태였을 것으로 일반적으로 추정하고 있다. 코그선 건조의 첫 번째 명확한 증거가 독일 북부 빌헬름스하펜Wilhelmshaven 항에 있는 7세기 조선대slipway이다. 8세기경의 것으로 보이는 코그선 건조에 사용된 못들이 발견되어 왔고, 코그선은 현재 슐레스비히 타운 근처였던 고대 무역항 헤데비Hedeby(독일명 Haithabu)에서 9세기에 주조된 동전에도 새겨져 있다. 13세기 초반이 되면 그 이전 시기와 다르게, 코그선이 북해 해역을 운항하였다는 것은 확실하지만, 평저형 코그선은 비교적 잔잔하고 얕은 수심지역인 프리슬란트와 슐레스비히 피오르드 수역 항해에 더 적합하였다.[13] 14세기 초반 남부 유럽의 조선공들은 널빤지를 포개지 않고 널빤지의 가장자리와 가장자리를 맞이어 붙여 널판자를 만드는 고유한 방식carvel construction을 사용하면서, 코그선의 설계를 모방하기 시작했다. 남유럽 조선공들은 삼각돛이 아니라 사각돛을 달아 보다 높고 큰 선박을 만들 수 있었다. 여기에 가끔 삼각돛 형태의 뒷돛대가 추가되었으며, 나중에는 사각 돛 형태의 앞 돛대가 추가되었는데, 14세기 후반에는 이런 삼 돛대 선박이 일반화되었다. 북쪽 해역에서 이런 종류의 배는 캐랙선Carrack으로 불리게 되었다.

1000년대 초 당시 북유럽 해역을 왕래하던 네 가지의 기본 유형의 배들이 있었다. 이들 중 헐크선이, 무엇보다도 명명법의 불확실성 때문에, 그 실체가 가장 불분명하다. 북해 서부 권역 주변 중세 도시 인장에서 헐크선처럼 보이는 도상학적 증거자료들이 —바나나 모양, 혹은 선수재나 선미재에 끼워 잇는 대신에 수평으로 못질한 띠band들로 마감한 널빤지 – 많이 존재하지만, 예를 들어 13세기 사우샘프턴의 두 번째 타운 인장의 사례에서처럼 선박의 다른 측면들은 종종 코그선의 특징을 보여주는 바, 초기부터 스타일들의 융합이 상당했을 것이라는 사실을 암시한다.14) 프리슬란트의 평저형 코그선들은 북서부 유럽의 비바람이 들이치지 않는 얕은 해역을 운항하기 위해 설계되었지만, 12세기에 림협만이 차단되기 이전 이 협만을 거쳐 발트해에 이르는 비교적 긴 항차에도 이용되었으며, 또한 북해와 발트해 사이의 물자 수송을 위해 유틀란트 반도의 좁은 목에서의 하천 수로망에서도 이용되었다. 사각돛 한 개가 추진 동력을 제공하였고, 그리하여 돛을 펴고 접는 축범삭reef-point과 돛의 낮은 모서리로부터 줄을 팽팽하게 당길 수 있도록 고안된 바우스프릿(bowsprit, 제1사장(斜檣) – 이물에서 앞으로 튀어나온 돛대)과 같은 장치들이 추가되었지만, 돛을 단 코그선이 롱쉽에 비해 더 효율적일 수는 없었을 것 같다. 12세기 말이 되면 측면 방향키 방식이 선미재 방향키 방식으로 바뀌며, 선미재 방향키 방식으로 인해 선박의 항해 역량은 훨씬 개선되었으며, 코그선은 스카게라크 해협처럼 그 당시까지 항행하기 어려웠던 해역을 통과할 수 있었다. 배의 세 번째 유형은 평저형 바지선이거나 거룻배였으며, 하천 수로망과 환적 지점에서 광범위하게 사용되었다. 발트해에서 바지선을 개발하고 개선하였으며, 이 배에 대해 발트해 지역에서 가장 널리 통용되는 프람Pram(평저선)으로 명명한 사람들은 바로 슬라브 인들이었다. 그러나 발굴된 선박들, 도상학과 문헌 자료들에서 확연히 입증되듯이, 발트해와 대부분의 북해 지역에서 조선술을 주도했던 것은 바로 스칸디나비아 인의 전통 기술이었다. 예를 들어, 1976년 핀란드에서 발견된 한 선박의 잔해들은 클링커 방식으로 꿰매어졌고, 완전한 노르딕 방식인 동물 털로 틈새를 막았다. 부연하자면, 폴란드에서 발견된 차르부로Charbrow 선박과 슈체친Szcezecin 선박은 쇠못 대신 나무못을 사용한 것과 같이 슬라브 조선 방식의 특징을 어느 정도 보이고 있긴 하지만, 바이킹 선박들을 모델로 건조되었다. 에드워드 1세(1272~1307) 시기의 잉글랜드 전투선의 세부 명칭을 기술하는 전문 용어는 대개 고대 스칸디나비아 언어Old Norse(스칸디나비아 반도·아이슬란드에서 8~14세기에 쓰인 언어)에서 유래한 것이며, 그리고 갤리선들은 기본적으로 스칸디나비아의 롱쉽 조선방식을 본 따 제작되었다. 즉 롱쉽은 "대략 900년부터 1300년까지의 긴 기간 동안 주된 특징은 놀라울 정도의 일관성을 보이며 지속되어 왔던 것으로 보이는 전투선의 한 유형"15) 이다.

배는 바이킹 문화의 중심이었다. 배에 대한 묘사는 룬rune 문자(나무나 돌에 새겨진 형태로 발견된 고대 북유럽 문자)가 새겨져 있는 돌에 자주 등장하는데, 또한 돌에는 죽은 자의 항해여정이 세세하게 열거되어 있다. 위인과 권력자는 종종 배와 함께 매장되었으며, 자신의 조국에서만 매장된 것은 아니었다. 10세기 아랍의 여행가 이반 패들란Ibn Fadlan은 볼가 강 해안에서 사망한 한 바이킹을 칼, 헬멧, 순장 노예, 그리고 귀중품들과 함께 그의 배 안에 안치한 다음, 동료들이 선박을 불붙여 태우는 광경을 목격하였다. 바이킹 배들이 다양하다는 사실은 배에 붙여진 수많은 이름으로도 알 수 있다 ─buzza, byrding, drake, karv, knarr, skeid, skutu, snekka 등. 이러한 '용맹스러운 해마(海馬)'는 동지중해에서 대서양의 서단에 이르기까지 알려진 세계의 모든 바다들을 항해하였다. '못 박음질이 잘 된' 고대 스칸디나비아 인들의 롱쉽은 수많은 해안 거주자들의 심중에 두려움을 각인시킨 것은 틀림없지만, 육지로 상륙하는 크게 휘어진 활모양broad-bowed 상선의 자태는 아이슬란드 시인들의 시상에 "크나르선만큼 가슴이 풍만한" 여성의 아름다움에 대한 찬양을 떠올리게 만들었다. 고대 북유럽의 음유시인Scaldic의 운문 속에는 길고 날씬하며 유연한 전투선이 묘사되었던 반면, 13세기 사가에서는 훨씬 더 큰 배가 전투선을 대체하였다. 1000년 경 올라프 트리그바손Olav Tryggvason이 스볼더 Svolder 전투에서 투신자살한 '긴 뱀Ormrinn langi'과 같은 배들이나 1262~1263년 베르겐에서 건조된 노르웨이 국왕 호콘Haakon 4세 호콘손Haakonsson의 '크리스트수딘Kristsúdin'선은 길이가 25미터 이상이라고 알려져 있다. 1000~1300년 사이 덴마크와 노르웨이 왕들이 동원한 롱쉽의 평균 크기는 20~25룸(room, *rymi*, 선박의 뼈대들의 인접한 두 세트와 이들을 에워싸고 있는 빔beam들에 의해 경계가 구분지어지는 선체의 구획단위)이며, 한 척당 60명에서 100명의 선원을 수용할 수 있었던 것으로 추정된다.[16] 1262년 노르웨이 왕 호콘 4세의 스코틀랜드 정벌을 위한 대규모 군사원정에 동원된 최소 120척으로 구성된 함대는 바로 롱쉽이었지만, 그로부터 40여 년 조금 더 지나면, 롱쉽은 코그선으로 대체되며 폐기되었다.

북유럽 스칸디나비아의 조선의 전통기술 쇠퇴에 관해서는 다양한 견해가 제시되어 왔다. 그중 하나는 조선 기술의 질적 우수성에도 불구하고, 스칸디나비아 방식으로 건조된 선박이 제한적으로 이용될 수밖에 없었다는 주장이다. 예컨대 선상에 선원들을 위한 숙소도 없었고, 장거리 항해에 필요한 보호 장비가 전혀 없었기 때문에 밤에는 배를 뭍에 올려야만 했다. 바이킹 상선은 상품 적재량을 늘이는 데 한계를 보였으며, 새로운 방식의 부두와 항만 시설에 적응할 수 없었다. 1000년 이후 건조되었던 무수한 롱쉽은 용골 위에 가해지는 압력 때문에 선체가 쉽게 위로 솟아오르거나 찌그러지는 경향이 있었으며, 보다 유연성이 있었던 이전 모델들보다 내항력이 떨어졌다.[17] 보다 견고했던 코그선에 맞서기 위해 성곽양식의 상부구조castellated superstructure를 앞뒤로 보강하였지만, (흘수선이) 낮은 롱쉽은 전투에서 상당히 불리했다.[18] 하지만 여기에 반대하는 주장은, 스칸디나비아 선박 건조 기술자들이 동시대 코그선의 적재량에 버금가거나 그보다 더 큰 적재량을 실을 수 있는 상선을 건조할 수 있었다고 논박하며, 특정 스칸디나비아 전문가는 중세 북유럽에서 한자동맹이 상업 주도권을 확립한 것은 코그선의 기술적 우월성 때문이 아니라 자본, 무역조직 그리고 뤼네부르크 소금과 발트해 곡물에 대한 한자동맹의 상업독점권의 수단 때문이었다고 주장하기도 한다.[19]

대형 바이킹 배보다 길이가 짧지만(23.5미터), 브레멘 코그선은 폭이 훨씬 넓고(7.5미터) 높이도 높아 약 80톤(40라스트 상당, 1라스트last = 4천 파운드) 가량의 대량 화물을 실을 수 있었으며, 심지어 240톤까지 적재할 수 있었다.

이 배는 얕고 폭이 넓은 용골을 갖추고 있다. 배의 중앙부의 바닥은 평평하고 널빤지들이 모서리와 모서리가 맞대어 이어졌다. 그리고 가파른 측면 선체를 구성하는 겹쳐댄 널판자는, 배를 훨씬 견고하게 만들면서, 뱃전판이 훨씬 더 두껍고 폭이 넓어진다는 점에서 바이킹 배의 구조와 상이하며, 뿐만 아니라 널빤지들은 '켈트 족'의 방식을 따라 대갈못이 아니라 못을 사용하여 선체 내부의 늑재와 접합하여 이어져있다. 이끼를 사용한 코킹은 각 외판의 상부 모서리의 홈을 따라 처리되었고, 코킹 작업은 나비모양 죔쇠 수천 개로 고정시킨, 버드나무 선반 위에서 이루어졌다. 초기 코그선은 한쪽 측판*과 같이 작동하는 측면 방향키방식이었으며, 폭이 넓은 직사각형 돛을 장착하는 단일 돛대 선박이었다. 13세기까지 코그선은 둥근 선체에, 양 측면이 높은 형태였으며, 13세기 후반에 이르러 선미 우현의 방향키는 선미 축에 고정시키는 방향키로 대체되고 선미에 전투 타워fighting-tower를 설치하기 시작했다. 이러한 형태의 성곽 구조는 비바람을 막아주는 선실과 함께 점차 상설 시설물이 되었으며, 심지어 배의 뒤쪽에는 끝으로부터 돌출한 변소privy도 만들어졌다. 바이킹 상선이 배의 중앙부에 개방된 짐칸을 갖춘 반-밀폐half-decked형이었던 것처럼 보이는 반면, 코그선은 짐칸에 헤치 커버로 입구를 달아 배 전체가 갑판으로 덮여 있었다.

일부 권위자들은 브레멘 난파선과 다른 중세 출토 선박에서의 기판늑재의 형편없는 재질이 점차 적합한 목재의 공급 부족에 기인한다고 해석했다. 목재 부족은 동유럽의 거대한 목재 비축량의 공급을 통해서만 해결될 수 있었고 목재가 큰 강의 수로를 따라 발트해 항구들로 운반되어 수출되었다. 예를 들어 크럼린-페더센Crumlin-Pedersen은 헤데비에서 불에 타 침몰했던 11세기 전투선의 늑재 질이 좋은 것은 왕립조선소royal shipyard들이 최상의 목재를 선별하여 조선하고, 나머지 부분은 저급한 목재로 조선하였다는 것을 암시

---

* 측판(側板, leeboard), 바람 불어가는 쪽으로 밀리지 않게 범선 중앙부 양현에 붙인 널빤지.

할 수도 있다고 주장한다. 예를 들어 로스킬레 피오르드에서 침몰한 소형 전투선(스쿨델레우 5)은 부분적으로 재활용된 자재들로 만들어졌으며, 덴마크에 있는 바이킹 시대의 프리브뢰드레Fribrødre 조선소에서는 폐선의 널빤지와 기둥을 재사용하여 새 배를 건조하였다.[20]

다른 한편으로는 크럼린-페더센이 인정한 것처럼, 스칸디나비아 방식의 선박에 비해 코그선이 가진 주된 장점은 선박의 구조가 그와 같은 양질의 목재를 필요로 하지 않는다는 점이다. 스칸디나비아 선박 건조 기술자들이 방사적인 할재(割材, 결대로 잘린 목재)를 여전히 선호했던 반면, 북해 항구 지역의 조선공들은 피할 수 없는 뒤틀림과 쪼개짐 현상에 대처할 수 있는 견고하고 튼튼한 널판자로 된 코그선을 만들 수 있는 제재목(톱질한 목재)을 사용하였다. 13세기 이후로는 틀톱이 널리 사용되게 되었다. 톱질은 속도가 빠르고 재료의 낭비를 줄여 주었으며, 도끼로는 깨끗이 절단할 수 없는 목재의 휘어진 결이나 옹이 부분을 톱질로 잘라냄으로써, 조선공들은 질이 조금 떨어지는 목재도 사용할 수 있었다. 잉글랜드에서 나온 증거는, 중세시대에 엄청난 숫자의 선박건조용 목재 공급업자들이 존재하였으며, 목재는 육로로 10~20마일이나 떨어진 곳에서부터, 수로로는 훨씬 더 멀리서 공급되었다는 것을 암시한다. 이 사실은 결국 목재 공급의 문제를 암시한다. 모르긴 해도 이 문제가 목재의 부족보다는 목재 공급의 비조직화 때문에 발생하는 것으로 보이지만 말이다.[21]

혹자는 중세 선박 건조 기술의 진화를 다른 각도, 즉 수요의 측면에서 고찰하기도 한다. 해상무역의 지속적인 발전은 내항성, 업무실용성, 가격경쟁력이라는 측면에서 선박 생산량의 증대를 촉진시켰다. 가내공업 수준의 목공기술에 의지하던 미숙련 목수들이 필요할 정도로 선박에 대한 수요는 폭증하여, 조선기술 수준이 떨어졌다.[22] 방사적인 할재를 사용하는 것보다 제재목을 사용하는 것이 현장에서의 낭비와 비용을 확실히 줄일 수 있었으며, 그리고 대형화되면서 숫자가 줄어든 조선소에서 생산의 집중을 통해 경비 절감을 꾀할 수 있었을 것이다. 흑사병 창궐이후 수십 년간 추가적인 비용

절감 노력 속에서 북유럽 선박 건조 기술자들은 코그선과 헐크선을 혼합한 새로운 유형의 선박을 개발하였다. 셀 구조shell construction의 클링커 방식은 헐크선으로부터 둥근 형태를 가져왔으며, 코그선으로부터 폭이 넓은 바닥, 강한 용골, 선수재와 선미재 형식을 가져왔다. 다소 헷갈려서 헐크선으로 알려진 이 배는 속도가 더 빠르고, 하구와 항만의 수역에서 운항이 더 용이하였으며, 그리고 이전의 코그선에 비해 선박 전장 미터 당 더 많은 화물을 적재할 수 있었던 바, 이 선박이 곧 발트해와 북해 지역의 해상 운송거래에서 코그선을 대체하였다.

근대 초기의 선박과 조선

북유럽의 셀 구조 조선 전통은 15세기 내내 남유럽으로부터 전파된 완전히 다른 선박건조 방식과 경쟁해야만 했다. 클링커 건조방식에서처럼 덧붙여 꿰맨 널빤지들로 외부 셀을 먼저 건조한 후 뼈대들을 삽입하는 방식 대신에, 남유럽에서는 선박의 뼈대를 먼저 세우고 훨씬 두꺼운 널판자들을 모서리와 모서리를 이어 붙여 뼈대를 덮는다. 카벨로 알려진 이러한 평장형 방식(클링커 방식과는 달리 포개지 않고 뱃전의 바깥 널빤지를 붙이는 방법)은 훨씬 큰 선박의 조선을 가능하게 해 주었다. 클링커 건조방식이 큰 선박 건조에 부적합하였는데, 왜냐하면 큰 선박은 강성(剛性)을 갖추기 위해 보다 두꺼운 선체가 필요했고, 특히 무엇보다도 클링커 방식은 못질에 크게 의존하였기 때문이다. 평장형 건조방식은 클링커 방식에서 터무니없이 많이 사용되었던 목재와 쇠못과 같은 선재를 절감할 수 있었고, 상대적으로 수리가 용이한 견고한 선박을 만들었으며, 그리고 특히 공격으로부터 선박을 방어하기 위해 필요한 중포의 무게를 감당할 수 있었다. 평장형 방식은 또한 훨씬 적은 수의 숙련공으로 건조가 가능했기 때문에 인건비를 절감할 수 있었다. 흑사병의 여파로 인건비 상승에 직면했던 선박제조업자들로서는 매력

적인 건조 방식이었다.[23]

　이런 새 기술이 15세기에 북유럽으로 전파되어 채택되었다. 네덜란드 연대기 작가에 따르면, 홀란드와 젤란트 조선공들이 1459~1460년 사이에 처음으로 "평장형 구조로 선박을 제작하기*de carvelschepen to maechen*" 시작하였다. 잉글랜드에서 처음 만들어진 평장형 선박은 1460년대 중반에 140파운드 이상의 비용을 들여 던위치에서 건조된 돛대가 세 개인 '에드워드*Edward*' 선으로 알려져 있다. 동일한 시기에 완전 범장한 700톤가량의 프랑스 범선 선장은 이 배를 그단스크에 방치함으로써, 그 지역 상인들과 조선공들이 이 배의 설계를 익힌 다음, 이를 모방하여 만들 수 있는 기회를 얻었다. 이로부터 100년도 못가서 "강성이 약하고 한물간 구식의 클링커 선박"은 헨리 8세의 해군에게는 부적합한 것으로 평가되었다.[24]

　새 기술은 한층 더 발전하였지만 ─스페인과 포르투갈의 캐랙 선의 둥근 선미는 사각형 선미늑판*transom*으로 대체되었으며, 이러한 대체는 선박 조종을 더 힘들게 하였지만, 구조적인 안정감을 증대시켰다─ 오래된 전통적인 조선방식을 완전히 쓸모없는 것으로 만들 순 없었다. 콜베르(1619~1683)의 지시로 잉글랜드와 네덜란드의 조선소를 방문한 프랑스 인 아르누*Arnould*는 암스테르담에서 "조선공들은 널빤지들을 까는 작업부터 먼저 하며, 10개 혹은 12개 널빤지를 깐 뒤에 늑재들을 재단한다"고 보고하였다. 아르누가 보기에, 이러한 방식을 취하면 조선공들이 선박의 외형을 짐작할 수 있고, 필요에 따라 외형을 변경할 수 있었다. 북유럽의 다른 지역에서는, 겹쳐서 꿰맨 널판자 위에 거의 일종의 외피로서 모서리와 모서리를 잇는 평장형 널판자를 까는 것이 일반적이었다.[25]

　이미 클링커 방식이 오랫동안 공고히 자리 잡고 있던 지역에서 평장형 방식을 적용하는 데에는 꽤 오랜 시간이 걸렸다는 사실은 스웨덴 해군본부의 서신에 명확히 나타나고 있다. 1675년 스웨덴 해군본부는 핀란드 크로노비*Kronoby* 근처에 위치한 약스홀름*Jaxholm* 조선소로부터 '스쿠타*skuta*'라는 이름으로 알려진 소형 선박을 주문하였고, 조선장이 신기술을 숙지하고 있다면 평장형 방식으로 배가 건조되어야 한다는 조건을 내걸었다. 신기술을 숙지한 경우가 아니라면, 그는 그저 용골만 깔아 놓고, 세세한 준비를 하면서 이방식에 대해 필요한 지식을 가지고 있던 다른 조선장이 수도로부터 도착하기를 기다려야 했다. 1680년경에는 스웨덴 함대에서 클링커 방식으로 건조된 선박 반입 금지령을 허락할 정도로 평장형 방식에 대한 지식이 확실히 광범위하게 확산되고 있었다. 하지만 지방의 선박 건조 기술자들은 18세기까지 오래된 클링커 방식을 끝까지 고집하였다. 발트해 남부지역에서, 16세기 동안에 도시 조선소들에서는 평장형 선박건조 방식을 일반적으로 사용하였던 반면, 교외 지역의 일부 선박 건조 기술자들이 계속해서 클링커 방식으로 배를 건조하였으며, 뼈대 기술skeleton technique을 일반적으로 사용한 것은 1850년대 이후였다.[26]

다른 중요한 혁신이 평장형 건조기술의 전파와 대포 장착을 고려한 선박의 재설계와 함께 진행되었다. 중세 말기에 키의 손잡이를 제어하는 레버가 발명되면서, 조타수가 종전처럼 갑판 아래에서 키의 손잡이를 조종해야 하는 대신 갑판 위에서 조종하는 것이 가능하게 되었다. 하지만 가장 위대한 혁신은 여러 개의 돛대를 갖춘 선박이었다. 쌍돛대인 지중해 캐랙선들은 14세기 중반부터 북쪽 해역들로 대담하게 항해하기 시작했다. 100년도 채 안걸려, 비스케이 만Bay of Biscay에서부터 리가 만에 이르기까지 상선들이 사각돛을 단 전방돛대와 메인돛대, 그리고 선박의 조종 능력을 향상시켜 주는 삼각돛을 단 후방돛대를 구비하였는데, 이는 삼 돛대 선박의 고전적인 유형이다.

이러한 혁신과 발명이 선박의 안정성을 어느 정도 위태롭게 한 것도 있지만, 훨씬 더 큰 규모의 선박의 건조를 가능하게 만들었다.[27] 하지만 역설적이게도, 평장형 건조방식이 북유럽에 도입되면서 대형 선박 생산의 증가보다는 오히려 소규모 선박의 숫자와 종류의 다양성이 엄청나게 증가하는 현상이 나타났다. 그 이유에 대해서는 다양한 의견이 제시되어 왔다. 아마도 조심스런 선박 건조 기술자들(그리고 그들의 잠재 고객들)이 소규모 선박에 새로운 뼈대 기술을 우선적으로 적용함으로써 그 기술을 익혀나가는 것을 선호했을 것이다. 선주의 관점에서 보면, 소형 선박들은 선원을 고용하고 선박을 운항하는 데 드는 비용이 비교적 저렴하였으며, 평균 항차시간 turn-round time도 빨랐고, 그리고 거의 모든 종류의 항만이나 묘박지에 들어갈 수 있었다. 항만시설은 중요한 현안이었는데, 왜냐하면 북유럽 주요 항구들 대부분은 수심이 얕은 항만시설을 갖고 있었고, 그리고 대규모 상선의 출현이 접근성에 심각한 문제를 야기하고 있었기 때문이다. 일찍이 1412년, 한자동맹은 건조되는 선박의 최대 크기를 제한하려고 시도하였으며, 반면 암스테르담의 임기응변에 능한 시민들은 항만 외부의 수심이 얕은 수역 위로 배를 옮길 수 있는 일종의 부양식 도크floating dock인 '낙타camel'를 이용해 이 문제를 극복하려고 했다. 뉴캐슬 선대 중 가장 큰 선박인 160톤 규모의 '엘리자베스Elizabeth' 호는 너무 거대한 중량 때문에 1544년 칼레 항구로 입항하기 힘들 것으로 간주되었다. 이보다 80년 정도 앞서 뉴캐슬의 선주들은 250~300톤의 선박들을 진수하였다.[28] 소형 선박 수의 엄청난 증가가, 중세도시의 협소하고 비좁은 공간적 한계 및 상업적 한계와 개방된 해변과 안전한 작은 만, 강 하구와 석호의 경계 넘어, 교역의 확장이 있다는 징후였다. 엘리자베스 1세 통치기간 동안 잉글랜드 해운산업의 전체 선복량 증가를 가져온 것은 주로 석탄과 생선을 운송하였던 소형 연안 선박들이었다. 네덜란드 인들이 "다른 나라의 어부들이 할 수 있는 것보다 더 많은 청어를 잡고 청어잡이에 더 용이하게 준비할" 수 있도록 만들어 준 10명의 선원으로 구성된 100톤에 달하는 쌍돛대 어선busses들은, 당시 사람들에 따르면, 2천에서 3천 척에 달했던 것으로 추정되었다.[29] 한 연구에 따르면, 노르웨이와 덴마크 여러 공국들을 제외한, 1600년경 덴마크 전체 상선대의 구성은 소형선박이 압도적으로 많았으며, 1,370여 척의 전체 선복량이 10,000라스트/20,000톤을 넘지 않았을 것으로 추정한다.[30]

이들 소형 선박은 특정한 해역과 해안에 적합하도록 설계되고 조정되기도 하였다. 그 전형적인 사례가 덴마크와 노르웨이 사이를 왕래했던 북서 유틀란트의 산스쿠데선*Sandskude*이다. 25톤 미만의 화물을 수송하는 산스쿠데선은 운항이 까다로운 해안을 다니고 정박할 수 있도록 설계되었으며, 그리고 이 배의 외판들은 유연성을 더 높이기 위해 쇠 대신 향나무 나무못으로 고정되었다. 또한 선박들은, 선체 중앙부에 수확 어류를 보관할 수 있는 어창이 딸린, 네덜란드의 청어잡이 어선이나 대구잡이 회커선*Hoeker*처럼 특정한 과업을 염두에 두고 설계되었다. 교역의 확대는 선박의 다양성을 증가시켰다. 16세기 발트해 지역에 알려진 선종 목록에는 프리슬란트 보르쿰*Workum* 출신인 호이트케 약센*Høyttke Gierttssen*과 같은 이주민들이 이 지역으로 몰고 온 네덜란드 선박들도 포함되어 있다. 약센은 1572년 헬싱외르에서 체류 및 노동허가를 받고자 하였는데, '보이예르*Bojert*'선뿐만 아니라 '스트루세*strusse*'선이나 '로디아*lodja*'선과 같은 동유럽 선박들도 몰고 왔으며, 스트루세선은 1620년대 발트해 남부지역에서 스웨덴함대의 선박으로 채택되기도 하였다.[31]

북유럽 연안 해상무역의 황금시대였던 이 시기의 전통적인 선박은 플루이트선*fluit*이었는데, 이 선박은 16세기 말에 처음 등장하였으며, 그 경제성과 신뢰성 덕분에 급속도로 인기를 얻었다. 잉글랜드 인인 조지 웨이머스*George Waymouth*가 1610년경 기록한 것처럼, 플루이트선은 "잉글랜드의 연안선*bee*에 비해 선박의 전장 대비 폭이 넓고 더 긴 선저"를 갖추고 있었다.[32] 이 배의 볼록한 모양은 수면에서 안정감을 주었고, 발트해 지역 곡물과 같은 벌크 화물들을 적재할 충분한 공간을 제공하였으며, 또 돛이 비교적 적은 공간을 차지하는바 더 적은 선원들로 운항 가능하였다.

여러모로 17세기 네덜란드 조선은 북유럽의 다른 지역에 규범과 기준을 제시해주었다. 암스테르담의 북서쪽에 위치한 찬담*Zaandam* 조선소가 이러한 조선기술의 비결을 배우고자 하는 모든 이들에게는 일종의 메카였다. 도시의 외곽지역으로 땅값이 도시보다 저렴했고 규제가 심했던 길드도 전혀 없었던 이곳에서는 1670년 경 약 60개의 조선소가 있었으며 500명의 조선공들이 일하고 있었다. 주문이 넘쳐났기 때문에 조선업자들이 높은 품질과 낮은 단가를 유지할 수 있었다. 즉 네덜란드 사람들은 당시 경쟁국의 조선업자보다 훨씬 더 저렴하게 선박을 건조하여 팔 수 있었다. 리차드 엉거*Richard Unger*에 따르면, 네덜란드의 조선이 주도적인 위치를 점할 수 있었던 것은 다름 아닌 디자인에서의 특화 때문이었다.[33] 네덜란드의 낮은 금리와 관세 그리고 광범위한 상업 네트워크는 노르웨이, 라인란트, 발트해 지역으로부터 저렴한 목재를 공급받을 수 있도록 해주었다. 일찍이 1569년, 암스테르담의 조선장이 대부분 데벤터Deventer, 주트펜Zutphen, 하셀트Hasselt에서 구입한 목재를 적재하라고 미리 통보받았다면, 그는 29명의 조수들을 데리고 두 달 안에 대형 선박 1척을 건조할 수 있었다고 보고되었다.[34] 17세기 조선분야에 있어서 나무가 가장 비용이 많이 드는 재료였는데, 전체 비용의 약 60% 이상을 차지했다. 경제적으로 목재를 사용하고 기계화의 이점을 잘 살림으로써 네덜란드 선박 건조 기술자들은 생산성을 높여 인건비를 벌충할 수 있었다. 풍력을 이용하는 제재소가 16세기 말에 나타나기 시작했다. 잉글랜드 조선소에서는, 18세기 말까지도 풍력 제재소가 드물었지만, 1708년 네덜란드 찬Zaan강 제방을 따라 183개의 팔츠로케*paltsrokken*(팔라틴 스커트Palatine Skirts – 제재소 공장의 양측 각 날개가 팔라틴Palatine 출신 메노파교도들Mennonites이 입었던 넓은 주머니가 달린 프록코트와 닮았기 때문에 이렇게 불린다), 즉 풍력 제재소들이 있었다.

다른 나라도 네덜란드 조선업 전문지식을 전수받을 수 있기를 갈망하였다. 적어도 9명의 네덜란드 조선공이 스웨덴 왕 칼 9세*Charles IX*에 의해 고용되었으며, 이들 중 한 명인 헨드릭 히베르슨*Hendrik Hybertsson*은 1628년 스톡홀름 항에서 침몰했던 비운의 '바사*Wasa*' 호를 만든 책임자였다. 하지만 17세기 후반이 되면 스웨덴은 다수의 잉글랜드 조선공들을 채용하였으며, 이들은 수면 아래로 더 깊이 가라앉으면서 덜 동그스름한 모양의 선체를 한 '잉글랜드 방식English manner'의 선박 건조 기술을 소개하였다. 1660년대에 프랜시스 셸든*Francis Sheldon*은 잉글랜드 방식으로 그 당시 가장 큰 배들 중의 하나인, 2,140배수톤(재화중량톤수, 배에 화물을 가득 실었을 때 흘수의 배수

톤수에서 배가 비었을 때 흘수의 배수톤수를 뺀 것)의 3층 갑판선, 즉 왕실 군함인 '크로난' 호를 건조하였다.[35] 또한 스웨덴 왕실은 18세기 가장 재능 있고 혁신적이었던 조선공학자 중 한 명을 고용하였는데, 그는 잉글랜드 요크셔 출신 이주민의 아들이었으며 나중에 프레드릭 오브 채프만*Fredrik of Chapman*이라는 이름으로 귀족작위를 받았다. 잉글랜드 조선공들은 심지어 1728년 암스테르담 해군성 조선소에도 고용되었던 바, 조잡한 디자인과 질 떨어지는 선박 건조 때문에 이미 맹비난을 받고 있던 당시 네덜란드 조선공들을 좌절시키고 초조하게 만들었다.

17세기 말 북유럽 해역에서 네덜란드 인들의 최대 경쟁자로 부상하였던 사람들은 바로 잉글랜드 인들이었다. 1582년부터 1629년 사이 잉글랜드 상선대의 전체 선복량은 80% 이상 증가하였으며, (200톤 이상의) 대형선박의 숫자도 18척에서 145척으로 늘었다. 주로 소형 연안 선박 위주였던 선대의 대폭적인 변신은 다양한 상황들에 의해 가능하였다. 저지대 국가들의 수십 년간에 걸친 전쟁은 좁은 북해를 넘나드는 무역에 지장을 주었으며, 이 틈을 타 잉글랜드 인들이 함부르크와 엘빙Elbing에서부터 레반트 지역과 그 넘어 인도양에 이르기까지 자신들의 무역 거점을 추구하도록 만들었다. 스페인과의 전쟁들은 사략선에게 풍부한 가외 전리품을 선사했으며, 그 결과 거액의 돈이 해운과 해상사업에 투자되었다. 잉글랜드 인들은 네덜란드 인들의 성공을 선망의 눈길로 바라보았으며, 그리고 궁극적으로는 네덜란드 인들의 주도권을 빼앗으려는 수많은 계획들이 진행되기 시작했고 대개는 성공하지 못했다. 17세기 중반 수십 년 동안 진행되었던 이러한 경쟁이 무력 충돌로까지 번지게 된다. 1차 단기 해상전투에서 잉글랜드 인들은 1,000여 척 이상의 네덜란드 선박을 나포하였다(네덜란드 인들은 2차와 3차 전쟁에서 거의 비슷한 숫자의 잉글랜드 선박을 나포함으로써 그들의 손실을 회복할 수 있었다). 조시아 차일드*Josiah Child*와 같은 권위 있는 평론가와 목재상인 토마스 패프란*Thomas Papillon*은 잉글랜드 인들이 해상수송 교역에서 경쟁력을 갖도록 만들었던 것은 주로 이러한 나포 선박들 때문이라고 생각했다.

하지만 다니엘 디포는 입스위치Ipswich 지역 조선업의 명백한 쇠락을 네덜란드 나포선 탓으로 돌렸다.

> 전쟁에서 나포한 네덜란드 쾌속 평저선들, 이 배들이 포획자의 이익을 위해 석탄 무역에 끼어든다. … 한 푼도 들이지 않고 나포한 이 네덜란드 배들은 저렴하게 매각되며, 엄청난 화물을 운송하고, 입스위치 조선소는 가격을 맞추지 못해 몰락했다.36)

스튜어트 통치시절 잉글랜드의 조선업자들에 대한 주된 불평은 네덜란드인들의 선가를 따라 잡지 못하는 조선공의 무능함을 꼬집는 것으로 보인다. 1676년 100라스트(200톤) 선박 한 척은 잉글랜드에서 라스트 당 142길더, 또는 1톤당 7파운드 2실링 6펜스였다. 네덜란드 찬담에서 신조된 플루이트선의 가격은 라스트 당 단 90길더, 혹은 1톤당 4파운드 10실링에 불과했다. 잉글랜드 선박들은 대포를 장착하기 위한 공간 마련을 위해 무게가 더 나갔으며, 오크 나무로 건조되는 바람에 비쌌다. 그럼에도 불구하고, 잉글랜드 선박건조 기술자들에 대한 불평의 목소리는 17세기 말이 되면 줄어들기 시작했다. 1698년 찰스 대버넌트Charles Davenant는 험버 강과 트렌트 강에서 네덜란드 선박들과 똑같이 저렴한 잉글랜드 선박이 건조될 수 있다고 말할 수 있었으며, 이 사실은 잉글랜드 선박 건조 기술자들이 이제 가격 경쟁력을 가진 선박을 건조할 수 있다는 것을 암시한다. 18세기 초반 조선업은 런던과 동 앵글리어에서는 쇠락했고, 조선산업의 요충지가 북동부지역으로 옮겨가기 시작했다. 선박 의장 부품을 납품하던 앰브로즈 카울리Ambrose Cowley의 대형 철공소가 1682년 런던에서 선더랜드Sunderland로 옮겨갔다. 휘트비, 스카버러, 타인사이드Tyneside 항구들은 모두 중요한 조선업 중심지가 되었다. 목재가 저렴하고 풍족했던 식민지 지역들에서도 조선업이 성장하였다. 예컨대 1774년, 잉글랜드 선박 3척 중 1척은 아메리카대륙에서 건조되었다.

조선업은 브리튼 섬에서만 번창한 것이 아니라 장차 독립할 아메리카 식민지에서도 번성하였다. 북해와 발트해의 모든 해안에서는 갈피를 못 잡을 정도로 다양한 종류의 배와 보트들이 진수되었으며, 그리고 조선업은 때에 따라 정체되기도 했지만, 전반적으로 생산이 지속적으로 늘어나는 흐름을 유지하였다. 올리버 래컴Oliver Rackham은 심지어 1800년부터 1860년 사이 목재선 생산량이 모르긴 해도 이 기간을 제외한 모든 기간에 만들어진 목재선의 총량과 비슷하다고 단언했다. 그가 브리튼 섬의 생산량만 고려한 것인지 여부는 확실하지 않고, 그의 주장을 확인할 수 있는 정확한 수단도 없다. 하지만 1760년에서 1860년 사이에 생산된 목재선의 유럽생산량이 이전에 만들어진 전체 양을 앞서는 것은 의심의 여지가 없다.[37] 래컴은, 또 선박건조용 목재가 브리튼 섬에서는 부족한 원자재였다고 주장한 대표적인 인물인 로버트 알비온Robert Albion이 『산림과 해양력Forests and Sea Power』(1926)에서 피력한 생각에 대해서도 강하게 반박하여 왔다. 알비온의 견해에 따르면, 잉글랜드의 삼림지대는 17세기 내내 심각한 약탈에 시달렸으며, 그 이후 나온 의회의 대책들이 대체로 삼림보호에 효과적이지 못했다. 잉글랜드 오크나무 공급은 "나폴레옹 전쟁으로 인한 (산림)유출 이후 결코 회복되지 않았으며, 해군도 점점 선박용 목재를 다른 나라에서 찾으려고 하였다."[38] 선박 건조 기술의 급격한 변화가 주로 전통적인 원자재의 부족현상으로 인해 촉발되어 일어났다. 18세기 전투선에서 '텀블홈tumblehome'(배의 현측舷側이 상갑판 가까이에서 안쪽으로 만곡 되어 있는 것)의 볼록한 모양을 만들어 주었던 퍼턱(futtock, 목선 중간 늑재)을 위해 필요했던 휘어진 목재가 전적으로 부족했기 때문에, '수직현측' 선박들이 그 뒤로 건조되었으며, 여기에는 곧은 목재를 사용할 수 있었다. 선박 건조용 받침대*를 만드는 데 사용했던 구부러진 관목 오크나무의 부족으로 인해 (잉글랜드) 해군은 프랑스 선박의 형태를 따라 쇠로된 받침대를 사용할 수밖에 없었으며, 오크나무가 전반적으

---

* 선박 건조 시 버팀대 역할을 하는 구부러진 천연 나무나, 무릎모양으로 자른 나무 지지대.

로 부족해짐으로써 잉글랜드 해군은 군함 건조에 낙엽송이나 티크와 같은 다른 목재를 실험해 볼 수밖에 없었다. 하지만 래컴은 아주 격렬하게 불평을 늘어놓았던 잉글랜드 해군은 나무의 부족이 아니라 자금의 부족에 시달리고 있었다고 주장한다. 래컴은, 예를 들어 1780년에서 1850년 사이에 오크나무, 혹은 그 껍질을 더 많이 사용한 산업은 조선업이 아니라 제혁업이었다고 지적하면서, 선박건조를 위한 잉글랜드 산림에 대한 수요가 공급을 넘어서지 않았을 것이라 믿는다.[39]

여기에 대한 생태학적 영향은 보다 폭넓은 지리적 범위에 대한 조사를 통해 도출될 수 있겠지만, 여기서는 공급 문제와 관련한 몇 가지 잠정적인 의견을 제시할 수 있다. 첫째, 중세시대부터 줄곧 선박건조용 목재를 위한 대규모 시장이 존재하였다는 충분한 증거자료들이 있다. 발트해 남부지역에서 수출된 판자와 판자각재는 재질이 양호했기 때문에 서부 유럽 전역에서 대단히 귀하게 간주되었다. 예컨대 잉글랜드 선박 건조 기술자들은 노르웨이산 돛대와 그단스크산 징두리판벽 판자를 이용하였을 뿐만 아니라, 리가산 목재righolt와 프로이센산 판자pruce-board를 활용하여 작업하였다. 비교적 나무가 없는 평지의 네덜란드 인들은 엄청난 양의 목재를 독일 라인강을 따라 수입해 왔으며, 17세기에 이 목재무역은 노르웨이와 발트해 지역과 연계된 북홀란드 항구를 이용하는 목재무역과 경쟁하고 있었다. 둘째, 수요와 공급의 패턴이 변할 수 있었고 실제로 변동을 거듭했다. 과거의 수출업자는 수입업자가 될 수도 있었다. 예컨대 유틀란트 서부 항구들은 중세에 오크기둥과 판자를 프랑스 같이 멀리 떨어진 곳으로 수출했으며, 16세기가 되면 노르웨이로부터 판자각재와 판자를 수입하고 있었다. 이러한 변화는 일반적으로 국내 공급의 부족으로 인해 일어났다고 여겨지지만, 이는 노르웨이의 목재 생산업자들과 목재를 인도받는 덴마크 반농반상peasant-trader들이 서로 만날 수 있게 됨으로써, 수요의 패턴 변화를 반영하는 것일 수도 있다. 17세기 이후 조선업자들이 원목을 통째로 사용하는 돛대보다는 연결 돛대를 점차 선호하게 된 것은 노르웨이 삼림이 필요한 만큼의 통 원목을 공급할 수 없게 되었다는 신호로도 이해할 수 있지만, 이러한 현상은 또 선박건조의 저비용이나 수월성과 같은 다른 요인들 때문에 나타났을 수도 있다. 다니엘 디포가 노르웨이와 러시아에 대해 다음과 같이 언급하였듯이 공급처는 언제든지 발견될 수 있었다. "그들의 나무들이 해상 또는 하상 운송 시설로부터 먼 곳에서 자라고 있다면, 업계는 주민들에게 목재를 잘라서 땔감으로 사용하라고 권유할 것이다. 그리고 고작 나무의 송진 채취뿐이라면 잘라서 팔라고 권유할 것이다."[40] 끝으로, 국가 당국의 정책과 편견이 공급의 문제를 초래하였거나 아니면 적어도 악화시켰다. 잉글랜드에서 민간 계약업자들은, 공급중개인에 대한 어떠한 통제권도 없으며 지속적인 자금 부족으로 활동이 제약된 해군군수국Navy Board에 비해, 훨씬 어려움(적어도 불평)이 적었던 것으로 보인다. 해군 군수국이 적절하게 휘어진 지지대용 목재knee timber를 찾기 위해 잉글랜드 교외지역을 샅샅이 뒤지고 다닌 것은 결국 대형 선박의 수요를 충족할 수 있을 만큼 구부러진 큰 오크나무를 더 이상 쉽게 구할 수 없었다는 것을 암시하는 것일 수도 있다. 하지만 이 사실은 예산절감이나 편견에 근거하여, 잉글랜드 해군의 외국으로부터 목재 공급에 대한 거부감을 은연중에 드러낸 것일 수도 있다.

조선공

그리고 특히, 나는 널빤지, 늑재, 뼈대가 서로 잘 접합되었는지 그리고 제대로 삽입되었는지 꼼꼼하고 정확하게 확인해야만 한다. 특히 외부 널판자가 잘 접합되어 솔기와 끼워 잇는 부분들이 서로 마주 치는 일이 없도록 해야 한다. 대여섯 개의 널빤지들을 끼워 잇기로 펼쳐 잘 이어 붙였다. 그런 다음에 나는 나무못, 볼트, 못질을 위해 구멍 뚫는 작업을 최대한 심려를 기울여 진행해야 하는데, 배 전체의 강도를 고려하고 틈새가 조금이라도 생기지 않도록 한다. 또한 나는 가능한 양심적이어야 하며,

키와 방향키 작업에 최대한 유념하고, 이것들이 여성이나 소년이 아니라 전문지식을 갖춘 목수에 의해 제대로 완벽하게 조립될 수 있도록 해야 한다.41)

배의 설계와 크기에서의 매우 분명한 변화가 있었지만, 북유럽 지역에서 클링커 방식 선박 건조는 15~16세기부터 18세기 중반까지 기존의 원칙을 고수하려는 경향이 있었다. 무른 나무가 훨씬 흔했던 스칸디나비아 국가들을 제외하고, 오크나무는 선박 건조의 주재료였다. 선체 널빤지들은 톱으로 자르거나 결을 따라 쪼개어서, 용골의 세로축, 선수와 선미기둥에 붙이며 횡으로 교차되는 뼈대를 넣어 고정시킨다. 이 모든 작업이 쇠못이나 나무못을 이용하거나, 끈으로 묶거나 꿰매는 방식으로 완성된다. 이 같은 기본 연장 세트는 중세부터 풍력과 수력을 이용하여 목재를 빠르고 효과적으로 톱으로 켜는 것이 가능했던 17세기까지 사용되었다. 조지 웨이머스의 말에 따르면, 조선공들은 "단지 불확실한 전통적인 행동수칙과 눈대중으로onely by uncertayn traditionall Precepts, and by Deceiving Ayme of theyre Eye" 선박을 건조하였다.42) 조선공학의 원칙에 의거하여 작성된 설계도가 점진적으로 사용된 것은 18세기 말 대형 조선소에 국한되었다. 반면 수 백여 개의 소규모 조선소나 작업장에서는 20세기까지도 여전히 전통과 경험에 따라 배와 선박을 만들었다.

북유럽 대부분의 지역에 걸쳐 눈에 띄는 조선의 특징은 주먹구구식으로 조직된 것처럼 보인다는 점이다. 상설 조선대와 드라이도크dry dock(배 밑바닥 청소·수리용 건도크) 시설을 갖춘 조선소들이 대형 선박의 생산과 수리를 위해 설립되었으며, 대형 조선소들 주변에는 수많은 관련 보조 산업과 부대 상거래가 성행하였다. 특히 왕립 조선소들은 선박 생산의 주요 거점이었으며, 상당히 많은 노동자들을 고용하였다. 드라이도크는 엘리자베스 시대 잉글랜드의 발명품인 것으로 보인다. 하지만 상당수, 어쩌면 도시 조선소들의 다수가 수리 작업과 이따금씩 들어오는 주문에 의존하고 있었던 바, 변동이 심한 기반 위에서 운영되었다. 공장과 상설 설비에 대한 자본 투자는 아주 적었다. 독일 북부지역의 조선소에서 제재소가 등장하는 것은 사실상 18세기 이후였다. 1860년까지만 해도, 영국의 조선소들에서 목재의 절반 정도는 여전히 손으로 톱질되었으며, 반면 널빤지들은 증기 설비가 들어설 때까지 오랫동안 뜨거운 모래 속에 '달궈' 유연하게 만들어졌다. 베네치아 인들이 최초로 도입했고, 그 뒤 프랑스 인들과 스웨덴 인들이 따라했던 목재 보호방안이었던, 조선소 지붕 공사roof covering가 영국 조선소에서는 도입되지 않았던 바, 영국 조선소의 선박들은 건조 중에 썩을 수밖에 없었다. 조선소를 그리고 있는 당시 삽화들을 보면, 상설 건물이나 설비라고 할 만한 것이 별로 보이지 않는다.

몇몇 대형 조선소 외곽에는, 원양항해용 대형선박을 만들기도 했지만, 주로 해당 지역에서 사용될 소형 선박을 생산하는 수천여 개의 작업장과 소규모 공방이 있었다. 예를 들어, 19세기 스웨덴 베스티레빅Västyervik과 칼마르 지역 사이의 스웨덴 동부 해안선을 따라 75여 개의 조선소와 작업장들이 있었으며, 주로 스쿠너(Schooners, 돛대가 두 개 이상인 범선)와 케치(ketch, 돛대가 두 개인 범선)와 같은 배, 1,000척 이상이 이곳에서 만들어졌다. 목재의 원활한 공급, 소규모 인력 그리고 작업에 적합한 해안가의 평지라는 조건만 갖추면 조선소가 들어설 수 있었다. 많은 현지 주민들에게 선박건조는 일 년 중 일거리가 없는 농한기(겨울)에 기꺼이 부수입을 올릴 수 있는 기회를 제공하였다. 유틀란트의 서부해안에 위치한 파뇌 섬에서는 1741년과 1895년 사이 1,000여 척 가량의 선박이 건조되었는데, 이곳에서는 조선공들과 목수들이 다른 남성들과 함께 여름철에는 선원이 되어 바다로 갔다. 미국독립전쟁 이후 수년간 조선업이 호황을 경험하였던 핀란드 오스트로보스니아(현재 핀란드 포흐얀 만Pohjanmaan 지역) 해안에서는 배는 통상 늦겨울에 건조를 시작하여 해빙되는 봄에 수위가 높을 때 떠오를 수 있도록 완공되었다. 배들이 야외 작업장에서 건조되었던 한 가지 이유는 해빙을 이용하여 강 위로 바로 띄울 수 있었기 때문이다. 농부를 겸했던 목수들이 건초 작업에 전념하기 위해 한여름까지만 조선소에서 일하기를 원하였다. 겨울철에 대개 농사일이 없었던 이들은, 1년 내내 고용해야만 했던 전업 조선공이나 목수에 비해, 훨씬 저렴한 계절 노동력을 제공해 주었다.

이러한 농촌의 소형 작업장에서 선박 건조를 위해 필요한 선재들은 일반적으로 현지에서 자급했다. 파뇌 섬에서 제작된 선박의 선체는 근처 산림에서 벌목한 오크나무로 만들었으며, 갑판과 판자와 판자각재로 만든 널판자는 노르웨이산이었다. 로프와 삭구는 그 지방에서 제작되었으며, 돛과 철제 부품은 난파선에서 인양한 것을 사용했다. 오스트로보스니아에서 선박건조용 목재는 일반적으로 벌목되어 하류로 떠 내려와 여름 내내 물속에 저장되었다가 다가오는 겨울에 조선용으로 사용되었다. 보전되어 온 몇 안 되는 계약서들 중 하나는, 크로노비 출신의 한스 비카르Hans Wijkar와 3명의 농부가 평장형 선박 한 척 건조 대금으로, 현금 2,500 구리 달러에, 현물로 호밀 3배럴, 담배 2리스파운드(17kg), 강철 1 리스파운드(약 8kg), 각양각색의 의류 ─ 모자, 장갑, 넥타이 ─ 소금 그리고 바우스프릿과 마스트 받침용 목재를 추가로 받았다는 것을 보여준다. 이 계약서와 66피트 선박 건조와 관련한 또 다른 유사한 계약서는, 8명으로 구성된 팀이 작업을 수행하였으며, 모르긴 해도 8명 중에는 철제 부품을 다루는 대장장이 1명과 농부들이 직접 임금을 지불한 1명의 조선공이 포함되었다는 것을 암시한다.

조선경제학은 1760년대 스웨덴 왕립과학아카데미 의사록에 실린 일반적으로는 따분한 칼럼난에 열띤 토론을 촉발시킨 주제였으며, 그 토론은 당시 스웨덴과 유럽의 다른 지역에서의 조선업의 실체를 어느 정도 규명하였다. 이 토론은 스톡홀름의 저명한 사업가들 중의 한 명인 상무회 위원Commerce-råd 요한 베스터만Johan Westerman에 의해 시작되었다. 그는 표 5.1에서 보는 것처럼 스웨덴 구리 달러로 환산하여 일당 비교표를 제시하면서, 스웨덴 선박들이 저렴하게 건조되고 삭구가 장치될 수 있었던 것이 주로 원자재를 인접 지역에서 가져오고 인건비가 저렴했기 때문이라고 주장했다.

<표 5.1> 1760년대 유럽 주요 조선소 노동자 및 목수의 일당

(단위, 스웨덴 구리 달러)

조선소	노동자	목수
암스테르담/찬담	5.24	8.00
런던	6.16	10.12
리보르노	3.16	5.04
스톡홀름	2.24	4.00

출처: J. Westerman, 'Om Sveriges fördelar och svårigheter i sjöfarten i jämförelse mot andra riken', *Kungliga vetenskapliga akademiens handlingar*, Stockholm, 1768, pp. 289~317.

하지만 이것이 논지의 전부가 아니었다. 왜냐하면 베스터만이 다른 지역에서는 훨씬 능률적이고 비용 대비 효과적인 인력들에 의해 선박이 건조되고 수리된다고 주장했기 때문이었다. 스웨덴 조선공이 조선업자로부터 1년 연봉을 받았던 반면에, 다른 지역에서는 조선공이 도급계약 방식으로 임금을 받으며, 이런 방식은 조선공이 선박이 건조되는 작업장의 소유주인 경우는 거의 없었지만, 조선공을 더 열성적이고 더 효율적으로 만든다고 주장했다. 뿐만 아니라 조선공은 필요한 선재를 언제나 자신이 지불하는 선금이나 신용으로 구입하기 때문에 비용이 추가되는 악성 재고가 전혀 없었다. 조선공학자, 프레드릭 오브 채프만은 베스터만의 논지에 동의했으며, 그는 "수입은 자신이 일한 성과만큼 비례한다는 원리에 따라" 체결하는 계약과 하청계약과 비슷한 사업장과 '인수업자' 혹은 도목수 사이에 체결되는 영국의 조선공들의 계약 관행을 언급하였다. 다른 경고성 목소리는 조선소 주인, 요한 클라손*Johan Clason*으로부터 터져 나왔다. 그의 조선소는 스톡홀름에 있었고 당시 이미 쇠락하고 있었고 20년 후 결국 문을 닫게 된다. 클라손은 스톡홀름으로 들어오는 일감은 주로 수리작업이었으며, 이 작업이 목수의 상시 근무가 절대적으로 필요하였다고 지적하였다. 그리고 어떤 선박 건조 기술자도 정기적인 일감이 있을 것이라는 확신 없이 베스터만이 주장한 방식으로 조선소를 세우는 위험을 무릅쓰지는 않을 것이며, 스웨덴에서는 정기적인 일감이 보장되는 시장이 형성되지 않았다고 지적했다.[43]

이 논쟁과 선박건조의 역사가 전반적으로 보여주고 있는 것처럼, 선박건조업자들이 신중해야 하고 심지어는 보수적이어야 하는 충분한 이유가 있었다. 조선공들은 새로운 설계로 건조한 배의 성공 여부를 배가 출항할 때까지 알 수 없었고, 일반적으로 이러한 모험을 무릅쓰고 조선하는 것을 꺼렸다. 조선업자는 대부분 소형선박을 자신과 같이 신중한 성향을 가진 고객들의 주문을 받아 보트와 배를 건조하였으며, 따라서 스튜어트 왕 통치기 잉글랜드의 피니어스 펫Phineas Pett이나 앤소니 딘Anthony Deane 또는 18세기 스웨덴의 프레드릭 오브 채프만과 같은 관급 조선업자들에 의해 처음으로 사용되거나 촉진되었던, 주요한 조선기술의 혁신을 아주 점진적으로 적용하였다. 18세기와 19세기에 일어난 글로벌 해상무역의 엄청난 확대와 함께, 필요하게 되었던 대형 원양항해 선박의 주문, 건조, 의장, 식품보급에 원활히 대처하기 위해 훨씬 더 복잡하고 '전문적인' 조선 기반 시설이 들어섰다. 해안가의 임시 가건물 작업장에서의 대충 경험에 기반을 두는 선박건조 방식은, 대서양을 횡단하는 철제 정기선의 출현의 영향 아래서도 가끔 오래된 조선 전통의 복원성과 지속성을 보여주는 놀랄만한 증거로 지속되었지만, 해상무역에 있어 더 이상 주연이 될 수는 없었다.

6장 항해와 권력

교역자, 약탈자, 통치자 (약 200~1200년)

넓은 지역에 드문드문 흩어져 살고 있었던, 초창기 북유럽 거주자들은 바위가 많고, 침수되거나 출입하기도 힘든 지형으로 인해 자주 서로 고립되었기 때문에, 수로가 없어서는 안 될 소통의 통로였고, 따라서 보트나 배가 보다 넓은 세상으로 나아가는 중요한 수단이었다. 의미심장하게 지금까지 스칸디나비아 지역에서 발견된 청동기시대 조형 조각품의 절반 이상에서 등장하는 배들은 스칸디나비아와 북해 해안지역을 따라 살았던 사람들의 철기시대 문화를 특징적으로 보여준다. 조각된 배나 배 무덤이 무엇을 상징하든 간에, 실제 범선의 구성과 운영인력을 보면, 상당한 물적 자원, 조직, 기술력이 틀림없이 요구되었을 것이다. 배를 만들고 항해했다는 것은, 협력 집단이나 지휘 체계에 따라 움직이는 집단으로 행동하도록 설득하거나 강요할 수 있는 일종의 권력이 존재했음을 의미한다. 호화로운 장식용 천을 씌운 말이 육상에 있는 것처럼 곡선형 뱃머리를 가진 배가 수상에 있었다. 배는 인간 문명을 형성하는 활기찬 구성요소였으며, 동시에 위신과 권위의 강력한 상징을 의미하였다.[1]

배는 북유럽 지역 사람들에게 이동과 정착, 교역, 기습과 침략을 가능하게 해준 수단이었다. 하지만 배는 수로를 이용하여 사람과 물자를 수송하는 교통수단 그 이상의 존재였다. 말하자면 배는 그 지역풍경을 이해하는 중요한 고리였다. 출발지점과 도착지점에 관해 어느 정도 안다는 것은 도시의 항구와 상거래 장소의 발달 그리고 영역국가의 형성과정을 이해하는 길로 들어서는 것이다.

최근의 고고학 연구는 고대 로마시대에 북유럽의 주변부 해상민족이 이용하였던 해로의 이동경로를 새롭게 밝혀내고 있다. 예를 들어, 노르웨이 남서부에 위치했던 길이 30미터에 달하는 배들을 수용할 수 있는 4세기와 5세기경의 보트창고는 수많은 사람들을 지휘하고 동원할 수 있는 능력이 존재했고, 그리고 지역권 교역의 가능성, 그리고/또는 인근 해로의 지배권이 존재했다는 것을 암시한다. 이들 보트창고는 주요 연안 항해 루트에 접근성이 좋은 강이나 피오르드상의 토지가 비옥하고 인구가 많은 요충지에 전략적으로 배치되어 건설되었다. 이러한 권력의 지방중심지와 중세시대에 등장하였던 왕조국가 간의 발전도상의 관련성은 입증할 방법이 없지만, "철기시대의 중심지들과 중세초기의 중심지들 사이의 상호 관련성은 이러한 지역풍경들 내에서의 권력의 연속성을 보여준다."[2]

유틀란트 동부 하데르슬레우 피오르드 지역에 370년경 세워진 거대한 바다 방어시설은, 해당지역의 호수와 습지에 다량의 무기를 제물로 바칠 정도로 충분히 무기를 구비하고 자신의 권력을 확신하는, 그리고 이런 방어시설의 건설을 조직하고 지시할 수 있는, 강력한 지역 엘리트가 존재했다는 것을 보여준다.[3] 삼쇠Samsø 섬을 가로지르는 칸헤우Kanhave 운하와 같은 주요 건설 공사들이 약 3.5세기 이후인 726년경에 진행되었으며, 737년에 건설된 남 유틀란트의 목을 가로지르는 다네비르케 토루Danevirke earthworks(방어용으로 쌓았던 둑)와 슐리Schlie 강의 바다 방어시설은 상당한 자원을 동원할 수 있는 족장chieftain이나 심지어 국왕이 존재했다는 것을 분명히 암시한다. 하지만 누가 이러한 바다 방어시설물들을 건설하였는지, 그리고 실제로 동일 인물이었는지 여부는 알 수 없다. 734년 찰스 마르텔이 프리슬란트 인들을 성공적으로 정벌한 것을 전조로, 북해에서 프랑크 족의 해양력sea power의 부활은 이런 방어시설 건설을 촉발시켰을 것이다. 물론 이런 시설들이 "막 조직된 덴마크 해군의 방어를 확실하게" 보장하였는지 여부는 상당한 의문으로 남아있지만 말이다.4)

515년 덴마크 왕 클로킬리쉬Clochilaich가 바닷길을 이용해 프랑스 북동부 지역을 습격하였다는 말은 전해오지만, 덴마크 통치자의 해상원정에 대해 처음으로 명백하게 문서로 기록한 자료는 그로부터 거의 300여 년 후인 샤를마뉴 대제(742~814) 치세에 나온다. 프랑크족 연대기에 따르면, 고트프레드Godfred 왕이 804년 함대와 왕국의 기사단을 이끌고, 자신의 왕국과 작센 왕국 사이의 국경인 슐라이스톱Sliesthorp(Haithabu, Hedeby, 현재 독일 슐레스비히 지역으로 당시 덴마크 바이킹들의 중요한 정착지였음)으로 불렸던 장소에 카롤링거 당국과 협상하기 위해 왔다. 고트프레드 왕은 샤를마뉴 대제와 동맹을 체결하였고, 상인들을 슬라브 족의 도시였던 레릭Reric에서 슐라이스톱, 즉 하이타부Haithabu로 강제 이주시켰으며, 작센왕국에 대항하여 유틀란트 반도의 목을 관통하는 다네비르케를 강화하였고, 프리슬란트 사람들에게 세금 부과를 시도하였던 바, 고트프레드는 지방의 족장이라기보다는 국왕으로 보는 것이 확실히 더 적합하다. 동시대 사람이던 (영국 중부의 옛 왕국) 머시아Mercia의 오파Offa 왕처럼 고트프레드가 샤를마뉴 대제의 관심을 끌만큼 충분히 강력한 정부를 형성할 수는 있었지만, 그러나 그는 그 권력을 세습할 능력이 없었다. 고트프레드의 왕국이 어느 정도 규모였는지도 알 수 없으며, 왕위의 개념이 통용되었다는 어떤 단서도 없다. 이러한 상황에서는, "크고 작은 영역 단위들로 구성된 하나의 영역을 통치하게 될 정도로 성장한, 흥망을 주기적으로 거듭하는 수장국들cyclical chiefdoms"이라는 개념이 당시의 덴마크를 설명하는 적절한 견해로 보인다.5)

군사지도자warlords와 족장이 지배하는 사회에서, 원거리 무역은 주로 이런 엘리트 권력자들의 이해를 충족시키는 것이었으며, 그리고 무역으로 무기류, 귀금속, 모피나 유리 제품과 같은 사치품이나 명품을 주로 취급하였다.6)

맷돌과 같은 기본적인 가정용 물품이 없고, 로마제국으로부터 수입한 대량의 유리용기와 은그릇, 무기와 갑옷 등이 주요 상품으로 있었다는 것은, 첫 번째 밀레니엄의 초기 수백 년 동안 문명의 주변부였던 북유럽에서는 교역이 다름 아닌 사치품 교역이라는 사실을 암시한다. 이런 사치품 교역을 지배하기 위해, 족장들이 특별한 교역 거점들을 건설하였으며, 교역품은 이 거점으로부터 더 멀리 유통되어 나갔을 것이다. 일반적으로 탁 트인 해안으로부터 떨어진 안전한 장소인 그와 같은 항구들의 입지는 내륙지역을 위한 시장으로서의 기능보다는 재화의 유통을 규제하고 통제하는 기능에 더 무게를 두고 선정되었다. 셸란 섬 동쪽에 있는 스테운스Stevns는 3세기 초반 라인란트로부터 들어온 수입품을 재분배하기 위한 그와 같은 하나의 거점이었을 것으로 간주된다. 어떤 고고학자는 스테운스가 "거대한 부가 축적된 중심지로 … 이곳의 무덤들은 지금까지는 알려지지 않은 상당한 수준의 위계질서를 보여주며" 이곳에 의존하는 일군의 하위 거점들로 둘러싸여 있다고 설명하며, 또 다른 고고학자는 스테운스가 교역 거점이라기보다는 추종 집단의 중심지cult centre로, 족장들이 그들의 값비싼 수입물품들을 수령하기 위해 그 곳에 주기적으로 모였던 장소라고 주장한다. 그런데 스테운스는 로마시대 이후 단키르케Dankirke와 같은 유틀란트 서쪽 해안, 스코네 남부해안 그리고 중부 스웨덴의 헬괴Helgö의 부상과 더불어 보른홀름Bornholm, 고틀란트와 욀란드Öland 섬들과 같은 새로운 중심지들로 대체되었다.[7]

과거 로마제국의 점령 아래 있었던 지역에서는 그 상황이 다소 다르게 전개되었다. 로마제국 점령시기의 도시적 유산은 완전히 사라지지는 않았으나, 5세기와 6세기 런던과 같이 한때 북적거렸던 국제항들에서의 활동의 흔적은 거의 사라지고 말았다. 6세기 무렵, 대서양 해안지방의 속령lands에서는 고대 로마제국이 만들었던 시설의 대부분이 파괴되었다. 이 시기 무역은 십중팔구 특정 지역으로 ―반대편 해안으로 단거리의 해역을 항해하는 교역선을 이용하고, 경계의 횡단이 지정된 곳을 통해서 이루어지거나 교역 중심지가 통제되는 방식으로― 제한되었다. 특히 영국해협을 가로질러 이루어지는 교역이 활발하였는데, 이러한 교역의 대부분은 기독교의 확산을 통해 가속화되었다. 잉글랜드의 교회와 수도원들은 대륙으로부터 건설자재와 가구비품을 주문했으며, 또 프랑크왕국의 (프랑스의 근대도시 에타플Étaples 근처에 있는) 퀜토빅Qventovic 항을 거쳐 로마로 향하는 영국순례자들의 행렬이 끊임없이 이어졌다. 무역이 늘어나자 사우샘프턴 근처 햄위Hamwih와 8세기와 9세기 초 북유럽 교역의 가장 중요한 거점인 라인 강의 도레스타드와 같은 새로운 항구들이 건설되었다. 이러한 교역에서 어느 정도가 계약을 맺고 대행하는 방식freelance으로, 아니면 투기적인 방식으로 행해졌는지는 분명하지 않지만 말이다.

7세기 이슬람의 팽창으로 방해받았던, 멀리 동쪽의 비잔티움으로의 고대 무역 통로는 복원되고 있었다. 750년 압바스 왕국에 의해 바그다드에 새로운 수도가 건설되면서 원거리 무역경로가 발트해, 흑해, 카스피 해 사이의 큰 강들을 따라 동쪽으로 옮겨갔다고 알려져 있다. 북쪽으로부터 가져온 모피와 노예가 볼가 강을 따라 형성된 시장에서 팔렸다. 대신에 향신료, 비단, 무기, 갑옷 그리고 특히 은화가 북쪽으로 흘러들어오게 되었다.

압바스 왕국 통치 아래 무역이 확대되면서 발트해 체제와 북해 체제는 훨씬 긴밀한 접촉이 이루어지게 되었으며, 서부 유럽은 상당한 영향을 받았다. 1939년 처음 출간된 영향력 있는 논문에서 스터 볼린Sture Bolin은, 고전학(古錢學)의 증거를 들어, 샤를마뉴 대제의 화폐개혁을 지원하는데 필요한 은을 그에게 공급하였던 것은 다름 아닌 발트해 지역과 그 너머로의 무역이었다고 주장했다.[8] 폴란드의 역사학자 헨릭 삼소노비치Henryk Samsonowicz는, 더 나아가 이슬람과 서유럽 제국 사이에서의 이음매 역할이라는 북유럽의 긍정적인 이미지를 발전시켰는데, 그는 그 속에서 스칸디나비아-슬라브 세계가 유럽문명의 본류로 연결되는 하나의 통합적 과정을 찾고자 했다. 거대 강들을 따라 이어졌던 무역 루트들이 군대를 무장하고 국가를 설립할 무기를 제공하였으며, 브리튼 섬, 스칸디나비아 지역, 다뉴브 강 유역 그리고 엘베 강 유역의 카롤링거 제국 국경까지의 지역을 포괄하는 비교적 통합된 경제시스템을 만들었다. 삼소노비치는 "모하메드가 없었더라면, 루스Rus의 루릭Rurik 왕도, 보헤미아의 바클라프Vaclav 왕도, 폴란드의 미에스코Mieszko 왕도, 헝가리의 스테판Stephen 왕도, 덴마크의 고름 왕Gorm the Old도 존재할 수 없었을 것"이고, 과거 제국의 폐허로부터 새로운 유럽의 통합에 이르는 과정은 훨씬 더 오래 걸렸을 것이라 결론 내린다.[9]

모하메드-샤를마뉴 패러다임이 굉장히 흥미로운 논쟁과 통찰력을 제공해 주고는 있지만, 때로는 그 주창자들이 희망사항에 도취된 것처럼 보인다. 부지불식간이라 해도 바이킹을 유럽통합의 초창기 기획자로 부각시키는 것은 현재의 관심을 과거 속에 투영시키는 것이며, 다양한 부족들이 참여하였고 물물교환과 조공이 상당한 역할을 했던 큰 강을 따라 이루어진 광범한 교역네트워크의 특징을 지나치게 단순화시키는 것이다. 마찬가지로 혹자는 교역과 소통의 채널을 연 초기의 또 다른 항해에 나섰던 사람들의 활동과정 -예컨대 달리아다Dalriada 왕국에서 브르타뉴 그리고 아마도 5세기 스페인에 이르기까지 영향력을 행사했던 '켈트 족의 제해권Celtic thalassocracy'이나 북유럽 전역에 걸쳐 광범한 교역 관계를 맺었던 프리슬란트 인들-에서도 통합적 경향을 찾고자 할 것이다.[10]

에길의 사가Egils saga(영웅전설)에 나오는 뷔요른Bjorn처럼, 원래 의미는 약탈하기 위해 바다로 나간 사람인, 뱃사람seafarer은 "때로는 상인, 때로는 약탈자였으며stundum í viking en studem í kaupferdum" 19세기에 바이킹은 낭만적이고, 때로는 국수주의적 이미지를 갖게 된다.[11] 바이킹들이 "역사 속에서의 교역의 역할에 대한 당시 역사서술에서 유행했던 견해에 부합하도록 재단한, 신낭만주의 개념"인 상인이었다고 주장하는 견해에 대해 커트 웨이불Curt Weibul이 맹렬히 비난했음에도 불구하고, 스칸디나비아 역사가들은 바이킹을 주로 교역상traders으로 간주하는 경향이 강하며, 대개 비(非)스칸디나비아 역사학자들은 (바이킹이) 강탈이나 조공과 같이 폭력적인 수단을 동원하여 은을 획득하였다고 주장해 왔다.[12] 하지만 이러한 은화의 비축에 너무 집착하게 되면, 밀랍이나 모피 그리고 노예와 같은 다른 비내구재를 간과할 수 있다.

독일의 고고학자 하이코 스토이어*Heiko Steuer*가 상기시키고 있는 것처럼, 헬몬드Helmond의 슬라브 연대기에 따르면 메클렌부르크Mecklenburg 시장에서 단 하루 만에 경매로 팔렸던 700명의 포로로 잡힌 덴마크 인은 대략 은 200kg 정도의 가치에 상응한 것으로, 서부 슬라브 지역에서 발견된 바이킹 시대의 은 비축량 전부를 합한 것보다 많았다.13) 이미 여러 차례 지적했던 것처럼, 고고학은 물품교환의 존재를 증명하는 것이지, 물품교환이 무역행위였는지 아니면 선물, 조공, 약탈과 같은 또 다른 형식의 교환행위였는지 입증하는 것은 아니다.14)

고트프레드 왕의 침략을 필두로 스칸디나비아 해상 전사들이 프리슬란트에서 스페인 연안에 이르는 서부 유럽의 영토들을 약탈하고 공격하였는데, 이런 현상은 거의 3세기 동안 지속되었다. 9세기 초의 침략 행위들은 국왕의 지시로 이루어진 군사적 행동이었다기보다는 아마도 사적인 약탈 시도였을 것이다. 린디스판Lindisfarne과 같은 해안가에 위치한 외딴 수도원들은 '이교도들heathen men'의 첫 번째 침략 대상이었으며, 이때의 행위가 그들에게 영원히 따라다니는 악평을 고착시켰지만, 이보다 훨씬 성공적인 -그리고 수익이 많았던- 시도는 820년대에 본격적으로 시작된 교역 중심지에 대한 침략이었다. 내부 갈등으로 인해 분열된 프랑크 제국의 약해진 방어력이 834년부터 836년 사이에 제국의 주요 무역 중심항이었던 도레스타드를 세 번 연속으로 공격하고 약탈할 수 있는 기회를 제공해주었으며, 서 프랑크로의 침략은 840년 루드비히 1세의 사망 이후 급격히 증가하였다. 침략자들이 아랍으로부터 들어오는 은의 유입이 급격히 줄어들자 이를 대체하기 위해 다른 루트에서 부를 축적하려는 의도로 움직였는지는 확실하지 않지만, 공격의 목적은 약탈이었다.15)

이러한 약탈을 목적으로 한 침략의 파괴적인 결과에도 불구하고, 유럽 경제체제의 중요한 변화는 800년 샤를마뉴 대제의 서로마 황제로서의 즉위와 100년 뒤인 알프레드 대왕의 죽음(899년) 사이에 일어났는데, 영향력 있는 학자의 견해에 따르면 그 변화들이 "암흑시대로부터 벗어나 '중세 세계'로 향하는 흐름을 설정하였다."16) 시장을 건설하고, 제조업을 장려하며, 화폐제도를 개혁함으로써, 샤를마뉴 대제는 시장기반 체제의 발전을 도모하였으며, 이러한 체제가 다른 지역으로 모방되어 전파되어 나갔다. 도시 고고학은 장인의 생산과 상업의 보다 풍부하고 다양한 층위의 증거들과 부두와 선창의 존재에 대한 증거를 발굴하기 시작했으며, 천흘수선은 항만시설이 필요 없었다는 이전의 견해를 뒤흔들었다.17) 원거리 무역은 더 이상 유리제품과 무기류와 같은 사치물품에 국한되지 않았으며, 맷돌, 곡물, 생선과 같은 일상생활 용품과 소비재로까지 확대되어 나갔다.

그럼에도 불구하고, 무역활동은 여전히 위험하고 불확실한 모험이었다. 적절한 기회가 되면, 교역상은 바로 약탈자가 될 수 있었고 실제 그랬다. 상인 공동체merchant communities는 규모가 작았고 공격받기 쉬울 정도로 취약했다. 예를 들어, (네덜란드) 발Waal 강의 제방에 위치한 틸Tiel 지역의 무역중심지 거주민들은 1017년 바이킹 침략자들로부터 공격을 받자 신변의 안전을 찾아 도피하였다. 이러한 사례는 단발적인 사건이 아니었다. 추정컨대 당시 북유럽 지역에서 가장 큰 무역중심지였던 도레스타드 항구도 830년대 여섯 번씩이나 침략과 약탈을 당하였다. 이로 인해 이미 쇠락하기 시작했던, 도레스타드는 864년에 완전히 파괴되었으며 다시는 회복되지 못했다. 헤데비 그리고 덴마크와 벤드Wendish(현재의 독일 북동부에 살았던 슬라브 족 일파의 영토)의 국경 사이에 양편에 위치했던 몇몇 슬라브 민족의 교역 중심지들도 11세기 국경전쟁 동안 약탈당하고 파괴되었다.

물론 이들 바이킹 시대의 무역 중심지의 쇠락과 소멸에는 또 다른 이유도 있지만, 이들 도시가 워낙 공격에 취약하고 자주 약탈되었다는 사실이 다른 이유들을 확실히 무색하게 만든다. 근동과 중동의 큰 도시들과 비교하면, 당시 아랍인 방문객들이 기록하였듯이, 이들 도시들은 정착민 규모가 크지 않았고, 낙후되었으며, 문명의 편의시설도 부족하였다. 당대 유럽인들의 눈에는, 도레스타드가 엄청난 권력의 중심지, 군주를 위한 관세 수입의 주요 원천, 제국의 주요 화폐주조소들 중 한 곳으로 보였을 것이다. 하지만 이곳의 인구는 2,000명을 넘지 못했으며, 이곳 거주민의 상당수가 농업에 종사했던 것으로 보인다.[18] 물론 보호를 주목적으로 한 초보적인 형태의 상인 연합과 상인 집단이 있었던 것으로 알려져 있지만, 전체적인 도시 정경은 파편적이며 분명하지 않다. 심지어 그 유명했던 프리슬란트 상인들조차 어둠의 안개 속에 가려져 있었다.[19]

890년대 무렵 바이킹의 약탈은 전면적인 군사행동으로 바뀌기 시작했다. 바이킹 무리들이 프랑크왕국과 앵글로 색슨 잉글랜드 지역의 해안이나 강 기슭과 하구에서 겨울을 보냈고 아일랜드 해까지 활동반경을 확장해 나갔다. 보다 강력한 (바이킹) 군지도자들은 정복이나 억압활동을 통해 자신이 지역의 통치자로 자리 잡거나 꼭두각시를 둘 수 있었다. 이러한 군소 수장국은 오래가지 못했다. 911년 단순왕 샤를 3세*Charles the Simple*가 왕국의 보호에 대한 보답으로 지역 족장인 롤로*Rollo*(860~931?, 고대 노르만인 족장)에게 세느 강 하구 주변 지역을 넘겨주었는데, 이 지역은 후에 노르망디 공국의 중심이 되었다. 하지만 그 외 지역에서는 바이킹 점령자들은 승리자에 복종하도록 강요받거나 축출 당하였다.

10세기 말부터 줄곧 덴마크와 노르웨이 왕들은 봉건적 주군의 권리overlordship를 해역들을 가로질러 대서양에서부터 동 발트해까지 확대하기 시작했다. 1266년 맨Man 왕국과 웨스턴 아일스Western Isles 왕국은 결국 노르웨이의 주군 관할권에서 스코틀랜드 왕국의 주군 관할권으로 넘어갔다. 오크니와 셰틀란드Shetland도 두 세기 뒤 동일한 절차를 밟았다. 덴마크 왕 스벤 포크비어드*Sven Forkbeard*와 그의 아들 크누드*Knud*가 11세기의 첫 20년간 앵글로색슨 잉글랜드에 대항하여 벌였던 전쟁은 1016년 크누드를 잉글랜드 전역의 주군으로 인정하면서 끝이 났다. 크누드는 야심이 있었으며, 그의 재판권imperium을 노르웨이와 스웨덴까지 확대하려는 시도를 하였다. 하지만 그가 자신의 여러 왕국들을 통합하려는 시도는 하지 않았으며, 그의 대리인들regents이 주군에 대한 충성심이 부족했거나 아니면 능력이 없었다. 제국은 1035년 그가 죽기 전에 붕괴된다. 엠마 노르망디*Emma of Normandy*가 낳은 그의 아들 하르타크누트*Harthacnut*는 유산을 지키기 위해 덴마크에 머물 수밖에 없었으며, 잉글랜드에서의 실질적인 권력은 웨섹스*Wessex*와 노섬브리아의 머시아 백작에게 넘겨주었다. 이들 세 거대 가문이 얽힌 복잡하고 교활한 왕족의 음모는 멀리 스칸디나비아 인이나 노르망디 인이 잉글랜드의 국정에 관여할 수 있는 기회를 제공하였다. 1066년 초 웨섹스*Wessex*의 백작 해롤드*Harold*가 잉글랜드 왕위에 오르는 일은 도전받게 되었다. 그 해 가을 두 개의 대함대가 잉글랜드를 침략하기 위해 태세를 갖추고 있었다. 노르망디의 윌리엄*William of Normandy*의 배들을 항구에 묶어 놓았던 동풍은, (해롤드가 동생 토스티그*Tostig*의 왕위 주장을 지원하기 위해 잉글랜드 북부 지방을 침공한) 노르웨이 왕 하랄*Harald Hardrada*을 (응징하기 위한 병력의 파견을 가능하게 만들어), 결국 하랄은 패하고 스탬포드 브릿지 전투에서 사망한다. 승리한 해롤드는 노르만 침략자들과 대적하기 위해 남쪽으로 진격했고 이번에는 그가 전사하였다. 해롤드를 포함하여 그의 동생 토스티그와 다른 앵글로 색슨 귀족들도 죽거나 추방당하였던 바, 이로써 윌리엄이 잉글랜드의 왕위에 오르는 길을 가로막는 걸림돌은 깨끗이 제거되었다.

덴마크는 새로운 잉글랜드 왕을 그냥 내버려두지 않았다. 1069년 스벤 에스트리젠*Sven Estridsen*(1047~1076) 왕에 의해 조직된 240척 정도의 배로 구성된 함대가 험버 강을 통과하여 요크까지 들어갔고, 여기서 노르만 군대를 크게 패배시켰다. 그런 후 덴마크 군대는 전통적인 바이킹 침략자처럼 펜랜드로 침공하였고, 덴마크 군대가 윌리엄에 의해 매수당하기 전까지 피터버러*Peterborough*의 수도원을 약탈하였다. 요크는 1075년 또 다른 덴마크 원정대에 의해 약탈당하게 된다. 10년 후, 윌리엄은 덴마크 크누드 4세*Knud the Holy*(1080~1086)와 그의 동맹자 플랑드르의 로베르트 2세*Robert of Flanders*(1065~1111)에 의해 주도된 침략계획에 상당한 두려움을 느껴, 침략군의 상륙과 점령을 막기 위해 북부 잉글랜드의 동부 해안 일대를 폐허로 만들었다.

왜 노르만족들은 잉글랜드를 정복하고 통치할 수 있었으며 덴마크 통치자들은 잇단 시도에도 실패하였는가? 오늘날 우리가, 덴마크 인의 잉글랜드 정복이 아니라 노르만 족의 정복이 되었던 이유를 설명하는 방식이 창 찌르기와 백발백중의 화살로 가장 위협적인 경쟁자들을 무찌른 우연한 사건이 초래한 (윌리엄 왕으로서는) 행복한 결과로 제시하는 것으로만 끝나서는 곤란하다. 덴마크 인들도 한 세기 이상 잉글랜드에 대한 영구적인 통치권을 확립할 수 있는 기회가 있었다. 그들이 그렇게 하지 않았던 것은 어쩌면 수많은 군사행동에 참가한 무리들이 영지를 획득하는 것보다는 약탈에 더 관심을 가졌던 것으로 보이며, 영역적 통치의 확립보다는 조공을 거둬들여 모으는데 정신이 팔려 있었던 것 같다. 이것이 바로 덴마크 왕들과 족장들이 잉글랜드 해안으로의 원정을 감행한 주요 동기였던 것으로 추측된다.[20]

그렇다면 바이킹의 유산은 무엇일까? 역사가들은 한때 북대서양 주변의 광활한 지역에 정착하고 통치까지 했던 스칸디나비아 민족이 초보적인 합의 민주주의 형태의 '게르만식germanic' 발전모델을 준비했을 것이라고 주장한 적이 있다. 이 모델에서는 본질적으로 자유로운 농민층과 제한적인 권력을 가진 한 명의 군주가 국익을 위해 힘을 합쳤다. 13세기 스칸디나비아 법전에 광범위하게 기술되어 있는 하나의 시스템, 즉 일정 구역의 농장 그룹들이 한 척의 배와 선원들을 제공할 의무를 부여한 시스템은 바로 바이킹 시대에 확고하게 뿌리내린 선박징집 제도scipfyrd에 기원을 둔 것이라는 증거로 해석되고 있다. 하지만 닐스 룬트는 재정과 행정법규를 확립하기 위해 만든 후세의 법조문을 과거 역사에 근거한 것처럼 확대 해석하는 것을 경고하였다. 룬트는 선박징집 제도가 스칸디나비아 지역에만 있었던 것도 아니고 원정용 선박들을 확보할 의도도 없었다고 주장해 왔다. 예를 들어, 스벤 포크비어드와 크누드에 의해 소집된 선대는 농부들로부터 징집하여 용처에 맞게 수리한 배skipæn(ship-levy)와 농민들이 아니라, 족장의 가솔들이 승선한 족장 소유의 선박들로 구성되었으며, 크누드 4세의 선대는 징집leding에 기반을 둔 새로운 형태의 국민의 해군이 아니라, 본질적으로 오래전부터 내려오던 형태로 족장들의 개인 소유의 배들로 구성된 왕립해군lið이었다고 주장한다.[21]

게다가, 11세기 말부터 잉글랜드 왕국과 유럽대륙을 정치적 그리고 전략적으로 활발히 연결해주는 역할을 한 것이 북해라기보다는 영국해협이었다. 그럼에도 불구하고, 11세기 대부분의 역사과정에서 가능한 몇 가지 시나리오들을 −예컨대 요크에 거점을 둔 덴마크계 색슨 족Danish-Saxon 해상제국과 더블린에 거점을 둔 노르만계 켈트 족Norse-Celtic 제국이 어느 모로 보나 윌리엄 1세William the Bastard(사생아 윌리엄)의 영국해협 횡단 감행의 결과로 마침내 형성된 노르만계 앙주Norse-Angevin 제국만큼 (브리튼 섬의 지배자가 될 수도 있었다는 시나리오는) 논리적으로 타당한 설명이다− 충분히 고려하여 브리튼 섬 사람들의 미래 운명을 이해하는 것은, 결정적인 사건으로 헤이스팅스Hastings 전투를 전가의 보도로 삼는 해석으로부터 벗어날 수 있는 훌륭한 시도이다. 그러한 통설은 너무나 널리 수용되고 있어, 브리튼의 해군력에 관해 언급한 어느 역사가에 따르면, "우리는 정복자 윌리엄을 약한 왕으로 생각하는 것에 익숙해 있지 않을뿐더러 에델레드 2세Æthelred "the Unready" (무능왕)를 강한 왕으로 생각하는 것에도 익숙하지 않다." "그러나 씨파워를 다루는 두 왕의 스타일을 놓고 보면 이는 정반대이다."22)

그러나 따지고 보면, 분명 해로에 대한 통제는 중요했지만 −소수만이 바이킹처럼 해상 침략과 해상방어 기술에 능숙하고 정통하였을 뿐이었다− 바다를 알고 정통하는 것 그 자체만으로는 지속적인 해상왕국을 건설하는 데 충분하지 않았다. 바다에서 바이킹은 육지에서 몽고족과 견줄 수 있을 것이다. 무시무시한 침략자, 조공과 약탈에 의지해서 사는 것, 오래 지속되지 못하는 특징, 꽤 광활한 영역에 걸치는 권력 기반이 바이킹과 몽고족의 공통점이다. 침략 전통은 12세기에도 계속되었지만 −예를 들어 벤드 족Wends*에 대항한 전쟁은 그저 약탈 원정에 지나지 않았다− 본국에서는 왕의 권력과 권위가 증가하면서 모든 것들이 바뀌기 시작하고 있었으며 봉건제도

---

* 독일의 동방식민Ostkolonisation이 시작되기 이전에 엘베 강과 잘레 강 동쪽에 살던 서 슬라브계 여러 부족을 총칭함.

의 체제와 관행이 뿌리내렸다. 그러한 과정이 강화된 것은 프랑스 영토에서 훨씬 더 일찍 시작되었으며, 이러한 프랑스에서의 경험이, 윌리엄을 수행했던 자들을 노획물이 아니라 영토와 직위로 보상했다는 점에서 (이전의 바이킹과는 구별되는) 결정적인 차이를 만들었을 것이고, 그리하여 그 모험(영국정복)과 그것의 장기적인 성공을 위한 영구적인 토대를 마련하였다.

상인, 해적, 군주 (약 1200~1500년)

잉글랜드는 협소한 영불해협 사이의 지정학적(地政學的) 영역, 그리고 프랑스에서의 앙주와 플란태저넷 가문 왕들의 왕조적 야망 속으로 빨려 들어갔던 반면, 덴마크는 발트해 쪽으로 점점 끌려들어 갔다. 데인 족과 색슨 족들은 연합하여 12세기 후반 엘베 강과 오데르 강 사이에서 벤드 족 군주를 정벌하고 예속시켰으며, 에스토니아 북부는 1219년 이후 덴마크의 지배 아래 놓이게 되었다. 이미 홀슈타인과 엘베 강과 오데르 강 사이 해안의 통치자였고, 함부르크와 뤼베크와 같은 유순한 도시들을 통제하던 발데마르 2세 (King Valdemar 'the Victorious', 1202~1240)는 새로운 덴마크 제국을 건설하려는 준비를 하고 있는 것처럼 보였다. 이러한 희망은 발데마르 2세가 보른회베드Bornhöved 전투(1227)에서 군주, 도시, 농민으로 구성된 연합군에 패하게 되자 사라지고 만다. 발데마르 4세 아테르다크Valdemar IV Atterdag(1340~1375)의 통치기간 동안에도 발트해 서부지역을 정복하려는 (덴마크의) 두 번째 시도도 성공하지 못했다. 덴마크는 17세기 중반까지 발트해 지역에서 영향력을 가진 영역 국가, 즉 킬 만에서부터 리가 만에 이르는 하나의 섬 왕국이었다. 그러나 이 지역에서 덴마크가 상업과 해상 정치에 있어 중요한 역할을 실질적으로 할 수 있도록 보장하였던 것은 배들이 발트해로 들어가고 나가기 위해서는 반드시 통과해야 하는 외레순드 해협에 대한 지배권 때문이었다.

슬라브 족, 발트 족과 핀 족Finnic이 거주하던 발트해 동남부 해안 지역들은 12세기와 13세기 소위 말하는 북방십자군north crusade 운동이 일어나는 동안 서부 기독교국들의 제도권으로 점차 들어오게 되었다. 엘베 강과 오데르 강 사이의 슬라브 군주들은 기독교를 수용하고 13세기의 초기 수십 년 동안 발트해 동부지역의 이교도들을 개종시키려는 덴마크와 독일의 노력을 적극적으로 지원하였다. 13세기 말 무렵에는 튜턴기사수도회Teutonic Knights의 십자군이 프로이센에서 결성되었으며, 이 십자군이 리투아니아 인들과의 전투에서 패배한 이후로 리보니아(Livonia, 발트해 동쪽 해안 지역의 옛 이름, 현재는 구소련의 라트비아 공화국 및 에스토니아 공화국의 일부)의 검의 형제 기사단(그리스도 기사 수도회, Brothers of the Knighthood of Christ)을 흡수하였다. 가끔씩 폴란드 인들, 리투아니아 인들, 러시아 인들로부터 심하게 압박을 받으면서 그리고 리보니아의 경우에는, 내부 갈등으로 인해 분열되기도 하면서, 오데르 강과 네바 강 사이에 정착한 게르만 인들은 제1차 세계대전의 여파로 독일제국이 최종 붕괴할 때까지 토지를 소유한 지배 엘리트로 남아있었다.

기독교는 많은 측면에서 북유럽을 변형시킨 '위대한 이념great idea'이었다고 할 수 있다. 과시적인 치장과 물질적 부의 소비(그리고 경우에 따라서는 물질적 부에 대한 무모한 파괴행위)에 기반하고 있는 신분을 중시하는 미개한 관념은 아마도 신중한 투자정신이라고 불릴 수 있는 개념으로 대체되었으며, 부는 적어도 부분적으로는 교회 건물에 투자되거나 교회의 기관을 지원하는데 사용되었다. 기독교는, 대주교 관할구와 교구의 설립을 통해 그리고 수도원의 광범한 네트워크를 통하여, 보편적 이념과 보다 구체적인 지각 모두에서 구심점을 제공하였다. 북유럽지역은 중세시대 내내 팽창하는 라틴크리스트교와 이교도의 경계지역이었던바, 기독교의 구심점 제공이 중요했다. 항해자들에게 있어 기독교는 또한 보호와 위안이 되어주었다. 물론 항해활동과 무역활동의 지속적인 증가, 관련법과 특전의 확산, 그리고 끊임없는 침략으로 야기되는 만성적 불안의 소멸, 이 모든 상황들이 바다와 연안에서 보다 큰 안정감을 조성하는데 기여했지만 말이다.

　기사단들에 의한 발트해 연안 지역들에 대한 식민화가 무역활동과 도시 정착의 증가와 병행하여 진행되었다. 860년대 도레스타드의 소멸과 약 3세기 뒤 뤼베크 건설 사이에 상인계급이 등장한 것은 인구증가와 경제발전으로 인해 무역량이 엄청나게 증가한 덕분이었다. 수요는 상인들에게 보다 큰 배와 훨씬 더 상설적인 항만설비들에 대한 투자를 촉진시켰다. 오래된 교역 중심지trading emporia는 바다와의 접근성이 높은 항구로 대체되면서 점차 사라져갔다. 새로운 항구는 성, 수도원, 교회 건축에 필요한 건축자재와 시장에 내다 팔 직물과 식품류를 선적한 선폭이 넓은 선박들을 접안시킬 시설을 갖추어야 했다. 도레스타드 시절의 세계와 한자동맹 시대의 세계 사이의 결정적인 차이는 곧 사치품을 주로 거래했던 상대적으로 폐쇄된 체제에서 자유시장 체제로의 전환이었다. 따라서 브뤼주나 뤼베크와 같은 중세도시에서 시장이 공공생활 및 상업 활동에서 중앙의 위치를 점하고 있었다는 것은 우연이 아니다. 상인들에 대한 보호를 상징하는 석벽을 대신하여 점차 종교권력과 세속권력이 그 역할을 하게 되었는데, 그러나 양대 세력이 그 역할을 자처하도록 만든 것은 시장 경제였다.

　수년간에 걸쳐 이동하는 상인들은 또한 협력의 이점을 배웠다. 예를 들어, 9세기 (스웨덴) 비르카 섬으로 여행한 선교사 안스가의 기록에는, 당시 선박들이 이미 무리를 이뤄 항해하고 있었다고 적고 있다. 상인들은 여러 가지 방법으로, 예컨대 군왕이나 군주의 지원을 받는 대표를 임명하고, 단체나 조합을 결성하며, 자유로운 통행과 특권을 보장하는 특허장을 확보하는 방식으로, 자신들의 이익을 지키려고 노력하였다. 13세기 법전에 따르면, 고틀란트 섬의 반농반상들은 스베아svea 족의 왕과 계약을 맺었는데, 왕의 신민들 또한 고틀란트를 방해받지 않고 자유롭게 왕래할 수 있고, 자신들도 왕의 영토들 안에서 상거래의 자유와 왕실의 지원과 보호를 받는다는 내용이 들어있다. 우리가 샤를마뉴 대제와 오파 국왕 사이에 주고받았던 잔존한 일부 서신의 내용을 통해 그리고 노르웨이 통치자 올라프 트리그바손Olaf

*Tryggvason*과 잉글랜드 왕 에델레드*Æthelred* 간의 991년 합의문을 통해 알 수 있듯이, 통치자들도 마찬가지로 다른 통치자들과 협상 과정에서 자신의 영토 출신 상인들의 이익을 대변하였을 것이다. 통치자들은 상거래가 세수 증대에 기여한다는 사실을 분명히 인식하였으며, 자신의 관리를 임용하여 통행세와 관세를 징수하였다. 이러한 관리 중에는 8세기 말 덴마크 침략자들에 의해 살해된 불운한 지방행정관과 같은 사람들도 있었는데, 그 행정관은 덴마크에서 온 침략자들에게 도체스터 시 당국, 당시 도쿰*Dokkum*의 도지사, 즉 고틀란트의 스베아 왕을 대표하는 귀족*jarl*에게 보고할 것을 지시하였다가 횡사하였다. 강하고 활동적인 통치자들은 등대 수리, 항로표지 가설(架設), 해상과 육상에서의 해적과 산적 소탕을 통해 상인들의 안전을 보장하려고 노력하였다. 하지만 이런 통치자는 소수였다. 상인들은 최후의 수단으로 통치 권력의 보호에 의지하는 것이 아니라 자신들 스스로 보호책을 강구하였다. 이런 행보는, 일단 플랑드르 지역 백작들이나 작센의 공작들이 12세기에 진지하게 뉴 타운 건설 프로그램에 착수하자, 상인들로 하여금 확실한 이점을 제공하였다. 왜냐하면 상인들은 경험이 풍부하면서 체계적으로 작동되는 공동체를 이미 구성하고 있었기 때문이다.

이러한 타운들은 상당한 정치적 영향력을 갖게 되었으며, 유틀란트 반도의 기슭에 있는 트라베 강에 위치한 뤼베크만큼 정치적 영향력을 갖게 되는 타운은 없었다. 초창기의 슬라브 타운들과는 약간 떨어져 1143년과 1158년 사이에 다시 건설된 뤼베크는 엘베 강, 뤼네부르크의 소금광산 그리고 스카니아*Scania* 해안의 가을청어 어장으로 용이하게 접근할 수 있었고, 뤼베크는 주군이었던 작센의 공작(1142~1180), 하인리히 2세*Heinrich der Löwe, Henry the Lion*로부터 상당한 혜택과 특권을 보장받았으며, 1226년경에는 신성로마제국의 자유도시가 되었다. 무역활동을 용이하게 하기 위해 뤼베크는 함부르크와 같은 인근 타운들과 계약(예를 들어, 1241년 엘베 강에서부터 트라베 강 사이의 긴요한 육상 거래루트를 보호하는 내용이 담긴 협정서)을 맺었으며, 군주들과도 계약을 체결하였다(1225년 스카니아 지역과의 무역을 다룬 덴마크 발데마르 왕과의 협정, 1242년 무역의 루트와 해안의 이용 권리를 다룬 뤼겐, 메클렌부르크, 포메른의 영주들과의 협정, 13세기 중반 호혜적인 관세 적용과 무역특권을 다룬 홀란드와 플랑드르의 백작들과의 협정). 공동의 행동과 협력을 도출하기 위해 뤼베크, 로스토크, 비스마르의 벤드 족 도시들이 함께 모인 총회, 즉 1264년의 첫 번째 한자 회의Hanse diet는 바로 뤼베크가 주도하였다. 이 총회에서 세 도시 모두가 뤼베크의 법전을 채택하기로 결정하였으며, 시간이 지나면서 북유럽의 다른 모든 도시에서도 이를 수용하였다.

신성로마제국 내 중앙권력의 약화와 자신의 신민들에게 적절한 보호를 제공할 수 없는 무능하고 소심한 영역 군주들의 급증은 타운들이 독자적으로 통일적인 행동을 취하도록 조장하고 기회를 주었다. 1283년 로스토크에서 다수의 벤드 족 및 북독일 도시들과 영역 군주들 사이에 맺어진 동맹조약은 육상과 해상 통행의 안정성을 보장하기 위해 체결되었다. 이 조약은 머지않아 파기되긴 했지만, 이 협정이 도시들끼리 스스로 자유롭게 동맹을 맺을 수 있는 권리와 무역활동에 영향을 미칠 수 있는 군주들의 조치에 대해 의결권이 있다는 것을 인정하였다는 점에서 중요했다.

이들 북독일 도시들은 13세기의 마지막 20년 동안 일치된 정치적 상업적 압력이 얼마나 효과적인지 입증할 수 있었다. 북독일 도시들이 지속적으로 불매운동을 전개하자 브뤼주는 외국상인들이 서로 직거래하는 것을 금지하였던 조치를 철회할 수밖에 없었다. 2년 후 이러한 불매운동은 외국인들의 통상 권리를 제한하는 일련의 조치를 시행하고 있었던 노르웨이에도 적용되었다. 발트해 지역으로부터 원활하게 공급되던 곡물이 차단되고 덴마크와의 전쟁에도 휘말리자, 노르웨이는 1294년 독일 상인들에게 광범위한 통상 권리를 양도하면서 굴복하지 않을 수 없었다.

'한자hanse'라는 단어는 고대 게르만어의 어원을 가지고 있으며, 조합band 또는 무리host를 의미한다. 이 단어는 12세기 자국 외부와 거래하는 상인들을 지칭하기 위해 사용되었다. 독일과 런던의 플랑드르 상인들에서부터 애버딘과 드록헤다Drogheda에 있는 상관 상인들에 이르는 이들 집단들의 특징은, 도시나 봉건 군주의 당국으로부터 법적인 지위와 보호를 보장받고 있었다는 점이다.[23] 하지만 다른 수단들도 사용되었다. 한자동맹 설립의 주요 발기인으로 간주되는, 고틀란트와 교역하던 상인들은 일반적으로 스스로를 하나의 상인공동체*universitas mercatorum*라고 칭하였다. 독일 한자도시*de stad van der Dudeschen hanse*의 연합에 대한 최초의 기록은 1358년에 나온다. 회원도시들이 아니라 연합의 대표자들이 그 후로 100년 이상 동안 통치자들과 다른 당국들과의 협상에 임하였지만 말이다. 따라서 한자도시들은 다음과 같은 두 가지 경향이 혼합된 것으로 보인다. 하나는 고틀란트, 브뤼주, 런던과 같은 주요 교역거점 지역에서의 상인연합이라는 것이며, 다른 하나는 독일 내 도시들 간의 지역연합이라는 것이다. 하지만 한자동맹이 도시들의 정치적 야망이나 상인집단의 상업적 이해관계를 대변한 조직인지 여부는 여전히 논란이 된다.[24]

대개가 독일학자들에 의해 여러 세대를 거치면서 가다듬어진 한자동맹의 역사에 대한 고전적인 해석은, 해상교역에 종사하던 스칸디나비아 인들과 슬라브 인들의 중개 역할 없이 발트해와 프리슬란트, 플랑드르, 저지 라인 강 지역의 상인들과 직접 거래할 수 있게 되었던 최초의 결정적인 국면으로, 12세기 뤼베크의 건설을 제시한다. 고틀란트의 그들 거점을 떠나, '로마제국의 상인'으로 자칭한 이들은 노브고로드에 자리를 잡았다. 13세기에 그들은 플랑드르와 잉글랜드에서 상거래 교역망을 형성하고 교역특권을 획득하였다. 북쪽으로는 독일 상인들이, 노르웨이 인들과 잉글랜드 인들이 노르웨이 경계를 넘어 교역을 확장하도록 유도하면서, 베르겐에서 교역의 우위를 확립하였다. 스카니아 시장의 지배권은 한자동맹의 상업적 정치적 권력과 영향력의 중요한 하나의 요소로 간주된다.

동서 무역에 있어 한자동맹의 역할과 중요성은 최근 몇 년간 실증적으로 연구되었다. 몇몇 러시아 역사가들은 한자동맹의 무역활동이 북서부의 일부 주변지역을 제외하면 러시아에서는 그다지 중요한 역할을 하지 못했고, 그리고 러시아의 무역활동은 비잔틴제국과 동방으로 훨씬 더 집중되어 있었다고 주장해 왔다. 함부르크의 중세 무역에 관한 연구들은 동서 무역 축의 주축으로써 함부르크가 기능하였다는 주장을 비판하는 경향이 지배적인데, 왜냐하면 함부르크는 곡물이나 맥주와 같은 소비재를 서쪽으로 수출하는, 즉 엘베 강의 배후지를 대상으로 한 항구에 더 적합했던 것으로 보이기 때문이다. 1368년 뤼베크 항에서 통관된 상품들에 부과된 파운드 세poundage* 의 기록을 살펴보면, 동방으로의 교역은 스칸디나비아 지역과의 교역에 비하면 대단히 비중이 낮으며, 그리고 독일 내륙지역과의 무역이 중요한 비중을 차지하고 있다는 것을 암시한다.[25] 또한 네덜란드 도시들과 상인들의 역할도 간과해서는 안 된다. 플랑드르 배들은, 도자기와 의복을 수출하고 그 대신 곡물을 수입하면서, 이미 12세기 중반에 내륙 수로를 따라 조이데르 해로, 그리고 프리슬란트 해안을 따라 함부르크로 항해하고 있었다. 전략적으로 북해-발트해 축에 위치한 아이셀 강 지역 타운들의 상인들은 처음으로 스카겐 반도 주변에서 카테가트 쪽으로 모험적인 교역을 감행하여, 플랑드르 지역에서 발트해 지역에 이르는 교역망을 열었다. 플랑드르 상인들이 발트해 지역에서 한자상인들의 가장 끈질긴 경쟁자였으며, 해상뿐만 아니라 육상으로도 무역활동을 전개하였다. 예를 들어, 프랑크푸르트는 플랑드르 상인이 동유럽으로 들어가고 나가는 상품들을 거래했던 주요 거점이었으며, 게다가 이와 같은 '내륙 무역inner trade'이 매우 다양한 방법으로 해상무역을 보완하고 확장시켜 주었다는 것도 언급되어야 한다.[26]

한자상인들의 정치적 운명의 절정기는 일반적으로, 북부 독일 도시 및 군주들과 덴마크 왕 발데마르 4세 사이에 벌어진 단기간의 격전 결과 맺어진 슈트랄준트평화협정Peace Treaty of Stralsund(1370)으로 간주된다. 전쟁에서 패한 덴마크 왕은 조약에 따라 스카니아 교역권을 한자상인들에게 양도할 수밖에 없었다. 4개의 요새가 15년간 한자동맹으로 양도되었으며, 차기 덴마크

---

* 파운드세(稅)는 13세기에 시작되고 포도주 및 수출입 상품 가격에 부과된 관세이며, 찰스 1세가 의회의 동의를 받지 않고 징수했기 때문에 청교도 혁명의 쟁점이 됨.

왕 즉위 역시 한자상인들의 허가를 받아야만 했다. 덴마크에 대한 이러한 승리는 가공할 연합체에 의해 성취된 것이며, 연합체의 회원도시들은 제각기 다른 목적을 갖고 참여하였다. 몇 년도 못가서, 이 연합체는 해체되고 다양한 분파들은 의견차이로 심한 불화에 직면하게 된다. 평화협정의 경제적 조치의 가장 큰 수혜자는 뤼베크의 통치하에 있던 벤드 족의 도시들이었는데, 이 도시들이 스카니아 교역권을 관할하고 외부인들로부터 그 시장을 보호하고자 했다. 이는 곧 네덜란드의 분노를 사게 되었다. 벤드 족 도시들은, 또 서유럽의 선박에 대해 외레순드 해협의 자유로운 통행권을 요구하였던, 프로이센과 리보니아와도 사이가 틀어지게 된다.[27] 게다가 벤드 족 도시들은 이제 메클렌부르크의 공작이자 (1364년부터) 스웨덴 왕이었던 알브레히트*Albrecht*의 영토적 야망에 대해서도 좀 더 경계해야할 상황에 직면하였으며, 그래서 덴마크의 귀족 계급과 화해를 시도하였다. 이와 같은 이유로, 벤드 족 도시들은, 1376년 알브레히트보다 우선적으로, 발데마르 4세의 딸 마르그레테*Margrethe*와 노르웨이의 왕 호콘 6세*Haakon VI*(1355~1380) 사이에서 태어난 아들, 올라프*Olaf*를 덴마크 왕위에 오르도록 지원하였다. 올라프는 1380년 그의 아버지를 이어 노르웨이 왕에 오르지만, 그로부터 7년 뒤 사망하였다. 그의 어머니 마르그레테는 덴마크와 노르웨이에서 섭정으로 환대받았으며, 스웨덴의 토호세력들과 연합하여 1389년 알브레히트를 무찌르고 그를 포로로 잡았다. 그로부터 8년 후 마르그레테의 조카 아들인 포메른의 에리크 7세*Eric of Pomerania*가 칼마르에서 세 왕국의 왕으로 추대되었으며, 덴마크, 노르웨이, 스웨덴의 연합 협정이 체결되었다.

스칸디나비아 학자들은 대개 1397년 맺어진 칼마르 동맹을 독일의 침략 위협에 대응한 조치로 간주하였다. 예를 들면, 1997년 나온 관련 문헌에 다음과 같은 말이 나온다.

노르딕의 세 국가들은 언제나 한 나라였다라고 말해도 무방하다. 그래서 발트해 지역에서 독일의 위세가 증대됨에 따라 세 나라가 동시에 위협받

앉을 때, 공동의 적에 대항하여 하나로 뭉치는 것은 그리 어려운 일이 아니었다.28)

스웨덴 당대 연대기에 따르면, 자국인의 비용으로 특권을 제공받고, 자국인을 '혐오하고 멸시했던' 외국인에 대한 분노가 있었음은 의심의 여지가 없다. 독일 상인들이 북유럽 국가들에서의 경제 활동 및 시정 활동에도 적극적이었으며, 그래서 마그누스 에릭손에 의해 1350년 제정된 토지법은, 독일 상인들이 시의회 의원직의 절반 이상을 차지하지 못하도록 제한할 정도였다. 독일 상인들이 가졌던 노르웨이 곡물공급의 통제권은 그들의 교역상의 우월적인 지위를 보장하여 주었는데, 이러한 상황은 노르웨이 인들이 늑재 목재 수출을 위한 새로운 시장을 찾아낼 때까지 유지되었다. 하지만 독일의 위협에 대항하여 함께 뭉친 사람들로 스칸디나비아 인들을 평가하는 것은 민족주의 시대의 시선을 투영한 것으로, 칼마르 동맹 전체 시기 동안 간헐적으로 발생했던 전쟁 속으로 북유럽의 대부분 지역을 휘말리게 만들었던 왕조들의 복잡한 경쟁 관계나 야심을 간과하고 있다.

이러한 경쟁 속에서도 한자동맹 도시들은, 특히 자신들의 반대자들이 내부분열로 약해지거나 자신들의 이익을 위협하는 상황이 되었을 때, 여전히 강력한 정치적 세력이라는 것을 보여줄 수 있었다. 에드워드 4세 치세 동안 잉글랜드가 워릭 백작Earl of Warwick의 이익과 직접적으로 연관되어 있었던 공격적인 무역정책을 펼치자, 뤼베크와 그단스크는 함께 연합하였다. 1469년 워릭 백작에 의해 추방당한 에드워드 4세는 자신의 왕위를 재탈환하기 위해 한자도시들에게 도움을 요청하였고, 1474년 위트레흐트 협정을 체결하였다. 이 협정에 따라, 한자도시들이 잉글랜드의 모든 무역특권을 되찾았던 반면, 잉글랜드는 발트해 지역 항구에서의 통상의 호혜 요구를 포기해야만 했다. 뤼베크는 북유럽 3국의 역대 연합왕들의 국사에 계속해서 결정적인 영향력을 행사하였으며, 외레순드 해협에서의 자유항행 금지 조치를 거역하고자 하는 외부 세력에 대해 심각한 타격을 가할 수 있는 권한을 여전히 가지고 있었다. 4척의 군함으로 호위를 받으면서, 1511년 홀란드의 화물선대가 외레순드 해협을 통과하려고 시도하였지만, 비스툴라 강 하구에서 뤼베크 인들의 매복에 걸려, 군함들은 추방당하고 곡물을 실은 50척의 배는 나포되었다. 네덜란드 인들은 1514년 평화협정이 체결될 때까지 외레순드 해협으로의 재진입을 시도하지 않았다. 뤼베크는, 1522~1523년에 칼마르 동맹의 마지막 왕 크리스티안 2세로부터 스웨덴 왕위를 되찾으려던 구스타프 바사 *Gustav Vasa*와, 크리스티안 2세의 해군 지휘관 죄렌 노르비*Søren Norby*와 격전을 벌였던 덴마크 왕 프레데리크 1세*Frederik I*(1523~1533)에게 결정적인 지원을 제공하였다. 뤼베크는 프레데리크 1세의 후계자 선출과 관련된 정치와 그 후 발발한 (덴마크) 백작 전쟁*Count's War*에도 깊숙이 개입하였다. 하지만 내부적인 대변동으로 인해 약화되고 프로이센, 덴마크, 스웨덴의 연합군에 의해 해상에서 패하면서, 뤼베크는 종전 후 위세가 크게 약화된 열강으로 전락하였다. 북유럽 국가들의 경제 활동에 있어 여전히 중요한 일원이었지만, 뤼베크는 경제조건들을 좌지우지할 권력이나 권위를 더 이상 행사할 수는 없었다.

뤼베크의 정책과 권리주장은 곡물과 늑재목 수출을 서유럽 시장에 의존하던, 그리고 서유럽 인들, 특히 네덜란드 인들을 발트해 경계 밖에 묶어 두려는 뤼베크의 조치를 지지할 의지가 없었던, 발트해 동쪽 지역에 있는 프로이센과 리보니아 타운들을 성가시게 만들었고 소원하게 만들었다. 프로이센과 리보니아의 타운들은, 폴란드-리투아니아 왕국과 모스크바 대공국과 같은 대륙의 이웃국가들의 압력 하에 있었던 자국의 정치에 휘말려들었다. 그단스크와 프로이센 서부지역의 절반은 1466년 폴란드 왕국의 통치 아래로 들어갔으며, 프로이센 동부지역이 세속 공국으로, 1525년 이후로 폴란드의 봉지(封地)가 되었다. 튜턴 기사단은, 마지막 단장이 쿠를란드(구 소련연방 라트비아 공화국의 리가 만과 리투아니아 사이의 지역)의 공국을 하사받고 폴란드의 왕에게 충성맹세를 했던 1561년까지, 리보니아를 떠나지 않고 있었다. 워터랜드*Waterland*와 조이데르 해 항구들의 수백여 척의 배들과 이보다는 규모가 작지만 잉글랜드와 스코틀랜드의 동부해안의 항구들의 배들이 광활한 폴란드와 러시아의 배후지의 상품들을 구입하기 위해 방문하였던, 리가, 칼리닌그라드Könberg 그리고 특히 그단스크의 항구들은 지방의 통치자들에게 대항하여 자신들의 이해를 주장할 수 있었고, 한자동맹 안에서도 자신들의 이해를 관철시킬 수 있었다.

자신들의 정의에 따르면 "육상과 해상에서의 상업적 모험이 소기의 바람직한 결실을 보장하고, 그리고 해상의 해적과 육상의 노상강도로부터 자신들을 효과적으로 보호하는 것을 보장할 목적으로 한 도시들, 타운들, 그리고 공동체들의 확고한 연합체conferatio" 그 이상도 이하도 아닌, 한자동맹은 수많은 왕국, 국토, 그리고 주권이 미치는 영역 내에서 보유한 특권에 의해 정의되었다.[29] 결단력과 조직력이 이러한 특권들을 구축하는데 일조하였다. 특권들은 대표자들에 의해 철저히 보호받았으며, 이 대표들이 상거래를 보이콧하거나 금지하는 것에서부터 바다를 감시 순항하고 해적 소굴을 공격하기 위해 무장 상선을 파견하는 것에 이르기까지 다양한 조치들을 동원하였다. 하지만 자신들의 영역 국가 주권으로부터 지원까지 요청할 수 있었던, 네덜란드와 잉글랜드 상인들의 적극적이며 단호한 경쟁에 직면하고, 게다가 내부적으로 분열되자, 응집력 있는 정치 세력으로서의 한자동맹의 한계는 점차 드러났다.

대규모 상선대의 소유는 한자동맹과 같은 경제공동체가 영역적 통치자에 대항할 수 있는 유리한 수단이었는데, 영역 통치자에게 바다는 경계가 불분명하고 사실상 효과적으로 통제하는 것이 불가능했기 때문이다. 전용 상선대full-time fleet를 유지하는 것은 일반적으로 군주의 재력으로 감당하기 힘들었다. 선박징집 제도는 적어도 13세기까지 스칸디나비아 지역에서 계속해서 활용되었으며, 저지대 국가들에서는 변형된 형태의 선박징집 제도가 채택되었던 것으로 보이는데, 이곳에서는 징발대상으로 고시된 구역named districts은 전시에 플랑드르의 통치자를 위해 한 척의 배를 제공할 의무가 있었다. 반면 잉글랜드의 선박징집 제도는 노르만 정복 직후 폐지된 것으로 보인다.

봉건적 토지보유는 해상에서의 군사의무를 제공할 수 없었다. 그 대신 잉글랜드의 중세 왕들은 주로 프랑스나 스코틀랜드 인과의 전쟁 수행에 필요한 전투선과 수송선을 주로 상선과 선원에 의존하였다. 국왕이 배를 필요로 할 때, 왕실의 관료들은 왕의 직무에 적합한 배와 선원들을 '징발arrest'하기 위해 항구로 파견되었다. 14세기 프랑스와 스코틀랜드와의 전쟁이 길어지면서 선주들이 감당해야 할 부담은 점점 가중되었다. 선주들이 이러한 희생에 대해 거의 보상받지 못했기 때문에, 점점 왕의 요구에 응하는 것을 꺼리는 경우가 많아졌으며, 선주들의 이러한 고충사항은 의회에서도 논의되었고, 그 사항이 왕실의 직무에 참여했던 선박과 선원들의 경비를 왕실비용으로 일부 충당하게 함으로써 어느 정도 결실을 거두게 된다. 왕실은 또한 오항(五港, Cinque Ports)*에 대해 서비스를 요청할 수 있었으며, 오항은 일정한 특권을 부여받는 대가로 1년 중 15일 동안 57척의 선박을 제공해야만 했고, 경우에 따라서는 외국 선박을 임대하여 제공하였다. 왕실 함대royal fleet를 설립하려는 시도가 존(1199~1216), 에드워드 3세(1327~1389), 그리고 헨리 5세(1410~1422)의 통치기간에 몇 차례 시도되었지만, 영국의 군주들은 상설 함대와 도크 시설을 유지하기 위한 재원을 확보하지 못하였으며, 따라서 1294년부터 1418년까지 프랑스 국왕들이 유지하였던 루앙Rouen 소재의 갤리선으로 이루어진 해군 함대에 견줄 만한 함대가 영국에는 존재하지 않았다.[30]

14세기 후반과 15세기 초반 유럽대륙의 북단 주변에서 발발했던 장기간의 전쟁 동안, 군주들과 타운들은 너나 할 것 없이, 선박과 무장병력을 제공할 수 있고 또 그런 의지가 있는 전문가들이나 사람들의 서비스를 자주 이용하였다. 통치자들이 육상에서 전투를 위해 용병을 고용하는 것처럼 해상에서의 전투를 위해 개인이 운영하는 선박들과 선원들에 의존하였다. 플랑드르의 해적 존 크래브John Crabbe는, 1332년 잉글랜드 인들에 의해 마침내 포

---

* 영국 남해안의 특별 항구, 원래는 5개 항(Hastings, New Romney, Hythe, Dover, Sandwich)이었으며 후에 2개 항(Rye, Winchelsea)이 추가됨.

로로 잡혔음에도 불구하고, 그는 에드워드 3세가 용병으로 고용할 만큼 강력하면서도 부유했다. 그는 성공적인 버릭 함락 작전Siege of Berwick을 직접 지원하였는데, 그는 약 14년 전에 이 도시에 정착하였었고, 영국의 침공을 방어한 적이 있었다. 오랫동안 용병으로 활동하면서, 크래브는 플랑드르와 스코틀랜드의 통치자의 요청에 따라 식료품 공급 원정대victualling expeditions를 지휘하였으며, 에드워드 3세를 위해서는 1340년 슬루이스Sluis 전투의 서곡이 되었던 해군작전을 자문하였다. 14세기 말 덴마크 여왕 마르그레테와 메클렌부르크 공작 사이에 발발한 전쟁은 또한 공해에서의 해적질도 마다하지 않을 매인 곳 없는 모험꾼들과 가난한 젠트리들에게 많은 일자리를 제공하였다. 1390년 비스마르와 로스토크는 자비로 덴마크 왕국을 "공격할" 준비가 된 모든 사람들에게 항구를 개방한다고 선포하였다. 이런 일을 할 의지가 있고 또 할 수 있는 모든 사람에게 나포면허장Kaperbriefe을 발행해주었다. 이런 나포면허를 가진 선박들은 머지않아 모든 선박을 위협하게 되었다. 1394년 한자동맹은 해적선을 소탕하기 위해 40척의 배와 3,500명의 선원을 파견하였고, 1398년 프로이센의 튜턴기사단 단장은 해적들을 고틀란트 밖으로 몰아내기 위한 원정을 단행했다. 함부르크와 브레멘 상인들이 후원한 나포선 소탕 활동에도 불구하고, 자신들의 장쾌한 표현과 같이, 신의 친구이자 세상 모두의 적인 도처에 퍼져있던 '선박 식료품 공급업자 협회fraternity of victuallers' 또는 '모두 똑같이 공평하게 분배하는 사람들share-and-share-alikers'(사략선조합, *likendeeler*)은 향후 20여 년간 북해의 해역에서 상선들을 노략질하였다.[31)

위험을 무릅쓸 준비가 된 자들을 ―나포면허장은 개인의 신변보호를 거의 제공하지 못했다― 고용할 의사가 있는 선주나 선장은 부지기수였다. 프리슬란트 동부지역에서 벌어진 영주들 간의 내부권력 다툼으로 인해 많은 인력이 도쿰의 새로운 해적소굴로 일자리를 찾아 몰려갔던바, 독일 북부 해안을 따라 늘어선 모든 항구의 선주와 선장은 선원 수급의 부족을 하소연하고 있었다. 도쿰의 해적근거지가 1422년 연합 원정대에 의해 함락되자, 해적들은 잉글랜드로 탈출하였으며, 5년 후에는 잉글랜드에서도 추방되었는데, 때마침 한자도시들이 북유럽 3국 연합의 왕이었던 에리크 7세(1396~1439)에 대항하는 전쟁에 참전시킬 약탈자들을 비밀리에 모집하기 시작했다. 바르 톨로메우스 푀트*Bartholomeus Voet*가 지휘한 해적 함대는 1427년과 1429년에 베르겐을 약탈하였으며, 머지않아 해적선은 발트해에서 중립선인지 적선인지 구분이 어려운 성가신 집단으로 변하였으며, 특히 심하게 약탈당하였던 프로이센의 타운들은 해적의 폐해를 호소하는 일이 잦았다. 1432년 휴전협정이 맺어졌을 때, 벤드 족 타운들은 약탈자들에게 조공을 바치기로 하였고, 그 이후 이들 타운들은 해적들을 어떻게 제거할 것인가라는 현안을 떠안게 되었다. 벤드 족 타운들은 리보니아의 타운들을 대상으로 해적들에게 일자리를 제공하라고 설득하였으며, 그렇게 하지 않을 경우, 해적들은 무장한 큰 배를 이용하여 벤드 족 타운들이 해상무역을 하고 있던 잉글랜드, 스코틀랜드, 홀란트, 젤란트, 프리슬란트, 스페인이나 다른 국가들로 이동할 것이고, 그곳에서 막대한 손실을 끼칠 것이라는 이유를 들어 설득하였다. 2년 뒤에 리보니아의 타운들이 푀트*Voet* 해적들로부터 약탈당하였던 사실로 미루어 보아, 이 타운들이 적극적으로 해적들에게 일자리를 제공했을 것으로 보이지는 않는다. 반면 폴란드에 대한 전쟁 재개를 준비하고 있던 기사단 단장은 해적들을 적극적으로 두 팔 벌려 환영하였다.[32]

알려진 바와 같이 해적행위는 법률적 용어들로 정의하기는 어렵다. 해적질은 상선을 대상으로 자행하였던 "강도질의 난폭한 형태"로 정의되어 왔으며, 그리고 해상교역을 보호하고자 하지만 빈약한 재원으로 인해 그 활동을 수행할 수 없었던, 정부당국의 대응책인 사략선의 상선 나포, 혹은 "적국상선나포*guerre de course*"를 말한다.[33] 실제 현실에서는 이러한 구분이 상당히 모호했으며, 그리고 "누군가를 해적으로 불러야만 하는지 여부는 사실상 누가 권력을 가지고 있느냐와 관련된 문제"[34]라고 보는 견해는 충분히 경청할 만하다. 통치자들은 모호한 역할을 수행하였는데, 그들이 자신들에게 유리할 때는 해적행위를 조장하였지만, 해적들이 자신들의 통제권을 벗어나고 동맹국 및 강력한 중립세력과의 선린 관계를 교란시키기 시작하면 해적행위를 단속하였다. 덴마크의 마르그레테 여왕과 잉글랜드의 헨리 4세는, 둘 다 때로는 한자동맹 상인들의 항의에 화답하는 것이 현명한 일이라고 생각하였으며, 해적들을 단속하는 강력한 조치를 취했다. 해상에서의 무법행위를 억제하는데 무능했던 헨리 6세는 상인 이익단체들의 랭커스터 왕조에 대한 지지의 철회라는 대가를 지불해야 했을 것이다. 부르고뉴의 공작 필리프 르봉*Philippe le Bon*(1419~1467)은 한자동맹의 해상활동을 방해하는 홀란드의 타운들에서의 사략선 활동을 막는 데 상당한 어려움을 겪었으며, 결국 그는 모든 약탈자들에게 두 명의 암스테르담 해적 선장들의 명령에 복종할 것을 명함으로써 해적행위의 합법화를 추진할 수밖에 없었다.

바다의 지배를 위한 투쟁 (약 1500~1720년)

중세 해적활동은 "자신의 신민들을 방어하거나 해적의 공격을 막을 능력이 없는 약한 정부의 표시"로 흔히 간주되어 왔지만, 해적은 국가 해군 상비군 창설 이후인 근대 초기 북유럽 해역에서의 해안을 계속 교란시켰다. (해군에 대한) 국가의 정책은 대개 일관성이 없었다.[35] "바다의 지배mastery of the sea"를 주창했던 통치자들은 해적들의 '명성'을 부러워하였으며, 통제되지 않은 해적활동이 분명 성가신 골칫거리였다. 1535년 헨리 8세의 해적 소탕 법률과 같이 해적활동에 대처하는 조치들이 시행되었으며, 이 법령은 해군법원Admiralty Court이 해적에 대해 사형을 선고하는 것까지 허용하였다. 튜더왕조의 정치인들은 단지 국가방어의 차원에서 뿐만 아니라 해적으로부터 바다를 완벽하게 방어하기 위해 순시와 선원을 늘여야 한다고 주장했다. 그러나 허가받은 형태의 사략선의 나포활동, 즉 해적활동은 국가당국으로부터 적극적으로 지원되고 장려되기까지 하였다. 덩케르크와 오스텐데를 근거지로 활동하는 사략선들은 1590년대부터 줄곧 대 네덜란드전에서 합스부르크 국가정책의 중요한 현안이 되었다. 이어서 프랑스 왕실은 이곳의 사략선들을 부추겨 루이 14세와 전쟁 중인 해상 열강들을 공격하도록 했다. 엘리자베스 시대에는 사략선의 상선 나포활동은 많은 수익이 나는 사업이었으며, 자본을 축적하는 좋은 방법이었다. 스페인 무적함대의 격퇴 이후 3년간 적어도 236척의 배들이 사략선 활동에 나섰으며, 적어도 40만 파운드에 해당되는 299척의 선박을 포획하였는데, 이는 전쟁 이전 이베리아와의 한해 무역량과 거의 맞먹거나 능가하는 수치이며, 대략 당시 잉글랜드 전체 수입품 총액의 10~15%에 해당하는 액수였다. 런던 상인들에 의해 축적된 자본은 동인도회사와 식민지 사업의 재원 마련에 일조하였다. 또한 대서양과 카리브해 지역에서 이루어진 왕성한 노략질이 세계 대양을 횡단하여 얻을 수 있는 기회들에 대한 훨씬 넓은 전망을 열어주었다. 하지만 1603년 잉글랜드에서 그랬던 것처럼 타국선박 나포면허장letters of marque의 발급이 중단되고 전시 복무를 위한 강제 동원이 해제되면서 국가가 지원하던 침략활동의 갑작스런 중단은, 일자리에서 쫓겨난 사람들의 자발적인 선원지망생들로 충원 유지되긴 했지만, 원하지 않는 새로운 형태의 해적활동으로 이어졌다.[36]

영국인들은 세계 대양에서 가장 가공스러우며 무자비한 해적들에 속했으나, 이들도 자신의 고국 해역에서는 알제와 덩케르크에서 온 해적들의 희생자가 되었다. 덩케르크 해적들은 북해의 양안에서 상당히 무서운 존재였다. 뉴캐슬에서 런던에 이르는 연안 석탄 교역은 1590대부터 1630년대까지 빈번하게 공격과 방해를 받았으며, 덩케르크 해적들은 홀란드의 어선 선대에 큰 피해를 입혔다. 잉글랜드 상인들과 선주들이 정부를 향해 애처로운 불평을 쏟아냈지만, 해로 순시함대를 위해 자신들의 주머니에서 재원을 출연하는 것을 한사코 망설였다. 홀란드의 시민들도 마찬가지로 청어잡이 어선의 어획량에 세금을 부과하고 그 재원으로 전투선을 마련하여 어선 선대를 보호하고자 했던 카를 5세의 정부안을 지원하길 꺼렸다. 하지만 필수적인 발트해의 교역활동을 보호하는 일은 전혀 사정이 달랐다. 일찍이 1557년, 암스테르담은 상선대를 보호하는 전투선 비용을 조달하기 위해 특수채를 발행하였다. 1631년 발트해에서 무역활동을 했던 네덜란드 상인들과 선주들이 합심하여 북해에서의 효과적인 호송을 위한 몇 척의 전투선 조선비용을 부담하기로 하였다. 이러한 호송선들*directieschepen*은 노르웨이와 발트해에서 돌아오는 비무장 상선들로부터 징수한 선박징집세*levy*로 재원을 충당하였으며, 세금은 선박과 화물의 가격에 따라 책정하였다.

유럽대륙 전체를 출렁이게 했고 그 반향이 카리브 해와 인도양에까지 울려 퍼졌던 근대 초 복잡한 일련의 전쟁 와중에, 중세 통치자들은 다소 임시적으로 해군의 문제에 대처했기 때문에 완전히 실패했던 기능과 역할을 해군들이 점차적으로 떠맡게 되었다. 중간돛대에 국기가 펄럭이는, 매우 훌륭하게 장식된 군함은 통치자의 명성과 권위를 상징하였다. 이 군함들의 이름 자체가 지배권*dominion*을 주장하고 있었다. 즉 피니어스 펫*Phineas Pett*이 건조하여 1637년에 진수된 삼층 갑판선, '바다들의 지배자*Sovereign of the Seas*' 호는, 2년 앞서 발간된 존 셀던*John Selden*의 책, 『폐쇄해*Mare clausum*』에서 언급된 브리튼 바다들에 대한 주권을 강화하였다. 그리고 크리스티안 4세의 기함, '트레 크로너*Tre Kroner*'(세 개의 왕권) 호는 1397년 칼마르에서 통합된 스칸디나비아 3개 왕국에 대한 덴마크왕의 권리를 명백히 하기 위한 것이었다.

하지만 지배자의 바다에 대한 소유권에 대한 위풍당당한 자랑은 오히려 다른 많은 현실을 은폐하였다. 우선 꽤 괜찮은 선대를 건설하고 유지하는 데에는 많은 비용이 들었다. 즉 당시 주권 군주들과 정부들이 상설 해군과 이를 유지하기 위한 행정 관리업무의 필요성을 인정하긴 했지만, 실제로 이러한 서비스에 부합하게 자금을 댈 수 있는 주권 군주나 정부는 드물었다. 또한 해군의 역할과 기능 문제를 두고 태생적인 갈등이 있었다. 즉 해군이 주권 군주의 외교 정책을 홍보하기 위한 것일까 아니면 주로 공해에서 선박과 국민의 재산을 방어할 의도로 탄생한 것이었을까? 그들의 주군으로부터 자유로워지고, 자신들의 상업적 이익을 지키는데 여념이 없는 부르주아공화국 속에 느슨하게 통합되어 있었던, 네덜란드 인들은 후자의 관점에 경도되어 있었다. 네덜란드 인들의 해군은 분리된 다섯 개의 해군성이 지휘하는 분권화된 군이었다. 1597년 해군성 지침서*instructie voor de admiraliteiscolleges*에 자세히 설명되어 있듯이, 이들 각 해군성의 업무는 우선적으로 나포선들에 대한 관할권을 조정하고 보유하는 것이며, 나포면허장을 발급하는 것이었다. 해군성들은 또한 상선호송대를 지원할 책임이 있었다. 호송대는 수출입 물품에 부과되는 세금과 적국들과 교역하는 물품들에 대한 면허세로 경비를 충당하였다.

한편, 1630년대 찰스 1세의 건함세ship-money로 만든 함대는 육상과 해상에서 있을지도 모를 네덜란드의 주도권에 대항할 목적으로, 외교정책의 한 수단으로써 고안되었다. 마르텐 트롬프*Maarten Tromp* 제독이 다운스Downs에 피신하고 있던 스페인 함대를 무너뜨리는 것을 잉글랜드 인들이 그저 속수무책으로 바라만 보아야 했던 1639년, '바다들에 대한 지배권'을 고수하기 위한 찰스 1세의 노력은 처참하게 수포로 돌아갔다. 잉글랜드의 해군정책이 다시 한 번 심각하게 논의된 것은 1640년대 있었던 내전이 끝나고 공화정이 설립되고 나서였다.

영국 의회는 새로운 공화정의 초석으로서 대규모 해군을 창설할 의도로 주요 선박건조 프로그램에 착수하였다. 네덜란드에 대항한 투쟁은 이제 상업적 차원으로 접어들었다. 부연하자면 1651년의 항해조례는 네덜란드를 교역 대국으로 가는 잉글랜드의 야망을 저지하는 적으로 명시하였으며, 해운운송업으로부터 네덜란드 인들을 배제시키는 첫 번째 조치를 포함하였다. 항해조례, 즉 영국의회가 바다의 주권을 계속 요구하고 또 적에게 이로운 상품 운송으로 간주되는 상선 수색권에 대한 영국의 주장은 갈등을 초래하였고, 1652년 봄 네덜란드와의 전쟁 발발로 이어졌다. 임차한 상선들로 급조된 선대로 전쟁에 임한 네덜란드는 리모델링한 잉글랜드 해군을 당해낼 수가 없었다. 네덜란드 인들은 바람이 불어가는 쪽 해안의 불리함을 안고 있었고 서쪽으로 교역하기 위해 영국해협을 통과하면서 집중공격을 받아야하는 불리함을 안고 있었다. 여러 번의 교전에서 패배하면서 네덜란드는 상선 대부분을 잃었으며 강화를 제의할 수밖에 없었다.

제1차 잉글랜드-네덜란드 해전이 북쪽 바다들에서의 잦은 격렬한 충돌을 수반한 70년간의 힘겨루기의 시작이었으며, 해양열강들(양국)이 전투함대를 건설했기 때문에 해군무기 경쟁과 유사한 경쟁을 촉발시켰다. 공화정 시기가 끝나자(1660), 잉글랜드 해군은 1642년에 비해 세 배로 증강되었으며, 프랑스, 덴마크, 스웨덴, 포르투갈 해군함대를 다 합친 것보다 더 컸다. 이어지는 10년간, 콜베르의 주요 선박건조 프로그램의 결과로, 프랑스가 '빅 리그'에 편입했으며, 그리고 1670년이 되면 선박배수톤수 기준으로 보면 가장 앞서가는 해군열강이 되었다. 1차 잉글랜드-네덜란드 전쟁의 경험으로 인해 충격을 받았던 네덜란드 의회(the States General, 상·하 양원으로 이루어진 네덜란드 국회, 전국 회의, 16~18세기 네덜란드 공화국의 국가 최고 기관)는 30척의 새로운 군함 건조를 지시했고 종전 무렵에 다시 30척을 더 건조하였다. 이와는 대조적으로 잉글랜드는 1650년대의 기세를 유지하는데 실패하였고, 제2차 잉글랜드-네덜란드 전쟁(1665~1667)에서는 미흡했던 전쟁 대비책과 내부 분열의 대가를 치렀다. 해군장관secretary to Admiralty이었던 사무엘 페피스Samuel Pepys의 끈질긴 로비활동이 크게 주효한 결과, 30척의 새로운 선박건조 프로그램 같은 정책이 부활한 것은 1670년대 후반에 이르러서였다.

발트해를 둘러싼 주도권 전쟁이 북해에서의 잉글랜드-네덜란드 분쟁보다 훨씬 더 일찍 시작되었다. 16세기 초 형성된 발트해 지역에서 강력한 덴마크 해군 프레젠스naval presence*는 16세기 중반이 되면, 1520년대 칼마르 동맹이 최종적으로 해체되면서 막 등장하였던 바사 왕조의 통치하에 있던 스웨덴 함대의 도전에 직면하였다. 북유럽의 7년 전쟁the Seven Years' Northern War (1563~1570)동안 덴마크 함대에 대항한 해상전의 승리는 스웨덴에게 발트해 북쪽 해역에서의 주도권을 제공하게 되었다. 이 해역을 장악함으로써 스웨

---

* 어떤 나라의 병력이 어떤 지역에서 전개됨으로서 유·무형의 압력을 가하거나 또는 그 지역의 평화 이권보호에 유용한 작용을 하는 일. 또는 그런 목적으로 주둔하는 타국의 군대, 주둔군.

덴 인들은 17세기 첫 30년 동안 전개된 폴란드와의 장기간의 전쟁에서 적국의 항구들을 봉쇄하고 리보니아와 프로이센으로 상당수의 인력과 물자를 운송할 수 있었다. 덴마크의 크리스티안 4세(1596~1648)는 1621년 스웨덴의 리가 정복을 발트해에 대한 덴마크의 지배권에 대한 공개적인 도전이라 인식하였다. 크리스티안 왕은 1622년 왕국의회를 설득하여 발트해에 대한 덴마크의 권리를 ―덴마크령 보른홀름, 고틀란트, 사례마Saaremaa(Ösel) 제도의 북쪽을 관통하는 경계선 아래 남부 발트해 수역을 포함하고 있는 해역에 대한 이러한 권리의 개념이, 분쟁 지역인 리가 만은 "앞서 언급한 해역에서만큼 철저한 것은 아니지만 기회가 허용하는 한" 덴마크의 권리가 관철될 수 있는 곳이라는 단서를 포함하고 있어, 북부 해역들에 대한 스웨덴의 지배권을 암묵적으로 인정하긴 했지만― 천명하도록 설득할 수 있었다.[37]

1630년대에 스웨덴이 총공세를 퍼부어 프로이센과 독일 쪽으로 이동함으로써 발트해 지배권 싸움에서 유리한 입지를 점할 수 있었다. 덴마크는 30년 전쟁 동안 크리스티안 4세의 독일 개입이 실패로 돌아감으로써 급격히 약화되었으며, 그리고 1629년 구스타프 2세 아돌프Gustav II Adolf(1611~1632)의 주도 아래, 표면적으로는 발트해에서의 제국 해군의 출현에 따른 위협에 맞서기 위한 군사동맹의 체결을 강요받았다. 발트해 연안 지역에서 신성로마제국 지지자와 가톨릭 세력을 몰아내고 스웨덴 군대를 남부독일 지역까지 깊숙이 침투시켰던 1631~1632년에 있었던 구스타프 2세 아돌프의 화려한 군사적 승리를 (황제가 전사하는 바람에 더) 지속할 수는 없었지만, 스웨덴은 독일에서 1648년 평화조약에 서명할 때까지 강력한 세력을 유지하였다. 스웨덴이 베스트팔렌 조약으로 발트해(비스마르 항과 포어폼메른) 및 북해(브레멘과 베르덴) 연안의 독일영토를 획득함으로써, 스웨덴 왕국은 외곽의 안전지대뿐만 아니라 더 나아가 덴마크의 야심을 근절시킬 수단을 확보하였다. 스웨덴은 1643년 독일에서 군대를 돌려 유틀란트를 침공하였으며, 1657년 재침공하였다. 이 두 전쟁에서 패한 덴마크는 1645년에 사례마, 고틀란트, 할란드Haaland 지방 그리고 1660년에 보후스, 스코네, 블레킹에Blekinge에 대한 지배권을 스웨덴에게 할양하였고, 스웨덴이 카테가트에서 리가 만에 이르는 발트해 북부와 동부 연안에 대해 단독 지배권을 확보하였다.

스웨덴의 영토 확장은 의심의 여지없이 효과적인 해군 프레젠스와 인력, 말, 무기류를 발트해를 통해 운송하고 필요시 항구를 봉쇄할 수 있는 능력에 의해 지지되었다. 하지만 이러한 "힘의 투사 활동power projection activities"이 덴마크에 대한 참으로 결정적인 해군의 승리를 가져다 준 것은 아니다. 예컨대 스웨덴 역사학자 얀 글레Jan Glete가 인정하듯이, 1643~1645년과 1657~1658년 전쟁기간 동안 스웨덴의 전투함대의 역량은 "만족할만한 수준 이하"였다.[38] 1675~1678년 전쟁기간 동안 스웨덴 함대는, 욀란드(1676년 6월) 섬 근해에서, 또 쾨게 만(1677년 7월)에서 덴마크-네덜란드 함대에 대패하는 수모를 당할 정도로, 완전히 형편없었다. 2세기 간에 걸쳐 진행된 전쟁이 1710년 재개되었을 때, 스웨덴 함대는 덴마크에 대해서 더 나은 역량을 보였지만, 1709년부터 1721년 대북방전쟁이 끝날 때까지 핀란드 해안과 스웨덴 해안의 섬들을 돌아다녔던 표트르 대제의 대형 갤리선 함대에 대항해서는 형편없이 무력했다. 육군과 긴밀하게 협력하면서 핀란드 해안을 따라 운항하였던 갤리선 함대는 폐쇄해역에서 노도선의 장점을 부각시키면서 1713~1714년의 핀란드 점령에 중요한 역할을 수행하였다.

"덩케르크 약탈자들에 의해 그렇게 심하게 유린당한 적은 단 한 차례도 없었던" 북해와 영국해협과는 상당히 대조적으로, 발트해는 17세기 거의 내내 해적들이 공공연히 암약하고 있었다. 이런 현상은, 덴마크가 제어하는 외레순드 해협을 통과하는 외국 선박들과 스웨덴이 제어권을 행사할 수 있는 발트해 동부지역을 방문하는 외국 선박들에 부과하는 관세를 통해 자국의 해군 순찰활동 비용을 충당하기 위해, 통행증protection을 외국 상선에게 '매각하려는' 스웨덴과 덴마크 정부의 적극적인 의지로 귀결된다.[39] 하지만 이런 방식은 선주의 자기 책임을 면제해 주는 것은 아니었다. 잉글랜드 인들과 네덜란드 인들은 덴마크 인들과 스웨덴 인들의 통행세와 관세 총액의 교묘한 조작 때문에 격분하는 일이 잦았다. 그리고 1620년대와 1630년대의 덩케르크 해적들의 위협과 전반적으로 불안했던 국제 상황은 잉글랜드와 네덜란드가 발트해에 관해 소극적인 정책을 추구하도록 만들었던 반면, 이들 두 국가는, 보호하고 보전해야할 잠재적인 동시에 첨예한 상업적 이익을 갖게 된, 이어지는 수십 년 동안에는 한층 강한 의지를 가지고 적극적으로 발트해에 개입하였다.

서유럽의 해양 국가들에게 발트해로의 접근이 중요했는데, 왜냐하면 발트해 지역은 유럽의 선박 건조에 필수적인 목재, 삼, 피치, 콜타르의 주요 공급원이었기 때문이었다. 이런 자원 공급처로 자신의 적이나 경쟁자의 접근을 막는 활동은 16세기부터 19세기까지 서유럽 국가들의 전략에 있어 필수적인 요소를 구성하고 있었다. 일찍이 1545년에, 돛대를 실은 세 척의 선박이 프랑스의 항구로 향하다가 나포되어 도버로 끌려갔는데, 벌레이 경*Lord Burleigh*은 무적함대Armada 전성기 동안 잉글랜드의 적국들의 발트해에 대한 의존성을 기록하였다. 그는 다음과 같이 관찰하였다.

> 에스토니아Estland로부터 돛대, 널판자, 케이블, 밧줄, 피치, 콜타르, 구리를 확보할 수 없다면, 스페인 사람Spayn 누구도 뛰어난 군대를 수송할 전함을 건조할 수 없을 거라 상상할 수 있으며, 만약 서인도제도로부터 가지고 온 돈으로 이러한 선재들을 공급하라고 한자상인Hanze들을 유혹하지 못했더라면, 스페인이 잉글랜드와의 해상전을 도발할 수 없었을 것이다.40)

특히 발트해산 호밀시장은 정치적인 혼란에 대해 매우 민감하게 반응하였다. 재수출 곡물에 세금을 부과하려는 네덜란드의 합스부르크 정부의 시도가, 새로운 시장을 찾기 시작했던 발트해 지역의 수출업자들을 불안하게 만들었으며, 그들은 스켈트 강 남쪽 해역에서는 심지어 고임금의 네덜란드 도선사를 고용하면서 리스본으로 시장을 옮겼다. 1565년 덴마크-스웨덴 전쟁으로 야기된 분열상황은, 이미 극도의 정치적 긴장 상태에 있었던 네덜란드의 물자 부족과 기근으로 이어졌으며, 그리고 네덜란드와 발트해 동부지역에서 격렬한 전투가 있었던 1569년부터 10년 간 네덜란드의 발트해 교역도 불황에 빠졌다. 30년 전쟁 기간, 스웨덴은 러시아산 곡물을 수확기에 구입하여 비축함으로써 암스테르담 곡물시장의 수급 불안을 활용하여 이익을 얻으려했지만 마찬가지로 성공하지 못했다.[41]

네덜란드에 대항한 장기간의 전투에서 스페인 합스부르크 왕가는 그들 적국의 해상무역을 약화시키거나 파괴시키기 위한 다양한 계획을 구상하였다. 이 구상들 중 가장 야심찬 시도는 1620년대 강력한 합스부르크 왕가의 해군 프레젠스를 발트해에 구축하려는 계획이었다. 한자동맹 도시들이 선박과 항만시설을 제공하는 것을 원하지 않았고, 1628년 제국함대의 초대 사령관이자 대서양과 발트해의 제독이었던 위대한 군사령관 발렌슈타인 *Wallenstein*의 그 계획에 대한 열정 부족으로, 이러한 계획들은 실현될 가능성이 적었다. 한참 뒤인 1638년에 발트해에 대한 스페인의 구상안을 담은 보고서들이 작성되긴 했지만 말이다. 스페인이 발트해 무역의 주도권을 잡으려고 했던 이유는 프랑스 중개상에 의해 다음과 같이 요약되었다.

> 스페인 사람들은, 네덜란드 인들이 독일과 폴란드에서 곡물, 초석(硝石), 밧줄, 가죽, 밀랍, 그 밖의 생존을 위해 필요한 물품들을 가지고 왔을 뿐만 아니라, 프랑스 인들과 다른 나라 사람들에게 이 물품들을 되파는 것은 이들 나라에 거주하는 네덜란드 인들에게 자유롭게 열린 항해를 하기 때문이라는 것이라고 판단하며, 또한 스페인 사람들은, 네덜란드 인들이 생존과 전쟁을 위한 필수품을 보유할 뿐만 아니라, 남는 것을 외국인들에게 팔아서, 강력한 군대를 유지할 수 있는 비용도 그들 스스로 충당한다는 사실에서도 확인된다고 본다.[42]

북해에서의, 그리고 스웨덴 왕 칼 10세(1654~1660)의 짧은 통치 기간 동안 발트해 지역에서의 잉글랜드와 네덜란드 공화국 사이의 충돌은 다양한 외교활동을 통해 야기되었지만, 상대진영으로 이런 저런 경쟁국을 몰아넣을 수 있다는 우려 때문에 완화되었다. 네덜란드 인들이 1653년 잉글랜드 선박에 대해서 외레순드 해협을 폐쇄하도록 덴마크를 설득하는데 성공했지만, 스웨덴을 공동 노르딕 동맹Nordic alliance 안으로 끌어 들일 수는 없었다. 스웨덴과 긴밀한 동맹을 맺으려는 잉글랜드 인들의 노력은 겨우 한 건의 제한된 무역협정 체결을 이끌어 냈을 뿐이었다. 네덜란드 인들이 1656년 스웨덴 인들의 그단스크 접근을 차단하기 위해 함대를 파견하였으며, 그리고 2년 후에는 스웨덴의 공격으로부터 코펜하겐을 보호하고, 덴마크 인들을 지원하기 위해 외레순드 해협으로 또 다른 함대를 파견하였다. 네덜란드 인들은 주로 자신들의 발트해 지역 무역을 지키는데 관심이 많았지만, 이들의 활동이 잉글랜드 의회를 불안하게 만들었으며, 임종 순간 올리버 크롬웰은 다음과 같이 경고하였다.

> 만약 네덜란드 인들이 발트해로부터 우리를 차단하여 그 지역의 주인이 된다면, 그대의 무역은 어디에서 할 것인가? 그대의 선박을 보전할 선재들은 어디에 있는가? 그대가 장차 해로통행권을 요구할 수 있거나 그대의 땅으로 침입하는 외세를 대항해 맞설 수 있는 곳은 어디인가? 명심하라, 이것(발트해로부터 우리를 차단하는 것)이 (네덜란드 인들의) 계획안에 있다는 것을!43)

결국, 외교 활동은 해군 활동보다 우선시되었고, 스웨덴과 덴마크 사이의 화평은 1660년 잉글랜드-네덜란드의 공동중재로 만들어졌다.

소금, 곡물 또는 해군의 군수품과 같은 필수품들의 생명선을 확보하는 것은 모든 정부의 중요한 관심사였고, 접근 거부는 곧 무장대응을 초래할 수 있었다. 해상열강들은 외레순드 해협 활동에 관여하였고, 발트해 지역에서의 갈등시기에 그단스크와 같은 항구들에 대한 스웨덴의 봉쇄를 분쇄하려고 시도하였다. 1643년 스웨덴 총리 악셀 옥센셰르나는 적대 관계에 있던 덴마크 인들이 자국의 소금 자원의 부족을 약점으로 활용한다고 불평하면서, 다음과 같이 첨언하였다. "우리나라에 소금 자원이 있었더라면, 십중팔구 우리가 덴마크 인들과 개전할 필요는 없었을 것이다." 이보다 80년 전에, 스웨덴은 정치적 위기 상황에 직면하였으며 덴마크와의 전쟁에서 패배하여 덴마크로부터 소금공급이 중단되었다. 이러한 상황은, 1566년 52척의 네덜란드 소금 선대의 나포를 통해서 극적으로 개선되었는데, 이 선대는 스웨덴 전역의 1년 수요를 충당할 수 있을 정도의 소금을 싣고 있었다.[44] 발트해의 작은 국가들은 그들 주변의 큰 국가들의 약탈행위에 훨씬 취약하였다. 야콥 케틀러Jacob Courland(1642~1681) 쿠를란드 공작은, 자신이 통치한 첫 15년 동안 감비아Gambia 해안에 교역거점을 획득하려고 전전긍긍하였으며, 1652년 워릭 백작으로부터 토바고Tobago 섬을 구입하였고, 크롬웰의 공화국과 무역협정을 협의하여 카리브 해의 잉글랜드 해적으로부터 어느 정도의 안전을 보장받기까지 하였다. 그의 공국의 조선소는 79척의 상선과 54척의 군함, 외국으로부터 온 주문을 받아 몇 척의 선박을 건조하였지만, 대부분이 공작의 함대로 활용되었고, 그중 24척이 1658년에 교역에 이용된 것으로 생각된다. 하지만 이러한 희망적인 시작은 그 해 10월에 스웨덴이 공국을 점령하고 공작과 그의 가족을 감금함으로써 좌절되었고, 함대를 다시 건설하거나 쿠를란드 공작의 무역을 통해 부를 축적하는 것은 불가능하게 되었다.[45]

무역항로와 무역시장에 대한 지배권은 경우에 따라 국가 정책의 방향을 결정하는 원칙으로 간주되어 왔다. 예를 들어 스웨덴 역사학자 아르투어 아트만Artur Attman은 스웨덴의 17세기 발트해 정책의 근본적인 목표는 러시아 시장에 대한 지배권을 획득하는 것이었다고 믿었으며, 그는 이 주제에 대한 연구로 평생을 보냈다.[46] 반면 스웨덴 총리 악셀 옥센셰르나가 매우 관심을 가졌던 문제, 말하자면 세계 대양에 대한 제약 없는 접근과 같은 문제는 오히려 덜 주목되어 왔다.

이제 우리는 훌륭한 국가를 수립하였는바, 우리가 열심히 노력하고 도시에서의 상공업을 활성화시키면, 나라를 발전시킬 수 있다. 그리고 이 문제에 관해서는 우리는 누구보다도 네덜란드 인들로부터 배워야 한다. 네덜란드 인들이 내심*in privato* 우리를 견제할 수도 있겠지만, 그건 문제가 되지 않는다. 우리는 네덜란드 인들만큼 세계 전역을 방문할 자유로운 바다와 수단을 보유하고 있기 때문이다. 하지만 우리의 앞길을 막으며 우리 계획을 방해할지 모르는 유일한 걸림돌이 있다. 덴마크 인들이 우리 성장의 열쇠와 같은 외레순드 해협을 꽉 틀어쥐고 있다.47)

헬싱외르Elsinore, Helsingör 성의 대포로 통제되는, 외레순드 해협으로 통하는 협소한 북쪽 입구에 대한 지배권은 덴마크 정부에게 귀중한 수입원을 제공하였고, 또한 중요한 전략적 이점이 되었다. 프레데리크 2세(1559~1596)는 1560년대 스웨덴과의 전쟁에서 네덜란드 시장으로의 곡물 공급을 결정적으로 방해하기 위해 몇 번이나 외레순드 해협을 봉쇄하였다. 1578년 있었던 이반 4세*Ivan the Terrible*(잔혹한 이반)와의 분쟁으로, 그는 나르바Narva로 향하는 모든 선박을 차단하였으며, 엘리자베스 여왕에게 선박을 압류할 수도 있다고 경고하며 러시아로의 군수품 수출을 금지해 줄 것을 요청했다. 프레데리크 2세는 또한 노르 곶을 경유하여 러시아로 가는 북쪽 항로로 항해하는 잉글랜드 선박에게 통행료를 요구하려고 시도하였다. 그의 후계자 크리스티안 4세도 엘베 강 통행료를 부과함으로써 비슷하게 공격적인 정책을 취했으며, 해협 사용료의 증가는 전반적으로 교역 국가들의 원성을 낳았다.48) 스웨덴 정부는, 1645년 덴마크와의 적대적 관계를 종식시켰던 브룀제브로Brömsebro 조약을 통해 선상 검열on-board visitation과 자국 신민과 선박에 대해 해협 사용료 면제를 보장할 수 있었다. 스웨덴은 또한 사용료를 내거나 제지당하는 일 없이 외레순드 해협을 이용하여 군수품을 운송하는 것을 허락받았다. 네덜란드, 잉글랜드, 프랑스도 자국 선박과 화물에 부과되는 요금을 할인받기도 했다.

1640년대와 1650년대에 이르러 발트해의 열강이었던 덴마크의 실질적인 몰락은 잉글랜드와 네덜란드의 상업 경쟁이 정점으로 치닫기 시작하면서, 그리고 이들의 발트해로의 진출이 중요한 문제가 되면서 시작되었다. 목재와 해군군수품의 확실하고 정기적인 공급권 확보를 위해, 1660년 왕정복고 이후의 잉글랜드 정부가, 항해조례를 통해, 본국 및 식민지 생산을 촉진하고 발트해로부터 들어오는 공급물량에 대해 네덜란드의 의존성을 제한하려고 노력하였다. 1660년과 1662년 항해조례는 발트해로부터 들어오는 대부분의 상품 수입을 잉글랜드나 산지국의 선박으로 효과적으로 제한하였다. 1700년이 되면, 네덜란드 인들은, 특히 잉글랜드가 전쟁 중이었을 때는 스웨덴 항구와 리보니아 항구의 배들이 개입함으로써, 발트해에서 잉글랜드 항구로의 해운업에서 전반적으로 배제되었다. 자신들의 이해를 뒷받침할 강력한 중앙 정부가 없었던 네덜란드 인들은, 주로 우월한 상술과 법학자였던 휴고 그로티우스에 의해 열렬히 주창되었던 해상에서의 자유로운 무역의 원칙에 의존하였다. 1640년 스웨덴으로 파견된 네덜란드 사절단의 말 속에 등장하는, 어느 누구도 바다를 소유할 수 없다는 언설은 바다를 자유롭게 항해하고 바다 위나 해역에서 정당한 거래를 추구하는 것은 모든 사람에게 허용된다는 주장이다.[49]

'항해의 자유는 교역의 자유다free ships make free goods'는 네덜란드 인들의 원칙이 전시 중립권을 함축하고 있었다. 영국인들은 이 원칙이 적군이 사용할 수 있는 물자들을 중립국이 공급할 수 있도록 허용한다는 이유로 반대하였으며, 그들은 일련의 법과 선언을 통해 허용되는 무역의 범위를 제한하고자 하였다. 영국인들이 프랑스 인들과 전쟁을 하는 동안 중립 선박에 승선하여 검열하고 밀수품으로 간주된 화물을 압수할 수 있는 권리를 행사하였던 18세기 동안, 네덜란드의 원칙은 북유럽의 작은 국가들에게 중요한 사안이 되었다. 1756년 덴마크와 스웨덴은 무장중립을 선언하는 세력에 합세하였다. 양국은 영국에 대한 어떤 적대적 의도가 없음을 주장하였다. 스웨덴이 전쟁이 발발할 위험에 대비한 준비를 좀 더 많이 하고 있었기에 '항해의 자유는 교역의 자유다'라는 문구를 협정에 삽입하려고 시도하였고, 반면 덴마크 인들은 영국인들이 수용하지 않을 것이라는 것을 알고 그 문구 삽입을 거절했지만 말이다. 갈등을 불러왔던 실질적인 하나의 사항은 협정 속의 밀수품이 1713년 위트레흐트 조약의 조항에 의거하여 정의되었다는 것이다. 위트레흐트 조약은 밀수품에서 송진과 콜타르를 제외하였지만, 영국인들이 오스트리아 계승 전쟁 동안 이 품목을 밀수품으로 공표하였었다. 프랑스로 콜타르를 운송하던 스웨덴 선박들은 얼마간 자유롭게 항행하도록 방치되었지만, 목재 운송 선박들이 그랬던 것처럼 결국에는 제지당했다. 1800년 러시아와 덴마크 사이에 맺어졌던 유사한 협정이 그랬던 것처럼, 러시아의 원조 아래 맺어졌던 1780년 무장중립동맹League of Armed Neutrality은 교전국들의 전함과 사략선의 발트해 진입을 차단할 것을 제안하였다. 두 중립동맹의 의중에는 정치적 이해가 강하게 반영되었다. 전시 중립국 선박의 권리를 제기한 이 이슈는 의제로 남았고, 제1차 세계대전 동안 다시 한 번 첨예한 형태로 수면 위로 떠오르겠지만 말이다.

열강 정치의 시대 (1720~1918년)

17세기가 북쪽 바다들이 국제정치의 진원지였던 마지막 시기라는 것은 거의 확실하다. 해로에 대한 지배권은 합스부르크 스페인과 네덜란드 사이의 80년 전쟁 발발에 결정적인 촉매제 역할을 하였다. 네덜란드 7개주 연합공화국*과 잉글랜드를 의미하는 '해상열강'이라는 용어의 광범위한 사용은 바다

---

* 해양지배의 패권은 17세기 중엽 영국 혁명의 내부적 혼란기에 홀란드로 넘어가게 된다. '네덜란드'는 오늘날의 홀란드와 벨기에를 합친 지역을 가리키는 이름이었다. 홀란드는 북부의 프로테스탄트 주 7개 주 가운데 1개주에 해당하지만, 독립 때 가장 중심적인 역할을 담당한 번성한 지역이었기 때문에 이 지역 전체를 대표하는 국명이 되었다. 홀란드가 독립한 뒤에도 남부의 가톨릭 10개주는 여전히 '스페인령 네덜란드'로 남았고, 이들 주가 나중에 벨기에로 독립했다. 스페인령에서 독립한 네덜란드의 북부 7개주의 대표 격인 홀란드는 내외적으로 큰 변화를 가져

의 구심성을 보여주는 것이며, 양국은 1652~1674년 사이에 벌어졌던 일련의 단기 해전에서 바다를 놓고 싸웠다. 잉글랜드의 저명한 무역 정치 평론가인 찰스 대버넌트에게 다음은 자명한 사실이었다.

> 무역 활동에서 네덜란드 인들에 경쟁하기 위한 조건을 유지하기 위해, 우리는 전시와 마찬가지로 평시에도 모든 상황들에 대비하여 바다에 대한 지배권을 단호하게 행사할 충분히 강력한 만반의 준비를 갖춘 함대를 보유해야 한다. 부연하자면, 무역은 언제나 해군력을 따라가고 해군력에 의해 영향을 받는 것으로 판명되어 왔다. 최상의 해군을 보유한 국가가 이익이나 보호를 위해 해군에 의지하는 가장 많은 상선을 보유하게 될 것이다. 그리고 이와 같은 상황이 되면 우리는 우방국들로부터는 환대를 받고, 경쟁국들에게는 끔찍한 존재가 된다.50)

하지만 유럽의 무역활동과 식민지 활동이 지구 각 지역으로 확장되고 갈등의 무대가 넓어지면서, 무역과 국익의 불가분한 얽힘과 일체화는 영국의회로 하여금 1651년 항해조례를 통과시키고, 이전처럼 북해와 발트해의 좁은 해협들과 해역을 겨냥한 것이 아니라 (세계의 해역을 대상으로 한) 대규모 조선 프로그램을 승인하게 만들었으며, 이런 조치들이 네덜란드 공화국의 분리된 지방들을 함께 연합하게 만들었다. 프랑스 인들은, 심지어 나폴레옹이 유럽에서 절대 권력을 휘두르던 시기에도 자국 해역에서 영국 해군의 패권에 효과적으로 도전할 수 있는 능력이 없었다. 발트해와 발트해지역의 여전히 중요한 상품자원들에 대한 영국인들의 접근을 차단하려는 시도들은 1801과 1807년에 무참히 짓밟혔다. 불운한 덴마크 인들은 이 두 번의 사건으로 영국 왕실해군의 공격 앞에서 큰 타격을 입게 되었다.51) 발트해 안에서, 러시아가 상당한 규모의 해군력을 확립하였다. 물론 18세기에 벌어졌던 스웨덴과의 전쟁 당시 러시아 해군의 가장 효과적인 무기는 해안을 따라 진격

왔으며, 자국의 독립을 도와 준 영국을 제치고 해상지배권을 차지했다.

하는 갤리선 함대였지만 말이다. 러시아 발트해 함대는 18세기 말 지중해에서 터키와의 전쟁 수행을 위해 호출되었으며, 1904~1905년에는 세계를 절반 정도 항해하여 만주 해안(실제로는 쓰시마 해안)에서 일본해군의 손에 패배를 경험하기도 하였다.

발트해와 동유럽의 새로운 열강으로서, 러시아는 보다 멀리 패권을 팽창하려는 의도를 품고 있다고 주변국으로부터 의심받았다. 예를 들어, 영국과 스칸디나비아 국가들의 각료들은 19세기 내내 러시아가 북대서양을 향해 진격할 수 있을 것이라고 주기적으로 우려하였다. 러시아 인들의 입장에서는 서유럽 열강들의 사주와 원조를 받은, 스웨덴의 영토탈환정책revanchism을 걱정하였다.[52] 하지만 크림 전쟁기간 동안 스웨덴이 결국 연합군의 편에 서는 것을 주저하였다. 핀란드 선박과 항구에 대한 영불 발트해 연합 함대의 포격과 파괴는 처음에는 핀란드 인들의 러시아 통치자에 대한 충성심을 강화하였으나, 이 사건은 많은 자유주의자들에게 핀란드 해안에 직접적인 영향을 주지 않는 향후의 어떤 영국-러시아 간의 갈등에서도 중립 유지라는 핀란드의 입장을 고수하도록 교훈을 주었다.

프로이센의 주도로 통일된 독일의 성립으로 발트해 지역에서 두 번째 열강이 출현하였다. 프로이센은 단기전(1863~1864)을 통해 덴마크를 격파함으로써 슐레스비히와 홀슈타인 지방에 대한 지배권을 획득하였으며, 운하를 통해 북해로 연결된 킬Kiel 항구에 대규모 해군 기지를 건설하였다. 1898년 이후 제국 독일해군의 대규모 증강이 영국 해군력에 견줄만한 해군력을 만드는 데는 실패하지만, 영국해군이 위협을 느껴 주력함을 해외 다른 주둔지에서 자국해역으로 이동시키도록 만들었으며 발트해와 북해에서 대 독일 해군 작전을 진지하게 고민하게 만든다.[53] 이와 같은 북유럽의 상황은, 노르웨이와 스웨덴 연합왕국의 분열, 1905년 5월 쓰시마 해전에서의 일본에 의한 러시아의 발트해 함대의 붕괴, 그리고 곧 이은 러시아 제국에서의 혁명 발발로 인해, 한층 더 복잡해진다.

전략가와 지략가들의 야침 찬 계획에도 불구하고, 제1차 세계대전이 실전에서는, 해군 열강들 간의 충돌에 의해 판가름 나지 않았다. 거대 전함들이 제1차 세계대전 대부분의 기간 동안 항구에 정박하고 있었다. 크론슈타트와 헬싱키에 있던 러시아 군함들과 킬에 있던 독일 전투함대는 1917~1918년에 불만과 혁명의 온상이 되었다. 영국해군은 발트해 안으로 출동하지 않았다. 실제로는 발트해로의 공세가 해군 내부의 검토 수준을 넘어 고려된 적은 없지만 말이다. 독일의 발트해 지역에 대한 지배는 영국해군이 북해와 북대서양에서의 무역과 운항을 제어할 수 있는 한 그다지 실효성이 없었으며, 북해에서의 결정적인 교전은 보다 약한 독일의 대양함대High Seas Fleet가 모항에 주둔하고 있는 한 발발할 개연성이 없었다.54)

강력한 전투 함대의 발달은 국가가 승인하거나 권한을 부여한 '민간' 무장선의 완전한 퇴각과 궤를 같이하였다. 주요 해양 국가들이 정책의 유용한 도구라기보다는 이제 문젯거리로 간주하였던 사략선 활동이 1856년 파리 평화조약에 첨부된 전시 해양법에 관한 선언에서 공식적으로 폐지된다고 공포되었다. 국가가 해안선의 방어와 연해의 탐사 기능을 넘겨받았다(선원 구조 활동은 민간 활동으로 남았지만 말이다). 즉 국가는 바다와 바다의 자원들에 대한 탐험과 조사를 지원하였으며, 제1차 세계대전이 끝날 무렵 제국의 폐허에서 건립된 신생국들은 모두가 해군 프레젠스를 확립하려고 노력하였다. 열강들의 해군 전략과 야망은 지구 전체를 그 범위로 삼고 있었으며, 특히 20세기 후반 열강들의 함대 규모는 그들의 전략과 야망과 일치하였다. 하지만 돌이켜보면 발트해 지역에 긴 암영을 드리웠던 (그리고 이른바 러시아 잠수함이 스웨덴 영해를 침범하는 일련의 사건들도 만들어냈던) 소비에트 해군력의 증강이 바다와 바다자원의 남용을 감독하고 규제하는 국제기구로의 협력적인 참여보다는 지속적인 이득이 거의 없는 파행적이고 무익한 모험으로 보일 것이다. 결국 20세기 유럽의 북쪽 바다들에서 해양 관계의 역사를 주도했던 것은 해전이 아니라 협정과 협약이다.

〈사진 1〉 북독일 뤼겐 섬의 백악질 절벽. 관광객들이 새벽에 즐겨 찾는 장소이다(사진, *Ralph Grunewald*).

〈사진 2〉 뤼겐 보덴에 있는 빌름 섬. 독일 북부 발트해 연안이 천해 지역임을 알 수 있다 (사진, *Jörg Klaus*).

사진 213

〈사진 3〉 워시 만 막달렌 수로 작업 광경. 1956년 7월, 해일로 제방이 무너져 바다로 나가는 통로가 막히자 복구 작업을 하고 있다.

〈사진 4〉 얼음에 갇힌 '힐다SS Hilda' 호. 스웨덴 발트해가 결빙되자 배가 오도 가도 못하고 갇혀 있다. 얼음 위에서 말 썰매에 짐을 내리고 있는 모습이 특이하다(1917년 1월).

〈사진 5〉 해변에 올려놓은 바이킹 복원 군선 '헬게 아스크Helge Ask' 호. 바이킹들이 얼마나 쉽게 해변에 상륙할 수 있었는지를 잘 보여 준다(사진. Werner Karrasch).

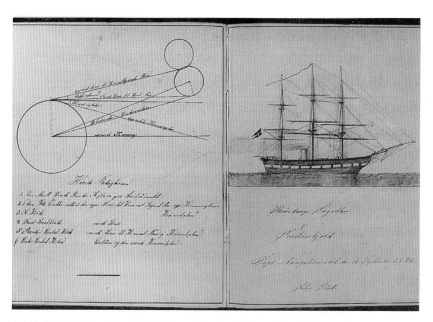

〈사진 6〉 덴마크 보괴 항해학교 학생의 연습장(사진. Matti Penttilä, 1872년)

사진 215

〈사진 7〉 관광객과 무역으로 번창했던 에스토니아 탈린 항의 부두 전경. 외륜 증기선 한 척이 각종 연안선들과 무역선들에 둘러싸인 채 여객 부두에 정박해 있다(*C. F. Buddeus*의 에칭화, 19세기 초).

〈사진 8〉 함부르크 항 전경. 19세기 북유럽의 큰 항구들은 모두 숲을 이룬 범선의 돛대들에 둘러싸여 있다.

〈사진 9〉 보스니아 해의 갈레아스선 '엘로' 호. 장작을 가득 싣고 퓌헤마 항을 떠나가는 모습
(사진. *Leo Björkman*. 20세기 초)

사진 217

〈사진 10〉 런던 그린란드 도크 전경. 발트산 목재들의 최종 목적지는 런던의 서리 도크였다 (사진. 양차 세계 대전 전간기).

〈사진 11〉 에스토니아 릴라 레괴 섬 해안에 끌어 올려 진 어선들. 육중한 용골과 선수재가 특이하다(사진. *Sven Anderson*, 1932년).

〈사진 12〉 청어 건조 풍경(*Deliciae Batavicae Variae*, *Amsterdam*, 1618, no. 42)

〈사진 13〉 생선 가공 공장. 노르웨이 스타방에르 통조림 공장에서 작업하고 있는 여성들
(20세기)

사진 219

〈사진 14〉 돌섬에서 생선 손질하는 어부들. 배경인 핀란드 벵츠케르 섬은 전형적인 벌거숭이 암석들로 이루어져 있다(1906년).

〈사진 15〉 범선에서 작업하는 선원들. 돛대가 4개인 핀란드 바크, ‘파르마*Parma*’ 호 선원들이
삭구 작업을 하고 있다(1932년).

〈사진 16〉 여성들의 겨울철 그물 노동. 에스토니아 해안에서 여성들이 포함된 그물 팀이 겨울
그물을 끌어올리고 있다(사진. *Johannes and Peeter Parikas*. 1920년대).

사진 221

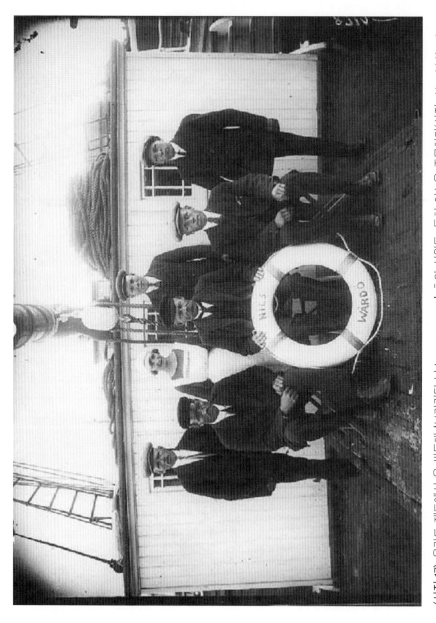

〈사진 17〉 올란드 제도에서 온 쌍돛대 '브리건틴 닐스brigantine Nils' 호의 선원들. 특히 여성을 주목하라(사진, *Harald Knudsen*, 1920년경 덴마크 루드쾨빙).

〈사진 18〉 항해 부부. 선장 에드가 니스트룀과 그의 아내 헬미가 헐 항구에 정박 중인 자신들의 선박 안 타륜 앞에서 포즈를 취하고 있다(1908년 여름).

사진 223

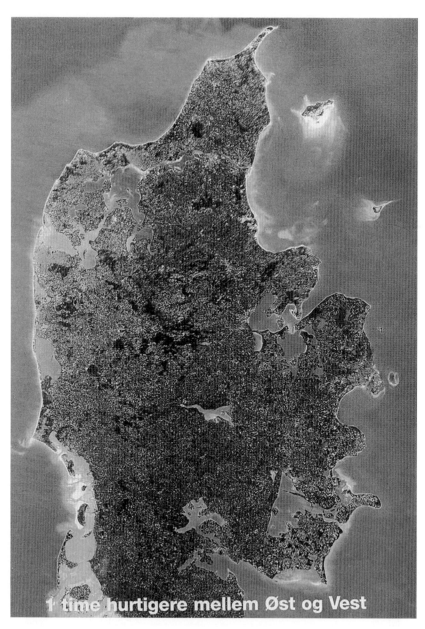

1 time hurtigere mellem Øst og Vest

〈사진 19〉 덴마크국영철도DSB 광고 포스터. 1997년 그레이트 벨트 해협을 가로 질러 연결하는 노선 개설을 홍보하고 있다. 터널과 다리들이 육지와 연결되어 어떻게 바다를 사라지게 하는지 강렬한 이미지 속에 압축 표현되고 있다(Copyright Eurimage 1997. 위성 M-SAT-63호에서 촬영).

7장 교역과 무역상

상품과 시장

북유럽 최초의 수출품의 흔적은 고대 송림의 화석화된 유물에 남아있다. 리
투아니아 전설 속에 등장하는 바다 여신의 눈물, 호머의 '태양의 물질', 즉
발트해의 호박을 기원전 1600년경에 벌써 미케네 사람들도 알고 있었다. 발
트해 지역 연안에 거주하였던 석기시대 사람들은 이 귀하고 신비로운 호박
의 대가로 중부 유럽에서 나는 명품인 청동제 물품을 받았다. 북유럽의 가
죽과 모피도 고대부터 상당히 소중한 상품이었다. 고트 인을 연구했던 6세
기 역사가 조르데인즈*Jordanes*는, 스칸디나비아 '수이한Suehans'(고대 스웨덴)
민족과 다른 민족들 사이에서 이루어진 교역을 통해서 로마제국으로 들어
갔던 '사파이어 색깔의 가죽'을 언급하였다. 11세기의 작가 브레멘 출신의
아담*Adam of Bremen*은 다음과 같이 지적하였다.

> 프로이센 사람들이 기이한 모피를 지천으로 갖고 있었는데, 이 모피의
> 퀴퀴한 냄새는 자부심이라는 치명적인 독을 우리 사회에 주입시켜 왔다.
> 그러나 그들이 똥으로 간주하였던 이 모피들이 실제로는 우리에게 수치
> 심을 주입시켰다고 나는 믿는데, 왜냐하면 우리는 담비 가죽으로 만든

예복을 최상의 행복으로 엄청나게 갈망하기 때문이다.1)

이와 같은 비싸고 이국적인 물품들은 북유럽 무역에 항상 포함되어 왔었다. 노르웨이와 스웨덴의 산악지대는 그 당시 중세 귀족을 위해 매, 부유층의 식탁에 올라갈 들꿩과 뇌조류ptarmigan, 그리고 빅토리아 시대 귀족 여인들의 머리 장식품을 만들기 위해 사람의 머리카락을 잉글랜드로 보냈다. 18세기 초 런던의 거상이었던 존 뮤John Meux가 러시아의 다양한 고객들에게 보냈던 상품들 중에는

> 순은으로 만든 회중시계 2개, 병에든 고급 올리브 한 꾸러미, 똑같은 병에 든 케이퍼capers(지중해산 관목의 작은 꽃봉오리를 식초에 절인 것으로 요리의 풍미를 더하는 데 씀) 한 꾸러미, 글 읽을 때 사용하는 안경 두 다스, 상자에 담은 다양한 연령대를 위한 은으로 칠보세공한cloiséd 안경과 온갖 유리제품 두 다스

뿐만 아니라 페일 에일 병맥주와 '최고급 런던 트리클워터'도 포함되어 있었다. 다른 목록들과 기록들은 이와 유사한 다양한 물품들이 선적되었음을 보여주고 있다.2) 하지만 이런 품목들은, 일단 사치품에 국한된 운항이 이 장에서 주로 다루게 될 샤를마뉴 대제 때부터 줄곧 확대되는 소비시장을 위한 해운업으로 ─은제품과 고급 리넨보다는 석재, 소금, 널빤지, 곡물의 운송─ 변하기 시작하자, 통상 운송된 상품들 가운데 일부에 불과하였다.

5장에서 보았던 것처럼, 사회질서 안에서 그들의 지위뿐만 아니라 활동에 의해 정의된 독특한 도시 상인 계급 내에서 이루어졌던 국제무역의 기본 체계는 13세기경에 북유럽에서 그 모습이 만들어지고 있었다. 규약과 법전은, 선박의 선장과 상인 사이의 계약 체결과정에서부터 선장이 화물을 내리도록 허가받기 전에 밧줄과 굵은 밧줄이 손상되지 않았다는 것을 보여주기 위해 이것들을 펼쳐 보여야 하는 의무에 이르기까지, 실제 상거래 관행을 정

했다. 규칙들은 타운 내 거래행위를 규정하고 조약과 협정은 도시들 간의 거래관계를 규정하였으며, 권리와 특권을 부여하였다. 부피가 큰 원자재들을 운반할 수 있도록 건조된 선박이 더 많아졌고, 이 선박들은 기존의 그리고 새로운 항로를 정기적으로 왕복하였으며, 경제활동을 자극하고 팽창시켰다.

가장 초기의 벌크 운반 무역 중의 하나는 우후죽순으로 늘어났던 교회건축에 필요했던 석재를 북유럽을 가로 질러 공급하는 일이었다. 펜스Fens의 끝에 위치한 바르낙Barnack의 채석장이나 고틀란트 섬의 채석장 같은 곳에서 석회암이 광범위한 지역으로 수출되었다. 우리는 튜퍼tufa(다공질 탄산석회의 침전물) 원석이 라인란트를 통해 12세기 내내 교회 건축용으로 서부 유틀란트 주에 있는 리베 주변으로 수출되었다는 사실을 알고 있으며, 그리고 그 당시 교역 상인들은 오래 동안 이용해 왔던 교역로를 취했을 가능성이 높다. 하지만 건축주와 공급자 간에 계약이 어떻게 이루어졌는지, 물량은 주문에 따라 혹은 투기적인 모험사업으로서 수출되었는지, 그리고 정확하게 그 화물을 어떻게 운반하였는지에 대해 명확하게 해명하지 못하고 있어 의문으로 남아 있다.

수요는 분명히 공급자를 창출했을 것이다. 13세기 이전 발트해 동부 지역에서는 실제로 잘 알려지지 않았던 아마flax와 삼hemp이 중세시대 말경에 서유럽으로의 주요 수출 농산물이 되었는데, 그곳에서 아마와 삼은 리넨과 밧줄 제조에 사용되었다. 동 잉글랜드의 워시 만 주변의 비옥한 간척 습지대는, 노르웨이와 같은 당장 이용할 수 있는 시장으로 판매할 잉여곡물을 생산하였다. 곡물과 양모 수출을 통해 보스톤Boston은 13세기 잉글랜드의 북해 주요 항구가 되었다. 엘베 강 배후지에서 나온 잉여 곡물의 수출 장려책은 함부르크와 뤼베크와 같은 도시의 형성과 발전을 위한 원동력들 중의 하나였다. 메클렌부르크, 포메른, 프로이센의 항구들은 성장하여 새로이 식민해 간 영지의 농산물을 거두어 들였다가 수출하였다.

이들 곡물의 대부분은 중세 후반 플랑드르와 브라반트Brabant의 타운들을 부양하기 위해 조이데르 해 항구로 수출되었다. 15세기 말 무렵에는, 곡물이 해상범죄와 일련의 흉작으로 심하게 영향을 받았고, 인구가 증가하고 있던 네덜란드 북부로도 수입되었다. 제빵용 곡물류에 대한 수요의 증가가, 대부분의 경제사학자들의 눈에는 "네덜란드 인들을 발트해로 나아가도록 밀어냈던 배후의 추동력"으로 간주되었다.3) 15세기부터 홀란드 출신 선장들이 곡물을 확보하기 위해 발트해 동부지역 항구들을 정기적으로 입항하기 시작하였다. 대체로 이들은 발트해 지역에 대한 외부의 접근을 통제하고 제한하려던 뤼베크의 조치에 분개하던, 그리고 네덜란드산 염장 청어와 값싼 옷가지를 구입하고자 했던 이곳 항구의 상인들로부터 환대받았다. 네덜란드 인들은 다른 사람들의 갈등을 이용할 수 있었다. 1438~1441년에 뤼베크와 전쟁 중인 덴마크 왕의 후원에 힘입어, 네덜란드 인들은 외레순드 해협 통과 허가권을 즉각적으로 획득할 수 있었다. 그단스크의 해운은 폴란드와 프로이센의 기사단 사이의 오래 계속된 갈등으로 인해 부정적인 영향을 받았으며, 이는 네덜란드 선장들에게 기회를 열어주게 된다. 네덜란드 직물 제조업자들과 수출업자들도 1450년대 브뤼주의 한자동맹 의복류에 대한 구매거부로 이득을 얻었다. 네덜란드 인들은 길드나 한자동맹의 규제를 받지 않았고, 북부 홀란드 지역의 상대적으로 저렴했던 임금 수준 덕분에 경쟁력 있는 운임을 제공할 수 있었다. 화물운임이 화물가격만큼이나 비싸지면서, 이런 가격마진의 경쟁력은 필수적이었다.

발트해 지역에서 온 수입곡물이 네덜란드에서 소비된 전체 곡물 가운데 작은 비중을 차지하였지만, 그럼에도 불구하고 당대 누군가는 곡물 무역이 "네덜란드 주들의 가장 중요한 상업과 항해의 원천이자 근간"이었다고 설명하였다.4) 선박의 건조를 촉진시키고, 고용의 기회를 제공하고, 네덜란드 인들이 청어, 버터, 치즈, 맥주, 의류와 같은 제품을 개량, 개선 그리고 판매하도록 장려함으로써, 이는 동반 상승효과를 가져왔다. 나아가 비용을 저렴하게 유지할 필요성은 선박 설계에서부터 거래 비용에 이르기까지 효율성을 증대시키도록 자극하는 결과를 가져왔다. 동유럽의 곡물생산자들에게, 암스테르담은 매력적인 시장이었다. 17세기 초 폴란드 배후지로부터 수출된 곡물의 매년 수익이, 한 세기 이전 포토시Potosi 광산의 한해 평균 산출량을 족히 선회하는 순은 36,000kg 정도로 엄청났던 것으로 추정되어 왔다. 네덜란드 인들에게는 "평범한 곡물 무역이 매우 수익성이 좋은" 무역이 될 수 있었는데, 1580년에서 1650년까지의 좋은 시절에는 곡물무역이 매년 백만 길더 이상의 수익을 창출하였다.5)

하지만 곡물 무역은 발트해 지역과 이루어졌던 네덜란드 상업 활동의 한 요소였고, 곡물은 1636년에 네덜란드 공화국으로 들어오는 당시 전체 수입액의 약 1/3 정도를 차지하는 것으로 추정된다. 평균 200톤의 짐을 싣는 400여척의 배가 발트해 지역의 무역활동에 투입되었으며, 외레순드 해협을 가로질러 매년 정기적으로 2~3회 왕복 운항하였다. 가치로 보면, 곡물이 당시 발트해 지역으로부터 네덜란드 공화국으로 들어오는 가장 중요한 수입품으로 남았지만, 수익률 마진은 점점 줄어들기 시작하고 서유럽으로 가던 곡물의 흐름도 줄어들기 시작하자, 폴란드 시장과 그단스크 항으로부터의 곡물무역에서 훨씬 더 중요해지는 스웨덴-핀란드와 러시아와 리투아니아 배후지로부터의 목재와 선박물품의 무역으로 점진적인 이동이 시작되었다.

잉글랜드 인들도 17세기 중반부터 점점 더 목재 무역에 참여하기 시작했다. 하노버 왕위계승(1714) 직전에 북유럽 목재는 추측컨대 잉글랜드로 수입되는 다른 모든 물품 전체 양을 초과했던 것으로 보인다. 식민지 경쟁에도 불구하고, 발트해 지역과 노르웨이는 범선시대가 끝날 때까지, 선박용품과 함께 돛, 널빤지, 각재와 널판자를 서유럽 대부분 지역에 계속적으로 공급하였다. 목재운반선인 하우트바더선Houtvaarder은 전형적인 네덜란드 벌크선, 즉 플루이트선을 변용하여 만든 것이었으며, 긴 통나무들을 실을 수 있도록 적재량을 늘이고 측면과 선미에 문을 더 만들었다. 가파른 선수와 선미를 가진 케칩선katschip은 17세기 말 각재와 널판자를 운송하기 위해 개발되었다.

해상 열강들에게 있어 곡물, 목재, 아마, 삼, 피치, 콜타르와 같은 물품들은 중요한 원자재였으며, 노르웨이와 발트해 지역과의 무역 불균형이 고용

기회를 제공하고 산업과 부를 창출하는 원자재 공급무역이라는 이유로 정당화되었다. 토마스 로*Thomas Roe*경은 1640년, 북방 무역은 잉글랜드가 수익성이 좋은 '남방 무역'에 참여하여 수익을 내는 것을 가능하게 하는 조선 자재를 공급하였다고 단언하였다. 더욱이, 1669년 토마스 트라이온*Thomas Tryon*이 북방 무역에 대해 언급하였듯이, "선원과 선박을 배가시켰던 것은 다름 아닌 부피가 큰 대량물품Bulksom Commodities들이었다."6) 벌크 운송 무역은, 도량형, 상품의 질, 그리고 항만의 방파제 안전을 검사하는 관료의 계서조직에서 짐꾼, 마차꾼, 측량 꾼의 길드조직에 이르기까지 그리고 더 밑으로는 간신히 하루하루 벌어먹고 살며 항구 주변의 창고, 가축우리 같은 집, 해안가 표류물 더미에서 기거하는 대부분의 수많은 노동자와 임시일꾼에 이르기까지, 모항에서 엄청나게 많은 일자리를 만들었다. 그리고 벌크 운송 무역은 상당한 수의 선박과 선원의 고용을 가져왔다. 예컨대 절정기에 네덜란드 오스트파르트Oostvaart 상사는 무려 20,000명의 선원에게 일자리를 제공한 것으로 추정되었다.

발트해 지역에서 잉글랜드의 존재는 네덜란드의 그늘에 가려 빛을 보지 못했지만, 1650년 이후 국가위신과 조선 산업의 요구가 목재와 해군군수품 무역을 최우선 순위에 두도록 했다. 항해조례는 발트해 지역과 잉글랜드 사이의 해운업으로부터 네덜란드 배제라는 그 목적을 대체로 성공적으로 달성하였다. 물론 항해조례가 스웨덴으로 하여금 자신들의 상선대를 만들도록 고무하였지만 말이다. 1690년대에 스웨덴을 방문하였던 잉글랜드 사절단이 관찰하였듯이, 평시에는 스웨덴이 훨씬 많은 혜택을 누렸으며, 스웨덴이 전쟁에 참여할 때만 잉글랜드 선박들은 스웨덴을 오가는 해운업을 지배할 가능성이 있었다. 1675~1679년의 덴마크에 대항한 스웨덴의 전쟁을 기회로 활용했던 잉글랜드 무역상들은 경험이 부족했으며, 시장에 물건이 넘쳐나게 함으로써 스웨덴에서 공급과잉을 초래하였다. 그들은 또한 이상적인 바닥짐이면서 동시에 수요가 많은 수출 물품이었던 철의 가격을 올렸는데, 왜냐하면 지나치게 많은 배들이 한정된 철 공급 물량을 얻으려고 애썼기 때문이었다. 이렇게 비싼 가격으로 확보한 철이 당시 런던에서 손해를 보고 팔렸으며, 수많은 스웨덴 철 수출업자에게 재정적 손실을 유발하였다. 그래서 1660년대와 1670년대의 경험은 양국의 관계를 껄끄럽게 만들었고, 향후 30년간 양국을 교역을 둘러싼 갈등으로 몰고 간 것으로 보인다.[7]

서유럽의 보다 강력하고 노련한 중상주의적 해상강국들과의 거래에서, 자국의 기업과 무역을 장려하고 발전시키려고 하였던 국가들은 종종 자신들의 역량을 과신하다가 낭패를 당할 수 있었다. 예를 들어, 스페인 왕위계승 전쟁 초기에 영국해군의 위급한 상황을 이용하려고 했던 스웨덴 콜타르 회사Swedish Tar Company 중개인들의 시도는, 잉글랜드 정부로 하여금 새로운 타르 공급원을 여기저기에서 찾도록 만들었다.[8] 유사한 방식으로, 노르웨이에서 목재를 수입하는 네덜란드 업자들은, 덴마크-노르웨이 정부가 국내 제재산업을 육성하기 위해 수출 목재에 대한 제한조치를 도입하였을 때, 새로운 공급원을 찾아 발트해 동부지역의 값싸고 풍부한 자원에 주목하기 시작했다.

홀란드는 17세기 말 노르웨이 목재의 주요 고객의 자리를 잉글랜드에 내주었다. 이 노선의 목재 운송업을 장악하였던 것은 노르웨이 해운회사와 상인들이었지만 말이다. 네덜란드 인들이, 기꺼이 그리고 즉시 할증료를 지불할 의지를 가진 영국인들에 의해, 목재무역에서 사실상 밀려나게 되는 18세기 말까지, 네덜란드 항구들이 여전히 발트해와 노르웨이로부터 수출되었던 목재 대부분의 목적지였다.[9] 영국인들은 또한 급성장하는 식민지 시장에 필요한 도끼, 쟁기 날, 못으로 가공할 (원료인) 스웨덴과 러시아산 철의 상당한 양을 수입하였다. 랄프 데이비스Ralph Davis에 따르면, 18세기 영국의 발트해와 노르웨이 무역은 대서양 횡단 무역과 견줄 정도의 속도로 성장하였으며, 그리고 발트해와 노르웨이 무역은 대체로 아메리카 무역의 성장에 의존하였고, "그리고 사실상 상당 부분이 아메리카 무역이 요구하였던 상선 해운업의 성장에 의존하였다."[10]

상당수의 선박들이 노르웨이와 발트해 지역의 부피가 큰 물품들을 운송하는데 필요하였다. 예를 들어, 1652년 최고 기록의 해에는, 홀란드로부터 노르웨이 항구들로 출항하는 배가 수천 척이었으며, 매년 봄에는 수백여척의 플루이트선들이 곡물을 싣기 위해 그단스크 항에 입항하였다. 서유럽과 발트해 지역 사이의 뚜렷한 무역불균형은 수많은 선박들이 빈 배로 동쪽으로 항해하였다는 것을 의미했다. 예를 들어, 16세기 초 네덜란드 배들의 1/3 정도는 동쪽으로 빈 배로 운항하였다. 발트해 지역으로 수입된 몇 안 되는 품목 중의 하나가 소금이었으며, 소금은 많은 선박의 바닥짐으로 운송되었다. 1845년에 이르러서도 리가로 들여온 소금 수입액은 총 수입액 5백만 루블의 1/5에 달했으며, 공산품 수입액은 단 394,000루블 정도로 한참 뒤처져 있었다. 프리드리히 대제의 1770년 외국 선박으로 수입된 소금, 심지어 폴란드에 하역하였던 소금에 대한 금지 조치는, 발트해 남부지역 항구에서 스코틀랜드와 스웨덴 청어 수출업자들로부터 강력한 경쟁에 직면하고 있었던 네덜란드 인들에게 심각한 타격을 주었다. 잉글랜드와 스코틀랜드 선박들은 때때로 석탄을 바닥짐으로 이용하여 운반하였지만, 이들 선박도 아마, 삼, 각재, 널판자와 같은 부피가 큰 상품들을 싣기 위해 마찬가지로 빈 배로 항해해야 하는 문제에 직면하였다. 예컨대 1752년 영국을 떠나 상트페테르부르크로 향했던 112척의 배들 중 82척이 빈 배로 운항하였다.

발트해 동부지역의 항구로 거의 빈 배로 운항하던 이들 서유럽 선박들에 대한 실망스러운 이미지는 활기 넘치는 발트해 역내 무역을 은폐한다. 발트해 역내 무역에서, 러시아산 가죽을 나르바를 경유하여 독일과 이탈리아 전역에 수출하였으며, 프랑스 와인과 증류주, 맥주와 신선한 과일을 리가에 공급하였고, 훨씬 비싼 서유럽 산 "가벼운 새로운 모직"을 몰아낸 무겁고 저렴한 독일산 모직을 발트해 지역에 판매하였던 뤼베크는 핵심 역할을 하였다. 17세기 말경 리가 수입품의 30.6%가 네덜란드에서 들어왔으며, 26.5%가 뤼베크에서 들어왔지만, 여전히 네덜란드 선박에 비해 뤼베크의 선박의 리가 항 입항 선박 수는 훨씬 적었다. 네덜란드 인들이 리가 수출의 가장 큰 몫 (57%)을 차지했다. 뤼베크로의 리가 수출 비율은 8.4%에 불과했다. 뤼베크는 또 발트해 동부 지역의 다른 항구와의 무역에서도 상당한 흑자를 누리고 있었던 것으로 보이는데, 1795년 탈린에 847,787루블 상당의 물건을 수출하고 겨우 197,144루블 정도를 수입했다.[11]

뤼베크와 발트해 동부 지역 항구들 간의 무역에서, 인지할 수 있을 정도의 무역 불균형은 이미 16세기에 분명하게 드러났다. 리보니아와 뤼베크 간의 무역이 리보니아보다는 뤼베크에서 훨씬 많은 소규모 수공업자와 선원의 고용을 창출하였던 바, 마리-루이즈 펠뤼스*Marie-Louise Pelus*가 관찰한 것과 같이,

> 리가로 보내지는 물품들이나 리가로부터 들어오는 물품들이 준비되고 포장되며, 아마 가공하거나 처리하는 일이 리가에서보다 훨씬 더 많이 진행되는 곳은 바로 뤼베크이다. 리가는 소비용 완제품을 수입하거나 원자재를 수출하는 것으로 만족하였다.[12]

프로이센과 리보니아의 많은 항구들이 해상 무역에 활발하게 참여하는 것이 서서히 그렇지만 눈에 띄게 줄어드는 현상도 있었기 때문에, 19세기 초에 발트해에 대해 쓴 어느 프랑스 작가는 러시아 제국이 자국의 해군 함대에 필적할만한 상선대를 보유하지 않았다는 것을 알고 충격을 받을 정도였다. 해상에서 무역활동을 했던 리가와 탈린의 상인들은 기회가 될 때마다 역내 항구들에서 배를 구입하고 수리할 수 있었던 역내 항구들에서 선박을 수리하였다. 이러한 점에서, 1809년 알렉산드르 1세의 핀란드 획득은 중요하였다. 왜냐하면 "대다수 (핀란드) 도시들은 대형 조선소와 상당한 수의 선박을 보유하고 있고 … 현지 주민들은 용감무쌍한 뱃사람들이며 … 그들은 거의 한 세기 동안 발트해뿐만 아니라 대서양과 지중해를 익숙하게 항해해 왔기 때문이다."[13]

연안 교역

공인된 항구 사이에서 이루어졌던 국가 간 무역과 지역 내 무역의 층위 밑에는, 북유럽의 해안 지역 사람들을 서로 이어주었던, 대개는 비공식적이고 비정기적인 그러나 훨씬 더 많은 상거래가 존재하였다. 은폐되어 있고 대개 추적하기 힘들며 규제되지 않는 이러한 상거래의 본질은 당시 전체 경제에서 차지하는 비중을 정확히 예측하는 것을 거의 불가능하게 만들지만, 상당한 규모였을 것이라는 것은 틀림없는 사실이다.[14] 이러한 무역활동은 순수하게 상업적 경제적인 관련성뿐만 아니라 무수한 사회 문화적 관련성을 구축하였다. 아주 실제적인 방식으로, 이러한 교역활동은 하나의 '육역세계의 terrestrial' 맥락에서는 주변부로 치부되곤 하는 공동체들이 하나의 확장된 해사 공동체로 연결될 수 있는 대안적인 네트워크들을 창출하였다. 내륙 쪽에서는 접근하기가 극히 어렵고 외견상으로 황량하고 외떨어진 지역에서 생활하는 해안의 교역상들이 자신들 고유의 연결망을 만들었고 자기들 특유의 친밀한 세계를 창조하였다. 그들은 테오도르 폰타네*Theodor Fontane*의 동명소설(1895년 초판 출간)에 나오는 젊은 신부 에피 브리스트*Effi Briest*에게 인슈테텐 남작*Baron von Innstetten*이 묘사하였던 그런 종류의 사람들이었다. 즉, 작은 해안 타운에 거주하였던 사람들은 그들이 교역하였던 지역들과 다양한 접촉을 유지하면서도, 가까운 배후지의 농촌 카슈비아 사람들(Kashubians, 폴란드 북부지역 사람들)과는 거의 거래가 없는 코즈모폴리턴 교역인들이었다.

해안 거주민들은, 대부분 불법이거나 마지못해 묵인되는 매우 다양한 교역 활동에 참여했을 것이다. 18세기는 아마도 국가가 이러한 활동을 규제하기 위한 실질적인 조치를 처음으로 취했기 때문에 종종 밀수꾼의 세기로 묘사되곤 하는데, 하지만 밀수는 고대부터 존재해 왔다. 밀수는 그 상품의 희소가치가 높고 고율의 관세가 부과될 때 번창한다. 1920년대 내내 핀란드에 내려졌던 금주령이 에스토니아로부터 해상루트를 통해 알코올 통들을 나르는 작은 보트 소유자들에게는 이득을 챙길 수 있는 절호의 기회였다. 금주령이 내려졌던 시기 동안 핀란드로 알코올을 불법으로 밀수한 업자들은 핀란드가 합법적인 알코올 판매로 벌어들였던 수익의 3배를 올렸던 것으로 추정된다.[15] 18세기 영국에서 주류와 식민지 상품에 매긴 높은 관세는, 약 864척의 배들이 1787년 파드칼레 반대편(영국)에 화물을 부리기 위해 덩케르크를 출항하도록 고무시켰다. 작은 포구와 만들이 잘 어우러진 서퍽과 같이 확실히 선호되었던 해안에서는 밀수의 규모가 상당하였다. 1745년 서퍽 해안에서 각 항차마다 20~100여 개의 말 짐을 실어 날랐던, 총 56차례의 주요 밀수 항차가 공식적으로 기록되어 있다. 말 한 마리 당 차 1.5센텀 웨이트(centum weight, 1cwt = 112파운드, 1.5cwt = 약 75킬로그램)와 브랜디 21갤런(약 95리터)으로 추산하여 총합, 약 4,000여 개의 말 짐의 밀수로 인해, 영국의 국고 손실액은 10만 파운드가 넘는 것으로 추산되었다.[16] 인기 있는 물품은 주로 스키담에서 생산되어 잉글랜드 이주민들이 정착하였던 (네덜란드) 플리싱엔Flushing을 경유하여 운반된 네덜란드산 진이었다. 나중에 이 밀무역은, 트루먼 상사Truman&Co.가 몇 대의 담배 압축기tobacco presses와 하리치 공해상에서 작은 보트로 옮겨 실을 밀수품을 그 곳으로 운송할 두 척의 대형 돛배lugger를 보유하고 있었던 오스텐데로 옮겨가게 되었다. 1816년의 어느 세관 보고서는, 담배, 차, 주류를 선적한 채 홀란드에서 (잉글랜드) 동부 해안으로 밀항할 채비를 갖춘, 모든 선박이 무장했을 가능성이 높은 100~200톤 급의 총 6척의 선박에 관해 언급하고 있었다. 밀무역 감시선의 승무원들은 저임금을 압수물로 보상받았는데, 압수물의 절반은 국왕에게로 가고, 나머지는 승무원들이 챙겼다. 압수물로부터 얻는 소득은 상당히 많았을 수도 있었다. 예를 들어, 밀수감시인Argus이 1774~1778년의 총소득은 17,526파운드였으며, 최고 수익을 내었던 1777년 6월부터 1778년 6월 사이에는 7,099파운드의 소득을 올렸다.[17]

밀수활동이, 특히 나폴레옹 전쟁과 같은 경제적으로 절박한 환경이나 위기 시기에는 해안 주민들에게 유용한 부수입의 원천이자 심지어 삶의 활력소였을는지 모르지만, 이 활동이 광범한 연안 교역에 기반을 둔 지방 경제에 충격을 주었을 것 같지는 않다. 상업 기반시설이 취약하고 생산의 주요 중심지와 규모가 큰 타운이 거의 없었던 지역들에서는, 반농반상들이 중요한 역할을 하였다. 소뢰Sorø 시의 수도원장이, 소금에 절인 생선과 목재와 같은 상품의 가격이 도시에서는 두 배로 비싸고, 그마저도 종종 구할 수 없다는 이유를 들어, 1564년 자신의 관할 아래 해변의 특정장소에서 주트 인들과 노르웨이 인들이 상거래를 할 수 있도록 덴마크 국왕을 설득하였을 때, 그는 북유럽의 많은 사람들이 공감하여 왔던 사실을 강조하였던 것이다. 부적절한 상거래 네트워크나 부당한 교환 체제와 결부된 도시 상인들의 (상거래의 자유를) 제한하는 관행은 많은 작은 항구와 해변에서 상품의 구입과 판매가 지방 공동체와 지방 경제 차원에서는 필수적인 활동이 되게 만들었다.

중세 시대 덴마크 왕실은 왕실 집행관이 대금지불을 요구할 수 있는 시장에서만 농민들이 농작물을 판매하도록 강제하였다. 이런 조치는 한자동맹 상인들과 같은 외부인과의 경쟁으로부터 지방 상인을 보호하려는 것이었으며, 이러한 관점에서 한자동맹이 덴마크보다는 노르웨이와 스웨덴의 지방 상거래에서 훨씬 더 큰 지배력을 발휘하였다고 볼 수 있다. 하지만 이러한 조치가 통제를 빠져나가려는 농민들을 막지는 못했으며, 덴마크 정부는 지속적으로 농촌의 상거래 행위에 대한 금지조치를 강화해 달라는 요청을 받았다. 예를 들어, 1422년에는 에리크 7세는, 청어, 의복, 도자기 그릇들을 사기 위해 어촌 직거래장으로 가는 농민들에 대해 코펜하겐의 상인들이 정부에 항의 서안을 보내자, 이에 호응하여 (상행위) 금지조치를 강화하였다. 메클렌부르크 상인들은, 상행위가 이루어졌던 해안 낭떠러지의 후미진 곳과 작은 만에 위치한 항구 및 해안가의 직거래 장소Klipphäfen에서 농민들로부터 곡물을 직구입하는 네덜란드 인들에 대해, 유사한 항의를 제기하였다. 반농반상들은 홀슈타인의 발트해 연안 지역과 같이 꽤 많은 타운들과 다수의 대농장들이 있었던 지역에서는 별 활동이 없었다. 이러한 지역에서는 반농반상들이 함부르크 가축 시장용 소와 돼지를 사육하던 프레츠Preetz 수도원과 같은 수도원의 성직자들과 지방 귀족들로부터 격렬한 반대와 경쟁에 직면했기 때문이다. 하지만 홀슈타인 공작령인 북해 연안 습지대에는 주변에 그리 큰 타운들도 없었고, 대 지주 계급도 없었던, 디트마르센Dithmarschen 지구의 '농민 공화국peasant-republic'에서는 역동적인 반농반상들이 다수 존재하고 있었다.

1474년에 스웨덴에서 시행된 농촌지역 내 상거래 금지령은 중요한 타운들이 거의 없었던 국가에서는 별 효과가 없었다. 오스트로보스니아의 농민들은 에스토니아 북쪽 해안과 리가 만 안으로 교역하기 위해 항해했던 활동적이고 열정적인 상인들이었으며, 스톡홀름으로 생선, 버터, 장작을 공급하였다. 그들은 또한 러시아 인들과 활발한 육상 원거리 교역을 수행하였다. 러시아 인들은 좁다란 보트를 이용하여 수로를 따라 백해에서 보스니아 만까지 이동하였는데, 토르니오Tornio의 대형 시장으로는 삼, 아마, 투박한 의류, 행상 물건들을 싣고 가서 팔았으며, 그리고 시장뿐만 아니라 농촌에서도 동물 가죽을 대량으로 구입하였다. 1555년 7월 오스트로보스니아의 농촌지역에서 불법 상행위를 하다가 왕명에 따라 체포된 일군의 러시아 인들은 총 2,700여 개의 생가죽을 소지하고 있었는데, 이 양은 당시 이 지역에서 스톡홀름으로 나가는 동물 가죽의 한 해 전체 수출량과 맞먹는 분량이었다.

덴마크-노르웨이의 농민들은, 농경에 필요한 모든 물품에 한해 장소에 구애받지 않은 구매권리(다른 물품들은 도시에서만 구입할 수 있었다)를 허용받았던, 1558년 중요한 권리를 획득하였다. 그들은 또 자신들이 선정한 농작물을 판매할 자유도 얻었다. 이런 조치는 기존 관행을 사실상 인정한 것에 지나지 않았다. 16세기와 17세기 대부분의 시기 동안, 이용하였던 보트 유형, 즉 스쿠데선에서 유래한 이러한 스쿠데선 상거래skudehandel(소형보트인 스쿠데선을 해안가 모래톱에 정박하고 물품을 거래하는 활동으로 당시 유틀란트 서쪽해안에서 빈번하였음)는 왕국 전역에서 일반적인 형태가 되었다. 바덴 해에서 사육된 소는 함부르크로 수출되었으며, 그리고 남부지역의 섬들은 북독일 도시들로 육고기, 완두콩, 소금에 절인 생선뿐만 아니라 소, 말, 장작과 같은 식료품과 생필품을 수출하면서 활발한 교역을 수행하였다.

랑엘란Langeland에서 온 상인들은 란스크로나Landskrona의 스카니아산 말 시장을 찾는 단골 구매자였는데, 십중팔구는 독일로 재수출할 용도로 말을 대량 구매하였다. 물론 이 말들이 해협을 거쳐 다른 섬들로 밀반출되기도 했지만 말이다.

북독일의 발트해 연안 지역에서, 농촌 연안 교역rural coastal trade은 —불모의 갑(岬)이나 모래언덕, 또는 습기 많은 작은 만의 모퉁이 지역이나 석호에 자리 잡은— 고기잡이용 움막인 '피텐Fitten'에 살던 거주자들과 농사로는 입에 풀칠하기에 급급했던 대개 농지를 소유하지 못한 해안가 마을 주민들에 의해 적극적으로 진행되었다. 이러한 마을에서 상거래행위는 불법이었지만 만연하였다. 이들 해안가 마을의 선원들은 '슈텐선Schuten'에 곡물, 생선, 장작을 싣고 뤼베크, 킬, 플렌스부르크, 코펜하겐, 슈체친, 그단스크로 수송하였다. 핀란드 남서부 지역과 스톡홀름 사이의 교역도 활발히 이루어졌다. 목재 음료수 잔을 만들어 수출하는 것을 주업으로 하는 칼란티(Kalanti, 과거 핀란드 남서부 도시명) 마을 주변의 돌이 많고, 척박한 지구의 거주민들이 이 교역의 범주 안에서 활동하였다. 스톡홀름과의 상거래 역시 수많은 올란드 섬 주민들에게 풍요한 삶을 제공해주었다.

장작, 농장에서 휘저어 만든 버터, 계란, 생선, 나무로 만든 도구들과 같은 다양한 생필품을 도시주민들에게 공급하는 상거래에 참여한 사람들은 대개 '농민peasant'으로 불리긴 했지만, 실제로 이들은, 북부의 틸란드Thyland에서 온 16명의 "가난한 해안가 사람들poor shoremen"과 같이 뱃일을 직업으로 하는 사람들이었다. 1665년 틸란드 출신 해안가 사람들은 다음과 같이 주장했다.

> (우리는) 항상 작은 모래선sand-vessel이나 큰 어선을 타고 바다로 나가서 고기를 잡거나, 노르웨이로 곡물과 밀가루를 운송함으로써, 간신히 연명하면서 살았다. 우리는 옥수수도 건초도 재배하지 않으니, 바다로 나아가 우리들 자신, 아내와 자녀들을 먹여 살릴 수밖에 없었다.18)

스쿠데선 상거래는 모래가 쓸려간 틸란드 연안을 엄청나게 번창하게 만들어주었다. 베스터 반데트Vester Vandet에 있는 교회는 지역 상인들이 구입한 가구들로 장식되었다. 선주들은 은으로 된 코담배갑과 손잡이가 은으로 된 지팡이를 들고, 비가 오나 눈이 오나 우산을 겨드랑이에 끼고 산보하곤 했다. 선주들의 아내는 레이스 장식을 한 비단 스커트를 입고 산보하였다. 1790년 클리트묄러Klitmøller에는 9척의 스쿠데선skuder이 있었는데 선박 1척당 3~4명의 선원이 탑승하였던바, 이 마을에 사는 성인 남성의 1/3은 스쿠더선에서 일하고 있었던 것으로 보인다.

정착을 가능하게 하고 사실상 그리 비옥하지도 않고 고립된 장소에서 어느 정도의 경제적 부를 가져다 준 것은 농사가 아니라 상거래였다. 농사 및 농부는 한편으로 농업과는 연관성이 거의 없는 소규모 상거래와는 분명한 차이가 있었으며, 또 농지가 없는 가난한 사람들에게 일할 기회를 제공해 주었던 소규모 상거래와도 분명한 차이가 존재하였다. 친족 간의 연대감도 강했다. 말하자면, 배에서 일하던 대부분의 구성원들은 서로 친족관계였으며, 가족이 함께 배를 구입한 경우도 많았다. 북부 유틀란트 지역해안에서 사용된 스쿠더선들은 대개 노르웨이에서 주문이 들어와서 만들어졌다. 네덜란드 플루이트선을 본떠서 만든 스쿠더선은 바닥이 평평하여 해변으로 밀어 올리는 것이 가능하였다. 메클렌부르크 사람들은 지역에서 건조된 배로 항해하였는데, 이 배는 전장이 6~10미터, 반 밀폐 갑판에 돛대가 하나였고, 운항 인원은 두 명으로, 단독 또는 2인이 공동으로 소유하였다.

스칸디나비아와 북독일의 통제권을 확립한 지방 국가들에서는, 17세기 중반부터 소규모 반농반상에 대한 규제가 가해지기 시작했다. 도시의 상거래를 촉진하려고 했던 정부들은 각 도시에서 들어오는 항의에 관심을 기울였으며, 제재를 가하기 시작했다. 예를 들어, 1673년경에는 랑엘란 섬사람들은 독일과의 상거래가 금지되었으며, 이와 유사한 금지령이 덴마크-노르웨이의 다른 지역들에도 적용되었다. 스웨덴 정부가 1684년부터 왕국 영토에 국한하여 농민 상거래를 허가하였으며, 그리고 일부 예외가 있긴 했지만, 많은 반농반상들은 예테보리 시에 시민으로 공식적으로 등록함으로써 간신히 법을 지켜가며 상거래를 하였고, 카테가트 해협과 스카게라크 해협 사이를 왕래하는 상거래는 심각하게 타격을 받았다. 다른 한편으로는 특허를 받은 도시들과 훨씬 비공식적인 선적 장소들 및 항구들 사이에 존재하는 차이는, 규제와 특혜가 완화되면서, 희미해져 갔다. 예를 들어, 북서부의 곡물 생산 연안평야와 포스 만 간의 상당 규모의 무역활동이 이루어졌던 스코틀랜드에서는 칙허 자치도시royal burgh의 특권이 1672년 의회의 조례에 의해 뒤집어졌는데, 이후에 수정되긴 했지만, 이 조례는 결과적으로 상거래를 개방하였다. 덴마크 정부는 18세기를 거치면서 (무역활동에 대한) 상당한 양보를 하였으며, 파뇌 섬과 노르웨이 남부 해안의 만달Mandal과 플레케피오르드Flekkefjord와 같은 작은 항구와 같은 많은 지역에서 자유로운 상거래 활동이 허용되었다.

18세기와 19세기 초에 걸친 점차적인 규제 완화와 무역 활동의 거대한 급증은 적응력이 강한 농촌 상인들에게도 넘쳐나는 기회를 제공하였다. 슈베린Schwerin의 메클렌부르크 공작 재정부서의 1764년의 기록에 따르면, 수많은 농촌 상인들이 중소규모의 선박을 건조하였으며, 발트해 해안을 따라 러시아, 스웨덴, 덴마크로 항해하는데 만족하지 않고 이제 해협을 통과하여 홀란드로 항해하였다. 30년 후 『미네르바*Minerva*』라는 덴마크 저널의 한 통신원은, 파뇌 섬사람들과 서부 유틀란트의 호Ho와 옥스비Oksby 마을 사람들은 그 지역의 생산물을 구입하고 수출하는데 참여하고 있을 뿐만 아니라, 외국의 물품을 대량으로 주문하고, 여느 타운의 상인들과 마찬가지로 함부르크 상인들과 대량 거래를 하면서, 번성중인 외국 물품 거래도 수행하고 있다고 보고하였다.[19] 애뢰Ærø 섬에 있는 마스탈Marstal과 같은 과거 어선 기지였던 지역들도 무역활동에 대한 규제가 풀린 후 번창하기 시작했다. 1807년경 마스탈 상선대의 선박 규모는 149척에 달했으며, 이들은 대부분 발트해 지역과 노르웨이 간의 곡물 무역에 참여하였다. 비록 1770년 이후 북극 고래잡이 활동이 격감하긴 했지만, 곡물 거래에 매우 긴밀하게 관여해 왔던 프리슬란트 지역 마을들은 급증하던 해운업에 성공적으로 참여할 수 있었다. 이들 중 몇몇은 아메리카와 극동지역으로 항해하여 모아 둔 돈으로 자신의 배를 구입하거나 주문할 수 있었다. 해운 회사들은 1780년대 엠스 강과 엘베 강의 제방에 있는 조그만 부두에서 사업을 시작하였으며, 잉글랜드, 노르웨이, 발트해 지역, 러시아 백해 항구도시들과의 무역활동에 참여하게 된다. 곤란한 상황에 처한 네덜란드나 잉글랜드 상인들에게 중립국 선박 보호를 제공할 수 있었던 엠스 강에 있는 파펜부르크Papenburg와 같은 항구들과 엘베 강과 같은 차단된 강어귀로의 접근이 거부된, 아메리카에서 오는 식민지 수입품들을 위한 대체 항만을 제공하였던 북부 프리슬란트 지역의 후줌Husum과 토닝Tonning과 같은 항구들은 나폴레옹 전쟁 동안 엄청난 이윤을 남겼다. 1815년 평화조약 체결이후 글로벌 무역이 더 강해지고 가속화되면서, 북해와 발트해 주변의 여러 소규모 항구도시들이 꽤 많은 상선대를 보유했으며, 이들은 가끔씩 중국과 남아메리카처럼 원거리 무역에 참여하기도 하였지만 대개 연안 무역활동을 하였다.

소규모 활동으로 시작하여 지구 전체를 대상으로 하는 무역활동에 이르기까지 수많은 모험사업들이 수십 년간에 걸쳐 진행되었다. 성공적인 시즌을 보낸 선주들은 더 큰 선박에 투자할 수도 있었으며, 필요한 자본금 조달을 위해 공동 출자방식으로 함께 사업에 참여할 수도 있었다. 시간이 지나면서, 동업자의 범위가 잡곡상, 수공업자, 보험중개인과 같은 항해와 직접적으로 관계가 없는 많은 사람들을 포함하면서 확장되었다. 발트해 남부 마을들을 운항하던 소형 슈텐선들은 슬루프(범선의 일종으로 한 개의 마스트로 세로돛을 가지는 소형 배), 갈레아스선galeas*으로 대체되었으며, 그리고 19세기 초반부터는 돛대가 두 개 이상인 범선인 스쿠너, 쌍돛대 범선인 브릭brigs, 바크(사진 9 참조)로 대체되었다. 갈레아스는 주로 마을에서 자체 제작했던 반면, 더 큰 선박들은 도시의 조선소에 건조를 의뢰하였다. 새로운 세

---

* 발트해나 노르웨이 연안 지역에서 무역·어업에 이용된 범선. 보통 케치식 범장(帆裝, ketch-rigged)으로, 사각형의 앞 돛대 큰 돛을 맨 윗 돛과 함께 거는 경우도 있음.

대에 속하는 선장들은 17세기의 전임 선장들과는 다르게 훨씬 부유했으며, 지역사회의 상류층에 속했고, 40대 초반에 해상 업무에서 은퇴한 후 사업을 하거나 항만이나 도선 사업 분야에서 공직을 차지하였다.[20]

증기의 도전

19세기가 진행되면서 국제적, 지역적, 연안적 차원의 무역활동의 다양한 층위는 다양한 상황에 따라 자주 변화하였는데, 단언컨대 그중에서도 증기선의 도입이 가장 지대한 영향을 끼쳤다. 19세기 초기 몇 십 년 동안 북유럽의 바다에 투입되었던 최초의 증기선들은 유지비용이 많이 들었으며 화물의 적재량도 얼마 되지 않았다. 크고 개선된 보다 믿을 수 있는 선박의 건조를 가능하게 해주었던 것은 바로 철제 선체와 스크루 프로펠러와 같은 기술력 향상이었으며, 철제 스크루 프로펠러 증기선은 19세기 말부터 세계 대양을 운항하던 대형 범선을 앞지르면서 대체하였다. 하지만 적어도 북해지역에서는 범선에 대한 증기선의 승리는 다소 빠르게 진행되었다. 1840년대 영국이 빠르게 광범위한 철도망을 구축하면서 화물운송의 혁명이 일어났다. 철도회사들은, 용이한 결제를 위해 운임정산소clearing-house 방식과 더불어 화물에 대해 전 구간운임(through rate, 운송계약에 의해 최초의 출고지에서 최후의 도착지까지 소요되는 전 운송구간의 운임) 원칙을 사용하기 시작했으며, 철도회사들은 이 방식을 가능한 한 멀리 해상으로까지 확대하였다. 철도회사들은 또한 1850년대부터 철도터미널항만railway terminal ports도 건설하였다. 이러한 철도터미널항만 건설은, 북해를 통해 석탄과 영국 공장에서 생산된 기계류와 공산품을 수출하던 하리치, 굴Goole, 그림즈비, 웨스트 하틀풀West Hartlepool과 같은 항구도시들이 새로운 확장의 시대로 들어서는 것을 가능하게 만들었다. 엄청난 양의 석탄 소비(석탄 보관 창고는 운송화물의 공간을 크게 축소시켰다)는 증기선의 장거리 원양항해의 잠재력을 감소시켰으며,

앨란 피어설*Alan Pearsall*에 따르면, 증기선의 장점이 처음으로 나타난 곳은 다름 아닌 단거리 북해항로에서였다.[21] 1850년과 1870년 사이에 영국선급에 등록된 증기선 선복량은 6배나 증가하였다. 물론 증기선의 실질적인 폭발적 증가는 이어지는 20년 동안에 일어나지만 말이다. 1890년대 말이 되면, 증기선의 총톤수가 8백만 톤을 상회하는데, 이에 비해 범선의 총톤수는 3백만 톤에 불과했다.

1847년 브레멘에서 미국 자본금으로 설립된 대양증기선운항회사Ocean Steamship Navigation Company나 1850년대 철도회사 주주에 의해 설립된 북유럽 증기운항회사North of Europe Steam Navigation Company, 그리고 피토Peto도급회사와 같은 초창기의 많은 증기선 회사들은 부실하게 운영되었으며 지나치게 욕심을 부리다가 도산하였다. 많은 투자가 이루어져야 하고 간접비용이 높다는 사실은, 거의 시작부터 증기선 시대가 곧 대형 해운회사 시대였다는 것을 의미하는 바, (대형선사는) 1877년 42척의 증기선을 보유한 헐에서 가장 큰 선주 소유인 윌슨즈Wilson's와 같은 사기업이거나 덴마크증기선연합회사 United Danish Steamship Company, DFDS와 1856년 해운과 보험의 4개 회사의 합병으로 설립된 노르트도이춰 로이드Norddeutscher Lloyd와 같은 합병 기업이었다. 설립 초기부터 노르트도이춰 로이드사는 증기선에 투자하여 1858년에는 격주로 뉴욕행 증기선 정기 운항 서비스를 제공하고 있었다. 1886년이 되면 일주일 두 번 뉴욕행 증기선 정기운항 서비스를 제공하였고, 세계에서 4번째로 큰 해운회사가 되었다. 제1차 세계대전 직전에, 노르트도이춰 로이드는 494척의 선박을 소유하고 있었고 등록 총 중량톤수가 982,951톤에 달했다. 함부르크 아메리카 운송 주식회사Hamburg-Amerikanische-Paketfahrt-Aktien-Gesellschaft, Hapag는 1847년 상대적으로 적은 자본 총액을 각각 투자한 40개 이상의 회사들에 의해 설립되었다. 설립 이후 단 50년 만에 하파크Hapag 선대는 노르웨이와 스웨덴 양국의 선대 전체를 합친 규모보다 더 커졌다.

예를 들어, 예타Göta 운하와 그 이후 만들어진 철도망으로 스웨덴 중부와 발트해로 연결되었던 예테보리의 주요 교통망과 항만 설비의 발달이나 1860

년대 독일에 슐레스비히와 홀슈타인 공국 영지를 빼앗긴 후 의도적으로 덴마크 서부해안의 최고의 항구로 개발하였던 에스비에르의 발달은, 항만 시설이 불비하고 배후지로의 연결망이 제대로 되지 않은 입지를 갖춘 항구들에는 별 영향을 미치지 못했다. 예컨대, 시인 옌스 라르센*Jens Larsen*에 따르면, 유틀란트 북부해안에 위치한 외딴 틸란드에는 몇 남지 않은 스쿠데 농촌상인들이 썩은 감자, 상한 옥수수와 산패한 버터로 만든 브랜디 와인을 싣고 노르웨이 사람들에게 팔러 다녔다. 하지만 중소규모의 해상 교역상들의 전망이 전적으로 암울한 것만은 아니었다. 예를 들어, 림협만의 항구들은, 1825년 있었던 홍수로 아거 탕에Agger Tange(덴마크 남서부에 있는 좁고 긴 반도)의 자연스러운 개방과 이로 인해 올보르Aalborg 의존성을 탈피하게 만들어 주었던 바다로 항해하는 선박들이 이용하는 수로 폭의 확장을 십분 활용할 수 있었고, 그리하여 그들의 무역항로를 서쪽으로 돌릴 수 있었다. 유틀란트 서부의 소 사육업자들이 1851년에서 1855년 사이 림협만에서 런던까지 증기선을 이용한 가축 수출 항로 운영안의 적극적인 추진자들이었다. 그들은 덴마크 왕실이 증기선인 '율란*Jylland*'선 건조를 위한 보조금을 지원하도록 설득하였으며, 시의회가 적절한 시설을 갖춘 항만을 건설하도록 몰아붙였다. 소무역이 여전히 압도적으로 함부르크를 향하고 있었기 때문에, 소 수출상들의 이런 움직임이 이른 감은 있었지만, (슐레스비히와 홀슈타인) 공국영지를 (프로이센에게) 빼앗기고 에스비에르 항구를 건설한 후 교역환경은 상당히 많이 변화하였다. 1861년 프레데리크 7세*Frederik VII*가 피오르드 동쪽 끝에 운하를 개통함으로써, 림협만 지역의 항구들이 북해-발트해 교역에도 참여할 수 있게 되었다. 림협만 지역 상인들은 잉글랜드에서부터 러시아 또는 지중해로 석탄을 운반하기 위해 스쿠너선과 브릭선을 적합하게 개조하였으며, 되돌아오는 길에는 러시아산 목재와 곡물 또는 이탈리아산 유황을 싣고 돌아왔다. 핀란드의 석탄 무역상들이 목재 수요에 맞추어 북해로 목재를 실어 날랐으며, 돌아올 때는 발트해 지역의 도시들에서 소비될 영국산 석탄화물을 싣고 왔다(사진 10 참조). 발트해 남부지역에서, 새롭게 강변에 조성되었던 산업단지에 필요한 건자재나 부피가 큰 화물에 대한 지방의 수요가 증가함에 따라 20세기 전환 무렵의 연안 운송무역의 호황을 누리면서 생존하였던 배들은 다름 아닌 건조하고 운항하는데 경제적인 선박들이 었다.[22]

그러나 결국에는, 산업중심지로부터 멀리 떨어진 외곽의 타운들과 거래하던 중소규모의 상인들은, 증기선이 해상무역을 지배하기 시작하면서 글로벌 무역에서 경쟁할 수 있는 자원이 부족하여, 궁지에 몰릴 수밖에 없었다. 파뇌 섬의 몰락은 선장들이 1880년대 들어 저렴하게 구입한 중고선을 통해 장거리 무역으로 방향전환을 하였었고, (새로 등장한) 현대식 증기선과 경쟁하기 어렵게 된 상황과 더 많은 관련이 있었다. 장갑선ironclads에 투자함으로써 (파뇌의) 선장들은 독일자본에 과도하게 의존하게 되었으며, 이로 인해 지방 조선업도 몰락하게 되었다. 1897년경, 파뇌 섬 상선대 가운데 현지에서 건조된 선박의 비중은 1/4을 넘지 못하였다. 핀 섬의 스벤보르Svendborg는 이러한 상황에 융통성을 발휘하여, 뉴펀들랜드 뱅크에서 잡은 생선 운반과 같은 장거리 해상교역용으로, 쉽게 인력을 구할 수 있는 세로돛 스쿠너 fore-and-aft rigged schooners를 지방의 자본으로, 저렴하게 건조하였는가 하면, 모터를 장착하여 소형 연안선을 개조하였다. 1870년대 독일제국 정부에 의해 내려진 보호주의 조치들은 북독일의 연안무역에 엄청난 타격을 가했다. 산업 활동과 조선업 활동이 킬과 슈체친과 같은 몇몇 특혜 받은 항구에만 집중되었다. 1870년 설립된 슈체친 로이드사Stettiner Lloyd와 같은 대형 회사들은 몇 십 년 전의 공동소유 방식으로 설립된 회사들을 대체하기 시작했다. 자포자기 상태에 이른 위태위태한 해운운송업을 지구상에서 가장 수익이 내기 힘든 곳으로 몰아넣음으로써, 대부분의 소형 지방 해운회사들은 파산에 이르게 되었다. 20세기 초반에 한 현지인이 인류학자인 리하르트 보시들로 Richard Wossidlo에게 그 상황을 설명하였듯이

1870~1871년 보불 전쟁 직전과 직후에, 소형 브릭선들은 흑해 무역을

통해 어마어마한 돈을 벌어들였는데, 그 당시 이 무역에 투입된 배 한 척으로 종종 (한 번의 항차로) 그 배 가격의 절반 정도에 달하는 많은 돈을 벌었다. 그러나 1890년경이 되면, 이 배들은 모두 스웨덴과 노르웨이로 매각되었다.[23]

바다에서의 중상주의적 경험

바다를 생계수단으로 삼는 삶의 경험이 토지 소유를 생계수단으로 삼는 유럽 귀족들의 삶의 경험과는 확실히 다른 일련의 가치를 창출했다. 토지와는 달리 바다는 나눌 수가 없다. 바다를 만에 가두거나 바다를 항해하기 위해서는 공동의 노력이 필요했다. 그래서 토지를 개간하거나 제방을 쌓기 위해 습지에서 결성된 단체, 초창기 선원들이나 상인들의 길드조직이 결성되었다. 공동의 노력은 복종 관계가 아니라 동업 관계를 고취하였다. 예컨대 1223년의 뤼베크의 도시인장에는 의미심장하게, 공동 이해를 가진 사람들의 조합을 상징하는, 엄숙한 맹세를 하고 있는 두 명의 인물, 즉 한 명의 내륙 상인과 한 명의 해상상인(선장)이 새겨져 있다.

해상무역의 규모와 가치가 증대함에 따라 바다에서 시도되는 '모험'은 위험을 공유하도록 고무하였다. 선장이자 선주skipper-owner인 단독소유권은 대개 네 명이 공동으로 선박을 소유하는 공동 소유권으로 대체되기 시작했다. 네덜란드어로 '공동소유선박Partrederij'(스웨덴어 *partrederi*)이라고 하는 이러한 체제의 장점은 투자자들의 개별 위험요소를 줄이면서 동시에 선박을 건조하고 장비를 갖추는데 필요한 자본금을 확보할 수 있다는 것이다. 다양한 선박에 대한 지분은 1/64부터 1/8까지 분할되었으며, 때로는 9/64와 같은 특이한 지분도 있었지만, 1/8을 소유하는 것이 일반적인 관례로 보인다. 1693년 당시 스톡홀름의 '선주Skieps Reedare'의 숫자를 조사해 보면, 전체 선주의 숫자가 271명이었고, 이들은 842개의 지분을 보유하고 있는 것으로 나타났다.

지분 규모는 절반부터 1/48에 이르기까지 다양하였다. 주주의 거의 절반 정도가 하나의 지분만 보유하고 있었고, 20개 이상의 지분을 보유했던 주주는 8명뿐이었다. 다른 곳과 마찬가지로 스톡홀름에서도, 선박의 선장들이 주요 주주였으나, 다양한 부류의 사람들 또한 소액의 자본을 선박소유권에 투자하고 있었다. 즉 돛 제조업자, 선구상과 같은 해상무역에 직접 연관된 사람들뿐만 아니라 가구제조업자, 맥아제조업자나 하인들도 있었다.[24] 이러한 종류의 공동소유Part-ownership는 해사 공동체를 함께 결속시켜 주는 대중자본주의의 한 형태였다. 닐스 프레드릭센*Niels Fredriksen*에 따르면, 파뇌 섬에서, 은행들은 대형 해운회사에 투자하는 것을 선호했기 때문에, 19세기에 범선 운항이 유지되도록 만들었던 사람들은 십중팔구는 어디에서도 자본을 확보하기가 불가능했을 것으로 보이는 다름 아닌 소자본가들이었다. 문제는 주주들이 성과가 좋은 해에는 배당금을 기대하지만, 불경기에는 좀처럼 신규 자금을 투입하지 않아, 재투자가 이루어지지 않는다는 것이었다.[25]

공동소유 선주협회들은 소규모일 때 가장 잘 운영되는 경향이 있었다. 선박이 점차 대형화되고 건조하는데 비용이 더 소요되고, 그리고 더 많은 자본금이 요구되면서, 동업자들의 범위가 더 확대되었으며, 선주협회는, 선박을 운영하는 사람들이 점점 더 훈련을 받으며 전문 선원으로서의 자질을 갖추었던 것과 마찬가지로, 전문적인 경영능력을 갖춘 임원과 관리자의 자격을 갖추었다. 공동 선주들은 오히려 유한책임회사의 주주들보다도 임원들에게 책임을 추궁할 기회가 적었다. 물론 공동 선주들도 임원들과 그들이 담당하였던 업무에 관해 훨씬 더 밀접한 관련성을 갖고 있었지만 말이다. 그것은 공동 선주들의 대부분이 처음 투자하였던 선박의 운항에 자신들도 참여하였기 때문이었다. 하지만 결정적으로 이 공동소유 체계를 약화시키는 치명적인 약점 중의 하나는 이 시스템이 성장을 고려하지 않는다는 것이었다. 이 제도는 근본적으로 배 한 척을 건조하고 장비를 갖추는 데 필요한 돈을 마련하기 위해 고안된 것이었으며, 투자가들이 적절한 배당금을 돌려받기를 바라며, 또 많은 경우에 일자리를 제공하였다. 같은 용적 톤수의 목선에 비해 건조하는데 3배나 더 많은 비용이 들었던 증기선들은 운항하고 유지하는 비용도 더 들었으며, 수 세기 동안 범선도르래장치tackle와 삭구장치rigging*에만 익숙한 채 살아왔던 공동체에서는 즉시 제공할 수 없는 운영기술을 요구하였다. 증기선 시대의 시작부터, 유한회사가 증기선의 건조와 운항을 견인하는 일반적인 회사 유형이었다. 물론 공동소유선박이 사라지지는 않았지만, 범선과 마찬가지로 해운 활동의 주변부로 밀려났다.[26]

상인들도 자신들이 지분을 보유한 배에는 화물을 탁송하지 않음으로써 위험을 최소화하였다(그리고 당연히 상인들은 자신의 화물에 대해서는 가장 낮은 운임을 제공하는 배를, 그리고 자신들이 지분을 보유한 선박으로 운송되는 화물에 대해서는 가장 높은 운임을 선호하였다). 셰익스피어의 『베니스의 상인The Merchant of Venice』에 등장하는 안토니오Antonio나 개개인이 소량의 생선꾸러미 화물을 12척의 배에 분산하여 해외의 항구로 탁송하였던 1397년의 200여명의 캄펜 시민들처럼, 이들 상인들도 한 척의 배나 한 장소에만 투자하는 모험을 꾀하지는 않았다. 하지만 위험을 상쇄시킬 수 있는 다른 방법들이 있었다. 15세기 중반부터 해상보험의 관행이 이탈리아에서부터 북쪽으로 퍼지기 시작했으며, 백년도 채 안되어 해상보험은 네덜란드 남부지역에서 일상화되었다. 1600년경에는 암스테르담, 로테르담, 미델부르크에는 노르웨이-홀란드 간 항차에 (보험화물 총액의) 2.5%의 보험료, 말라가-홀란드 구간에 6%의 보험료를 제시한 보험 증권을 판매하는 보험사무실들이 존재했다. 이러한 보험료율은 상당히 매력적이어서, 네덜란드에 있는 외국인들도 보험에 들었으며, 심지어 네덜란드와 전쟁 중인 잉글랜드 인들도 보험에 가입하였다.

장거리 항해 보험료는 (보험에 든 상품의 가치의) 6%에서 7%순으로 매겨졌다. 예를 들어, 1799~1800년 사이 헐에서 스페인의 알리칸테Alicante까지, 그

---

* 태이클은 범선 조정 및 선상 작업에 사용되는 밧줄이 통해 있는 도르래 장치이며, 삭구장치는 범선의 돛대·활대·돛을 바치기 위한 밧줄, 쇠사슬을 총칭하는 말이다.

리고 헐에서 오스트로보스니아의 카스쾨Kaskö 항까지의 항차에 대해서는 6%, 1795년 리가에서 이탈리아의 리보르노Livorno까지의 항차는 6.75%였다. 단거리 항해 보험료율은 훨씬 낮게 책정되었다. 예컨대 1741년 스톡홀름에 있는 어느 보험회사는 오스트로보스니아에서 스톡홀름까지 항차에 1.5~1.75%의 보험료를 적용하였다. 물론 그 보험 증권은 통상 적절한 항만시설을 갖추지 않은 농촌 부잔교rural landing에서의 하역작업에 대해서는 보장하지 않았고, 상인들이 그와 같은 장소로 항해하는 선박을 보험에 들려고 했는지는 알 수 없지만 말이다. 1780년대 덴마크에서 감라카를레뷔Gamlakarleby(현재 핀란드 '코콜라Kokkola'라는 이름의 도시)로의 항차에 나선 '필라델피아Philadelphia' 호에 4.5%의 보험료를 책정한 어느 덴마크 회사가 발행한 보험 증서는 적하 시점부터 선박이 목적지 항구에 도착 후 15일까지 유효하였으며, 그리고

> 바다에서의 모든 위험, 즉 폭풍우와 악천후, 화재와 바람, 동료나 적에
> 의한 감금, 군주, 주권자, 영주나 공화국, 나포면허장이나 역나포장, 선장
> 이나 승무원의 악행이나 부주의로 인한 체포, 그리고 보험 든 상품에 닥
> 쳐올 수 있는 그 밖의 모든 위난과 위험

을 보장했다. '필라델피아' 호는 실제로 11월 중순 폭풍우 속에서 좌초되었다. 선장은 간신히 해손화물의 일부를 건져낼 수 있었고, 해손화물은 나중에 우메오에서 경매로 팔렸다. 감라카를레뷔의 해당 화물의 수취 예정자들은, 관례에 따라 보험회사로부터 화물가치의 98%에 해당하는 보상금을 받았다.[27] 해상보험을 통한 위험의 최소화는 선박의 공동소유 방식의 점진적인 소멸의 또 다른 이유였다. 왜냐하면 해상보험은 증기선 선대 설립자들로 하여금 자신들의 주식자본capital stock은 최악의 경우에도 상당 부분 보전될 수 있을 것이라는 확고한 믿음 속에서 금융회사와 증권거래소에서 자금조달을 가능하게 만들었기 때문이다.

중세말경에는 상인들이 점원들과 보조원들로 구성된 팀을 이끌면서 사무

실에서 관리하였던 원거리 무역활동에 참여하였다. 이런 중세 상인 공동체의 일과 삶의 방식을 엿볼 수 있는 좋은 사례는 베르겐의 한자 박물관에 보존되어 있다. 상인들이 끊임없이 이리저리 분주하게 움직였음을 암시하였던 한자동맹의 격언인 '상인은 장돌뱅이다*koplude - loplude*'는, 사실 상인의 고용인이나 견습생들에게 더 적절한 말이었고, 이들 중 대부분은 결국에는 (돌아다니지 않는) 상인이 될 것이었다. 하지만 중세 말기 이전에는 상인들도 뱃짐과 더불어 돌아다녔으며, 때로는 뱃짐을 실은 배의 선장의 역할을 겸하기도 했다. 상인들은 도중에 강도들로부터 공격을 받을 수 있는 확실한 가능성에 대비해야 했으며, 일단 그들이 목적지에 도착한 뒤에도 온갖 불확실성과 씨름해야 했다. 중세 말기에도 새로운 혹은 개발되지 않은 시장을 개척했던 상인들도 유사한 어려움을 경험하였다. 행정당국이 그들의 상품을 몰수하거나 갑자기 새로운 관세를 부과할 수도 있었다. 교역을 위한 시설은 만족스럽지 못하거나 불충분하기 일쑤였다. 표트르 대제 통치기간 동안 러시아 사람들과 교역하던 영국 상인들이 터무니없는 높은 환율, 도선사의 부족, 수출품에 대한 품질검사 부족을 불평하였다. 스웨덴 시장에서 입지를 확립하려던 러시아 상인들은, 카르디스*Kardis* 조약(1661)에서 양국 간의 자유롭고 아무런 제약 없는 상업 활동을 공포한 조항에도 불구하고, 도중에 겪게 되는 장애에 대해 투덜거렸으며, 이어서 스웨덴 사람들은 1667년 이후 러시아에서 외국 상인들에게 내려진 제한조치에 항의하였다.[28]

시간이 지남에 따라, 국가 간 무역을 관할하는 관습과 관행을 일반적으로 인정하는 문화가 출현하기도 하였으나, 외국 상인들의 입지는 여전히 취약하였다. 주권 영주들 간의 갈등으로부터 자신들의 신민을 보호하려는 시도였던 1236년 잉글랜드-플랑드르 조약*Anglo-Flemish treaty*과 같은 협정도 통치자들 간의 관계가 악화되면 상인들을 거의 보호해주지 못했다. 외부 상인에게 용인되는 특권들이 현지 상인공동체의 공분을 살 수도 있었고, 그러나 이러한 특권들은 갑자기 취소될 수도 있었다. 전국에 걸쳐 외국 상인들에게 광범위한 특권을 부여했던 1303년 에드워드 1세의 상인헌장*Carta mercatoria*은

1311년에 취소되었고, 이 조치는 한자동맹이 1281년과 1260년에 일찍이 자신들에게 부여되었던 특권의 재승인을 모색하지 않을 수 없게 만들었다. 1314년, 한자동맹은 자신의 조합원들에게 부과된 인신구속으로부터 면제권을 보장받았으며, 1317년 1,000파운드를 지불하고 왕실로부터 상인헌장에 명기된 그들의 모든 권리를 보장받았다.[29]

특권적 지위를 보전하기 위해 투쟁하는 것은 전적으로 상인 공동체들의 몫이었다. 한자동맹이 중세 후반 노브고로드, 브뤼주, 런던과 같은 자신의 보호받는 교역 전초기지를 유지하려고 부단히 투쟁하였으며, 그리고 16세기와 17세기 잉글랜드 무역회사들은 앤트워프, 함부르크, 그단스크의 전진기지를 획득하거나 유지하기 위해 끊임없이 로비 활동을 펼쳤다. 동유럽에서 상인들이 종종 선매권이나 심지어 독점 구매권을 획득하여 시장을 통제하고자 노력하였다. 그래서 토루니Thron, Torún와 그단스크와 같은 오래된 한자 도시의 상인들은 선금을 지급하고 폴란드 내륙지역에서 나오는 대량의 곡물과 목재를 확보할 수 있었다. 17세기에 여러 차례에 걸쳐 네덜란드, 스웨덴, 덴마크 상인들은 암스테르담 시장에서 상당한 수익을 얻을 수 있을 것이라고 희망하면서 러시아산 곡물을 대량으로 매점하려 하였다. 그리고 영국인 사업가 리차드 틸덴 스미스Richard Tilden Smith는, 제1차 세계대전의 결과로 탄생한 발트해 동부지역의 신생국들에게 상당한 액수의 대출을 제공하고 아마와 목재 수출무역을 장악하려고 하였다.[30]

대부분의 교역 활동은 투기적이고 한탕주의적인 성격이 강했다. 이러한 전형적인 사례가 1668년 베르겐에서 뉴캐슬로 운항했던 덴마크 선박인데, 이 선박은 더 나은 가격을 기대하고 런던으로 항로를 바꾸었으며, 최종적으로는 킹스린에 입항하였는데, 동승하고 있던 상인들이 적재하고 있는 목재가 그곳에서 비싼 가격으로 팔릴 것이라는 사실을 뒤늦게 알았기 때문이었다.[31] 어렵게 여기저기서 정보를 모으는 능력과 그에 따라 민첩하게 대응할 수 있는 능력은 아무나 가지지 못했던 성공의 열쇠였다. 협정서의 조항을 섣불리 확정 짓지 않고, 일반적으로 통용되는 교역의 관행을 따르도록 그

조항을 유보하였던 한자동맹의 오래된 관행이 18세기까지 발트해 북부지역 전역에 걸쳐 만연해 있었다. 이와 같은 관행은 현재 시가에 대한 정보가 빈약했기 때문이었다. 1790년대 보스니아 만에 위치한 작지만 생기 넘쳤던 감라카를레뷔 항구의 상인들은 자신들의 작은 정보교환사무소(거래소bourse)를 설립하여 정보부족의 어려움을 극복하려고 하였다. 이 사무소에서 상인들은, 그들의 통신원들이 보내주었거나 신문에 공표된 일람표에 의존하여, 서로 만나 상품시세와 보험료에 관해 정보를 교환하였다.

상인들은, 상품배송과 관계된 일회성 모임에서부터 정교한 규칙과 강한 법인 정체성을 가진 기존 협회들이나 단체들에 이르기까지, 몇몇 상이한 형태의 협회에 가입할 수 있었다. 교회들은 상인들이 만나서 기도하는 장소로서, 그리고 상인들의 귀중품과 상품들을 보호할 수 있는 확실하고 안전한 장소로서, 중세 초기의 해외 교역 공동체 활동에서 중추적 역할을 담당하였다. 노브고로드의 성 페터 교회의 나무궤짝에는 독일 상인들의 돈과 귀중품이 보관되었고, 밤에는 두 명의 경비원이 이를 지켰다. 러시아의 다른 타운들에도 이와 유사한 상인들의 교회들이 있었다. 러시아 상인들은 또한 레발의 성 니콜라스 교회와 같은 자신들만의 교회를 가지고 있었는데, 그 교회의 지하창고는 물품보관소로 사용되었을 뿐만 아니라 범죄자를 가두는 감옥으로도 활용되었다. 중세 말경이 되면, 북유럽의 큰 무역항들에는 그단스크의 아르투스호프Artushof나 뤼베크의 치르켈콤파니Zirkelkompanie와 같은 권위 있는 단체들이 다수 존재하였다. 이런 단체나 협회에 소속되는 것은 사회적 지위를 위해서도 중요하였으며, 뤼베크에서 활동한 스톡홀름 상인들에 대한 연구처럼 그와 같은 공동체에 대한 연구들은 그러한 비즈니스와 동류의식과의 관련성은 종종 밀접하게 얽혀있었다는 것을 규명해 왔다.[32]

국가 간 무역에서 결정적인 역할을 한 인물은, 자주 외국 항에서 계속 수년간 거주했던 위탁매매인, 즉 팩터factor*였다. 그의 임무는 화물을 싣고 내

---

* 오늘날 '팩토링factoring' 업무는 우리말로 '채권매입업'이라고 하며, 타인이 물건ㆍ

리는 것을 주선하는 일에서부터 화물의 판매, 분배, 그리고 발생할 수 있는 사무 처리에 이르기까지 매우 다양하였다. 그는 일반적으로 선장에게 계약서에 합의한 총액, 즉 목적지 항구에 따라 정해졌던 금액의 지불을 책임졌고, 부가적인 임무 부여의 권한이 있었다. 엘리자베스 시대의 상인인 토마스 섹스턴*Thomas Sexton*의 그단스크 위탁매매인들은 그를 대신하여 원자재들을 구입하였을 뿐만 아니라 배의 삭구장비용 밧줄을 제작하는 것도 책임졌다.33) 위탁매매인들은 다재다능하지 않으면 살아남기 힘들었다. 그들이 체득한 경험은 의심의 여지없이 자신들의 가치를 매우 높여주었지만 말이다. 예를 들어, 해외에 거주하던 극소수의 스코틀랜드 위탁매매인들은 모국과 북유럽 사이의 복합적인 연결망을 구축하였다. (영국) 스털링*Stirling*에서 평범한 상인으로 출발했던 앤드류 러셀*Andrew Russell*은 로테르담의 위탁매매인으로서, 주로 포스 만 주변 지역과 탄탄한 연결망을 개척하였다. 로테르담에서 활동했던 또 다른 큰손 위탁매매인, 제임스 고든*James Gordon*은 스코틀랜드 애버딘 출신이었으며 주로 스코틀랜드 북동부 지역의 상인들과 거래하였다. 러셀은 결국에는 위탁매매 활동을 그만두고, 은행원이자 여행업자로 활동하였으며, 나아가 스털링에 있는 로버트 턴불*Robert Turnbull*과 스톡홀름에 있는 패트릭 톰슨*Patrick Thomson*과 제휴하여 직접 무역활동에 참여하였다. 그의 동업자들은, 스톡홀름과 노르쾨핑*Norrköping*으로 수출될 고급 옷감, 양털, 스타킹, 청어, 그리고 스웨덴으로부터 수출되는 철과 구리를 위탁 판매하는 등 거친 스코틀랜드 양모를 로테르담 시장에 판매하도록 원래 위탁받았던 것보다 훨씬 광범하고 넓은 지역에 걸쳐 다양한 상품을 취급하였다.34)

위탁매매인들은 견습 사원 딱지를 막 뗀 젊은 사람이거나 회사의 종업원

유가증권의 판매, 용역의 제공 등에 의하여 취득하였거나 취득할 영업상의 채권(영업채권)을 매입하여 회수하는 것을 말한다. 이를 영업으로 하는 자를 '채권매입업자factor'라 한다. 여기서는 오늘날 금융업에서 사용되는 '팩토링' 업무의 생성초기 형태의 업무를 담당하였던 직종의 사람들을 '팩터'라고 칭하고 있다. 따라서 이들은 단순히 영업채권 매입뿐만 아니라 (해외에서) 상인의 다양한 임무를 대리하는 역할을 담당하였으며, 일종의 '위탁매매인'의 역할을 담당하였다.

으로 오랫동안 근무한, 나이가 지긋한 사람들이었을 것이다. 다수의 위탁매매인은 대여섯 개의 회사를 위해 활동하였으며, 심지어 독자적으로 자기사업을 수행하기도 했다. 이들 중 일부는 일반적으로 자신들에게 도움이 되는 결혼을 통해 입지를 공고히 만듦으로써, 자신들이 거주하였던 나라에 최종적으로 정착하였다. 한 선박의 지분 1/16을 가진 선원으로 1659년 런던에 거주하고 있던, 앞에서 언급한, 덴마크 태생인 페터 스플릿*Peter Splidt*은 1660년 잉글랜드 여성과 결혼하였으며, "바다에서의 독재자 크롬웰 때문에 자신이 가졌던 모든 것을 잃었다"고 주장하면서, 자유 시민과 중개인이 될 자격이 있다고 신청하였다. 그는 1690년 죽을 때까지 위탁매매인으로 활동하면서 줄곧 런던에 거주하고 있었다. 노르웨이 목재 상인들의 중개인들 대부분은 런던의 스테프니*Stepney*와 와핑에 있는 목재야적장 근처에서 살았으며, 1690년대에 자신들의 영적 요구를 충족시켜 줄 교회를 그곳에 건립할 정도로 많은 중개인들이 살고 있었다. 노르웨이 상인들은 자신들의 아들들과 종업원들이 영어를 익히도록 독려하였고, 그들 스스로도 영어로 서신을 주고받았으며, 영어책도 가지고 있었다.[35]

상당한 규모의 외국인 공동체들이 북유럽 해안지역 주변 곳곳에 흩어져 존재하고 있었다. 이들 모두가 무역활동이나 바다와 연관된 것만은 아니었다. 많은 사람들이 자국에서의 종교적인 박해나 외국에서 일자리를 찾도록 그들을 몰아세웠던 본국에서의 인구증가 때문에 망명길에 내몰렸다. 1626년 '4만 명 이상'의 스코틀랜드 인과 잉글랜드 인들이 거주하고 있었던 것으로 보고되었던 폴란드에서, 스코틀랜드 행상들은 틈새시장을 찾았던 것으로 보인다. 네덜란드 농부들이 코펜하겐 남쪽에 있는 아마게르 섬에서부터 비스툴라 삼각주에 이르는 발트해 지역 곳곳에 정착했다. 하지만 외국인들의 최대 밀집 지역은 항구에서 형성될 것이었는데, 그들은 그곳에 자신들만의 교회, 단체 그리고 심지어 거류지를 만들었다. 암스테르담, 그단스크, 런던, 함부르크와 같은 큰 항구들은 다문화 그 자체였다. 테오도르 폰타네로 하여금 1852년 "런던은 함부르크와 브레멘처럼 독일의 상업도시이고, 이곳 사람들의 절반은 독일인이며 다른 나머지 사람들은 적어도 독일어를 할 수 있다"고 쓰도록 만들 정도로, 1840년대 런던에만 4만 명의 독일인들이 있었던 것으로 추정된다.36) 함부르크에도 뱅크Banks, 블레이커Blakers, 로스Ross, 손톤Thonton, 패리쉬Parish, 슬로만Sloman 가문과 같은 잉글랜드 가문들이 안정적으로 뿌리내리고 있었다. 길버트 스콧Gilbert Scott은 함부르크 대화재 이후 재건된 성 니콜라스 교회 설계에 참여하였다. 잉글랜드 문화가 독일로 스며들어 가도록 이음매 역할을 했던 도시는 바로 함부르크였다. 잡지 『스펙테이터Spectator』와 『태틀러Tatler』, 리처드슨Richardson의 소설들, 로렌스 스턴Lawrence Sterne의 『트리스트럼 샌디Tristram Shandy』는 이곳 함부르크에서 많이 읽혔으며, 모방되거나 번역되었다. 독일의 비평가이자 시인이었던 요한 고프리트 헤르더의 견해에 의하면, 신을 제외하면, 함부르크 사람들은 잉글랜드 군주보다 더 위대한 존재가 없으며, 잉글랜드 여인보다 더 부드러운 창조물은 없고, 잉글랜드 아가씨보다 더 천사 같은 존재는 없다고 생각하였다. (독일 시인이자 민족주의 운동가였던) 에른스트 모리츠 아른트의 주장에 따르면, 예테보리에서 사람들은 잉글랜드 식으로 아침식사를 하고 흑맥주와 포트와인을 마셨으며 펠멜Pall Mall 거리의 연인들처럼 옷을 입고 다녔다. 그리고 블라디미르 나보코프Vladimir Nabokov(러시아 제국에서 태어난 미국 인 소설가이자, 번역가, 곤충학자)는 페어Pear 상표의 비누로 세수를 하고 영국 치약으로 이를 닦았을 뿐만 아니라, 그는 혁명 전의 상트페테르부르크에 있는 안락한 자신의 집에서 러시아어보다 앞서 영어로 읽는 것을 배웠다.

국가 간 그리고 지역 간 무역, 모두는 세계 전체에 걸쳐, 사람들이 어디에서 어떻게 살든지 간에, 생계수단들, 즉 비즈니스 관행들을 헤아릴 수 없을 정도로 바꾸어 왔고, 따라서 이러한 변화들이 발트해와 북해 주변의 해사 공동체와 상인 공동체에 가져다 준 충격을 몇 마디로 요약하는 것은 쉬운 작업이 아니다. 마침내 교역량의 증가는 보다 큰 선박, 보다 더 개선되고 규모가 큰 항만과 설비에 대한 수요와 그 항구와 그 선박의 바로 이웃한 주변 지역의 경계 훨씬 너머까지 고용 기회의 창출을 자극하였다. 다음 장에서 고찰하듯이, 선원이 되어 배를 타는 것은 위험한 일이지만, 많은 사람들이 이를 통해 번창하였다. 다시 말해서 항해는 육지에 정주하면서 일하였던 사람들이 거의 가질 수 없는 기회와 시야를 제공하였다. 해상 교역은 내륙의 후배지와도 연결되었다. 물론 초창기의 얕은 수로나 하천을 경유하여 단순 명쾌하고 친숙하게 바다로 나아갔던 물길들의 일부는 의심의 여지없이 소실되었지만 말이다. 해상무역은 심지어 세상에서 가장 가치가 없는 물품뿐만 아니라 질병과 같이 의도하지 않았던 것들도 고향으로 운반하였다. 모든 항구와 연안 마을에는, 다양한 항해 경험을 가진 사람들과 종종 그들의 항해에서 갖고 온 각양각색의 기념품들을 수집한 사람들이 많았다. 국제적인 항구들을 통해 세상의 새롭고 이국적인 제품들이 들어왔는데, 담배는 1590년대 함부르크에서 소비되고 있었으며, 거의 동일한 시기에 튤립이 암스테르담에 도착했다. 신세계의 유해균과 질병들도 대서양 연안의 항구를 경유하여 들어왔으며, 문신과 같은 새로운 유행이나 샤콘chaconne과 판당고fandango와 같은 춤도 이와 같은 방식으로 들어오게 되었다. 이국적인 동물과 사람들을 쉽게 볼 수 있었던 곳이 바로 해항이었으며, 17세기와 18세기 내내 그런 이국적인 것들을 수집하려는 사람들이 몰려들었던 장소도 바로 해항이었다. 해항은 더 넓은 세상과 이어지는 열린 접점이었으며, 수세기에 걸친 실질적인 국가 간 접촉과 영향의 흔적은 공공 혹은 민간 건물의 건축 양식, 회화, 음악과 연극, 교육과 시민 생활에서 발견할 수 있으며, 심지어 거리명이나 구역 명에서도 찾을 수 있다.[37]

항해와 교역은 그리 대단하지 않은 규모에서조차도, 종종 고립된 공동체를 훨씬 더 넓은 세상과 연결시켜 주었다. 스코틀랜드의 크레일Crail이나 몬트로즈Montrose, 잉글랜드의 휘트비, 노르웨이 해안의 만달이나 스타방게르, 덴마크 애뢰 섬에 있는 마스탈, 혹은 메클렌부르크의 피쉬란트 반도 곳곳에 흩어져 있는 해안 정착지들, 또는 올란드 섬들과 같은 연안 타운들의 전체 공동체들은, 주주, 선원, 선구상과 선용품 공급업자, 항만 노동자로서, 그리고 수입 상품들의 소비자로서 해상무역seaborne trade에 활발하게 연루되어 있었다. 그러나 19세기가 끝나 갈 무렵, 그 균형은 주요 항구를 기반으로 운항하는 큰 해운회사들에게 유리한 방향으로 확실하게 기울어지기 시작했다. 저렴하고 가격이 낮은 부피 큰 화물을 운반하는 선박에 대한 수요에 힘입어, 소규모이면서 극도로 지방적인 무역 활동은 놀랄 만큼 장기간 끈질기게 유지되기는 했지만, 연안 타운들 간 해상 무역의 중요성은, 소규모 회사들이 문을 닫거나 인수되면서, 그리고 항해와 이에 부속된 직업에 종사하는 사람들의 숫자도 감소하면서, 점차 감소되었다. 다소 역설적이게도, 증기선이 주요 무역항로에서 범선을 대체하면서, 해운 또한 국민국가의 틀 안으로 훨씬 더 밀접하게 흡수되기 시작했다. 특히 19세기 중반 몇 십 년 동안 대규모 상선대가 농업 위주의 자국 경제와 별다른 연계 활동이 없었던 노르웨이와 핀란드가 바로 그런 경우였다. 유리요 카우키아이넨의 말에 따르면, 1870년 이후 진행된 핀란드 경제의 구조조정과 변형에서 주목할 만 한 점은 한때 주력산업이었던 것이 보다 경미하고 하찮은 산업으로 축소되었다는 것이다.[38] 상품을 운반하고 배송하는 방법들이 다양해지면서, 한때 권위 있고 전능한 자리를 점하고 있었던 해상무역의 지위는 하락을 거듭하였다. 물론 바다는 전지구상의 국가들과 소통하고 교류하는 주요 채널로 여전히 남아있기는 하지만 말이다.

8장 어업

어획과 수산시장

북해 바다들 해역에는 특히 해양생물이 풍부하였기 때문에 빙하기가 끝나고 인간이 북쪽으로 이동하기 시작한 이후부터 수렵 채집인들이 몰려들었다. 석기시대 패총에서 발견된 매우 다양한 생선뼈와 조개껍질을 볼 때 당시 사람들은 십중팔구 수렵 채집한 것을 신선한 상태로 즉석에서 먹었음을 말해준다. 바다에서 채취한 해산물은 곧 부패해 버린다. 냉장고가 일상화되기 이전에도 생선을 신선하고 위생적으로 보관하는 일이 불가능하지는 않았지만, 비용이 많이 들거나 또 처리방법을 믿었다가 낭패를 당하기 일쑤였다. 상한 생선냄새를 맡고도 생선을 사려는 사람은 거의 없었다. 생선은 선상에 끌어올려지는 순간부터 식탁에 오르기까지 많은 불확실성을 지니고 있다. 어업은 시장의 변동성에 대한 순발력과 적응성을 요구하고, 정부의 법령이나 요구에도 대응해야 하며, 여기에다 숙련된 기술(그리고 모든 어부들이 주장하는 행운)과 용기를 요구하기 때문에 어느 모로 보나 위험부담이 많은 모험사업이었다.

산업화 이전 시대의 유럽은 필요한 생선 대부분을 해안이 아니라 강과 연못 그리고 호수에서 제공받아 소비했다. 1843년 무렵까지도 신선한 바다 생선은 독일 내륙 도시인 에어푸르트의 경우 진기한 광경이었으며, 생선이 들어오면 도시인들은 상당한 호기심을 가지고 주위에 몰려들었다. 함부르크 시에 철도가 막 개통되자 헬리골란트Heligoland 수산업과 독일 연안의 어업공동체들은 이제 생선 시장이 활성화되리라는 기대를 가지게 되었다. 이 지역은 모두 어시장이 없어 애를 먹었기 때문이었다. 바다에서 잡은 다량의 신선한 생선이 내륙의 타운들과 유럽의 대도시로 신속하게 운반될 수 있었던 것은 바로 철도의 개통 때문이었다. 철도회사들은 도시의 노동자들이 저렴한 가격으로 생선을 구입할 수 있을 정도로 운송비를 인하하는데 시간이 걸리기는 했지만 말이다.

철도 도입 이전과 냉동 보관이 가능하기 이전에도 생선은 수세기 동안 대량소비 품목이었는데 그 이유는 3가지 기본적인 보존 방법 즉, 발효, 바람과 햇볕에 말리는 건조, 그리고 훈제나 소금 또는 식초와 같은 보존 매개물을 이용한 절임 덕분이었다. '시큼한 발트 청어surströmming'와 같은 발효 생선이나 로마인들이 사용하던 생선으로 만든 소스인 가룸garum은 런던과 같은 북유럽 항구에도 들어왔으며 심지어 이곳에서도 생산되었을 수도 있었지만, 일반 소비자들로부터 큰 관심을 받지는 못한 것으로 보인다. 여름이 짧고 습기가 많은 기후는 건조처리에 많은 어려움이 있었을 법한데도 이 방법은 광범위하게 보급되고 실제 사용되었다. 포를 떠서 염장했다가 바위 위에서 말리는 대구 건조 방법인 클립피스크Klipfisk는 아이슬란드 해안에 살았던 영국 어부가 처음 개발했고, 17세기에는 노르웨이까지 전파되었다. 여타 어업 지역, 예컨대 요크셔 해안에서는 배를 갈라 염장한 대구와 수염대구의 '수분을 말리는sweating' 독특한 생선 건조법을 활용하였다. 17세기의 불굴의 여행가 실리아 파인즈Celia Fiennes는 스카버러에서 염장한 수염대구 맛을 보고는, "처음 잡았을 때 처리를 잘 해서인지 신선한 새끼 대구처럼 부드럽고 매우 감칠맛이 났다. 만약 그렇게 처리하지 않았더라면, 역한 맛이었을 것"[1]이라고 말했다. 겨울 동안 북부 발트해에서 잡은 생선이 얼린 상태로 멀리 스톡홀름까지 운반되었다. 염장 건조한 강꼬치고기, 농어류의 민물고기와 다른 감수 물고기sweet-water fish는 무엇보다 중요한 소비품이자 교역 품목이었고 또 스웨덴의 바사 국왕에게는 중요한 수입의 원천이기도 했다. 스웨덴 연대기 작가 올라우스 마그누스의 기록에 따르면, 스웨덴 베스테르보텐Västerbotten 해안에 있는 뷔유르클룹Bjuröoklubb 섬의 바위 위에서 말리는 생선의 악취는 난파 위험의 폭풍우 속에 있던 선원들에게 바로 앞에 바위가 있다는 경고가 될 만큼 지독했다고 한다.[2] 건조 생선은 결코 단순한 식품에 불과한 것이 아니었다. 생선 껍질로 독창적인 제품들을 생산했기 때문이다. 장어 가죽으로 밧줄, 마구, 스키와 도리깨 묶는 줄을 만들었고, 잉글랜드 동부의 펜스 Fens 지방에서는 이를 학질을 예방하는 데 사용하기도 했다. 덴마크 행상인들이 가난한 사람들에게 팔았던 말린 가자미 껍질은 커피 끓일 때 커피가루를 가라앉히는 데 사용되었다.

산업화 이전 유럽은 생선을 보존하기 위해 훈제, 염장 혹은 절임 등과 같은 많은 방법들을 고안했는데, 보존 작업을 위해서는 상당한 노동 조직과 장비 및 재료를 마련하기 위한 투자가 필요했다. 엘리자베스시대의 작가 토마스 내시Thomas Nashe는 그 흔한 청어에 관해 다음과 같이 관찰하고 있다.

> 청어를 잡는 기술, 청어를 연기에 그을려(청어를 팔기 위해서는 훈증을 했다) 제대로 처리한 뒤 상인들과 행상인들에게 넘기기까지 수많은 손길이 필요했다. … 청어는 목수, 배 대목, 낚싯줄, 밧줄, 케이블 제조인, 대마 일꾼, 방적공과 그물-직조공 등에게 일거리를 제공했다. 소금을 만들기 위해 수많은 소금집이 세워지고, 소금 위에 소금을 쌓고… 통 제조업자, 맥주 양조업자, 제빵사들도 청어 때문에 소득을 올렸던 사람들이며, 그 외에도 청어 아가미를 제거하고 난 뒤 씻어 포장하여, 옮기고, 옮긴 것을 다시 옮기는 작업을 하는 많은 사람들은 따로 있었다.[3]

소금은 생선과 육류의 보존에 없어서는 안 될 필수품이다. 물을 끓여 해수를 증발시키거나 소금기를 품고 있는 토탄을 태워 소금을 얻는 기술은 로마

시대에 이미 북유럽 해안에 알려졌고 또 실제 널리 활용되고 있었다. 유럽 중부의 광산에서 추출한 소금은 청동기 시대부터 줄곧 중요한 교역품이었다. 북부 독일의 뤼네부르크가 중세 시대의 대표적인 소금 산지 중 하나였고, 또 소금 공급이 통제됨으로써 중세 스카니아 청어 교역에서 뤼베크가 우월적 지위를 공고히 할 수 있었던 주요 이유 중의 하나가 되었다. 마찬가지로 프랑스 대서양 해안의 소금 생산지인 부르네프 만Bay of Bourgneuf에서도 소금 거래가 통제됨으로써 근대 초기 네덜란드가 청어 교역 지배권을 용이하게 확립할 수 있었다.

산업화 이전, 유럽의 주민들에게 단백질을 공급했던 생선은 바로 청어였다. 중세 내내 스카니아 해안에서 잡힌 대부분의 청어는 사순절 기간에 독일, 프랑스와 영국 전역에 공급되었으며, 프랑스 여행가 필립 드 메지에르 *Philippe de Mézières*는 "큰 생선을 준비할 형편은 못되어도 청어 한 마리 정도는 마련할 수 있는 가난한 기독교도를 위하여"[4]라고 말했다. 카렐리아Karelia부터 요크셔까지 북유럽 농촌 지역에서는 청어를 통 단위로 구입하여 이웃들과 분배하곤 했다. 염장 청어는 북유럽의 가난한 사람들에게는 주요한 음식으로 근대까지도 이러한 전통은 잘 유지되고 있다. 스웨덴의 돌투성이 불모지인 스몰란드Småland 지방의 경우 아주 가난한 사람들은 식탁 위에 청어 한 마리를 걸어두고 가족들이 각자 자신의 감자를 그 청어에 문질러 청어 냄새가 배이게 한 후 감자를 먹었다고 전해지고 있다. 19세기 말 스웨덴에서 비교적 부유했던 농민들은 대접을 할 때 염장 청어를 튀기기 시작했고, 이러한 관습은 1930년대 핀란드의 일부 농촌에서 지속되었다. 절이거나 향신료를 가미한 청어는 18세기 말부터 스칸디나비아에서 중상류층 사람들이 먹었으나, 일반적인 소비 품목으로 분류된 것은 제2차 세계대전이 지나고 나서였다. 청어 통조림 역시 20세기의 발명품이다.

북해에는 주요한 두 종류의 청어가 있는데 ─작은 청어brisling나 뱅어whitebait 부류의 생선들은 포함되지 않는다─ 연안 청어는 봄에 수심이 얕은 기수 해역에서 산란을 하는 반면, 가을 청어는 염분이 많은 외해에서 산란한다. 네덜란드 청어 어장을 관리하기 위해 16세기에 창립된 대형어업감독협회 Collegie van de groote visserij의 규정에 따라, 성어인 마트예스*maatje**와 '살이 꽉 찬' 청어는 6월 24일에서 9월 14일 사이에만 잡을 수 있었다. 산란 이후 몸이 쇠약해지고 '기진한*ijle*' 어미 청어를 보호하기 위해서였다. 발트 청어*strömming*는 유별나게 작은 생선으로 주로 북쪽 해역에서 발견되었다. 발트해 입구와 같이 좁고 사방이 막힌 해역에서 청어 종류를 구분하는 것은 쉬운 일이 아니다. 이곳은 중세 이래 형성된 최초의 진정한 국제 어장이었고 그 중심지는 스카니아 지방의 남서쪽 끝에 있는 스캐노르-팔스터보Skanör-Falsterbo 반도였다. 오늘날에는 스웨덴 영토가 된 이 지역은 1660년까지 덴마크 왕국의 일부였고 어장에서 나오는 소득은 국왕의 주요 수입원이었다. 덴마크 국왕은 고정적 수입을 위해 1168년의 파괴적인 독일 원정 기간에 뤼겐의 벤드 섬에 있는 기존 교역 중심지를 붕괴시킴으로서 반도의 시장을 확고히 하는 데 한 몫 했을 것으로 보인다.

교역 절정기가 되면 북유럽 각지에서 많은 상인들이 몰려들었다. 이곳 좁은 반도에서만 거래가 이루어지는 것은 아니었다. 생선 교역은 림협만에서 블레킹에까지 그리고 발트해의 남쪽 해안에서 이루어졌지만, 그래도 스캐노르-팔스터보 반도는 가장 중요한 거래 장소이자 국제적인 시장이었으며 그곳에서는 생선 외에 다른 상품들도 거래되었다. 14세기에 각 타운은 거래 장소를 정확히 지정했으며, 상인들은 해안가에 천막을 치고, 피테*fitte*라고 불렀던 그 장소 안에 막사나 부스를 설치했다. 어부들도 각자 개인 막사를 가지고 있었다. 어업 과정 전반이 엄격한 규정으로 통제를 받았다. 일단 해안에서 청어 염장 작업은 금지되었다. 이 작업은 별도의 작업장에서 이루어져야 했고, 주로 여성들이 담당하였다. '내장여성*ghelleconen*'이라고 불렸던 여성들이 청어 내장을 제거하면 '눕히는 여성*leggheconen*'들이 그것을 받아 소금물에 쌓아 나갔다. 내장과 폐기물은 거리나 막사 뒤편에 함부로 버리지 못하

---

* 마트예스는 산란을 마쳐서 체내에 알도 정자도 없는 청어이다.

게 했으며, 또 '악취가 날까봐so dat dar neyn stanck kump' 해안으로 운반한 이후 이틀 밤 이상을 막사에 보관하지 못하게 했다. 특별히 지명된 공무원인 '불평분자grumkerl'가 생선기름을 얻기 위해 청어 폐기물들을 처리했다.[5] 항만 시설이 없던 시절에는 청어를 담은 통을 선상으로 이동하는 게 쉬운 일이 아니었다. 청어 통들을 배에 싣는 작업은 넓게 트인 해안에서 이루어졌다. 세금을 지불한 후에, (세금을 지불하지 않고 운반을 하는 것은 부정행위로 간주되었다) 청어 통들을 실은 손수레를 끌고 물에 들어가 바닥이 평평한 바지선에 옮겨 실었다. 바지선은 무게가 100kg 나가는 통 100개를 실을 수 있었으며, 적재가 끝나면 외해 뱃길에서 닻을 내린 채 기다리고 있는 선박까지 바지선을 몰고 가 통들을 선박으로 옮겼다.

연간 어획량의 추정치는 5만 톤에서 30만 톤 혹은 5천 톤에서 3만 톤까지 통계에 상당한 편차가 있다.[6] 필립 드 메지에르에 따르면 각 배에 6명에서 10명 정도의 선원이 작업하는 약 4만 척의 소형 선박들이 5백 척의 중대형 선박들과 함께 매년 가을 청어잡이와 청어 운반 일에 참가했을 것으로 추산한다. 현대 추정치는 그 규모를 좀 더 적게 잡고 있는데, 외레순드 해역이나 그 주변에서 2만 5천 명 정도의 선원들이 고용되었을 것으로 추산한다. 현존하는 1494년의 기록에 따르면 팔스터보와 스캐노르에 762척의 어선들이 있었다. 이 정도는 약 3,500명의 어부에게 일자리를 제공할 수 있는 규모인데, 여기에 300대의 수레와 26척의 바지선을 포함할 경우 700명의 일손이 더 필요했을 것이다. 2~3백 명의 상인들과 견습생들, 통 제조업자, 생선 내장을 제거하고 씻는데 필요한 174명의 여성 노동자들을 더한다면, 어업과 직접 관련된 인원들은 약 5,000명은 되었을 것이다. 이외에도 그곳에는 다양한 업주들이 있었는데, 예를 들면 99명의 맥줏집 안주인들이 성수기 동안 거의 2,000여 통의 맥주 통 꼭지를 틀어 맥주를 따랐으며, 정육점 주인, 양복장이, 지방 농민, 특히 빨간 머리Rödtoppe라 불리던 매춘 여성들도 있었다.[7]

엄청난 규모로 떼를 지어 몰려다니는 청어는 그 이동 경로가 매우 변덕스럽다. 16세기 동안 스카니아 어장은 더 이상 대규모 청어 떼가 해안으로 찾아오지 않아 사실상 쇠퇴하고 말았는데, 이는 아마 달라진 생태환경 때문이었을 것이다. 청어 떼의 이동 경로 변화로 생긴 반사이익은 고스란히 네덜란드 어부들이 차지했다. 그들은 브리튼 섬 동쪽 해안을 따라 북해의 청어를 뒤쫓아 갔다. 오랫동안 모항에서 떨어져 있게 되자 그들은 유망어업 기술과 잡은 생선을 선상에서 보관하는 기술을 개발하게 되었다. 14세기 초부터 플랑드르 선원들은 비에르브리트Biervliet의 빌럼 뷔켈츠Willem Beukelsz가 발명한 것으로 추정되는 새로운 방법을 이용하여 선상에서 염장하기 시작했다. 스카니아 교역을 끈질기게 유지하려는 한자동맹의 반대에도 불구하고, 북해 청어는 특히 1380년대에 메클렌부르크의 공작 가문과 덴마크의 마르그레테가 싸우는 동안 특히 해적들이 스카니아 교역을 대부분 파괴한 이후에야 유럽 시장에 들어갈 수 있었다.

대규모로 떼를 지어 다니고 또 수면 가까이에서 헤엄치는 원양 어종인 청어를 잡을 수 있는 유일한 도구는 그물이었다. 대구나 해덕haddock과 같은 해저 어류들은 옛날부터 낚싯줄과 낚싯바늘을 이용하여 잡았다. 긴 줄에 수백 개의 낚싯바늘을 매단 주낙은 바스크 인과 프랑스 남부의 어부들이 처음으로 개발했는데, 중세 말 북유럽으로 전파되면서 어업에 큰 변화를 일으켰다. 긴 낚싯줄을 처음으로 사용한 잉글랜드 동부의 크로머Cromer 어부들은 1412년 최초로 아이슬란드 근해에서 낚시를 하였고, 또 아이슬란드인들은 크로머 어부들의 기술을 모방했다. 그 이래로 낚시는 북쪽 노르웨이로 퍼져나갔다. 덴마크 인들은 이 기술을 남부에서 배웠고, 이 기술은 바덴 해의 해안선을 따라 에스비에르 바로 남쪽에 위치한 리베 지역까지 퍼져나갔다. 근대 초기의 주요 대구 어장은 뉴펀들랜드 근해인 그랜드 뱅크Grand Banks였고, 이곳으로 매년 프랑스와 영국 항구에서 출항한 수백 척의 어선들이 몰려들었으며, 17세기에 아이슬란드 근해에서는 영국과 네덜란드 어부들 간에 심한 충돌이 자주 발생했다. 바닥이 평평한 영국 어선과 네덜란드의 쌍돛대 어선 역시 북해의 도거뱅크 근해에서 대구를 잡았다. 네덜란드에서 '소형 어장 kleine visserij'으로 알려진 흰살 생선어장은 청어를 잡는 '대형 어장groote visserij'

과 비교할 경우 어로에 참가한 어선 수나 선원 수가 훨씬 적었다.

유럽 근대 초기에 생선 마케팅과 생선 보존을 선도하고 표준화를 주도한 국가는 네덜란드였다. 네덜란드가 어획용으로 특별히 건조된 선박과 청어에 대한 엄격한 품질관리로 경쟁자들에 비해 확실한 우위를 확보했다. 젤란트에 있는 최초의 주요 원양 청어잡이 항구인 브리엘Brielle 시는 이미 15세기에 청어 건조와 청어 통 판매에 관한 조례와 규칙을 상세하고 정확하게 규정해 놓았다. 1519년에 카를 5세는 오로지 새 통만 사용하고 각각의 통에 두 개의 상표를 붙이라는 칙령을 발표했는데, 하나는 통 제조업자가 부착하고, 다른 하나는 그 통을 사용하는 어선 선장이 부착하도록 규정했다. 모든 어항들은 검사관들을 지명하여, 상표를 단속하고 생선의 질과 계절에 따라 통에 담는 작업이 제대로 이루어졌는지 확인토록 했다. 북쪽 지방들이 합스부르크의 통치에서 벗어난 이후인 16세기 후반부터 젤란트의 주요 어업 도시들의 대표자협회가 이 '대형 어장'을 통제했다. 대형어업감독협회는 정확한 출항 명령을 공표하고 면허장을 발부하기 위해 델프트Delft에서 매년 만났다. 면허장이 없을 경우 어떠한 어선도 출항할 수 없었다. 규제 대상은 어획의 여러 국면에서부터 미세한 분야까지 포함하고 있었다. 청어를 열십자로 쌓는다거나, 청어 이력을 속이거나 바꾸는 것, 신선한 청어 속에 오래된 청어를 섞거나, 상했거나 맛이 간 청어를 물 좋은 청어 사이에 끼워 넣거나, '악취가 나는' 혹은 '비위를 상하게 하는' 청어를 싱싱한 청어와 섞는 것은 용납되지 않았다(사진 12 참조).[8]

네덜란드의 청어 어업은 17세기 초반이 절정기였다. 네덜란드 청어잡이 어선 수에 대한 당대의 추정치는 2천 척에서 3천 척 사이이고, 약 2만 명에서 5만 명의 선원들이 고용되었을 것으로 보고 있다. 가장 최근인 1600년경의 통계는 어선 수를 660척으로 상당히 적게 잡고 있다. 이 수치는 1635년이 되면 554척으로 하락했는데, 바로 그 해에 수백 척의 어선들이 사략선들에 의해 덩케르크로 끌려가는 엄청난 시련과 고난을 겪었기 때문이다.[9] 플랑드르 어선단은 1562년에 약 100척 정도를 보유하고 있었지만, 일련의 전쟁으로 워낙 심하게 타격을 입는 바람에 17세기 중반이 되어서도 회복 기미가 없었다.

생선은 일 년 중 후반기에 영국 동쪽 해안의 근해에서 잡혔다. 성 요한 축일과 성 제임스 축일 기간(율리우스력으로 6월 24일~7월 25일)에, 페어 섬Fair Isle과 셔틀랜드 근해에서 잡힌 청어는 청어 사냥꾼ventjagers으로 알려진 쾌속선을 통해 모항으로 운반되었다. 청어 선단은 7월 말과 9월 중순 사이에 버컨 네스Buchan Ness 근해에서 고기잡이를 하다가 9월이 되면 노포크Norfolk 해안으로 이동하였다. 각 어선은 대략 40라스트의 청어를 잡았으며, 성수기에는 그 양이 60톤에 이른 것으로 추산된다. 델프트에서 대형어업감독협회가 보유한 염장 청어 등록 리스트와 소금 세금 영수증에 근거하면 17세기 초 30년간의 어획량은 연간 16,000라스트에서 20,000라스트(24,000~30,000톤)에 달했다.10)

청어잡이 쌍돛어선은 70~100톤을 선적할 수 있는 갑판이 있는 배로 10~14명의 선원과 선장이 승선했다. 대개 몇몇 동업자들이 공동으로 배를 소유했으며, 소유권 지분이 많게는 절반에서 적게는 32분의 1까지 다양했다. 어부들은 비수기에 그물을 만들었고, 성수기에 그 그물을 사용하는 사람들로부터 사용료를 받았으며, 여기에다 어로 노동에 대한 주급을 받았고 어획량에 따라 약간의 지분을 지급받았다. 16세기에 등장한 완전 범장 범선 한 척의 가격은 약 9,000길더였다. 여기에다 연간 3회 출항을 준비하는데 따로 8,000길더가 더 들었고, 3번의 출항을 마치고 나면 범선은 거의 못 쓰게 되었다.

청어는 대부분 수출되었는데 17세기 중반의 경우 어획량의 약 80% 정도가 수출되었다. 엥크회이젠과 암스테르담은 특히 함부르크를 경유하여 유럽 북동쪽으로만 청어를 수출하는 항구들이었다. 반면 마스 강가의 도시들은 라인 강을 통해 프랑스와 영국으로 청어를 수출했다. 청어 어업의 이익은 투입 자본의 약 10%로 높았지만, 17세기 초에 있었던 풍어 시절은 지속되지 않았다. 쌍돛 어선 건조 비용의 하락에도 불구하고 어획량이 점차 감소하기 시작했으며 생선 가격도 내려갔다. 절인 청어를 수출하는 네덜란드

업자들은 프랑스와 오스트리아, 프로이센 정부에서 부과한 높은 수입 관세 때문에 애를 먹었고, 네덜란드 어부들도 프로이센 정부가 1769년 엠덴에 설립한 정부지원 수산업체들과 경쟁해야만 했다. 네덜란드와 북해의 경쟁자들도 위축되는 소비시장 때문에 갈수록 더 심한 경쟁을 벌였을 것이다. 중세 말에서 19세기까지 기타 주요 식품과 비교해 볼 때 건조 생선과 염장 생선 가격이 꾸준하게 하락했다는 것을 많은 증거들은 보여주고 있다. 네덜란드 서해안의 어부들이 자신들의 특산물인 가볍게 염장하거나 훈제한 청어를 판매하는 데 어려움을 겪었고 또 대형 어장 소속 회원들은 청어 소비 촉진을 위해 메뉴에 더 많은 생선을 포함시키도록 자선 단체 경영자들을 설득하려고 애를 썼다. 전통적으로 빵과 함께 염장 청어를 먹었는데, 감자가 재배되면서 염장 청어 소비 하락에 영향을 미쳤을 것이다.[11]

북유럽 각국에서 네덜란드 어업을 따라 가거나 앞지르기 위해 상당한 노력을 기울이는 바람에, 청어 어장은 북유럽 곳곳에서 상당한 규제와 통제의 대상이 되었다. 덴마크의 크리스티안 2세가 1521년 덴마크 근해에서 잡은 청어의 염장과 보관을 위해 반포한 조례를 보면, 네덜란드를 통치한 합스부르크 왕가의 사례를 본받으려 노력했음을 알 수 있다. 네덜란드 어선과 경쟁하기 위한 정부지원의 어선단 계획은 영국에서도 엘리자베스 시대부터 주기적으로 제안되었다. 최초의 신중한 시도로 찰스 1세의 통치기에 그레이트브리튼아일랜드수산협회가 설립되었지만, 재원이 매우 부족했으며 200척의 어선단을 진수한다는 야심찬 계획도 결국 수포로 끝나고 말았다. 그 이후의 시도들 역시 대부분 성공하지 못했다. 영국자유수산협회Society of the Free British Fishery가 1749년에 설립되어, 3척의 쌍돛 어선 건조와 장구 구입을 위해 2십만 파운드 이상을 모금했다. 또한 덴마크 선장들과 네덜란드 선원들을 고용하여 그들의 기술을 전수받도록 했다. 1750년 8월 11일 영국자유수산협회가 영국인 선장들에게 발송한 편지를 보면, 관계를 잘 유지하다가 필요한 경우 "1갤런 혹은 두 병의 브랜디를 영국 선원들에게 지급하여 네덜란드 선원들로부터 청어의 배 가르기, 염장, 포장, 건조 등에 관한 네덜란드

식 청어건조 비법을 배우도록 지시할 것"을 권유하고 있다. 영국자유수산협회는 번창하지 못하고 결국 1772년에는 사업을 접었다.[12]

보다 성공을 거둔 모험 회사는 1767년 알토나Altona에서 설립된 덴마크왕실 청어회사이다. 노르웨이 사업가 요훔 룬드Jochum Lund가 회사 관리를 맡았다. 그는 곡물 교역과 발트 지방의 항구에서 소금과 고급 청어 판매를 통해 돈을 번 인물이었다. 룬드 선단은 전통적으로 어로 활동을 하던 노르웨이와 덴마크 연안 어장에서 과감하게 벗어나, 오크니 근해와 아이슬란드 근해로 나아가 네덜란드 유망(流網)을 사용하여 고기를 잡았고, 도거뱅크와 아이슬란드 근해에서는 주낙을 사용하여 고기를 잡았다. 룬드 회사는 최고 수준으로 알려진 뉴펀들랜드 방식으로 포장한 양질의 건대구를 수출할 수 있었고 1798년 영국 전함의 공격으로부터 피신해 온 네덜란드 선원들을 통해 청어에 사용하는 '네덜란드식 절임'의 비결을 알아냈다. 하지만 이 회사도 결국 나폴레옹전쟁의 혼란으로 완전히 문을 닫고 만다.

정부 당국이 시도한 수산 진흥 사업들은 대개 실패로 끝났는데, 어촌 주민들이 자신의 기존 생계 방식을 쉽게 포기하려 하지 않았기 때문이다. 1786년 지주와 상인들에 의해 합자회사 형태로 영국수산협회British Fisheries Society가 설립되었는데, 이사들은 사회개발을 지원하려는 열망을 가지고 있었다. 다시 말해 그들은 서부 하이랜드에 어촌을 조성하려고 노력했지만 성공하지 못했다. 덴마크 정부 역시 오슬로피오르드에 있는 히발레Hvaler의 주민들에게 어로활동에 종사하도록 설득했지만 실패했는데 당시 한 인물은 그 이유를 다음과 같이 기록하고 있다.

> 주민들이 외국 상선들에게 수로를 안내하거나 외국 상선을 타고 항해하면서 받는 높은 일당과 큰 수익으로 인해 이 지역에 어업회사를 창립하는데 실로 큰 장애가 되고 있다. 그렇다고 해서 이 지방 주민들이 회사를 차릴 만한 자금을 가진 것도 아니고, 그들이 사업을 하는 모험을 감행할 때 자주 부딪히게 될 불행을 감내할만한 인내심을 가진 것도 아니다.[13]

스웨덴 정부가 어업을 장려하기 위해 다양한 조치들을 취하고 네덜란드식 관행들을 채택했건만 별로 성공을 거두지 못했다. 1740년대 후반, 청어가 보후스 지방 해안에 떼를 지어 몰려들기 시작했다. 국왕은 고기잡이에 대해 면세 정책과 어획 포상금 제도를 통해 어민들에게 해안 정착을 권장하였다. 하지만 1766년에는 어획량이 너무 많아 포상금 액수를 낮추어야 했다. 유사한 정책이 스코틀랜드와 영국에서도 도입되었지만, 수입 소금에 대한 높은 관세와 어설픈 규제 조치들로 인해 잡은 생선들을 적기에 건조 처리하는데 장애가 많았다. 영국은 1808년 영국청어어업협의회Board of British Herring Fisheries를 창립하고 같은 해에 관련 법령을 제정하여 영국에서 건조한 갑판 쌍돛 어선으로 조업을 하거나 조업 어선이 60톤 이상일 경우 톤당 3파운드의 포상금을 지급하고, 관련 법령에 근거하여 영국 어장에서 잡은 청어를 건조하고 포장했을 경우 배럴 당 2실링의 포상금을 지급했는데, 장기적으로 이러한 포상금 제도는 스코틀랜드 어장에 유리하게 작용했을 것으로 보인다. 스코틀랜드 건조 청어 생산자들은 품질이 떨어지는 염장 청어(흰색)와 훈제 청어(붉은색)를 아일랜드와 서인도제도에 판매했지만, 보다 수익성이 좋은 유럽시장에는 마지막 처리 공정을 개선한 고급 청어를 내놓기 시작했다. 1850년에는 스코틀랜드에서 건조한 청어 상당량이 중동부 유럽으로 수출되었는데, 제1차 세계대전 직전 수출량은 최고에 달해, 연간 300만 배럴이 독일과 러시아 시장으로 운송되었다.

생선 가격의 상승과 시장의 확대가 19세기 산업 전반에 걸쳐 투자와 혁신을 부추겼다. 가벼운 면 그물이 집에서 만든 무거운 대마 그물을 대신했고, 갑판이 없는 소형 어선은 갑판이 있는 어선에 밀려났다. 새로운 그물 직조 기술과 새로운 그물 형태들이 개발되고 또 모방되었다. 도시에서 점차 다양한 생선에 대한 요구가 증대하자 어부들은 이 수요를 맞추기 위해 새로운 어장을 찾아 보다 먼 바다까지 나아갔다. 선체 중앙부의 어창에 활어를 신선하게 보존하는 오래전부터 사용되던 네덜란드 방식은 발트해에서 보른홀름Bornholm 섬과 볼린Wollin 섬에서 템스 강 하구에 있는 바킹에 이르기까지 널리 채택되었다. 고기를 잡는 데 훨씬 효율적인 후릿그물sweep nets을 사용하는 경우가 더 늘어났는데, 이 그물을 이용하려면 어부들이 팀을 이루어 작업을 해야 했기 때문에 발트해 주변에서는 전업 어부 공동체가 증가했다. 룬드 회사 선단에 고용되어 아이슬란드 근해에서 작업할 때 새로운 유망기술을 배웠던 노르웨이 어부들은 1810년대에 리스트랜드Listerland 해안 근해에서 고등어와 청어를 잡기 위해 유망을 사용하기 시작했다. 이러한 변화가 새로운 선박의 등장을 자극했고, 그 결과 가볍고 선폭이 좁은 베스트랜드 Vestland 선박과 선폭이 넓고 무거운 노르웨이 남부 선박 간의 중간 형태를 띤 선박이 대두하게 되었다. 이렇게 등장한 갑판선은 북쪽 셸란 섬의 어부들에게 표준 선박이 되어 1850년대가 되면 그들은 이 어선을 몰고 청어를 찾아 외해로 나갔다. 잉글랜드 남서부 지역인 웨스트 컨트리의 소형어선 선원들은 영국해협을 따라 동쪽으로 이동하여, 얕은 바다에서 저인망을 사용하여 넙치와 가자미 같은 고급 생선들을 잡아 최고가격을 받고 런던 어시장에 넘겼다. 1844~1845년의 겨울 혹한기에 실버 피트Silver Pit 근해에서 가자미가 대규모로 잡히자 이를 계기로 선단은 더 먼 북쪽으로 이동하여 어로 작업을 했다.[14]

영국에서 신선한 흰살 생선에 대한 수요가 증가하면서 얼음의 상업적 생산을 자극했다. 고급 어종을 취급하는 생선 가게들은 물 좋은 트위드 연어 Tweed salmon를 신선한 상태로 런던 시장에 보내기 위해 그전부터 얼음을 사용하고 있었다. 얼음은 노르웨이에서 수입되었지만, 바킹 근교의 농부들은 겨울에 자신의 농장에 물을 채워 얼린 얼음을 도매업자인 사무엘 휴잇Samuel Hewett에게 팔아 돈을 벌기도 했다.

1830년대에 북해에서 저인망으로 어로 작업을 하던 바킹의 생선 상인들은 저인망 선단을 조직했고, 이제 잡은 생선을 가능한 한 신선한 상태로 시장까지 운반하기 위해 소형 증기 쾌속선을 운용하기 시작했다. 그러나 실제 진정한 전국 어시장을 탄생시킨 것은 철도 시스템이었다. 철도역에 접근할 방법이 없는 어항들과 어로 거점들은 쇠퇴할 수밖에 없었다. 반면 그림즈비와 같은 항구에서는 그레이트 노던 철도회사Great Northern Railway가 부두공사를 인계 받아 1848년과 1857년 사이에 부두를 개발하였고 또 생선 교역을 적극적으로 촉진하였다. 그러자 그림즈비 항구는 큰 시장에 접근할 수단이 없던 스카버러와 같은 어로 거점에 있던 저인망 어부들을 자기 쪽으로 끌어들이면서 빠른 발전을 보였다. 1880년대에 그림즈비 도시에서 직접적이건 간접적이건 어업으로 생계를 꾸려가는 인원은 모두 2만 명에 달했으며, 당시이 도시 어선단에 등록된 소형어선은 모두 567척이었다.

19세기의 마지막 20년 동안, 저인망 증기어선은 기존의 소형 범선어선들을 빠르게 대체하기 시작했으며, 그림즈비 선단의 경우 그 숫자는 1887년 15척에서 1900년 471척으로 증가했다. 1914년 제1차 세계대전 발발 당시 영국동쪽 해안에 있던 주요 항구의 저인망 어선들은 거의 모두 증기선으로 대체되었으며, 북해와 북대서양 해역의 어획 대부분을 이 증기 어선들이 담당했다. 특별히 제작된 스크루-추진기를 장착한 증기 저인망 어선은 고가였기때문에 이제 회사들만이 어선을 소유하게 되었고 선원들은 주급을 받으면서 어선에 고용되어 작업하는 신세로 전락했다.

어선들의 성능이 효율적으로 바뀌었지만 이번에는 기술적 장애를 극복해야 하는 일이 발생했다. 20세기 초 유망증기선들이 조금씩 등장할 때부터그물이 프로펠러에 걸리는 일이 있었기 때문이다. 선장-선주가 아직 주도권을 쥐고 있던 산업부문에서 유망증기선의 높은 가격은 성수기에만 국한하지 않고 어선이 일 년 내내 청어 조업을 할 수밖에 없도록 강요하는 결과를가져왔다. 이제 어선들은 5월 말에 웨스턴 아일스에서 출발하여 10~12월에는 동 앵글리어 해안까지 고기떼를 따라갔고 심지어 1~3월에는 포스, 민치와 아일랜드 해에 있는 산란장까지 진출하여 조업을 했다.

증기 동력은 어업에 변혁을 가져왔으며 어업을 하나의 산업으로 전환시켰다. 증기 동력은 더 크고 더 효율적인 선박을 건조할 수 있게 했고, 증기-동력 윈치와 인양 장치를 갖추게 했다. 증기 기관차는 소비자에게 며칠이아니라 몇 시간 내에 신선한 생선을 공급할 수 있게 했다. 1868년과 1880년 사이에 덴마크 서쪽 해안의 철도 노선이 개통되자 이제 유틀란트 서쪽 반도의 어부들은 신선한 생선을 제공할 수 있는 새로운 시장을 독일에서 발견하게 되었다. 생선 가격이 가파르게 상승하자 독일 회사들은 생선 구매를 확실히 하기 위해 자신들의 대리인들을 파견했다. 고립된 지역의 수산 근거지들은 건조 생선 혹은 염장 생선이라도 판매할 수 있기를 희망했지만 자신들의 수입이 줄어드는 것을 지켜볼 수밖에 없었다. 영국에서 흰 살 생선시장은 그림즈비와 같은 일부 항구가 지배했다. 그림즈비에서 1914년 전쟁 직전 하루에 생선을 가득 실은 기차 13대가 런던의 시장을 향해 출발했고, 이 생선들은 대부분 생선튀김 가게로 운송되었다. 1930년대에는 런던 생선 소비량이 약 3만 대 분량의 기차에 해당되는 것으로 추산되었으며, 전체 흰살 생선 어획량의 60% 이상을 소비한 것으로 보인다.[15]

영국 소비자들은 여전히 절인 청어를 먹는 것에 대해 그리 쉽게 익숙해지지 못했다. 전쟁과 혁명으로 유럽 중앙과 동쪽에 있는 스코틀랜드의 수출시장이 완전히 무너졌으며, 대체 시장을 찾는 것도 불가능하게 되었다. 이제 대부분의 유망 어선들은 항구에서 녹슬어갔고 저인망 어선들이 대세를 이루었다. 시장에 대한 정부의 개입도, 현대화를 부추기고 새로운 마케팅 제도를 촉진하기 위해 1934년에 설립된 청어 수산업위원회의 노력도 쇠퇴하는 스코틀랜드 청어 어장을 되살릴 수가 없었다. 제2차 세계대전 이후, 생활수준의 향상으로 북유럽의 노동자 계층과 하층민들은 전통적으로 소비하던 식재료 수요마저 외면했다. 1950년대부터 북해에서 잡힌 청어는 접시에 오르기보다는 어분 공장으로 가는 경우가 더 많아졌다. 덴마크와 독일의 동물사료 산업을 위해 치어들을 잡는 수산 기업이 등장하면서 성어 어획에도 영향을 주기 시작했다는 우려가 1950년대에 나오기 시작했다. 가입 남획recruitment overfishing*의 관행은 1960년대에 절정이었고, 결국 1977년에 북해 청어 어획

---

* 가입 남획은 과도한 어획으로 산란자원 군이 너무 줄어 가입 군의 생산이 유지되지 못하는 상태. 부연하자면 산란을 할 어미를 어획하였기 때문에 자손 및 어획량도 감소한다. 반면, 성장 남획은 어린 개체들을 어획함으로써 고기가 적

금지법 시행으로 이어졌다.[16]

보존과 이용

제2차 세계대전 이후부터 기술 변화가 새로운 국면으로 돌입하면서 음향측심기와 수중음파 탐지기 시스템을 이용하여 물고기의 위치를 찾는 작업이 용이해졌다. 장비의 개량과 가공설비를 갖춘 어선의 도입은 수산산업의 역량과 규모를 크게 확장했다. 어획의 최종 목적지 또한 상당히 다양해졌다. 1938년의 경우 세계 어획량의 절반 이상은 선어시장으로 공급되었지만, 지금은 어분과 어유용으로 잡는 생선량과 맞먹는 1/3가량으로 공급량이 감소했다. 1960년대 말경 용량 면에서 냉동 생선이 가공 생선을 추월했다. 수산은 훨씬 더 글로벌 산업이 되었지만, 식품 및 환경 정책 논쟁에 깊숙이 휘말리게 되었으며, 어업 경계, 쿼터제와 어업 규정 등을 두고 끝없는 다툼을 벌이게 되었다.

지난 100년 간 수산분야에서 계속적으로 이루어진 새로운 기술 발전은, 과학자들이 수자원 감소 문제를 파악하기 시작했을 때, 수산업으로 하여금 현안에서 벗어날 수 있는 탈출구를 제공하였다. 1880년대에 선단 선주들이 북해의 어획 감소를 인정하기 시작할 무렵, 19세기 말부터 트롤 증기 어선들은 발전을 거듭하여 바렌츠 해와 아이슬란드 해역을 영국 선단의 어로 범위 내로 편입시켰다. 멀리 떨어진 어장까지 가는데 드는 증기선의 비용은 어획량의 증가로 충당되었다. 1930년경에 베어 섬 근해에서 100시간의 어획으로 평균 120,345kg의 생선을 잡았고, 아이슬란드 근해에서는 71,475kg을 잡았지만 북해에서는 겨우 6,604kg의 생선을 잡은 것으로 추산되었다.[17] 1920년대에 저인망 어선 설계 개선은 어획의 효율을 증대시켰지만, 북해에서 가자미와 대구, 넙치 자원의 감소를 희생으로 한 것이었다. 1950년대에 크리스티안

당한 크기로 성장할 기회를 잃은 상태를 말한다.

샐브젠Christian Salvesen 포경회사가 수산물가공시설을 갖춘 저인망 어선들을 도입했고 이어 저인망 어로는 소련연방과 여타 동유럽 국가들에 의해 크게 발전되었으며, 그 후 사실 전 세계 모든 대양에서 어로 작업을 가능케 하는 길이 열리게 되었다. 1950년대와 1960년대에는 세계의 어획총량이 3배로 늘어났다. 북해에서의 어획량을 보면, 그곳에서 수산 자원의 고갈이 심각하다는 증거가 명백해졌다. 어획량은 1947년과 1971년 사이 1,458,700톤에서 2,986,500톤까지 상승했으며, 1960년 말에 300만 톤을 상회하면서 절정에 달했다. 1975년 발트해에서도 거의 900,000톤의 고기가 잡혀 1920년과 비교할 경우 10배, 1950년 말과 비교할 경우 2배 이상에 달했다. 하지만 1990년대에 오면 연간 어획량은 500,000톤으로 급격히 감소한다.

각국 정부는 국제 협정을 통해 남획 문제와 수산 자원 감소 문제를 해결하려고 노력했다. 1973년의 그단스크 협약으로 발트해를 보호하는 상설국제어업위원회가 설치되었다. 1950년대에도 이와 유사한 국제기구들이 설치되어 북동부 대서양에서 수자원 보호와 적정 어업을 보장하려는 시도가 있었지만 대개 자국 이기주의가 보다 더 강력한 힘을 발휘하곤 했다. 19세기 내내 영국은 자주 자국 이익을 약소국가들의 이익보다 우선시하거나 더 중시했다. 19세기 말 아이슬란드가 영해에서 외국 저인망 어선들을 차단하려는 움직임을 보이자 영국 저인망 선주들은 격렬하게 반발하였다. 1901년 영국-덴마크 어업협정은 아이슬란드 인들의 분노를 자아냈다. 아이슬란드 인들은 덴마크 정부가 3마일 경계선에 동의한 것은 덴마크 농산물을 수익성 좋은 영국 시장에 판매하기 위해 아이슬란드의 이익을 희생시킨 것으로 파악하면서 통탄스러워 했다. 1882년의 헤이그 협정은, 폭이 10마일보다 적은 만을 포함하여 저수위표로부터 측정된 3마일까지를 북해 영해 경계선으로 확정했다. 이러한 경계선 정의를 모든 국가가 수용하고 재차 확인했음에도 불구하고 영국 저인망 증기 어선 기업들은 노르웨이와 아이슬란드 영해에서 조업을 계속함으로써 해당국들과 계속 마찰을 일으켰다. 1935년 노르웨이 정부는 자국의 확실한 거점들을 연결하여 그은 기준선으로 결정된 4마일 영해 경계선을 북해 연안 해역에 적용한다는 발표를 했다. 이 조치는 곧 영국 저인망 어선 선주들의 반발을 불러 일으켰고, 결국 1949년 영국 정부는 이 문제를 국제사법재판소에 제소했다.

영해를 3마일로 제한하는 원칙은 이미 1945년 미국의 트루먼 대통령이 공표한 대륙붕 천연자원과 대륙붕 어업에 관한 미국의 관할권 선포로 상당히 그 근거가 약화되었다. 3년 후 신생 독립국 아이슬란드는 대륙붕 어업 보존에 관한 법안을 통과시켰고, 국제사법재판소도 1951년 12월, 2년 전 영국이 제기한 분쟁사건에 대해 노르웨이에 유리한 판결을 내렸다. 아이슬란드 정부는 기준선에 의해 결정된 4마일 영해에 대한 계획을 밀고 나갔다. 그로부터 채 10년도 지나지 않아, 아이슬란드가 제1차 유엔해양법협약 회의에서 12마일 어업전관수역을 주장했다. 3마일 영해에 대한 지지를 상실한 영국은 어쩔 수 없이 6마일 영해에다 6마일 배타적 경제수역을 보탠(총 12마일) 미국의 제안을 지지할 수밖에 없었다. 다만 미국이 주장한 6마일 배타적 경제수역에서는 지금까지 연고권을 주장해온 국가들이 향후 5년간 계속해서 조업을 할 수 있다는 단서가 있었다. 영국은 홀로 1958~1961년의 소위 첫 '대구전쟁' 기간 동안 아이슬란드의 주장에 계속 이의를 제기했지만 큰 성과가 없었다. 아이슬란드도 노르웨이도, 자국인 어부에게만 6마일 영해 내에서 조업을 허가하고, 영해 바깥의 6마일 수역 안에서는 자신들의 전통적 어장이라고 주장하는 외국인 어부들에게 조업을 허가한다는 1964년의 런던 협약에 서명하지 않았다. 아이슬란드, 영국과 독일 간에 체결한 1961년 협정은 10년 뒤에 일방적으로 폐기되고 말았다. 1972년 9월, 아이슬란드의 새 좌파정부가 영해와 어업전관수역을 50해리로 확장하려는 의도를 발표해버렸기 때문이다. 이것은 두 번째 분쟁을 일으키는 계기가 되었다. 이 갈등에 대해 합의를 보자마자 아이슬란드 정부가 해양법 3차 회의의 결정사항을 원안 그대로 수용하는 동시에 자신들의 200마일 배타적 경제수역을 선포했다. 유럽공동시장에 가입하는 조약 서명 후 10년 안에 유럽공동체회원국들이 영국 영해에 동등하게 접근할 수 있는 자격을 갖는다는 문제가 대두되었을 때(1972년 노르웨이 국민들이 유럽공동체 가입 찬반 국민투표에서 반대표를 던진 중요한 이유이기도 하다), 영국 정부는 계속해서 아이슬란드 영해에 접근하려는 승산 없는 싸움을 벌였다. 1982년 유엔해양법협약은 200마일 배타적 경제수역 원칙을 국제법에 명시하였고, 이미 많은 정부가 지난 10년간 이 법안 지지를 선언했으며, 이로 인해 규제받지 않은 자유해*unrestrictef freedom of the seas* 시대는 종말을 고하게 되었다.[18]

네덜란드 법학자 휴고 그로티우스가 자신의 저서 『자유해*Mare Liberum*』(1608)에서 주장하여 아주 유명해진 바다에서의 자유항행 원칙은 사실 계속해서 도전을 받아왔지만, 자국 어업을 장려하고 보호하려는 강한 열망을 가진 수산업 이익단체와 정부들로부터의 도전이 가장 거세었다. 중세 이래 북해와 북대서양에서는 '어업분쟁'이 많았다. 최초의 충돌들 중의 하나인 1297년 기록을 보면 영국 동해안에서 영국 어부들과의 유혈충돌로 블랑켄베르허*Blankenberghe* 어부 500명이 사망한 사건이 발생했다. 그물코의 크기와 어획량의 규모를 통제하려는 시도들은 중세시대까지 거슬러 올라간다. 18세기 말 엘베 강에서는 그물코가 좁은 어망으로 치어까지 다 잡는 바람에 물고기 씨를 말린다는 원성이 있었고, 같은 시기에 발트 남쪽에서도 대구 자원의 감소를 우려했던 기록이 있다. 당시에 이미 집중 어획이 환경에 미치는 결과에 대한 우려 섞인 목소리가 있었음을 알 수 있다. 1760년부터 1808년까지 스웨덴 서해안에 찾아온 '청어 모험*herring adventure*' 시기에 엄청난 분량의 나무들이 땔감으로 벌목되었고, 수백 개의 염전과 기름 추출 공장(1787년 최고 절정기에는 429개에 달했다)에서 나오는 폐수 때문에 향후 수십 년간 이 해안은 '죽은 바닥*dead bottoms*'이라는 오명을 지니게 되었다.

어로 활동은 겨울의 추위 혹은 여름, 폭풍과 해류와 같은 생태학적 요인들에 의해 지속적인 영향을 받는다. 심지어 간척 때문에 텍셀 섬 연안 굴 양식장 규모가 현저하게 줄어든 적도 있다. 어부들은 어획 감소를 신의 뜻으로(혹은 왕성한 식욕을 가진 고래 때문으로, 오랫동안 고래는 청어를 주식으로 한다고 생각했다) 보았을 수도 있지만, 어쨌든 그들은 무엇인가가 잘

못되었다는 것을 인식하고 있었다. 어장에서의 남획 결과로 야기된 어획량 감소는 더 많은 논쟁을 불러일으켰다. 물론 오래 전에 헉슬리T. H. Huxley 교수가 1883년 국제수산전시회 대표단을 향해 "아마도 모든 대양 어장들은 고갈되지 않을 것이다. 말하자면 우리는 물고기의 개체 수에 심각한 영향을 끼치는 어떤 일도 할 수 없다"고 자신 있게 천명했음에도 불구하고, 수자원 감소에 대한 우려가 표명되고 있다.19)

헉슬리는 영국 북동 연해에서 저인망 어업을 제한 혹은 금지하는 운동을 전개한 공로로 1863년 왕실위원회 의장에 임명되었다. 그의 업무는 생선 공급이 증가하는지 감소하는지, 어떤 어로 방법들이 생선이나 산란을 고갈시키고 낭비하는 것인지, 그리고 기존의 규제 조항들이 손해를 주는 것은 아닌지를 조사하는 것이었다. 위원회가 영국 해안에서 생선 공급이 실제로 증가했다는 결론을 내리긴 했지만, 어획증가에 상응하는 여타 분야에서도 증가가 있었는지, 다시 말해 사용된 어선 수 및 장비 분량과 비교하여 평가된 것인지에 대해서는 알 수 없다는 결론을 내렸다. 그 결과 위원회는 모든 규제 법령들을 폐지하여, 구속 없는 어업 자유를 허용할 것을 권고했고, 영국 정부는 권고안대로 채택하여 어업정책으로 삼았다.

수산업 무역에 적용된 자유무역 원칙은 오래가지 못했다. 영국의 저인망 어선 선주들이 1880년대부터 수자원 감소에 대한 우려를 표명했고, 1882년에 국립해양어업보호협회National Sea-Fisheries Protection Association라는 압력단체가 설립되었다. 협회는 어업통제와 자율 규제를 권고했고, 또 지역해양어업위원회district sea-fishing committees는 1890년대에 3마일 경계선 내에서의 어로를 금지하기 시작했는데, 가장 잘 알려진 사례는 머리 만Moray Firth의 경우이다. 덴마크 최초의 어업위원이었던 스미츠A. J. Smidth는 1860년대에 수산업에서 무한한 가능성을 본 헉슬리의 자유주의적 입장에 공감하였던 반면에, 그의 후계자인 피들러V. Fiedler는 보다 더 신중한 입장을 선택했다. 그는 근해의 치어 어족을 남획으로부터 보호하려는 노력을 보였다. 피들러는 덴마크 해역에서 저인망 사용 금지를 주장했는데, 그것은 생물학적 논리가 아니라 사회적 이유로 정당화되었다. 그는 보다 효율적인 선단이 도입될 경우 다수의 영세 어부들을 강제로 어업에서 퇴출시킬 것이고 무산자로 만들며, 정부가 빈민 구휼의 부담을 떠안게 될 것으로 믿었다.

19세기 마지막 20년 동안 연구실험실들이 설립되기 이전에는 어떤 판단에 근거를 둔 신뢰할만한 생물학적 연구들이 사실상 거의 없었다. 해양탐사국제회의가 스웨덴수로위원회의 주도로 1899년에 개최되었고 이 회의는 수산이 국제협약, 통계 수집, 수로학 및 생물학 연구를 통해 개선되기를 권고하였다. 1902년 해양개발국제의회ICES 기구가 코펜하겐에 설립되었다. 의회의 첫 작업 중 하나는 공동연구답사단을 조직하는 일이었다. 수집된 여러 통계 증거들은 유감스럽게도 대부분 신뢰할 수 없는 것들이었고, 그것은 1930년대까지 수산과학의 발전을 방해하는 결과를 가져왔다. 어류 남획에 관한 초기 논의의 대부분은 가자미에 집중되었는데, 그 이유는 가자미가 수산업 분야의 대표적인 선구자 중 한 명인 덴마크 해양 생물학자 피터슨C. G. J. Petersen의 연구주제였기 때문이었다. 19세기 말 카테가트 해협의 가자미 자원에 관한 그의 연구는 어선단이 새로운 번식을 통해 재생산이 될 수 있는 생선만 잡아야 한다는 방향으로 결론 내렸다. 크기가 작은 생선을 잡는 것은 결국 수익을 줄이고 또 자원을 고갈시킬 것이라는 그의 결론은 다른 연구자들로부터 지지를 받았다. 피터슨은 가입 남획과 성장 남획을 구분하였다. 전자는 산란 가능한 성어의 감소로 증식이 되지 않았을 때 발생하고, 후자는 치어가 성장하여 최대 무게가 나가는 성어가 되기 전에 잡았을 때 발생한다. 영국의 경우 월터 가스탱Walter Garstang은 그림즈비 어선단 규모가 두 배 이상 증가했지만, 척당 단위 어획량은 4분의 1이하로 감소했다는 결론을 내렸다. 계속적인 연구에서 그는 잡힌 가자미의 평균 크기가 줄어든 것은 남획의 직접적인 결과 때문이라 결론지었고 또 첫 조업통제 시도로 어획 가능 생선의 최소 크기를 제시하기도 했다. 1933년이 되어서야 비로소 발트해에서 산란기 동안 해안에서의 조업을 금지하고, 가자미의 크기가 최소 24센티미터가 되어야 어획할 수 있다는 협약이 체결되었다.[20] 같은 시기에 영국 정부는 그물망의 최소 크기를 설정하고 또한 일정 크기 이하의 흰 살 생선에 대한 판매를 금지하면서, 공해에서 무제한 조업을 할 수 있었던 시대를 마감했다. 원양 어장에서의 어업 역시 여름 몇 달 동안은 금지되었다.

혁신과 적응: 전업 어부

어부들은 언제나 해사 세계 및 시장의 예측불허에 어쩔 수 없이 적응해야만 했다. 하지만 그 선택이 항상 유용하지도 않았고 쉽지도 않았다. 새로운 기술로 전환하거나 그것을 습득하는 비용은 종종 감내하기에는 부담이 되었다. 19세기 말 전통적인 긴 낚싯줄 어업이 쇠퇴할 무렵, 보후스 지방의 몇몇 어부들이 트롤어업으로 전환하고자 시도해보았지만, 대부분 성공하지 못했는데 트롤선 가격이 너무 고가였기 때문이었다. 훨씬 더 성공적인 사례는 덴마크 어부들의 경우인데, 그들은 소형 동력선을 타고 변형 트롤망을 사용하여 해덕이나 편평어flatfish를 잡았다. 노르웨이와 스웨덴 어부들은 19세기 말 영국 시장에서 구입한 어창을 갖춘 중고 소형어선들을 몰기 시작했는데, 그들의 전통적인 무 갑판 어선에 비하면 용적량이 크게 늘어난 셈이다. 결국 경쟁에서 우위를 접한 사람들은 작지만 보다 최신의 동력 쾌속선을 구비하여 기차 종착역과 주요 시장에 더 용이하게 접근할 수 있었던 덴마크 어부들이었다.

19세기에 대형 어시장의 대두와 발전은 어업을 계절 교역에서 하나의 산업으로 구조를 바꾸고 또 재정립하게 만들었다. 전 산업화 시대에도 어업은 상업 조직이 형성되어 있긴 했지만, 제한된 기간 내에만 가동되었고 또 많은 비 전업 어부들을 계절 조업에 끌어들였다. 많은 수의 농민들이 스카니아 청어 어업에 몰려왔다. 예를 들면 추수가 끝날 무렵 농민들은 이동을 시작했는데 많은 인원들이 몰려가는 바람에 롤란Lolland 섬의 경우 1446년에 농업 일손들이 어로 활동에 참가하면 벌금을 부과하거나 장비를 몰수하면서 금지한 적도 있다. 18세기 후반 카테가트 해협에 엄청난 청어 떼가 몰려오는 바람에 청어잡이가 붐을 일으켰을 때, 스웨덴 남부의 농부들 역시 보후스 해안으로 농촌 일손들이 대거 이동해오는 것에 대해 불만을 표시했다. 작가 에밀리 플라이거-칼렌_Emilie Flygare-Carlén_에 따르면 보후스 해안은 "모든 면에서 볼 때 최초의 캘리포니아"였다.[21] 대체로 어업 이외의 다른 생계수단이 없었던 그들은 빠듯한 삶을 유지하고 있었다. 그들은 종종 극빈자로 묘사되곤 했는데, 폴 톰슨_Paul Thompson_의 표현에 의하면 "경제 주변부에 매달려 있는 빈민 공동체"였다.[22]

큰 타운 주변의 어업공동체 구성원들도 불안한 삶을 살긴 마찬가지였다. 풍어는 언제나 은총이자 저주와 같은 일이었다. 템스 강 하구에 거주하던 어부들이 1376년 저인망 그물 사용에 반대했던 이유 중 하나는 그것으로 고기를 너무 많이 잡아 결국 시장의 생선 가격을 하락시켰기 때문이다. 이러한 불만은 전통적인 긴 낚싯줄 어업을 하던 어부들이 수 세기 동안 자주 제기했던 문제이기도 했다. 도시들이 일할 기회를 충분히 제공했기 때문에 일반적으로 위험하면서 불안정하고 또 보수가 적은 불확실한 어업에 종사하던 많은 사람들을 유혹하기에 충분했다. 도시가 "생계수단이 결여된 많은 사람에게 일자리를 제공할 수 있다"면서 어업을 촉진하고자 했던 많은 팸플릿 제작자 중 한 명의 말처럼 직장이 될 수도 있겠지만, 잘 사는 사람들에게는 전혀 통하지 않는 일자리였다.[23] 규모가 큰 항구들은 모두 외부에서 노동력을 모집했는데, 특히 가을 청어잡이를 위해 농촌 노동자들을, 또 보육원이나 구빈원에서 온 소년들을 —영국에만 존재했던 특수 상황으로 이러한 관행은 19세기 말까지 잔존했다— 충원했다. 1872년경 그림즈비 항구에서는 어부들보다 견습생들의 수가 더 많았고, 작은 어선에서는 가끔 선원 모두가 젊은이나 경험이 없는 청년들로 채워지는 경우도 있었다.[24]

스칸디나비아에 있는 농촌 지역과 발트해 주변에서 고기를 잡았던 대부분의 사람들은 어떤 형태로든 농업과 관련을 맺고 있었다. 1896년에 발표된 어떤 논문은 유틀란트 반도의 서쪽 해안의 대다수 거주민들이 어로 활동에 참가했다고 주장하고 있다. 인구밀도가 낮은 이 지역에 살던 농민들과 장인들 모두, 해안에서 그물을 던지는 것 말고는 다른 방법이 없었기 때문에, 가족을 위해 생선을 잡으려 했고, 또 바다 가까이에서 얼마간의 수입을 얻고자 노력했다. 스웨덴 인류학자 수네 앰브로시니Sune Ambrosiani는 1914년 전쟁 직전, 모든 마을들이 내륙으로 기다랗게 누워 있는 우플란드 지방 해안에는 전업 어부들이 거의 없었다고 관찰했다. 해안에 있는 어업용 막사 주인들은 대부분은 농민들이었다. 그들은 겨울 동안 고기를 잡거나 약간의 추가 수입을 얻어 가계에 보탰다. 에스토니아 해안의 어업용 막사는 또한 농민들이 여름에도 사용했는데, 그들은 발트해 청어잡이를 위한 소위 말하는 그물 팀원들이었다(사진 11 참조).[25]

원양에서는 비록 모두가 자유롭게 고기를 잡을 수 있었지만, 해안과 연안 해역에 대해서는 지방의 지주들이 자주 권리를 행사하고 있었다. 러시아 발트해 연안 지방에서부터 스코틀랜드까지 지주들은 어획량의 절반을 받는 대가로 어부들에게 보트, 장비 혹은 자금을 제공하면서 어로활동에 적극 참가했다. 예를 들면 17세기에 이러한 조건으로 소농 출신들이 스코틀랜드의 북동쪽 해안 버키Buckie에 정착했다. 셰틀랜드 섬에서 지주들은 자신들의 소작농들이 노르웨이로부터 수입한 조립식 소형어선, 낚싯줄과 갈고리 등을 구입할 수 있도록 대출을 해주면서 상업적 모험으로 심해 어업에 나섰다. 소작농들은 어쩔 수 없이 팀을 이루어 스코틀랜드의 심해어장haaf에서 조업을 해야 했으며, 나중에는 자신들이 잡은 고기를 지주가 정한 조건으로 지주에게 팔아야 했다. 소작농들은 간혹 고기잡이를 금지당할 수도 있었다. 예를 들면 림협만 근처의 농민들은 지주들의 직접적인 통제를 받았는데, 지주들은 농민들이 육지에서 노동하기를 요구했다. 전업 어부들만이 샌드블로 서쪽 변두리에 살거나, 니베Nibe의 청어 건조 생산자들의 어선에 고용될 수 있었다. 니베에는 18세기 내내 청어 건조 산업이 크게 발전하고 있었다.

그럼에도 불구하고 많은 해안에서는 감자를 재배할 수 있는 작은 땅뙤기와 습지에서 자유롭게 풀을 뜯고 있는 암소 1~2마리, 아니면 양 1마리를 소유하였지만, 무엇보다도 어부였던 많은 해안 주민들이 있었다. 남쪽 발트 해안에서 중요한 청어잡이는 겨울철 막바지에 있었고 또 청어잡이보다는 못하지만 가을에는 장어잡이가 있었다. 틈틈이 어부들은 육상에서 일하면서 생계를 근근이 유지하며 살아갔는데, 때로 갈대 수집이나 폭풍이 지나간 뒤의 호박(琥珀) 수집, 19세기 중반 몇 십 년간은 프로이센 정부가 주도하는 건설공사장의 임시 노동자로 일하며 자신들의 소득을 보충하기도 했다. 초봄에 아이슬란드 해역이나 도거뱅크로 출항했던 대형 어선 승조원들seamens은 가을에 그라블린Gravelines으로 되돌아와 육지에서 감자와 사탕무를 수확하거나 혹은 다소 시간이 흐른 뒤에는 지방 통조림 공장에서 일을 했다. 그들이 없는 동안 공동체의 여성들은 벌판에서 열심히 농사일을 하거나 아니면 생선을 건조하고 염장하거나, 아니면 그물을 수선하거나 짜는 일을 했다.

18세기 중엽 무렵, 유럽에서 급속한 인구 증가가 있었고, 이것은 생선에 대한 수요를 자극하는 데 도움을 주었지만 더 많은 사람들을 주변부의 해안 지대, 특히 스칸디나비아로 내몰았다. 황야와 습지로 이루어져 사람이 살기 힘든 해안 지대인 스웨덴 서부 할란드 지방은 인구 증가 이전에는 전통적으로 농업적 성격을 지닌 곳이었다. 사람들은 인구 압박을 받아 해안의 불모지로 이주하여 연안 어업을 계속했으며, 감자재배와 간혹 습지에서의 암소나 양의 방목, 이삭줍기, 해안 구조 활동으로 추가 수입을 올리기도 했다. 노르웨이 남서쪽 근해인 히드라 섬은 바위로 에워싸여 있어 농지가 매우 작아 그 땅은 오로지 삽을 이용해서만 농작물을 재배할 수 있었는데도 1801년에서 1865년 사이 섬의 주민 수는 네 배로 늘어났다. 이 섬에서 다른 직업을 갖지 않고 농부가 되고 싶다고 주장한 대다수는 사회적 지위를 이유로 그렇게 했는데 실제로 그들은 생계를 유지하기 위해 고기잡이를 하거나 해안의 화물 무역에 참여할 수밖에 없었다. 발트 북쪽에서는 주민들이 그때까지 사람이 살지 않던 외곽의 비어있는 작은 섬과 암초군의 바위섬으로 이주하기 시작했다. 공동체가 처한 상황이 이러했기 때문에 가을은 각 가구가 겨울 동안 충분한 식량을 비축하든지 아니면 굶어 죽을 지를 결정하는 계절이었다.

> 농사는 변변찮았고 그것으로 가구가 먹고 살 수 없다. 생선이 그 빈자리
> 를 채워야만 했다. 게다가 농촌 가구는 일반적으로 대가족이다. 왜냐하면
> 가장은 자녀들을 고용살이로 내보내는 것을 꺼렸고, 대신에 자녀들이 성
> 어철에 가족을 위해 고기잡이에 나서는 것은 허용하면서, 가능한 한 오
> 랫동안 집에 데리고 있는 것을 선호했기 때문이다. 게다가 생계를 온통
> 바다에 의존하며 사는, 소위 곳곳의 바위와 함께 사는 사람이라고 불리
> 는 많은 사람들이 있다. 빈곤 상태에 놓인 사람들은 벌이를 찾아 이동한
> 다. 농민과 농민의 자식들, 딸들, 머슴들, 하녀들, 소작농, 농촌 장인들,
> 날품팔이 농부들 등 한마디로 말하자면 노동이 가능한 모든 사람들이 이
> 때 고기를 잡으러 갔다. 노인들은 집에서 아이들을 돌보고 또 그들이 할
> 수 있는 한 최대로 농사일을 맡았다.26)

성수기 어로 활동에는 모든 지역 공동체 구성원들이 동원되었고, 그 활동은
주로 가족의 식품창고를 채우는 것이 목적이었다. 겨울이 끝날 무렵 바다표
범 사냥을 하러 얼어붙은 보스니아 만과 핀란드에 갔던 농민들은 근본적으
로 가정의 수요를 충족시키기 위해 그렇게 하였다. 사냥꾼은 바다표범 사체
에서 피를 빼내어 거칠게 빻은 곡식과 섞어 팬케이크를 만들었다. 바다표범
가죽으로는 신발을 만들었으며, 고기는 염장하고, 내장은 햇볕에 건조시켜
겨울철 돼지 사료로 사용했다. 바다표범의 지방만은 바로 판매하거나, 혹은
기름으로 정제하였다.

준비된 시장이 아예 없거나 쉽게 접근할 수 있는 시장이 없는 경우, 또 어
획은 예측이 불가능한 이유 때문에, 일부 어민들은 20세기에도 최저 생활을
하고 또 계절 어업에 종사하고 있다. 바다표범 사냥에서 얻는 수익이 남성
들에게 겨울마다 생명을 걸어야 하는 위험을 감수하라고 부추길 만큼 충분
하지는 않았다. 18세기에 기록된 장부에 따르면 3개월간 위험한 일을 하고
번 평균 수입은 66구리 리크스달러riksdollar를 넘지 않았다. 이 금액은 아마

사냥을 위해 들어가는 장비 가격보다 더 적었을 것이다. 다시 말해 사냥 성과가 좋지 않을 경우 그 사냥에서 남는 이익이 없다는 것을 말해 준다. 하지만 바다표범 사냥은 발트해의 가을 청어어장처럼 농한기에만 있었고 또 가족에게 여분의 식량을 제공하고 기타 적은 부수입도 있었지만 무엇보다 사냥에 참가한 남성들에게 교제, 공동의 경험 그리고 연중행사로서의 의미가 더 컸다고 보아야 할 것이다.

19세기 후반 수산업계에 서서히 변화가 찾아왔다. 더 좋은 장비와 현실적으로 계절과 관계없이 잡은 생선을 일 년 내내 시장에 내놓을 기회가 늘어남으로써 반농반어는 줄어들기 시작했다. 이것은 어업이 강력한 자극제가되고 특히 돈벌이가 되기 때문에 어로 활동을 통해 생계를 유지할 가능성이 향상되었음을 의미했다. 1870년 말 보후스 지방과 오슬로피오르드 지역 연안에 청어들이 되돌아옴으로써 청어잡이가 다시 활기를 되찾았다. 전통적그물을 사용하여 청어를 잡았는데 19세기 말 호황이 끝났을 때는 충분한 수익을 올리는 바람에 유망과 전통적인 자루그물_landnot_을 발전시킨 형태인 새로운 유형의 장비에 투자를 할 수 있었다. 새로운 어로 기법은 3척의 어선들이 노를 저어 청어 떼 주변으로 자루 혹은 대형 건착망을 이동시킨 뒤 그물입구를 꽉 조이는 방식인데, 이 방법은 미국에서 개발된 것이었다. 안전한항구들이 건설됨으로써 어부들은, 갑판 없는 소형 어선들을 해안까지 끌고와 뭍에 올려놓는 대신, 갑판이 있는 무거운 어선들을 바로 이용할 수 있게되었다. 스카니아에서 건조된 갑판 어선들은 두 해안선을 따라 스카니아 북쪽으로 퍼져나갔으며 카테가트 해협에 있는 덴마크 어부들까지 새로운 어선에 적응하게 되었다. 마찬가지로 할란드 해안 근해에서도 유망으로 청어잡이를 하는 데 성공하자 어부들은 지금까지 사용하던 자신들의 정치망(定置網)과 갑판 없는 작은 배를 버리고, 이제부터는 잡은 생선을 기차로 독일에 보내는 것이 가능할 정도로 성장한 생선 무역상들로부터 대출을 받아 갑판 어선을 구입하게 되었다.

어촌공동체가 변화하는 이 시기에 농민들은 자신들의 농산물을 제값을 받고 판매하는 이점을 가지고 또 더 훌륭한 장비와 기계에 투자할 수 있게 되자 이제 성수기 어로 활동에 별로 관심을 갖지 않게 되었다. 관광에서 건설 공사까지 추가 수입도 올릴 수 있는 기회들이 많이 등장하게 되면서 해안의 주변부나 암초 군에 정착했던 최저 경제로 살아가던 주민들은 이제 서서히 사라지게 되었다. 여름 방문객들이 쏟아져 들어오면서 지방 주민들에게는 반가운 소득원천이 생겼지만, 한편 여러 문제들을 야기하는 원인이 되기도 했다. 방문객들이 지방의 어부나 선원 가족들로부터 방을 빌리는 일은 오래전부터 흔한 일이었기 때문에 현지 주민들은 소중한 추가 소득을 벌기 위해 자신의 숙소를 다락이나 별채로 옮기곤 했다. 주인과 손님 간의 관계는 외형적으로는 화기애애했지만, 적당한 거리는 항상 유지되었다. 방문객들은 새로운 방식과 사고를 가지고 농촌에 왔지만, 그들의 존재로 인해 사회적 차이들이 뚜렷이 드러나게 되었다. 방문객의 놀이에 함께 참여하려는 지역 아이들의 시도는 대개 환영받지 못했고, 또 어로활동과 관련된 악취를 풍기는 일들은 방문객들의 불평을 자아내었다. 목욕시설과 편의시설들은 방문객들만 이용했고, 지방 아이들은 항구나 아니면 관광객들이 있는 곳에서 멀리 떨어진 바닷가에서 목욕을 했다. 지방의 어른들은 이제 해변과 바닷물을 기피하게 되었다.

지방 주민들은 종종 방문객들의 행동 때문에 불쾌감을 느꼈으며 그들의 잘난 체하는 태도에 분노하기도 했다. 1940년대 스웨덴 서부 해안의 신앙심이 깊은 지방에서 어업이 주요 생계수단이었던 어부들은 방문객들의 충격적 행위와 생활방식이 지방 젊은이들에게 미칠 영향을 고려하여 실제로 자신들 지역으로 관광이 확산되는 것에 반대하였다. 해안의 인구유출로 남아 있는 주민 대부분은 노령인구이고, 또 집을 임대하거나 서비스 일도 많이 줄였으며, 도시로 떠난 자식들이 돌아올 것을 대비해 여분의 숙소로 남겨두는 쪽을 선택했다. 제2차 세계대전 후 고용기회의 대폭적인 확대와 사회복지 혜택으로 소득이 증가하자 지방 주민들은 여러 측면에서 독립성을 가지게 되었다. 예를 들면 사례금이나 선물을 받지 않으려는 뚜렷한 경향, 늦은 밤 방문객들이 일으키는 소란스러움에 대한 불만 표시 등이 바로 그러한 일이다. 하숙집들은 대개 여름 별장들로 대체되었다. 별장 주인들은 별장 관리인들에게 지역 지원과 시설 이용 등을 요구했는데, 현지 지방 관리인들 측에서 보면 그것은 은총이자 저주였다. 관리인들은 일 년 내내 현지지원과 시설들을 제공하고 유지해야 했다. 지방 주민들과 여름 방문자들 간에는 여러 분야에서 마찰과 분쟁이 있었다. 예를 들면 여가 낚시의 증가로 일부 방문객들이 (낚시대가 아니라) 실제로 그물을 사용하여 고기를 잡았고 남는 고기를 다른 여름 방문객들에게 판매하였다. 또 다른 예는 이동관광인데, 이동관광이 한편으로는 양쪽 모두 휴가객들로 넘쳐나는 항구와 정박 침몰 사건 때문에 고통을 겪고 있었기 때문에 여름 별장 주인들과 지방 주민들을 힘을 합치게 만들었지만, 다른 한편으로는 지방 주민들이 이동관광으로 부가적 수입을 원한데 반해 별장 주인들은 자신들의 사생활과 평온함을 위협하는 것에 불쾌감을 드러내었기 때문에 양쪽은 대립하였다.

　어업에 있어서 개인주의와 공동체를 위한 작업 간에는 언제나 뚜렷한 경계선이 없었다. 19세기에 여러 가지 커다란 변화로 인해 공동체 내부의 또 공동체 간의 관계에 상당한 긴장이 종종 초래되곤 했다. 메클렌부르크 어촌 공동체 내에서는 공장에서 만든 그물을 구입하는 것이 오랜 전통적 조직에 대한 최초의 중대한 위반이었다. 이러한 변화는 공동체 구성원들을 겨울 내내 그물을 만드는 공동 작업에서 자유롭게 했을 뿐만 아니라 또 공동 재산의 사유화를 초래했다. 성수기 때 공동 작업하면서 사용한 그물은 잘라서 개인들에게 할당했고, 개인들은 이제 종종 여름 몇 달 동안 자신의 그물로 고기를 잡을 수 있었다. 발트해 청어잡이에서 일인용 그물의 발명은 핀란드와 스웨덴 소작농들에게 어로 팀에서 자유롭게 벗어나도록 만들었고 자기 가족과 함께 연안 바깥의 저지대나 섬으로의 이동도 가능하게 했다. 이러한 변화는 소작농 노동력에 의존하는 대농장주에게도 영향을 미쳤다. 모터 소형선의 대두는 어장의 위치 파악에 영향을 주었으며 공동체 내의 상관관계에도 영향을 미쳐, 어업의 개인화가 급속히 진전되도록 도왔다. 폴란드 해안의 카슈비아 어부들 간에 강하고 오래 존재했던 공동체적 유대 관계는 소형 모터 쾌속정의 도입으로 약화되고 말았다. 쾌속정 주인들은 이제 일 년 내내 고기를 잡을 수 있게 되었고, 여기서 얻은 이익금으로 큰 집들을 구입하였으며, 여름 피서객들에게 방을 빌려줄 수 있었다. 연안의 어업공동체 회원으로 있었던 소형 쾌속정 주인들은 더는 공동체에 의존하지 않고 이제 원양어업에 우선권을 두었다. 공동체 단체도 역시 변했는데, 과거 회원 자격은 오로지 사망하거나 고령으로 끝이 났고, 또 신규 회원은 대개 가족을 통해 충원 되었지만, 이제는 노동력 부족으로 외부인들 중에서 신입회원을 받아들일 수밖에 없었기 때문에 어촌공동체가 이제 사실상 직업공동체로 변모되었다.

특정 수산물에 대한 시장의 급속한 팽창은 어업이 조직되어왔던 방식에 대해 종종 극적인 영향을 미치곤 했다. 19세기 초기에 유럽 시장을 파고들었던 스코틀랜드 청어 수산업의 성공은 동업자 창업을 고무하였다. 2~3명이 함께 소형 어선을 구입한 뒤 항상 외부인들을 선원으로 고용했다. 1840년대에 오면 지주들은 어획에 적극적인 관여를 하지 않고 대체로 뒤로 물러나 있었다. 신용 제공자나 상인이었던 그들의 지위는 이제 생선 건어물 생산자들이 이어받았다. 어부들은 대출금이나 선금 때문에 건어물 생산자들에게 의존하긴 했지만, 그들에게 지나치게 의존하는 것을 피하기 위해 대체로 대출금을 즉시 상환하려고 노력했다. 청어잡이는 이동을 해야 하기 때문에 어부들은 가족 전부와 함께 건조업자들이 조건으로 제시한 작업장으로 이동을 했다. 여성은 더 이상 승조원들을 보조하지 않고, 생선 내장을 빼내거나 포장 담당과 같은 건어물 건조인력으로 고용되었다. 상업적으로 조직된 수산 산업 옆에 오래된 협동조합과 가족노동이 나란히 존속되기도 했다. 대형 청어잡이 선박들은 일 년 중 거의 대부분을 부두에 계류되어 있었고, 대신 소형 연안 어선들이 비용과 이익을 나누는 오랜 평등주의 원칙을 지키면서 해덕과 흰살 생선 등을 잡고 있었다.

이 모든 것은 19세기 후반이 되자 크게 바뀌었다. 스코틀랜드 유망어업

선단이 일 년 중 6개월간은 영국 동부 연안을 따라 청어를 뒤쫓았고, 그 뒤를 생선 내장제거 팀과 포장 팀이 따라갔다. 1880년대에 발생했던 시장위기로 많은 건어물 제조인들이 파산하였으며, 생선을 선매하던 옛날 관행은 경매제도로 대체되었다. 생선 상인들은 어부 대리인으로 행동하면서 매출의 5%를 취득했고, 또 건어물 생산자들을 대신하여 운영자본*working capital*의 주요 제공자가 되었다. 유망어업기선의 가격이 너무 높아 어부-선주들의 수가 많이 줄어들었다. 1911년대에 783척의 유망어업 기선 중에서 단지 403척만 어부가 전적으로 소유했고(대부분 저당이 잡힌 상태), 육상거주자가 전적으로 소유한 어선은 115척이었다. 육상거주자들은 주로 애버딘에 있는 피터헤드Peterhead와 윅크Wick에 살고 있었다. 소수의 어부들만이 실제로 어선에 대한 지분을 갖고 있었다. 많은 어부들이 그물을 소유하고 있었지만 고용 어부의 숫자가 점차 증가했고, 과거에 그들은 외부에서 충원되었지만 지금은 어업공동체에서 직접 충원되었다.

대형 항구의 성장으로 작고 소외된 어업공동체로부터 주민들이 이탈하는 경향이 나타났다. 1886년 피터헤드와 몬트로즈 사이에 25개의 어촌 마을들이 있었는데, 1914년이 되면 이중 5개는 완전히 사라지고, 9개 마을은 어부 수가 20명 미만이 될 정도로 심한 인구 이탈현상을 보였다. 애버딘은 수백 명이 일자리를 찾아 몰려오자 일약 주요 어항으로 부상하였다. 유입 인구는 어업관련 보조 산업과 저인망 어선의 갑판원으로 일했다. 청어잡이 저인망 어선은 너무 고가여서 많은 주민들이 이제 지분을 소유할 수 없게 되었고, 또 저인망 어선 갑판원들의 임금이 지분을 소유의 위험을 감수하는 것보다 더 확실하고 더 수익이 많았다. 예컨대 경기가 좋은 해에, 저인망 어선 어부들은 숙련된 건축 노동자들과 거의 맞먹는 액수를 집에 가지고 갈 수 있었다. 선장들과 어로장들이 총수익의 대부분을 가져가는 임금 체계였다. 일부 어부들은 선주가 되기를 희망했고, 저인망 어선 선주들은 대다수가 육상거주자와 무역 사업가 출신이었다.

지난 100여 년 동안 수산업의 기술과 조직의 엄청난 변화에도 불구하고,

'행운'은 어부들의 언어에서 여전히 핵심단어였다. 어부와 관련된 것들로 일상생활의 믿음 혹은 정형화된 복잡한 금기 양식, 어업공동체 문화를 관통하는 관념 등으로 불릴 수 있는 것들이 엄청나게 많이 존재한다. 스웨덴의 인류학자 오르바르 뢰프그렌은 그러한 공동체에서 세부적인 일이나 행동조차 자주 주술적 의미로 해석될 수 있다는 것은 놀라운 일이라고 관찰한 바 있다. 긍정적, 중립적, 파괴적 성격들은 일상적 사물 탓으로 돌렸다. 예를 들면 돛대 밑에 은화가 떨어져 있다면 성공의 징조이고, 갑판 위에 떨어진 자작나무 잔가지는 만선의 희망을 깰 수 있다는 것이다. 이러한 수많은 미신들은 지방 공동체에서 신념체계로 기능했으며, 기독교 우주관과는 분명히 별개로 존재하며 자주 기독교 도덕적 가치관과 충돌하곤 했다. 이것은 어로활동이 한창 진행되고 있을 때, 신부가 찾아오는 것은 환영받지 못하는 일과도 관련이 있어 보인다. 신부의 정신적이고 의례적 전문성은 일상생활의 다른 영역에서는 소중하게 여겼겠지만, 초자연적 힘이 지배하는 이곳 선상에서는 아니었다. 네덜란드 인류학자 롭 판 힝컬Rob van Ginkel도 이 금기 뒤에 숨어 있는 근거에 많은 관심을 기울였는데, 그는 이에 대한 설명으로 상징적 모호함이라는 개념을 제시했다. 예를 들면 배를 타기 위해 가는 길에 우연히 만난 여성은 모호함의 한 형태로 나타난다. 다시 말하면 여성은 아무런 상징적 맥락과 관계없이 인식되거나, 아니면 어부가 자신의 바다 '아내'인 배에서 하려는 일과 잠재적 갈등으로 인식되었다. 에스토니아의 사례마Saaremaa 섬의 어부들은 봄에 어장으로 출발하기 전에 성적 금욕을 중요한 일로 간주한 것 같고, 또 청년들이 이 금기를 위반하면 최악의 경우 묶인 채 배의 용골 밑을 지나가야 하는 처벌(킬홀링Keelhauling)을 받을 수 있었다.[27]

어선단의 출항과 결항은 수많은 의식을 수반했다. 이별 혹은 사별 가능성에 대한 고통에 대처할 의도를 지닌 의식들은 공동체적 성격을 띠었고 또 종종 특히 플랑드르와 같은 가톨릭 지역에서는 교회가 의식에 관여했다. 이곳에서도 역시 행운이 많이 강조되었다. 봄에 에스토니아의 사례마 섬에서 출항하는 어선의 선장들은 '진짜 맥주net beer'를 담아 가져와야 할 책임이 있었다. 이 맥주는 되도록이면 독해야 했으며, 맥주 통 윗부분에 거품이 듬뿍 쌓인 맥주는 행운이 깃든 풍어의 신호로 간주되었다. 또 출항 이전 해안에서 싸움을 하는 것은 어부들에게 용기를 북돋워 주는 일이었는데, 먼저 상대방에게 피를 흘리게 한 선장이 행운을 맞이할 것이고, 피를 흘린 선장은 그렇지 않는 것으로 믿었다. 행운을 보장하기 위해 운항 이전과 운항 중에 그물과 배 위에 소금을 뿌리고 했다. 바다와 육지 양쪽에서 풍어를 기원하기 위한 수많은 전통들이 있었다. 요크셔 해안에 있는 파일리Filey 마을의 젊은이들은 어선들이 야머스Yarmouth 어장으로 출항하고 난 뒤 돌아오는 셋째 토요일 밤에, 현재 쓰지 않는 마차들과 짐수레들을 모두 절벽 꼭대기에 끌고 가서는 주인들이 가져오게끔 그곳에 내버려 두었다. 이런 행위는 청어들을 그물 속으로 들어가게 하는데 도움이 된다고 믿었기 때문이다. 토끼, 돼지, 개, 늑대를 포함한 네발 달린 짐승들 대부분은 불행을 가져온다고 여겼고, 배에서나 육지에서도 이러한 동물 이름을 입 밖에 내면 그 누구라도 처벌을 받아야 했다. 동 에스토니아와 호수에 있는 러시아 어부들의 경우 금기를 어긴 자는 뜨겁게 달군 냄비로 엉덩이를 맞아야 했으며, 서 에스토니아와 섬에서는 물속에 빠트리거나 밧줄로 묶인 채 배의 용골 밑을 지나가야 하는 벌을 주는 것을 선호했다.

'행운'은 누군가 가지고 있지만, 또한 누군가는 갖지 못하는 무엇이다. 어장과 물고기의 습성에 관한 상세한 지식은 필수적이었지만, 기술과 숙련은 어부들에 의해 실제로는 부정되었고 또한 신중하게 지켜졌다. 왜냐하면 개인적 성공을 축소하는 것은 위험에 직면했을 때 협력이 절실히 필요한 한 공동체 내에 있을 수도 있는 질투와 긴장을 줄일 수 있기 때문이다. 그것은 오르바르 뢰프그렌이 '절제된 선limited good', 즉 성공은 불변하지만 그 성공에 참여한 사람들의 몫은 변한다는 믿음이라 불렀던 것에 대한 대처 수단인 것이다.[28] 레오 웝슬리는 그의 소설에서 1930년대 북쪽 요크셔에 있는 어촌 공동체의 모든 삶에 대해 진귀하고 풍부한 통찰력을 제공했는데 그는 다음과 같은 말을 남기고 있다.

어부의 삶이 지닌 매력은 안전하지도 않고 또 아주 위험한 수면을 통해 그가 보이지 않는 세계로부터 수확을 한다는 사실이다. 적을 수도 혹은 많을 수도 있는 보상을 위해 어부는 자신의 재능을 제물로 던지지만, 그것은 언제나 불확실하다. 자기 밑에 있는 캄캄한 지역에 대해 그가 알고 있는 전부는 그곳이 무궁무진하게 풍족하다는 것이다.[29]

9장 선원

별종인가?

뭍사람이 해사 세계를 이해하지 못한다는 것은 항해자들 사이에 깊이 뿌리내린 신념이다. 이러한 강한 믿음은 선원이 되어 배를 타는 일이 예측불가능하고 위험한 또 다른 환경으로 들어가는 것이며, 바다들을 항해하기 위해서는 특별한 기술과 지식을 요한다는 부정할 수 없는 사실에 근거한다. 뭍사람은 승조원seaman이 일하는 세계를 잘 알지 못하고 접할 기회가 없으며, 상륙한 항해자와 뭍사람의 조우가 상호 간의 이해나 공감에 이르는 일은 드물다. 극작가들 보몬트Beaumont와 플레처Fletcher에 따르면, "승조원들은 사투리가 심해, 이해하기 힘든 말"을 사용하고, 건어물과 수지 냄새를 풍기는데, 17세기 네덜란드 시구가 폄하하는 것처럼, 그들은 상륙하자마자 번 돈을 흥청망청 써 버린다.

> 그들이 상륙하면,
> 먼저 하는 일이,
> 담배 피우고 브랜디 마시는 것이지
> 교회로 가는 이들은 거의 없지…1)

16세기 후반 해군 전문 작가 윌리엄 몬손*William Monson* 경은 승조원의 세계를 이해하는 데 장애가 되는 것을 이렇게 요약하였다.

바다의 언어는 빨리 배울 수 없고, 좀처럼 이해하기 힘들며, 뱃일을 해본 선원에게만 통할 뿐이다. 게다가 사나운 바다와 폭풍우 치는 날씨라도 만나면, 여기에 익숙하지 못한 사람은 뱃멀미가 너무 심해, 다리에 힘이 빠지고 속이 메스꺼우며 공포에 빠져, 자신의 몸조차 가누지 못한다. 따라서 이런 날씨에, 그가 우현, 항구, 혹은 선미에 대기, 시트(돛의 방향을 조정하기 위해 돛 아래쪽에 다는 것)를 수평으로, 또는 배돛귀를 끌어올려 등과 같은 선원의 고함 소리를 듣는다면, 의미를 포착하기 힘든 이방인의 말을 듣고 있는 것으로 착각한다.[2]

뭍사람들에게 널리 퍼진 견해가 항해자들이 자신들만의 언어, 의복, 관습과 습관을 가진, 매우 독특한 공동체를 구성한다는 것이다. 바닷물이 '항해자의 피 속에' 스며들어 있다는 말은 자주 반복되는 상투적인 표현이다. 19세기 소설들에서는 현역 혹은 은퇴한 선원들이 차고 넘치며, 선원들에 대한 고정적인 이미지들 중 많은 것이 소설 속의 등장인물로부터 유래한다. 평범한 항해자는 선장에 비해 등장 빈도가 적은데, 디킨스의 "잠자리가 불편하고, 영양이 부족하며, 혹사당하고, 어리숙하며, 덫에 옭아 매여, 곧 빈털터리가 되는" 선원이라는 표현은 ―이들을 돕기 위한 박애주의자와 선교사가 활동하기 이전의― 착취당하고, 경멸받는, 부둣가의 불운한 선원이라는 일반적인 견해를 함축하고 있다.[3]

물론 항해자들이 독특한 프로필을 갖고 있는 유일한 직업군은 아니지만 ―예를 들면 광부도 독특한 프로필을 가진 직업군에 속한다― 그들을 별종이라고 명명하는 것은 그들만의 생활 방식 때문이다. 그들은 오랫동안 가족과 친구, 그리고 육상에서의 일반적인 인간 활동 리듬과 분리된 채, 그들만의 규칙, 코드, 언어를 가진 선상사회를 만들어야 하고 그 안에서 살아가야 한다. 디킨스의 『돔비와 아들*Dombey and Son*』에서 선장 커틀*Cuttle*의 거처로 접근하던 한 이방인이 육지에서 바다로 자리를 옮기면서 어찌할 바를 모르고, 나무 조각, 럼주, 설탕 향기에 이질감을 느끼는 것과 마찬가지로, 국외자는 항해자 타운의 낯설고 이질적인 은어, 표식, 냄새 때문에 당혹스러워 한다. 다른 한편으로 선원들은 자신들의 표식을 이해하는 데 능숙했다. 함부르크 에서 팝pub을 상징하는 고래 어깨뼈는 보통 과거 고래잡이에 종사했던 사람 들에게 일반적으로 통용되는 표식이며, 혹은 런던에서 큰 삼각돛으로 범장 한 선박이 카탈로니아 사람이나 시칠리아 사람에게는 레드 와인과 올리브 기름으로 튀긴 오징어를 제공하는 팝을 의미했다. (팝에 전시된) 파이프 담 배를 피우는 흑인들, 세 개의 놋 쇠구슬, 금도금하거나 십자형을 한 닻, 이 모두는 의미가 있는 것이었다. 이곳에서 선원은 마음이 편해졌고, 이 익숙 한 세계의 경계를 벗어나는 경우가 거의 없었다.[4]

선원 공동체와 관련된 독특한 특징들이 많이 존재하지만 —20세기 후반 동안 항해의 특성과 본질이 근본적으로 변화하였기 때문에, 좀 더 정확하게 는, 많이 존재하였다— 혹자는 선원들이 사회 안에서 그와 같은 완전히 분 리된 (추론컨대, 동질의) 그룹을 구성하였는지 여부에 대해서 여전히 의문 을 갖는다. 남자들(과 여자들)은 다양한 이유로 바다에 갔고, 그들이 바다에 서 한 일도 매우 다양했다. 그 경험이 어떤 공동의 가치와 인식을 새로 만들 거나 기존의 것들을 강화할 수 있지만, 그것이 무엇이라고 꼭 집어 말할 수 도 없다. 대부분의 항해자들은 나이, 상황 그리고 기회에 따라 다양한 작업 을 수행한다. (항해라는 단어의 가장 포괄적인 의미에서) 항해의 양상과 특 성은 계속해서 변하고 있고, 항해자들은 그 변화에 적응해야만 했다. 항해 공동체들 또한 쉽게 변화를 받았으며, 자주 급변했다. 북유럽에서 역사적으로 유명했던 큰 항구들 중 다수는 오늘날 관계가 거의 없거나 전무하며, 부둣 가에서의 항해자 생활의 전통적 이미지들을 오늘날에는 박물관에서만 볼 수 있을 뿐이다. 우리는 도레스타드, 비르카, 헤데비, 볼린, 캄펜, 던위치, 라이Rye 와 같은 이전 세기의 항해자 타운들에서, 돛대의 삐걱거리는 소리나 항구 일상에서 나는 소음과 부산함이 오래 전에 사라졌다는 것을 잊어서는 안 된다.

9장과 10장이 보여주려고 하는 것처럼, 북부 해역에서 항해의 실상은 매우 다양했다. 해군병력, 연안경비대, 도선 업무는 말할 것도 없고, 포경, 어업, 연근해 및 원양무역과 같이 뚜렷이 구별되는 범주들이 존재한다. 항해자들의 노동 일상은 폭넓은 경험을 망라하고, 항해자들을 많은 바다와 항구로 이끌 수 있었다. 사회적 유동성은 항해자의 삶에서 더욱 두드러진 특징인데, 항해의 매력 중의 하나가 입신출세에 대한 기대였기 때문이다.[5] 항해직업은 광범위한 분야에 걸쳐 익혀야 할 고유한 기술이 있었고, 그것도 따로따로 익혀야 했다. 따라서 항해직업은 원하는 자들이 오로지 자신들의 노력으로 일을 해야 한다는 점에서 본질적으로 베일에 가려진 전문 직종이었다. 그렇다고 해서 이 직업이 오랫동안 터를 잡은 항해공동체의 구성원들에게만 국한된 것은 아니었다. 왜냐하면 항해가 다양한 이유로 —마음에 들지 않는 고향이나 직업에서 벗어나고자 하는 욕구, 모험 정신이나 유용한 기술을 배우고 싶은 열망— 바다를 동경한 외지인들과, 아니면 강제로 납치되어 선원살이를 하게 된 보다 많은 사람들을 끌어들였기 때문이다. 우리는 대개 동질화되고 '안착한' 해사 공동체들 —예를 들어 래쇠나 파뇌의 덴마크 섬들이나 노르웨이의 남서 해안, 스코틀랜드 북동부 혹은 메르켄부르크의 작은 항구들— 뿐만 아니라, 큰 항구들에서 노숙하는 뜨내기 노동자들과 부랑자들, 그리고 한 번이나 두 번 항차에 참여하고 다시 육상으로 돌아와 일하는 반농반어 계절노동자들과 이동 노동자들 같은 많은 사람들도 서술 대상에 포함한다.

누가 선원이 되어 배를 탔는가?

우리가 꽤 명확하게 알고 있는 북쪽 바다들의 최초 항해자들은 바덴 해의 평평한 습지 해안과 스칸디나비아의 피오르드 해안 지역의 출신이었다.[6] 이 사람들이 장기간 항해에 나섰던 이유에 대해서는 여전히 억측과 추측이 난무한다. 농작물 재배에 척박한 농지 기반 사회에서의 인구 증가, 해침의 영향, 부족 간의 갈등, 로마 제국의 몰락으로 인한 정치적 사회적 불안정, 그리고 아마 다른 곳에서의 새로운 기회 모색은 5세기에서 6세기 동안 북해 지역에서의 해양 이동을 설명하는 몇 가지 근거들이다.[7]

로마 제국과 제도가 붕괴되자, 기존 항로들이 약탈과 불안정한 정치에 의해 교란되면서 국제 교역이 현저하게 쇠락하였다. 그러나 6세기 말 무렵에, 새로운 연결망이 만들어지고 있었다. 국제 교역의 부흥에 적극적인 장본인은 아니더라도, 최고의 수혜자는 프리슬란트 사람들이었던 것으로 보인다. 그들이 성공한 이유가 성능 좋은 선박, 아바르 족과 슬라브 족이 스칸디나비아로 향하는 교역로를 장악하기 위해 동유럽을 침공했을 때인 6세기 중반 스칸디나비아와 비잔틴 제국을 연결하는 교역의 교란을 틈타 반사 이익의 기회를 포착한 능력, 프리슬란트 해안 지대 농경 공동체의 평등한 구조와 집단적인 규율, 그리고 한정된 빠듯한 곡물 재배만 가능했던 지역에서의 교역의 절실함 같은 여러 가지 요인에 기인했다.[8]

물론 우리는 교역자로서가 아니라 항해자로서의 프리슬란트 사람에 대해 아는 것이 별로 없다. 전설과 고고학적 증거 덕분에 바이킹에 관해서는 훨씬 많은 것을 알고 있지만, 많은 부분에서 해석의 여지가 여전히 남아 있다. 룬 문자가 새겨진 비석과 전설은 노르딕 항해자와 항해 동기에 대해 단편적인 이미지를 인상적으로 보여준다. 예를 들어, 전설이 노르웨이를 떠났던 정착민들에게 정치적 동기를 종종 부여하고 있지만, 그들은 정착할 땅을 물색하고 있었을 가능성이 더 많은 것으로 보인다. 스웨덴 근대 역사서술의 최고 권위자 커트 웨이불Curt Weibull의 준엄한 판단을 인용하자면, '상인의 제일가는 적'이었던 '폭도들,' 즉 장발의 약탈자라는 무시무시한 이미지 때문에 바이킹들의 역사는 아직까지도 왜곡되어 있다.[9] 전반적으로 연구자들이 주목하는 것은 바이킹의 규모나 그들이 어디에 정착했는가가 아니라, 족장이나 해적왕과 완전히 다른 평범한 사람인 농민들이 어떤 이유로 아이슬란드로 항해하였는지, 또 어떻게 9세기 말에 위대한 군대Great Army*의 병사가 되어 플랑드르, 북프랑스, 잉글랜드로 바다를 건너 전투에 참여하게 되었는지 ─아니면 강요당했는지─에 관한 동인이다. 분명한 것은 농민들이 지방 영주의 선박에 승선하도록 소집된 사람들인 것으로 보아, 우리가 한 동안 믿고 있던 것과 달리 그들은 거의 '자유롭지' 못한 신분이었다. 그들은 항해술의 기초 원리 이상의 지식을 구비하고 있었을 것이다. 이 지식을 전업이나 겸업으로 익혔건 간에, (항해의 가능여부를 결정하는) 계절적 주기는 인간이 마음대로 결정할 수는 없었지만 말이다.[10]

우리가 항해자의 사회적 출신이나 그 직업의 성격에 대해 아직 잘 모르긴 하지만, 선원의 보다 명확한 이미지는 중세 후기에 나타나기 시작했다. 특히 스칸디나비아, 독일 북부와 홀란드에서 항해에 나선 많은 사람들이 내륙에서 일하거나 농경에 종사하였다. 후배지와 바다를 잇는 조밀한 운하 연결망을 갖춘, 홀란드 북부 해안 지방에서, 소농들은 일꾼으로 고용되었든, 자작을 하였든, 어로나 교역의 계절적 주기에 적응해 있었다. 중세 후기에 홍수로 인해 황폐해지고, 농업과 무역의 위기로 인해 심각하게 타격을 입은 이 해안 지방은, 16세기와 17세기 초 암스테르담에서 늘어나는 상선대에 필요한, 저임금의 숙련 노동력을 제공했다.

중세의 범선은, 심지어 규모가 그다지 크지 않더라도, 꽤 많은 노동력을 필요로 했다. 운항 경비를 최소화하려고 시도했는데도 말이다. 우리가 잉글랜드 왕실이 사용한 주먹구구식 방식으로 대충 4톤 당 한 명의 선원이 필요했다고 계산해보면, 평균 적재량이 150톤과 200톤 사이의 범선은 40~50명의 인력을 필요로 했다.[11] 선상에는 기계 장치가 거의 없고 대부분은 수작업으로 수행되어야 했다. 근대 초기의 기술적 진보는 훨씬 적은 일손으로 항해하는 것을 가능하게 만들었다. 특히 네덜란드 인은 발트해에서의 표준선,

---

* '위대한 군대'란 앵글로색슨 족이 '위대한 이교도 군대'라고 부르면서 알려지게 된 '위대한 바이킹 군대' 혹은 '위대한 덴마크 군대'를 말한다. 이 군대는 덴마크, 노르웨이, 스웨덴에서 온 전사들의 연합군으로 865년 당시 영국의 일부였던 4개의 앵글로색슨 왕국을 침략하였다.

'플루이트' 상선의 승선 선원을 12~13명으로 줄일 수 있었다. 반면 같은 크기의 다른 나라 선박들은 통상 17명 이하로는 운항할 수 없었다.

지방의 연안무역에 이용되는 수천 척의 작은 배들이 이것보다 훨씬 적은, 보통 5~6명 이하의 인력으로 운항되었다. 선원이 되려는 대다수가 항해의 첫 경험을 쌓는 곳이 바로 이 같은 작은 배였다. 1762년 스웨덴의 의회*Riksdag*의 회의에서 한 의원이 언급한 바 있는, 노를란트Norrland 북부지방의 선박처럼, 이 작은 배들은 운항비가 저렴했다. 선주 자신이 직접 톱으로 숲에서 목재를 베어와 마당에서 노를란트의 선박을 만들면, 공동 소유주 한 명은 삭구를 제공하며, 또 다른 한 명이 맥주를 양조하고 먹을거리를 굽고, 선장, 조타수 혹은 선원의 일을 하게 될 세 번째 사람은 사환으로 쓸 아들과 함께 일을 돕는다. 이들 모두는 겨우 입에 풀칠하면서 살아간다.[12] 발트해와 그 입항로 주변의 무수히 많은 만들과 해변들에서 작은 배를 타고 출항한 사람들은 적응력이 대단했으며, 그들의 활동을 막거나 저지하려는 국가, 도시 상인, 선주들의 시도에 맞서 완강하게 저항하였다. 지방 경제에서 그들의 역할은 재화의 공급자이자 운송업자일 뿐만 아니라 외부 세계와의 연결고리로서 아주 중요했다.

농경 해사 공동체들은 북유럽의 잡다한 선대가 필요로 하는 노련한 숙련 선원들을 즉시 공급할 수 있었다. 시간이 흐르면서 상당한 수급 변동과 변화가 있긴 했지만 말이다. 이 같은 공동체들은 주어진 상황에 유연하게 적응하고 어떠한 기회든 잡아야만 했다. 18세기경에 카테가트에 있는 래쇠 섬 거의 절반을 덮었던 유사(流砂)와 비스케이 만에서 생산되는 저렴한 양질의 소금 때문에 섬사람들은 농사와 염전 일을 포기하고 해상 무역에 종사할 수밖에 없었다. 1670년경이 되면, 그들은 수도 외곽에서는 가장 거대한 상선대를 보유하게 되었고, 올보르와 같은 본토 항구를 벗어나 운항하게 되었다. 인력 수급에서 보면, 래쇠 섬사람들의 바다로의 진출은 1750년에서 19세기 후반까지 절정에 이른다. 북 홀란드의 인구 과밀의 빈민촌들은 15세기 후반부터 17세기까지 암스테르담의 상선에 필요한 많은 노동력을 제공했다. 그러나 1650년 이후 북 홀란드의 인구가 정체되고 그 뒤 감소하면서 이 인력 풀은 바닥이 났다. 뿐만 아니라 내륙에서 더 많은 수익을 올릴 수 있는 고용 형태인 농업, 원예, 도시에서의 일자리가 선원 노동력을 흡입하였다. 이제 선주들은 홀란드보다 임금 수준이 낮은 지역, 즉 경제적으로 낙후된 지역에서 일자리를 찾는 숙련 선원을 물색하지 않을 수 없었다. 주요 인력 시장이 된 곳은 바로 바덴 해의 섬들과 해안 습지들이었다. 자신들의 고향 출신 중에서 주로 하급 승무원들을 고용한 프리슬란트 출신 선장들은, 1600년에 암스테르담 외곽을 항해하는 선장들의 16%에 불과했다. 그런데 150년 이후, 암스테르담 외곽을 항해하는 선장의 대다수는 프리슬란트 인이었다. 1826년 경, 북 홀란드 출신 선원들은 네덜란드 상선 선원의 3%에 불과했던 데 반해, 상선 선원의 4명 중 1명이 프리슬란트 흐로닝언 타운 출신이었다.

해상무역의 부침 유형은 고용과 이주에도 영향을 미칠 수 있었다. 앤트워프, 암스테르담, 함부르크나 런던 같이 국제 무역에서 우위를 점하게 된 대도시 항구들이 일자리를 찾는 많은 선원들을 유인하였다. 이들 중 다수는 호른, 메뎀블릭Medemblik, 브라이트링스Brightlingse나 입스위치 같은 지방의 항구에서 먼저 이력을 쌓은 뒤 이동하였지만, 일자리를 찾아 몰려든 많은 외국인들 또한 있었다. 이와는 대조적으로 해상무역에서 가장 낮은 서열로 전락한 항구나 지역도 있었는데, 이곳은 바다를 통한 교류가 거의 없을 정도로 위축되거나 관광객들을 위한 휴양지로 탈바꿈하였다. 유사가 쌓인 저지대 국가에 위치한 중세 항구들의 운명은 이미 언급되었지만, 보스니아 만의 동해안을 따라 늘어선 무역항들처럼 해상무역의 몰락을 보여주는 더 최근의 사례도 존재한다. 이 항구들은 19세기 내내 핀란드 해운 산업을 주도하였으나, 남 핀란드 항구들 외곽에서 운항하는 증기선 선사들의 등장으로 (증기선 기항 항구들에 의해) 빠르게 추월당하고 지방의 보잘 것 없는 항구로 전락하였다. 대기업 소유의 철제 증기선으로 인해 안타깝게도 영세 선주나 공동 지분 소유자의 목선이 퇴출되기 시작하는 19세기 후반기에, 국가나 시정부의 공무 관련 일자리와 국영기관의 급증은 항해와 관련된 모든 직종에 가장 큰 충격을 주었던 것 같다.

바다에서의 작업의 대부분은 계절을 탄다. 홀란드나 휘트비 같은 항구에서 출항한 포경 선원들은, 예를 들어 발트해와 노르웨이 교역에 종사한 선원들처럼, 봄과 여름 동안은 바다로 나가 있었다. 1846년 콜이 언급하였던 푀르 섬의 남자들이 매년 초기 몇 달간 그린란드로 항행하여, "바다표범 200여 마리와 고래 몇 마리를 잡고, 다시 섬으로 돌아와서 양젖을 짜고 소를 목초지로 몰고 간다."[13] 뢰뫼Rømø, 실트Sylt, 푀르, 암룸Amrum, 펠보름Pellworm과 같은 북 프리슬란트 섬 출신 남자들에게는, 네덜란드 포경선 선원의 일자리와 높은 임금이 특히 선망의 대상이 되었다. 왜냐하면 그들의 청어 어장이 급격히 사라지고 있었고 섬들도 홍수와 잠식해 들어오는 모래로 인해 피해가 막심했기 때문이다. 18세기 말경에 포경업이 갑자기 사양길로 접어들자, 프리슬란트 섬 출신 항해자들은 함부르크와 같은 인근 항구의 상선으로 갈아타거나 아니면 덴마크 연해안을 따라 보따리 물품을 실어 나르면서, 해운업 상승 흐름에 적극 편승하였다. 그들은 또한 가을과 겨울에 새알을 채집하고 바닷새를 수렵하는 것에 몰두했다. 새알과 바닷새는 식초에 절여서 대부분 함부르크나 코펜하겐으로 수출하였다. 북 프리슬란트 섬의 남자들이 봄과 여름에 어로나 포경에 참여하는 동안, 아내들은 농장을 맡아 운영하였으며, 수확기에는 본토의 일꾼을 고용하였다. 이러한 노동 분업이 카테가트와 스카게라크 주변에서는 일상적이었던 것으로 보인다.

육지와 바다의 연계를 확실하게 제시하는 것은 용이하지 않다. 작은 땅뙈기나 소농지를 경작하고 가축을 방목하며, 난파선에서의 물품을 인양하고 부유물과 표류화물을 수거하는 일은 가계 수입에 보탬이 되고 바다에서의 수입이 없을 때 유용한 대비책이 되었지만 말이다. 항해는 젊은이들의 일이었다. 40대 중반이 되면 대부분이 항해를 그만두고, 농사에 종사한다. 물론 일부는 어부나 도선사로 바다와 관련된 일자리를 그대로 유지하거나, 훨씬 더 성공한 경우라면 선주가 되기도 하였다. (겸업이 아니라) 전업화의 경향이 뚜렷하게 나타나기 시작하는 것은 19세기에 이르러서이다. 이제 농부들이 봄과 여름에 농민 교역선을 타거나 어로 작업을 중단하였으며, 가축 몇 마리와 작은 땅뙈기를 사육하고 경작하던 항해자들은 바다나 항만에서 안정된 전업 일자리를 훨씬 더 폭넓게 선택할 수 있게 되었다. 또한 해변 관광의 빠른 성장으로 인해 해사 공동체들은 수익성이 좋은 새로운 수입원을 갖게 되었다.

중세와 근대 초기 11월과 3월 사이에 북유럽의 해상 수송로가 폐쇄되어 겨울철에는 해상에서의 일감이 없었던 바, 대체할 만한 다른 수입이나 재산이 없었던 사람들은 암울한 겨울을 보냈다. 잉글랜드 항구에서 발트해 교역권으로 운항하는 노선에 근무하는 선원의 임금은 다른 항로에 비해 대체로 더 높았던 것으로 보이는데, 이는 진흙 사주와 빙산과 같은 위험 요소가 산재한 해역에 대한 항해 경험과 지식을 고려하여 승무원들을 선발하여 거기에 상응하는 임금을 책정하였기 때문이다. 그러나 평균보다 높은 임금이라 하더라도 선원과 그의 가족들이 겨울을 나기에 충분하지 않았다. 예를 들어 18세기에 영국의 발트해 무역의 중심지 중 하나였던 킹스턴어폰헐의 거리는 겨울철이 되면 "고래잡이에서 돌아온 1,500명이나 되는 많은 어부 및 사환들과 종종 그 두 배에 달했던 실직한 항해자들"로 붐볐으며 "이들은 … 길거리에서 무고한 행인들을 해코지 하면서 빈둥거렸다."[14]

16세기에 합스부르크 가문의 지배에서 독립하면서 근대 초 유럽에서 승조원 양성의 요람으로 명성을 얻고, 북해 주변 경쟁 국가의 시기와 두려움의 대상이 되었던 나라는 다름 아닌 네덜란드의 7개 주 연합 공화국이었다. 1582년의 자료 조사에 따르면, 잉글랜드에는 약 16,000명 정도의 선원이 있었다.[15] 같은 시기에 북부 네덜란드에서 승조원의 수가 이 수치를 크게 상회하지는 않았을 것이나 —어떤 권위자는 대개가 암스테르담과 북 홀란드 출신으로 20,000명이 채 안되었을 것이라 추정한다— 17세기로 들어서면서 주목할 만한 무역 확대와 더불어, 선원 수요가 가히 폭발적으로 늘었다. 얍 브르흔*Jaap Bruijn*과 얀 루카센*Jan Lucassen*은 1610년 경 약 35,000명의 선원이 네덜란드 공화국 선박에 고용되었다고 추산했는데, 이 수치는 1630년대가 되면 50,000명으로, 1680년경에는 55,000명으로 증가했다고 추정하였다. 이 선원들 중 대부분이 네덜란드 상선대에 고용되었는데, 1635년에는 네덜란드 상선대가 최소한 2,000척의 상선을 보유하고 있었다. (많은 선원들이 일 년에 한 번 이상 항차에 나갔기 때문에) 이중 집계까지 감안할 경우, 17세기 초, 잉글랜드 인구에 비해 1/3에 불과한 네덜란드 공화국은 26,000명 정도의 선원 인력풀을 만들 수 있었던 것으로 생각된다. 게다가, 17세기 전반기에 선원 수의 증가가 전체 인구의 증가보다 많았다는 사실을 감안하면 상당수의 외국인들이, 특히 동인도 및 서인도 회사와 포경선대와 같은 양대 선사, 즉 폭발적으로 성장하는 분야의 노동시장으로 유입되고 있었다.[16]

외국인들이 일거리를 찾아 네덜란드 타운으로 몰려왔다. 덴마크 바덴 해의 섬들에서 온 사람들과 생장드뤼즈St Jean de Luz 출신의 바스크 인 작살꾼들과 같이, 일부 사람들은 포경 산업의 일자리를 겨냥하여 왔지만, 대부분의 사람들은 닥치는 대로 일거리를 찾았다. 홀란드와 젤란트 해군성 소속의 해군 병력은 상당수가 외국인들로 충원되었다. 1600년경 젤란트 군함에 승선한 사병과 부사관 총 422명의 표본 중에 거의 절반이 외국인이었다. 이 중 스페인계 네덜란드 인이 61명이었고, 이 외 잉글랜드, 스코틀랜드, 독일 그리고 스칸디나비아 출신 모병들이 꽤 많았다. 네덜란드 해군이 전성기를 구가하였던 17세기 후반기에는 외국인의 비율이 감소했던 것으로 보이지만, 18세기 네덜란드 공화국의 정치적 위상과 해군의 역할이 약화되면서 외국인 비율은 현저하게 증가했다. 뿐만 아니라 외국인 선원들은 19세기 후반까지 줄곧 네덜란드 상선 근무자의 일정 비율을 차지했다. 1821~1822년까지도 암스테르담에서 출항한 네덜란드 상선의 승무원들 중 40%가 대개 독일 출신 외국인들로 채용되었다.[17]

네덜란드 해양사학자들의 정치한 연구는 네덜란드 공화국 선박에 고용된 선원들의 출신에 대해 많은 것을 규명하였다. 반면에 우리는 근대 초기 북해와 발트해에 인접한 다른 지역에 대해서는 잘 모른다. 단편으로 된 유효한 증거 자료를 보면, 연안 무역과 지역 간 무역에 종사한 작은 배들이 고향 항구 주변 지역에서 지방 사람들을 주로 채용하였지만, 16세기 단치히나 17세기 코펜하겐과 같은 주요 무역항들이 외국인을 포함한 보다 다양한 인력 풀로부터 선원을 채용하였다는 것을 알 수 있다. 대부분의 외국인 승조원들이 낮은 임금을 주는 스칸디나비아 선박 승선을 그다지 선호하지 않았던 데 비해, 일부 승조원들은 덴마크나 스웨덴 선박에서 해기사로서 경력을 쌓으려고 노력하였다. 17세기 초 폴란드 왕이, 또 보다 더 성공적으로는 러시아의 표트르 대제가 창설한 해군들은 주로 외국인 장교들로 충원되어 통솔되었다. 이들 장교 중 몇몇의 경력은 이미 알려져 있으나 "네덜란드의 해군 병사들에 대해서는 거의 아무것도 알려진 바 없다"는 얍 브르흔의 견해는 다른 경우에도 마찬가지로 적용될 수 있다.[18]

바다에서 일자리를 찾는 사람들에게, 가족 인맥이 도움이 되는 경우는 흔한 일이었다. 아들은 아버지를 따라 항해에 나서고, 대를 이어 선장을 배출하는 가문을 흔히 볼 수 있었다. 어떤 경우에는, 아들을 동승시키는 것이 재정적으로 이로울 수 있었다.[19] 인맥이 없는 사람들은 선장의 견습 선원이 될 수 있었다. 영국의 증거 자료에서 보면, 이들은 중산층 가정−자작농, 하층 상류계급, 무역상이나 장인−의 자제로, 대부분이 지방 출신이었다. 예를 들어, 1596년과 1651년 사이에 입스위치에서 항해 직종 견습에 참여한 296명 중, 80%는 서퍽 타운 출신이었고, 이들 중 다수가 이 지역 출신이었다. 입스위치 출신의 견습 선원 중 1/3은 해사 환경에서 성장한 사람이었으며, 이 비율은 다른 타운 출신에 비해 훨씬 더 높았다.[20] 그러나 견습 선원의 수는 전체 선원 수에 대비하면 아주 적었다. 대다수의 선원들이 견습 과정을 전혀 거치지 않고 '일손'으로 고용되었다. 17세기의 잉글랜드가 승조원 양성 교육을 제도화하기 위해 어업을 장려한다는 소문이 무성했지만, 정작 이 기능은, 1671년 하원에서 "잉글랜드에서 가장 큰 승조원 양성소"로 여겨졌던, 석탄 운송업에서 담당하였다.[21]

포경 선원과 같이 숙련된 전문 기술을 갖춘 사람들은 흔히 개인적 인맥을 통해 그들의 고향 지역에서 바로 채용되었다. 네덜란드에서는, 특정 고용주들과 밀접하게 연루된 핵심 노동자 집단으로 구성되는 이 같은 '내부' 노동 시장은 다양한 중개인들을 −브로커, 여관 주인, 유괴 알선자, 네덜란드 대형 항구들에서 암약했던 '영혼 구매자'라 불렸던 음흉한 사람− 통해 수급되었던 일용직 노동자와 이주민으로 구성되는 '외부' 시장과 병존했다. 두 노동 시장 사이의 노동 이동은 거의 없었다. 말하자면 내부 노동 시장의 승조원들이 외부 노동 시장으로 이동하는 일은 거의 드물었고, 이들은 외국인들이 높은 직급의 자리로 진입하지 못하도록 견제하였다.[22]

17세기 동안 네덜란드는 구직 이주자들을 끌어당기는 강력한 자석이었다. 17세기에 초혼 신고를 하였던 암스테르담 거주민 240,000여 명 중 1/3이 외국인이었다. 1651년과 1665년 사이에 초혼 신고를 한 선원 중 대다수가 외국인이었으며 그 중에서도 독일인(18.5%)과 노르웨이 인(15.5%)이 많았다. 호른에서는, 1605~1610년간 초혼 남성의 46%가 호른 태생이 아니었다. 이 중 23%는 외국인이었고, 그 대부분이 독일 출신이었다. 50년 후에도 외국인 비율은 비슷했으나, 다만 노르웨이 출신이 독일 출신보다 더 많았다. 1725년이 되면, 암스테르담에는 항구적으로 혹은 일시적으로 거주하는 덴마크와 노르웨이 출신 선원들이 약 9,000명이 있었다고 추산된다.

이들이 어떻게 살아갔는지 설명하는 것은 불가능하다. 물론 일부 성공한 선원은 안착할 수 있었으며 시민권을 획득하고 부동산을 구입할 수 있었다. 그러나 대부분은 하찮은 삶을 영위하였으며, 벌이는 형편없었고, 평균 수명도 극도로 짧았다. 네덜란드에서 하층 선원 중 최하층은 일반적으로 동인도 회사의 대형 선박을 탔던 사람들이었을 것으로 여겨졌는데, 이들 중 대다수가 고국으로 다시 돌아올 수 없었다. 이들은 주로 고아들이나 이판사판으로 구직을 원하는 사람들로 충원되었다. 바덴 해의 군도 아멜란트Ameland와 같은 농경 해사 공동체 출신의 자존심이 강한 승조원들은 이들을 경멸하였는데, 동인도회사 선박의 승무원으로 근무하는 것을 "수치이자 무절제한 생활의 결과"로 보았기 때문이다.[23]

바다의 전사

앞에서 이미 명확히 했던 것과 같이, 위험을 무릅쓰고 항해에 나선 사람들은 필요하다면 일전을 불사해야 했다. 로저*N. A. M. Rodger*가 언급하듯이, "평화로운 교역"은 표현상 모순 어법이었다.[24] 전시에는 적군과 중립군의 선박의 구별이 뚜렷하지 않았으며, 통치자들이 민간 사업가들과 강제로 징발한 상선에 대해 바다들을 방어하고 전쟁을 수행할 임무를 위임한 것은 오히려 상황을 악화시킬 뿐이었다. 13세기에서 18세기까지 바다의 베테랑들은 이런저런 형태로 국가의 해군에 징용되어, 사략선, 해적선, 사략선원, 해적으로부터 해상 공격이나 포획을 당하는 데 노출되었거나 실제로 그런 일을 당하였다. 또한 꽤 많은 사람들이 혹독한 포로 신세를 면하려 하거나 자발적으로 해적과 합류하여 일정 기간 동안 해적질에 가담하려고 했다.

국가로부터 승인받은 두 가지 대안 중 −해군이 되든지 아니면 사략선을 타든지− 후자가 더 수지가 맞는 일이었지만, 그만큼 더 위험했다. 근대 초기의 해군은 보수가 형편없기로 악명 높았다. 초기 근대 국가의 해군에서 장교로의 진급은 경험보다는 인맥과 후원이 더 고려되었으며, 전문적인 훈련을 받고 자격을 갖춘 장교 선발에 합당한 경력 평가 체계는 대단히 점진적으로 도입되었다. 또한 남성들은 중세 영국의 군주들이 선박과 승조원의 징용이나 '징발과 같은 강압적인 방식에 의해 군에 입대를 하거나 아니면 네덜란드 공화국의 경우처럼 시장을 통해 용병으로 채용되었다. 네덜란드 해군이 타국의 해군에 비해 더 많은 보수를 지급했던 것으로 보인다. 이 점은 외국인들이 자원입대를 하는 동기였고, 또 임금 수준이 낮은 네덜란드 국외 지역의 주민들에게는 아마도 매력적인 조건이었을 것이다. 이런 사정을 감안하더라도 유능한 승조원의 임금이 라이덴이나 알크마르*Alkmaar*의 짐꾼의 임금보다 낮으며, 부사관은 홀란드의 도시에서 일하는 목수보다 보수가 열악하다고 평가되었다. 18세기 네덜란드 해군 복무는 "가난한 자의 일자리"였다.[25]

전시에 네덜란드 공화국 선박에서 일할 선원들에 대한 엄청난 수요는 문제를 일으킬 수 있었다. 정부는 항해 시즌의 시작 시기에 어업과 통상을 금지시킴으로써 —이 조치를 통해 입대를 지원하려는 실업자 인력풀이 만들어지길 희망하면서— 해군 인적 자원의 부족 사태를 해소하고자 하였다. 통상금지 조치를 철회하기 위해, 선주들은 스스로 충원 병력을 제공하곤 했다. 그러나 전투가 끝나자마자, 모든 인력들이 임금을 받고 해고되었고 해군본부는 다음 전쟁이 발발했을 때 모병을 완전히 다시 시작하는 업무를 떠맡았다. 영국 해군은 상선의 출항 시즌 시작 전인 겨울에 인력을 충원했으나, 해군 징용 책임자들은 "신병들이 승선했을 때 배에 대해선 아는 것이 전무하고, 갈아입을 옷도 없으며 군복무에 임하겠다는 심신도 없는, 온갖 직업에 종사하던 가난한 어중이떠중이들"을 정기적으로 훈련시키느라고 진땀을 흘렸다.[26] 영국 해군이 전투 부대로 성장함에 따라, 인력수급 문제는 한결 심해졌다. 윌리엄 3세와 앤의 통치기에 프랑스와의 전쟁 중 인력 부족을 해소하기 위해, 인력 수입을 제한하던 조치들이 완화되거나 중단되었다. 항해조례에 적시된 외국인 고용을 제한하는 조항이 전시에는 상선 승무원crew 중 75%까지 외국인 채용을 허용하는 것으로 1708년에 개정되었던 바, 이는 영국 상선 선원들을 해군으로 강제 징집하기 위해서였다. 16세기 후반과 17세기 초반에, 해군 징집은 주로 남서부 해사 카운티들의 출신자를 대상으로 하였지만, 이후 150년 동안은 해군이 북부 항구 출신 선원들로 충원되었다. 1800년이 되면 북부 항구들은 잉글랜드 해운업의 중심지로 변하였다.

　인적자원이 부족하지만 해양 강국을 열망하는 국가들로서는, 숙련된 인력의 확보가 영속적인 현안이었다. 쿠를란드 공작은 1650년대에 발트해에서 해군력을 구축하고, 서인도 제도의 노예무역에서 지분을 획득하기 위해 무장 상선을 용선함으로써, 중세 한자 도시들의 선례를 모방하였다.[27] 악셀 옥센셰르나 수상의 지휘 아래 단호하면서도 치밀하게 계획된 노력에 힘입어, 스웨덴 해군은 1617년에 1,000명이 채 안 되는 규모에서 1640년대에는 4,000명 규모로 강화되었다. 그러나 1640년 수상이 왕국 의회에서 애석해 하면서 언급하였듯이, 만약 그들이 잉글랜드나 홀란드처럼 재원을 가졌더라면, 4,000명 규모의 해군을 어떻게 유지할 것인가를 토의할 필요는 없었을 것이다. 선원들의 자질 부족은 늘 직면하는 현안이었지만, 이것은 주로 유능한 선원 인력풀이 부족하기 때문에 발생하였다. 예컨대 1666년 스웨덴 정부는, 평시에 스웨덴의 모든 상선의 승무원 중 1/3은 왕국 해군 복무자로 운영되어야만 한다고, 1666년 공포함으로써 해군 예비군의 설립을 도모하였다. (따라서) 왕국 해군은 상선에 근무함으로써 생계를 유지하고 기술도 연마할 수 있었다. 타운들과 해안 지방들도 1620년대부터 해군 복무에 투입될 수 있는 지원자들로 구성된 예비군을 유지하였으며, 1680년 이후 이러한 예비군 체제가 확대되었다. 이 방식에 의해 편성된 사람들은 농업 및 어업 혹은 항해로 생계를 유지할 수 있었다. 이 시스템의 장점은 유지비가 저렴하고 신속한 동원이 가능하다는 것이다. 단점은 해군의 직업 장교의 관점에서 보면, 이들 비상비군은 훈련을 제대로 받지 못한 해군이라는 것이다. 예컨대 바크미스텔*Wachtmeister* 제독은 1692년 "바다에서 일한 경험이 전혀 없는 미숙련 농민들"보다 칼스크로나Karlskrona 해군 기지에 상주하였던 숙련 신병들을 절대적으로 선호한다고 단언했다.[28]

만약 승조원들이 왕과 국가에 대한 자신들의 복무 대가가 형편없을 것으로 예상할 경우, 충분한 대가를 보장받을 수 있을 것으로 기대되는 사략선에서의 복무는 승조원들에게 구미가 당기는 유혹이었다. 토마스 내시가 16세기 말에 '지금은 흔히 있는 무역으로 성장한, 구매나 나포를 목적으로 한 항차'에 대해 설명하였다. 그리고 포츠머스Portsmouth 인근 농장주는 자신의 일꾼들이 바다에 가면 한 주에 4~5파운드를 벌 수 있는데 왜 이 곳에서는 일 년에 40실링(2파운드)만 받고 일해야 하는지 공공연히 불만을 제기한다고 불평했다.[29] 그런데 사략선에 태울 선원을 조달하는 중개인들이 밤에 템스 강 하구에 배를 계류해놓고, 선원들에게 사략선에 합류하라고 유혹하였는바, "평범한 선원들이 전반적으로 대단히 궁핍하고 불만스러운 상황에 있었기 때문에" 대개는 설득 당하였다.[30]

중세 영국해협에서의 사략선 해적 활동은 일찍이 수익성이 좋은 사업으로 자리 잡았는데, 디에프Dieppe 지역의 안고Ango 가문과 같은 저명한 상인들과 선주들이 사략선 활동에 깊이 관여하고 있었다. 사략선을 성공적으로 운영한 극소수의 참여자로서는, 해적 행위가 엄청난 수익으로 이어질 수 있었다. 해적활동이 번성한 시기에 나포된 선박들은 상상 이상으로 많았으며, 약탈 당한 화물이 주로 일상용품들 −금(은)괴와 같은 귀금속이라기보다는 생선, 맥주, 소금, 기름이나 수지− 이었지만 손실은 이내 점점 커졌다. 1598년 킹스턴어폰헐의 치안판사가 사략선에 의한 타운의 최근 손실이 6,000파운드를 넘는다고 추산했고, 1630년 3월, 뉴캐슬의 시장과 측근들은 덩케르크 해적에 의한 타운 상인의 '최근 손실이 7,000파운드에 육박한다'고 의회에 탄원서를 제출하였다. 이에 앞서, 이스트랜드Eastland 회사는 1626~1628년 동안 해적의 약탈과 선박 파손으로 입은 그들의 손해가 자그마치 100,000파운드라고 공표했다. 그러나 덩케르크 해적들로부터 입은 영국의 손실은 네덜란드가 입은 손실에 비하면 약과였다. 1626~1628년 동안 포획 당한 네덜란드 선박들이 경매로 팔린 것만 해도 최소한 2,300만 길더에 달했다.[31]

사략선의 해적행위를 위해 자본을 대고 선박에 투자하는 사람들은 다양한 배경을 가진 이들로 구성되었고, 그 동기도 천차만별이었다. 예컨대 루이 14세의 적국상선나포guerre de course는 사익을 취하려는 민간인 차원의 모험사업과는 다른 양상을 보여준다. 해군과 전투선이 참가했고, 왕이 선장을 임명하고 목표를 설정할 수 있었다. 17세기 덩케르크 선주 자크 피에Jacques Piets와 같이 상업적 이익에 몰두한 사람들에게, 사략선의 해적행위는 대박을 기대할 수 있는 투기대상이면서, 다른 사업에 투자할 자금을 쉽게 확보하는 수단이 될 수 있었다. 뿐만 아니라 해적 행위는 경제적으로 궁핍한 사람들과 매인 곳이 없는 자유분방한 사람들을 끌어들였다. 예컨대 식료품 공급업자 Vitalienbruder로 알려진 중세 해적단의 괴수로 암약한 메클렌부르크 귀족들이나, 루이 14세 치하에서 벌어진 전쟁 동안 덩케르크 해적과 경쟁했던 대담무쌍했던 네덜란드의 젤란트 사람들처럼 말이다. 이들에게 해적행위commissievaart는,

150년 이전에 바다거지들(네덜란드 독립전쟁에서 스페인에 대항하여 싸운 영국 해적의 별명)이 그랬던 것처럼, 생계의 수단이자 애향심의 발로였다.

하지만 긴 안목으로 보면, 해적행위는 위험 부담이 많은 사업이자 평화로운 교역 추구에 걸림돌이 되었다.[32] 약탈을 통해 부자가 될 수 있다는 기대로 인해, 해적 지원자는 넘쳐났다. 대개의 경우 해적행위가 전업이라기보다는 한시적인 활동이었던 것으로 간주되었지만 말이다. 일부 해적들은 악명을 떨쳤다. 14세기 클라우스 스퇴르테베커Klaus Störtebeker나 17세기 덩케르크의 장 바르Jean Bart와 같은 해적들은, 대중 민요와 설화에 영감을 주고 19세기 연극, 소설, 심지어 오페라에 소재를 제공하는, 전설적인 인물이 되었다.[33] 불운한 고트샬크 렘린그로더Gotschalck Remlingrode —1531년, 브뤼주와 앤트워프에 있는 44개의 보험 회사들이 자신의 선박, '단츠의 백조De Dantzscher Swan' 호의 손실 보상 요구를 거절하면서 그의 불운은 시작되었다— 와 같은 일부 사람들은 자포자기의 상태에서 해적이 되었던 것으로 보인다.[34] 상대방의 처분 하에 놓인 해적, 즉 적에게 포획된 해적은 대개 혹독하게 처형당했다. 네덜란드 인들은 생포한 덩케르크 해적을 주로 뱃전에서 '그들의 발을 씻게 하거나' 뱃전에서 밖으로 내민 판자 위로 눈을 가리고 걷게 하여 바다에 빠져 죽게 하였다. 한자 도시들은 대중 앞에서 공개 참수를 선호했다. 스퇴르테베커와 선장 빅볼트Wigbold를 포함한 70명의 해적들이 1400년/1401년에 함부르크에서 떨어져 있는 그라스브룩Grassbrook에서 처형되었다. 또 고트샬크 렘린그로더의 부하 85명도 1539년 브레멘에서 같은 운명을 겪었다.

임금과 조건

우리가 중세 초 선원들의 사회적 배경이나 상황에 관해 자세히 서술할 수는 없지만, 선원들의 노동환경과 선장과의 관계에 관한 일부 내용은 초기 법률들을 통해 추적할 수 있다. 로마 법은 선상 업무와 관련된 두 명의 책임자를 명시하고 있었다. 상인과 운임 협상 권한을 가졌던 선장*Magister navis*과 선박의 항해, 승무원들에 대한 명령, 유사시 선적 화물의 바다로의 투척 권한을 가졌던 항해사*Gubernator* 말이다. 승무원들의 권리와 의무에 대해서는 명시된 것이 없는데, 이들이 아마 십중팔구 노예로 법적 권리를 보유하지 못했기 때문이었다. 그러나 고대 노르웨이 법은 −배에 탄 모든 이들이 선원이면서 상인이기도 하고, 이들 모두가 어떤 항로로 항해할지, 화물의 투척과 같은 현안에 발언권을 갖는− 일종의 상선협동조합으로 가정하는 다른 관점을 취했다. 노르웨이 왕 마그누스 6세의 1276년 타운법에 따르면, 상륙 후 승선 예정일까지 선장이 돌아오지 않을 경우, 나머지 사람들은 3번의 썰물까지 기다린 후에는 선장 없이도 출항할 수 있었다. 반면 승무원이 허락없이 귀선하지 않았을 경우는 2번의 썰물까지 기다린 후 선장이 그를 남겨두고 출항할 수 있었다. 그러나 만약 정박한 곳이 이교도 국가라면 배는 3번의 썰물을 맞이할 때까지 선원을 기다리고 있어야 했다. 만약 항해하기 좋은 순풍이 분다면, 선원 3명이 간선도로로 가서 큰 소리로 출항을 알린 뒤에, 귀선하지 않은 선원이 생기더라도, 그 곳이 이교도국가가 아니라면, 바로 출항할 수 있었다.[35]

앵글로 노르만 법과 초기 한자동맹 법에서는 배에서의 선장의 권한이 비교적 명확하게 정의되어 있었고, 선원의 권리도 명시해 놓았다. 선장은 질서 유지의 책임을 가진 것으로 인정되었고 선원에게 한 차례 때리는 것을 허용 받았다. 한 번 이상의 구타에 대해서는 선원이 방어권을 행사할 수 있었다. 그러나 선장을 때린 선원은 벌금을 물거나 손이 절단될 수 있었다. 선장 역시 출항 시기와 같은 특정 사안에 대해서는 선원과 협의할 의무가 있었다. 선원은 선박이 조난당할 경우 가능한 한 많은 화물을 인양할 의무가 있었고 여기에 따른 보상을 받을 권리가 있었다. 선장은 허가 없이 하선하여 상륙하고, 술에 취하거나, 시비에 연루되어 부상당한 선원을 위한 치료비를 지불할 의무가 없었다. 그렇지만 육상에서 선장의 명령을 수행하는 도중에 부상당하거나 사망한 선원에 대해서는 책임을 져야 했다.

선장은 선상에서 병이 난 선원이 생기면 하선시켜 여인숙에 묵게 하고, 그의 몸 상태를 살펴볼 수 있도록 초나 램프를 제공해야 하며, 동료들 중 한 명이나 고용 간병인을 두어 환자를 간호해야 하고, 선상에서와 같은 수준의 음식을 제공해야 할 의무가 있다. … 그리고 만약 환자가 더 비싼 음식을 원한다면, 선장이 그것까지 제공할 의무는 없다. … 선장은 환자의 복귀를 기다릴 의무는 없으며, 출항할 시기가 되면 출항해야 한다. 그리고 환자가 완치된다면, 그 선원은 치료 기간 동안의 임금을 전부 받을 것이며, 사망한다면, 아내나 상속인이 대신 받을 것이다.36)

중세 법들은 운항 중인 배에서의 강한 집단적 책임감과 비교적 평등한 의사 결정 시스템을 시사하고 있다. 또한 이 법들은 사람들이 기꺼이 위험을 감수하고 그만큼 보상받을 수 있는 '모험'으로서의 항해 개념을 강조한다. 가장 잘 알려진 예시들 중 하나는 고드릭Godric의 사례이다. 그는 11세기 말경 린Lynn 왕의 영토에서 행상인으로 활동하다가, 항해에 종사하였고 결국 선장이 되었으며, 나중엔 두 척의 선박을 공동 소유하는 선주가 되었다. 그는 이후 속세를 떠나 종교적 은자로 살아갔다. 그의 일생 중 일정 기간 동안, 십자군 고드릭은 해적으로 명성을 떨쳤고, 비록 이런 경력이 미래의 성자에게는 전적으로 정당화 되기 힘든 오점이 되었겠지만, 고드릭의 사례가 중세 동안 내내 선원살이를 관통한 특징을 잘 보여준다. 『올라프 트리그바손의 사가Óláfs saga Tryggvasonar』의 토리 클락카Thórir Klakka 같은 등장인물들은 가끔은 상인으로 가끔은 약탈자로 묘사된다.37) 윈첼시Winchelsea의 시장 로버트 드 바테일Robert de Battayle이나 킹스턴어폰헐에서 시장을 일곱 번 했던 존 투트베리John Tutbury와 같이 부유하고 명망 있어 보이는 상인들 또한 험난한 바다에서 몇 차례의 강도짓에 빠졌던 것 같다. 나포선 운영, 해적질, 그리고 나포는 부자가 될 많은 기회를 제공했다. 그리고 특히 기성 권력자들이 참여를 독려하였을 때, 많은 이들은 망설이지 않고 약탈 행위에 동참하였다. 도로시 버워시Doroty Burwash는 튜더 왕조 초기 시대의 상선 연구에서, 선원의 임금이 다른 업종의 임금에 비해 적었다고 결론지었고, "그들이 노획품과 그와 유사한 부수입을 통해 임금 부족분을 충당할 것으로 예상되었기" 때문에 그녀의 추론은 어쩌면 당연했다. 앤드류*Andrew*와 스캠멀도 16세기 후반 영국 선원에 관해 유사한 결론을 제시하였다. 앤드류가 선원의 상시 고용의 중요성에 주목하고 스캠멀이 숙련 선원들이 육상의 다른 숙련 노동자들보다 종종 더 나은 대우를 받았다는 것을 규명하긴 했지만 말이다.[38]

상선 선원들의 소득을 정확하게 추산하는 것은, 특히 19세기 이전에 일반적인 현상이지만, 활용 가능한 통계 자료가 전반적으로 일관성이 부족할 때, 대단히 어렵다. 임금지급 방식은 매우 다양했다. 원양 선원들은 대개 월급을 받았으나 단거리 항차의 ―북쪽 바다들에서의 항해의 대부분은 여기에 해당된다― 선원들은 일시불을 받았다. 이런 '일괄 지불 임금'은 경비를 더 정확히 계산할 수 있기에 선주들이 선호했지만, 악천후 속에서 몇 주간 항해할 수도 있는 선원들로서는 위험 부담이 따르는 것을 감수해야 했다. 1760년대 한 스웨덴 상인이 수집한 자료에 따르면, 네덜란드와 덴마크 선박의 승무원들은 출항할 때까지 임금을 받을 수 없었다. 다른 곳에서는, 선원들이 계약서에 서명하는 즉시 임금을 받았다. 이 상인은 1760년 지중해 교역에 투입된 비슷한 크기의 160라스트(1라스트 = 4천 파운드)의 두 선박에서의 승선 임금 명세서를 비교했다. 네덜란드 선박은 선원 8명, 사환 2명, 요리사, 갑판장, 서기장, 목수, 일등항해사와 선장이 탔고 한 달 총 임금은 380길더였다. 스웨덴 선박의 승무원의 구성은 조금 달랐다. 선원 6명, 사환 3명, 통 제조업자 1명과 그 외 승선한 전문가들의 총 임금은 1,068 스웨덴 구리 주화로, 234.15길더였다. 따라서 네덜란드 선박 승무원의 임금이 38% 더 높았지만, 스웨덴 선박에서 선원 한 명당 주부식비가 네덜란드 선박보다 거의 두 배 지출된 것으로 추정된다. 선박 주부식비의 고비용이 스웨덴 상인들로서는 주된 불만거리였다. 1799~1800년 보스니아 만 알리칸테에서 카스쾨로 소금을 운반하는 스웨덴 스쿠너 선박의 선원 임금은 매월 총 90리크스달러(1리크스달러 = 2길더 50센트) 즉 1,620 구리 주화가 들었고, 승무원들의 식재 비용은

180리크스달러, 즉 3,240 구리 주화가 들었다는 사실로 미루어 볼 때, 선원 한 명 당 비용을 계산해보면, 선원들의 주부식비가 임금의 2배였던 것으로 보인다.[39]

스웨덴 왕립아카데미는 1760년대에 지중해와 레반트 무역에 종사한 유럽 선박의 선원 월급을 스웨덴 구리 주화로 환산한 비교표를 발간했다(표 9.1).

〈표 9.1〉 1760년경 월급 (스웨덴 구리 주화 단위)

국가	선장	항해사	선원
영국	312.00[a]	182.00	63.21[b]
홀란드	307.40	172.20	81.29[c]
프랑스	212.16	159.12	51.00
리보르노	278.14	136.22	91.40
덴마크	264.22	163.20	77.00
스웨덴	150.00	102.00	42.00

출처: Westerman, 'Om Sveriges fördelar och svårigheter i sjöfarten i jämförelse mot andra *riken'*, *Kungliga vetenskapliga akadewiens handlingar*, Stockholm, 1768, pp. 289~317.
주석:
  a. 영국 선장의 임금은 월 5~7파운드로 추정된다. 16세기 말에는 월 4파운드 정도였다.
  b. 영국 선원의 임금은 월 24~25실링이었다. 다른 자료들은 그들이 원양선을 탈 경우 월 21~ 27실링을, 연안의 석탄운반선을 탈 경우, 항차 당 30~35실링을, 노르웨이 목재운반선을 탈 경우, 왕복 운항에, 3파운드 5실링을 받았을 것이라 암시한다. 1670년대의 저술에서 윌리엄 페티*William Petty*는 선원들의 소득이 선상에서의 숙식비를 포함해서 주급으로 12실링 혹은 월급으로 48실링이었다고 주장했다.
  c. 네덜란드 선원의 임금은 월 16~20길더였다. 네덜란드 무역의 호황기인 16세기 말에 네덜란드 선원의 유럽항로의 평균 임금은 13길더였고, 그리고 1620년대까지 임금 수준은 월 10~11길더 정도로 내려갔던 것으로 보인다.[40]

그러나 임금은 소득의 일부분일 뿐이었다. 탑승한 선원들은 무료로 주식과 부식을 해결하였으며, 또한 소액의 보너스나 사고, 해적의 포로, 혹은 노년에 대비한 보험의 형태로 다른 부가 혜택을 받았을 것이다. 자기 수익을 위한 교역의 기회가 선원에게 주어진 가장 소중한 급료 이외의 특전이었다. 네덜란드어로 수화물*vœring*, 영어로 선원에게 허락된 뱃짐*portage* 혹은 선원에게 허용된 반출량*furthing*으로 알려진 이 특전은 가끔 계약서나 심지어 법전에도 명시되었다. 1561년 덴마크 프레데리크 2세의 해사법규는 대서양과 북해의 항구 쪽으로, 즉 서쪽으로 항해하는 배에 실을 수 있는 화물의 중량을 선장과 조타수는 각각 1라스트, 승무원은 3명당 1라스트로 명기하였다. 앤트워프의 상인 야콥 델라 파이*Jacob della Faille*가 1566년 푸르메렌드Purmerend로부터 나르바까지 항행하는 90라스트의 암스테르담 선박을 용선한 계약서에는 승무원들에게 허용된 뱃짐 양은 4라스트로 명기되었다.[41] 이 같은 소규모의 무역은 흔히 벽지 공동체들에게 생필품을 공급했다. 예컨대 17세기 노르웨이 해안을 따라 늘어선 작은 항구들에서 목재를 운송하는 네덜란드 배의 승무원이 소금, 청어, 맥주 그리고 올 성긴 옷과 같은 생필품을 뱃짐으로 가져가서 팔았다. 이런 선원의 특전을 폐지하거나 현금 보너스로 대체하려는 노력에도 불구하고, 특전은 19세기까지 지속되었다. 리하르트 보시들로가 인터뷰했던 20세기 초기의 메클렌부르크 출신 선원들은, 뉴캐슬에서 도자기, 옷, 시계를 구입하고, 이것들을 리가의 벼룩시장에서 비싸게 팔았다고 회상했다.[42] 선장들은 상인들로부터 화물을 조심스럽게 선적하고 취급해 달라는 사례로 보너스를 받았다. 네덜란드어로 '캅라크*kaplake*'*로 알려진 이것은 15~100길더의 금전적 보상이거나(1647년에 암스테르담에서 뉴암스테르담으로 가는 항로는 특식과 술의 비용으로 50길더를 제공하였다) 은쟁반이나 새 옷 한 벌과 같은 선물이었을 것이다. 18세기까지 선장에 대한 답례비용은 화물 운송에서 얻는 총 수입 중 상당 비율을 차지하게 되었다.

해군장교들 또한 포획상금의 일정 지분과 같은 다양한 부가 보너스를 받았다. 공화국 선박의 함장과 승조원들은, 네덜란드 항구로 옮겨져 경매로 매각되었던, 적선 나포에 대한 격려금을 받았으며, 소함대 지휘관들은 은줄과 금줄을 포상으로 받았다. 하지만 네덜란드 함장과 기함 사령관에게 가장 중요한 수입원은 해군성이 식재비로 함장에게 지불한 경비ー식재 공급은

---

* 영어의 선장사례금hat money 혹은 운임 부가금primage에 해당하는 것으로 화주가 선장이나 항해사에게 준 할증금으로 이해된다.

종종 함장의 아내가 담당했다—의 잉여금인 '코스트페닝엔'(*kostpenningen*, 식재비 차액)이었다. 식재비는 많은 잉여금을 남길 수 있었다. 가령 1672년 미헬 드 루이터*Michel de Ruyter*는 그의 식재비 중 1/3을 잉여금으로 챙겼으며, 즉 최소 10,000길더의 차액을 남겼던 것으로 보인다.

"딱딱한 선실, 차가운 염장 고기, 선잠, 곰팡내 나는 빵, 김빠진 맥주, 젖은 옷, 난방 및 요리용 땔감 부족"과 같은 선상에서의 불편에 관한 기록은 차고 넘친다.[43] 북부 항구들 간의 비교적 짧은 운항에 종사했던 선원들이 동·서 인도행 선박에 승선했던 불운한 선원들이 잘 걸렸던 괴혈병과 열대병으로 죽을 일은 별로 없었으나, 이들에 비해 훨씬 심한 추위와 습기에 시달렸다. 숙박시설은 가장 초보적인 수준이었고, 옷과 개인 소지품 보관 공간은 사실상 없었다. 북해와 발트해 교역선의 선원들은 통상 선실 내 비좁은 구역에서 묵었고, 따라서 그들의 옷이나 침구를 배낭이나 침대 깔개*bultzak* 속에 보관했다. 1659년 네이즈비*Naseby*에서 견습 선원으로 항해 경력을 시작한 에드워드 발로*Edward Barlow*는, 훗날 선실에서의 첫날밤에 대해 선실은 "어떤 신사의 개집과 같았다. 왜냐하면 나는 네 발로 기어 다닐 수밖에 없었기 때문이다"고 회상했다.[44] 사관들은 더 넓은 숙식공간을 차지했다. 1665년에 네덜란드 연합공화국 의회의 품격을 중시하는 의원들이 방문한 드 루이터의 기함 선실은 식재들로 가득 차 있었고, 숙식과 배설과 같은 다른 생체 활동뿐만 아니라 회의실로 이용되곤 했지만 말이다.

취사 설비와 식자재 또한 엉망이었다. 1561년 프레데리크 2세의 해사법규는 선장에게 항구에서 신선한 음식을 살 수 있는 권한을 주었으나 의무사항이 아니었던 바, 이를 거절하는 선장을 집요하게 설득시키려 했던 선원들은 벌금형을 받을 수도 있었다. 법령은 또한 요리사에게 정해진 식사 시간 외에 불을 지피거나 요리를 하라고 시키면 누구든 과중한 벌금을 물리고 월급을 압수한다고 천명하였다. 1578년 발트해를 여행하던 스페인 사람은, 승무원은 물이 전혀 없었으며, 독일 맥주를 마셨고, 염장 생선포, 훈제 베이컨과 절인 소고기만 그것도 소량만 먹었으며, 너무 오래되어 안팎으로 곰팡이가 핀 마른 빵을 먹었다고 기록했다. 배급식량은 거의 전부 보존 가능한 것들 —완두콩, 콩, 염장 생선과 고기—로 제공되었다. 식재비 차액을 챙기려는 관행이나 식재비 지출에 인색했던 경향이 기항지에서 신선한 식료품의 구매와 소비를 종종 어렵게 만들었다. 이런 경향은 특히 해군 함대에서 만연되었는데, 해군의 식재비가 인색하다고 소문이 자자했으며, 경리관들은 자주 횡령했다. 1667~1668년 혹독한 겨울 영국 해군이 채텀Chatham 항에서 꼼짝 못하고 대기하고 있었을 때, 승무원들은 '피터 워렌Peter Waren'으로 알려진 식량으로 연명했다.

> 선박이 항구에서 대기 중일 때 국왕의 모든 선박의 선원들이 피터 워렌으로 근근히 연명하였는데, 그것은 가장 질이 떨어지는 밀로 만든 작은 크기의 갈색 빵을 말한다. 그리고 선원들은 소량의 맥주를 마셨는데, 그것은 물을 탄 저급한 맥주였다. … 그리고 또한 오래된 질긴 소고기 조금 … 그리고 생선을 조금 먹었다.45)

질병과 불만의 원인은 대개 음식과 술 그 자체 때문이 아니라 불량한 염장 식품이나 술 때문이라고 여겨졌다. 네덜란드 치즈, 와인, 잼, 레몬을 포함한 보다 다양한 식단을 권고하였던 선장 존 스미스John Smith조차도, 엘리자베스 여왕 정부가 어업을 장려하기 위해 법령으로 정한 어식일fishday에 제공되는 오일과 겨자를 곁들인 염장 생선, 혹은 비스킷, 버터와 치즈 또는 오트밀 스튜와, 육식일에 제공되는 맥주와 염장 소고기, 돼지고기, 그리고 완두콩으로 구성된 보통의 선박 식단은 "불량품이 아니라면 선원들의 건강에 좋을 것"이라고 생각했다.46)

선상에서의 식단은 아마 단조로웠을 것이고 영양적으로 문제가 있었겠지만 육상의 빈곤층의 식단은 이보다 열악했을 것이다. 실제로, 특히 초근목피로 연명해야 하는 초봄에는, 염장 고기를 규칙적으로 충분히 제공받을 것이라는 기대가 승선 계약을 맺게 하는 강력한 동인을 부여했을 것이다. 19세기 말 메클렌부르크의 항구에서 구직을 원하는 남자들이 처음으로 묻는 질문 중 하나는 주부식이 풍족하게 제공되는지 여부였고, 선원들에게 배식을 풍족하게 제공한다고 소문난 선장들은 인력을 구하지 못하는 경우가 거의 없었다. 음식은 승조원들에게 중요했고, 그래서 자주 그들이 제공되는 매 끼니의 다른 음식에 대해 자세하게 품평하였다. 메클렌부르크 사람들은 다른 나라의 건빵보다 자국산 건빵을 선호했으며, 영국산 건빵을 먹는 것이 분필을 씹는 것 같고, 크넥케브뢰knäckebröed(스웨덴 비스킷)은 쪼개 먹으려면 망치가 필요하다고 불평했다. 한 영국인 선원은 1909년에 승선 중 제공되는 비스킷을 부수어, '리버풀의 기와'로 애교스럽게 불리게 되는, '댄디하쉬dandyhash'(잼이나 마멜레이드를 발라 구운 비스킷)와 '크래커하쉬crackerhash'(염장 고기로 만든 짭짤한 비스킷)를 만들려고 나무망치와 천 가방을 들고 승선했다고 회상한다. 보편적으로 알려진 요리는 랍스카우스lobscouse(고기·야채·비스킷 등으로 만든 스튜)였다. 그 재료가 나라마다 달랐고, 심지어 항구에 따라 천차만별이었지만 말이다.[47)

모험심으로 충만하여, 혹은 아버지와 할아버지가 선원살이를 했기 때문에, 아니면 그들이 고향에서 일자리가 없었기 때문에, 젊은이들이 항해에 나서게 되었겠지만, 선원살이는 퇴직 후에 보상이 거의 없는, 밥벌이로는 힘들고 위험한 직업이었다. 항해자들이 선택한 삶과 바다에서 이들이 어떤 경험을 했는지는 다음 장에서 서술될 것이다. 여전히 우리가 선원들 가족의 삶에 대해 ─결혼 생활에서의 빈번하고 지속되는 결별이 어떤 중압감을 주었는지, 선원들이 자신들의 수입으로 가족의 생계를 어느 정도까지 부양할 수 있었는지, 또는 아내가 가족의 생계에서 어떤 부분을 분담했는지(예를 들어, 17세기 암스테르담의 '영혼 구매자'와 같이, 선원들을 모집하거나 선술집을 소유거나 운영했는지)─ 아는 것이 거의 없지만 여기서 일부는 추론할 수 있다. 여기서 우리가, 종종 해사 혹은 항해와 전혀 관계가 없는 환경 속에서 선원들의 가족이 생애의 대부분을 영위하였던 육상에서 ─이 점은 반드시 명심해야 하는데─ 기대했을 것으로 판단되는 선원 복지에 관해 간결하게 추론하고자 한다.

십중팔구 장애나 나이 때문에 선원살이에서 은퇴한 사람들은 자신들을 부양할 가족들의 도움에 의지해야 했다. 육상에서 선원복지를 위한 제도적 대책은 다양했지만, 실질적으로 도움이 되는 대책은 거의 없었다. 선주들은 길드와 협회에 최대한으로 가입하였고, 이 단체들은 다양한 사회보장을 제공하였다. 16세기 유럽 전역에서 일반화된 화물에 보험을 드는 관행은 다음 세기에 선원들을 위한 보험설계로 계승되었다. 덩케르크 해적이나 바르바리 해적에게 포획당할 개연성에 대한 두려움은 보험기금, 즉 상호기금 설립의 강력한 자극제가 되었던 것 같다. 비슷한 시기에 플랑드르 사략선들 또한, 사망, 부상이나 포획을 당했을 때 사용하기 위해, 각 사략선이 노획물의 2%를 회비로 내는 상호기금을 만들었다. 이들 기금 중 일부가 상당한 비율로 불어났지만, 덩케르크 해적이 소멸되면서, 다른 용도로 분명 변경되었을 것이다. 예를 들어 지에릭 해Zierikzee의 젤란트 항구에 있는 '슬라벤카스slavenkas'는 그들의 자산을 영국-네덜란드 전쟁 중에 잉글랜드에 감금된 선원들의 가족을 지원하고, 은퇴한 선원을 위한 구빈원에 투자하는 데 사용하였다.

그러나 일반적으로 선원의 근무환경을 보호하기 위한 국가의 개입의 역사는 어디에서나 우유부단하고 미온적이라는 것을 보여주고, 그 역사가 대개는 심각한 부정부패로 악화된다. 증기선 시대에 들어서면서, 선원들(과 어민들)이 공장이나 탄광의 노동자들에게 이미 적용되고 있던 노동법과 같은 법적 보호를 받지 못했다. 국가는, 가령 18세기 스웨덴의 선원구빈원이나 선원 고용 및 해고를 관리하는 빅토리아 중기 잉글랜드의 해양위원회와 같은 감독기관과 법안을 마지못해 점진적으로 도입하였다. 그런데 간섭 자체를 싫어하는 선원들이 자주 국가가 감독하는 기관이나 법안에 대해 분개하였으며, 영국의 경우, 선원들은 계약 체결 시 국가가 1실링의 수수료를 받는 것에 대해 분통을 터뜨렸다.

복지와 교육에 있어서는 선원과 그 부양가족들은 선원들 자체의 상호보험 기금과 교회나 박애 및 자선단체가 제공하는 식량에 주로 의존해야만 했다. 가톨릭교회가 수 세기 동안 다양한 종교적 구휼의 이미지와 활동을 제공하였던 반면, 선원을 대상으로 한 최초의 포교단이 설립되었던 19세기 초 이전까지, 개신교를 믿는 북유럽에서는 교회가 선원 복지에 밀접하게 개입하였다는 증거는 그다지 많지 않다. 포교단은 선원들의 영적 도덕적 구원뿐만 아니라, 국가의 평판을 수호하는 역할을 수행해 왔던 것으로 보인다. 심지어 영국 외무부도 해외 영국 선원에 대한 이미지 조사를 공들여 수행했고, 자국의 선원이 전반적으로 비호감으로 간주된다는 −놀라운 일도 아니지만− 사실을 알게 되었다.48) 자국의 이미지에 대해 민감하게 관리하고 있던 국가로서는, 선원의 이미지가 상당히 중요한 문제가 될 수 있었다. 그리고 선원의 이미지는, 1895년 핀란드 민족주의 정당의 당수인 상원의원 유리요-코스키넨Y.S Yrjo-Koskinen이 다음과 같이 보고하였을 때 의심의 여지없이 위로가 되었을 것이다. 영국인들이 핀란드인들, 특히 그 중에서도 가장 잘 알려진 "떠들썩하게 노는 승조원들"을 가장 천박하다고 폄하해 왔지만, 핀란드 선원 포교단이 노력하여 그 이미지를 바꾸는 기대 이상의 성공을 거두었다.49) 1880년대와 1890년대 런던 부둣가 거리에서 활동하던 성직자는 여인숙 주인과 창녀의 마수로부터 그들의 동포를 구하는 것이 일과였다. 물론 제1차 세계대전을 기점으로 뚜렷한 변화가 있었지만 말이다. 선박의 왕복 운항 시간의 단축과 더불어 항만공사와 국가의 감독은 싸구려 여인숙과 술집의 수를 줄이는 데 큰 역할을 했다. 안전 기준의 상향과 선상의 주거 환경의 개선 조치가 선원들의 노동 생활의 질을 크게 개선하였다. 무엇보다도, 증기선의 대성공으로 인한 수많은 그리고 광범위한 영향들과 전 세계와 유럽의 해운업 내의 다른 주요 추세들이, 제1차 세계대전 이전에도, 이미 항해 직업의 특성을 바꾸기 시작했고, 이렇게 하여 북쪽 바다들에서 수많은 노동과 여가의 이전 양식들이 사라지게 되었다.

노동 유형의 변화과정

19세기 후반기는 유럽 해운산업 내에서 승조원들의 일상생활에 중대한 영향을 미쳤던 변화의 분수령을 형성하는 전환기였다. 동시에, 그 전개의 전반적인 양상들은, 이전의 낡은 관행들이 새로운 혁신들과 여전히 병존했고, 그 발전의 속도가 지역에 따라 매우 달랐기 때문에 복잡하였다. 증기로의 전환은 이와 관련된 좋은 사례이다. 1892년 발트해와 북해의 연안 국가들 중, 벨기에는 상선의 총 톤수 중 98.6%가 증기선으로, 범선에서 증기선으로의 전환비율이 제일 높았고, 그 뒤에 19세기 중반부터 증기로의 변화를 선도하였던 영국(59.7%)과 네덜란드(57.9%)가 있었다. 증기선으로의 전환 비율이 가장 낮았던 국가는 노르웨이(14.4%)와 핀란드(10.1%)였다. 그런데 1913년, 북부의 주요 국가들의 상선이 대부분 증기선으로 대체되었던 반면, 사실상 핀란드만 압도적으로 범선에 의존하고 있었다. 영국과 네덜란드는 상선 총 톤수의 90% 이상, 독일, 덴마크 그리고 스웨덴은 80% 이상, 그 외에 노르웨이와 러시아는 60% 이상이 증기선으로, 상선들은 이제 갑판 위에서 돛을 높게 휘날리는 대신 연돌에서 연기를 뿜어내고 있었다.[50]

이와 같은 발전의 추세를 감안하면 다소 의외이지만, 범선을 운항하는 것이 실제로 일반적으로 생각해 왔던 것보다 훨씬 오랫동안 경제적으로 부가가치가 높았다. 예컨대 1860년대 말이 되면, 발트해 교역권에서 범선은 증기선 대비 비교 우위를 상실하였으나, 장거리 원양 항로에서는 훨씬 오랫동안 경쟁력을 유지하였으며, 중고 범선을 국제 선박시장에서 비교적 저렴하게 구입할 수 있었다. 또한 범선에서 자본집약적인 증기선으로의 전환의 속도가 지방마다 달랐다. 코펜하겐과 스톡홀름 같은 스칸디나비아의 거대 해양 거점은 일찍 그리고 빠른 속도로 증기선을 도입하였다. 베르겐 역시 신속하고 정기적인 수송을 요했던 유럽 시장으로 도시의 획기적인 수산물 운송이 필요했기 때문에 일찍이 증기선을 도입했다. 동시에, 여러 항로와 특화된 교역 망을 가진 많은 지방의 해양 중심지들이 경제적 안전성을 이유로 증기선을 도입했다.[51] 연안 해운업에서도 역시 증기로의 전환 속도는 지역적인 편차가 상당했다. 예를 들어, 영국 동부 연안에서는, 영국 연해에서 범선이 우위를 구가하였던 시대가 전반적으로 끝나가고 있던 1914년이 지나서도, 범선이 좀처럼 사라지지 않았다.[52]

그 이후로도 증기로의 전환은 느리고, 점진적으로 진행되었으며, 획일적인 형태로 전개되지 않았고, 따라서 19세기 후반과 20세기 초 동안 북부 항해자들의 항해 경험은 천차만별이었다. 북쪽 바다들의 해양 국가들 중에서, 19세기 중반부터 어선과 상선에서 증기선으로 승선한 영국의 해사 노동인구의 비율은 점차 증가하여, 1881년이 되면 47%를 조금 상회하게 되었다. 이와 대조적으로, 겨우 6년 전에 서부 피오르드 지역들과 남부의 주요 선박 입출고 산업단지의 노르웨이 조선소들은, 현지 노동자를 고용해 현지의 목재로 건조한 목재 범선 생산량이 역대 최고를 기록했다. 이와 마찬가지로, 에스토니아 해안에서도 목재 범선의 건조가 여전히 번성하였고, 20세기 양차 세계대전 기간까지도 지속되었다. 그럼에도 불구하고, 19세기 후반기 혹은 20세기 초에 범선으로 항해했던 대부분의 북부 선원들조차도 노동 시장에서 동료 선원들이 증기선을 타는 비율이 증가하는 변화에 동요하여 증기선으로 갈아탔다.[53]

증기로의 점진적 전환은 상선 선원의 노동 환경에 영향을 끼친 유일한 큰 변화는 아니었다. 원양 항해로의 전환과 연동된 변화와 같이, 해운에서의 다른 주요 추세는 선원의 일상생활에 그에 못지않은 큰 영향을 주었다. 이러한 전환 역시 국가적 지역적 규모의 무역 특수성에 따라 광범위하게 시간차를 두고 발생했다. 예를 들어 네덜란드에서는 17세기 초경에 원양 항해로의 전환이 이루어졌었다.[54] 하지만 대다수의 다른 북부 국가들이나 항구에서 시작된 원양 항해가 해운과 선원들에게 큰 영향을 끼치기 시작한 것은 19세기에 이르러서였고, 우리가 여기서 다루는 것은 주로 이 당시의 경험들이다.

원양 항해는 상선 선원들의 근무 패턴에 근본적인 변화를 초래했으며, 선원과 그 가족 및 고향과의 관계의 뿌리를 통째로 바꾸었다. 기본적으로, 원양 항해 또는 유럽 3국간 무역은, 선박과 승무원이 항해가 불가능했던 겨울철에 고향이나 다른 가까운 항구로 귀항했었던 발트해와 북해 교역에서 오래된 관행인, 운항의 계절적 주기를 무너뜨렸다. 비록 낡은 패턴이 연근해 무역에서 ―증기선이나 쇄빙선의 등장에 의해서 사라질 때까지― 여전히 잔존했지만, 원양무역에 종사한 선원은 겨울에 귀향하지 않고 대신에 한 번의 항차로 몇 년간 고향을 떠나 지내게 되었다.

원양 해운으로의 진입에 따른 또 다른 중요한 결과는, 그 이전에는 전반적으로 승무원을 대부분 그 지방 출신으로 충원하였는데, 이제 다양한 지방과 국가 출신을 충원하여 승무원의 구성비가 변한 것이었다. 항해 일정이 장기화됨에 따라, 중도 하선 역시 고려해야 할 현안이 되었고, 항차 중에 결원만큼 선원을 보충해야 했다. 예를 들어, 1869~1870년에 핀란드 서해안의 라우마Rauma에서 출항한 선원들은, 그들 중 1/4 이상이 항해 도중에 승선하였다.[55]

영국 상선의 경우, 항해조례의 폐지 과정에서 외국인 고용을 제한하는 규제가 없어졌기 때문에, 1850년 이후(연안 무역의 경우 1854년)부터 자유롭게 외국인 선원을 고용할 수 있게 되었다. 1851년 영국에 등록된 선박에 승선한 선원들 중 외국인은 4.1%에 불과했다. 그런데 외국인 선원의 비율은 1906년 경이 되면 라스카 인Lascars* 선원을 제외하고 17.3%로 증가하였다. 비록 외국인 선원 비율의 증가가 1850~1914년 사이, 영국 상선에서 소위 인력 공급의 주요 지표로 간주되어 왔음에도 불구하고, 발레리 버튼Valerie Burton이 지적하듯이, 외국인 선원들은 사실상 원양 범선에 고용된 선원들로, 가장 낮은 임금을 받았던 것으로 보인다. 달리 표현하면, 외국인들은 보다 좋은 고용 조건으로 증기선으로 옮겨간 영국 선원들의 빈자리를 채웠을 뿐이었다.

---

* 라스카 인은 19세기에 영국의 동인도회사가 고용한 인도의 벵갈, 아삼, 구자라크, 예멘, 영국령 소말리아, 포르투갈의 고아 출신의 선원을 말하며, 이들은 1960년대까지 영국 및 유럽 선박에서 일을 했다.

1906년 3월 『무역저널Journal of Commerce』의 기사에서 언급되었듯이, 영국 선원들이 범선에서 일할 것을 제안 받는다면 영국 선원 20명 중 19명은 "범선에서 근무할 의향은 없고 증기선에 승선하길 원한다"고 대답했을 것이다.[56]

그러나 외국 선원들 입장에서는, 원양항해와 3국간 항로로 말미암은 국제 노동시장의 개방이 여러 가지로 유리하였다. 스칸디나비아나 당시의 러시아령 발트해 지방들(현재 에스토니아와 라트비아)과 같은 저임금 지역 출신의 북부 사람들로서는, 경제적으로 유리하였기 때문에 임금 수준이 더 높은 항구에서 (다른 선박으로 갈아타기 위해) 중도에 하선하는 것이 합리적이었다. 핀란드 선원들은 19세기 말까지 주로 중도 하선을 통해 외국인 선원으로 취업하였으며, 해외에서 배를 갈아 탄 많은 선원들은 연근해 교역권 혹은 심지어 고향으로 영원히 돌아오지 않았다. 이렇게 떠돌아다니는 다양한 국적의 선원 그룹은 19세기 후반기에 해사 인력풀의 두드러지는 특징이었다.[57]

여러 요인을 고려할 경우 선상 노동조직 양상이 바뀌면서, 그 여파가 직접적이고 현저한 방식으로 북유럽 선원들의 일상 노동생활에 영향을 미치게 되었다. 즉 선박 크기가 2~3명 승선원을 태운 연근해 교역을 담당하는 소형 선박에서 대규모 인원이 승선하는 대형 원양선박으로 바뀌게 되면서 이러한 현상이 발생하게 된 것이다. 많은 점에서 연안선박의 노동관계가 직장, 직인, 도제가 일하는 수공업 가게와 유사했다면, 원양선박의 경우는 미숙련 및 반숙련 승조원들이 거의 전권을 행사하는 한 명의 선장 밑에서 일하는 규율과 효율적 통제 체제를 갖춘 '해군' 조직과 같았다.[58] 유럽의 많은 해사 국가에서 이러한 경영 관행의 근본적인 변화는 근대 초기의 산물이었던 것으로 보이며, 아마도 주요 해사 국가에서 시작하여 서서히 주변부 국가로 확산되었을 것이다.[59] 1730년대 이후 외국인 승조원을 채용하던 새로운 관행은, 특히 신규 원양선단에 네덜란드 인 선장을 고용하던 핀란드 해운회사들이 도입한 제도에서 좋은 예를 찾아볼 수 있다. 독일의 경우는 주에 따라 발전의 속도가 달랐지만, (독일의) 근대화 과정의 초기 단계는 19세기 전반기에 자리잡았다. 하지만 많은 점에서, 유럽의 상황으로 볼 때, 이러한 "근대 초기 해사 노동시스템이 정점"에 이른 시기는 19세기 말이었다.[60] 그 후 20세기 초가 되어 선장의 역할이 재조정되는 변화가 나타나게 되었다.

선상 노동과 사회적 조직의 새로운 제도가 정착한 것은 해운산업내의 빠른 성장과 첨예한 경쟁 요구에 부응하여 선주들이 채택한 경제 전략 이외에, 원양항해로 인해 초래된 몇 가지 서로 연관된 변화에 기인했던 것으로 보인다. 19세기 후반기에 선주들이 어디로든지 실현가능한 빠른 항해와 항해시간 단축을 점점 강조하게 되었는데, 하나의 예를 든다면, 이러한 요구에 의해 독일의 전통적 항해가 근대 해상운송으로 전환하게 된 것이다. 하지만 동전의 다른 면도 나타나게 되었다. 즉 순수 임금 노동과 단기 계약이 '전통적' 노사관계를 대체하고 선장의 권한이 증대되면서, 항해자들은 의존성이 높은 임금노동자로 바뀌게 되었다.

이 장의 앞부분에서 설명하였듯이, 올레롱 법규*Rôles d'Oléron**와 같은 중세 해사 법규가 선상에서의 집단적 책임감과 위계보다는 동료 간의 합의를 중시하는 노사관계를 명시하고 있었다. 많은 선원들이 사실상 선박의 지분을 보유했고, 급료로 일정 비율의 배당금을 받았으며, 항로의 결정 권한을 공유하였고, 자기 이익을 위한 교역의 기회, 즉 선원에게 허용된 뱃짐을 무상으로 실을 권리와 같은 특권을 누렸다. 예컨대 이러한 유구한 역사를 가지고 합의를 중시하는 가족적인 유형의 노사관계는 1930년대와 1940년대까지도 독일 연안 무역선에서 그 기본 틀이 유지되었던 반면에, 원양 항로나 3국간 항로에서의 수지 타산이 맞는 화물을 취급하는 대형 선박에서는 이러한 노사관계가 사라지게 되었다. 대신에 노동력에 대한 완전한 통제가 관철되었으며, 이러한 통제는 선원들이 고향 항구로 귀항할 때까지 중도에 하선하지 못하도록 강제하는 새로운 종류의 계약을 통해 법적으로 뒷받침되었다. 예

---

* 12세기 말에 법규로 편찬된 판결문 모음집으로 유럽 전체에서 해사법규로 사용되었다. 그 내용은 선원, 상인, 선장, 용선자, 선박, 화물, 인부와 관련한 조항이다.

를 들어, 19세기 전반의 수십 년간 스테틴과 런던 사이를 오가는 항차에 계약한 선원은, 만약 선장이 제3의 항구로 운송할 화물을 맡아 계속해서 고용을 연장한다면, 사실상 3~7년 동안 고향으로 돌아갈 수 없다는 것을 의미했다. 항차가 진행되는 동안, 임금 상승은 없었고 만약 선원이 도중에 하선한다면, 그는 그동안의 임금을 모두 포기해야 했다. 계약 기간의 상한은 나중에 정해졌지만 −핀란드에서는 1873년− (적어도 독일과 핀란드에서는) 중도 하선은 형사 범죄로 다루었고, 따라서 19세기 후반에 중도에 무단으로 하선한 선원이 위험을 무릅쓰고 귀가한다면, 징역형을 면할 수 없었다.

항해가 계절의 주기에 제약을 받고 선원들이 주로 지방 사람들로 충원되는 한, 선상에서 비공식적인 사회적 통제는 많은 점에서 육상에서의 사회적 통제와 밀접한 연관이 있었다. 북쪽 바다들의 연안 지역에서 친구들과 친척의 네트워크는 선원, 일등항해사와 선장의 품행과 평판이 자신들의 지방에 그대로 전달될 수 있게 만들었다. 새로운 항해시즌이 시작될 때 유능한 선장은 자질이 부족한 것으로 소문난 선원들을 선뜻 고용하지 않을 것이며, 반면 유능한 선원들의 경우는 선상에서 지나치게 고압적이라고 소문난 선장을 기피할 수 있었다. 그러나 원양 항해로 인해 선원의 고향 방문이 더욱 불규칙해지고 현지인이 외지인과 뒤섞여 근무하게 되면서, 선장이 선상에서 전권을 행사하는 것이 더 쉬워졌다.

절대적 권력을 가진 근대적 선장 −이전의 '선장skipper'을 대신하는 진정한 의미의 '캡틴captain'− 의 등장은 선상에서의 일상에 큰 영향을 주었다. 새로운 시스템에서 선장의 권한은, 1860년과 1893년 사이에 노르웨이 선박 선상에서 허용된 것처럼, 신체적 처벌을 가할 수 있는 법적 권한에서 선장의 허가를 받지 않은 하선과 같은 경범죄에 대한 징계 조치로서 선원의 임금 일부를 압류할 수 있는 1891년 스웨덴 해사법규로 명시한 권한에 이르기까지, 광범위했다.61) 19세기 후반기에 핀란드 선박 선상에서 선장은 중도 하선의 가능성이 있다고 우려되는 선원의 상륙 허가를 거절할 수 있었다. 그러나 선장은 자신의 막강한 권위를 누리는 만큼 감내해야 할 반대급부가 있었다.

선장의 광범위한 권력 행사의 전제 조건으로 새롭게 조성된 선장과 선원 간의 엄격한 사회적 간격으로 인해 선장의 일상은 전적으로 고립된 상태로 변했다. 예를 들어 선장은 이제 선원들과 함께하는 식사나 여가에 끼일 수 없었다. 술에서 위안을 찾는 일부 선장들의 기호는 가끔 용납될 수 없거나 거친 행동으로 이어질 수 있었고, 승무원들과 해기사들 모두를 우울하게 만드는 '불행한' 선박으로 귀결될 수 있었다.[62] 1860~1880년 핀란드 신문 기사에 따르면, 선장이나 일등항해사가 인내의 한계를 넘어서는 규율을 부과하고 심지어 노골적인 가학 행위를 자행했던 경우가 다반사였던 것으로 보인다.[63]

그러나 19세기 후반에 승무원에 대한 선장의 광범위한 권한이 대형 상선의 운항을 위해서 피치 못해 발생하는 사회적 현실 때문에 실제로는 자제될 수밖에 없었다. 해상에서 선장의 권력이 아무리 막강하더라도, 선장이 목적지까지 안전하게 도착하기 위해선 여전히 선원의 기술에 기본적으로 의지하고 있었다. 따라서 하이드 게슈텐베르거*Heide Gerstenberge*가 언급하듯이, 기술과 전통은 권위주의적 구조를 약화시켰고, 예컨대 승무원들이 위험한 명령을 내리는 술 취한 선장에 맞설 수 있는 다양한 비공식적 전략을 구사할 수 있었다. 만약 닻을 올리라는 명령을 받는다면, 선원들은 배가 강한 해풍을 피하기 위해 닻을 올려야 한다는 것을 확실히 인지했을지라도, 그들이 닻을 올리는 것을 지연시켰을 것이다. 골이 난 선장이 포기하고 선실로 가서 드러누워 평상심을 찾으려 할 때까지, 힘쓰는 시늉만 하며 선원들은 큰소리로 서로 격려하면서 "소년들이여, 힘껏 끌어당겨라. 잉글랜드를 위하여 끌어당겨라" 라고 선장을 흉내 내며 놀렸다.[64]

선원들은 자신들의 관습적인 권리가 침해당하는 것을 순순히 받아들이지 않았다. 독일 선원들은 종종 선주와 정부 관리들이 그들에게 부과하고, 그들이 가진 최소한의 직업적 자존심을 빼앗는 새로운 규정들에 맞서 맹렬하게 싸웠다. 의심할 여지없이 전통적인 선박에서도 충돌과 언쟁이 자주 있었지만, ―노사관계의 가부장적인 유형을 갈등이 전혀 없었다고 혼돈해서는 곤란하다— 권위주의적 노사관계의 도입으로 인한 심각한 의견 대립은 더 빈번하게 일어났을 것이다. 실제로 19세기 말경 또는 20세기 초 회고록에 의하면, 선원들이 해기사들과 충돌이 잦았다는 것을 보여준다. 원양 항해와 장거리 트롤 어업에 종사했던, 20세기의 선원, 스티븐 파이프*Steven Pipe*는 19세기 선원들의 반감을 그대로 공명하고 있다. 그는 바다에 나가기 전에 선박, 항차, 승무원에 적용되는 법에 자신을 위임하는 서류에 서명하는 것을 거부했다.

> 기존의 관행과는 달리, 내가 원하는 항해일지log book는 선주(선장) 자신이 서명하여 내가 보관할 수 있는 계약서 같은 것 말이다. 내가 병이 나면, 선주가 나를 본국으로 송환할 의무가 있을 뿐만 아니라 식비와 휴가비로 별도의 수당 지급 의무가 있다고 명시한 계약서, 적어도 선주는 내가 인간적인 존재라는 것을 인정한다는 것을 보여주는 계약서 말이다. 그러나 이것만으로는 부족하다. 내가 원하는 것은, 위반하면 징역형이나 벌금형에 처한다는 조건을 달아(어느 쪽이든 선주를 난처하게 만들 것이다), 내가 늘 갈구해 왔던 육상에서의 유복한 삶을 꾸릴 수 있는 충분한 임금 지급을 약속하는 그의 서명, 그리고 내가 너무 늙어 연금을 사용할 수 없을 처지가 되기 전에 나를 위해 지급될 수 있는 넉넉한 연금을 위한 기금 적립을 약속하는 그의 서명을 원한다. 게다가 선주는 작업이 고되지 않으며, 즐겁고, 지나치게 길지 않도록 하겠다고 약속해야 하고, 항해 중에 위험을 무릅쓰게 만들어 부질없이 내 목숨을 위태롭게 하지 않겠다고 약속해야 하며, 마지막으로 선주가 식사하는 수준만큼 나에게도 동일한 수준의 식사를 제공하겠다고 약속해야 한다.65)

더욱이 파이프의 분노는, 대부분의 선진국에서 제조업 및 관련 산업 분야의 노동자들이 훨씬 더 이전부터 임금 협상, 노동환경 개선, 사회보장의 혜택을 누려왔던 데 비해, 선원들이 사회보장을 위한 협상을 할 수 있었던 시기는 한참 뒤인 1930년대, 1940년대, 혹은 1950년대가 되어서야 가능했다는, 흥미로운 사실을 반영한 것으로 해석될 수도 있다. 유리요 카우키아이넨이 주장하듯이, 적어도 여기서 중요한 사실은, 19세기 후반에 정점에 달한 해사 노동환경의 변형은 당시 내륙에서의 노동환경의 발달에 비해 상당히 뒤쳐졌다는 것이다.[66]

항해자와 바다

8장과 9장에서 다룬 어부들과 선원들mariners은 발트해 및 북해와 지속적으로 접촉하며 살아왔던 사람들로, 모르긴 해도 어부라기보다는 승조원seaman에 더 가까울 것이다. 휴식을 취하고 있을 때조차도, 항해자들sailors은 바다 위의 선상에 머문다. 기항 중일 때 바다가 점점 시야에서 멀어질 때조차도 확신하건대 항해자들은 바다의 영향에서 완전히 벗어날 수 없다. 승조원들의 삶에서 바다와의 접촉, 고향 그리고 국적의 영향력을 간과해선 곤란하겠지만, 바다는 ─더 정확히 말하자면 바다 주위에서 탄생한 해사 생계를 위해 해야 하는 일들과 그 전제 조건들은─ 아주 특별한 방식으로 19세기 승조원들의 경험과 미래 인생관을 결정하였다. 더욱이 항해하는 생활을 하도록 요구받았기에, 승조원에게 항해가 단순히 하나의 직업이라기보다는 삶의 방식이었을 정도로, 일터에서 사생활에 이르기까지 영향을 주었다.

10장의 목적은 북쪽 바다들과 항해 관련 직업이 어떻게 항해자들 삶의 과정에 영향을 미쳤고, 그들의 이상과 가치를 고양하였으며, 그들 자신과 바다와의 관계뿐만 아니라 인생관을 형성하였는지에 대해 살펴보려는 것이다. 필자들이 여기서 주목하는 것은 전적으로 항해 경험과 관련된 것이다. 많은 항해자들이 경력을 쌓는 동안 범선과 증기선 둘 다 경험했지만 말이다. 사환, 요리사, 갑판선원OS, 숙련 갑판선원ABs, 갑판장, 목수, 돛 꿰매는 직공

sail-maker, 항해사mate나 선장은 통칭 '항해자'를 말한다.[1] 그렇다고 북쪽 바다들의 항해자들이 하나의 동질적인 단체의 구성원이었다고 주장하는 것은 아니다. 승조원들의 나이, 결혼여부, 항해 기간, 범선무역의 유형, 선원들의 구성과 다양한 출신지역은 천차만별이었고, 이런 각각의 요소가 승조원들의 해상 삶을 대하는 개개인의 성향에 영향력을 발휘해 왔다. 그럼에도 불구하고, 해상활동의 기본적인 리듬, 직업으로서 선원살이의 위험이나 항해 중 감당해야 하는 힘든 막일과 같이 항해자들이 공유하는 바다에서의 삶의 여러 양상들도 있었다. 일반화가 가능한 부분은 아마도 이러한 차원에서일 것이다.

이전의 장들은 여러 세기에 걸쳐 서술되었지만, 이 장과 해사 여성을 다루는 11장은 훨씬 제한된 시기, 즉 대략 19세기 중반에서 이따금씩 양차세계대전을 다루긴 하겠지만 20세기 초반까지의 시기에 집중하여 서술된다. 10장과 11장은 북쪽 바다들에서의 인간의 경험과 이용의 제측면과 관련한 중요한 시기를 다루는 보다 심층적인 서술을 제공한다. 우리가 승조원에 관해 지금까지도 품고 있는 많은 개념들이 −뿐만 아니라 낭만적으로 서술한 많은 오해들이− 이 시기로부터 유래한다. 더욱이 10장과 11장은 인간의 감성과 내면세계가 어떻게 바다에 대응하여 형성되었는지를 추적함으로써 바다와 인류의 역사에 새로운 시야를 제공하고자 한다.

항해하는 삶

19세기 말, 범선 선상에서 생활 리듬은 출항과 입항이라는 두 개의 중요한 시점에 의해 이따금씩 끊어졌다. 조지프 콘래드Joseph Conrad가 『바다의 거울 The Mirror of the Sea』 서두에 "오랜 항해 끝에 도달하는 육지와 출항은 승조원 삶의 리듬 전환을 보여주는 전조"라고 서술했다. 이 말은 그의 동시대인들 심지어 후대의 승조원들도 확실히 공감해 왔던 정서를 공명하고 있다.[2] 중요한 항구로의 모든 입출항은 어떤 항차voyage의 출발과 끝을 의미하였다.

항해시즌이 시작될 즈음, 북쪽 바다들의 작은 해사 공동체나 타운에서의 출항은 종종 지방의 주요 행사였다. 배들은 그 지방에서 건조되었고, 주민들 대다수가 선박의 지분을 갖고 있었으며, 그리고 그 지방 출신 선원들은 안전 항해를 기원하는 친척들과 흥에 겨운 구경꾼들의 환송을 받았고, 화창한 항해 시즌은 남성들을 떠나보내야 하는 슬픔과 기묘하게 어울렸다. 한편 19세기 수십 년간 많은 승조원들이 "항해자들의 낙원"3)으로 간주하였던 함부르크와 앤트워프 같은 세계 곳곳의 다양한 국제 항해자들이 넘쳐나는 대형 항구로의 입항은, 항해자들이 육지에서 적절한 기간의 휴가를 누릴 수 있다면, 항차의 가장 즐거운 시점으로 여겨졌다. 파보르 출신의 덴마크 선원 피터 일룸*Peter Illum*과 파펜부르크 출신 동료가 1825년 앤트워프를 얼마나 좋아하였는지에 대한 간결한 언급("여기서는 여흥꺼리가 차고 넘친다")과 1920년대에 4개의 돛을 단 바크 '세실대공비*Herzogin Cecilie*' 호가 함부르크로 입항하는 장면을 묘사한 엘리스 칼슨*Elis Karlsson*의 시적인 표현은 공통적으로 입항의 짜릿함을 담고 있다.

> 밤이 되면 항구가 신데렐라처럼 변신한다. 불빛이 반들거리는 어두운 수면 위로 너울거리는 황금색의 길을 만든다. 자갈도로가 빛을 발하며, 창고 외관은 궁전처럼 아름답고 우아하게 변한다. 창에서 새어나오는 불빛이 내심 호사스러운 아파트라는 것을 넌지시 비친다. … 도크 입구에는 지구 반대편에서 막 도착한 또 다른 증기선, 마치 문이 열리길 기다리는 것처럼, 거대한 선체는 미동도 하지 않는다. 이 배의 선원들 또한 기다리고, 선수와 선미 선실의 어둠에 싸인 선원들의 형상들, 이들의 눈은 수주 동안 외로운 바다만 뚫어지게 바라보았는데, 이제 유혹하며 손짓하는 불빛을 향한다.4)

그러나 낯선 항구에서의 정박 경험이 항상 유쾌하지만은 않았다. 에크블롬 *K. A. Ekblom*이 1880년대 후반에 언급하였듯이, "항차는 한 항구에서 다른 나라의 또 다른 항구로 이어지며, 어디를 가든, 우리는 행인들의 눈에 그저 이방인에 불과했다."[5] 여기에서 아마도, 우리는 북쪽의 지방도시나 시골 출신 항해자가 사람들로 북적거리는 국제도시에 입항한 뒤, 대단히 이질적인 분위기 속에 일종의 문화적 충격을 경험하였을 거라고 짐작할 수 있다. 그러나 그가 느끼는 시름은 이리저리 이동하는 항해의 삶, 특히 원양무역이 어느 정도까지 항해자들을 정신적으로 고향과 단절시켰는지를 보여주는 징후로 해석할 수 있다. 7대양에서의 해양 경험과 북부 바다들에서의 특이한 해양 경험 사이의 경계는 종종 희미해졌지만(북쪽 바다들의 항해자들은 경력을 쌓는 과정에서 전자에서 후자로, 또 그 반대로 교대 근무하는 경향이 있었다), 그럼에도 불구하고 원양과 연근해에서의 경험은 여러 면에서 차이가 있었다. 적어도 영국에서의 당시 여론은 연근해 교역에 종사하는 항해자와 이리저리 떠돌아다니는 국제 원양 무역에 종사하는 항해자를 확연하게 구별하는 경향이 있었고, 그 구별 기준은 바람직한 처신과 그렇지 못한 처신이라는 말을 통해 종종 드러난다. 애버딘, 헐이나 북동 항구 출신 항해자들 seafarers과 연안 항행을 하는 발트해와 지중해 무역에 종사하는 선원들은 한 곳에 터전을 잡은 안정적인 사람으로 묘사되었다. 토마스 그레이*Thomas Grey*가 1872년 대영제국 항구들 답사 이후, 애버딘에서 무역위원회에 보고하였듯이, "남자들은 근검절약하는 사람들이다. 선원 유괴 주선업자나 선원을 상대로 하는 매춘여성들도 전혀 없고, 모든 사람들은 여유가 있고, 과묵하며, 점잖다"(사진 17 참조).[6]

그레이의 보고는 19세기 후반의 항해에 종사하는 사람들의 일상 관심사를 다루었는데, 아마도 그 관심사 중 가장 흥미로운 것은 승조원을 난폭하고 술 취한 바람둥이로 간주하는 대중적 이미지이다. "잭 타르*Jack Tar*"*로

---

* 잭 타르는 제국주의 시대에 영국의 상선이나 군함의 승조원을 가리키는 용어로 처음 사용되었고, 1차 세계대전 중에는 미 해군의 애칭으로 사용되었다. 이후 상선이나 군함의 승조원들은 자신들을 정의하는데 이 용어를 사용하였다. 따라서 이 용어는 경멸하는 의미로 사용된 것도 아니고, 당사자들도 자신들을 잭 타르로 부르는 것을 오히려 반겼다는 반론도 있다.

대변되는 이런 널리 알려진 부둣가 선원의 개념은 많은 해양 역사학자로부터 왜곡된 것으로 입증되어 왔다. 발레리 버튼은 "항해하는 사람들의 일상에 대한 형상화는 무수한 편견을 통해 왜곡되고 주마간산 식으로 본 것"에 불과하다고 주장하였다. 난폭하고 술 취한 바람둥이 이미지가 아마도 항해자들의 가치라기보다는 당시 부르주아지의 가치와 더 관련이 있어 보인다.[7] 항해자 자신들은 이런 이미지를 아주 혐오하였는데, 적어도 19세기 후반 영국에서, 항해자들은 자신들 억압의 원천으로서 그 이미지를 제대로 인식하였으며 그들에 대한 낙인찍기에 저항하였다. 육상사람들은

> 항상 부두 노동자들의 특정 부류가 대개 저지른 비행을 항해자들 모두와 연루시키려는 경향이 있다. 나는 저속하고 적나라한 욕설로 항해자들 누구라도 가리지 않고 공격할 수 있었던 전형적인 상류층을 종종 접하곤 했다

고 월터 런시먼*Walter Runciman* 경은 회상하였다. 그는 19세기 중엽 이후 영국의 북동 해안 연해에서 항해경력을 쌓은 인물이다.[8]

만일 매인데 없이 이리저리 이동하는 항해자 객의 이미지가 본질적으로 계급의 관점이 강하게 반영된 편견이라면, ─예를 들어 남쪽 핀 농촌과 도시 부르주아지에게, 20세기 초 항해자는 명백히 하층계급의 대변자였다─ 그렇다면 그레이가 성실하고 존경받는 연근해 무역의 승조원과 소란스러운 원양무역의 승조원을 나란히 배치하는 것을 어떻게 해석해야 하는가라는 문제가 제기된다.[9] 그의 해석은 아마도 유자격 빈자와 무자격 빈자라는 개념과 거의 유사한 것으로, 승조원에 대한 중류계급 편견의 또 다른 양상으로 보아야 하는가? 의문은 여기서 완전히 해소될 수 없겠지만, 이 문제를 어느 정도 해명할 수 있는 몇 가지를 고려해 볼 수 있다. 첫째, 의심의 여지없이 19세기 많은 항해자 타운에서의 시끌벅적한 측면들은 항해생활이 승조원들을 그렇게 만들 수밖에 없었던 (직업상 선원에게 부과된) 요구의 맥락에

서 이해되어야 한다. 고립된 항해 선박에서 엄격한 규율 아래 몇 주간 힘겨운 막일을 끝낸 후, 항구 방문은 선원들에게 유흥꺼리로 가득 찬 방종과 즐거움의 안식처 방문으로 간주되었을 것이다. 더욱이 항해가 19세기에 육상 근무 직종에서는 거의 보기 힘든 방식으로 —적어도 이성에 대한— 성적 욕구 발산을 선원들로부터 앗아간 직업이었다. 19세기 선상에서의 성생활 sexuality에 대해서는 알려진 것이 거의 없지만, 항해는 승무원들 중 주로 (혈기 왕성한) 젊은 청년들로서는 모르긴 해도 견디기 힘든 독신 상태로, 항차 기간에 따라 다양하게 지속되었을 것으로 보인다. 이러한 상황에서, "항해 기간의 절반은 은둔자로, 나머지는 쾌락주의자"로 지내고 싶은 항해자의 유혹은 이해될 수 있다.10) 승조원들 자신들의 입장에서는, 아마도 매춘부 서비스가 떠돌이 삶의 틀 속에서 성적 욕구 해소라는 현안의 현실적인 해결책 뿐만 아니라, 인간적인 포근함과 안락이라는 안식처를 제공하였을 것이다.

한편 종교적인 지침들은 당연히 외국 항구에 기항한 19세기의 항해자들의 처신에 영향을 주었겠지만, 1910-1940년 간 스웨덴 야블레Gävle 항구의 기혼 항해자들을 대상으로 한 안더스 비오클런드Anders Bjorklund의 연구는 승무원들의 구성이 이들의 처신에 영향을 준다고 암시한다. 예를 들어 기혼 항해자들이 매춘부 서비스를 받는 경향은, 동료들의 입을 통해 그 사실이 고향으로 전달될 것인가를 감안하여, 억제되었든지 아니면 자유롭게 고삐가 풀렸다. 외국 승무원들과 뒤섞이게 되면서 동료들 간의 익명성, 즉 고향으로 소문이 전달될 가능성이 차단된 것이 개인의 일탈을 훨씬 용이하게 만들었다는 그의 분석은 20세기를 대상으로 한 것이다. 그러나 이러한 해석은 19세기 후반으로 확장되어도 그럴듯해 보인다. 더욱이 많은 학자들이 역내 교역이나 증기선 교역에 종사한 승조원들이 원양 너머의 공동체보다는 그들의 고향이나 공동체와 훨씬 더 긴밀한 유대를 유지하려 노력해 왔다고 주장해 왔다.11) 실제로 자유분방한 잭 타르와 그에 따른 항해자에 대한 폄하는 아마도 영국 동해안에서 노르웨이 피오르드와 발트해 해안에 이르는 북쪽의 해안 타운과 마을의 주민들에겐 대단히 생소하게 보였을 것이다. 이 지역에서 항해는 오래 동안 통상적이고 존경받는 직업이었고, 흔히 집안 대대로 물려받는 직업이었다. 핀란드 만에 위치한 하아아파사리Haapasaari에서, 안티 워르마Antti Warma와 그의 후손들은 가문소유의 선박으로 100년 넘게 지속적으로 항해하였으며, 앞서 앤트워프에서 언급했던 피터 일룸 또한 진정한 해양 명망가 출신이었다. 그의 아버지는 선장, 그의 어머니는 선장 딸이었으며, 두 형제는 항해자였다. 그의 아들들도 전부 선원이 되었으며, 외동딸은 선장과 결혼하였다.[12]

만약 외국 항구를 방문했을 때조차도 항해자의 고향 지방성이 그렇게 중요하게 작용한다면, 그 이후 그가 귀향했을 때는 어떠했을까? 고향에서의 체험은 즐거움에서 −항해 중에 느꼈던 향수와 현실은 정반대라는 사실을 확인하면서 느끼는− 착잡함에 이르기까지 다양했다. 가족들 품에 돌아오고, 고향의 모든 소식을 들으며, 형제자매에게 진귀한 과일이나 놀라운 기념품을 선물하면서 자부심을 누릴 수 있다는 것, 이 모두는 의심의 여지없는 기쁨이었다. 발트해와 북해 교역권 안에서, (반농반상 항해자의) 귀향은 또한 해안가에 터전을 둔 자신의 생활로 다시 복귀하는 것을 의미했다. 한편, 항해자는, 아마도 항해와 고향 세계가 항해자의 마음속에 아직까지는 균형을 유지하였던 항해 이력 초기에, 새로운 이질감이 자신과 가족 사이에 끼어들었다고 느낄 수 있었다. 그것은 마치 고향은 그대로인데 자신은 변한 것 같고, 자신과 가족 각자의 경험이 달랐던 데서 오는 새로운 거리감으로 인해, 다시 출항하는 것이 거의 (이러한 거리감을 해소할 수 있는) 위안으로 여기게 만들 수 있었다. 종종 이 거리감은 항해자 마음속으로 파고들었다. 귀향함으로써, 항해자는 새로운 시선으로 자신의 항해생활을 바라볼 수도 있었고, 심지어 항해로 보낸 시절 전부가 실제로는 자신의 인생에서 허송세월에 불과했다고 느낄 수도 있었다.

고향에서 19세기 선원을 기다리고 있는 소식이 항상 좋은 것만은 아니었다. 그의 항해 기간 동안 아내나 부모가 죽었을 수도 있다. 물론 종종 일어나는 일이지만 정반대의 비보도 있었다. 비극은 항해자에게 일어날 수도 있

고, 가족들이 그 소식을 배가 귀항하면서 최초로 접하게 되었다.[13)]

사실, 풍파, 위험 그리고 운명의 비극적인 전환은 항해자 삶의 일부였는데, 그 중에서도 19세기 후반은 가장 숙명적인 성향이 강했다. 해운의 급작스러운 드라마와 비견될 있는 산업 분야는 거의 없었다. 전보는 번개 유탄처럼 일상에 엄청난 충격을 줄 수 있었다. 1889년 노르웨이 스타우보 소재의 선사가 돛이 4개인, '아우구스트 레플러August Leffler' 호에 관해 간략한 전문을 수신하였다. "레플러 파손되어 해안가에 도착, 오른쪽으로 돛대를 절단해야 했음, 삭구 유실, 선장 사망, 승무원들 구조됨, 항해사가 지휘 중." 1887년 이 회사는 다른 선박에 관한 훨씬 짧고 충격적인 메시지를 접하였다, "'이둔Idun' 호 완전 침몰."[14)]

19세기 항해 직종에서의 위험은 연구서에 잘 정리되어 있다. 1863년에서 1870년 사이, 덴마크 해안에서만 총 917척의 선박이 정박되어 있었는데, 1870년대에 불어 닥친 악명 높았던 단 한차례의 폭풍으로 북해와 남부 발트해에서 200척에 달하는 선박들이 난파되었다. 그러나 항해하는 삶의 위험을 증가시켰던 것은 선박이 난파당하는 경우에만 국한되지 않았다. 선상에서의 노동조건 또한 잠재적 위험요소였으며, 어쨌든 대단히 위험했다. 선원은 돛대 꼭대기 위에서 떨어져, 다리가 부러지고, 눈알이 튀어 나오며, 치아가 부서지고 턱이 깨지거나 더 심한 상태에 처할 수 있었다. 선박의 적하와 하역, 혹은 바닥짐을 옮길 때, 19세기 승무원들은 이 일을 대개 수작업으로 수행했던 바, 짐칸으로 떨어질 위험은 상존하였다. 물론 많은 선원들은 강한 파도에 휩쓸려 갑판에서 '죽음의 액체 덩어리' 속으로 떠밀려 익사하였다.[15)] 만약 병사한 것이 아니라면, 바다에서의 죽음은 종종 지극히 급작스럽고 돌발적으로 찾아왔고, 그와 같은 참사가 생존한 동료들로서는 감당하기 쉽지 않았다. 승무원들은 교대 근무를 할 때마다 동료의 빈자리를 의식하면서, 항해를 계속해야만 했다.[16)]

항해자들에 요구되었던 육체적 중노동과 온갖 위험에 노출된 노동환경을 감안하면, 범선 항해자에 관해 엮어낸 유유자적한 낭만주의는 놀라울 따름이다. 더욱이 이런 낭만주의는 끔찍한 방식으로 항해하는 일상에 대해 서술한 직접 경험담과는 대조된다. 덴마크 마스탈 출신의 14살 소년이 사환으로 1894년 발트해와 북해 교역권을 첫 항해한 이야기를 들어보자. 그는 동승한 일등항해사가 "처음 보는 소년들을 관리하였던 노골적인 사디스트였다"고 주장한다. 이 소년의 손과 목덜미에는 노동으로 인해 생긴 종기와 염증이 창궐했고, 일등항해사는 지나가면서 소년의 염증난 목을 고통으로 거의 기절할 때까지 압박하는 버릇이 있었다. 일등항해사는 엄청나게 재미있어 했으며, 그때의 염증과 종기로 생긴 흉터는 이 사환이 70세가 넘었을 때도 뚜렷이 남았다.[17]

선원들을 가혹하게 다룬 더 이전 시기의 사례들 또한 풍부하게 존재하지만, 이러한 개인의 이야기들은, 9장에서 지적하였던, 19세기 말의 선상 노동의 사회적 조직의 맥락 속에서 파악되어야 한다. 실제로, 첫 항해에 나선 사환은 −이 때 바다에서의 거친 생존방식이 교육된다− 각 시기마다 항해 중인 선박의 사회 시스템의 최하층에 속했을 것이다. 19세기 후반의 선상 위계구조가 고급 해기사의 성격상의 결함이 승무원들을 재물삼아 작동될 정도로 충분한 통제력을 제공해 왔지만 말이다. 따라서 사환의 사례는 글로벌 해운의 발전상에서 다양한 단계들이 어떻게 승조원들의 일상을 형성할 수 있는지를 보여준다.

선상 노동조건과 해사 일상이 어떻게 항해자의 가치관, 규범, 그리고 세계관에 영향을 미쳤는가 하는 문제는 흥미로운 데도 불구하고 그다지 분명해 보이지 않는다. 실제로, 북쪽 바다들에서 활동하는 선원들을 일률적으로 특징지을 수 있는 가치들에 관해 의미 있는 방식으로 말하는 것이 가능할까? 물론 이 문제에 대해 우리는 항해자의 두 규범(육지 기반 규범과 해상 규범)을 서로 구분하는 경계가 유동적이라는데 확실히 동의하지 않는다. 그렇지만 20세기 덴마크와 핀란드 선원들의 가치와 이상에 관한 두 편의 연구(모르텐쉰Mortensøn과 로젠스트룀Rosenström)가 앞의 질문에 대해 의미 있고 흥미로운 방식으로 답할 수 있다는 것을 보여준다.

20세기로의 전환기에서 1935년까지 남부 핀 섬 항해자들을 연구한 올레 모르텐쇤Ole Mortensøn은, 항해자들의 가치관, 이상 그리고 규범이 선상위에서의 생활 및 노동조건과 강하게 연계되어 왔고, 그 외 부분적으로 관습적인 특성과 부분적으로는 실용적 특성과 연계되었다고 보았다. 더욱이 항해자들의 가치관이 가정, 가족의 삶 그리고 가족 내 가부장적 모델을 중시하는 덴마크의 당시 부르주아의 규범 및 덕목과 현저하게 달랐으며, 뿐만 아니라 농촌 인구의 생활 모델과도 뚜렷이 구분되었다. 농민이 토지소유와 대를 잇는 토지상속의 가치를 강조하였다면, 이와는 대조적으로 삶에 대한 항해자의 태도는, 아마도 불가피해서 그랬겠지만, 물질소유 지향성이 약했다.[18]

만약 우리가 이러한 이상을 상세하게 분석한다면, 눈여겨보아야 할 첫 번째 사실은 남부 핀 섬 항해자들이 자신의 직업에 대한 자부심이 높았다는 점이다. 자신의 업무에 숙련되는 것에 대한 높은 평가는 이러한 자부심과 관련이 있었다. 이 사실은, 쟈넷 킨로츠Janet Kinloch가, 항해자들의 모든 행위는 동료들의 관찰과 평가에 항상 개방된다는 점에서 '공적인 일'이었다고 지적한, 항해 중 선상에서의 노동의 본성 맥락 속에서 파악되어야 한다(사진 15 참조). 항해 중의 선상에서, 누구도 자신의 부족한 전문기술을 숨길 수 없으며, 그리고 항해 선박에서 요구되는 팀워크에서, 자신에게 주어진 임무를 다하는 사람만이 다른 동료의 작업을 용이하게 만들었다. 그렇다면 놀랄 일도 없이, 훌륭한 씨맨십seamanship*은 한 개인의 집단적 평가를 위한 기초와 이상이 되어갔다. 동료들의 근무평가는 자신들의 업무영역에만 국한되진 않았다. 항해사와 선장 또한 승무원의 비판적 평가를 받았으며, 만약에 흠결 없는 수준에 달하지 못한 해기사는 심한 멸시를 받았다. 비슷하게, 업무파악을 잘하고 있으며 극도의 위기상황에서도 이를 수행할 수 있는 경험 많고 신뢰할 만한 숙련 갑판선원들은 선장들이 수시로 상의하는 대상이었

---

* 씨맨십은 우리말로 배를 부리는 기술, 선박조종술로 통용되고 있다. 그러나 승조원의 기본 자질과 바람직한 이상이란 측면에서 굳이 우리말로 옮기자면 기사도나 화랑도와 같이 선원도(船員道)가 적절할 것으로 보인다.

다. 선원들과 해기사들 사이의 상호 간의 전문영역에 대한 존중이 자리 잡는다면, 갈등이 없어질 가능성은 또한 증가하기 때문이다.[19]

놀랍게도, 남부 핀 섬에서 모르텐쉰이 발견하였던 항해자의 이상의 많은 것들, 즉 훌륭한 씨맨십, 용기, 체력, 혹은 같은 동전의 다른 면을 말하는, 훌륭한 동료애/연대, 의무감/높은 직업윤리는 정확하게 전간기 핀란드 항해자에 대한 연구에서 마리카 로젠스트룀*Marika Rosenström*이 발견한 것과 동일하다.[20] 이러한 이상의 대부분은 세기의 전환기에 나온 항해자의 회고록, 특히 크누드 안데르센*Knud Andersen*의 우수하고 감동적인 책에서도 찾아낼 수 있다. 그러나 핀란드와 덴마크 항해자들 사이에 차이점도 존재한다. 핀란드의 이상과 관련해서, 훌륭한 동료애는 항해자 문화에서 가장 본질적인 요소로 나타나며 ―그 이전의 항해시기에서도 마찬가지이겠지만― 그리고 로젠스트룀은 항해자의 이상으로, 남성다움, 유머감각 그리고 자기 연마를 언급하였다. 모르텐쉰의 연구에 따르면, 핀란드의 이상과 확연하게 구별되는 덴마크의 이상은 모험 추구, 도덕적 관용 그리고 국제적인 세계관이었다.

항해자 가치들의 일부는 각각의 사회에서 당시의 남성적 가치와 깊이 연루되어 오면서, ―예를 들면 남성다움은 1930년대 핀란드의 국가적 이상이었다― 항해자의 노동과 그에 따라오는 삶의 방식에 대한 이러한 가치들의 명백한 연계는 너무나 뚜렷해서 부정할 수가 없어 보인다. 모르텐쉰이 언급한 도덕적 관용과 국제적 세계관은 항해자 타운에서의 특정 상황 속에서 그리고 세계에서 돌아다녀야만 하는 남성들에게 필수적이었다. 인간의 육체를 극한까지 써야 하는 직업에서, 체력은 그 일을 잘 수행하기 위한 전제조건 중의 하나로 대단히 중시되었다. 비슷하게, 훌륭한 동료애는 모든 사람의 안전이 팀의 각 구성원에 의하여 좌우되는 노동에서 그리고 선수 선실의 아주 협소한 주거공간에서 환영받는 특징으로 이해될 수 있다. 아마도 19세기 후반에 형성된 선상에서의 강한 위계질서 또한 승무원의 훌륭한 동료애의 가치를 더욱 고양하였다. 어떤 경우에도 한 배를 탄 상태에서 원만한 동료를 둔다는 것은 항해자들 간에 쉽게 해체되기 힘든 유대를 형성하였다.

마찬가지로 용기가 항해자들에게 높이 평가되는 특성이었다는 사실은, 직업으로서 항해의 명약관화한 위험, 바다의 대단히 현실적인 위험에 대한 항해자의 체험에서 나오는 지식, 그리고 어떤 상황 속에서도 자신의 임무를 수행해야 했다는 점을 고려하면 이해될 수 있다. 항해자들이 자신들의 용기 뿐만 아니라 다른 사람들의 용기도 존경하였다. 19세기 후반 덴마크 항해자 들은 날씨에 관계없이 공해로 자신들의 소형 선박을 끌고 나아갔던 노르웨 이 해안의 도선사들의 모험적 행위를 특히 존경하였다.[21] 하지만 모르긴 해 도 가치로써 용기의 이면에는, 항해자가 나약함이나 두려움을 드러내는 것 은 용인될 수 없는 행동이라는 사회적 압력이 있었다. 이런 성향은 전적으 로 정당한 것으로 수용되곤 했다. 1930년대에 어느 스웨덴 항해자가 언급했 듯이, 일어날 수 있는 최악의 경우가 다른 사람들 앞에서 자신의 두려움이 나 감정을 공개적으로 노출시킴으로써 체면을 구기는 일이었다. 이와 유사 한 엄격한 관례가 갑판선원의 전문적 업무에도 적용되어 왔던 것으로 보인 다. 20세기 초기 덴마크 선박에 승선한 것으로 보이는 숙련 갑판선원들은 모든 의문과 작업에 대해 전부 숙지하고 있어야 했고, 자신들이 몰라서 물 어본다는 것은 있을 수 없는 일이었다.[22]

당시 항해자의 아주 사적인 감정까지 확장될 수 있었던 19세기 말과 20세 기 초의 항해 기풍에는 강력한 금욕주의와 엄격한 자기통제가 있었다.[23] 북 해와 발트해로 처녀항해에 나선, 소년 크누드*Knud*가 코펜하겐의 손드르 톨 드보르 항에서의 그의 유일한 여동생과 애틋한 작별인사를 할 때, 그의 눈 은 "춘분 때의 사하라처럼 메말라 있었다." 항해자는 눈물을 보이면 안 되기 때문이었다. 유사한 감정의 억제는 마가레트 크라이튼*Margaret Creighton*이 1830~1870년 사이의 미국 항해자들에 대한 연구에서도 언급한 바 있다. 선 수 선실에서 고참 항해자들은 —종종 20대 중반의 나이에 불과하였다— 신 참들에게 고향에서 양육 받았던 여성 세계의 감성적 가치관과 결별하고 고 향이 아니라 선박에 충성하라고 교육했다. 대신에 선상에서는, 남성의 동료 애, 협력, 연대 그리고 상호관계의 기풍이 중요했다. 항해자가 연마해야만

하고 금과옥조로 여겨야 하는 기풍 말이다. 선수 선실에서 신참신고식은 이러한 '강철 같은 불굴의 의지'를 모방하고 채택하는 의례였다.[24)]

감정을 드러내는 대신, 솔선수범, 재빠른 상황판단, 그리고 거친 농담이 가미된 전반적으로 거칠고 즉각적인 태도를 중시하였다. 다음은 1905년 마스탈에서 세 개 돛대의 톱세일 스쿠너, '플라이베피스켄*Flyvefisken*' 호의 일등 항해사 "독수리 눈"이 이전 항해의 일부 경험을 곁들여 신참에게 내린 지시다.

> 튀어 올라가서 사각 돛, 중간 삼각돛, 그리고 꼭대기 삼각돛을 펴서 말려라. 그 다음에 앞 돛대의 돛을 잡고 활짝 펴라. 바둥바둥 거리다가 떨어지는 경우가 있어도 개의치 말아라. 어차피 앞으로 계속 네가 해야 할 일이니까.

육신의 불편을 대수롭지 않게 여기는 항해자들의 능력은 일단 지나간 위험이나 고생을 최대한 망각하려고 노력한 것처럼 보인다. 항해자들의 회고록들이나 다른 자료들은, 자신들의 노동 일상의 위험이나 어려움이 무용담이나 이야기로 훗날 후술된 것이긴 하지만, 항해자가 자신의 가혹한 운명에 대해 대개 담담하게 받아들였다는 것을 보여준다.[25)]

가치관 이외에, 19세기 후반의 항해하는 삶의 또 다른 흥미로운 특징은 다양한 특성과 기능을 가진 선상 위계의 존재였다. 다양한 항해 관련 일자리가 보수 책정을 이유로 정교하게 구분되었다는 사실은 ─심지어 갑판선원들은 두 개 등급(갑판선원과 숙련 갑판선원) 혹은 스칸디나비아에서는 세 개 등급(초보, 2년 이상근속, 5년 이상 근속 갑판원)으로 구분되었다는 것은 ─ 개인적인 전문성을 세심하게 평가하였으며, 또한 경험과 능력을 정당하게 보상하였다는 것을 보여준다.[26)] 공식적인 선상 위계뿐만 아니라 선원들의 선실에는 권한과 명령과 관련된 미세한 사회적, 정신적, 비공식 위계가 존재하고 있었다. 이러한 위계의 사회적 기능은, 숱한 토지기반 사회 연구에서 잘 알려진 것처럼, 정체성의 요소로서 기여하는 집단 내 서열 구분을 위한 잣대를 제공하고, 개인이 속해 어울렸던 공동체가 어디에 있는지를 표시하였을 것이다. 우리와 타자의 구별이 극명했던, 전자와 관련된 사례들은, 선원과 농민이나 초짜 선원 사이, 범선과 증기선 선원 사이, 같은 선상에서의 당직자들 사이의 양극화였다. 예컨대 후자와 관련된 사례들은 다양한 교역에 종사하는 선장들의 사회적 신분에서의 엄청난 편차이다. 1840년대 핀란드의 북부 만에 위치한 비로라티에서, 원거리 무역에 종사했던 신참, 중견, 숙련 선장들("이들은 멋진 옷과 반짝거리며 야단스러운 부츠로 식별되었다")과 연안무역에 종사했던 나이든 선장들의 자의식과 서열에는 뚜렷한 차이가 있었다. 마찬가지로, 19세기 후반의 노르웨이에서 발트해를 운항하는 작은 선박의 선장과 원양의 클리퍼clipper의 선장 사이, 혹은 로스라겐Roslagen의 동쪽 스웨덴 해안 지역인 바오에서 북해를 항해하는 선장과 연안 혹은 발트해 교역에 종사하는 선장 사이에는 사회적 격차가 현저했다.[27]

갑판원들의 경우에, 씨맨십에 근거한 상호 간의 평가와는 별개로, 다른 위계가 또한 적용되었다. 중요한 관심사 중 하나는 ―신참내기들에게 갑판원들의 서열을 말해주는 반 장난기의 맥락에서 활용되어 왔지만― 누가 '진짜 선원'이고 누가 아닌지 결정하는 것이었다. 20세기 초기, 투르쿠 열도의 나구Nagu나 코르포Korpo 같은 해사 공동체에서, 이런 특이한 서열의 최하층에 속했던 소년은, 그가 진정한 남자로 인정받으려면 적어도 한 번은 한 항차를 다녀와야 했다. 비슷하게 1950년대에 영국 동해안의 소년은 그가 '세상 반대편 너머로' 가보기 전까지 진정한 선원으로 인정받지 못했다. 원양 항해, 즉 사다리 위로 몇 단계 올라서는 것은 항해자들 스스로에게 진짜 항해자로 전환되는 징표였다. 하지만 원양항해 안에서도 위계가 있었고, 진정한 원양항해자가 되려면, 케이프 혼Cape Horn을 돌아 항해해야만 했다. 가급적 많이 항해할수록, 그리고 그것도 몇 차례 난파 경험이 있으면 금상첨화였다.[28]

'진짜 항해자'가 누군지와 관련된 이러한 서열 부여가 얼핏 보면 지리적 경로에 따라 만들어진다고 볼 수 있겠지만, 이는 한층 더한 위험과 험한 노동을 수반한 항해 과정 또한 감안하여 평가된 것으로 보인다. 9장에서 언급한 바와 같이 원양 항해는, 발트해와 북해 교역에 비해, 몇몇 추가적인 건강상의 위험부담을 감수해야 했다. 마찬가지로 진짜 항해자의 영예로운 업적, 즉 케이프 혼을 도는 것, 무엇보다도 특히 겨울에 동쪽으로부터 돌아가는 항해가 아마도 가장 항해하기 힘든 구간이었다. 탁월풍이 서쪽에서 불어오고 서쪽으로 향하는 조류가 강하기 때문에, 범선은 수개월간 눈보라와 빙산, 어둠 속에서 길을 뚫고 전진해야만 했다. 젊은이들이 나이든 항해자로부터 그들의 경험을 듣게 될 때, 이와 같은 무용담은 "세계의 바다를 항해"했고, 거기서 숱한 고난에 부딪히면서도 명예롭게 임무를 완수한 고참 항해자들에 대한 존경심을 불타오르게 만들었다.[29]

항해하는 일상에서 내면화된 다양한 위계는, 몇몇 측면들이 앞으로 더 연구되고 규명되어야 하겠지만, 19세기 후반의 떠돌아다니는 삶의 이해에 중요한 단서를 제공한다. 예를 들어, 내면화된 위계의 존재가 외견상 충돌하는 항해자의 연대와 훌륭한 동료애와 어떻게 조화를 이룰 수 있었겠는가? 항해자의 이상과 가치관을 비공식적인 위계와 어떤 일반적인 방식으로 연계시키는 것은 불가능하겠지만, 그럼에도 이 둘 사이에는 하나의 접점이 존재한다. 이는 항해자들의 자신의 직업에 대한 자부심과 훌륭한 씨맨십에 근거한 높은 가치관이 종종 흥미롭게도 외견상 허풍스러운 자신감으로 수렴되었다는 사실이다.

그것은 적어도 일부 항해자들이 모름지기 선원이란 어떤 일도 잘 수행할 수 있고 해야 한다는 신념을 고백하는 것으로 보인다. 이러한 신념이 항해자의 자존감에 또한 긍정적인 효과를 제공하긴 했겠지만, 동시에 항해자들이 어려운 상황에 대처할 수 있도록 도움을 주었다는 점에서 대단히 실용적인 효과가 있었다.[30] 따라서 항해자들은 까다로운 문젯거리를 오히려 자신들의 장점으로 전환시켰으며, 돌발 위기의 해결사로 변신할 수 있었다. 그러므로 만약 이러한 어마어마한 자신감이, 사실상 생존 전략 속에 자리 잡았다면, 유사한 기능을 가진 다른 전략들이 존재해 왔는지 여부를 보는 것은 흥미로운 일이 될 것이다. 예를 들어, 증가하는 역경의 위계화는 항해자가 감내해야 할 고난의 찬미로 발전해갔던 것으로 보인다. 그들의 직업에서 겪는 역경과 위험을 남성적인 용기로 전환하는 항해자의 방식이 사실상 또 다른 생존전략이었을까? 아마도 극단적으로 힘든 직업에서의 이상을 미화함으로써, 삶의 우여곡절은 감내하기가 조금은 용이하였을 것이며, 그리고 우여곡절은 어떤 식으로든 사회적으로 개인적으로 유용하게 이용되었을 것이다.[31]

항해하는 직업의 역경에 대한 찬미의 요지는 증기기관으로의 전환이 초래했던 항해자들의 삶의 심오한 변화와 관련된 논의와 또한 관련이 있다. 증기선이 폭증하고 초창기 증기선이 여전히 구비하였던 보조 돛조차도 사라지자, 전통적인 항해자의 기술은 −필요하다면, 어둠 속이나 비몽사몽간에도 밧줄 꼬기, 돛 조정, 수십 개의 밧줄 중에서 정확한 밧줄 찾는 기술은 − 이제 쓸모없게 되었다. 한 정보제공자가 20세기 초에 인류학자 리하르트 보시들로에게 언급하였듯이, "이제 항해자들이 하는 일이라곤 윈치를 돌리며, 선체에 칠이나 하며, 조타장치 옆에 서있는 것이 전부였다." 따라서 거의 대부분의 범선 승조원들은, 특히 영국 상선에서, 이용 가능한 전통적인 항해 직종의 수가 격감했던 증기의 등장 시기에 단순 노동자로 전락하였다. 1891년, 영국의 외항 범선에는 약 18,666명의 숙련 갑판선원/갑판선원이 있었는데, 1911년에는 이 숫자가 약 2,701명으로 격감하였으며, 그나마 약 절반이 외국인이었다.[32] 영국의 항해자들이 의심할 여지가 없이 (9장에 언급한 바와 같이) 돛에서 증기로의 전환에 적응하려고 노력하였지만, 그럼에도 불구하고 수백 년간 지속된 오래된 승조원과 범선이 사라져 가는 과정을 지켜보는 항해자들의 정신적 충격은 "정서적으로 모든 신념을 완전히 산산조각 내었다."[33] 일등항해사 자격증을 획득한 후, 1904년 증기선으로 이적하기로 한 제임스 비셋James Bisset의 결정은 미래지향적인 발 빠른 인식에 근거한 것이긴 해도, 다른 한편 범선 항해자들이 정신적으로 어느 정도까지 "엄청나게 노력하여 획득한, 그들의 모든 기술과 지식이 증기력과의 경쟁에서 거의 무

용지물이 되었다"는 생각에 압도당하였는지를 보여준다.[34]

증기로의 전환에 따른 정서적 충격과 많은 항해자들이 증기선을 대할 때 가졌던 경멸, 의심, 그리고 적대감이 아마도 증기선 자체를 범선 신화들 중 하나로 바꾸었을 것이다. 그러한 표현은 "선박들은 나무였고, 남자들은 강철 이었다"는 당시 속담에서 찾아볼 수 있다.[35] 하지만 범선 선상에서의 노동 기풍의 관점에서 돛에서 증기로의 전환을 보면, 이러한 충격의 정도를 조금 더 이해하기가 용이하다. 이러한 시각에서, 증기선의 출현은 —콘래드의 표 현에서, 선박 그 자체는 "바다를 경멸하고 무시하였다"[36]— 새로운 의미를 함축하였다. 항해자들이 정신적 자양분을 공급받았던 수많은 영예로운 위 험을 제거함으로써, 증기선이 항해자들의 가치 체계의 심장부에 충격을 주 었고, 그리고 모르긴 해도 항해의 노동 기풍 근간을 통째로 무너뜨렸다. 우 리가 증기엔진이 범선 세계에 가하였던 전면적인 충격을 이해하는 길은 바 로 이러한 전망에서 비로소 가능하다.

하지만 증기선 또한 어느 정도는 과도한 중노동 일자리를 제공하였다는 사실을 간과해서는 안 된다. 석탄을 마련하고 공급하는 사람인 트리머trimmer 나 불을 피우고 관리하는 화부들은 상당히 고된 직업이었고, 이 중 가장 힘 든 일이 보일러 청소 작업이었다. 프랭크 불런Frank Bullen은 이 과정을 다음 과 같이 생생하게 묘사하였다.

그리고 나서 화부는 청소해야 할 보일러 문을 확 열어젖히고, 불 한가운 데로 작업도구를 던져 넣어, 자신이 반 쯤 익을 때까지 클링커(석탄이 고 열에 타고 남은 단단한 물질) 더미를 밀어 넣고, 모으며, 나누고, 기관실 바닥으로 끄집어낸다. 클링커 더미는 화력이 약해질 때까지 엄청난 열기 를 뿜어내는데, 그 과정에서 질식할 정도로 증기연기의 구름이 품어 나 온다. 그러나 쉴 시간이 없다. 화부는 반복해서 보일러 한 가운데로 돌진 해 들어간다. 그때마다 화력이 약해진 클링커 더미 속에서 연기가 나와, 마침내 눈알이 쓰라리고, 숨이 막히며, 피부가 반쯤 불에 익게 되고, 잠시 동안 완전히 기진맥진한 상태가 되면, 화부가 이제 비교적 덜 탄 석탄 한 삽을 가득 파 던져 넣고, 힘을 비축하기 위해 물러선다. 그리고 이 작업은 당연히 쉼 없이 지속되어야 한다.37)

육체적인 조건 외에도, 기관실에서의 노동은 직업 특성에 맞는 기술을 필요로 했다는 것이 의심의 여지가 없다. 그러나 많은 증기선 선상에서 이런 자질은 충분히 인정받지 못한다. 특히 독일 여객선에서, 트리머와 화부들은 "지속적으로 기계화되는 시대에 불필요한 부속물"로 전락해갔다. 여기에 연관된 사람들로서는 끔찍한 일이었다. 1880년대와 1890년대에, 독일의 화부들의 자살률이 해안의 동일 나이 집단 남성의 자살률보다 2배가 높았다. 트리머의 자살률은 9배나 높았다.38) 역설적이게도 극단적인 노역을 요했던 항해의 전통이 사실상 증기선의 화부로 이전된 것으로 보일지 모르지만, 화부의 위험이 범선의 항해에서 경험해야 했던 고역과 동일한 의미에서 승조원들로부터 숭상되었느냐 여부는 그다지 고려할 필요가 없다.39) 어쩌면 뜨거운 보일러의 이미지가 푸르고 맑은 바다의 이미지와는 너무나 달라서 승조원들로서는 증기선 선상 노동을 범선의 노동과 동일한 맥락에서 통찰하긴 어려웠을 것이다.

경험의 바다

바다는 상상할 수 있는 모든 가능성이 펼쳐지는 무한한 무대였다. 그 가능성 중 하나는 시야가 끝나는 곳 뒤에 이어지는 또 다른 먼 곳을 향한 중단 없는 모험이었다. 그런데 그게 뭘까?40)

북쪽의 항해자들에게, 발트해와 북해는 고향 해역이었다. 19세기 말과 20세기 초의 여전했던 또 다른 선상 위계에서 보면, 고향의 해역은 종종 원양 항해에 종사하기 전에 항해자가 이력을 쌓기 위한 연수 공간이었다. 19세기 말 북쪽 항해자가 결혼을 하고, 가정을 이루며, 선장이 되거나 혹은 증기선으로 갈아탔을 때, 종종 북해와 발트해로 되돌아왔다. 이곳에서 많은 항해자들은 당연히 은퇴할 때까지 생업에 종사했다. 하지만 많은 선원들에게, 이국적인 것은 저 멀리서 유혹의 손길을 내밀었다. 리베 출신 베르텔 클라우젠*Bertel Clausen*은 1870년대에, 보다 넓은 바다와 이국적인 야자수로 덮인 땅을 동경함으로써 그가 생각하기에 급여도 형편없고 고되고 단조로운 발트해와 북해무역으로부터 벗어나 정신적인 피난처를 찾아 나섰다. 한편 스웨덴 출신의 헨릭 엥스트룀*Henrik Engström*과 같은 다른 항해자들은 "17세가 되면, 누구든 둥지를 떠나 높이 멀리 날아가길 간절히 원한다"고 실토하였다. 실제로, 많은 항해자들은 노년이 되어 회상하는 것처럼, 고향 해역을 벗어나려는 젊은 항해자들의 열망은 아마도 청춘 낭만주의의 결과였는지 모른다. 또한 고향 해역에서의 노동조건이 남쪽 바다들에 비해 훨씬 가혹한 것으로 종종 간주되어 왔다.41) 북쪽 해역에서는 항해자의 노고를 들어주는 무역풍이 아예 불지 않았으며, 그리고 시인 스윈번*Swinburne*이, 우울하지만 그래도 공손하게 북해를 "창백한 녹색 물의 불모의 떠있는 들판"으로 묘사하였다. 반면, 항해자들의 기억 속에서 자주 등장하는 북해의 표현에는 "믿을 수 없고, 예측할 수 없는"과 같은 훨씬 더 불길한 단어들이 많았다.

　북해에는 범선이 항해하기 까다로운 장소가 곳곳에 도사리고 있었다. 대서양은 오크니 섬들과 스코틀랜드 본토 사이에 간신히 끼여 있어 북쪽의 해류가 빨랐고, 펜틀랜드 해협에서는 조수가 무시무시한 빠르기로 몰려들 수 있었다. 셰틀랜드와 오크니 섬들 사이의 해역은 대서양의 노여움으로 인해 종종 핀란드의 한 작가가 명명했던 "세계 최악의 바람 통로 중의 하나"로 돌변하였다.42) 영국 북해의 강 입구는 흐르는 모래, 침적토 그리고 바람에 따라 변하는 수심 때문에 진입하기 어려웠다. 디 강, 험버 강 혹은 템스 강으로 들어가려는 범선은 조금이라도 방심할 수 없었다. 아렌달 주변의 노르웨이의 해안은, 만약 바람이 스카겐으로부터 서쪽방향으로 흐르는 해류의 역

방향으로 불게 되면, 위험하기로 악명 높았다. 스카게라크 해협 입구는 접근하기 어려웠고, 도거뱅크의 농무와 같은 위험 요소, 혹은 갈색의 황량한 유틀란트 서쪽 해안에서의 난파 위험은 너무나 유명했다. 그렇다면, 영국 로스토프트Lowestoft 석탄운반선에서 해상 근무를 시작했던 조지프 콘래드가 1884년 항해사 자격심사를 받았을 때 심사관의 인정사정없는 혹독한 처사의 단적인 사례로 북해 시연을 언급하는 것은 전혀 놀라운 일이 아니다. 심사관은 특정 조건 하의 일정 크기의 선박 안에 그를 두고, 그런 다음 그가 대처해야할 발생할 수 있는 사태를 연속적으로 시연하였다.

> 내가 이해하기론, 심사관이 나에게 적용하였던 테스트는 고향으로 향하는 항로에서의 항해에 관한 것이었다. 나는 이런 유형의 항로가 내 철천지원수가 되지 않았으면 좋겠다. 그 상상의 배는 온갖 저주에 맞서 사투하고 있는 것으로 보였다. 끝없이 전개되는 불운에 대해 상세하게 설명할 필요는 없다. 이와 같은 불운을 끝까지 마주하기보다는 일찌감치 '플라잉 더치맨' 호로 갈아타는 편이 더 나았을 정도였다. 마침내 그는 나를 (내가 생각하기론) 북해로 밀어 넣고, 후미진 모래톱들로 된 바람이 불어가는 쪽 해안lee shore을 시연하였다. 아마도 네덜란드 해안일 것이다. 거리는 8마일. 그와 같이 확고한 적대감을 드러내는 북해 때문에 나는 아주 잠깐 동안 어찌할 바를 몰랐다.43)

북해의 해안선은 종종 적대적이었고 위험천만하였다. 한편 범선 선상에서 항해자 운명을 불운하게 만드는 것이 실제로는 바람과 비였다. 북해의 날씨는 일반적으로 사나웠던 것으로 알려졌다. 오래 지속되는 폭풍이나 집중 호우는 범선과 그 승무원들에게 온갖 문제를 야기하였다. 밧줄들이 물에 불게 되면 덩어리 상태의 밧줄을 풀 수 없었고, 이런 상태로 배가 역풍에 맞서 항해하고자 한다면 항해자들은 '최악의 과업'을 떠맡게 된다. 오랫동안 지속되는 북해 폭풍우 속에서 발은 심하게 부어올라 결국 긴 방수장화를 벗어야 했다. 목선은 또한 폭풍우로 인해 심하게 누수 되기 십상이었다. 핀란드 항해자들은 스카겐에서 영국의 동부해안까지의 많은 항차에서 그들은 "북해 바닷물을 배 밖으로 두세 번은 퍼내야"했다고 불평하였다. 그렇다면 북쪽 항해자들의 북해 항차에 대한 묘사가 대개 좀 칙칙하게 보이는 것은 놀랄 일이 아니다. 노르웨이의 작가 요나스 리*Jonas Lie*는, 베르겐 연해의 음침한 날씨 속에서, '얼러트*Alert*' 호의 선장을 통해 "북해 선장 같이 우울하고 조심스럽다"라는 옛 속담을 기억하게 만드는가 하면, 일부 항해자들은 노골적으로 반감을 드러내는 표현을 통해 심지어 북해의 파도조차도 "무자비하게 휘감기는" 것처럼 보이게 만들었다. 그렇지만 일부 발트해 항해자들은, 발트해의 훨씬 좁은 바다에서의 항해 이후, 북해의 탁 트인 바다와 "폭풍노도의 황홀경" 속에서 일렁이는 파도를 만끽했다고 고백한다.[44]

북해가 발트해 출신의 선원들에게는 큰 바다처럼 느껴졌겠지만, 그렇다고 발트해에서의 항해가 그저 식은 죽 먹기는 아니었다. 남동 핀란드의 콧카 같은 항구들로 향하는 좁은 입구에서부터 바위가 많은 작은 섬들을 피하여 요리 조리 헤치며 나아가야 하는 좁은 항로까지, 발트해에서도 항해하기 위험하고 까다로운 구역들이 있었다. 폭풍우는 특히 위험한 바다들을 더 뒤흔들 수 있었다. 특히 힘든 지점은 우퇴 섬 주변이다. 깊은 수심의 발트해에서 수심이 얕은 다도해Archipelago Sea로의 전환은 돌풍이 남쪽으로부터 불어올 때 우퇴 섬 주변을 파고가 높고 가늠하기 힘든 해역으로 만들었다. 스웨덴 동부 해안의 하뇌 바이트The Hanö Bight는, 그 곳에서의 잦은 폭풍우 때문에 1930년대의 항해자들로부터 "노르딕의 비스케이 만"*으로 불렸다. 에스토니아 해안의 대부분은 피할 수 있는 섬이나 천연항이 없었다. 그리고 겨울의 폭풍은 정박한 선박을 모래 위로 떠밀어 올릴 수 있었다. 발트해와 북해의 항해시즌 막바지의 추운 기후 조건은 범선 선원들에게 이 해역의 고질적인 문젯거리와 씨름하게 만든다. 얼음으로 덮인 돛들은 다루기가 힘들었

---

* 비스케이 만은 에스파냐의 북서부 오르테갈 곶에서 프랑스의 브르타뉴 반도 서쪽 끝에 이르는 대서양 연안의 만으로, 이곳의 간만의 차는 12미터로 세계 최대이다.

고, 눈을 동반한 폭풍우 속에서 키를 잡고 버티는 것은 일종의 결빙 체험이었으며, 일단 체온이 내려가면 몸을 녹일 방도도 거의 없었다. 19세기의 범선의 대부분의 선실에는 난방시설이 없었기 때문이다. 1840년대 초 갑판선원으로 항해하였던 보른홀름 출신의 얀 소렌센*Jens Sørensen*은, 리가 만에서 6주만에 그의 배가 얼마나 빨리 동결되었는지 회상하였다. 선적한 오렌지와 레몬은 얼어 폐기처분해야 했고, 승무원들도 별반 다르지 않았다. 선원 두 명은 감기로 고생하다가 결국 리가 병원에서 생을 마감하였다. 마찬가지로 늦은 가을 바위섬들 주변에 난파 이후 탈출한 항해자들은 구조되기 전에 저체온증으로 사망할 위험을 감수해야 했다.[45]

그렇지만 발트해의 많은 항해자들은 야외에서 키를 잡고 북유럽 여름밤의 불빛 속에서 항해했을 때의 느낌과 기억을 소중하게 여긴다. 20세기 초에 보스니아 만을 항해하였던 한 선원이 언급한 바와 같이, "항해는 바다, 공기, 태양, 여름 구름군의 층운, 그리고 바다와 하늘의 변화무쌍한 변색을 볼 수 있어 진정한 기쁨이었다." 이러한 항해 선상에서 항해자들은 삭구의 삐걱거림과 용골 아래 물을 가르는 소리를 즐겼다. 만약 배를 몰고 목재를 선적하기 위해 현장으로 접근한다면, 갓 베어낸 목재와 공기 중 떠돌아다니는 수지에서 나오는 상큼한 향기를 덤으로 즐길 수 있었다. 스웨덴 작가 루드비히 노드스트롬*Ludvig Nordström*은 이곳을 "벌목꾼처럼 상상력이 없고 별로 흥미로울 것이 없는" 해역으로 표현하곤 했는데, 만약 그가 옹에르만란드*Ångermanland* 해안선에서, 밤에 발트해 수면 위에서 춤추는 달빛들을 보았더라면 훨씬 더 시적인 용어를 골랐을 것이다.[46]

하지만, 바다의 아름다운 혹은 의미심장한 기억은 바다 풍광에만 국한된 것은 아니었다. 항해의 단조로운 일상에서, 바다에서 목격한 모든 것이 반가운 소일거리를 제공했다. 더욱이 등대와 등대선은 선박의 위치를 확인하는 중요한 수단이었고, 그리고 다른 배들을 본다는 것은, 기항지들 사이의 항해 중 소통이 단절된 삶에서 오는 고립감을 완화시켰다. 사실, 항해자들이 각별한 기쁨으로 환대하였다고 보이는 바다의 이미지는 항해하는 선단의 배들이 동시에 바라볼 수 있는 거의 변화가 없는 해협과 그 밖의 협소한 갑point이었다. 엄청나게 혼잡했던 크론보리Kronborg 외레순드나 햄릿 헬싱외르로 들어가는 좁은 입구에서, 해류와 특정 바람이 더해지면 자주 원활한 항해가 불가능한 통로로 바뀌었고, 항해하는 선박들이 종종 200척에 육박하는 선대를 지어 적절한 바람을 기다리면서 대기해야만 했다. 적절한 바람이 불면 모두가 순풍을 타려고 시도하였기에, 범선이 몰리는 시간에 통과하기도 쉽지 않았고, 승무원들이 갈고리 장대나 노로 근접한 선박을 밀어 간격을 유지하려고 했을 것이다. 항해하는 것은 결코 쉽지 않았다. 그러나 항해자들은 훗날 하늘과 바다의 푸른색에 대비되어 바람에 부풀어 오른 돛을 단 수많은 범선의 장면을 기쁨과 자부심을 갖고 회상하곤 했다.[47]

마찬가지로, 어선과의 조우도 특히 소중한 순간이었을 것으로 보인다. 우리는 두 가지 주요 해양관련 직업 사이의 연관성에 관해 거의 알지 못하지만, −적어도 19세기 후반의 노르웨이와 북 덴마크, 그리고 1919년대 스웨덴에서, 사람들은 계절에 따라 주기적으로 두 직종과 결합될 수 있었고, 개개인의 일생을 통해 결합될 수 있었다− 범선과 노를 젓는 어선은 서로 자주 교차하였다.[48] 해상에서 조우하면, 특히 북해의 −빼곡하게 집결한 어선 선단, 신속 날렵한 이동, 폭풍우 속에의 능란한 항해술, 그리고 종종 어선 돛의 인상적인 색상의− 작은 어선들이 항해자들에게는 경탄의 대상이었다. 스코틀랜드 어선들의 적갈색 돛은 1885년에 덴마크 해양화가 빌헬름 아르네센 *Vilhelm Arnesen*의 시선에 포착되었다. 그러나 증기선의 출현으로, 바다에서의 조우는 완전히 다른 종류의 만남이 되었다. 이 문제와 관련해서, 하나는 북해의 항해자나 어부가 증기선과의 충돌을 가까스로 모면하였다고 언급하는 빈도수이다. 항해자나 어부는 실수가 전적으로 증기선에 있다고 생각하였는데, 증기선은 훨씬 취약한 범선을 무시하고 심지어 해무 속에서도 신호 없이 뚫고 지나갔기 때문이다. 특히 독일 정기여객선은 북해 대구잡이 소형 어선smack의 증오와 공포의 대상이었다. "여객선은 네 배를 치고, 슬그머니 지나갈 거야. 게다가 증기선은 너무 힘이 강해 정지시킬 수도 없어. 그리고 너무 서둘러, 저 놈의 여객선들 말이야."[49] 증기선에 대한 범선 승조원들의 감정은 어쨌든 분하고 억울하였다. 바다에서의 이러한 치명적인 만남은 아마도 항해자 자신들에게는 지워지지 않는 상징적인 의미를 간직하게 만들었다.

위에서 살펴본 바와 같이, 범선이 19세기 항해자에게 얼마나 중요했는지는 분명하다. 항해 전문가들에게, 범선은 "자부심과 완벽한 이미지의 원천이었다."[50] 월터 런시먼 경이 19세기 중반 북동 잉글랜드 석탄운반 범선의 승조원에 대해 서술하였듯이, "오늘날에는 항해가 허용되지 않는 범선에 대한 그들의 신념과 헌신은 신성한 경외심 그 자체였다." 이러한 숭배와 더불어 항해자들은 선박의 유형과 교역에 관한 철저하고 광범위한 지식을 겸비하였다. 선미와 선수의 모양과 형태를 보고 경험에서 우러난 추측에 근거하여, 그 선박이 안정적인 혹은 위험한 항해를 하는지, 심지어 그 배가 어디에서 오고, 어디로 향하는 지 식별하는 능력은 항해자의 전문적 기술의 일부였다. 요나스 리의 소설 주인공인 암스테르담 출신 살브 크리스텐센*Salve Kristensen*처럼, 유능한 선원이라면 누구든지 항구에서, 선박의 상태와 선령, 그리고 선박이 잘 보존되었는지의 여부를 평가할 수 있었다. 후자와 관련된 정보는 물론 외국항구에서 정박지를 찾고 상태가 양호한 선박에 승선하길 원하는 항해자에겐 필수적이었다.[51]

그러나 항해자와 그가 승선하는 선박(그의 집, 그의 일터, 그리고 성난 바다를 막아주는 그의 유일한 안전한 장소) 사이의 관계는 단순히 그 배에 대해 숙지하는 것 또는 선박의 아름다움을 찬양하는 것 이상으로 훨씬 더 깊었다. 핀란드 작가 볼테르 킬피*Volter Kilpi*가 언급하듯이, 선장으로서는, 자신의 지휘 하에, 그가 돛과 선원을 감시할 수 있는 선미루 갑판(poop deck, 현대 선박의 브리지에 해당)에 설 수 있었던 첫 시간은 의기양양한 권력의 은근한 과시와 마침내 이 지위로 올라왔다는 성취감으로 충만한 기쁨의 순간이었다. 젊은 항해자가 처음 키를 잡았던 시간도 아마 이와 비슷한 자부심으로 충만했을 것이다. 물론 이러한 순간의 감성적인 내용은 승진으로 가는 중요한 이정표를 수행하게 된 것 그 자체로부터 부분적으로 구성되겠지만, 하지만 선박과 항해자의 관계 또한 정서적 내용의 중요한 일부였다. 예를 들어, 덴마크인 옌스 쿠스크 옌센Jens Kusk Jensen은 1883년 스웨덴과 스코틀랜드 사이에서 처음으로 키를 잡았을 때 "타륜의 회전을 거의 느끼지 않으면서 선박의 항로를 변경했을 때의 짜릿한 느낌"을 생생하게 기억하였다. 만약 필요하다면, 항해자가 파도와 바람의 힘을 상쇄하기 위해 다양한 파도의 효과와 바람 세기의 다양한 변화를 관찰하듯이, 적절한 때가 되면 경험이 많고 숙련된 조타수는, 기수가 자신의 말을 아는 것 이상으로, 배가 어떤 상황에서 어떻게 반응할지 알게 되었다. 물론 이러한 기술을 전혀 연마하지 않은 사람들도 허다했지만 말이다.52)

실제로, 종종 많은 항해자들이 선박을 살아있는 생명체로 여겼기 때문에. 배를 말과 비교하는 것은 적절해 보인다. 19세기 선장은 배가 잘 나아갈 때는 문자 그대로 좋아서 펄쩍 뛰고 고함소리와 함께 자신의 배를 재촉하며 몰았고, "바다와 숨바꼭질을 하며 마치 꼬리치는 강아지처럼 배는 엄청난 양의 물을 흔들어대었다." 한편 엘리스 칼슨은 전간기 그의 항해 경력에서, 바람이 사그라지기 직전 운항 중인 선박이 실제 스스로 항해하였던 마법의 순간을 묘사한다.

> 그리고 그녀(배)가 스스로 항해하다니! … 나는 가장 장엄한 광경을 넋을 잃고 지켜보았으며, 동시에 여태까지 본 적이 없는 가장 감명적인 장면을 지켜보았다. 이내 나는 그 어떤 것도 … 이 순간에 신기한 배를 멈출 수 없다는 것을 알았다. 그녀는 비바람의 일부였다. 그녀가 강풍의 중심인 동쪽으로 이동하였고, 배와 비바람은 일체가 되었다. 그 장관은 그 전개 양상이 너무나 압권이어서, 일상적인 의식, 냉혹한 공포, 심지어 불안이 사라지고, 배와 비바람이 일체가 되었다는 주체할 수 없는 환희로 대체되었다. 그 다음에 나는 모두가 형통하고 그리고 일체가 된 그 속에서 흥청대며 환호하는 관중이면서 일체의 한 부분이 거기에 서있다는 것을 알았다.53)

칼슨의 이야기 중에서 잘 드러나는 '일체'의 경험은 실제론 드물었지만 많은 다른 항해자들의 해사 일상에서 중심이 되는 가장 중요한 요소로 보인다. 그 경험이 다양한 방식으로 발현되겠지만 말이다. 노르웨이 출신 선장, 구스타브 베르너 오너하임*Gustav Berner Onarheim*이 생각하였던 것처럼, 키를 잡고 있던 항해자는 특히 폭풍이 몰아치는 동안에 배와 일체감을 느낄 것이다. 한편, 폭풍이 휩쓸고 간 바다 범선 선상에서의 형언할 수 없는 느낌을 표현하는 공통적인 방식은 또 다른 방식의 '일체'에 대한 언급이다. 즉 바다와 하늘의 일체화이다. 혹은 호칸 뫼르네*Håkan Mörne*가 설명하였듯이, "바다와 하늘은 폭력적인 손을 내밀어 서로를 움켜잡았다." 하늘과 바다 사이의 격렬한 관계는 증기시대에도 여전히 작동되지만, 그리고 아이슬란드 작가 니요뒤르 니야르드빅*Nijodur P. Njardvik*의 소설 『하프보르그*Hafborg*』에서 암시하듯이,[54] 20세기의 선원들이 여전히 선박을 살아있는 생명체로 받아들이고 있었지만, 항해자와 선박의 일체화의 감정은 증기로의 전환에 따라 많이 변질되어 왔다. 범선 승조원에게, 배는 실제로 자연적인 요소들에 속하는 생명체에 더 가까운 것으로 간주되었을 것이며, 그래서 선박에 대한 추억은 선원들의 무용담 혹은 기억의 중요하면서도 자명한 구성요소이다.

이러한 배경을 보면, 적어도 선원들의 일상에서 선박만큼 자주 자연적 요소들의 하나로 특정하였던 바다가 선원들의 편지나 회고록에 훨씬 적게 언급된다는 것은 얼핏 보면 다소 의외이다. 사실, 해변에서의 바다 전망은 19세기 많은 젊은이들이 바다로 나가도록 영감을 줄 수 있었고(종종 선박이 이러한 유혹의 주요 대상이었겠지만), 그리고 지루한 발트해의 겨울이 끝난 뒤 대양의 첫 해역을 보게 되면, 나이든 선원들은 "축복받은 빵과 물"이라고 안도의 기도를 외쳤을 것이다.[55] 하지만 이와는 다르게 바다가 항해자의 삶 속의 지속적인 배경으로 따라다녔던 동반자였음에도 불구하고, 바다는 범선 선실에서만 간혹 화제에 올랐을 뿐이었다.

이와 같은 명백한 침묵은 19세기 말과 20세기 초 범선의 전방 갑판 선실에서 일반적으로 화제에 올랐던 것이 무엇이었는가의 맥락에서 검토될 필요가 있다. 무엇보다도, 바다는 충분히 화제의 현안이 될 정도로 중요했기 때문에 이러한 침묵이 극적이며, 놀랍고 이례적이었다. 무용담, 난파선, 구사일생, 여성, 타선박과 자신의 선박 비교, 선상음식, 해기사, 이 모든 것들은 항해자들이 귀중한 자유 시간을 느긋하게 보내거나 혹은 힘든 육체노동 막간에 그들끼리 즐거운 시간을 보낼 때 화제에 오른 주제들이었다. 이 과정에서, 항해자들은 또한 항해상의 동료애의 가치가 강화되고 젊은 항해사들에게 전수함으로써 항해자 문화의 위대한 스토리텔링 프로젝트에 참여하였다. 항해자의 가정생활이나 육지에 있는 연인과 같은 주제들은 종종 금기시하였으며, 그리고 항차가 별 탈 없이 순조로웠다면 그야말로 고향으로 전할 소식은 아무 것도 없었다. 20세기 전환기에 어떤 덴마크 항해자가 북해 항해에 대해 말했듯이, "별일 없었기 때문에 북해에 대해 할 말이 없다. 무소식이 희소식이다."[56]

하지만 항해자의 화제에서 바다의 부재, 항해자들의 편지나 회고록에서 상대적으로 빈도수가 적은 바다의 모습은 바다가 중요하지 않다는 징후와는 아무 상관이 없다. 좀 더 그럴듯한 설명은 우리가 지적했던 '일체'의 경험에서 찾을 수 있을 것이다. 바다가 항해자에게 문제가 되고 그들의 삶에 중시되는 것은, 바다 그 자체가 아니라 날씨와 같은 다른 자연적 요소와 결합될 때로 보인다. 아마도 선상에서 활동하는 항해자의 늘 현존하는 배경으로서의 바다는, 일반적으로 해사적 삶의 경험을 통해 거의 모든 곳에 스며들었다.

만약에 그렇다면, 항해자와 바다 및 바다 생활의 관계 이해에서 날씨의 중요성은 과장된 것이 아니다. 범선은 결정적으로, 그리고 종종 거의 속수무책으로 날씨의 변화에 의존하였다. 이 종속성은 전간기 범선의 황혼기, 즉 항해자들의 노동 일상에 대단히 강력한 불확실성이 일상화되는 시기까지 해상 교역사 전 기간에 걸쳐 지속되었다. 만약 바람이 지속적으로 반대로 분다면, 범선은 이보다 양호한 조건 속에서 항해하는 범선에 비해 동일한 해로를 훨씬 더 오래 동안 항해하였다. 장기간의 여정은 선주들에게 자신의 기량을 입증하기 위해 속도에 노심초사했던 선장을 예민하게 만들었고, 지속적으로 힘든 조건 속에서 돛 조정을 해야만 했던 전 승무원들의 분위기에 악영향을 주었던 바, 이런 바람을 타는 것은 불운이었다. 한층 더 절망적인 경우는, 바람에 밀려 경로를 완전히 이탈하는 것이었다. 예들 들어, 영국해협 입구에서 남쪽으로 부는 폭풍을 만나게 된 배는 북해로 떠 밀려 갈 수도 있었고, 브리튼 섬 근처의 북쪽으로 통과하려고 할 때 대서양 쪽에서 폭풍이 불면 이번에는 그 반대가 될 수도 있었다. 마스탈 항에서 돛대가 3개인 바컨틴barquentine '아르켄Arken' 호는 20세기 초 몇 십 년 동안 이런 식으로 항해했는데, 북해에서 겨울 혹한 2개월 동안은 전혀 항해를 하지 못한 적도 있다. 짙은 안개, 큰비와 끊임없이 지속되는 비를 동반한 겨울폭풍 아니면 변화무쌍한 바람은, 선박위치를 파악하는데 필요했던 천문 관측을 위해 가시적인 수평선과 맑은 하늘에 의존했던 범선을 크게 항로에서 벗어나게 만들어, 선장이 선박의 소재와 관련된 모든 방향을 상실하게 만들었다. 이런 상황이 되면, 배는 "거의, 또는 전혀 나아가지 못하거나 대개는 바람, 바다, 해류와 함께 아무도 예측할 수 없는 방향으로 표류하였다." 그런가 하면 칼룬보르Kallondborg에서 동부 잉글랜드의 석탄 항구들을 목표로 항해에 나섰던 배는 폭풍이 다시 가라앉고 나서야 오크니 제도 연안에 자신이 위치하고 있다는 것을 알 수 있었다.[57]

날씨가 대단히 중요했을 뿐만 아니라 항해자들의 작업이 야외에서 수행되었기 때문에, 항해자들은 직업상 날씨를 아주 예민하게 느낄 수 있었다. 출항 준비가 된 항구에서 기상 후 선장의 최우선 관심사는 바람과 날씨였다. 그리고 일부 선장들은 날씨 변화에 굉장히 민감하게 변하게 되어 살아 있는 기압계처럼 폭풍 전의 날씨변화를 감지할 정도였다. 날씨, 바람과 그것의 삭구 및 돛에 미치는 영향에 관한 지속적인 정밀한 관찰 능력은 항해사와 선장의 일종의 전문기술이었고, 선박의 운명이 이들의 기술에 전적으로 달렸었다. 예컨대 체험과 느낌에서 나오는, 적시에 정확한 일기를 예측함으로써 항해자들은 폭풍이 몰아치기 전에 축범할 수 있었다. 19세기 말, 선장 구스타브 스텐펠트Gustaf Stenfeld가 망루 당직자들에게 제공했던 자세한 지침서는, 비록 선박의 유형과 그 밖의 것과 관련된 많은 내용이 16세기 이후 바뀌어져 왔음에도 불구하고, 경계의 중요성은 여전하다는 사실을 보여준다.

> 당직 중에는 어떤 것도 간과해선 안 된다. 시계 안의 어떤 가시도, 청계 내 어떤 소리도, 후계 내 어떤 냄새도, 감각계 내 어떤 온도변화도 간과해선 안 된다. 썰물이 시작될 때 종이 조각과 부유물은 당직이 찾고 있던 강의 입구를 암시할 수 있다. 정기적으로 해안을 향해 달려오는 쇄파 소리는 몇 마일 떨어진 바다에서도 들릴 수 있다. 물에서 떼를 지어 비상하는 바닷새들의 소리는 … 절벽과 작은 바위섬들이 있다는 경고일 수 있다.58)

바다가 다른 자연 현상과의 관련 속에서 항해자들에 의해 인식되는 방식을 구체적 사례를 제공하면서 스텐펠트의 지침서는, 이 책의 실용성 때문에, 항해자들의 화제에서 바다의 상대적인 부재를 해명하는 또 다른 맥락을 가리키고 있다. 항해의 직업적 기풍에 내재된 강력한 일련의 금욕주의 말이다. 예컨대 자신들의 대화 속에 광활한 푸른 바다의 다양한 장관을 시적으로 가다듬는 것은 험한 일에 종사하는 사람들에겐 확실히 이질적이었을 것이다. 그 대신 간결한 사실적 관찰이 선호되었다. "엘베 강에서 도버 해협까지 5일 걸린다. 바람은 좋았다."59) 하지만 사실성과 간결성이 정서 부족을 암시한다고 가정하는 것은 경솔하다. 항해자나 선장이 바다를 관조하면서 느꼈던 감정이 −침묵 속의 만족, 형언할 수 없는 기쁨이나 또 다른 자연에 대한 내적 의미가− 어느 정도로 심오했는지는 알 길이 없지만, 항해 일지 속의 날씨에 관한 간결한 문장은 그 속에 훨씬 더 많은 것을 함축하고 있을 것이다.

저자들이 살펴본 바와 같이, 항해생활의 어려움은 화제에 오를 수 있었고 심지어 이야기꽃을 피울 수 있었던 반면, 해상 생활의 즐거움이 대개 고독과 침묵 속에서 향유된 데는 그만한 이유가 있었던 것으로 보인다. 특성상 지극히 사적인 배와의 일체감은 차치하더라도, 바다에서의 다른 중요하고 흥미를 끄는 부분 또한 사실적이면서 정신적인 고독을 내포하고 있는 것으로 보인다. 예를 들어 1920년대와 1930년대의 핀란드 원양 항해자들의 일부는 제1사장(선수에서 앞으로 튀어나온 기울은 돛대) 아래 그물이나 삭구장치의 높은 곳에 앉아서 그들을 둘러싸고 있는 "바다의 자유로운 광활함"을 홀로 만끽할 수 있었다. 마리카 로젠스트룀이 설명하고 있듯이, 적어도 인터뷰에 응한 핀란드 항해자들은 막강하고 장대하며, 존중받을 만한 방식으로 바다를 경험해 온 것으로 보인다. 그들에게 바다는 자연을 대변하였고, 따라서 바다가 거의 신적인 것이었다.[60] 그렇다고 해서, 20세기의 선원들이 그 용어의 일상적인 의미처럼 전반적으로 종교적 세계관을 가졌다는 의미는 아니다. 그러나 만약 바다가 자연(Nature)으로 간주되었다면, 자연은 저절로 숭고한 색채를 띤다. 이 사실은, 바다가 왜 그처럼 19세기 말과 20세기 초의 북쪽 항해자들의 화제에 거의 등장하지 않았던 지를 설명해 준다. 닐스 린스트룀Nils Linstrom이 〈바다에 대하여〉에서 말하듯이,

바다에 대하여 이야기 하는 것은 쉽지 않지
왜냐면 바다는 모든 단어들을 다 합친 것보다 더 크기 때문이지
… 바다는 단지 거기에 **존재**할 뿐이지
어느 곳에서나 영원히 …
아마 가장 가까운 곳에서 오고 있겠지
믿는 자들에게는
신이니까.[61]

11장 해사 여성

만약 해사 세계가 하나의 젠더를 가진 것으로 간주될 수 있다면, 다른 바다들뿐만 아니라 북쪽 바다들의 세계는 전통적으로 대단히 명백하게 남성적 세계로 인식되어 왔다. 실제로 앞장에서 살펴보았듯이 항해 직업들과 관련된 다양한 고정관념에서 —방탕하며, 자유분방한 잭 타르 혹은 초짜 항해자에 대비되는 '진짜 남자'였던 스칸디나비아의 항해자에서— 강조되어 왔던 것은 남성다움, 용기, 체력, 대담무쌍과 같은 그야말로 전통적인 남성적 특성들이다. 최근인 1960년대에 해사 여성maritime women에 관해 저술한 한 남성 작가가 "가장 알려지지 않은 두 분야, 즉 여자와 바다"를 결합한 내용이 그의 소설 주제라고 여전히 언급하는 것은 그리 놀랍지 않다.[1]

남성 항해자와 마찬가지로 해사 여성은 종종 전형적인 고정관념의 틀 속에서 묘사되어 왔다. 1883년에 베르트람J. G. Bertram이 서술하였듯이, 스코틀랜드와 잉글랜드의 동쪽 해안 주변과 관련된 엽서, 그림 그리고 전설에서 나오는 말과 행동이 거친 여자들은 "감당하기 힘든 무례하고 거침없는 언변"의 소유자로 카랑카랑하며 억세고 위압적인 이미지를 담고 있었다.[2] 또 다른 잘 알려진 상투적인 인물은 특히 남편을 애타게 기다리는 선장이나 승조원의 아내이다. 이는 발트해 지역에서 19세기 후반에 활동했던 화가들로부터 대단히 선호되었던 이미지이다. 아내가 집안 테이블에 앉아있거나 편지

쓰는 그림을 보여줌으로써 종종 환기시키고자 했던 정서는 안쓰러운 학수고대와 차분한 인내이다. 반면 훨씬 격렬한 감정은 '해양 이별'을 다룬 그림에 묘사된다. 이런 이별은 전형적으론 부두에서 일어나며, 이곳에서는 처자가 항해자 어깨 위에서 절망적으로 울거나 혹은 부질없는 짓이지만 헤어지기 싫어 그의 손을 붙잡거나 아니면 가능한 오래 항해자의 손길을 느끼고자 한다.[3]

이와 같은 그림들이 해사 경험에서 하나의 필수적인 요소를 정확히 잡아냈지만, 그렇다고 해서 그 이미지들이 현실 속에서 존재하는 해사 여성에 대한 우리들의 인식에 큰 영향을 주도록 방치해서는 곤란하다. 1980년대와 1990년대의 연구는, 범선에 승선했던 모든 남성 승무원이 서로 간에 또는 가정과 연계되었던 방식에서 해사 여성이 또한 어떻게 현존해 왔는지, 그리고 훨씬 더 중요하겠지만 해사 여성이 자신의 권리라는 면에서 북쪽 바다들의 일상에서 어떻게 중요한 부분이 되었는지를 보여줌으로써, 해사 젠더 이슈에 새롭고 흥미로운 사실을 해명하였다. 해사 여성의 존재는 종종 "대상화되고, 낭만적으로 미화되었으며, 아니면 여성혐오주의로 인해 실종되어" 왔음에도 불구하고, 그들은 해사 남성들의 딸, 아내, 과부였을 뿐만 아니라 해사 노동자 혹은 최근에는 선상 전문직의 노동자였다.[4]

바다의 문턱에서?

다양한 그룹을 다루는 용어인, "해사 여성"은 북쪽 바다들의 다양한 지역들 및 미시-지역들과 해양관련 산업에서의 중요한 변화 시기에 걸치는 경험의 엄청난 다양성을 다룬다. 우리가 여기서 관심을 두는 시기, 즉 19세기 후반부터 1930년대 즈음까지, 개인과 가족의 생활 패턴과 지방 공동체와 국가규모의 사회적 관행이 근본적으로 달라졌다. 더욱이 샐리 살미넨*Sally Salminen*의 소설 『카트리나*Katrina*』(1936)에서 통렬하게 제시한 것처럼, 사회적 차이와 계급과 삶의 양식 차이는 해사 여성의 경험을 서로 서로 간에 철저하게 분리시켰다. 19세기에 결혼 후 핀란드 본토에서 올란드를 방문한, 이 책의 제목이자 주인공인 여성 항해자는 그 많은 아름다운 주택들이 어떻게 선장이나 선주들, 지방의 해사 귀족들의 소유로 넘어갔는지를 알고 낙담하였다. 하지만 카트리나 남편인 항해자의 거처는 마을에서 가장 초라한 곳인 누추한 오두막이었다.[5]

북쪽 해역의 여성어부들의 삶에 대한 연구는 아직도 상대적으로 미흡하지만, 넓은 의미에서 발트해와 북해를 넘나들며 공유되었던 것으로 보이는 어떤 특징들을 식별하는 것은 가능하다. 기본적으로, 19세기 후반까지 줄곧, 어촌지역 여성의 삶은 주로 생산의 일반적인 단위로 여겨지는 가족과 어부팀으로 이루어진, 산업화 이전 단계의 생산 유형에 의해 주로 통제되었다. 스칸디나비아 어부가족의 자급자족 형태의 경제 속에서 (혹은 더 정확하게는, 계절 어업이 가족의 생계 수단에서 어떤 유형이든 농업과 병행되었듯이, 반농 반어업 가족) 남아들과 여아들은 어릴 적부터 나머지 가족의 보조적인 노동에 참여함으로서 가족 경제에 일조하였으며, 그러면서 기본적인 해사 기술을 배웠다. 덴마크 북해 연안의 랑글리 섬에서, 유아들은 20세기 전환기에, 여름철에는 새벽 3시부터 썰물이 쓸고 간 텅 빈 모래 위에서 연승어업*의 미끼로 쓰이는 갯지렁이 채취에 참여하였다. 유아들은 북해가 쓸고 간 해안가에서, 겨울 폭풍 후 불가사리 같은 것을 채집하거나 혹은 올란드 섬에서 그랬던 것처럼 바닷새의 솜털이나 깃털을 채취하였다.[6] 이들은 또한 네덜란드의 북해 해안에서처럼, 그물망 치는 것에서 깐 새우 말리기에 이르기까지 다양한 작업을 도왔다.

고향 수역에서 작은 보트를 젓거나 돛을 조정하는 것과 같은 기본 기술을 적어도 발트해 해안선에서는 남녀 모두가 숙지한 것으로 보인다. 실제로, 스톡홀름 군도skärgård에서 발간된 아우구스트 스트린드베리*August Strindberg*의

---

* 한 가닥의 기다란 줄에 일정한 간격으로 가짓줄을 달고 가짓줄 끝에 낚시를 단 어구를 사용해 낚시에 걸린 대상물을 낚는 어업.

소설 『헴쇠의 사람들Hemsöborna』(1887)에서, 새로운 잡역부 카를손Carlson을 본토에서 헴쇠 섬으로 운송한 사람은 다름 아닌 두 소녀, 클라라Clara와 로텐Lotten이었다. 이러한 해양관련 기술은 50여년 이후에 로버트 쿡Robert Cook 선장에게도 여전히 목격되었는데, 그는 그레인지머스에서 핀란드의 남서부 해안으로 항해할 때 "소년들뿐만 아니라 … 소녀들도 운전할 수 있는" 작은 노도선으로 등교하는 많은 지방 젊은이들을 목격하였다. 물론 그들은, 그들 대부분이 거의 모든 삶을 바다에 의존하여 살아왔듯이, 그렇게 양육된다.[7]

그러나 아이들이 성장하면서 어부가정에서의 역할이 성별에 따라 나누어지기 시작하였다. 소년은 될 수 있는 한 빨리 자신의 아버지를 따라 어업에 합류하였으며, 견진성사를 받을 무렵(16세, 사춘기)에 소년과 소녀는 완전히 다른 길을 가기 시작하였다. 여성이 어로에서 미미한 역할을 하거나 아무런 역할을 하지 못하던 지역에서 ─핀 섬의 토뢰Thorö나 북 셸란의 토룹Torup에서처럼─ 실제로 십대 소년과 소녀의 생활 패턴은 서로 상당한 차이가 있었다. 집에 머물면서 어로와 발트해와 북해에서 일정 기간 동안 항해하면서 지방어류교역kvasefart에 종사하였던 사람은 소년이며, 반면 소녀는 주로 부모의 집을 떠나 다른 곳의 농장에서 하녀로 일하였다. 하지만 발트해의 북쪽으로, 해안 어촌 공동체의 젊은 미혼여성들의 생활패턴은 매우 다를 수 있었다. 그곳에서, 젊은 소녀들이 다양한 해사 업무에 종종 급여를 받고 일하였으며, 1880년대 이후 때때로 연해의 얕은 수심에서 돌을 날라 연안 선박의 선상으로 선적하는 일과 같은 엄청난 중노동에도 종사하였다. "돌을 선적하는 소녀들"은 일반적으로 그 배를 타고 핀란드 만의 섬들에서 동쪽의 상트페테르부르크나 크론슈타트로 갔는데, 그곳에서 이 돌들은 도로포장용으로 활용되었다.[8]

발트해에서 소녀가 전통적인 어로에 참여하였다는 것은 이미 알려진 사실이다. 18세기에, 어부의 딸은 아버지와 같이 오데르 강 어귀 주변에서 어로에 참여했고, 19세기에, 딸이나 하녀는 고틀란트 섬에서 육체적으로 힘을 요하는 유망* 어로뿐만 아니라 노를란트 해안에서 청어잡이에도 참여하였다. 예를 들어, 19세기 후반 핀란드 해안선의 키미토 지구에서는 젊은 여성들이 일당 노동자로 후릿그물*을 당겼다. 라반사아리Lavansaari 섬이나 핀란드 만의 세이즈카리Seiskari 섬에서는, 겨울 어로에 사용되는 그물은, 겨울철에 비교적 다루기가 용이하였을 뿐만 아니라 주로 여성이 다루었기 때문에, 비교적 길이가 짧은 그물이 사용되었다(사진 15참조).9)

소년들에게 그러했던 것처럼, 소녀들에게도 발트해는 유사한 방식으로 확실히 습하고 힘든 노동환경이었다. 그러나 영국, 덴마크와 네덜란드의 북해 해안에서는, 수산업이 약간 다른 방식으로 젊은 여성들을 고용하였다. 예를 들어 덴마크 서해안 어업의 전형적인 특징은, 어선이 상륙한 이후 익일의 어로를 위해 낚시 바늘을 정돈하고 미끼를 끼웠던 '미끼 소녀esepiger'의 존재에서 찾을 수 있었다. 낚시 바늘에 미끼를 교묘하게 끼우는 것은 어부에게 매우 중요하였고, 소녀의 섬세한 능력은 아주 높이 평가되었다. 1870년대 이전의 스타방에르 청어수산Stavanger herring fishery과 그 이후의 훈제 정어리 통조림 산업 붐은 수많은 여성에게 계절 일자리를 제공하였다. 영국 동부해안에서, 수산업은 또한 이주 계절 여성노동자들을 고용하였다. 1900년대 초까지, 스코틀랜드 해안선 북쪽에서 아랫방향으로 그레이트 야머스Great Yarmouth와 로스토프트와 같은 어항까지, 데이비드 부처David Butcher의 표현에 의하면 "명실상부한 대이동"으로 간주되었던 어선들과 어민들의 이주가 9월과 10월에 일어났다. 이 대이동의 일환으로, 수천 명의 스코틀랜드 소녀가 왔었고, 그들은 청어 손질, 염장 청어의 내장 제거와 포장을 위해 크기에 따라 각각 다른 통으로 던지는 일에 필요하였던 해안의 계절 노동력을 제공하였다. 만약 그들이 생계를 꾸리기를 원한다면, 그 곳에서는 일의 처리 속도가 엄청 빨라야 했고 ─많은 소녀는 생선 한 마리의 내장을 단 몇 초 만에

---

* 유망이란, 해류에 표류시키면서 조업하는 자망(刺網 물고기를 그물코에 끼우거나 망에 감기게 하여 잡는 그물망)을 말한다.
* 자루의 양쪽에 기다란 날개가 있고, 그 끝에 끌줄이 달린 그물을 기점(육지나 배) 가까이에 투망해 놓고, 끌줄을 오므리면서 끌어당겨, 그물을 기점으로 끌어들여서 잡는 데 쓰이는 어구 · 어법.

제거할 수 있었다— 그리고 역겨운 작업환경 속에서, 직접 몸으로 부대끼면서 그 일을 배워야 했다. 소녀들은 비가 오나 진눈깨비가 뿌리든 바람이 불든 일기에 관계없이 늦가을까지 "진흙, 모래, 그리고 생선 쓰레기 더미" 속의 해변에 서서 작업해야 했고, 경우에 따라선 당일 잡은 생선을 다 장만하기 위해 저녁 늦게까지 일하였다.[10]

이 유명한 내장제거 노역에 종사하는 여성들quines은 해안선을 따라 아래로 이동하는 동안, 이동공장에 고용되었던 동 앵글리어 여성들은 북쪽의 헐으로, 심지어 더 멀리 피터헤드까지 옮겨가면서, 훈제 청어 건조 작업과 그물공beatster으로 청어그물 수선을 담당하였다. 네덜란드의 북해 연안의 플라르딩겐Vlaardingen, 스케브닝겐과 캇베이크Katwijk 어촌공동체의 젊은 미혼여성들은 19세기 후반 이후로 어구수선 공방에서 대개 그물 수리 일을 하였다. 훈제, 포장, 그리고 보존공장에서의 염장 등 생선처리 과정의 여러 단계들이 또한 일자리를 제공했지만 말이다.[11]

젊은 여성들의 노동 투입이 없었다면, 19세기와 20세기 초 북해 수산업의 중요한 많은 분야가 실제로 작동될 수 없었다. 하지만 여성이 수산업에 참여하는 경우, 북해의 수산업의 모습은 해안가로부터 바다를 바라보는 전망과 매우 유사했다. 남자 형제, 아버지, 연인은 바다로 나가서 직접 바다의 매서움을 경험한다. 반면에 소녀는 남형제와 똑같은 일기 속에서 노역을 하지만 그럼에도 불구하고 바다의 문턱에 서 있었다. 북해의 수산업에 종사하는 젊은 미혼 여성들의 고된 노동이 팀 정신의 정서와 그들 내부의 주목할 만한 진취적 기상을 창조하였다. 겨울에 스케브닝겐, 플라르딩겐 또는 캇베이크의 어구수선 공방으로 접근하던 한 방문객은, 공방 멀리서 여성들이 작업의 흥을 돋우는 노동요 소리를 들을 수 있었다. 비슷하게 1901년부터 그 일에 종사해온 동 앵글리어 청어 훈제재비는 그 작업의 엄청난 노동 강도를 묻는 인터뷰에서, 질문자의 예상을 완전히 벗어난 답변을 하였다. "훈제는 매력적인 일이다. 우리는 매 순간을 즐긴다. 매 순간 ⋯ 우리는 노래를 부르거나 재잘거리며 농담을 한다. 당연히 내 인생에서 가장 행복한 순간들은 생선 작업장에 있을 때였다." 폴 톰슨이 주장한 것처럼, 이주노동자인 내장 제거에 종사한 소녀들의 조직이 그들 사이의 연대와 자립의 정서를 창조하였고, 그리고 가정과 공동체의 압력으로부터 해방된 독자적 생활이 이런 자존에 기여하였던 것은 어쩌면 당연한 일이었다. 하지만, 트레버 루미스*Trevor Lummis*가 해사 소년과 소녀 집단 노동의 형태 사이의 광범한 유사성을 지적하면서, 두 젠더의 경험 사이의 흥미로운 유사성을 도출한다. 그의 견해에 따르면, 다른 장소로 이동하는 것, 합숙하는 것, 그리고 심지어 막노동직업의 이미지, 이 모든 것이 남성에게 그러했던 것처럼 동일하게 여성의 자립적인 성향을 만드는데 일조하였다. 따라서 북해의 수산업에서의 노동이 아마도 어부소녀를 바다의 문턱에 잡아두었지만, 그것은 또한 소녀의 힘든 생활에 깜짝 놀랄만한 즐거움을 제공한 것으로 보인다. 어로나 항해가 종종 해사 남성에게 제공하였던 일종의 해방감 말이다.[12]

해사 젠더의 역할

북해 수산업에 종사하는 소녀의 생활주기에서, 유급 노동은 일반적으로 결혼하게 되면 중단되었다. 상황에 따라 많은 어부아내가 부업에 종사하거나 바느질과 빨래 등과 같은 품삯 일을 계속 하였지만, 결혼과 더불어 발생한 의무와 노동은 하루 종일 계속되었으며, 밤늦게까지 이어졌다.

결혼은 대개 그 지방 안에서 성사되었다. 20세기에 들어서도 일부 지역, 즉 네덜란드, 스코틀랜드에서 덴마크, 발트해 해안까지 어촌의 젊은이가 압도적으로 자신의 공동체 안에서 배우자를 찾았다. 특히 스코틀랜드의 일부 마을에는 타지방 사람과 결혼하는 경우가 거의 없었고, 마을 사람들이 "우리들은 모두 42촌간이다"라고 말하는 것은 어느 정도 타당하다. 어촌에서 성장한 여성으로서는, 동향의 남성과 결혼하는 것이 부모의 삶 속에서 이미 익숙한 생활주기로 진입하는 것을 의미했다. 따라서 같은 공동체 내에서 결혼한 두 사람은 해사 전문가였으며, 결혼 생활의 '노동 협업' 과정에서 각자의 업무를 담당할 때 상대방의 지식을 활용할 수 있었다. 흥미롭게도, 제인 네들-클라인Jane Nadel-Klein은 스코틀랜드 어촌 마을 안에서의 동향 결혼은 주변 사회로부터 자신의 마을에 대한 적대감이나 험담을 차단시킬 뿐만 아니라 남녀 간의 이해 충돌의 가능성을 없애준다고 주장하였다. 동향 결혼은 남녀가 함께 일해야 하고 그 과정에서 필수적인 동료애를 필요로 하는 삶의 방식에 남녀 간 연대의 공존을 보장했다.13)

동향 결혼의 패턴이 북쪽 바다들 주위의 범선무역에도 적용되었다. 1800년경 덴마크 서해안에서, 만되Mandø 섬 출신의 항해자는 대체로 같은 섬 출신 여성과 결혼하거나 불가피한 경우, 뢰뫼 섬이나 판뇌의 쇤너호Sonderho 마을과 같은 인접한 해사 중심지 출신과 결혼하였다. 하지만 선장과 선주 같은 재력을 갖춘 해사 귀족의 경우, 동일한 사회계급 내에서 이루어지는 계급 간 결혼은, 양가 가문의 결합이 남성의 이력에 중요했기 때문에, 확실히 선호되었다. 예를 들어, 19세기 중반 드라괴르Dragør에서, 선주 한스 닐슨 예프슨Hans Nielsen Jeppesen의 7명의 딸들 대부분이 선장과 결혼을 하였다. 한편 오벤로Aabenraa와 뢰이트Løjt 같은 곳에서, 선장은 결혼하려면 혼전에 본인 소유의 선박을 장만하는 것이 관습이었던 바, 전형적인 남편감 선장은 아내보다 나이가 많았다.14)

19세기 말과 20세기 초에, 해사 공동체 내 결혼에서 젠더의 역할은 상당한 학문적 관심의 대상이 되었다. 연구는 주로 가정에서 남자의 부재가 가족들의 삶에 크게 영향을 주었던 이유, 그리고 아내가 감내해야 할 것으로 요구받았던 노동에 집중되었다. 항해뿐만 아니라 어로 때문에 남자가 집을 비우는 기간은 교역의 유형이나 계절에 따라 다양했다. 플라드딩겐, 스케브닝겐, 그리고 캇베이크의 기혼 여성어부들은 종종 10개월, 최소 1년에 반은 홀로 지내야 했고, 스웨덴 카테가트, 외케뢰Öckerö 섬의 원양 어부 가족은 상당 기간 동안 아버지 없이 생활해야만 하였다. 19세기 초 발트해 해안(핀란드의 '후스베호프세슬라티오논husbehovsseglationon', 스웨덴 해안의 '본네스가이레이션bondeseglation')15)에서의 소위 농민 교역peasant trading은 여름 내내 남성들을 가정과 결별시켰다. 올란드 출신 선장들은 그나마 오순절, 한여름, 그리고 건초제조 시기에는 귀향하곤 했지만 말이다.

만약 남편이 발트해와 북해 교역권에서 활동하였다면, 그 가족의 일상생활의 리듬은 배 운항의 연간 사이클의 패턴과 일치하였다. 발트해에서의 여름 맞이하는 항해시즌 시작 직전에, 선박 지분을 보유한 가족의 부인들이 선박 부식을 마련하면서 시작되었다. 여름 동안 여성의 생활리듬은 농사일에 맞추어 돌아가며, 또 다른 분주한 시기는 선박과 남성이 귀향할 때인데 마을 전체가 활기로 넘치게 된다. 핀란드와 스웨덴의 해안선상에서, 결산이 마무리되면, 수익금은 만찬과 회의를 겸한 모임에서 지분소유주들에게 배분되었으며, 수익이 많이 난 해에는 마을 대부분이 생기 넘치는 겨울을 맞이하였다.16)

하지만 19세기 해안 공동체에서, 겨울이 어쨌든 1년 중 항해 가족이 함께 시간을 보낼 수 있는 좀 여유로운 축제의 계절이었다. 선박이 동면할 때, 해사 공동체는 자지 않고 활기차게 사회 활동을 전개하였다. 스몰란드 해안의 파타홀름Pataholm에 있는 작은 어업 및 항해 공동체에서 지방의 거상은 저녁만찬에 30명이 넘는 선장들을 초대하였으며, 그런가 하면, 네덜란드 어촌에서는 젊은 연인들이 청어잡이 시즌에 모은 돈으로 결혼하느라 분주하였다. 계절의 주기 내에서, 어업이나 항해에 종사하는 가족들에게 공통적이었던 미시적인 생활의 리듬 또한 존재하였다. 발트해의 겨울에서, 여유로운 순간은 하루해가 저물면서 황혼의 푸른 색조가 바다에 다다를 때 포착되었다. 예를 들어 서부 스웨덴과 올란드 섬들에서, 어민 가족이 일손을 멈추고 창밖을 보면서 한 순간의 침묵과 담소를 즐겼던 것도 바로 이때였다. 19세기 초반 '아벤라Aabenraa' 호 선장 가족도 유사한 방식으로 저녁놀을 맞이하였다. 한층 고상한 방식이지만 말이다. 가족은 벽난로 근처의 거실에 모여, 어머니가 풍금을 치고 아이들은 노래를 부르며 리코더를 불었다.17)

남편 직업의 계절을 타는 다양한 리듬은 해사 공동체에서 기혼 여성의 노동 흐름을 차단시켰지만, 젠더에 기초한 노동의 분업은 의미심장하게 다른 방식으로 여성의 일상을 구조화하였다. 19세기 해사 노동 내에서, 기본적인 젠더 분리선은 바다와 선박, 혹은 남성의 노동 장소인 배와, 여성의 일터인 집과 토지 사이에 그어졌다. 해안지역 공동체의 성인 남성들이 바다로 나가고 없을 때인 여름에 기혼 여성들 대부분의 일은 농사였다. 실제로 브릿 베르그린은 노르웨이 여성을 "해안 지대의 농부"로 언급하였다. 전형적으로, 남성은 어로와 항해에 종사하여 돈을 벌었고, 아내는 남편의 돈벌이가 시원찮을 경우에 대비하여 농업과 가축사육으로 가족의 안정망을 확대하였다. 어업 내에서도 젠더에 기초한 노동의 분업 또한 적용되었다. 일반적으로 여성은 출어를 준비하고, 입어 이후 생선을 손질하였으며, 판매하였다. 즉 여성이 어로 과정의 시작과 마무리 단계에 참여한 반면, 남성은 실질적으로 어종을 잡는 중간 단계에 참여하였다.[18]

다시 말하자면, 어로를 위한 사전 작업은 북해 안에서도 어부를 위해 모직 옷을 짜는 것부터 셰링엄Sheringham과 크로머Cromer 여성들이 귀항하는 선원들에게 음료를 가져다주는 것에 이르기까지 매우 다양하였다. 이러한 지원업무는, 동시대 관찰자들이 경탄하거나 흥미로 언급했을 때조차도, 얼핏 보아 아주 실용적이며 건강상으로도 유용하였다. 스코틀랜드에서, 어부의 스웨터는 신장을 따뜻하게 유지하기 위해 깊은 골이 지게 짜였으며, 털실이 물에 젖거나 손목에 걸리는 것을 방지하기 위해 소매를 짧게 만들었다. 셰링엄(넓은 야외 해변에 소형어선을 끌어 올렸던 곳)에서 스웨터는 기어를 오르내릴 때의 압박을 완화할 수 있도록 패딩이 어깨를 가로질러 덧입혀졌다.[19]

어로 준비나 어로 이후 청소 과정에서, 여성들의 참여 정도와 특성은 다양한 어로 관행에 따라 천차만별이었다. 특히 낚시 바늘과 줄 정비작업은 엄청난 수의 여성 어부가 투입되어야 하는 대단히 노동집약적인 유형의 일이었다. 예를 들어 덴마크 서해안에서는 여성들이 매일 2,400개의 낚시 바늘을 씻고 미끼를 다시 달아 낚시 줄을 정돈하였다. 이와 마찬가지로 스코틀랜드 동해안에서, 낚시 줄을 준비하는 것이 매우 힘들고 많은 시간을 요하는 작업이었다. 미끼로 사용되는 홍합은 새벽에 갯벌로부터 채취되었고, 해가 뜰 무렵까지 미끼는 낚시 줄에 끼워져 있어야 했다. 잉글랜드 남서부지역과 스코틀랜드의 절벽과 바위가 많은 작은 만에서, 어부아내들은 배를 진수시키고, 장비와 고기를 해안으로 옮기는 일을 도왔다. 한편 동 앵글리어의 평평한 해안선에서 연안어로 방법은 이와 같은 수작업이 필요 없었다. 발트해에서, 여성들은 주로 청어 그물을 수선하였고, 그물을 만들기 위해 실을 자았으며, 유망으로부터 고기를 분리하고, 세척하였다.

발트해 지역에서 여성은 남성의 일터로서 바다와 여성의 일터로서 육지라는 일반적인 패턴을 명확하게 붕괴시켰던 일에 종사하였다. 스웨덴 동해안과 핀란드 동해안선(그리고 일부 노르웨이의 해안선)을 따라, 성년 여성이 실제로 어로에 참여하는 것은 다반사였다. 여성이 실제로 선원이 되어 배를 타고 바다로 나아간 또 다른 예는 농민 교역선peasant trading vessel 선상에서의 여성의 활동이다. 예를 들면 농산물 상인의 아내, 딸, 그리고 드물긴 하지만 하녀는 스톡홀름에 가서 남편이 생선이나 장작을 판매할 동안 버터, 계란 혹은 훈제 양고기를 팔기 위해 올란드 섬에서 출항하는 배에 남성들과 동행하였다. 마찬가지로 노르웨이의 많은 여성들은 1890년 무렵 증기선이 도입될 때까지 보트를 타고 베르겐으로 가서 농산물을 팔았다. 지역마다 시기는 다양하지만 화물 교역freight trading 제도의 도입은 농민 교역에서의 여성의 전통적인 참여를 종식시켜 왔던 것으로 보이지만, 1825년경에도, 올란드 섬의 렘란드Lemland에서 스톡홀름까지 가는 농민 교역선에 탑승한 인원의 1/4은 여성이었다고 추산된다.[20]

더욱이 발트해나 노르웨이 해안 공동체에서 기혼 여성은 직접 바다에서 수행해야만 하는 다른 많은 일에 종사하였다. 여성이 직접 작은 배를 몰고 이웃을 방문하였고, 교회나 인근 타운으로 갔으며, 북부 노르웨이 해안의 여성 대부분이 20세기 이전에 사소한 삭구 고장을 직접 수리할 수 있었다. 올란드와 칼마르 해협Kalmarsund 섬들뿐만 아니라 앙거만란드 암초군Ångermanland skerries과 같은 발트해 주변의 많은 섬 마을에서, 기혼 여성은 조정, 항해, 그리고 고향 수역에 숙달되지 못했더라면, 가계를 잘 꾸려갈 수 없었을 것이다. 여성이 가축(평범한 농장주에게 너무나 소중했던 소 한 마리, 그리고 좀 부유한 농장주는 소 이외에 양과 염소)을 바다위에 줄지어 있는 작은 바위 섬으로 방목하고, 매일 젖을 짜며, 목초지가 이내 고갈되었기 때문에 여름철에는 가축들을 이곳에서 저곳의 바위섬으로 수차례 이동시키기 위해 뱃길을 정기적으로 왕복해야 했다.[21]

따라서 발트해 어부아내의 바다에서의 활동이 연안에 국한되지 않았을 뿐만 아니라 발트해와 북해에 걸쳐 비슷하게 나타났던 남녀 젠더에 기초한 노동분업의 틀 속에서 전개되었다고 보기도 힘들다. 하지만 이상과 같이 포괄적인 윤곽을 제시하는 것 이외에, 예를 들면 어로에 참여한 여성의 정확한 지역 분포를 설정하는 것은 어렵고, 그리고 그것에 대한 이유를 알아내는 것은 훨씬 더 어렵다. 그렇지만 하나의 예를 들어보는 것은 가능하다. 어로수역에 관한 소유권 문제가 여성의 어로 참여와 어느 정도 연관성이 있을지 모른다. 어로의 다양한 유형과 생계 가능성의 가용 범위를 통해 연관성을 찾을 수도 있다. 덴마크와 노르웨이에서 그러했던 것처럼, 스웨덴 서해안에서 연안 수역에서의 어로는 모든 사람들에게 개방되었지만, 반면 스웨덴의 동해안과 핀란드에서 어로권리는 바닷가와 내륙 소유권에 결부되어 있었다. 이러한 규정은 소작농의 생계 조건에 엄청난 충격을 주었다.[22] 아직까지 이 부분에 대한 연구가 전혀 없었기 때문에 위의 의문은 해석의 여지를 남겨둘 수밖에 없다.

만약 어로에서 수확한 어류 판매로 주제를 전환하면, 이 일은 전적으로 그런 것은 아니지만 대개 여성들의 몫이었다. 20세기 전환기에 스테틴 하프 Stettiner Haff나 스케브닝겐에서, 대부분의 생선 방문 판매는 여성이 담당하였고, 그리고 스웨덴 보호슬렌에서는 여성어부가 직접 어류를 판매하였으며, 또한 여성어부는 노르웨이 프레케뢰이Flekkerøy에서 잡은 어류를 크리스티안산Kristiansand 시장으로 실어 날랐다. 흰살 생선(대구, 대형대구, 넙치, 해덕)

어획에 몰두한 스코틀랜드 어촌에서, 농촌과 타운을 돌며 판매하면서 외부 세계의 농민과 타운 거주민과 어촌 마을을 연결하였던 사람은 다름 아닌 여성이었다. 외부인들의 눈에, 어로하는 삶의 전형으로 보였던 것은 종종 여성어부였다. 하지만 란스크로나 타운의 역사학자는 1908년 다른 시각에서 분석하였다. 그는 어류 거래와 이 과정에서의 잦은 대면 접촉 때문에 보르스타후젠Borstahusen 인근의

> 어촌 여성은 훨씬 활달하고 더욱 독립적이다. … 하지만 어부의 경우는 그렇지 않다. 어부는 먼 혹은 가까운 어로 항차 끝에 집으로 돌아오면, 홀로 집에 머무는 것을 더 선호하며, 하여 더욱 말이 없게 되고 그들의 아내보다 내향적으로 바뀐다.23)

고 관찰하였다.

위의 인용문이 아마도 어로의 격렬한 노동이 인간 육체에 미치는 영향을 전혀 고려하지 않았다는 것을 보여주지만, 그럼에도 이 인용문은 강하고 독립적인 노르딕 해사 여성이라는 개념의 흥미로운 선례로 간주될 수 있다. 후대의 많은 학자들 또한 이 개념을 지지하였다. 이러한 추론에 의하면, 19세기 북유럽 해사 공동체에서 여성은, 남성의 부재로 인하여, 예외적으로 능동적인 역할과 육지 기반 공동체에서는 전적으로 남성이 독점했던 농사일과 같은 광범한 범주에 걸쳐 권한을 보유했다.24) 따라서 인용한 내용이 의심의 여지없이 유효해 보이지만, 그 주장을 지지하는 틀과 그 기반 위에서 도출될 수 있는 남성과 여성 젠더 역할에 관한 일반적 결론에 관해서는 학자들 사이에 상당한 이견이 있다. 예를 들어 복잡한 요인들 중에 하나는 여성의 농사일 참여가 해사 공동체에서 받아왔던 평가는 편차가 매우 심했다는 것이다. 올란드 섬들 같은 곳에서 여성의 농사일을 시답지 않은 것으로 치부하진 않았지만, 반면 카테가트 래쇠의 섬에서는 위계의 첨예한 요소가 젠더 기반 노동 분업 속에 얽히고 섞여 있었다. 18세기 중반 이래 국제 수역

에서 항해자로 활동해 온 래쇠 남성들은, 생계를 위한 여성의 농사일을 별 볼일 없고, 미미하며, 바깥 세계와는 단절된 생계로 간주하였다. 그리고 남성들은 심지어 바다 생활을 마감하고 육지로 완전히 회귀한 뒤에도 농사일이 자신들과 무관한 것으로 생각했다.25)

래쇠에서, 젠더 기반 노동 분업의 경계는 아마도 이례적으로 분명했고, 폴 험이 지적했듯이, 그 경계는 있어야 할 곳에 여전히 건재하였다. 즉 래쇠에서는 막강한 선주나 해상 상인의 출현이 없었다. 제인 네들-클라인은 전반적으로 비슷한 사례를 제시하였다. 그녀는 페리던Ferryden의 경우 어부아내들의 사회적 지위가 상대적으로 높았지만, 스코틀랜드 어촌에서의 젠더 이데올로기는 여전히 이들을 열등적인 요소가 내포된 배제된 신분에 처하게 만들었다. 여성들은 남성만의 영역이나 특정 의례에서 엄격히 배제되었다. 가장 중요한 사례는 의례에서의 금기로 여성의 접근을 막은 '일종의 준성역'인 흰살생선잡이 보트였다.26)

학자들이 북유럽의 어업 및 해사 공동체에서의 여성의 역할과 사회적 지위 평가에 대한 전반적인 입장은 기본적으로 다음과 같았다. 남성의 (이동하는) 일과 대비되어 여성의 (공동체 주변에) 잔류하는 역할을 강조하거나, 혹은 남성과 여성, 양자의 노동력 투입이 수산업에 어떻게 소요되었는가를 강조하든지, 혹은 수산업 내에서 여성이 어떻게 중심적인 역할을 하였는가를 강조하는 것이다. 이러한 관점은 경계가 배타적일 정도로 분명하지는 않지만, 각 관점 내에서 가끔은 위계적으로 다른 관점이 수용될 수 있다. 일부 덴마크 학자들이, 북유럽의 어촌 및 항해자 공동체에서 여성은 남성이 집을 떠나 있기 때문에 농경사회에 비해 훨씬 중심적인 역할을 향유할 수 있었던 반면에, 그럼에도 19세기 북유럽 해안 공동체에서 여성이 남성의 일을 지원하는 정도에 불과한 가부장적이고 남성우월적인 사회였다고 주장하였다.27) 마찬가지로 제인 네들-클라인은 남성의 영역으로부터의 여성의 배제와 연안에서의 흰살생선 어로에서 숙련된 여성들의 지원이 필요했던 남성의 여성 의존성을 지적한다. 트레버 루미스는 동 앵글리어 어부가족의 노동 과정에서 상호 존중의 정서와 평등한 노력이 목격되지만, 반면 헐의 트롤어업 가족의 경우는 그렇지 않았다고 주장한다. 그리고 폴 톰슨은 동 앵글리어 혹은 셰틀랜드에서 어부가 필요한 경우 여성 노동영역에서만 활용되는 일부 기능을 종종 차용했다고 흥미롭게 주장한다. 전적으로 남성들만 승선한 선상에서 항해자들이 기본적인 가사 일을 배우고 실천한 후에도, 남성들은 가정에 돌아와서도 육아, 청소 및 요리를 도왔다. 톰슨의 언급처럼, 해사 남편과 아내가, 다른 영역에서 각자의 일을 하지만, 일부 중복되는 기술 또한 습득하였다. 그리고 남성이 바다로 이동함에 따라, 어로는 남성으로 하여금 해안가에서의 작업을 여성의 힘에 의존하게 만들었다.[28] 어로와 항해직종 두 영역 모두에 여성들의 노동력 투입으로 인해 가능했다고 보는 여성어부와 항해자의 아내를 규정하는 이러한 기본적인 견해는 다수의 핀란드 학자들에 의해 지지받아 왔다.[29]

일견 이 모든 상호 모순되는 증거는 북쪽 바다들에서의 강인하고 독립적인 해사 여성의 주장에 대해 의미하는 바가 무엇일까? 무엇보다도, 19세기에 통상 젠더 기반 노동의 분업은 해사 여성으로 인해 그 경계가 겹치게 되고, 때로는 남성으로 인해 또한 그렇게 되었다. 그렇지만 노동이 여전이 젠더에 의해 분리되었다는 기본적인 사실을 희석시키는 정도까지 지나치게 해석하는 것은 경계해야 한다. 심지어 노동 분업의 교차가 해사 생계의 필요 때문에 발생하였던 곳의 경우에도, 젠더에 기반한 미세한 노동 분업은 동시에 존재하였다. 예를 들어 발트해 후릿그물 어로에서, 특수한 기술이 필요했던 돛을 다루는 작업은 남성의 몫이었고, 반면 노젓기는 여성의 몫이었다. 핀란드 만의 섬들에서, 젊은 여성이 연안 어로에 참여할 수 있었지만 대양 어로는 전적으로 남성의 몫이었다. 그리고 보르스타후젠 어촌의 생선 교역에서, 보다 수익이 많이 나는 덴마크로의 수출 교역은 남성어부의 수중에 있었고, 반면 '훨씬 활달하고 독립적인' 여성이 지방에서 어류를 팔았다. 이와 마찬가지로 젠더 기반 노동의 분업은 스타방에르Stavanger 정어리 통조림 산업에서도 관철되어 왔다. 여기서 20세기 전환기 여성들은 분류와 포장과 같은 '쉬운 일'로 간주되는 작업을 하였고, 그 과정에서 요구되었던 기술이 북해 수산업에 종사하는 여성 노동자들에게는 전통적으로 필요한 것들이었다. 리듬, 정확성, 민첩성 그리고 속도였다(사진 13 참조). 그러나 남성은 완제품의 품질에 영향을 주고 특수한 자격이 필요했던 생산과정 분야를 담당하였다. 그리하여 이 산업은 심지어 1910년경 기계 생산으로의 전환이 완결된 이후에도 여전히 젠더 경계에 따라 분리된 상태로 운영되었다.[30]

그렇기 때문에 해양에서의 젠더 기반의 미시적 노동의 분업 내에서 고도의 기술을 요하고 명망 있는 작업은, 남녀가 모두 유자격일 경우에도 대개 남성에게 돌아갔다고 주장하는 것이 타당해 보인다. 물론 특히 19세기 해사 여성의 독립성을, 현대적 의미의 평등 개념을 가지고 지나치게 정치하지 못한 방식으로 해석하려는 유혹을 정당화하려는 목소리만 큰 주장도 있지만 말이다. 해사 여성이 의심의 여지없이 누렸던 독립적인 책임은 젠더 시스템의 전면적인 부인보다는 전체적인 젠더 기반 노동의 분업 맥락에서 해석되어야 할 것으로 보인다. 예를 들어, 안네미엑 반 데르 벤*Annemiek van der Veen*은 플라드딩겐, 캇베이크 그리고 스케브닝겐의 네덜란드 어부아내들이 어쩔 수 없이 어떻게 독립적으로 바뀌었는지 관찰하였다. 남자의 업무로 간주되었던 일을 수행하는 것은 여성에게 엄청나게 부담이 되었고, 따라서 어부아내는 남편이 귀가하면 남성의 일을 남편에게 떠넘기길 간절히 원할 뿐이었다.[31] 하지만 우리가 여성 노동의 (공동체에) 잔류하는 역할에 집중하든 어부 및 항해자의 아내들의 노동력 투입으로 인해 어로와 항해가 가능하게 되었던 과정을 강조하든 간에 이러한 해석들은 결국 우리들의 기본적 관점에 달린 것일 게다. 그런 관점의 선택은 무엇보다도, 우리가 주목한 북부 바다들의 독특한 해사 공동체와 같은, 그리고 해사 젠더 기반 노동의 분업에서의 지역적 다양성이 암시하는 사실들에 근거하여 결정될 것이다.

선상 결혼생활

여성의 해사 고유의 젠더 역할 외에도, 내륙의 경우와는 다른 해사 결혼생활과 가족생활의 여러 양상들이 있었다. 아마도 대표적인 양상은 19세기 선장의 아내들 중 다수가 남편의 항차에 동행하여 실제로 위험을 무릅쓰고 항해하였다는 사실이다. 이 여성들은 바다를 직접 경험하였고, 그렇지만 남편과는 대단히 다른 방식으로 체험했다.

항해하는 여성에 관해 서술했던 거의 모든 학자들은 19세기 이후 이런 관행이 모든 나라의 선박에서 '흔히 있는' 일이라는데 동의하는 것으로 보인다. 그 숫자의 정확한 추정은 어렵지만 말이다. 여성이 원양 교역권에 비해 발트해와 북해 교역권내에서 더 자주 항해에 동행했는지 여부는 판단하기 힘들다.[32] 하지만 남편과 동승하여 항해하였던 여성은 선장의 아내가 유일하였다. 숙련 갑판선원의 아내는 물론이고 일등항해사의 아내도 동승할 수 없었다. 선장도 선주의 허락을 받아야 했고, 그 허락이 항상 승인된 것은 아니었다. 선장이 자신이 지휘하였던 선박의 일부 지분을 갖고 있다면, 아내의 동승 허락을 득하는 것이 훨씬 용이했다.

무엇 때문에 일부 선장들과 그 아내들이 동승 항해하는 것을 선호했는지에 대해 탐구하였던, 브릿 베르그린은 정서적, 경제적 그리고 기능적인 고려사항의 다양한 조합이 작동된 결과라고 결론지었다. 하지만 그녀는 동승항해가 가정경제(각자 가계를 유지하는 대신 하나의 가계를 유지하는 것)와 선박 경제 관점에서 이해될 수 있다고 강조하였다.[33] 항해하는 아내의 기능적인 역할과 관련해서는, 아내가 심지어 선박을 운항하였던 유명한 사례들도 일부 있었다. 예를 들어 알마 홍엘*Alma Hongell*은 1895년 남편과 일등 및 이등항해사 사망 이후 '멜리진*Melusine*' 호를 몰고 인도양에서 바사로 귀항하였다. 이러한 예외적인 −19세기 후반 슈테틴과 로테르담 사이를 43년간 남편과 함께 항해하였던 선장 아내의 경우는 심지어 일상적인−[34] 선장 역할의 대행은 항해하는 아내의 적응력과 학습능력을 보여준다. 그렇지만 일반적으로 아내는 선상에서 가정주부의 업무를 수행하였다. 아내는 주로 남편의 옷을 세탁하고 정돈했으며, 바느질과 뜨개질을 했고, 먼저 후부 선실aftercabin을 가정으로 변모시킨 뒤, 그 선실을 깨끗이 청소하였다. 후부 선실은 선장 부부뿐만 아니라 이국 항구에서 선장 전용구역으로 탑승한 많은 방문객을 고려해도 중요한 장소였다(사진 18 참조). 항해하는 아내들은 공식적으로 승객의 지위를 부여받았다. 그녀가 선박 일지에 최소의 혹은 상징적인 임금을 받는 사환이나 요리사로 등재될 수 있었지만 말이다.

순수하게 실용적인 의미에서 선장의 아내를 동승시키는 것은 선장에게 내 집 같은 편안함을 제공한 반면에, 함께 항해함으로써 생기는 정서적 혜택은 부부들에겐 모르긴 해도 상당했을 것이다. 항해라는 직업이 부부생활에 강요했던 별거의 요구라는 맥락에서 보면, 아내와 함께 있는 것은 선장을 선상에서의 일상적인 외로운 별거로부터 벗어나게 만들었으며, 반면 아내를 집에서 학수고대하며 기다리는 스트레스에서 해방되도록 만들었다. 항해하는 아내의 입장에서는 임신의 경험과 간혹 바다에서의 출산이 항해 고유의 위험에 부가됨으로써 선상생활이 아마도 남편에 비해 훨씬 더 다양하고 복잡했을 것이다. 따라서 20세기 초 앤트워프로 입항중인 영국의 전장 범선, '숨바바Sumbava' 호의 선장은 "스헬데Schelde 강을 안내할 도선사와 산파가 필요하다"는 신호를 보내야만 했다. 1869년 바락 '쇠비Sæby' 호의 크리트가르Klitgaar 선장처럼, 그는 런던의 조산소에서 아내의 검진을 생략하고 출항했던 것이 분명하다. 투르쿠 출신인 선장 헨릭 퍼디난드 샌드루스Henrik Ferdinand Sandroos와 그의 아내의 경우, 네 명의 자식은 1860년대에서 1870년대 사이 항해 중에 태어났다. 장남 버나드 오션 퍼디난드Bernard Ocean Ferdinand는 앤트워프로 입항 중에, 넷째 아이인 딸은 예테보리에서 태어났다.

흔히 부부가 자녀와 함께 동승하였을 때(예컨대 1919년, 라우마 출신 '파흐볼Fahrwohl' 호 선장은 아내, 아들 그리고 장모와 동승했다) 가족이 선박의 전반적인 분위기에 활력을 불어넣었다. 그러나 그 경우가 아니더라도, 집안일, 도색작업이나 바느질은 항해생활의 단조로움을 어느 정도까지 완화할 수가 있었다. 하지만 일기를 쓰는 것이 공허한 순간을 메울 수 있는 유용한 수단이었으며, 그리고 19세기 항해하는 아내가 쓴 일기는 독특한 문학 장르로 간주된다. 종종 이 글은 사적인 일기가 아니라, 하나의 독자층, 특히 고향의 친지를 대상으로 작성되었다. 저자는 독자들의 편리를 위해 잠재적인 관심거리가 되는 해사 사건들(날씨, 선박의 항로, 기타 이례적인 사건들)을 선택하였다. 항구에서의 출항은 항상 감동적인 분위기를 만끽하는 순간이었다. 덴마크 스톨리Stollig 출신의 요한나 로이터Johanne Reuter는 일행이 1876년 해안가 관중의 환호와 펄럭이는 깃발을 뒤로 하고 어떻게 프레데리시아Fredericia 항을 떠났는지 세세하게 서술하였다.[35] 핀란드 선장의 아내인 마틸다 피터슨Mathilda Peterson(그녀는 1872년 결혼하자마자 야콥스타드Jakobstad에서 '라피드Rapid' 호에 올라 남편과 동행하였다)은 해안선과 기항의 즐거움을 상세히 서술하였다. 배가 잉글랜드의 북동해안으로의 접근할 때에, 그녀는 "해안 전체가 연기로 뒤덮여 있었으며, 증기선 선상에서 여행하고 있는 것으로 착각할 만큼 지독한 석탄 냄새를 감지할 수 있었다"고 적었다.[36]

마틸다 피터슨의 서술적인 글쓰기는 아마도 자신들의 일기에 항해일지에서 사용하는 자료, 문체와 용어들을 도입한 다른 선장의 아내들 —이점은 해스켈 스프링거Haskel Springer가 미국의 범선 선장 아내들에 관해 지적하고 있다— 과는 차별을 보였던 것 같다. 대개 선장 아내들은 자신들의 일기에 항해용어를 채택함으로써 일기쓰기가 일종의 항해생활과의 통합행위로 바뀌게 되었는데, 다시 말해 이는 선장 아내들이 진정한 선상 생활의 일부로 변화되어 갔다는 것을 의미한다.[37] 피터슨의 일기가 이들과 차이를 보이는 것은 19세기 후반 엄격한 위계적 질서가 있는 범선에서 항해하던 아내의 완전한 고립감 때문이었다고 설명할 수 있다. 여성이라는 성별과 높은 사회적 지위로 인해, 피터슨부인이 선장보다 더 심하게 승무원들로부터 격리되었고, 선내에서 이동의 자유는 종종 제한을 받았다. 장거리 항차에서 피터슨부인은 승무원들이 거주하는 전방 돛대 너머로 갈 수 없었고, 선장을 제외하면 그녀가 대화할 수 있는 사람은 항해사들과 집사 정도였으며, 한 사람

더 든다면 요리사이자 심부름하는 소년뿐이었다.

물론 북쪽 바다들의 연안 무역에서는 여성이 선상의 노동 공간으로 가는 경계선을 훨씬 용이하게 넘을 수 있었던 것으로 보인다. 우리는 이런 징후로서 선장의 아내가 항해자의 조언자 역할을 하거나 병든 선원을 돌보았던 곳에서의 사례들을 들 수 있다. 실제로 19세기 많은 선원들은 선상에서 선장 아내의 존재를 어머니의 대리자 혹은 미래의 이상적인 여성상으로서 환영하였다고 주장되어 왔다.[38] 하지만 마가레트 크라이톤은, 적어도 대양에서 운항되었던 선박의 선상에서 어머니의 상은 범선의 선수 선실에서의 지배적인 규범이었던 공동생활과 "독립적인 남성세계를 위해 양육적인 여성세계를 포기하려고" 최선을 다하는 대개 젊은 남성 승무원들로부터 그다지 환영받지 못하였다고 단정적으로 반박하였다. 또한 우리는 이러한 긴장감에 관한 선원들의 회고 기록의 증거들을, 그리고 심지어 선장 부부가 해상에서 결혼생활을 하였을 때 승무원들 사이에 야기될 수 있는 질투와 같은 성적인 요소들을 무시할 수 없다.[39]

19세기 선장 아내가 선상에서의 자신의 지위, 바다에서의 삶이나 실제 바다 자체를 어떻게 보았는지는 남성의 경우를 추측하는 것보다 더 어렵다. 심지어 여성의 일기에서도 이 부분에 대하여 별다른 언급이 없다. 예를 들어 1890년 올리비아 칼슨Olivia Karlsson의 일기를 보면, 중요하게 서술되는 내용은 항상 날씨, 남편, 그리고 베스테르보텐의 빅디오Bygdeå에서 출항한 바락 '시케아 바르프Sikeå Varf' 호 선상에서의 남편의 일상적인 걱정거리였다. 올리비아가 자신이 생각하는 것 혹은 행하는 것은 상대적으로 뒷전으로 밀렸다. 마찬가지로 1898년과 1903년 사이에 남편 및 딸과 같이 항해하였던, 노르웨이 선장의 아내인 '시그리드Sigrid'의 바다에 대한 반응은 자신보다는 남편의 기분에 따라 좌우되었다. 따라서 아마도 할 수 있는 최선의 방법은, 해스켈 스프링거가 통찰력을 갖고 지적하였듯이, 바다에서 항해하는 아내의 운명이 "특권을 가지면서 동시에 권리를 박탈당한" 모순으로 충만해 있었다고 언급하는 것이다.[40] 여성들이 바다에서의 삶의 일부였지만 바다로부터 격리되었으며, 선상에서의 여성들의 존재는 모든 사람들로부터 불가피하게 노출되었으나, 그들의 일기에서 자신들이 종종 보이지 않는다. 그러나 이러한 모든 모순들의 긍정적인 측면들이 과소평가 되어서는 곤란하다. 선상에서의 결혼생활의 혹독함에도 불구하고, 항해하는 부부는 결정적인 의미에서 운이 좋았다고 결론지을 수 있다. 범선 시대에 바다가 항해자의 결혼 생활에 가했던 아마도 가장 큰 고통으로부터 벗어날 수 있었기 때문이다. 그 고통이란 부부의 이별과 부재였다. 일시적일 땐 잦은 이별과 부재, 마지막일 땐 영원한 이별과 부재 말이다.

학수고대의 외로움

사이를 갈라놓는 바다 너머 멀리 떨어져서 결혼생활을 유지하는 것이 특히 선원가족으로서는 쉽지 않았다. 평범한 승조원과 아내로서는, 해운업의 매끄러운 작동을 위해 점차 중요한 역할을 했던 다양한 통신수단(시각 전신은 1840년대 이후 전기 통신으로 신속하게 대체되었고, 전기 통신은 20세기 전후로 무선 송신으로 대체되었다[41])이 당장 이용 가능한 것도 아니고 비용도 만만찮았다. 그래서 가정과 선박 사이의 가장 중요한 연결은 훨씬 더 느리고 좀 더 불확실한 방법으로 유지될 수밖에 없었다. 편지가 19세기 해사 부부 간의 사적인 연락을 위한 가장 중요한 수단이었다. 편지는 얇고 가느다란 편지지 위에 서로간의 절실한 그리움을 담은 감정, 뉴스의 파장, 그리고 일상생활과 긴장감 속에 영위되는 결혼 생활의 사건사고를 전달했다.

배 위에서나 육지에서 서로의 소식을 애타게 기다리며 서로의 편지를 부적처럼 간직하였던 사실로 판단하건대, 항해자 가족들의 삶에서 서신 교환은 대단히 중요했다. 19세기 파뇌, 아라벤라, 그리고 스벤보르에서 편지를 주고받는 사람들은 늘 새로운 편지의 도착을 애타게 기다렸고, 1930년대 말까지도 선원으로부터 온 뜻밖의 편지가 집에서 기다리는 아내에게는 소중한 선물로 간주되었다.[42] 그렇기에 19세기에 해사 서신 교환이 확실성과 신속성을 저해하는 요인들과 얽혀 있었다는 것은 엄청난 불운이었다. 편지가 항해 중인 선상의 남편에게 전달되려면, 그가 사전에 어느 정도 추측하였던 시기에 배가 예고된 항구에 도착해야 했고, 또한 고향의 식구에게 써준 주소가 정확하거나 충분히 판독할 수 있을 경우에만 가능했다. 예를 들어, 19세기 후반 핀란드 선원이 고향에 있는 사람들에게 발음 나는 대로 철자를 명기한 주소를 남겼다면, 가족의 편지는 그가 남긴 런던이나 헐의 주소에 도착할 가능성은 거의 없었다.[43] 편지가 지연되었을 때에는, 남편에게 불의의 사고가 일어나지 않았을까 걱정하는 아내나, 가족으로부터 버림받은 것은 아닐까 불현듯 의심하는 선원에게 불안감을 조성하였다. 덴마크와 핀란드의 선원 가족 간 편지에 자주 등장하는 만수무강의 기원, 본인의 건강 상태, 신의 가호는 (19세기의 해사적 맥락에서 보자면) 그냥 건성으로 하는 인사말이 아니라, 많은 경우 진심어린 종교적 감정, 그리고 바다에서의 삶에 내재된 불확실성을 반영하였다.[44]

해사 편지는 개인사에 국한된 것이 아니라 당연히 지방의 다양한 뉴스도 담고 있었다. 이 편지들이 특히 멀리 떨어져 있어 제한적인 정보만 공급받는 범선의 선장이나 일등항해사에게는 어느 정도 직업상 필요한 것이었고, 실제로 19세기 말에는 개인적인 그리고 전문적인 정보 네트워크가 종종 중첩된 것으로 보인다. 지방의 소문이나 고향으로 돌아온 남성들로부터 입수한 뉴스 이외에, 항해자 가족은 신문을 통하여 선박의 최근 일정을 잘 챙겼고 —덴마크 신문들은 18세기 이후로 항해일정을 싣고 있었다— 드물긴 하지만 일부 항해자의 아내가 수집한 정보를 비공식적인 '해운 정보'로 제공하였다. 예를 들어, 선장과 두 번 결혼하였던 도로시아 마리아 부르하르트 *Dorothea Maria Burchardt*는 19세기 후반 뢰이트 키르케뷔*Løjt Kirkeby*에서 매주 일요일 오전 11시에 비공식적인 정보를 교환하였고, 귀향하는 선장들에게 화물 운임과 괜찮은 가용 승무원을 찾을 수 있는 장소에 관한 유용한 정보를 제공하였다. 1870년대 크리스틴스타드*Kristinestad*의 구스타프 하이든*Gustaf Hydén*

같은 선주는 승무원 아내들이 사적인 정보교환을 통해 알아낸 정보를 활용하여 드물긴 하지만 이득을 보기도 했다.[45]

편지는 남편이 원거리 무역에 종사하는 발트해와 북해의 아내들에게 엄청 중요했다고 예상할 수 있지만, 북부 올란드에서 확보한 증거는 남편의 부재가 훨씬 더 짧은 경우에도 편지는 중요한 역할을 했다는 것을 암시하고 있다. 북부 올란드 외스테르예타Östergeta의 틸다 마트손과 마트 마트손Tilda and Matt Mattson 소농 가족의 사례에서는, 1887년에서 1910년까지 편지들이, 항차 중에 가끔씩 집을 방문하기도 하는 단거리 항차였지만, 스톡홀름으로 장작과 감자를 싣고 항해하는 남편 및 아들과 초라한 집을 홀로 지키는 아내와 어머니 사이를 왔다 갔다 했다. 이 소박한 편지들이 스톡홀름에서 받았던 농산물 가격 같은 현실적인 문제를 주로 언급하고 있지만, 바다에서의 지친 삶과 점점 늙어가는 선장에 대한 걱정, 그리고 남편과 아들의 귀환을 홀로 기다리면서 불안정한 날씨를 수반한 가을이 도래했을 때 깊어가는 아내의 외로움을 전하고 있다.[46]

남편이 항해나 어로를 위해 바다로 나간 19세기 후반기의 대부분의 해사 여성과 마찬가지로, 틸다에게 기다림은 삶의 일상적인 경험이었다. 기다림은 피하거나 인위적으로 제거될 순 없었다. 가끔 남편을 만나기 위해 항구로 가는 여행이 가끔씩 위안을 주긴 했지만 말이다. 특히 장거리 항해 중간에 발트해나 북해 항구, 종종 런던이나 헐 또는 암스테르담에 정박하는 선장의 아내에게는 이러한 중간 만남이 아주 소중했다. 덴마크 인들에게 함부르크는 방문하기 편리한 항구였다. 특히 파뇌에서 함부르크를 방문한 여성들이 독특한 복장 때문에 사람들의 눈에 확 띄는 경우가 많았고, 그래서 1900년 파뇌 출신의 선장은 "모든 사람들이 우리 주변을 에워싸고 넋이 나가 쳐다보는 일이 없도록" 다음 번 함부르크를 방문할 때는 수수한 일상복을 사라고 요구할 정도였다. 항해하는 남편으로서는, 항차 중 집에 잠시 들리기 위한 일정 조정이 1930년 후반까지도 쉽지 않았다. 당시 스톡홀름에서 영국 동해안 항구로 항해하는 이등항해사의 부인은 갓 태어난 첫째 아이를 보여주기 위해 남편의 선박이 적하역 작업을 하던 스톡홀름 부두로 가곤 했다. 그의 선박은 한 달에 한 번씩 집 근처에 정박했지만, 그가 집으로 갈 시간이 없었기 때문이었다.[47]

해사 여성에게, 기다림은 오랜 시간 동안 지속되었을 뿐만 아니라 특히 폭풍우가 몰아치면 기운을 소진시키고 조바심을 불러 일으켰다. 한 밤중에 아내를 불면에 시달리게 만드는, 선원 아내의 집 창밖에서 몰아치는 폭풍우는 남편이 먼 바다에서 마주치는 날씨와는 아무런 관련이 없지만, 아내로 하여금 남편이 직면하는 위험에 대한 불안한 기억을 떠올리게 한다. 이러한 근심으로 부인은 밤잠을 설쳤다. 그 근심은 남편뿐만 아니라 아들도 함께 항해 중일 땐 특히 심했고, 혹은 남편이 겪는 동일한 폭풍우를 (아마도 선원의 아내보다는 더 자주) 경험하고 있는 어부의 아내에겐 특히 심했다. 어부 아내의 삶을 짓누르는 요소가 스코틀랜드와 덴마크의 북해에서, 적어도 귀항하는 어선이 해안선에서 완전히 보일 정도, 즉 육지 아주 가까이로 사고 소식을 갖고 오는 것이었다. 20세기 초반이긴 하지만, 캇베이크의 여성어부의 기억은 동일한 해안선에서 19세기 그녀의 전임자들이 겪어왔던 것과 흡사한 정서를 대변하고 있다. "너는 항상 불안했어, 기억나지, 늘 일종의 긴장 상태에 있었잖아, 너는 항상 기다리고 있었지, 그러다가 이리저리 왔다 갔다 하곤 했지: '신이시여, 그들을 구원해 주십시오.' 기도는 하늘에 상달되었지."[48]

승조원 노동의 직업상 위험을 감안할 때, 19세기 후반의 아내는 바다가 어느 날 남편 목숨을 앗아 갈 수 있다는 것을 알고 살아가는 법을 배워야 했다. 북쪽 바다들의 많은 해사 중심지들에서, 그냥 주변을 대충 둘러보기만 해도, 이것이 사실이라는 것을 알게 된다. 뢰이트 키르케뷔나 파뇌 섬의 노르드뷔Nordby와 같은 곳의 과부의 수가 농업 지구보다 현저히 많았는데, 그 수는 19세기 후반의 몇 년 동안 성인 여성인구의 1/4로 증가되었다. 동일한 관련 통계수치는 북쪽 바다들의 다른 공동체에서 확보하긴 어렵지만, 20세기 전환기에 스웨덴 선원과부의 약 80%가 50세 미만이라는 사실이 해사

과부살이의 또 다른 송연한 측면을 보여준다.[49]

통신수단이 느린 시대에, 선원의 아내는 본인이 연락을 받기 훨씬 전부터 과부가 되었을 수도 있었다. 예감, 꿈 혹은 환각이 아내에게 뭔가 잘못되었을 것이라는 느낌을 주었다. 이러한 것이 단지 미신으로 무시될 수도 있겠지만, 바다에 나가있는 남편에게서 발생한 불운을 감지할 수 있었던 상태라는 것을 보여주는 해사 아내들의 사례들에 대한 기록들은 끊임없는 불안과 스트레스가 인간의 직관력을 얼마나 예민하게 만드는지 보여준다.[50] 하지만, 대개의 경우, 무엇이 잘못되고 있다는 첫 번째 징후는, 확실한 소식이 없는 가운데, 지속적으로 오던 편지의 중단이었다.

플렌스보르 피오르드Flensborg Fiord, 스텐비에르하프Stenbjerghav 출신 피터슨 *Peterson* 선장의 경우, 그의 가족은 소식이 두절된 채 불안에 떨었던 한 해를 보낸 후, 아버지가 몰던 외돛 범선 슬루프, '프린스 칼*Prince Carl*' 호가 1860년 가을 예테보리와 뉴캐슬 사이의 북해에 침몰되었다고 결론지어야만 했다. 아버지의 사망을 최종적으로 인정하면서, 1861년 10월 피터슨의 딸 소피는 불안에 떨었던 (그나마 한 가닥의 희망을 가질 수 있었던) 기다림이 끝났다는 슬픔을 보여주는 감동적인 시를 썼다.

> 오호애제라, 결국 우리 희망은 사라졌네
> 이제는 받을 수 없는 우리에게 보낸 아버지의 편지들처럼
> 아버지는 새해에 귀향할 거라 했는데,
> 그러나 아아, 아아, 아버지는 오지 않네.
>
> 우리와 함께 한 시간은 거의 없지만, 아버지에 대한 기억은 생생하네
> 아버지와 우리를 이어주었던 모든 연줄과 함께,
> 아버지의 일거수일투족은 바로 그의 생각, 그의 말,
> 그리고 일생을 바친 순수한 사랑, 유일한 사랑이었네[51]

본성상 지극히 사적인 것이지만, 슬픔과 사별은 북쪽 바다들의 작고 밀접하게 결합된 해사 공동체에서는 —아마도 보다 큰 해사 타운에서는 그 정도가 다르겠지만— 또한 마을 전체의 조사였던 것으로 보인다. 대부분이 지방의 남성들과 소년들로 구성된 승무원을 태운 배가 침몰하거나 북해 폭풍이 어촌마을을 휩쓸고 가면, 그 충격은 마을 전체에 영향을 미쳤다. 자신의 가족이 이번의 참사에서 벗어날 수 있었다 하더라도, 그 가족은 슬픔에 사로잡힌 그다지 운이 좋지 못했던 이웃을 크게 동정하였다. 해사 과부가 종종 공동체들로부터 받았던 심적 물적 지원은 19세기 스카게라크-카테가트 해협 지역의 어촌계Fiske pa dank의 사례를 통해 훌륭히 입증되었다. 이곳에서 어로팀은 종종 아픈 사람이나 과부를 위해 여분의 생선extra net을 챙겼다. 따라서 어촌 공동체가 과부를 위해 달리 보조해야할 부담에서 완전히 벗어날 수 있었지만, 곤경에 처한 사람들을 위해 별도로 챙긴 생선은, 사고를 당한 사람들을 포함하여, 마을의 모든 사람은 함께 소속되어 있다는 정서의 표현이었다.[52]. 아마도, 또한 해사 과부의 경우엔, 바다가 (남편을) 빼앗아 갔듯이, 바다가 (생선을) 제공하였던 것은 지극히 당연한 일인지 모른다.

여성과 선상노동

19세기 해사 여성의 바다와 관련된 희로애락에서, 우리는 바다가 어떻게 인간의 삶과 그것의 외적 표명뿐만 아니라 인간 감성의 상태와 강도에 강력한 영향을 주었는지 알 수 있다. 하지만, 해양 산업화와 어로의 근대화 및 전문화의 상호관련을 갖는 과정이 19세기 후반 이후 다양한 영역에서 영향을 주기 시작하였을 때, 이 과정들은 지금까지 논의해온 것과는 다른 삶의 유형과 태도를 지향하게 만들었다. 이러한 변화들이 해사 여성에 끼친 영향을 다룬 연구는 턱 없이 부족하지만, 그럼에도 적어도 전개 과정의 일부 추세를 정확히 추적하는 것은 가능하다.

카테가트 해협의 래쇠 섬이나 노르웨이 린데스네스Lindesnes 곶 인근 지역에서, 해운 일자리가 증기선의 출현 때문에 20세기의 전환기에 감소하기 시작했다. 어로, 농업, 축산업이나 낙농협동조합에서 새로운 기회가 생기자, 이전의 항해자들은 이제 어부나 농부로서, 육지와 지방에 더 밀착되게 되었다. 따라서 전통적인 남성적 해사 세계와 여성적 육지 기반 세계 사이의 오래된 분리는 희석되기 시작하였다.[53] 노르웨이 사회에서, 1860년대 이후 농업의 근대화는 일부 학자들에 의해 남성화의 과정으로 간주되어 왔으며, 여성은 새로운 방식의 가축사육과 낙농 생산의 강세로 인해 이전 농업활동에서의 우월적 지위에서 축출되었다. 동시에 가족의 심장으로서 여성과 가족의 부양자로서 남성이라는 부르주아적 이상의 출현은 여성의 어깨를 짓누르던 가계와 농장 일의 부담으로부터 여성을 해방시켰다.[54]

이와 비슷한 현상, 즉 육지 기반 활동에서의 이전 해사 남성들의 연루가 늘어난 것은 발트해 해운 산업에서의 증기의 출현으로 인해 또한 초래되었다. 증기선에 근무함으로써, 남성은 예전 범선에 비해 훨씬 자주 그리고 규칙적으로 귀가할 수 있었다. 유사하게 발트해 어로에서의 모터엔진의 도입은 ─예를 들면 1910년대부터 그리고 일반적으로는 1세계대전 이후부터 올란드 섬들에서는 심지어 소농장 가족이나 오두막 가족(반농반어 가족)들 조차도─ 어부가 멀리 떨어진 어장과 그 근처의 어막에서 몇 주씩 지내는 대신 어로 중간에 집으로 돌아갈 수 있게 만들었다.[55] 직업으로서의 어업의 전문화 증가는 어부아내의 삶에 심층적 영향을 끼쳤다. 발트해에서, 외곽의 열도와 스웨덴 보후스 해안 지역을 제외하면, 전업 '어부'가 19세기 말 이전엔 사실상 존재하지 않았다. 하지만 19세기 말에, 거의 동시에 스웨덴, 핀란드 그리고 노르웨이에서 전업어부가 출현하기 시작했다. 도시인구의 증가는 어류의 수요를 창출하고 증가시켰으며, 어선 선단은 이에 따라 자본 지출의 증대와 전업 어부의 출현을 필요로 하는 더 크고 성능이 좋은 선박으로 근대화되었기 때문이다.[56] 스웨덴 할란드 연해의 연안어업 같은 변화가 촉진한 어로의 새로운 유형과 더불어, 여성은 어로 장비를 준비하거나 잡은 생선을 등바구니에 매고 팔러 다니는 일에서 축출되었다. 더욱이 어로의 전문화와 산업화가 거의 동시에 진행되면서, 어부의 가족 기반 경제는 점차 시장경제로 통합되어 갔다.[57] 이러한 조짐으로, 공장에서 만들어진 어망 사용이 1880년대에 덴마크와 네덜란드의 해안선에선 일반화되었으며, 공장에서 제작된 어망을 상점에서 구입할 수 있었다. 폴 홈이 지적하듯이, 이런 변화가 어부아내에게 준 충격은 양면적이었다. 한편으로 여성들이 그물에 사용되는 끝을 알 수 없는 길이의 방사를 잣는 힘든 노동에서 해방되었지만, 다른 한편 공장에서 제작된 그물은 가난한 여성으로부터 생계의 수단과 가족 수입을 보충할 품삯 일거리를 앗아갔다.[58]

그러므로 19세기 말 경제적 체제, 젠더 역할, 북쪽 바다들에서의 해사 여성의 위상과 고용은 전적으로 근본적인 변화를 겪었다. 하지만 해사 여성의 바다와의 관련성에 준 직접적인 충격의 관점에서, 가장 큰 변화는 아마도 19세기 말 경, 증기가 선상, 특히 정기여객선 선상에서의 여성의 일자리 증가였다. 영국에서 최초의 여승무원은 일찍이 1815년에 외륜 증기선에 승선하였던 것으로 보인다. 노르웨이에서는 여성이 1865년부터 연안선에서 근무하였고, 헬가 루돌프*Helga Rudolph*에 의하면 독일에서는 여성이 1886년 경부터 발트해 여객선에 근무하였다. 예를 들어 히덴제*Hiddensee* 섬과 슈트랄준트 사이를 오간 것처럼, 해수욕장 휴양지로 향했던 증기선 선상에는 식당을 운영하는 여성도 등장하였다.[59]

증기선 선상에서의 여성의 노동력은 경쟁력 향상에 필수적인 것이라 간주된 편안함을 승객에게 제공하기 위해 고용되었다. 증기선의 식당과 식당 전용 구역에서의 요리와 서빙분야에서 다양한 일자리가 창출되었다. 예컨대 식당주인이나 지배인, 요리, 주방보조, 음식서빙, 청소의 일자리 말이다. 핀란드에서 식당경영자는 처음에 주로 기혼여성, 즉 선장부인이나 과부였고, 미혼여성은 주로 청소부나 조리사로 고용되었다. 사리 마엔파*Sari Mäenpää*가 지적한 바와 같이, 고용 조건은 근무시간이나 초과근무 수당에 대한 아무런 합의가 없었던 바, 처음엔 여성에게 좀 더 불리했고, 임금도 1930년대 까지 비슷한 일을 하는 남성 노동자와 비하면 훨씬 낮았다. 바로 이런 이유로 1880년대 이후부터 여성은 핀란드 투르쿠의 중요한 증기해운노선 요식업의 거의 모든 직종을 차지하였다. 핀란드뿐만 아니라 스웨덴 해운회사들은 여성을 고용함으로써 인건비를 절약할 쉬운 방법을 택했다.[60] 이 시기 이래로, 여성들은 오늘날까지 북쪽 바다들의 상선에서 전례 없는 규모로 일하고 있다. 실제로 레나 룬드베리*Lena Lundberg*의 소설 주인공 울라*Ulla*가 스웨덴과 핀란드 사이의 오늘날 여객 페리 서비스에 관해 말한 것처럼, "이 시기의 역사 서술을 구상한다면, 해양역사에서는 처음이겠지만, 그것은 여성의 역사가 되어야만 한다."[61]

하지만 증기선이 여성에게 항해와 관련된 일자리를 제공하였지만, 그것이 요리와 서비스와 분야 같은 전통적으로 여성 일자리로 간주되는 분야 안에서만 개방되었다는 사실을 직시할 필요가 있다. 더욱이 많은 남성 승무원이 여성 동료에 대해 표출한 적대감은, 1915년 스웨덴의 사회복지위원회 보고서에서 알 수 있는 바와 같이, 상상을 초월할 정도로 심했다. "특히 화물 증기선 선상에서 여성 주방직원의 고용은 반드시 없어져야 할 사회악이다. 여성들은 실로 엄청난 문젯거리와 비밀스러운 구경거리를 만들 것이다. 여성이 승선하는 것은 스웨덴 상선의 수치다."[62]

이러한 적대감은 여성의 일터, 즉 조리실의 취사담당자들이 남성이었을 때조차도 선원들이 자신들의 분노를 터뜨렸던 바로 그 대상이라는 사실을 들어, 부분적으로 설명될 수 있겠지만, 이런 설명이 올바른 논리의 인과인지에 대해선 논란의 여지가 많다. 또한 남성적 정체성 보호를 우선시하여 취사는 열등한 작업으로 간주되어야만 하는 주로 여성의 노동영역에 속하기 때문에, 조리일이 무엇보다도 기피되어 왔다고 주장할 수도 있을 것이다.[63] 더욱이 선상에서의 여성 고용은, 기존의 사회질서의 균형을 파괴할 수도 있고 남성전용 노동환경에 익숙한 승조원들에게 불편한, 젠더의 요소를 선상에 도입하였다고 설명하는 것도 가능하다. 새로운 상황에 의해 발생한 이러한 문제들이 남성과 여성 모두에게 시련을 주었겠지만 ─예를 들어, 여성은 달갑잖게 치근덕거리는 남성의 성적 요구를 뿌리쳐야만 했다─[64] 위에서 언급한 1915년의 인용문이 보여주는 것처럼, 기존의 남성 승무원은 새로 출현한 여성에게 전적으로 책임을 전가하려는 성향이 있었다.

하지만, 여성 승무원을 향한 초기 단계의 적대감에 대한 선상에서의 이유가 무엇이었던 간에, 해사 노동의 또 다른 흥미로운 특징은, 19세기 후반 이후 해사 산업 내에서 중대한 변화가 사실상 해사 노동에서 이전의 젠더 기반 분업의 기본적인 틀을 바꾸지 못했다는 점이다. 특히 20세기 동안에 스칸디나비아 여성들의 일반적 추세는 이전에 남성들 전유물인 직종, 즉 의사, 교사, 심지어 성직자 같은 직업으로 점차 뻗혀나가 단단히 자리 잡았지만, 주요 해사 직종은 이런 경향에서 벗어나 있는 것으로 보인다. 사실, 19세기 북유럽의 독립적인 해사 여성의 신화와 이미지를 상기한다면, 이런 현상이 다소 역설적이며, 북유럽 바다들의 전통적인 어로와 항해 일자리는 20세기를 지나면서까지 사실상 남성 위주의 일자리로 잔존하게 되었다.[65] 그리고 새천년 속에서도 그렇게 유지될 것으로 보인다.

핵심적인 해사 직업들이 압도적으로 남성을 위한 것으로 유지되어 왔지만, 바다와 관련된 일자리나 해상 일자리의 대부분은 아니지만 19세기 이래 일부 여성은 많은 일자리에 참여해 왔다. 우리가 관찰하였듯이, 꽤 많은 발트해 여성이 어로에 참여하였고, 또 여성은 19세기 영국 동해안에서 발트 해 안선을 따라 노르웨이까지 북쪽 바다들을 가로지르는 모든 범선에 공히 지분을 소유했던 것으로 보인다.[66] 페른Fem의 등대지기 딸인, 그레이스 달링 같은 보기 드문 여성 영웅도 있었다. 그녀는 1838년 아버지와 함께 침몰된 증기선의 생존자들을 구출하여 국민적 찬사를 받았다.[67] 1860년대 중반 리가에서는 여성들이 기항중인 선박의 바닥짐을 하역한 것으로 보고되었고, 예를 들어 1차 대전 전 앤트워프와 1860년대에서 1870년대 사이 스웨덴에서는 여성들이 항만 노동자로 일하였다. 더욱이 우리는 1952년과 1970년 사이에 로스토크 어선 선상에 여성 일등항해사, 2차 대전 이후 템스 강 바지선의 여성 일등항해사, 1970년대 해외 무역에서 최초의 노르웨이 여성선장, 그리고 영국상무원으로부터 기관사 자격증을 취득한 영국 최초 여성이자 영국 최초의 여성기관장인 빅토리아 여왕의 대녀 빅토리아 드러먼드*Victoria Drummond*도 알고 있다.[68)]

그렇다면 우리는 해사 젠더시스템 속에서 이러한 여성들의 중요성을 어떤 방식으로 평가할 것인가? 이들은 일반화시키기 곤란한 예외적인 괴짜인가 아니면 다른 방식, 즉 대단히 달랐던 역사적 과거의 젠더 관습 속에 근대적 개념을 강제로 적용시키지 않는 방식으로, 그들의 경험이 풍족하게 해석되게 만들 것인가? 바다와 관련된 모든 작업에 참여한 여성들의 숫자는 극소수에서 꽤 많은 숫자에 이르기까지 다양했지만, 여성들의 중요성이, 적어도 언급되는 수가 적다는 이유로 폄하되는 것과 같은 방식으로, 숫자에만 의존하여 평가되어서는 곤란하다는 점을 분명히 강조하고자 한다. 그 대신, 특히 기존의 영미 연구가 풍족히 보여주듯이, 남성전용의 해사 작업세계에서의 여성의 존재나 부재에 대한 세밀한 관찰은, 젠더가 북쪽 바다들의 해사 환경 속에서 해석되고 유지되어온 복잡한 방식의 새로운 측면을 제시한다. 이런 연구와 연동된 해사 연구 분야는 최근 들어 번성하는 일반적 젠더 연구에 많은 기여를 할 것이다.

이러한 사례의 하나로서, 20세기 북쪽 바다들에서 가장 잘 알려진 여성 선원들 중 한 명의 경험을 살펴보면서 글을 마무리하고자 한다. 레나 링봄*Lena Ringbom*(나중에 린덴*Linden*)은, 1931년 코펜하겐에서 구스타프 에릭손*Gustaf Erikson* 소유의 네 개의 돛대의 바락 '바이킹*Viking*' 호를 타고 17세의 견습 항해자 자격으로 코펜하겐에서 호주로 항해함으로써, 해양의 전통적 젠더의 금기를 깼을 때, 당시 놀라움의 대상이자 주요 신문의 취재대상이 되었다.[69)] 모계 쪽으로 해양 명망가 출신인 레나 링봄은 무척 존경했던 범선 선장이었던 할아버지로부터 어린 학창 시절에 이미 항해자의 모든 가치관을 터득하였다. 그녀가 16살 때 일기장에 "나는 바다와 범선들을 동경한다! 내가 관심을 가진 유일한 것은 바다와 범선뿐이다"고 적었다. 1년 뒤에 구스타프 에릭

손이 그녀의 매우 끈질기고 호기어린 간청을 받아들여 견습 선원자격으로 그녀를 바이킹 호에 합류시켰다. 남성 승무원들은 그녀가 승선한 이후 정서적으로 동요되었으며, 그리고 그 후 남성 승무원과의 사랑은 훨씬 심각한 부조화를 유발하였다. 그러나 삭구 조정과 그녀와 관련된 작업에 관한 한, 승무원들은 여자와 함께 일을 한다는 것에 서서히 익숙해졌다. 사실, 선장과 승무원들은 레나의 씨맨십을 높이 평가하기에 이르렀다. 사리 마엔파의 연구에 의하면, 선상에서 그녀가 겪은 어려움은 선장이 그녀를 좀 더 편한 위치에 두고 싶어 하는데서 유래하는 주로 다른 요인으로부터 발생하였다. 선장은 그녀의 순결을 보호하기 위하여 승무원들과 어울리는 것을 금하였고, 아주 힘들고 험한 작업에서 그녀를 배제시켰다. 반면 그녀가 전적으로 원한 것은 스스로 승조원이라 느낄 수 있도록, 다른 항해자들과 똑같은 처우였다. 흥미롭게도 선장과의 관계가 나빠졌을 무렵, 선장은 그녀에게 선상에서 하찮은 일로 간주되는 음식운반 일(그리고 다른 승무원들을 돕거나 식탁보와 침대시트 챙기는 일)을 시켰고 그렇게 함으로써 사회적 통제 수단으로 여성의 전통적 직업상의 역할을 활용하였다.

뱃사람의 가치를 전적으로 수용하였음에도, 레나 링봄은 자신이 소년의 정체성을 지녔다고 생각하지는 않았다. 오히려, 마엔파가 지적한 바와 같이, 레나는 배가 자신과 같은 성을 가지고 있다는 생각을 아주 즐겼다. 108미터의 거대하고 강력한 선박이자 그녀의 생각엔 여성성을 가진, '바이킹' 호는 "덩치가 어마어마하고 사랑스러울" 뿐만 아니라, 그녀의 "유일한 여성 동료" 그녀의 "친구, 집, 자매이자 수호천사"였다. 사실, 자신이 바다에서 경험한 것을 언어로 바꿀 수 있는 재능과 색상들에 대한 섬세한 관찰은 —덴마크 해협에서 '바이킹'은 "금색, 흰색, 청록색, 군청색의 향연"이었다— 일반 남성 항해자에게는 거의 찾아볼 수 없는 특성으로 간주될 수도 있다. 훨씬 경험이 많은 승조원들이 폭풍우가 몰아치는 북해 날씨를 이제 곧 따뜻한 기후로 항해할 수 있을 것이라는 위안으로 떨쳐냈다면, 레나는 자신을 향해 퍼붓는 비를 즐길 정도였다.

그러나 우리는 작가로서 레나의 재능이 그녀의 여성성보다는 학력이나 개인적 자질에 더 기인하는 것인지, 아니면 바다를 향한 친숙하면서 즐기는 정서가 남성적 특성에 대비되는 전형적인 여성적 특징인지, 그보다는 평생 꿈같은 항차에 자신을 완전히 의탁했기 때문인지 여부를 어떻게 말할 수 있을까? 사실, 항구를 벗어나 대양으로 나아가고자 하는 레나의 갈망은, 예컨대 20세기 몇 십년간 사춘기의 발트해 해사 여성들의 세계관에서도 똑같이 나타날 뿐만 아니라 20세기 전환기에 마스트랄 출신 남성 항해자들에도 동일한 갈망이 있었던 바, 유별나진 않았다. 헬비 유올라*Helvi Juola*는 보스니아 만에서 하일루오토Hailuoto 섬의 작은 마을에서 삶의 대부분을 보낸 뒤에, 어떻게 그녀의 "삶 전체가 바다와 자유로운 바람과 더불어 살아왔는지" 그리고 바다가 그녀의 정신적 삶과 힘의 근원이 되어왔는지 언급하였다.70) 어쩌면 그것은 해사 여성이, 바다에 의해 (영향받는), 그리고 바다를 (이용하여 사는) 생활이 여성과 남성 모두에게 창조해 왔던 정서를, 언어로 표현하는 능력이 때때로 더 탁월했는지 묻는 것과 같다.

12장 · 바다들을 위협하기

수세기에 걸쳐 전개되어 온 발트해와 북해의 역사에서 가장 중요한 하나를 꼽는다면, 그것은 의심의 여지없이 연안과 바다에서의 인간 경험의 무한한 다양성이다. 해사 경험은 전반적으로 바다와 접한 사회들과 민족들의 광범한 맥락과 분리될 수 없을 뿐만 아니라 어업이나 범선 무역의 다양한 유형과 같은 해양적 특수성으로 인해, 계급, 혼인 여부 혹은 연령에 따라 서술의 다양성이 도출되는 것은 전혀 놀라운 일이 아니다.

이런 풍부한 다양성을 배경으로, 이 책을 마무리하는 12장에서는 이전 세기들과 20세기 사이의 일반적 비교를 통해 현재의 거대한 변화뿐만 아니라 과거에서 현재로 이어지는 연속성을 제시할 수 있는 일부 주제를 다룬다. 비록 시간대가 특히 19세기까지 소급되어 20세기 전반기를 거쳐 현재에 이르지만, 12장의 초점은 전적으로 동시대에 집중되고, 선별 주제도 이런 전망을 반영한다. 도시 환경에서의 변화하는 수변공간, 환경문제와 해양보호, 근대 바다 여행과 여가의 공간으로서 바다의 윤곽은, 바다에 대한 우리의 경험이 이전 수세기간의 유산과 종종 공존하거나 갈등하는 곳에서 마주하는 일부 현안이다. 어떤 새로운 양상들이 우리 세대를 유럽 북쪽에 위치한 두 바다들에서의 인간 경험이 누적된 도가니 속으로 이끌어 왔는가?

사라진 바다

사람들이 수변공간을 걸을 수 있었고, 엄청난 양의 목면과 커피 및 향료를 담은 묵직한 갈색자루들을 부리고 선적하는 위풍당당한 선박을 볼 수 있었던 그 시절로 돌아갈 수 있다면 얼마나 좋을까? 그 시절에는 매 항차마다 선원 및 항만노동자와 한껏 들뜬 여객 인파, 수백 명을 볼 수 있었다. 오늘날, 여러분이 수변공간으로 가면, 낡은 컨테이너가 끝없이 이어지는 야적장과 컨테이너를 이리저리 이동시키는 우뚝 솟은 (대형 크레인) 조정실 속의 기사만 볼 수 있을 뿐이다.1)

위 인용문에는 1990년대 중반 앨버트 도크와 머지사이드 해양박물관을 방문하였던, 미국 저널리스트이자 작가인 빌 브라이슨*Bill Bryson*의 뇌리를 스치는 지난 시절을 그리워하는 향내가 풍기는가 하면, 그의 서술 속에 내포된 많은 역사적 사실도 있다. 리버풀과 같이 19세기에 도크랜드 일대를 높이 둘러싼 벽이 시민들의 강변 조망권을 완전히 앗아버린 경우가 아니더라도, 많은 근대 항구들에서 해안과 해운 활동에 대한 일반 시민들의 전반적인 조망권은 19세기 이래 확실히 감소되어 왔다. 팰릿수송*palletisation*, 로로와 컨테이너화뿐만 아니라 화물 수송선 크기의 확대와 같은 해운의 발달이 북쪽 항구도시 주변의 거의 모든 도심지로부터 해운 기능을 앗아갔다.

고든 잭슨*Gordon Jackson*이 지적한 바 있듯이,2) 영국 "항구 역사에서 가장 거대한 혁명"은 1945년 이래 선주들이 일반 화물 처리방식에서 노동집약적이고 시간이 많이 소요되는 병목 방식을 대량 적재 방식으로 대체하면서 시작되었다. 묶어 놓지 않은 화물들을 대상으로 한 목재 팰릿 사용, 그리고 그 뒤에 선박, 기차와 롤리트럭으로 수송 가능한 컨테이너의 이용은 세계 교역량의 증가에 대응하기 위해 채택되었다. 하지만 컨테이너 운송의 전개가 해운세계의 개별화된 전통에 낯선 일종의 표준화를 요구하였기 때문에 서서히 시작되었다. 영국에서 유럽에 이르는 짧은 거리를 잇는 최초의 컨테이너 선박은 1968년 틸버리에서 운항되기 시작했다. 그리고 유럽에서 최초의 전용 컨테이너선인 독일의 '베저 엑스프레스Weser Express' 호는 같은 해에 진수되었다.[3]

해운을 도로와 철로 수송과 통합하였던 성공적인 컨테이너화의 다른 유형들은 전대미문의 효율성을 해운산업에 가져다주었다. 컨테이너 정박지들이 기존 노동력의 일부만으로도 기존 정박지 화물의 10배를 처리할 수 있었으며, 회항 시간은 1주 또는 2주에서 단지 며칠로 줄었다. 틸버리나 이밍엄, 벨기에 마스 소재의 유로포트나 유럽의 대형 컨테이너 항구인 로테르담은 번성하였다.[4] 하지만 컨테이너화와 해운에서의 다른 변화들이 북쪽 바다들 전역에 걸쳐있는 수변공간의 초창기 바다와 선박과 관련된 전통적 특징을 변화시키거나 파괴시켰다. 런던에서 강 상류의 모든 부두들은 대규모의 적자를 보다가 1978년 폐쇄되었고, 구식의 일반화물 정박지가 컨테이너 교역에 무용지물이 되면서, 동일한 사태가 다른 곳에서도 재현되었다. 그림즈비 수변공간에서 한때 사용되었던 철로나 석탄 항을 보는 것은 이제 불가능하다. 그런가하면 서 하틀리풀은 1980년대 중반에 '영국에서 가장 낙후된 항구'라는 불명예에 어울리는 심각한 변화를 경험하였다.[5] 항만의 수송 구조가 유럽의 여타 지역에 비해 전통적으로 구별되는 노르웨이에서, -수많은 지역적 그리고 지방적 운송과 결부된 연안해 루트, 즉 '키스바인kystvein'은 연안 지역들 사이의 활발한 연결고리로서 오래 동안 잔존하였다- 그 변화는 또한 의미심장하다. 컨테이너화의 증대와 나란히, 1950년대와 1960년대 이래 화물과 여객 부분에서 점증하는 육로와 항공 운송은 수송으로서의 바다의 전통적 역할을 감소시켰고, 따라서 이전의 지방 수송의 많은 부분들이 베르겐과 같은 항구들에서 사라져버렸다.[6]

20세기 후반, 많은 항구 도시들은 그 이전의 항구 역사의 많은 부분의 가시적인 흔적을 정도의 차이는 있지만 상실했다. 하지만 점차 늘어나는 해양 관광과 레저, 그리고 실버산업의 증대가 특정 해안 도시들에서 해사 활동의 일부 유산을 보전하는데 기여하였다. 예를 들어 휘트비 항만은 현재 관광

명소가 되었다. 스카버러나 브리들링턴의 경우도 마찬가지인데, 이 도시들은 항만 기능이 소멸되었을 때, 철로를 활용하여 해안 리조트로 변신하였다. 많은 작은 항구들이 요트 중심지로 번성하고 있으며, 킹스린과 같은 일부 항구들은 해사 활동의 흔적을 보전하면서 항구 기능을 그대로 유지하려고 안간 힘을 다 쓰고 있다. 더욱이 용도 폐기된 도크랜드와 버려진 산업 부지들이 주거 공간, 사무실과 쇼핑몰로 변모함에 따라, 항구들은 아마도 과거 항만으로 사용되었을 때보다 시민들이 훨씬 더 쉽게 접근할 수 있게 되었다.[7]

북쪽 바다들에서의 도크랜드 재개발 주요 프로젝트의 규모는 방대하다. 런던 도크랜드 5,000에이크 재개발, 뉴캐슬의 부두 주변 재개발, 오슬로의 조선소 부지에 건설된 아케르 브뤼게Aker Brygge, 함부르크의 하펜시티 프로젝트나 암스테르담의 동쪽 도크Oostelijk havengebied의 주거지 창조 프로젝트는 수변공간 개발 규모를 알려주는 몇몇 예일 뿐이다. 많은 경우, 이전의 산업 시대의 건물은 그대로 보전되거나 창고로 개조되어 보전되었다.

그렇지만 현실적으로 재개발된 수변공간에서 우리가 보는 것이 해사 유산을 실질적으로 보전한 것인지 여부에 대해서는 의문이 남는다. 런던의 성 캐서린 도크St. Katharine's Dock처럼 수변공간을 재개발하면서 수입된 이질적인 요소들, 즉 도크랜드와 아무런 관련이 없는 건물들, 멋진 형태로 식수된 가로수들을 도입한 사례에 대한 고든 잭슨의 신랄한 혹평은 여전히 타당하다. "노동할 때 사실적인 상태로서 노동계급의 기념물을 보전하는데 대한 영국 중류계급의 거부감과 그에 못지않게 자신들의 '미적인' 감각에 대한 표현으로서 노동계급의 기념물을 미화하여 재생하고자 하는 욕구"의 산물이다.[8] 만약 수변공간에서 방문객들이 보는 것이 바다와 선박과 관련된 삶을 희석하고 포장된 형태라면, 그것은 단지 해사 전통에 관한 우리의 개념을 혼란스럽게 만들 뿐이다.

하지만 짝통 역사의 발명이라는 비판에 맞서 수변공간 재개발 프로젝트를 옹호하고자 하는 사람들조차도 인정하듯이, 흔히 핵심 논점은 재개발의 질이나 건물들의 원래 특성이 어느 정도까지 보전되는가에 달려있다. 역사적으로 중요한 부두 부지가 인기 있는 외관을 갖추고 또 여기에서 발생하는 수익이 없다면, 역사적 건물들은 아마도 완전히 허물어질 것이다.[9] 더욱이 재개발 프로젝트의 문제 한가운데에는 더 심각한 모순들이 도사리고 있다. 해사노동 환경이 시야에서 사라지거나 새로 건축한 장관을 이룬 해안에서 보이지 않는다면, 데이비드 윌리엄스가 한 말처럼, "현재의 생동감 넘치는 격렬한 접촉이라기보다는 과거의 자국"[10]만이 그 자리를 차지해 버린다면, 재개발은 의심의 여지없이 일상적 해사 세계로부터 우리를 격리시킬 것이다. 여타 산업분야가 ―관광업, 첨단기술 산업, 그리고 휴가가 일상화된 소비사회에서의 여가 관련 산업이― 해운산업의 장소들을 물려받았다. 항만 구역과 근접한 옛 주거지는 젠트리피케이션을 겪었다. 현재 해운경영의 일상 활동은 외부인들이 접근할 수 없도록 폐쇄된 채 멀리 떨어진 세계로 남아있다. 그리하여 재개발된 수변공간이 표면상 해사적 삶과 바다를 눈앞에서 보여주는 데도 불구하고, 해사 활동과 바다, 이 둘의 실제 모습은 우리 시야로부터 뒤로 물러나고 말았다. 이것은 우리가 해사와 비해사 세계가 바닷가에서 부딪혔던 19세기를 돌이켜 볼 때, 특히 차이가 드러난다고 하겠다. 3장에서 언급하였듯이, 19세기에 점차 많은 수의 방문객이나 관광객이 어촌이나 바닷가로 몰려왔을 때, 그들은 해사 생활의 진기한 특성들을 보전하고자 노력하였고, 뿐만 아니라 해사 생활의 보다 일상적인 면들을 다소 거리를 둔 채 지키려고 했다. 하지만 현재 해항에서의 해사적 영역과 비-해사적 영역 사이의 관계를 비교해 본다면, 해사 관련 노동 일상은 서둘러 뒤로 물러나 컨테이너화된 자신의 영역 안으로 들어가 버린 듯한 인상을 준다.

도크랜드 재개발 프로젝트들은 바다의 퇴각과 현존에 대한 우리의 20세기 경험에 관한 유일한 사례는 아니다. 예를 들어 다리와 터널이 철도와 카페리를 대체하게 되자, 여행에서 바다의 존재는 한층 위축되었다. 실제로, 1995년 새로운 터널 개통으로 말미암은 영국해협을 오가는 마지막 열차 페리의 폐쇄는 1차 대전 시기까지 소급되는 전통의 종식일 뿐만 아니라 "런던과 유럽대륙의 수도들 사이를 여행하였던 사람들 모두에게 바다 횡단이 필수적이었다는 통념"의 종식을 의미했다.[11] 섬들은 다리나 터널을 통해 육지로 연결되어 이제 그다지 고립감을 느끼지 못할 것이며, 기존의 오래된 바닷길로의 바다 여행은 감소되어 왔고 조만간 더 감소할 것이다. 벌써 대형다리가 스토어 벨트Store Bælt를 가로지르는데, 코펜하겐이 소재한 셸란 섬은 이 다리를 통해 핀 섬을 거쳐 본토로 연결된다(사진 19). 그리고 추가로 다리와 터널이 완공되면, 함부르크에서 스톡홀름까지 페리를 이용하지 않고 단번에 자동차나 열차로 이동하게 된다. 이런 다리들은 결국 덴마크와 스웨덴 사이에서 성황 중인 외레순드 해운 노선을 가로지르고, 따라서 덴마크와 독일 사이의 페마른 벨트 20킬로미터 구간을 운항하는 홀비-푸트가르텐Rødby-Puttgarden 페리를 대체할 것이다.

1997년 6월 스토어 벨트 다리를 통과하는 철로가 개통되면서, 덴마크의 소중한 문화유산이었던 철도-페리의 중단은 애틋한 향수를 자극했다.[12] 사실, 철도-페리는 열차여행의 따분함에 휴가의 즐거운 감정을 유발시키는 그 자체의 독특한 매력이 있었다. 모험 속의 짜릿한 안도감 −내 객차를 다시 찾아 갈 수 있을까?− 페리 식당에서의 식사, 그리고 야외 선상에서 바다 바람과 바다 조망을 즐길 기회, 말하자면 작가 윌리엄 샌섬이 말뫼에서 코펜하겐까지 단거리 횡단에서 감지하였던 '광의의 해방감'이 있었다. 덴마크에서 열차 페리는 1872년 릴레 벨트 너머로 처음으로 항해하였고 1883년 이후로는 스토어 벨트 너머로 항해하였다. 그러나 북쪽 바다들에서 처음 운항된 페리는 1850년 에든버러 인근의 그랜턴Granton과 파이프Fife의 번트아일랜드Burntisland 사이를 운항하였던 '리바이어던Leviathan' 호였다.[13]

대부분의 근대 바다 여행에서 조차도, 승객들의 관심은 실제 바다로부터 유리된 선박과 선박이 제공하는 여흥이라고 반박될 수 있다. 특히 호화 크루즈나 발트해와 북해에서 정기적으로 운항하는 국제여객 페리가 여기에 해당된다. 이 국제 여객선들은 1820년대와 1830년대의 국제 페리 여행의 개척기 시절과는 완전히 다르다. 초기의 선박들은 작았고, 악천후가 항해일정을 제약하였으며, 단거리 일정의 경우 승객들은 종종 비바람에 노출된 채

야외 갑판에 앉아야 했다. 1세기 전 영국해협 횡단에 관해, 불쾌한 경험을 한 작가는 『신사잡지Gentleman's Magazine』에 다음과 같이 기고하였다. "개화된 국가에서의 여행으로 간주할 구석은 전혀 없고, 여행 내내 엄청난 고통을 감내해야 했다. 단언하건대 그렇게 두려움에 떨었던 동일한 거리의 여로는 눈 씻고 찾아봐도 없을 것이다." 1860년대에 도버에서 칼레까지 야간 횡단에 대해 서술했던 찰스 디킨스도 동의할 것이다. 그는 바람이 어떻게 "북동에서 칼처럼 불고, 파도가 높으며, 사람들이 엄청난 바닷물을 뒤집어쓰고, 밤은 칠흑같이 어둡고 추웠으며, 그리고 형체를 알아보기 힘든 승객들이 세탁부를 기다리는 분류된 보따리처럼 처량하게 누워 있는지"를 묘사하였다.14)

최초로 정기적으로 운항한 국제여객 증기선은 도버에서 프랑스 사이를 기항하였던 증기선 '로브 로이Rob Roy' 호로, 1821년에 영국해협 왕복을 시작하였다. 스웨덴-독일 간 증기선 운항은 그 다음 해 시작되었으며, 로테르담-런던 노선은 300톤 급 목재 외륜 증기선, '드 바타피어De Batavier' 호를 진수한 1830년에 시작되었고, 동 발트해에서, 증기선 '핀란드Finland' 호가 1842년부터 스톡홀름, 헬싱키, 탈린, 그리고 상트페테르부르크 사이를 네 번째로 운항하게 되었다. 이러한 여객선들은 수십 년에 걸쳐 선상에서의 편의시설을 엄청나게 개선하여 갔지만, 오늘날 수준의 편안함과 호화로움을 갖춘 페리여행 발전의 전환점은 '크론프린세션 잉그리드Kronprinsessan Ingrid' 호와 같은 카페리의 도입이었다. 이 카페리는 1930년대에 예테보리와 프레데릭스하운Frederikshavn 사이를 운항하였다. 이 카페리는 훌륭한 요리와 오락으로 승객들을 유인하였는데, 그리하여 선상에서의 장기자랑인 "세산Sessan"은 그 자체가 인기 명물이 되었다. 하지만 한 지방신문이 조심스럽게 지적하였듯이, 선상에서의 즐거움은 도를 넘어서는 곤란하고 고유의 '해사적인 순박함'을 제공해야 한다. 전간기 동안의 또 다른 인기 있는 페리 노선은 베르겐에서 노르웨이 해안의 북쪽을 따라 항해하는 연안 고속선, 즉 '후르티그루텐Hurtigruten'이었다. 이 노선은 여행자들에게 너무나 인기가 있어, 조르주 심농George Simenon이 이 여객선들 중의 하나인 '폴라리스Polarlys' 호를 그의 소설들

중 하나에서 소재로 활용하였다.[15]

　애초 약 400명을 수용할 수 있는 평범한 여객선인, '크론프린세선 잉그리드' 호는 1936년에서 1954년 사이에 카테가트 해협 너머로 1백만 명 이상의 여객을 수송하였다. 1950년대 후반과 1960년대에, 전후의 풍요가 북유럽으로 확산되자, 여객의 유입은 가속되었다. 국제 수역에서의 술, 담배 그리고 다른 상품들의 면세 판매가 급증하면서, 이제 '해사의 순박함'은 발트해와 북해 선상에서 현저하게 허물어져 갔다. 1958년 칼레를 출발한 최초의 프랑스 카페리인 '콩피에뉴*Compiègne*' 호 선상에서, 여객 편의시설은 바와 식당 공간, 면세점, 그리고 점심으로 거위 간 요리 메뉴를 포함하였으며, 한편 틸버리와 칼레 사이를 운항하는 '스테나 노르디카*Stena Nordica*' 호는 1965년에 만찬, 무도와 카지노를 부담 없는 가격으로 제공하는 '호화 여객선'이라고 파격적으로 광고하였다.

　1950년대 초반부터 페리여행의 또 다른 특징인 로로 카페리가 국제관광에 폭발적인 증가를 초래했다. 선미 적재 카페리(최초의 전용선은 1949년 벨기에에서 시작되었다)와 차를 탄 채 선박으로 들어갈 수 있는 편의시설이 1949년 최초로 오스텐데에서 그리고 4년 뒤 도버에서 영국해협 횡단 항해에 도입되기까지, 근심으로 가득 찬 운전자는 크레인으로 배 짐칸으로 선적되는 과정에서 공중에 불안하게 매달린 자신의 차량을 지켜볼 수밖에 없었다. 새로운 페리의 등장으로, 자가용 소유자와 로리 운전자는 이제 한층 저렴한 가격과 훨씬 안전하고 느긋하게 자신의 차량을 선적할 수 있었다.[16] 도버에서 차량 정박지 제공 개시와 더불어, 도입 첫해의 처리된 차량 수는 1만 대에서 10만 대로 크게 늘었다. 비슷하게 핀란드와 스웨덴 노선에 카페리가 1959년 처음 도입되었을 때, 수요는 예상을 초월하였다. 1953년 노르딕 국가들 간의 여권 검사 폐지에 힘입어, 여객들이 페리로 몰려들었다. 그해 여름 항해 기간 동안, 면세품 구매만으로도 여객운임을 보상할 수 있을 정도가 되자, 한 때 영국해협을 운항하였던 페리 '디나르*Dinard*' 호는 '바이킹*Viking*' 호로 이름을 바꾸어 스웨덴과 덴마크 사이를 오가는 페리로 재취항하였다.

이때 이후로 북해와 발트해에서의 국제여객 운항에서 면세품 판매의 중요성은 1995년 핀란드 소속 국제여객선들이 전체 수입의 약 70%를 식당, 바, 그리고 면세품 판매에서 거둬들였다는 사실에서 짐작할 수 있다.[17)

실제, 현재 발트해를 오가는 국제여객 페리나 대형 크루즈, 혹은 북해를 따라 쾌속으로 달리는 선체가 두 개인 대형 쌍동선은 식당, 나이트클럽, 회의시설, 수영장, 사우나, 가라오케, 게임 룸, 라이브 공연을 덤으로 제공하는 바, 대형공항의 면세 상점들과 1등석 라운지를 하나로 합친 것과 꼭 같다. 1차대전 이전 '타이타닉Titanic' 호와 '모리타니아Mauretania' 호, 혹은 독일 '임페라토르Imperator' 호와 같은 '떠 있는 궁전'에 승선하여 대서양을 횡단하는 것, 즉 부유한 사람들의 특권인 호사스러운 바다 여행은 이제 대중들에게도 개방되어 있다. 그 결과, 페리를 타는 것이 오래 전에 A에서 B로의 단순한 운송 수단을 이용하는 것과는 달랐다. 오히려 그것은 여가, 즐거움, 그리고 흥밋거리의 특별한 문화로 발전되어 왔다. 그 곳에서 승객들은 돌아다니지 않고 정중하게 와인을 마시고 만찬을 하며, 쇼핑할 것을 권유받는다. 이는 다음과 같이 진행된다.

> 아늑하고 편안하지만 그러나 지나치게 편안해서 여객들이 단순히 바다 풍광을 즐기기 위해 앉아 있고 그래서 말 잘 듣는 어린애처럼 그의 C등급 선실에서 잠에 떨어질 정도가 되어서는 곤란할 분위기를 조성함으로써 … 매장 직원은 구미가 당기고 약간 이국적일 뿐만 아니라 가격 대비 품질이 좋고 안전한 물건을 권해야 한다. 호사를 누리세요! 특가입니다. 한 번뿐인 인생입니다.[18)

승선의 매력과 해안에서의 공연과 비견될 수 없는 대규모의 공연과 더불어, 바다 여행 동안 승객들의 바다 경험은 선박이 제공하는 즐거움의 과잉 때문에 어쩔 수 없이 극히 왜소화된다. 더욱이 선박 디자인과 조선에서의 기술적 발전이 인간의 오감에 미치는 바다의 영향을 감소시켜왔다. 안전장치와 밀폐 갑판을 구비한 대형 선박에 승선하면, 바다는 거의 전적으로 시각적이거나 기껏해야 청각적 경험으로 변해 왔다. 말하자면 바다가 창을 통해 비치는 푸른 배경이며, 파도나 겨울의 얼음을 헤치며 천천히 나아가는 선내 구석구석 따라다니는 눈에 보이는 배경음악이다. 따라서 거대 여객선에 승선한 바다에 대한 인간 경험의 범위는 점차 축소되어 왔으며, 동시에 바다 여행은 훨씬 많은 수의 사람이 이용 가능하게 개방되어 왔다.

뱃멀미(이는 울렁이는 북해 횡단 시 갑자기 올 수 있다)를 한 번이라도 경험한 사람은 대형선 선상에서의 흔들림이 사라지는데 대해 실망할 이유가 없다. 스칸디나비아에서의 술과 담배에 대한 육상에서의 전통적으로 높은 세금 부과 덕분에, 면세 판매는 페리 여행을 대단히 매력적인 상품으로 유지되게 만들었던 수단이었다.[19] 또한 발트해와 북해 페리 노선에 영향을 준 어떤 결정도 광범한 사회적 파장을 가진다는 사실을 명심해야 한다. 항로들과 북쪽 바다들 전역에 걸친 승객, 화물과 차량을 실을 수 있는 선박의 유형들이 아주 다양하듯이 −예를 들어 저술 시기를 기준으로, 베르겐과 뉴캐슬, 헐과 로테르담, 하리치와 에스비에르, 탈린과 헬싱키, 오슬로와 킬, 바르네뮌데Warnemünde와 트렐레보리Trelleborg, 투르쿠와 트라베뮌데, 그리고 시비노우이시치에Swinoujście와 위스타드 사이의 국제선 페리가 운영되고 있다− 이런 페리들이 제공하는 수송 연결망이 노동의 유입, 경계를 넘는 수출입 교역을 보장하는 산파역을 해 왔다. 게다가 섬들과 본토의 연안 항구를 잇는 많은 소형 지방 페리들이 있으며, 이런 지방 페리들이 제공하는 수송 연결망은, 예를 들어 셰틀랜드와 오크니 경우에, 해안과 섬의 공동체가 공생관계를 유지하는데 필수적이다. 올란드 섬들의 경우, 일자리 기회를 창출함으로써, 카페리가 이 섬들에 몰고 왔던 관광 붐은 우려했던 섬 주민 유출의 추세를 전환시켰다고 주장되어 왔다.[20] 1990년대와 19세기의 출중한 비교를 통해, 올란드 섬들의 저자 울라-레나 룬드베리Ulla-Lena Lundberg가 지방 페리들은 지방민이 뉴스를 교환하고 일상사를 이야기하는 비공식적인 만남의 장소, 더 정확히 말하자면 19세기 교회 외부에서의 주일 모임 같은 장소를 제공함

으로써 공동체 의식을 강화시켜왔다고 주장한다. 그녀에 따르면, 지방공동
체들이 오늘날 가장 두드러지게 목격되는 곳은 바로 페리 선상이다. 해사적
인 과거에 대한 또 다른 연계는 사람들이 주고받는 대화 속의 사실이 제공
해 준다. "자동차들이 갑판에 외롭게 서 있네. 옛적에 새로운 섬으로 목초를
찾아 가는 양들과 같아."21)

보이는 바다

페리들이 많은 사람에게 바다 여행의 기회를 제공하지만, 바다는 이제 북쪽
바다들 주변의 해안과 섬의 일상생활을 어렴풋이 보여줄 뿐이다. 오늘날 발
트해와 북해가 우리 모두에게 존재감을 드러내는 것은 언론보도를 통해서
다. 바다들이 언론의 헤드라인을 장식할 때, 침울하고 어두운 논조가 대세
다. 실제로, 바다에 대한 인류 경험에서 주요한 연속성 가운데 하나는 바다
가 때때로 일상사에 영향을 주는 극적인 방식이다. 북해는 여전히 노출된
해안선을 휩몰아치거나 호안시설을 무너뜨린다. 이 책의 앞부분에서 서술
하였던 풍수해는 결코 돌아올 수 없는 과거 속으로 침식되어 간 것이 아니
다. 1362년에 '그로트 만드른크*Grote Mandrenke*', 즉 대범람으로 알려진 풍수해
가 그랬던 것처럼, 바덴 해의 해안선을 휩쓴 1976년의 범람은 뢰뫼 항 부두
에 정박되어 있던 소형 어선들을 파손시켰으며, 1981년의 범람은 만되 섬의
제방을 무너뜨렸다. 게다가 재앙은 여전히 바다에서 발생한다. 예를 들어,
1950년에서 1959년 사이 보른홀름 섬에서 재난당한 선박은 약 100척에 달한
다. 전반적으로 재난의 수준이 경미해지긴 했지만 이 수치는 1860~1869년
사이에 발생한 수치에 비해 겨우 40척이 적을 뿐이다.22)
  여객 페리가 연루된 재난들은 아마도 희생자 숫자 때문에 오늘날 각별하
게 대중의 정서를 자극한다. 1987년, 193명의 사망자를 낸 제브뤼헤*Zeebrugge*
항에서의 '헤럴드 오브 프리 엔터프라이즈*Herald of Free Enterprise*' 호 전복, 1990

년, 158명이 죽은 오슬로피오드르에서의 '스칸디나비안 스타*Scandinavian Star*' 여객페리 선상에서 일어난 화재, 1994년에 852명의 생명을 앗아간 탈린과 스톡홀름 사이를 운항한 '에스토니아*Estonia*' 여객페리의 악천우 속의 침몰은 1980년대와 1990년대 사이에 북쪽 바다들에서 일어난 페리 사고의 가장 잘 알려진 세 가지 사례들이다. 이 참사들은 관계자와 친척뿐만 아니라 전 국민에게 정신적 외상을 안겨 주었다. '에스토니아' 참사로 인해 스웨덴이 심각한 타격을 받았지만, 에스토니아 인들에게 이 사건은 인류 비극이었을 뿐만 아니라 '국민적 참사'였다. 인구 1백만 명 남짓의 소국가에서, 대다수의 사람은 그 참사로 죽은 누군가의 지인이었다. 더욱이 이 참사는 1944년 9월의 충격적인 기억을 상기시켰다. 그해 수천 명의 에스토니아 인들이 러시아의 침공을 피해 중립국 스웨덴으로 피신가면서 폭풍우가 몰아치는 발트해에서 숱한 사람들이 목숨을 잃었다.[23)

하지만, '헤럴드' 호의 경우처럼 '에스토니아'의 조난은 또한 난파와 직접적인 연관이 없었던 사람들에게도 엄청난 영향을 주었다. 그 이유 중의 일부는 영국해협, 발트해 혹은 북해를 횡단하는 페리 여행은 많은 사람이 쉽게 체험할 수 있는 경험이기 때문이다. 더욱이 '헤럴드' 호 참사의 경우, 구조된 사람들의 생생한 기사가 영국해협 양쪽의 여론에 깊게 각인되었다. '에스토니아' 호 참사의 경우, 실제 구조 작업 장면을 지켜본 공포에 질린 텔레비전 시청자나 인터뷰 당시 눈물을 솟아내는 구조대원은 '집단 슬픔'이라고 부를 만한 발트해 연안에 만연한 충격과 동정의 물결, 그 자체였다.[24)

어떤 점에서, 근대 페리 참사는 우리가 해상의 비극이 종종 전 공동체를 황폐화시켰던 시기인 이전 세대의 경험에 일시적으로 밀접하게 다가가게 만든다. 악명 높은 1893년 11월의 폭풍우에서 익사한 어부들이 유틀란트 서해안의 키뮐러Klitmøller에 매장되었을 때, 한 목격자는 관으로 가득한 교회가 문자 그대로 통곡 소리로 넘쳐났다고 말했다.[25) 비슷하게, 1990년대 주요 해양 참사 발생 때 해안선 건너 슬픔의 공유는, 바다가 교역로, 어장 그리고 레저의 원천일 뿐만 아니라 역사적으로 무덤이었다는 것을 우리에게 환기시키면서, 이전 수세기 동안 전해오는 해사 공동체의 관행을 공명하고 있다. '에스토니아' 호가 침몰한 곳인 우퇴 섬 근처에서만, 수백 건의 침몰 사고가 있었고, 가끔 사고는 참으로 끔찍한 규모로 발생하곤 했다. 예를 들어, 1945년 4월 독일의 피난민, 군인과 부상자를 가득 싣고 그단스크 브라이트Gdańsk Bright 에서 출발한 '고야Goya' 호는 약 6,600명의 사망자를 내면서 침몰하였다.[26]

19세기의 해사 공동체들이 대규모의 해양 참사에 대응했던 것에 비하면 우리는 일부 결정적인 사항에서 대비가 미흡했을 수도 있다. 이전의 세기들 이 그러했듯이, 19세기에 모든 사람은 항해가 대단히 위험한 사업이 될 수 있다는 것을 알았다. 공포와 두려움 속에서 출발하였던 이전의 항해자와 여행자는 이 사실을 숙지하고 있었다. 그러나 항해 기술의 진전과 더불어, 그러한 의식이 대개는 합당한 이유로 점차 퇴조하였다. 오늘날 해사 전문가들 은 바다가 막강하면서도 예측 불가능한 힘이라는 것을 인정하면서도, 20세 기 동안 바다에 대한 대중 인식의 중대한 변화는 우리 의식 속에 치명적인 사고의 가능성을 등한시하도록 만들었다. '스칸디나비안 스타' 호 화재에 대 해 군나르 린스테드Gunnar Lindstedt가 언급한 것처럼, "대부분의 사람들이 안 전하다고 여겼던 페리 여행에서 가족 전체가 목숨을 잃었다."[27] 이런 이유 에서, 대형 해양 사고의 충격은 아마도 한층 더 증폭되었다.

바다가 점차 여가와 즐거움의 요소로 변화해 감에 따라 우리는 바다의 잠 재된 위협적인 힘을 등한시하는 것도 사실이다. 푸르고 청 녹색이 나면서 황금빛의 눈부시게 환한 파도가 일렁이는 해변에서의 화창한 날은, 항해중 인 선박 선상에서의 북서 강풍에 맞서는 사투나 고향에서 남성들이 돌아오 길 학수고대하는 바다와는 전혀 다른 개념의 바다를 연상하게 만든다. 바다 를 낭만적인 것으로 만들고, 인간의 척도와 감성에 바다의 속성을 부여하는 것은 쉬운 일이다. 예를 들어, 발트해와 북해에서의 많은 언어에서, 폭풍우 와 참사는 희생자를 '앗아 간다' 혹은 심지어 '요구한다' 혹은 생명을 '취한다' 고 한다. 아마도 강력한 자연의 힘을 인간의 관점에서 해석할 필요가 있고, 그리하여 우리는 자연적인 현상에 의미와 우리 자신의 의지를 부여하여 그

것을 인간적인 것으로 만든다. 그리고 그렇게 함으로서 기본적으로 불가해한 사건들에 대해 의미를 부여한다. 그러나 언어의 이러한 속임수는 도움이 되는지 몰라도, 이 표현은 실체에 부합하지는 않는다. 바다는 희생자를 요구하지 않으며, 바다가 인간 생명을 '앗아가는 것'은 전적으로 하찮은 일이다. 콘래드는 이를 "인간의 고통과 용기라는 가치에 대한 바다의 냉소적인 무관심"이라고 통찰력을 갖고 일괄하였다.[28] 바다에게는, 폭풍 속에서 사람이 죽든 살든 상관없는 일이다. 우리 인간에게만 문제가 될 뿐이다.

바다에서 안전에 관한 한, 근대 페리의 참사가 안전 제일주의라는 정신적 경각심을 여행 대중에게 고양시켜 왔다. 안전 제일주의는 북쪽 바다들의 다양한 해운 노선에서 일관된 현안이었다. 하지만 보다 피부로 느낄 수 있는 성과는 재난을 통해 노정되었던 바다에서의 안전에 대한 즉각적인 다양한 개선책이다.[29] 해양 재난이 발생했을 때, 대중적 관심을 불러일으키고 희생자를 도울 방안을 찾고, 다양한 안전 개선책을 마련했다는 점에서 20세기 후반의 재난들이나 19세기의 재난들은 상당히 유사하다. 예를 들어, 영국에서 선박침몰로부터 인명 보전을 위한 국립연구소의 활동은 1849년 사우스실드 South Shield에서의 심각한 구명정 참사 이후에 다시 활성화되었다. 그리고 1881년의 대 폭풍우가 남동 스코틀랜드의 어선대를 덮쳤을 때, 대중의 대응은, 이안 서덜랜드Iain Sutherland의 말처럼, "즉각적이고 감명적"이었다. 유틀란트 서부 해안에서 1893년 11월 참사가 발생하자, 국왕 이하 전 국민으로부터 구호물자와 성금이 쇄도하였다. 가족들을 돕기 위해 만든 기금의 기부자들은, 기금의 일부를 새 어선용구 구입을 위해 무이자 대부로 할당함으로써, 희생자들의 당장의 어려움 이상의 것을 배려하였다.[30]

어류에서 석유로

19세기 북쪽 바다들의 해사 공동체의 많은 곳에서, 익사하거나 혹은 조난당한 어부나 선원 가족들의 어려움은 과부를 위한 일자리가 거의 없었고, 또한 사회로부터 제공되는 안전망이 거의 전무했기에 한층 가중되었다. 그런데 당시 해안 지역들의 경제적 구조가 유의미하게 확장되었기 때문에, 이전의 일자리 유형들은 근본적으로 변형되었다. 해사 관련업 노동력의 고용 기반은 제1차 세계대전까지 많은 지역에서 확장되었다. 예를 들어 내륙으로부터 함부르크로 이주해 온 선원들은 이제 이곳에서 정기적으로 운항되는 상선대의 승조원으로 취업하였으며, 야블레의 항구 도심에 거주하는 선원들이 해양관련 환경보다는 공업관련 환경에 더 친숙하게 되었다.[31] 비록 발트해와 북해를 접하고 있는 국가에서 바다가 경제적으로 대단히 중요한 원천이었지만, 국민경제에서 어업과 해운으로 구성된 전통적인 해사 산업의 역할은 크게 변하였다. 심지어 20세기에 서유럽과 일반적으로 서방에서의 해사 산업은 쇠퇴하였다고 주장되어 왔다. 1989년 로널드 호프*Ronald Hope*가 영국이 "별 볼일 없는 위상"의 해양국가로 전락하였다고 보고하였다.[32]

해사 산업의 비중과 관련된 이슈뿐만 아니라, 복합적이고 전반적인 상황은 충분히 탐구되었다기보다는 그저 강조된 것에 불과하다. 그렇지만 주된 추세의 일단을 적시할 수 있다. 해운에 관한 유럽연합의 지표로 판단하면, 해운은 유럽적 맥락에서 여전히 의미심장한 위상을 유지하고 있다. 1990년대 중반, 유럽연합 역내 교역의 30%와 역외교역의 90%가 바다를 통해 이루어졌다. 경기침체 이후의 세계교역의 전반적인 증가와 더불어, 1985년에서 1995년 사이에 해운에 대한 수요는 약 50% 정도 늘었다. 북쪽 바다들의 연안 국가들에서 해운의 중요성이 전반적으로 이렇게 지속되지만, 다른 지표들을 보면 상황은 달라진다. 유럽연합 깃발을 단 선박들이 고용한 유럽연합 소속 선원들 수는, 해운에 대한 추가적인 수요를 가져왔던 동일한 10년 동안 35% 정도 감소하였으며, 그리고 외국적기 등록 선박의 동시적인 증가는 유럽연합 소속 선원의 고용이 실제로는 훨씬 더 가파르게 감소하고 있다는 것을 말해 준다. 1996년 말, 유엔무역개발회의UNCTAD 통계에 따르면, 총등록톤수 GRT 1,000톤이 넘는 벨기에인 소유 선박의 총재화중량톤수TDWT의 약 97%가

국적기 선박이 아니라 외국적기 선박으로 등록되었다. 스웨덴, 영국, 핀란드 그리고 독일에 정박하는 선박들의 이러한 백분비 또한 대단히 높다. 외국적기 선박 등록을 차단하기 위해 개방형 선적 등록사(노르스크 국제선급*Norsk Internasjonalt Skipregister*과 단스크 국제선급*Dansk Internationalt Skibregister*)를 설립한 네덜란드, 노르웨이, 덴마크의 경우도 각국 톤수의 약 40% 정도는 외국적기 선박으로 운항되고 있다.[33]

쇠퇴는 조선에서도 마찬가지로 명백하다. 1차 세계대전 이전, 세계 선박의 약 60%가 영국에서 건조되었지만, 1977년 그 몫은 4%로 격감하였다. 이제는 상선에 대한 투자가 국가경제 전반을 추동하는 경제성장의 동력으로 작동할 것 같지는 않다. 예건대 1880년 이전과 1890년대에서 1914년 사이에 노르웨이에서는 효과를 보았지만 말이다.[34] 하지만 이런 상황 묘사가, 전성기 때의 노르웨이 북해 유전 노다지가 보여주는 것처럼, 경제활동의 다른 해양 분야가 몇몇 경우에 극단적인 중요성을 갖게 되었던 사실을 감안하여 균형을 맞출 필요가 있다. 노르웨이의 국내총생산에서 석유산업의 몫은 1979년 9.4%에서 1984년 19.1%로 상승하였으며 1990년 말에 최고점을 찍는다. 이 해에 석유 수출과 파이프라인을 이용한 가스 수송은 노르웨이 전체 수출의 거의 40%를 차지하였다.[35]

전통적인 해사 생계수단인 어업은 결국엔 국가차원의 경제 활동에서 차지하는 전반적인 중요도가 명백하게 감소되었다. 어민 수의 감소가 이런 추세를 반영하는 지표로 흔히 사용된다. 물론 심지어 국가 통계들 안에서도 계산할 때 상이한 원칙을 적용하고, '어민'에 대한 정의가 시기별로 다르며, 뿐만 아니라 수산업 내에서의 효율성이 증대되었다는 사실들을 감안하면, 시기별 어민수의 비교는 그다지 신뢰하기 힘들긴 하지만 말이다. 스웨덴에서, 전업 어부의 수는 1970년에서 1995년 사이에 약 48% 정도 감소하였다. 한편 노르웨이에서는 1930년대에 12만 명의 어부가 있었던데 비해 1998년에 활동하는 어부는 2만 4천명에 불과했다. 게다가 노르웨이 어업이 GNP에서 차지하는 비중은 1870년 약 5%로 정점을 찍은 후 1965년에는 1.8%로 하락하였다. 하지만 셰틀랜드 섬들처럼 일부 예외적인 사례에서는 전혀 다른 상황 묘사가 가능하다. 1996년 기준으로, 연어 양식업을 포함하여 어업은 여전히 셰틀랜드 경제의 주력 산업생산의 약 56%를 차지하는데, 이는 석유산업이 차지하는 몫의 두 배다.[36]

셰틀랜드 사례는, 덴마크의 에스비에르와 같은 산업화된 수산업 중심 단지나 스코틀랜드 피터헤드 같은 유럽 최대 어시장에서 잉글랜드의 북동해안의 스타이드Staithes나 부머Boulmer와 같은 작은 어촌에 이르기까지, 활력이 넘치는 어업이 어떻게 해안과 섬의 도시와 마을에서 여전히 생계수단이 될 수 있는지를 보여준다. 양식과 같은 새로운 방식은 점차 중시되어 왔다. 반면에, 몇몇 장소에서는 어민들이 여전히 재래식 방법에 의존하여 작업한다. 예를 들어, 북서 유틀란트의 뇌레는 어민들이 노천 해변에서 전통적인 서해안 방식으로 여전히 어로 행위를 하는 곳으로, 덴마크에서 유일하게 이 방식을 보전하고 있다. 비록 이들의 소형 선박은, 노퍽 해안을 따라 게잡이 선박이 그러하듯, 요즘 트랙터를 이용하여 모래사장에서 바다로 다시 바다에서 모래사장으로 견인되고 있지만 말이다. 하지만, 다른 측면에서 이 직종은 19세기 이래 알아볼 수 없을 정도로 변화해 왔다. 로스토프트 수산업협회Lowestoft Fish Producer's Organization 대표는 1995년 12월에 신문 인터뷰에서 다음과 같이 말한다. "목까지 감싸는 잠바를 입은 어부는 잊어라. 그는 재규어를 타고 파이낸셜 타임즈를 팔짱에 끼고 선착장에 나타날 것이다. 배 시동을 걸기 전에 그는 컴퓨터를 켤 것이다."[37] 이런 변화는 새로운 고출력 선박에 많은 투자를 해 왔던 로스토프트에서 분명히 감지된다. 1950년대 이후, 이곳의 어업은 가공품 생산을 위한 어로행위를 하는 강력한 트롤선(선미 트롤선, 빔 트롤선, 건착망어선)*의 도입과 선진 기술 덕분에 뚜렷이 변형되

---

* 트롤 어업은 하나 이상의 트롤선이 배 뒤편으로 어망을 끄는 형태의 어업을 말한다. 심해 바닥을 따라 어망을 끌거나 공해를 따라 어망을 끄는 것인데, 빔 트롤 어업은 어망의 입구를 딱딱한 철제 빔으로 연 상태로 유지하는 심해바다 트롤 어업의 방법이다. 건착망어선은 긴 네모꼴의 그물로 어군을 둘러쳐 포위한 다

어 왔다. 오늘날 어업은 예전처럼 예측과 행운에 의존하지 않는다. 왜냐하면 어부들이 위성을 통해 날씨 정보를 얻고, 수중음파탐지기를 이용하여 고기떼가 어디에 있는지 알 수 있으며, 그리고 건착망, 빔 트롤이나 자망(刺網)과 같은 효율적인 어구들을 이용하여 놀라울 정도로 빈틈없이 바다를 싹쓸이 하는 것이 가능하기 때문이다.

사실, 북쪽 바다들에서 오늘날 수산업이 직면한 일부 현안은 엄밀하게 말하자면 수산업의 고도화, 효율성 그리고 높은 수준의 생산성 때문에 발생한다. 어선은 많은 어종을 멸종시킬 정도로 어류를 포획한다. 8장에서 설명하였듯이, 어종 자원의 감소에 대한 우려가 이미 19세기에 표출되었다. 북해산 고등어와 청어의 개체 수 감소와 관련해서 살펴보면, 실제 붕괴는 1960년대와 1970년대에 진행되었다. 지금까지도 고등어는 다시 나타나지 않고 있다. 북해에서 청어잡이는 1977년에서 1981년 사이에 전면 금지되었다. 이 조치는 청어들이 성숙하고 재생산할 충분한 시간을 갖기 전에 집약 어업으로 어린 청어 포획을 금하였다. 금어 이후에 완만한 회복이 이루어졌지만, 북해 청어의 상태는 유엔의 식량농업기구FAO에 의해 "파국적"이라고 판정받았으며, 상업목적의 청어 포획에 의한 멸종 시기가 다시 발생할 것으로 우려된다.[38] 북해의 다른 주요 어종인, 대구 개체수는 1995년 최소 안전 규모의 1/3에 불과한 것으로 평가되었다. 그리고 북해의 가자미 어종은 1990년대 초에 심각한 수준으로 감소되었다. 하지만 해덕과 북해 서대는 1997년에 안전 생물학적 한계 내에 있었다.

세계에서 가장 풍부한 어종 수역의 하나인, 북해에서 많은 어종이 고갈상태에 있으며, 발트해에서 격감하고 있는 가장 중요한 어종은 대구다. 덴마크 해협을 통해 북해 신선한 바닷물의 유입 부족으로 인해, 발트해에서의 염분은 농도가 낮아졌으며, 그래서 대구 번식에 유리한 환경이 악화되었다. 이 어종은 1992~1993년에 이르러 1984년의 수준에 비해 1/10 수준으로 곤두

음 어군이 아래로 도피하지 못하도록 포위범위를 좁혀 잡는 어선을 말한다.

박질쳤다. 하지만, 대구가 먹이로 삼았던 어린 청어가 더 오래 수명을 유지할 수 있었고, 그리하여 발트해의 청어와 청어과 작은 어종sprat은 현재 안전 생물학적 한계 내에 있다. 발트해의 연어에 관해 살펴보면, 이 어종은 현재 심각하게 오염된 보스니아와 핀란드 만에 비하면 발트해의 주요 해역에서 훨씬 좋은 조건에 있다. 그렇지만 발트해에서의 연어 어획은 양식 연어에 주로 의존한다. 자연산 연어는 양식 어종과의 경쟁뿐만 아니라 원인을 알 수 없는 엠(mystery의 M) 74 증후군으로 불리는 질병으로 위협받고 있다.[39]

오늘날 어업은 고도로 통제된 활동이지만 어종의 남획은 근절되지 않고 있는 것이 북쪽 바다들에서 벌어지는 어업 실상의 아이러니들 중 하나다. 1997년 식량농업기구는, 북해와 발트해를 포함하는 북동 대서양에의 상황에 대해 언급하면서, "장기간에 걸친 남획"이 근본원인이 되어 전통적인 수자원은 대부분을 최대 허용치까지 포획되거나 남획되었다고 지적하였다. 식량농업기구는 특히 유럽 수역에서 "공동어업정책 하에서 어획량을 줄이거나 통제"하지 못한 유럽연합 회원국의 '무능력'을 혹평했다. 1983년 이래 공동어업정책은 수산업의 모든 활동에 적용되어 왔으며 총허용어획량제TAC 시스템과 어수산 자원관리를 위해 국가별 할당제를 적용해 왔다. 발트해에서 총허용어획량제와 국가별 할당제는, 북동 대서양의 다른 수역에 대해서 자원관리에 대해 조언하는 해양탐사국제위원회ICES의 권고에 따라 발트해국제수산협의회IBSFC가 수용하였다. 그러나 이런 노력에도 불구하고, 식량농업기구는 실제 어획량이 합의한 총허용어획량을 종종 초과하고, 그렇게 합의된 총허용어획량도 종종 권고한 수준을 초과하며, 그리고 심지어 권고 총허용어획량은 불확실하거나 종종 낙관적인 자원평가에 근거한 것이었다고 결론짓는다.[40]

북해에서 쿼터-넘기기라는 널리 알려진 문제(국가의 어업권을 그 나라 국적기를 달고 운항하면서 그 나라에서 어로행위를 하는 외국인 소유 선박에 매매하는 것)는 모르긴 해도 복합적인 현안을 해소하기보다는 더욱 애매하게 만들긴 하지만, 북해에서는 위태위태한 수많은 복합적인 현안들이 있다.

일부 문제는 제한 입어 같은 투입기반 어업규제와 비교된다는 점에서 단순히 기술적 문제 같아 보이지만 총허용어획량제TAC와 같은 산출기반 어업규제를 강요하기가 어렵다는 점이다. 또 다른 난제는 소위 의도하지 않은 어획물, 즉 다른 어종을 잡는 과정에서 부수적으로 잡힌 어종으로 일반적으로 버리는 어획물이다. 하지만, 어업정책들이 국가적으로 민감한 현안들과 꽤 많은 국가적 경쟁을 다루고 있는 것으로 보인다. 비록 후자는 단순히 교역 관행의 연속으로 편의적으로 해석될 수 있지만 말이다. 게다가, 어민들과 어획량을 할당하는 사람들 사이의 논란이 있다. 스벤드 투가드Svend Tougaard가 고찰하였듯이, (산업) 어부들에게 어자원 통제에서 기본적으로 현안이 되는 것은 그들의 생계권이다. 멸종되어 가는 어종에 대한 경각심을 불러일으키는 보고서는, 어획량의 자연적인 증감에 익숙한 어부들에게 경각심을 주지 못한다. 왜냐하면 청어로 가득 찬 그들의 트롤선이 (보고서와) 전혀 다른 사실을 말해주기 때문이다. 설사 현대의 어부들이 남획의 위험을 숙지하고 있다하더라도 그들의 본능적인 반응은 (특히 이들이 다른 나라에서 온 어부들이라면) 다른 어부들이 잡기 전에 가능하면 많은 몫의 어획량을 챙기는 것이다.[41]

실제로, 어획량의 변동이 앞장에서 언급하였듯이 수년 전에도 심각했던 것으로 보인다. 따라서 어부들의 생각은 쉽게 공감할 수 있는 반면에, 유럽연합의 어업정책에 반대하는 국가들의 복잡한 사정은 가늠하기가 한층 어렵다. 식량농업기구가 보고하였듯이, 유럽 어선대의 현재 과잉 어획 능력은 1980년대에 어업에 대한 정부의 막대한 보조금에 의해 확보되었다. 예를 들어 유럽공동체의 직접적인 지원이 1983년 8천만 달러에서 1990년 5억 8천만 달러로 증가하였다. 동시에 유럽연합의 최초 두 차례의 다년간지도프로그램Multi Annual Guidance Programmes은 회원국들이 합의된 목표, 즉 처음에는 선대의 동결과 그 다음에는 감선 계획 이행을 달성하는데 실패하였다. 유럽연합이 1997년부터 2001년 말까지 운영될 것으로 예정된 4차 다년간지도프로그램으로 난제를 해결하고, 그리하여 추세를 저지할 수 있을지는 두고 볼 일이다. 이 프로그램은 멸종 위기에 있는 어종에 대해서는 30%, 남획 어종에 대해서는 20%의 어획 삭감을 요구하고 있다.[42]

어류자원은 북쪽 바다들의 아주 오래된 천혜의 선물이며, 보다 최근의 그리고 훨씬 눈에 띄는 자원은 당연히 석유와 가스이다. 최근 수십 년간, 북해 국가들이 바다로부터 노다지를 채굴해 왔다. 1990년대 중반까지 석유 굴착 장치는 남부 발트해에서 또한 가동되고 있다. 해저의 또 다른 잠재적인 에너지 노다지가 아직도 바다 밑에서 대기하고 있을지도 모른다. 바다의 압력에 의해 일종의 얼음 형태로 압축된 메탄가스는 앞으로 상업적으로 이용 가치가 있는 에너지가 될 것이지만(이렇게 동결된 매탄 저장지가 노르웨이 해안에서 발견되었다), 그러나 메탄층의 대광맥, 광맥, 그리고 얇은 층을 이용할 안전한 방법은 연구 개발되어야 한다.[43]

술로시테렌Slochteren의 대규모 가스층이 1959년 네덜란드의 옥수수 밭 수천 미터 밑에서 발견되고 유사한 층이 북해 방향으로 뻗쳐있다는 사실이 확인된 이래로, 북해의 석유와 가스층을 어떻게 개발할 것인가라는 기술적 문제가 당연히 어마 무시한 사안으로 간주되어 왔다. 하지만 북해의 석유와 가스층(후자는 주로 북해의 남쪽에 있고, 전자는 동 셰틀랜드 분지의 중요한 클러스터와 함께 대개가 북해를 남북으로 가로지는 선을 따라 뻗어있다)은 얀 하그론트Jan Hagland의 표현처럼, "세계에서 에너지를 가장 많이 필요로 하고 정치적으로 가장 안정된 지역들 중의 하나인 그 심장부에" 위치함으로써 극도의 이점을 가진다.[44] 일찍이, 영국의 포티즈 앤 브렌트British Forties and Brent, 노르웨이의 에코픽Ekofisk, 그리고 덴마크의 덴Dan 혹은 고름Gorm과 같은 구 유전은 북해의 수많은 구 어항과 해양관련 도시를 새로운 연근해 석유산업의 활기찬 중심지로 탈바꿈시키면서 새로운 생활방식을 가져다주었다. 노르웨이 석유산업 활동의 중심지인 스타방에르는 낙후된 청어기름공장에 내륙 기지를 건설한 최초의 석유회사며, 애버딘은 "북해의 암울한 휴스턴"이라는 별명을 얻었고, 셰틀랜드 섬들은 유럽에서 가장 거대한 석유터미널을 살럼 버우Sullom Voe에 가지고 있다.

북해의 석유와 가스가 경제, 고용 그리고 심지어 연안국가로서의 국민적 자각에 끼친 영향은 지대하였다. 그렇지만 크리스토퍼 하비Christopher Harvie 가 지적한 것처럼 석유와 가스가 공짜로 나온 것은 아니다. 오히려 엄청난 투자 자금이 필요하였는데, 1970년대와 1980년대에 투자액은 영국 산업 투자액의 1/4 수준에 달하였다. 게다가, 석유가격의 가름하기 힘든 변동은 북해 석유와 가스 자원을 부풀려지거나 혹은 경우에 따라서는 경미하게 잘못된 예상을 그대로 반영하는 롤러코스터로 만들었다. 고유가가 증산과 일치한 1980년대 초, 예컨대 노르웨이에서의 연근해 석유산업에 대한 충격은 '문자 그대로 폭발적'이었다. 정부 수입이 1980년에 18조 5690억 노르웨이 크로네에서 1985년엔 46조 6940억 크로네로 급증하였다. 동시에 어느 저자는, 노르웨이에서 연근해 석유사업이 "경제, 정치, 사회가 직면하고 있는 그 국가의 모든 사안에 대한 총체적인 해결책"으로 간주되었다고 주장한다. 이런 낙관론이 1990년대 후반의 유가 급락으로 인하여 크게 약화되었지만, 그럼에도 불구하고 북해는 향후 수십 년간 핵심적인 공급처가 될 것이다. 이런 한파 하에서도, 덴마크는 1991년 이래 소비량보다 많은 석유와 가스를 생산하여 왔으며, 1990년까지 영국과 노르웨이는 세계 석유와 가스 시장에서 여전히 중요한 생산국이 되었다. 그 때 세계 석유 수출에서 영국의 몫은 6%를 약간 넘었고 노르웨이의 몫은 8%였다.[45]

위태로워진 환경

북해 근해 원유산업이 자국 내 현금 유동성에 끼친 영향은 대단히 우호적이었음에도 불구하고, 이 산업의 해양환경에 대한 전반적인 효과는 부정적이었다. 스타방에르 남서 바다에 2만 2천 톤의 기름을 유출시킨 1977년 4월의 '브라보Bravo' 기름 유출 사고나, 1988년 파이퍼 알파Piper Alpha 플랫폼 갑판에서의 폭발로 인한 185명의 노동자 사망과 같은 대형 참사는 물론이고, 굴착

산업이 다른 파급효과, 특히 시추 과정에서 발생하는 오염 물질을 유발한다. 하지만 북해 해안선을 따라 바닷새를 죽이는 대부분의 유막은 선박에서 불법적으로 방출하는 기름 때문이라는 점을 유념해야 한다. 왜냐하면 굴착장치로부터 유출되는 기름은 해안에 도달하기 전에 증발하고 퍼져나가며 가라앉거나 분해되기 때문이다.[46]

기름은 또한 유조선 사고로 인해 바다로 유입된다. 가끔씩 자연이 친절하게도 그리고 경이롭게도 유막을 제거하는 역할을 하는 경우도 있지만 말이다. 1993년 1월 셰틀랜드 섬에서의 '브레어*Braer*' 호 침몰시, 예기치 못한 강력한 폭풍우가 바다를 '일종의 거대한 세탁기'로 바꾸어 버렸다. 이 거대한 세탁기가 기름을 바닷물로 희석시켜 이례적으로 환경오염을 완화시켰다.[47] 발트해에서, 가장 거대한 유조선 전용 항구인 라트비아의 벤츠필스Ventspils에서의 1979년 '안토니오 그람시' 호 난파 경우처럼, 유조선 사고가 엄청 심각한 결과를 초래한다. 유조선 세척으로 인한 불법적인 기름 유출이나 배 바닥에 괸 오염수 배출은, 육상에서의 다양한 오염원으로부터 흘러나오는 기름이 바다를 오염시키듯이, 발트해의 오염 정도를 매년 심화시키고 있다.[48]

유막과 기름을 뒤집어 쓴 바닷새는 인간의 행위가 바다에 끼칠 수 있는 가장 강력하면서 눈으로 목격할 수 있는 피해상이다. 아마도 이 사건이 바다와 인류 간의 상호작용의 장기적 역사의 변화, 즉 가해자의 역할과 피해자의 역할 전환을 상징한다. 인류 역사 초기에는 바다에서 살아가고 모험하였던 사람들을 위협하였던 것은 바다였지만, 앞 장에서 살펴본 것처럼 20세기에 해양 생태계를 위협하는 것은 다름 아닌 인간이다. 결국 위기에 처한 것은 바다들 자체의 생존이다.

발트해와 북해는 인구밀도가 아주 높고 주로 산업화된 유역(1993년 북해에 약 1억 6,400만 명, 발트해에 약 8,500만 명 거주)으로부터의 오염 물질과 인공 영양분의 우려할 만한 수준의 투입으로 인해 오염되고 있다. 인phosphorus의 약 2/3와 질소nitrogen의 약 절반은 강을 거쳐 집수되어 발트해로 들어간다. 동시에 질소의 약 40%가 공기 중에 남아 있는데, 남서에서 북동으로의 강한 기류가 중부 유럽, 영국의 도서들, 동유럽으로부터 몰아친다. 이와 유사하게 북해의 경우도, 하천을 통해서 들어오는 그리고 인위개변으로 인한 유입물들이 질소와 오염물질의 주요한 원천이다. 물론 질소의 가장 많은 양은 영불해협과 오크니 셰틀랜드 유역을 거쳐 북해로 들어오는 대서양 바닷물로부터 유입되지만 말이다.[49]

바다 속의 오염물질과 질소의 상당량은 우리의 눈에는 보이지 않지만, 누구나 쉽게 볼 수 있는 부영양화와 같은 결과를 낳는다. 예를 들어 1980년대 후반부터 광범위하고 오래 지속되는 조류 대증식이 덴마크 연안해에서는 낯설지 않고, 그리고 저지 작센의 프리슬란트 해안을 따라 검고 산소가 결여된 진흙 더미에 관한 1996년 보고서는 독일 휴가객이 선호하는 지역에 경종을 울렸다.[50] 비슷하게 핀란드 만의 어부는 최근에 바닷물 속에 친 그물이 1주일만 지나면 펜스처럼 바뀐다든지 어구가 녹조 때문에 쉽게 고장 난다고 언급해 왔다. 남조는 19세기 중엽부터 잠시 볼 수 있는 발트해 생태계의 자연적 구성요소였지만, 1990년대 후반의 광범하고 두드러진 녹조가 새로운 방식으로 공공의 관심을 끄는 현안이 되었다. 전체 해역의 약 15%를 뒤덮은 녹조가 특히 다도해 생태계 작동의 변화를 암시할지 모른다는 우려를 낳았다. 1996년과 1997년 여름, 녹조가 외레순드에서 보스니아 해까지 유독성을 띤 두터운 초록색의 껄쭉한 죽 형태로 일제히 해안가를 덮었다. 녹조로 인해 이곳에선 역겨운 띠가 형성되고 수영이 금지되었으며 심지어 이곳 해수를 먹은 동물들을 죽음으로 몰았다.[51]

핀란드 만뿐만 아니라 발트해의 남쪽은 현재 부영양화로 심각하게 오염된 해역 중의 하나다. 남동 해안선을 따라, 중공업, 농업 그리고 주요 인구밀집지대가 복합적으로 미친 영향은 대규모의 질소가 슈체친/포메라니아 Szczecin/Pomerania 만뿐만 아니라 리가와 그단스크 만으로부터 유입된다는 것을 말한다. 드비나, 비스툴라, 그리고 오데르 강들은 각각 하수를 이 만들로 흘려보낸다. 카테가트에서는 특히 농업으로 인한 질소 유출액 때문에 야기된 문제로 인해 유틀란트 북동부 마리아게르Mariager 피오르드 전체가 1997년

산소 부족을 이유로 사망 선고를 받았을 때 사람들을 경악시키면서 주목받았다.

하지만, 발트해에서 가장 심하게 영향을 받은 해역 중 하나는 핀란드 만이다. 1997년, 이곳의 표면적 당 오염부하는 발트해 전체 평균 수치의 2배였으며, 핀란드 만의 동쪽 수치가 전체 평균 수치에 비해 5배나 높았다. 핀란드만으로 유입되는 대부분의 질소는 러시아, 특히 상트페테르부르크에서 나온다. 1997년, 이 도시는 약 500만 명 시민의 하수(이 중 일부는 전혀 보전처리를 하지 않았다)의 1/3을 네바 강을 거쳐 핀란드 만으로 방류하였다.[52] 그렇지만 상트페테르부르크의 하수 문제에만 집중하는 것은 옳지 못하다. 핀란드 만 주변의 또 다른 오염 '분쟁 지대'가 있다. 그 중에는 에스토니아의 세일 석유 산업과 나르바의 발전소뿐만 아니라 핀란드 도시들, 농업과 양식업, 그리고 상트페테르부르크의 산업과 차량에서 나오는 배출물이 있다. 하지만 발트해의 이전 동구권 블록 지역을 살펴보면, 서유럽으로부터의 상당한 도움에도 불구하고 근본적인 환경개선을 위한 자금을 조달하기 쉽지 않다는 현실 때문에 환경문제가 한층 악화되고 있다. 이네세 에이스테레*Inese Eistere*(전 리파야*Lipaja* 그린센터 연구원이자 집필 당시 라트비아 환경부 장관)가 지적하듯이, 문제를 더욱 복잡하게 만드는 것이 국가 정책이 환경보호보다는 경제성장의 달성에 중점을 두는 경향이다.[53]

민물과 바닷물의 수면 층이 잘 섞이기 힘들고, 덴마크 해협을 통해 염분과 산소가 풍족한 북해 바닷물의 간헐적인 유입에 의존하는 수심이 얕은 반쯤 폐쇄된 바다인, 발트해는 산소 고갈에 특히 취약하다. 1990년대 중반, 해저면의 수만 평방킬로미터가 산소가 고갈된 상태로 변했다. 이는 정상적인 해저 동물군을 죽음에 이르게 만들었고, 80미터에 이르는 두터운 유독성 황화수소를 함유한 막을 형성하였다. 많은 과학자들은 이것을 전적으로 발트해의 자연적인 현상이라고 간주하였지만, 산소가 고갈된 해저 면은 20세기 내내 끊임없이 확장되어 왔다. 부영양화와 오염의 영향, 그리고 해양 생태계의 반응 시간이 상대적으로 오래 걸린다는 사실(오염원과 오염물질의 유입 감소의 효과가 나타나는 데 상당한 시간이 걸린다)을 함께 고려하여, 일부 과학자들은 발트해의 상태에 대해 점차 경각심을 갖게 되었다. 그러한 과학자들 중 한 명이 우려하였듯이, 후속 세대는 발트해를 '쓰레기 바다'로 개명할 합당한 이유를 가지게 될지 모른다.[54]

북해에서, 모든 국가의 연안에서는 지방적인 현안이 존재한다. 오염물질이 축적되고 있는 도거뱅크 지역이나 노르웨이 트렌치와 같은 퇴적 지역을 예외로 하면, 가장 심각한 환경 효과, 즉 높은 질소와 중금속 농도, 대규모 녹조, 산소 결핍과 해저 생물의 멸종이 네덜란드, 독일과 덴마크 해안을 따라 이어진 연해에서 나타난다. 느린 물 순환뿐만 아니라 하천 유입, 토질 유출, 그리고 점원 오염으로부터의 과도한 오염물질 유입 등은 환경을 악화시킨다.[55]

물론 바덴 해 수역의 상태는 특별한 관심의 대상이 된다. 바덴 해는 예외적으로 풍족하고 역동적인 생태계를 구성하고 있으며 그 지리적 경계를 넘어 북해에 이르기까지 생태적으로 중요하기 때문이다. 유틀란트 스캐링엔Skallingen 반도에서 북 네덜란드 덴 헬더Den Helder에 이르는 대륙의 해안을 따라 늘어선 간석지, 염습지, 모래톱, 모래언덕, 그리고 강어귀의 얕은 해안지구는 썰물 때 세계에서 가장 광대하게 이어진 간석지 지대를 만든다. 이 지대는 가자미나 서대 같은 북해의 상업적으로 중요한 몇몇 어종의 치어 서식지로 기여하며, 희귀하거나 멸종위기에 놓인 50종의 새들의 생존에 필수적이다. 현재 바덴 해는 중요한 북해의 항구와 항만이 있을 뿐만 아니라 체험 관광, 홍합, 새조개, 새우 채취 장소이다. 바덴 해는 세계에서 가장 큰 해운 항로들 중 일부, 즉 원양항로와 테르스헬링-엘베Terschelling-Elbe 노선과 근접해 있다. 더욱이 이곳은 북해 가스 산지의 천연 가스를 보급하는 몇몇 가스 파이프들이 깔려 있고, 일부 가스 개발지가 이 해역 안에 있다. 1993년 만약 위험 요소들이 별 문제가 되지 않는다면, 염습지와 간석지 대부분의 충격적인 소멸이 온실효과로 말미암은 해수면 상승 때문에 야기될 것이라고 진단하였다.[56] 기후변화는 지난 20만 년 간 이런 저런 방식으로 북쪽 바다들을 형성해 왔고, 그래서 1장에서 다루었던 수많은 해양의 진전과 후퇴는 20세기 인류가 환경 보호에 각별히 관심을 갖는다는 이유만으로 통제 국면으로 들어갔다고 기대할 근거는 없다. 20세기에 우리는 인간의 행위가 해양환경에 원인을 제공하는 심각한 훼손을 목격해 왔지만, 아마도 장기적 변화에 관한 우리들의 전망을 형성하는 이런 지식은 다분히 '자연적'인 원인을 더 중시하고 있다.

보호와 향유

발트해와 북해의 환경문제에 대한 우려에도 불구하고, 상황이 전적으로 암울한 것은 아니다. 적어도 이론상으로는, 오염 문제의 많은 것들이 다양한 조치를 통해 치유될 수 있으며, 해양 환경을 보호하기 위해 취해진 과거의 많은 수단들이 효과를 보고 있다. 위기에 몰린 해양 생물들에 관한 한, 흰꼬리 독수리는 이전의 서식지에 다시 모여들기 시작했다. 발틱해의 해양 환경 속에서 원래 서식했던 흰꼬리 독수리가 DDT나 PCBs(폴리염화 바이페닐과 같은 유기화합물은 가소제, 절연처리용 자재 그리고 방화 재료에 사용되었으며, 유해물질이 생체 내에 축적되어 해양 먹이사슬로 전달되었다) 같은 오염물질로 인하여 생식 장애를 경험해 왔다. 바다표범(스웨덴과 핀란드와 에스토니아 수역의 회색 바다표범과 보스니아 만에서의 발트 얼룩큰점박이 표범)의 상황도 개선되고 있다. DDT 사용을 금지하는 국제규정이 발트해에서 그 수준을 분명히 감소시켰다. 말할 필요도 없이 무연휘발유로의 전환에 힘입어 수은, 납, 카드뮴과 같은 중금속의 방출이 1980년과 1990년 사이에 대략 반감되었다. 북해에서의 납의 투입 또한 감소되고 있다.

하지만 발트해에서의 DDT 농도는 대양에 비해 여전히 5배 이상 높다. 헬싱키조약 적용지역에서의 PCBs 생산과 사용 금지는 분명히 그 농도를 감소시켰지만, 발트해의 많은 환경시스템에서 PCBs 수준은 여전히 우려할 만하다. 유사하게 PCBs의 농도 증가가 북해, 특히 남부 북해와 영국해협 사이에서 침전물과 생선의 간에서 확인된다. 하지만 북해의 모든 국가는 1999년 말까지 사실상 PCBs의 사용의 단계적 폐지를 계획하고 있다. 생체 내 유독물질을 축적시키는 다른 화학 물질들 중에서, 보다 시급하고 특별한 규제 대상이 되는 것이 중부 북해에서 잡히는 어종의 간 조직에서 높은 농도로 발견되는 카드뮴의 대기 방출이다. 이와 유사하게 보다 긴박한 목표와 조치들이 TBT(소형 보트, 요트, 그리고 선박의 오염방지 페인트에서 발견되는 트라이뷰틸주석)와 같은 유기오염물의 감소를 촉구하여 왔다.[57]

1974년 발트해의 모든 국가가 서명하고 이어 1992년 개정된 발트 해역의 해양환경 보호를 위한 협약은 북쪽 바다들의 해양환경 보전을 확보할 수 있는 방법의 좋은 사례이다. 수많은 지구적, 지역적 협약들이 각각의 상설위원회와 사무국이나 북해 테스크포스와 같은 연합 워킹 그룹들을 통해 적용되고 있다. 게다가 과학자들이 정기적으로 북쪽 바다들의 환경 상태를 점검하고 있다. 하지만, 연안 국가들이 협약의 의무사항을 국가 정책이나 입법으로 전환하는 차례가 되었을 때 종종 어려움에 봉착해 왔다. 예를 들어, 헬싱키위원회는 권고사항들을 강제할 제재 수단을 가지고 있지 않으며, 따라서 일부 비평가들이 일국 차원의 조치가 기술적으로 가능하거나 경제적으로 실현 가능한 것으로 간주되는 것에만 적용되어 왔을 뿐이라고 주장해 오고 있다.[58] 실제로, 1989년 해양오염에 관한 국제협약 노르딕위원회 보고서는 "채택된 많은 선언들과 최근에 내놓은 많은 정치적 발의들 이면에, 해양환경을 보호하려는 진정한 관심과 의지가 있어야만 진전이 있을 것이다"고 논평하면서 정곡을 찔렀다.[59]

1997년 발트 해역의 한 환경부 장관이 지적하였듯이, 종종 어려움은 "일단, 오염 유발국가들이 서로를 비난하고 그 다음에 합동으로 국경 외부의 실제 위기를 초래한 유발자를 찾는 것"이겠지만,[60] 그 현안들은 너무나 복잡하고 참으로 교묘해서 대개의 경우 해결하기 힘들다. 특히 농업과 양식업과 더불어, 현안들은 연안지역에서의 실행가능한 생계의 모색을 포함한다. 이런 점에서, 1984년 이래 장관급 차원의 북해협약들은 권한을 가진 국제기구의 작업에 실질적인 정치적 추동력을 제공하여 왔으며, 최종적으로 북쪽 바다들의 해양환경을 위한 최후의 보루인 연안 국가들에서의 여론과 관련된다.

부분적으로는 우리의 바다에 대한 이미지 때문이겠지만, 여론이 해양 환경보호의 현안을 환기시키는데 대체로 둔감했던 점은 논란이 된다. 고유한 자정 능력을 지닌 방대하고 무한한 요소로서의 바다에 대한 통념이 환경에 대한 과거의 무관심에 일조하였다. 그 대표적인 사례는 쓰레기처리장으로서 바다를 이용해 왔다는 것이다. 소련 해체 이후 러시아가 유기선, 잠수함, 군사 장비를 팔디스키Paldiski 혹은 리에파야Liepaja 항구에 부식된 채 반쯤 가라앉힌 상태로 방치하였다. 2차 세계대전 이후 4만 톤의 화학탄이 주로 고틀란트 남동 해역에 투기되었다. 어느 정도인지 가늠도 안 되는 비소와 같은 불법적인 산업폐기물이 1930년대에 셀레프테오Skellefteå 연안해로 흘러갔다. 영국은 연안국가로서는 가장 늦은 1990년대 후반까지 북해로 하수 찌꺼기를 방류하였다.[61] 그렇다면 이런 것들이 해양환경에 대한 전적인 무관심을 보여주는 유별나면서 노골적인 사례들인가? 우리는 해수면 아래에서 발생하는 일에 대해서는 보지 못하기 때문에, 해양 생태계 안에서 실제로 발생하고 있는 일에 대해 모르는 척 하기가 훨씬 용이하다. 핀란드의 한 텔레비전 편집자가 언급하였듯이 "우리는 해수면 아래에서 우리가 저질러왔던 그와 같은 환경파괴를 육상에서는 절대 용납하지 않을 것이다."[62] 발트해와 북해가 "거대한 자연 폐수처리장"으로 별 탈 없이 이용되어 왔지만, 이 바다들이 무한한 자정능력을 갖고 있다는 이미지는 왜곡된 것에 불과하다. 심지어 세계의 크고 작은 바다들의 거대한 총체도 실제론 내륙의 호수처럼 모든 곳이 육지로 둘러싸여 그 곳으로 유입되는 각종 배출물의 출구가 없는 제한된 실체에 불과하다. 이 거대한 내륙의 호수가 오늘날 떠안아야 하는 심각한 오염의 부담을 고려하면, 사실상 바다의 자정 능력은 허구이다.[63]

더욱이 해양환경이 단지 20세기 산업과 생활 방식의 부산물인 오염물질이 바다로 유입되는 것 때문에 위태로운 것만은 아니다. 딜레마는 그것보다 훨씬 심각하다. 어떤 유형으로든 자원으로 바다를 활용하는 것은 해양환경을 파괴할 잠재적인 원인이 된다. 육중한 기어가 해저면 위를 훑고 가는 빔 트롤과 같은 일부 어업 방식은 해저에 사는 생명체들에게 치명적이며, 한편 무엇보다도 해운과 여가를 위한 요트들도 잦은 항행으로 해상교통로 주변을 침식시킬 수 있다. 바다의 남용뿐만 아니라 바다의 탐닉도 위험한 것이다. 심지어 우리가 즐거움, 재충전, 아니면 더 심오하게는 자연과의 접촉의 원천으로서 바다를 간주할 때조차도, 해안의 개발, 여가 활동, 관광은 야생 동물을 위태롭게 하고 해양과 해안의 서식지를 변화시킬 가능성이 많다. 1998년의 헬싱키 위원회에 따르면, 발트해 전체 연안과 해양 생활권의 약 80%가 위태롭거나 회복불능 수준이다.[64]

이는 관광과 서구의 20세기 삶의 방식과 같은 것에 반론을 펴는 것은 아니다. 오히려 어떤 점에서 덴마크 해안의 사람들의 주거지로 부적절한 모래 해변이 관광지로는 이상적인 형태일지 모른다. 비사(飛沙)가 지난 수세기간 메마른 해안의 농장을 위협하고, 어부가 바다와 맞서 위험한 백파를 가로질러 다시 귀향해야 했던 곳에서 지금은 관광객이 모래를 탐닉하고, 그리고 백파는 파도타기 하는 사람들의 필수요소다. 오히려 사람들이 전례 없는 규모로 모여듦에 따라 바다로부터 여가, 안식, 혹은 영적인 자양분을 얻으려는 우리의 욕구와 실제 바다에서 얻을 수 있는 재충전 효과 사이의 경계가 얼마나 흐릿한지를 생각하게 해준다.

북쪽 바다들이 바다에 근접하여 살아가는 사람들이나 혹은 멀리서 바다로 접근해 온 사람들에 의해 현재 자원으로 활용하는 가장 중요한 방식은 발트해와 북해를 아마도 여가의 장소로 활용하는 것이다. 최근 북쪽 바다들에서의 눈길을 끄는 일부 해양 탐사활동들이 다소 특권층의 취향에 영합하여 왔지만(예컨대 1998년 여름 보스니아 해의 난파선 '옌셰핑Jönköping' 호로부터 고급 포도주, 샴페인, 코냑과 같은 화물을 인양했는데, 뒤에 샴페인 한 병은 런던에서 2,400파운드에 팔렸다), 오늘날 바다의 향유 범주가 그 어느 때보다 대폭 확장된다. 예를 들어, 야생동물 관광과 조류 관찰에서부터 낡아서 방치된 등대 분위기를 만끽하는 특별 테마 투어에 이르기까지 다양한 활동들이 제공된다. 최근에 네덜란드에서 스웨덴과 핀란드로 확산되어 간, 장거리 스케이팅은 겨울철에 바다를 즐기는 또 다른 방식을 제공한다. 발트해의 얼음의 상태가 좋다면, 스케이트를 타는 무리는 소리로 얼음의 상태를 점검하는 전통적인 기술을 이용하거나 한때 사람들이 살았던 흔적이 남아 있는 빙판 위로 그득한 적막을 즐기면서 미끄러져 나아갈 수 있다. 실제로 방문객이 적은 북부 해안가의 고요와 침묵은 여름 별장 소유주나 바다 쪽의 은퇴 방갈로 소유자에게 중요하다. 특별한 경험과 지식이 없는 사람들은 때론 이 고요와 침묵을 이해하기 어렵긴 하겠지만 말이다. 바다 쪽의 여름 별장에서 재충전하는 핀란드의 한 낚시꾼에게, 가장 좋은 시기는 "내가 강한 비바람 속에 서서 엉망진창인 그물을 푸는 때, 즉 내가 완전히 무념무상에 몰입하는" 가을이다.[65]

동시에 북쪽 바다들 언저리에 있는 해안의 많은 소도시에서 오래된 해사 관행들이 되살아나고 있다. 차이점이라면 과거에는 선원들을 모집했다면 지금은 관광객을 호객한다는 점이다. 범선의 유산을 보전하기 위한 시도들 중, 가장 잘 알려진 커티샥 대형범선 경주Cutty Sark Tall Ship's Race는 거의 매년 발트해나 북해에서 열린다. 이 경주가 진행될 때면, 초록색 선체의 (돛대가 셋인 범선) 독일 바크 '알렉산더 폰 훔볼트Alexander von Humboldt' 호(이전 시기의 북해와 발트해 등대선)에서 바크 '세도프Sedov' 호(1921년에 건조되어 현재 운항 중인 세계 최대의 범선)에 이르기까지, 복원된 혹은 새로 건조한 선대들이 푸른 바다의 물살을 가르며 믿을 수 없을 정도의 장관을 연출하는 것을 볼 수 있다. 범선 행사는, 로스토크에서 칼스크로나에 이르는 행사 유치 도시들의 경제뿐만 아니라 항해 전통을 생생하게 보전하는데 도움이 된다. 다른 오래된 관행의 재활성화는 연안에 거주하는 사람들의 해사 정체성을 위해서도 중요하다. 예를 들어 발트해의 여름이 끝날 즈음, 툭 튀어난 곳 headland에서 주위에 불빛을 밝혔던 바이킹 관습에 근거한 모닥불이 스톡홀름에서 에스토니아, 라트비아, 그리고 리투아니아 해안에 이르는 해안선을 따라 요즘도 불타오른다. 이 지역의 공동체들은 여름이 끝났다는 것을 이렇게 표시한다. 범선 항해와 요트 타기는 칠더스*E. Childers*가 요트맨의 자질로서 나열하였던 "고귀한 의지, 희망, 불확실, 즐거움, 절망, 환희, 고뇌, 그리고 온갖 종류의 긴장감"을 사람들에게 지속적으로 제공해 오고 있다.[66]

수백만 명의 관광객과 연안 주민들은 북쪽 바다들을 맘껏 즐긴다. 이곳에서 일하며, 어로하고, 항해하며, 이곳의 해변에서 일광욕을 하고, 기념사진을 찍거나 바다의 절경을 그저 응시한다. 바다를 향한 그들의 감정은, 19세기 스카버러의 앤 브론테*Anne Brontë*의 "상쾌하고, 기쁨에 들떠 고무된 채, 나는 근심걱정을 잊고 마치 발에 날개가 달린 것처럼 해변을 따라 걸었다"는 표현에서 예증되었던 열광에서부터 19세기의 항해자나 20세기의 전문 어부와 낚시꾼들의 침묵에 이르기까지 그들의 노동생활의 환경에 따라 각양각색이다.[67] 실제로, 바닷가에서 태어났다면 예나 지금이나 바다의 소리가 여전히 잘 들릴 것이고, 침묵이나 묵언의 고독 속에 해법으로 다가올 것이다. 이 점에서, 발트해와 북해를 둘러싼 해양 관련 종사자들의 수세대에 걸친 경험은 올란드 섬 출신의 고참 항해자 올드 레드*Old Red*에 의해 잘 압축된다. 19세기에 흔히 그랬던 것처럼, 그는 발트해와 북해의 연안 교역에 종사한 후, 원양 교역에 참여하였으며, 결혼 후에 다시 발트해와 북해로 되돌아왔다. 마지막 직업으로, 1930년대에 중년의 나이로 그는 곡물무역선의 일등 항해사로서 취업하여, 고독 속에 선마루 갑판을 서성이며, 아침에 해야 할 일에 골몰하였다. 그가 바다를 좋아하느냐는 여성 견습 선원의 질문에 답하면서, 웅얼거렸다. "모르겠어, 모르겠어. 그것은 마치 내가 목숨이 붙어 있는 게 좋으냐고 묻는 것과 같아. 나는 어느 쪽이 좋은지 모르겠어. … 그러나 나는 다른 방식의 삶을 원하지는 않아."[68]

▌저자 서문

1) K. McPherson, *The Indian Ocean: A History of People and the Sea*, New Delhi, Oxford University Press, 1993.

2) J. Pryor, *Geography, Technology and War: Studies in the Maritime History of the Mediterranean, 649-1571*, Cambridge, Cambridge University Press, 1988.

3) A. Lewis, *The Northen Seas: Shipping and Commerce in Northern Europe, AD. 300-1100*, Princeton, NJ, Princeton University Press, 1958, J. Roding and L. Heerma van Voss(eds.), The North Sea and Culture, 1550-1800, Hilversum, Verloren, 1996.

4) Y. Kaukiainen, 'Itämeri, pohjoisen Euroopan Välimeri', *Historiallinen Aikakauskirja*, 1997, vol. 95(3), p. 217.

5) P. Holm, *Kystfolk, Kontakter og sammenhænge over Kattegat og Skagerrak ca. 1550-1914*, Esbjerg, Fiskeri -og Søfartsmuseet, 1991.

▌1장

1) 하이네 시에 대한 해제는 *Nordsee*(1825-1826), Benn의 *Gesänge*(1913), Tristan Corbière 의 *La Fin*(1873) 참조.

2) J. Jenson, *The Prehistory of Denmark*, London, Methuen, 1982, pp. 4-5.

3) 북극해 연체동물의 화석인 욜디아속(屬) 큰회색머리아비종(種)은 북극해의 역사 형성에 기여해 왔다. 다양한 연구들은 염수의 유입은 제한적이었다고 밝히고 있 다. S. Björck, 'A Review of the history of the Baltic Sea, 13.0-8.0 ka BP',

Quaternary International, 1995, vol. 27, pp. 28-29, 그리고 동일한 저자의 기고문, A. Fisher (ed.) *Man and Sea in the Mesolithic,* Monograph 53, Oxford, Oxbow, 1995, pp. 23-34. 제4시기의 북극해 형성과정의 간단한 개요는 E. Bergsager, 'Character of the North Sea', in A. Bang-Anderson, B, Greenhill and E. Grude (eds) *The North Sea: A Highway of Economic and Cultural Exchange. Character-History,* Oslo, Norwegian University Press, 1985, pp. 16-25 참조.

4) Z. Topelius, *Matkustus Suomessa,* edited by Aarne Krohn, Espoo, Kustannus Oy Littera, 1984, p. 13. 영문이 아닌 언어로 출간된 원고들은 편집자들이 영문으로 번역하였다. 핀란드 서해안의 육지 융기의 영향에 관해서는, M. Jones, *Landförhöjning, jordägoförhållanden och kulturlandskap i Maxmo,* Helsingfors, Bidrag till kännedom av Finlands natur och folk, 135, 1987 참조.

5) A. Findlay, *A Sailing Directory for the Navigation of the North Sea with its Harbours,* London, 1883, p. 208.

6) A. Demangeon, *Belgique et Pays-Bas,* Paris, 1927. P. Wagret, *Polderlands,* London, Methuen, 1968, p. 160에서 재인용.

7) A. von Etzel, *Die Ostee und ihre Küstenländer,* Leipzig, 1859, p. 267. 토마스 페넌트는 1776년에 출간한 자신의 저서 *British Zoology*에서, 신의 전지전능한 능력에 대한 도덕적 감화를 다음과 같이 묘사하였다.

> 전지전능하신 하느님은 태초에 자신의 피조물인 가장 유용한 어신(漁身) 안에 경로를 인도하고 지시하는 본능, 즉 여기 있는 섬들을 축복하고 풍요롭게 만들 본능을 각인해 놓으셨다. 이 본능에 따라 청어 떼가 언제나 제철이 되면 광활한 북극해를 떠나서 우리가 학수고대하는 어선대에 자신들을 헌상한다.(J. Jenkins, *The Herring and the Herring Fisheries,* London, P. S. King & Sons, 1927, p. 13. 참조).

8) H. Lamb, *Weather, Climate and Human Affairs,* London, Routledge, 1988. H. Lamb, 'Climate and its variability in the North Sea−Northest Atlantic region', in Bang-Andersen *et al.,* op. cit., pp. 27-38.

9) R. Porter, *The Making of Geology: Earth Science in Britain, 1660-1815,* Cambridge, Cambridge University Press, 1977, p. 42. 이하 서술의 많은 부분은 이 문헌과 T. Frängsmyr의 *Upptäkten av istiden,* Stockholm, Almqvist & Wiksell, 1976. 또한 G. Davies, *The Earth in Decay: A History of British Geomorphology,* London, Macdonald, 1969 참조.

10) Davies, op. cit., p. 57.

11) *Proceeding of the Geological Society of London* Ⅲ, 1838-1842, p. 675 T. Frängsmyr, op. cit., p. 113에서 재인용.

12) O. Feldbæk (ed.) *Dansk Identitetshistorie,* 4 vols, Copenhagen, Reitzel, 1991-1993. J. Kohl, *Resor i Danmarck jemte en utflygt till Södra Sverige,* 2 vols, Stockholm, 1847. T. Smout, *Scottish Trade on the Eve of the Union, 1660-1707,* Edinburgh,

Oliver & Boyd, 1963, p. 12.

13) L. Colley, *Britons: Forging the Nation 1707-1837*, New Haven, CT, and London, Yale University Press, 1992, p. 65에서 인용.

■2장

1) A. Vierlingh, *Tractaet van Dyckagie*, Amsterdam, 1570, P. Wagret, *Polderlands*, London, Metheun, 1968, pp. 82-83에서 재인용. 또한 S. Schama, *The Embarrassment of Riches: An Interpretations of Dutch Culture in the Golden Age*, London, Collins, 1987의 1장도 참조.

2) H. Lamb, *Weather, Climate and Human Affairs*, London, Routledge, 1988. 또한 H. Lamb, *Historic Storms of the North Sea*, Cambridge, Cambridge University Press, 1991 참조. 네덜란드 지역의 홍수에 대한 고트샬크의 방대하고 상세한 연구는 유실과 관련해 좀 더 조심스런 측정치를 제시하고 있다. M. Gottschalk, *Stormvloeden en rivieroverstromingen in Nederland*, 3 vols. Assen/Amsterdam, Van Gorcum, 1971-1977.

3) D. Summers, *The East Coast Floods*, Newton Abbot, David & Charles, 1978, pp. 66. 저서 여러 곳에서 인용.

4) 연대기 작가의 말을 직접 인용하면 다음과 같다. "인간 사회의 많은 마을과 도시들이 참담하게 무너진 건물 잔해 더미에 묻혀 버렸다." *Annales Xantenses*. S. Lebecq, *Marchands et navigateurs frisons du haut moyen âge*, vol. 1, Lille, Presses Universitaires de Lille, 1983, p. 335에서 재인용.

5) H. Schoorl, *Zeshonderd jaar water en land: Bijdrage tot de historische geo - en hydrografie van de Kop van Noord-Holland in de periode 1150-1750*, Groningen, Wolters-Noordhoff, 1973, p. 83.

6) W. Camden, *Britannia*, 1637 edition, p. 500. H. Darby, *The Draining of the Fens*, Cambridge, Cambridge University Press, 1940, p. 24에서 재인용.

7) H. Cordshagen, *Der Küstenschutz in Mecklenburg: Seine Geschichte von den Anfängen bis zum Jahre 1945*, Rostock, Veröffentlichungen der Mecklenburgischen Landeshauptarchiv, vol. 3, 1964, p. 27.

8) Schoorl, op. cit., pp. 289 저서 여러 곳에서 인용.

9) Summers, op. cit., p. 37. David & Charles 출판사의 양해를 얻어 인용.

10) J. Motley, *The Rise of the Dutch Republic*, vol. 1, London, John Murray, 1903, p. 3. 고대 로마의 저술가 대 플리니우스Pliny the Elder가 해안가 인공 언덕 정주민들의 생활방식을 묘사한 바에 따르면, 그들은 "난파를 당한 많은 사람들과 다름없이" 물고기를 잡아먹고 사초와 골풀로 노끈과 그물을 짜면서 살아갔다. B. Coles and J. Coles, *People of the Wetlands: Bogs, Bodies and Lake-Dwellers*,

London, Thames & Hudson, 1989, p. 42 이하 참조.

11) Lebecq, op. cit., vol. 1, pp. 137-138에서 주장된 견해이다.

12) Darby, op. cit., 이하. W. Hoskins, *The Making of the English Landscape*, London, Hodder & Stoughton, 1955, Penguin edition, 1985, pp. 95-100. E. Carus-Wilson, 'The medieval trade of the ports of the Wash', *Medieval Archaeology*, 1962-1963, vol. 6-7, pp. 182-201.

13) Schama, op. cit., pp. 34-50에는 홍수와 바다에 대한 싸움이 지닌 도덕적·정치적 측면에 관한 흥미로운 토론 내용이 있다.

14) Darby, op. cit., pp. 23-24에서 재인용.

15) Darby, op. cit., p. 52.

16) S. Blicher, *Vestling Profil af den cimbriske Halvøe*, Copenhagen, 1844, republished in J. Aakjær and H. Topsøe-Jensen, *Steen Steensen Blichers Samlede Skrifter*, vol. 23, Copenhagen, Dansk Sprog -og Litteraturselskab, 1929, p. 82. 슐레스비히 서부 해안에 대한 그로베의 언급은 N. Jacobsen, *Skibsfarten i det danske Vadehav*, Copenhagen, 1937, p. 138 참조.

17) Wagret, op. cit., p. 16.

▌3장

1) 러스킨의 *Modern Painters*으로부터의 인용구 – C. Hemming, *British Painters of the Coast and Sea: A History and Gazetteer*, London, Gollancz, 1988, p. 46에서 재인용. A. Corbin, *The Lure of the Sea: The Discovery of the Seaside in the Western World, 1750-1840*, Oxford, Polity, 1994.

2) E. Mather, *Nor'ard of the Dogger*, London, 1887, p. 178 - Trevor Lummis in P. Thompson, T. Wailey and T. Lummis, *Living the Fishing*, London, Routledge & Kegan Paul, 1983, p. 196에서 재인용.

3) K. Kolsrud, 'Fishermen and boats', in A. Fenton and H. Pálsson (eds) *The Northern and Western Isles in the Viking World: Survival, Continuity and Change*, Edinburgh, John Donald, 1984, pp. 116-117.

4) A. Kielland, *Garman og Worse*, Oslo, Gyldendal Norges Nasjonal Litteratur II, 1985, p. 3. 이 소설은 노르웨이 서부 해안의 선원 타운을 배경으로 하며, 1880년에 최초 출판되었다.

5) L. Grandjean, *Skibbruddets Saga*, Copenhagen, Høst, 1947, p. 9. H. Hildén, *Studier af naturen i stormaktstidens verklighet och dikt*, Helsingfors, Söderström, 1920, p. 123.

6) 'The Seafarer', in R. Hamer, *A Choice of Anglo-Saxon Verse*, London, Faber & Faber, 1970, p. 189.

7) K. Randsborg, 'Seafaring and society: in south Scandinavian and European perspective', in O. Crumlin-Pedersen (ed.) *Aspects of Maritime Scandinavia, AD 200-1200*, Roskilde, Viking Ship Museum, 1991, p. 11.

8) 이 점과, 8세기와 9세기에 바다로 여행한 많은 다른 증거는 S. Lebecq, *Marchands et navigateurs frisons du haut moyen âge*, vol. 1, Lille, Presses Universitaires de Lille, 1983을 참조할 것. 베데Bede의 *History of the English Church and People*에 는 우타(3권 15장)와 은둔자 에셀 발트*Etthelwald*가 파른Farne 섬에서 시작한 폭 풍을 기도로 잠재우는 이야기가 나온다(5권 1장).

9) T. Twiss (ed.) *Black Book of the Admiralty*, vol. 3, London, Longman, 1874, pp. 445-447. G. Hutchinson, *Medieval Ships and Shipping*, London, Leicester University Press, 1994, p. 3에서 재인용.

10) 이 점과 중세의 바다 여행에 관한 다른 이미지는 M. Mollat du Jourdin, *Europe and the Sea*, Oxford and Cambridge, MA, Blackwell, 1993, p. 203와 I. Friel, *The Good Ship : Ships, Shipbuilding and Technology in England* 1200-1520, London, British Museum Press, 1995, pp. 77-78, 130, 137-138 참조.

11) *Historical Manuscripts Commission, Twelfth Report, Appendix, Part One: The Manuscripts of the Earl Cowper*, London, HMSO, 1888, p. 114.

12) W. Auden, *The Enchafed Flood, or the Romantic Iconography of the Sea*, Richmond, VA, University of Virginia Press, 1950, London, Faber & Faber, 1985, p. 17 (재판본). 이에 관해서는 다음 책도 참조. Corbin, op. cit..

13) 'Henrik Normans resa till Erik XIV's kröning 1561', *Historisk Tidskrift*, 1885, vol. 5, pp. 259-296.

14) *Passages from the Diary of General Patrick Gordon of Auchleuchries*, Aberdeen, Spalding Club, 1859, pp. 97-98. 엘베 강의 부빙들은, 항구에 정박한 배를 물에 빠트려 밀어내며 하구로 가져가는데, 소설가 하인리히 슈미트(Heinrich Smidt, 1798-1867)의 단편 소설 『빙류*Eisgang*』에서도 눈에 띄는 특징이다.

15) J. Woltmann, *Beschreibung einer Reise nach St. Petersburg*, Stockholm und Kopenhagen, Hamburg, 1833, pp. 176 이하 여러 군데에서 참조.

16) 1821년 8월 21일자 프레드리카 브레머Fredrika Bremer의 편지. M. Ottosson (ed.) *Kvinnor runt Östersjön: En bok för alla*, [no place], 1996, p. 198.

17) 'Anteckningar under en ekonomisk resa från Finland öfver nordvestra Tyskland samt Nederländerna till Paris 1799-1800 af P. J.Bladh', *Skrifter utgifna av Svenska Litteratursällskapet i Finland*, 1888, vol. 10, p. 62. 그런데 중산층 승객들의 객실 이 사람들로 꽉 찼고, 그들은 침대 대신에 벤치나 갑판에 만족해야 했다. '이보 다 사정이 안 좋은 승객들'은 화물칸에서 지낼 수밖에 없었다.

18) 다음은 스웨덴 동인도회사의 상선, '핀란드*Finland*' 호에서 군목으로 일할 때, 야 콥 발렌버그*Jacob Wallenberg*가 쓴 싯구이다. "En bräcklig spån, med suckande månskjor i skötet, / kastade ikring uti skyhöga swall af tjutande stormar!", *Min son på galejan*, Stockholm, 1781, p. 37 - H. Hildén, *Studier av naturen i linnéseklets*

svensk diktning, Helsingfors, Söderström, 1925, p. 20에서 재인용.

19) J. Delumeau, *La Peur en Occident xiv-xviiie siècles,* Paris, Fayard, 1978, p. 31.

20) D. Defoe, *The Storm,* London, 1704 - vol. V of De Foe's Works, Bohn's Standard Library, London, George Bell & Sons, 1905, pp. 269-270 (재판본).

21) John Milton in *Paradise Lost,* book I, lines 200-203에서 존 밀턴이 상기한 이미지이다. 돛대처럼 굵은 촉수를 가진 대왕 문어라 생각되는 크라켄으로 인해 학자들의 상상력은 줄곧 18세기로 이끌렸다.

22) Hildén, op. cit. (1925), pp. 360 이하 여러 군데에서 참조. 조지 크래브는 엘리자벳 채터*Elizabeth Charter*에게 보내는 편지(1818년 9월 17일)에서 바다에 대한 자신의 찬미를 고백하였다. T. Faulkner (ed.) *Selected Journals and Letters of George Crabbe,* Oxford, Clarendon, 1985, p. 239.

23) 이들 활동은 H. Ramsay, 'Samfärdelsen mellan Sverige och Finland i forna tider', *Nordenskiölds-Samfundets Tidskrift,* 1949, vol. 9, p. 55 에 묘사되어 있다. 바위에 다음과 같은 글이 새겨져 있다(영어 번역). "요트/'플릭컨' 호는 1754년 8월 21일 즐거운 친목 회원들을 태워 여기에 왔다 / 한 게테*Hahn Gethe*는 하천가를 측정했고 / 게르데스*Gerdes*와 프리즈*Friese*는 사냥을 했다 / 라이드너*Liedner*는 낚시를 했고, 스키테*Skytte*는 맛있는 커피를 만들었다 / 리빙*Ribbing*은 서두르지 않았다 / 스팽겐*V. Spången*은 돌을 조각했고 / 에렌스배르드 *A. Ehrensvärd*는 만조를 살폈다."

24) Corbin, op. cit., p. 165.

25) Hemming, op. cit., p. 16. W. Stechow, *Dutch Landscape Painting of the Seventeenth Century,* Oxford, Phaidon Press, 1966, p. 113.

26) J. Koerner, *Caspar David Friedrich and the Subject of Landscape,* London, Reaktion, 1990, p. 212에서 클라이스트*Kleist*의 비평이 논의된다. 프리드리히의 연구는 몇몇 스칸디나비아 미술가들, 특히 노르웨이의 요한 크리스티안 달*Johann Christian Dahl*에게 영감을 주었다. P. Nordhagen, 'Romantikkens ikonografi i Norden', in J. Weibull and P. Nordhagen (eds) *Natur och nationalitet. Nordisk bildkonst 1800-1850 och dess europeiska bakgrund* [no place], Förlags AB Wiken, 1992, pp. 127-147.

27) H. Heine, 'L'île de Norderney', *Sämtliche Werke : Düsseldorfer Aufgabe,* vol. 6, Hamburg, Hoffmann & Campe, 1973, pp. 291-292.

28) H. Smidt, 'Die Klabautermann', in *Seegemälde,* Leipzig, 1828, p. 160. '클라바우터만'의 전설에 관해서는 다음을 참조. H. Gerndt, *Fliegender Holländer und Klabautermann,* vol. 4, Göttingen, Schriften zu niederdeutschen Volkskunde, 1971; R. Buss, *The Klabautermann of the Northern Seas,* Folklore Studies : 25, Berkeley, CA, University of California Press, 1973.

29) Corbin, op. cit., pp. 143-145. 길핀의 *Three Essays*를 재인용 (1794년판).

30) C. Marsden, *The English at the Seaside,* London, Collins, 1947, p. 32.

31) Hildén, op. cit. (1925), p. 369. J. Wallin, *Beskrifning öfver badorterna å Sverges*

vestra kust, Goteborg, 1858, Bielefeld, 1970, pp. 63-64 (복사본).

32) C. Tilitzki, Ostdeutsche, 'Küstenfischer im Spiegel der Reise- und Bäderliteratur des 19. Jahrhunderts', *Jahrbuch für Ostdeutsche Volkskunde,* 1982, vol. 25, p. 202에서 인용.

33) A. von Etzel, *Die Ostsee und ihre Küstenländer,* Leipzig, 1859, p. 359.

34) S. Blicher, *Vestlig Profil af den cimbriske Halvøe,* Copenhagen, 1844, J. Aakjær and H. Topsøe-Jensen, *Steen Steensen Blichers Samlede Skrifter,* vol. 23, Copenhagen, Dansk Sprog- og Litteraturselskab, 1929, p. 115(재판본). Wallin, op. cit., p. 64. A. Holmberg, *Bohusläns historia och beskrifning,* Stockholm, 1845, 2nd edition, Örebro, 1867, p. 233.

35) Tilitzki, op. cit., p. 203.

36) H. Bramsen, *Danske marinemalere,* Copenhagen, Burmeister & Wain, 1962, pp. 81-82. H. Rönnberg, *Konstnärsliv i slutet av 1880-talet,* Tammerfors, 1931, p. 21. 이에 관해서 다음 책도 참조할 것. K. Varnedoe, *Northern Light: Nordic Art at the Turn of the Century,* New Haven, CT, London, Yale University Press, 1988.

37) von Etzel, op. cit, p. 429; W. Cornelius, *Ost- und Nordsee,* Leipzig, Georg Wigand Verlag, 1847, p. 53.

38) L. Bohman, '"Ett Badhus i Wisby!" Om den gotländska turismens rötter i 1800-talet', *Gotländskt Arkiv,* 1985, vol. 57, p. 87. B. Ekström, *Hangon kylpylä 1879-1939,* Hanko, Hangon museon julkaisusarja no. 14, 1994, p. 55.

39) T. Pennant, *A Tour in Scotland,* 1769, Warrington, 1774, p. 19.

40) Wallin, op. cit., p. 88.

41) 'The Tuggses at Ramsgate'는 1836년 첫 출판된 *Sketches by Boz*의 4장에 해당한 다.

42) Marsden, op. cit., p. 38.

43) J. Walton, *The English Seaside Resort: a Social History,* 1750-1914, Leicester, Leicester University Press, 1983, p. 25. Trollope의 *The Prime Minister*는 Chapman & Hall 출판사에 의해 1876년에 출판되었고, George와 Weedon Grossmith의 *The Diary of a Nobody*는 중하층 계급의 푸터 가족의 행적을 시간 순으로 기록한 것으로 1892년에 단행본으로 처음 출판되었다.

44) J. Slettebo, 'Vesterhavsøernes badesteder', in *Sommerglæder: Arv og eje, Årbog For Dansk Kulturhistorisk Forening,* 1985, p. 22에서 인용.

45) J. Zöllner, *Reise durch Pommern nach der Insel Rügen und einem Theile des Herzogthum Mecklenburg im Jahre 1795,* Berlin, 1797, p. 112. Marsden, op. cit., p. 14.

46) *Historia*는 현재 Hakluyt 학회에서 새로운 영문 번역본으로 출판될 예정이다. Olaus Magnus, *A Description of the Northern Peoples,* 1555 Volume 1, edited by P. Foote, London, Hakluyt Society, 2nd series, vol. 182, 1996. 이에 관해서는 다음

책도 참조. E. Lynam, *The Carta Marina of Olaus Magnus, Venice 1539 and Rome 1572,* Jenkintown, PA, Tall Tree Library, 1949.

47) S. Högnäs, *Kustens och skogarnas folk,* Stockholm, Atlantis, 1995, pp. 42-43.

48) J. Kohl, *Die Marschen und Inseln der Herzogthümer Schleswig und Holstein,* Dresden and Leipzig, 1846, vol. 1, 서문.

49) Etzel, op. cit., p. v. 여기에서 에첼이 'deutsche'가 아니라 'germanische'라는 형용사를 사용한 것에 주목할 필요가 있다.

50) L. Heerma van Voss, 'Trade and the formation of North Sea culture', *Northern Seas Yearbook,* 1996, vol. 8, pp. 7-19, and 'North Sea culture, 1500-1800', in J. Roding and L. Heerma van Voss (eds) *The North Sea and culture, 1550-1800,* Hilversum, Verloren, 1996, pp. 21-40.

51) W. Rudolph, *Die Hafenstadt: Eine Maritime Kulturgeschichte,* Leipzig, Edition Leipzig, 1979, pp. 128 이하 여러 군데에서 참조. 요한 프리드리히 쵤르너는 1790년대 포메라니아 해안과 뤼겐 섬을 방문하여, 그곳의 집들이 선원이 가지고 돌아온 기념품들로 장식되어 있었던 것에 주목하였다.

  그래서 예를 들어, 우리는 허름한 오두막의 벽에 걸린 선반 위에 아름다운 갈색 또는 무색의 영국 도자기 컵들이 있고, 그 아래 다른 매력적인 장식 소품들이 놓여 있는 것을 보았다. 이것들은 그 집의 아내가 조금은 의기양양한 말투로 '이것은 남편이 외국에서 가져 왔어요'라고 말하면서 우리에게 보여주었던 것이다.
  (J. Zöllner, *Reise durch Pommern nach der Insel Rügen und einem Theile des Herzogthum Mecklenburg im Jahre 1795,* Berlin, 1797, p. 346)

52) W. Rudolph, *Maritime Kultur der südlichen Ostseeküste: Schiffsbilder und Prestigekeramik der Fahrensleute,* Rostock, Hinsdorff, 1983를 예시로 참조. W. Rudolph, 'See-fahrerdörfer der südlichen Ostseeküste : Tendenzen und Perioden der Entwicklung einer regionalen Sonderkultur (16. bis 19.Jahrhundert)', *Jahrbuch für Volkskunde und Kulturgeschichte,* 1977, vol. 10, pp. 105-130. W. Rudolph, 'Schutenschiffer als Mediatoren des internationalen maritimen Kulturaustausches im südlichen Ostseeraum', *Jahrbuch für Volkskunde und Kulturgeschichte,* 1986, vol. 29 (NF 14), pp. 130-136.

53) 이를 위한 사례는 키얼스틴 하스트럽*Kirsten Hastrup*이 함께 편집한 공저에서 찾을 수 있다. *Den nordiske verden,* 2 vols., Copenhagen, Gyldendal, 1992. 폴 험의 날카로운 비평은 다음 책에서 참조. 'Coastal life, "Nordic culture" and nation state', in L. Fischer and W. Minchinton (eds) *People of the Northern Seas,* Research in Maritime History, 3, St John's, Newfoundland, 1992, pp. 194-200.

54) 베르그린의 결론을 위해서는 Hastrup, op. cit., vol. 2, p. 15 참조.

55) T. Tranströmer, *Östersjöar: En dikt,* Stockholm, Bonniers, 1974.

Han tog dem till Östersjön, genom den underbara
labyrinten av öar och vatten,
Och de som möttes ombord och bars av samma skrov
några timmar eller dygn,
hur mycket lärde de känna varann?
Samtal på felstavad engelska, samförstånd och
missförstånd men mycket lite av medveten lögn.
Hur mycket lärde de känna varann?

▌4장

1) 아우구스투스는 그 자신이 앙키라 비문에서 다음과 같이 표현하였다. "우리 선 대는 대양을 건너 레누스 강 하구로부터 킴브리 주민들의 경계가 되는 지역까 지 동쪽으로 항해했는데, 이전에 그 어떠한 로마 인들도 그 땅과 바다에 간 적 이 없었다." J. Svennung, *Belt und Baltisch: Ostseeische Namenstudien*, Uppsala, Uppsala Universitets Årsskrift 4, 1953, p. 16에서 인용.

2) U. Ehrensvärd, P. Kokkonen and J. Nurminen, *Mare Balticum: The Baltic — Two Thousand Years*, Helsinki, Otava and John Nurminen Foundation, 1997, pp. 17-20.

3) Svennung, op. cit., p. 21. N. Lund (ed.) *Two Voyagers at the Court of King Alfred*, York, Michael Sessions, 1984. C. Müller-Boysen, "'On thæt bæcbord Denamaerc'": Politische Geographie von Bord eines Wikingerschiffes aus betrachtet', in W. Paravicini, F. Lubowitz and H. Unverhau (eds) Mare Balticum: *Beiträge zur Geschichte des Ostseeraums in Mittelalter und Neuzeit*, Sigmaringen, Kieler Historische Studien 36, 1992, pp. 21-38.

4) Svennung, op, cit., p. 74. Adam of Bremen, *History of the Archbishops of Hamburg-Bremen*, trans. F. Tschan, New York, Columbia University Press, 1959. 초기 러시 아 연대기는 바이킹 항해자들의 영향력을 인식하면서, 이 바다를 '바랑Varangian 해'라고 불렀다. 단어 'Baltic'의 어원은 벨트 같은 모양의 바다라는 데서 유래한 다는 브레멘 출신의 아담Adam의 믿음에서 라트비아어의 형용사 'balts'(하얗다) 에서 파생된다는 생각에 이르기까지 다양한 해석을 불러일으켰다. 또 용어 '동 해East Sea'에 관한 논의에 대해서는 3장 참조.

5) 바흐나르Waghenaer의 지도는 발트해에서 북극까지 잘 알려진 수로 삽화들을 추 가한 복사본이다. M. Dreijer, *Det åländska folkets historia*, vol. 1(1), Mariehamn, Ålands Kulturstiftelse, 1979, pp. 133-141.

6) 카탈로니아 인 프라 마우로Fra Mauro는 1458년 자신의 세계지도에서 "이 바다는 해도나 나침반 없이는 항해할 수 없다"라고 단호하게 밝혔다. W. Vogel, 'Die Einführung des Kompasses in die nordwesteuropaische Nautik', *Hansische Geschichts-blätter*, 1911, vol. 17, p. 29에서 인용. 14세기 프랑스 여행자 필립 드 메지에르

는 북유럽 사람들은 나침반에 관한 지식이 없었으며 지중해에서 두 번 조난이 발생한다면 북쪽 바다들에서는 40번의 조난이 발생하였다고 주장했다. G. Coopland, 'A glimpse of late fourteenth-century ships and seamen from *Le Songe du Vieil Pélerin* of Philippe de Mézières(1327-1405)', *Mariners' Mirror*, 1962, vol. 48, p. 192.

7) Ehrensvärd et al., op. cit., pp. 114-115.

8) 블라우*Blaeu*의 1608년 지도는, 실제로 오늘날 카테가트가 속하는, 스카겐 반도의 동쪽에 위치하는 것처럼 보이는 스카게라크 해협을 처음으로 표시한다. 'Kat Gat'라는 이름도 네덜란드어인데, 처음으로 17세기 중반부터 지도에 나타나지만, 해도 상에서 이 두 지역이 18세기 전까지 오늘날의 위치와 일치하지 않는다. 발트해로 들어가는 규정항로들의 명칭에 대한 네덜란드어의 영향은 다음을 참조할 것. J. Knudsen, 'Hollandsk Indflydelse paa Navngivningen i Farvandene omkring Danmark', *Historisk Tidsskrift*, 1918-1920, vol, 9(1), pp. 398-420.

9) V. Christiansen, 'Vestersøen', *Historisk Tidsskrift*, 1918-1920, vol. 9(1), p. 297. '샨츠 셰르네이'는 뉘엔스칸*Nyenskans*, 즉 1702년에 표트르 대제에 의해 최종적으로 점령당하였던 네바 강변에 위치한 스웨덴 전초 기지를 말한다. 덴마크 왕립 해군의 장교로 구성된 또 하나의 그룹은 약간 다르게 정의하였는데, 그들은 팔스터보*Falsterbo* 암초에서 시작하여 나르바에서 끝난다고 믿었다. 그리고 코펜하겐의 17명의 중산계급 시민과 연륜 있는 항해자들로 구성된 세 번째 그룹은 보다 더 상세하게 북해를 정의하였다. 즉 스카겐에서 노르웨이의 해안을 따라 그린란드까지 스피츠베르겐의 앞바다의 호프 섬*Hope Island*으로 이르고, 다시 유틀란트 반도 해안 아래쪽으로 내려가 플랑드르 뱅크까지 펼쳐지는 곳을 북해로 보았다. 발트해의 서부 한계선에 관한 계속되는 열띤 논쟁과 관련한 증거 문헌을 위해서는 다음을 참조할 것. F. Snapper, 'Commerce, ships and war in the Baltic from the rise of the Hanseatic League till the French Revolution', in W. G. Heeres *et al.*, *From Dunkirk to Danzig: Shipping and Trade in the North Sea and Baltic, 1350-1850*, Hilversum, Verloren, 1988, pp. 405-406.

10) Christiansen, op. cit., pp. 300-302.

11) Vogel, op. cit., p. 30에서 인용.

12) 본*Bourne*의 *Regiment of the Sea* 중에서 발췌. W. May, *A History of Marine Navigation*, Henley-on-Thames, Foulis, 1973, p. 15에서 인용.

13) J. Hjorth, *Beskrivelse over Østersøen og Finskebugten*, Copenhagen, 1840, p. 86.

14) K. Koppmann (ed.) *Das Seebuch*, vol. 1, Bremen, Niederdeutsche Denkmäler, 1876, p. 52. J. Månsson, *Een Siö-bok som innehåller om siöfarten i Östersiön*, vol. 13, Stockholm, 1644, (Herman Richter의 서문이 추가된 재판본), Lund, Namn og Bygd, 1925-1928, pp. 17-18. A. Findlay, *A Sailing Directory for the Navigation of the North Sea with its Harbours*, London, 1883, p. 271.

15) 예를 들어, 노르웨이 인류학자 마그누스 올센*Magnus Olsen*은 불순한 일기 속에서 선장이 뱃전에서 귀를 붙이고 특정 바위섬에 부딪히는 쇄파 소리를 들으며 어떻게 항해하였는지 설명하는 늙은 어부의 이야기를 1916년에 기록했다. 올센은 쇄

파 소리의 차이에 따라 바위섬에 거위, 수탉 혹은 맷돌과 같은 이름을 부여되었을 것이라고 추측했다. A. Binns, *Viking Voyagers, Then and Now*, London, Heinemann, 1980, p. 21을 참조할 것.

16) 바이킹의 항해에 관한 논의는 다음을 참조 G. Marcus, 'The navigation of the Norsemen', *Mariners' Mirror*, 1953, vol. 39, pp. 112-121; G. Marcus, *The Conquest of the North Atlantic*, Woodbridge, Boydell, 1980, pp. 100-118.

17) 이 점에 관해서는 다음을 참조. May, op. cit., pp. 11-14 and 43-107; J. Goetze, 'Hansische Schiffahrtswege in die Ostsee', *Hansische Geschichtsblätter*, 1975, vol. 93, pp. 71-88.

18) Månsson, op. cit., p. 9.

19) 아마도 이탈리아어나 그리스어에서 유래한 '도선사pilot'란 용어가 16세기 어느 시기에 이전에 사용되던 중세영어 단어 '수로안내인lodesman'을 대체한 것으로 보이지만, 'lootsman'이나 이와 유사한 동의어가 북유럽 전역에서 입출항시 선박 안내를 맡은 사람들을 가리키는 의미로 계속 사용되었다. 이어지는 문장의 내용은 다음 문헌들에 기초하여 서술된다. U. Bergman, *Från bondelots till yrkesman*, Lund, Biblioteca historica Lundensis 85, 1995; M. Öhman, *Männen på lejdaren. Lotsningsverksamheten i Skärgårdshavet 1696-1996*, Åbo, 1996; B. Christensen, 'Lodserhvervets udvikling i Danmark', *Maritim Kontakt*, 1987, vol. 11, pp. 7-32.

20) 영국해군성의 비공개문서에서 언급하고 있듯이, "자신들의 항로 안내를 맡은 수로 안내인들의 잘못으로 배가 난파하거나 사람이 죽기도 했다lodesmen qui prennent sur eulx lodemanage la quelle ilz ne sceivent parfourmir par quoy nef a este perie ou homme mort", D. Burwash, *English Merchant Shipping 1460-1540*, Newton Abbot, David & Charles, 1969 (reprint of 1947 University of Toronto publication), p. 29에서 재인용.

21) L. Grandjean (ed.) *Frederik II's Søret 1561*, Copenhagen, Høst, 1946, 저서의 여러 군데에서 인용. 로렌츠 베네딕트는 또한 1568년판 해도의 서문에서 조타수가 해도보다 주사위 게임과 노름을 더 잘 이해한다고 불평하였다.

22) L. Grandjean, *Skibbruddets Saga*, Copenhagen, Høst, 1947, p. 50에서 인용.

23) M. de Keuning, 'Strandroverij langs de Hollandse kust in de achttiende eeuw', *Tijdschrift voor zeegeschiedenis*, 1992, vol. 11, p. 5, 그리고 결론 부분은 p. 23 참조.

24) Grandjean, op. cit. (1947), p. 46에서 인용. 홀란드 정부는 해변에 표류 화물이 있을 때 인가받은 사람 이외에 어떤 사람도 출입을 금하였다. 'Placaat weegens de Zeevonden den 28 January 1739', in de Keuning, op. cit., p. 7.

25) Grandjean, op. cit. (1947), p. 63.

26) 연근해를 운항했던 상선의 유형에 대해서는 다음을 참조할 것. C. Westerdahl, 'Traditional zones of transport geography in relation to ship types', in O. Olsen, J. Skamby Madsen and F. Rieck (eds) *Shipshape: Essays for Ole Crumlin-Pedersen*, Roskilde, Viking Ship Museum, 1995, pp. 213-230.

27) G. Milne, 'Maritime traffic between the Rhine and Roman Britain', in S. McGrail

(ed) *Maritime Celts, Frisians, Saxons*, CBA Research Report 71, London, Council for British Archaeology, 1990, pp. 82-84.

28) 19세기 후반기 덴마크군의 활동에 관해서는 N. Lund, *De hærger og de brænder. Danmark og England i vikingetiden*, Copenhagen, Gyldendal, 1993, pp. 35-76를 참조할 것. J. Haywood, *Dark Age Naval Power: a Reassessment of Frankish and Anglo-Saxon Activity*, London, Routledge, 1991은 간과되던 문제들을 집중적으로 설명하였다. A. Jørgensen, 'Sea defence in Denmark AD 200-1300', in A. Jørgensen and B. Clausen (eds) *Military Aspects of Scandinavian Society in a European Perspective AD 1-1300*, Copenhagen, National Museum, 1997, pp. 200-209 는 이 주제에 관한 고고학적 증거에 기초한 개관이며 상세한 참고문헌이 부기되어 있다. 로스킬레Roskilde 바이킹 선박박물관은 바이킹 시대의 덴마크의 해안선을 세밀하게 설명하는 멋진 삽화책을 최근 출판하였다. M. Vinner, *Med vikingen som lots längs den danska kusten*, Roskilde, Vikingeskibshallen, n.d.

29) 국왕 아벨의 특권에 관해서는 다음을 참조. G. Asaerts *et al., Maritieme geschiedenis der Nederlanden*, vol. 1, Bussum, 1976, p. 89. 항해 기원에 대한 고전적 설명은 다음을 참조. D. Ellmers, *Frühmittelalterische Handelsschiffahrt in Mittel-und Nordeuropa*, Neumünster, Kharl Wachholz Verlag, 1972. 보다 최근 연구인 P. Enemark, 'Vesteuropa, Lybæk og dansk handel i senmiddelalderen', *Historisk Tidsskrift*, 1991, vol. 91, pp. 361-401에서는, 외레순드 해협 항로의 성공을 보장했던 것이, 뤼베크와 함부르크 사이의 좁은 지협을 통과하여 쉽게 운송될 수 없었던, 발트해의 새로운 생필품인 다름 아닌 곡물과 목재라고 주장했다.

30) J. Tracy, *Holland under Habsburg Rule 1506-1566*, Berkeley, CA, University of California Press, 1990, pp. 23, 56-59.

31) T. Pennant, *A Tour in Scotland, 1769*, Warrington, 1774, p. 19.

32) 마스 강에서 운하로 라인 강의 물길을 바꾸려는 세부 계획에 대해서는 다음을 참조. G. Forsten (ed) *Akty i pis'ma k istorii baltiiskago voprosa v XVI i XVII stoletiakh*, vol. 31, St Petersburg, Zapiski istoriko-filologicheskago fakulteta Imp. S. P. Universiteta, 1893, pp. 259, 261-262. "이 계획은 브라반트와 림부르 지역들을 위한 원대한 안전판이 될 것이며, 네덜란드 인을 배제하고 독일과의 모든 교역을 우리에게 끌어들일 수 있는 유일한 기반시설이 될 것이다."

33) V. van Strien, *British Travellers in Holland during the Stuart Period*, Leiden, Brill, 1993, p. 71. 중세 여행자는 도버에서 위센트(2d는 1p에 해당) 혹은 칼레(3d, 즉 1p보다 조금 넘음)로의 여정에 이보다 비용을 오히려 더 적게 지출하지만, 이따금 12d(5p)에 달하는 세금을 물기도 했다.

34) 그레이트벨트 해협은 현재 다리가 놓여 있고, 또 셸란 섬과 핀 섬을 연결하는 철도 터널이 스프로괴Sprogø 섬에 모습을 드러내고 있다.

35) B. Varenius, 'The Baltic itinerary… a contextual approach', in Olsen *et al* (1995), pp. 189-194, and J.Gallén, *Det 'Danska itinerariet': Franciskansk expansionsstrategi i Östersjön*, vol. 579, Helsingfors, Skrifter utgivna av Svenska Litteratursällskapet i Finland, 1993. Bergman, op. cit.에서 이 항로가 논의되어 왔다. 저자는 13세기에

도선국이 정기적으로 필요할 정도로 항로교통의 체증이 그렇게 심했는지 의문을 갖는다. 다음 문헌도 참조 할 것. C. Westerdahl, 'Itinerarieleden Blekinge-Reval', *Bottniskt Kontakt*, 1984, vol. 2, pp. 36-46.

36) N. Frederiksen, *Sønderho: En skippersby i Vadehavet*, Esbjerg, Fiskeri -og Søfartsmuseet, 1989, pp. 101-102에서 인용.

37) A, Lambert, *The Making of the Dutch Landscape*, London, Academic Press, 1985, p. 133에서 인용. 다음을 참조할 것. W. Verwers, 'Dorestad: a Carolingian town?', in R. Hodges and B. Hobley (eds) *The Rebirth of Towns in the West AD 700-1050*, CBA Research Reports 68, London, Council for British Archaeology, 1988, pp. 52-56.

38) Ellmers, op. cit., p. 151. 최근 고고학적 발견들에 대해서는 다음을 참조할 것. A. Herteig (ed) *Conference on Waterfront Archaeology in North European Towns*, 2 vols., Bergen, 1985, and H. Clarke and B. Ambrosiani, *Towns in the Viking Age*, revised edition, London, Leicester University Press, 1996.

39) 엘멀스*Ellmers*는 또한 부두의 발전이 대형 상선과 관련이 있지만, 여전히 해안을 필요로 했던 전함의 경우는 아니라고 지적했다. 그래서 퀸시트*Queenshithe*는 부두가 건설된 이후에 오랫동안 런던의 군항으로 남아 있었다. Ellmers, op. cit., 저서의 여러 군데에서 인용.

40) 도시들의 삽화는 6권으로 출판되었지만, 대개 첫 번째 책 제목으로 알려져 있다. G. Braunius and F. Hogenberg, *Civitates orbis terrarum*, Amsterdam, 1572-1618. O. Olsen, 'Malmö: a medieval harbour town without a harbour', in Olsen *et al.*, op. cit., pp. 151-166. 승객과 상품을 해안으로 운송하는 유사한 방법은 다른 항구들에 적용되었는데, 예를 들어 레발(탈린)의 경우가 그렇다.

41) G. Mickwitz, *Aus Revaler Handelsbüchern: Zur Technik des Ostseehandels in der ersten Hälfte des 16. Jahrhunderts*, Helsingfors, Societas Scientiarum Fennica 9, 1938, pp. 163-65. T. Smout, *Scottish Trade on the Eve of the Union, 1660-1707*, Edinburgh, Oliver & Boyd, 1963, p. 293, app. II.

42) 미스 매트필드는 전통적인 방식을 고수하는 수입상들이 운영하는 런던시티(City) 상사에 근무하는데, 이 회사는 부도덕한 중개인 골스피 씨의 먹이감이 된다. 프리스틀리의 『천사의 길』은 1930년에 처음 출판되었다. D. Williams, 'History of ports and harbours: adaptations to change', in P. Holm and J. Edwards (eds) *North Sea Ports and Harbours—Adaptations to Change*, Esbjerg, Fiskeri -og Søfartsmuseets Studieserie 1, 1992, p. 230. 변화의 결과와 영향은 10장에서 보다 상세하게 논의될 것이다.

▌5장

1) 동물가죽 보트에 대한 주요 주창자는 노르웨이 고고학자 안톤 브뢰거*Anton Brøgger*

였다: A. Brøgger and H. Shetelig, *The Viking Ships: Their Ancestry and Evolution*, Oslo, Dreyer, 1951 참조. 이 이론에 대한 반박은 다음 문헌참조: O. Hasslöf, 'Main principles in the technology of shipbuilding', in O. Hasslöf, H. Hennigsen and A. Christensen (eds) *Ships and Shipyards. Sailors and Fishermen: Introduction to Marine Ethnology*, Copenhagen, Rosenkilde & Bagger, 1972, pp. 27-72; A. Christensen, 'Scandinavian ships from earliest times to the Vikings', in G. Bass (ed) *A History of Seafaring Based on Underwater Archaeology*, London, Thames & Hudson, 1972, pp. 160-161. 동물가죽 보트 이론에 대한 리뷰내용은 다음 문헌 참조: P. Johnstone, *The Sea-Craft of Prehistory*, London, Routledge & Kegan Paul, 1980, pp. 102-113; D. Ellmers, 'The earliest evidence for skinboats in late-palaeolithic Europe', in S. McGrail (ed) *Aspects of Maritime Archaeology and Ethnography*, London, Trustees of the National Maritime Museum, 1984, pp. 41-55; S. McGrail, 'Boats and boatmanship in the late prehistoric southern North Sea and Channel', in S. McGrail (ed) *Maritime Celts, Frisians and Saxons*, CBA Research Report no. 71, Council for British Archaeology, London, 1990, pp. 36-39. 같은 호 pp. 98-105에 O. Crumlin-Pedersen은 슐레스비히 지역에서 영국으로 대 이주가 시작되기 직전 앵글족Angles들의 본국에서 팽창기술을 사용한 증거를 소개하고 있다.

2) J. Litwin, 'Some remarks concerning medieval ship construction', in C. Villain-Gandossi, S. Busuttil and P. Adam (eds) *Medieval Ships and the Birth of Technological Societies, vol. 1, Northern Europe*, Valetta, Malta, Foundation for International Studies, 1989, pp. 151-73. P. Marsden, 'Early ships, ports, harbours in Britain', in O. Olsen, J. Skamby Madsen and F. Rieck (eds) *Shipshape: Essays for Ole Crumlin-Pedersen*, Roskilde, Viking Ship Museum, 1995, pp. 167-174.

3) A. Christensen, 'Sewn boats in Scandinavia', in McGrail, op. cit. (1984), pp. 85-96. O. Crumlin-Pedersen, 'Boats and ships of the Angles and Jutes', in McGrail, op. cit. (1990), pp. 98-116.

4) S. McGrail, 'Boats and boatmanship in the late prehistoric North Sea and Channel region', in McGrail, op. cit. (1990), p. 45. (북해 지역 바지선 건조기술에 고대 로마제국의 영향이 상당히 컸다고 보고 있는) 피터 마스텐의 다음 문헌들도 참조: Peter Marsden, Margaret Rule, L. Lehmann and M. de Weerd, in McGrail, op. cit. (1990)과 P. Marsden, 'Ships of the Roman period and after in Britain', in Bass, op. cit., pp. 114-123.

5) 하지만 다음 문헌에서 D. Ellmers는 이런 기본 형태의 배를 건조하는 완전히 다른 건조기술이 존재하였던 것으로 보인다고 지적하고 있다. 예를 들어, 용골(keel)은 갖추고 있으나 호수와 해안지역, 석호와 하구지역과 같이 불리한 수역에서도 운항 가능한 선박기술이 존재하였다는 것이다: 'Punt, barge or pram: is there one tradition or several?', in McGrail, op. cit. (1984), pp. 153-172.

6) 이하 참조: J. Haywood, *Dark Age Naval Power: A Re-assessment of Frankish and Anglo-Saxon Seafaring Activity*, London and New York, Routledge, 1991, pp. 15-22 and 62-75; O. Crumlin-Pedersen, 'Boats and ships of the Angles and Jutes', in

McGrail, op. cit. (1990), pp. 111-114. 이 논문집 1-26쪽에는 또 M. Tooley와 J. Devoy가 쓴 후기 고대 로마와 초기 색슨시대의 해침(marine transgression)에 대한 두 편의 논문이 실려 있다. 소나무 보트(pine boat)에 대해서는 다음 문헌에 있는 O. Crumlin-Pedersen의 결론내용을 참조하라: 'Large and small warships of the North', in A. Jørgensen and B. Clausen (eds) *Military Aspects of Scandinavian Society in a European perspective AD.1-1300*, Studies in Archaeology and History, vol.2, Copenhagen, National Museum, 1997, p. 187.

7) '북방 항로'에 대한 사례는 다음 문헌에서 논의되고 있다: M. Carver, 'Pre-Viking traffic in the North Sea', in McGrail, op. cit. (1990), pp. 117-125.

8) Haywood, op. cit., pp. 19-22 and 62-75 참조. Johnstone, op. cit., p. 117 참조; E. and J. Gifford, 'The sailing performance of Anglo-Saxon ships', *Mariner's Mirror*, 1996, vol. 82, pp. 131-153. 이 문헌에는 서튼후선(Sutton Hoo ship)의 복원선에 대한 해상 시운전 증거에 대해 논의가 이루어지고 있다. 재건된 서튼후선은 (순풍을 타고 10노트까지의) 고속으로 운항할 수 있었으며, 폭풍이 거세지기 전 지나갈 수 있는 작은 만(creeks)이나 해안과 접해있는 북해의 남부지역에서는 얕은 흘수선과 해안접안 능력을 갖춘 안전한 선박이었다.

9) 5척의 스쿨델레우(Skuldelev)선의 인양과 그 선박들에 대한 자세한 내용은 다음 문헌 참조: O. Olsen and O. Crumlin-Pedersen, *Five Viking Ships from Roskilde Fjord*, Roskilde, Viking Ship Museum, 1990. 바이킹 문화 속 배에 대한 유용한 개관내용은 다음 문헌 참조: P. Foote and D. Wilson, *The Viking Achievement*, London, Sidgwick & Jackson, 1970, pp. 232-256.

10) 하지만 Giffords(op. cit.)는 켄트(Kent)州 그래브니(Graveney)에서 출토된 10세기 배는 그 구조면에서 '확실히 앵글로색슨' 방식이었으며, 이후에 노픽의 킬 보트와 크랩 보트(keels and crab boats)와 같이 좁은 널빤지(narrow-planked) 클링커 방식(clinker-built)의 앞뒤 모양이 같은 배 모델이 잉글랜드의 동부와 남부 해안을 따라 건조되었을 것이라고 주장해 왔다. 알프레드 대왕의 배에 대해서는 다음 문헌 참조: N. Rodger, *The Safeguard of the Sea: A Naval History of Britain*, vol. 1, London, HarperCollins, 1997, pp. 14-17.

11) W. Rudolph, 'Boats in the southern Baltic', in C. Cederlund (ed) *Postmedieval Ship and Boat Archaeology*, BAR International Series 256, Oxford, British Archaeology Reports, 1985, p. 353 참조. 그리고 'Skeppsbyggnadsmetodernas urgamla kulturgränser', *Bottnisk Kontakt*, 1986, vol. 3, pp. 66-67 참조. 선박건조 문화의 혼합과정에 대한 증거는 다음 문헌 참조: J. Litwin, 'The Puck bay wrecks', in Olsen *et al.*, op. cit., pp. 135-150; J. Skamby Madsen, 'Fribrødre: a shipyard site from the late eleventh century', in O. Crumlin-Pedersen (ed) *Aspects of Maritime Scandinavia, AD 200-1200*, Roskilde, Viking Ship Museum, 1991, pp. 183-206.

12) Johnstone, op. cit., 119-20쪽 참조. 최근에 이 위트레흐트(Utrecht)에서 발견된 배의 탄소측정이 다시 이루어져 연대가 수정되었으며, 지금은 11세기 배로 추정하고 있다. 그리고 원양 항해용 선박이 아니라 강에서 사용하려는 목적으로 만들어진 확장형 통나무배(log-boat)로 판명되었다. R. Vlek, *The Medieval Utrecht*

boat, BAR 382, Oxford, 1987, p. 66 and 89 참조. 도상학적 증거에 대해서는 다음문헌 참조: G. Hutchinson, *Medieval Ships and Shipping,* London, Leicester University Press, 1994, pp. 12-15; D. Goodburn, 'New light on early ship-and boat-building in the London area', in G. Good, R. Jones and M. Ponsford (eds) *Waterfront Archaeology: Proceedings of the Third International Conference, Bristol 1988*, CBA Research Report 74, London, Council for British Archaeology, 1991, pp. 105-106.

13) D. Ellmers의 다음 논문 참조: 'Es begann mit der Kogge', in *Stadt und Handel im Mittelalter: Der Stader Raum zur Hansazeit 12. bis 16. Jahrhundert*, Stade, Das Museum, 1980, pp. 21-33, 그리고 'Frisian and Hanseatic merchants sailed the cog', in A. Bang-Andersen, B, Greenhill and E. Grude (eds) *The North Sea: A Highway of Economic and Cultural exchange. Character-History,* Oslo, Norwegian University Press, 1985, pp. 79-96. I. Friel, *The Good Ship: Ships, Shipbuilding and Technology in England 1200-1520*, London, British Museum Press, 1995, p. 80에 나와 있는 약 1200년 입스위치의 도시인장은 선미에 노를 갖추고 있는 코그선과 같은 배가 그려져 있다. 이 시기 북유럽 선박의 형태를 잘 개관하고 있는 글은 다음과 같다: O. Crumlin-Pedersen, 'The Vikings and the Hanseatic merchants: 900-1450', in Bass (ed) op. cit., pp. 182-189 참조.

14) Friel, op. cit., pp. 35-38 참조. 도시인장에 나타난 초기 중세선의 도상연구에 대해서는 다음 문헌 참조: H. Ewe, *Schiffe auf Siegeln*, Berlin, 1972.

15) Crumlin-Pedersen, in Bass, op. cit., p. 188 참조.

16) N. Rodger, 'Cnut's Geld and the size of Danish ships', *English Historical Review*, 1995, vol. 436, pp. 392-403 참조; 선박의 소집, 선원투입, 크기에 대한 광범위한 논의는 N. Lund, *Lid, leding og landeværn*, Roskilde, Vikingskibshallen, 1996 참조. 크누드 대제(Knud the Great) 시대의 35미터 롱쉽의 유물들이 로스킬레 항 갯벌에서 최근에 출토되었다.

17) 하지만 바이킹시대 조선술은 웨스트 하일랜드(West Highlands)와 노스 아일즈(North Isles) 지역에 남아 있다: Rodger, op. cit., pp. 166-167 참조.

18) 바이킹 선박기술의 한계에 대한 가장 상세한 논의는 다음 문헌 참조: A. Binns, *Viking Voyagers Then and Now*, London, Heinemann, 1980, p. 52; R. Unger, *The Ship in the Medieval Economy, 600-1600*, London and Montreal, Croom Helm and McGill-Queen's University Press, 1980. 다음 연구는 여러 곳에서 기독교와 국가형성으로 인해 갑자기 변화된 배의 역할, 즉 중요한 사회적 종교적 상징으로서 배의 역할을 연관시킴으로써 노르딕 선박 건조 기술의 기술적 미적 퇴조를 설명하려고 시도하고 있다: B. Varenius, *Det nordiska skeppet. Teknologi och samhällsstrategi i vikingatid och medeltid*, Stockholm Studies in Archaeology 10, Stockholm, 1992.

19) A. Christensen, 'Hanseatic and Nordic ships in medieval trade', in Villain-Gandossi *et al.*, op. cit., pp. 17-21 참조. 또한 O. Crumlin-Pedersen, 'Ship types and sizes AD 800- 1400', in Crumlin-Pedersen, op. cit. (1991), pp. 69-82도 참조.

20) O. Crumlin-Pedersen, 'Wood technology and forest reserves', in Vil1ain-Gandossi *et al.*, op. cit., pp. 25-42 참조.

21) Friel, op. cit., pp. 46-52 참조.

22) G. Scammell, *The World Encompassed: The First European Maritime Empires c.800-1650*, London, Methuen, 1981, p. 77 참조.

23) Friel, op. cit., pp. 65-67; Unger, op. cit., pp. 37-42 참조.

24) Friel, op. cit., pp. 177-180; Hasslöf, op. cit., p. 56 참조.

25) Hasslöf, op. cit., pp. 59-60 참조. R. Unger, 'Dutch design specialization and building methods in the seventeenth century', in Cederlund, op. cit., pp. 154-159 참조. Ilmar Arens는 Journal *Bottnisk Kontakt*, 1986, vol. 3, pp. 46-50에서 이런 외피envelope 방식으로 건조된 에스토니아 사례마 섬의 16세기 중반 난파선의 잔해에 대해 상세히 설명하고 있는데, 만약 이 방식이 현지 선박의 전형이라면 이는 태생적 조심스러움을 반영하고 있는지도 모르지만, 어쩌면 구기술을 대체할만한 신기술을 실험하려는 바람을 표현한 것이라고 지적하고 있다. 다음 문헌 은 이에 대한 상세한 내용을 다루면서 갑절로 두꺼운 널빤지를 덧씌운 클링커층layer of clinker에 대해 설명하고 있다: V. Mäss, *Muistsed laevad, iidsed paadid*, Tallinn, Horisont, 1996, p. 113.

26) G. Nikander, 'Gamla byggnadsplatser och skeppsvarv i Österbotten' *Sjöhistorisk årsbok*, 1947, pp. 290-341 참조. P. Toivanen, 'Innovationsvägar inom det österbottniska skepps-bygget under den karolinska tiden', *Bottniskt Kontakt*, vol. 2, 1984, pp. 80-91 참조. W. Rudolph, 'Boats of the Southern Baltic', in Cederlund, op. cit., p. 354 참조.

27) 전투선 건조기술의 발전에 관해서는 다음 문헌 참조: Rodger, op. cit., pp. 204-220 and 386-390.

28) G. Scammell, 'English merchant shipping at the end of the middle ages: some East Coast evidence', *Economic History Review*, 1960-1961, 2nd series, vol. 13, pp. 333-334 참조. Scammell의 언급에 따르면, '소형선의 승리(triumph of the small ship)'는 거의 보편적인 현상이었다고 한다.

29) Meyneert Seymens, *Corte beschryvinae over de Haring visscherye in Hollandt* (1639)이 J. Jenkins, *The Herring and the Herring Fisheries*, London, P. S. King & Sons, 1927, p. 72에서 인용. H. Kronenberg는 *De zeevisscherij van Holland in der tijd der Republiek*, Amsterdam, H. J. Paris, 1946 책에서 1600년 홀란드 지역의 청어잡이 선대가 약 450여 척 정도로 훨씬 적은 수치를 언급하고 있다. 훨씬 최근에 A. van Vliet은 홀란드와 젤란트 지역에 총 660척의 청어잡이 배가 있었 으며, 같은 기간 고기잡이배는 총 1,186척으로 다음 문헌에서 추정하고 있다: A. van Vliet, 'Zeevarenden op de visservloot 1650-1680', *Tijdschrift voor Sociaale Geschiedenis*, 1996, vol. 22, p. 244.

30) 이와는 대조적으로, 한자도시 초창기 역사학자인 발터 포겔Walther Vogel은 1600 년 뤼베크는 9,200라스트 선복량을 가진 140척의 선대를 가지고 있었으며, 브레

멘은 2,744라스트 선복량의 선박 106척, 암스테르담은 28,400라스트 선복량의
선박 3,500척을 보유하고 있었다고 산출하였다: O. Mortensøn, *Renæssancens
fartøjer: sejlads og søfart i Danmark 1560-1650*, Rudkøbing, Langelands museum,
1995, pp. 202-203 참조.

31) Mortensøn, op. cit., pp. 52-66 참조. P. Toivanen, *Brödema Mommas skeppsvarv i
Jakobstad 1666-1672*, Jacobstad, Jakobstad Museums publikationer 15, 1982, pp. 63-
70 참조.

32) R. Davis, *The Rise of the English Shipping Industry*, Newton Abbot, David & Charles,
1972, p. 49 인용.

33) R. Unger, 'Dutch design specialization and building methods in the seventeenth
century', in Cederlund, op. cit., p. 154.

34) S. Groenveld and J. Vermaere (eds) 'Zeeland en Holland in 1569: Een rapport
voor de hertog van Alva', *Nederlandse Historische Bronnen*, 1980, vol. 11, p. 165.

35) 1676년 6월 1일 윌란드 섬에서 있었던 해전 초반, 돛을 짧게 줄이지도 않고 또
하부 갑판에 있는 총포 속으로 숨을 틈도 없이 폭풍우가 몰아치는 험한 날씨
에 항해를 감행함으로써 '크로난*Kronan*' 호에 재앙이 닥쳤다. 거의 총 842명의
사관과 선원이 승선하고 있던 배는 뒤집히고 화약고는 폭발하였다. 당시의 다
양한 상황을 밝혀주고 있는 이 배의 잔해는 현재 스웨덴 칼마르 주립 박물관
Kalmar county museum에 전시되어 있다.

36) D. Defoe, *A Tour Through the Whole Island of Great Britain* (first published 1724-
1726), English Library edition, Harmondsworth, Penguin, 1971, pp. 66-67. Davis,
op. cit., p. 53도 참조.

37) O. Rackham, *The History of the Countryside*, London, Dent, 1986, p. 91.

38) R. Albion, *Forests and Sea Power: The Timber Problems of the Royal Navy,
1652-1862*, Cambridge, MA, Harvard University Press, 1926, p. 138.

39) 하지만 이러한 주장은 조선업자들이 당시 관례적으로 필요한 수요보다 더 많이
구매하였다는 사실을 간과하고 있다. Rackham, op. cit., pp. 91-92.

40) *Atlas maritimus et commercialis, or, a general view of the world*···, London, 1728,
p. 33.

41) 1720년대 말 무렵 오스트로보스니아의 도시 감라카를레뷔의 조선장master shipwrights
이 선서한 내용, Nikander, op. cit., pp. 313-315에서 인용.

42) Davis, op. cit., p. 54에서 인용.

43) J. Westerman, 'Om Sveriges fördelar och svårigheter i sjöfarten i jämförelse · mot
andra riken', *Kunaliga vetenskapliga akademiens handlingar*, Stockholm, 1768, pp.
289-317 참조. 이에 대한 추가적인 언급은 Chapman and Clason이 쓴 pp.
318-322 참조. 다음 문헌은 스웨덴 민간 및 군용조선소의 상대적 수익률에 대
해 논하면서, 인부들이 예전에 더 나은 보수를 받았다고 결론내리고 있다: H.
Rantatupa, 'Österbottniska skeppstirnmermän I kronans tjänst', in N-E.Villstrand (ed)
Kustbygd och centralmakt 1560-1721: Studier i centrum-periferi under svensk

stormaktstid, Helsingfors, Skrifter utgivna av Svenska Litteratursällskapet i Finland, 546, 1987, pp. 377-378.

▌6장

1) 이와 관련한 논의는 다음 문헌 참조: K. Randsborg, 'Seafaring and society: in south Scandinavian and European perspective', in O. Crumlin-Pedersen (ed.) *Aspects of Maritime Scandinavia, AD 200-1200*, Roskilde, Viking Ship Museum, 1991, p. 11.

2) B. Myhre, 'Boathouses and naval organization', in A. Nørgård Jørgensen and B. Clausen (eds) *Military Aspects of Scandinavian Society in a European Perspective AD 1-1300*, Studies in Archaeology and History, vol. 2, Copenhagen, National Museum, 1997, pp. 169-183.

3) A. Jørgensen, 'Sea defence in Denmark AD 200-1300', in Jørgensen and Clausen, op. cit., pp. 204-206. L. Hedeager는 어느 정도의 영속성을 가진 중앙 권력이 AD 200년 즈음에 이 지역에서 출현하기 시작하였다고 언급한다. Hedeager의 다음 문헌도 참조: *Iron Age Societies: from Tribe to State in Northern Europe, 500 BC to AD 700*, Oxford, Blackwell, 1993. 다음 문헌도 참조: C. Westerdahl, 'Traditional zones of transport geography in relation to ship types' in O. Olsen, J. Skamby Madsen and F. Rieck (eds) *Shipshape: Essays for Ole Crumlin-Pedersen*, Roskilde, Viking Ship Museum, 1995, pp. 213-230.

4) Jørgensen, op. cit., p. 208. 이와 관련한 증거자료를 정리하면서 Niels Lund는 "그러므로 국가의 초기형태가 형성되기 시작할 무렵부터 (상당한 규모의 영토 내 있는 다양한 자원들을 조직하고 운영할 수 있는) 국왕중심의 권력이 존재하였음을 추정하는 것은 정당한 것이다"라고 결론을 내리고 있다: N. Lund, *De hærger og de brænder: Danmark og England i vikingetiden*, Copenhagen, Gyldendal, 1993, pp. 14-15.

5) R. Hodges, *Dark Age Economics: The Origins of Towns and Trade AD 600-1000*, London, Duckworth, 2nd edition, 1989, p. 192. K. Randsborg는 다음 문헌에 실린 '바이킹 침략자들: 바이킹 사회의 변형(Viking raiders: the transformation of Viking society)'이라는 제목의 글에서 '지방이지만, 정교한 왕국'의 형성에 대해 언급하고 있다: C. Redman (ed) *Medieval Archaeology,* Medieval and Renaissance Texts and Studies 60, New York, State University of New York at Binghamton, 1989, p. 23.

6) K. Polyani, 'Ports of trade in early societies', *Journal of Economic History*, 1963, vol. 23, pp. 30-45. Hodges, op. cit., pp. 13-20 and 23-25.

7) J. Jensen, *The Prehistory of Denmark*, London, Methuen, 1982, p. 261. U. Näsman, 'Sea trade during the Scandinavian Iron Age', O. Crumlin-Pedersen, 'Maritime aspects of the archaeology of Roman and Migration-period Denmark', 그리고 P. Thomsen

'Lundeborg: a trading centre from the 3rd-7th century AD', 모두 다음 문헌 참조: Crumlin-Pedersen, op. cit., pp. 23-40, 41-54 and 133-44.

8) S. Bolin, 'Muhammed, Karl den store och Rurik', *Scandia*, 1939, vol. 12, pp. 181-222: 개정 영문판 S. Bolin, 'Mohammed, Charlemagne and Ruric', *Scandinavian Economic History Review*, 1953, vol. 1, pp. 5-39. 보다 현대적인 다른 관점에서 접근하는 연구에 대해서는 D. Metcalf의 다음 문헌 참조: 'The beginnings of coinage in the North Sea coastlands: a Pirenne-like hypothesis', 그리고 T. Noonan, 'The Vikings in the East: coins and commerce', in B. Ambrosiani and H. Clarke, H. (eds) *Developments around the Baltic and the North Sea in the Viking Age*, Birka Studies 3, Stockholm, The Twelfth Viking Congress, 1994, pp. 196-214, 215-236.

9) H. Samsonowicz, 'Die Einfluss des Ostseehandels auf die Entwicklung der Regionen Osteuropas', in O. Pelc and G. Pickhan (eds) *Zwischen Lübeck und Novgorod: Wirtschaft, Politik und Kultur im Ostseeraum vom frühen Mittelalter bis ins 20. Jahrhundert*, Lüneburg, Nordostdeutsches Kulturwerk, 1996, pp. 59-66.

10) '켈트 족의 제해권(Celtic thalassocracy)'이라는 용어는 A. Lewis가 다음 책에서 처음 사용하였다: *The Northern Seas: Shipping and Commerce in Northern Europe, AD 300-1100*, Princeton, Princeton University Press, 1958, p. 64. 이미 4세기부터 형성되기 시작한 '대서양-북유럽 운명공동체(Atlantic-North European destiny)'에 대한 Lewis의 관점은 현재의 문제를 과거의 문제에서 의미를 찾으려는 또 다른 사례일 수 있다.

11) E. Ebel, 'Der Fernhandel von der Wikingerzeit … nach altnordischen Quellen', in K. Düwel, H. Jankuhn, H. Siems and D. Timpe (eds) *Untersuchungen zu Handel und Verkehr der vor- und frühgeschichtlichen Zeit in Mittel- und Nordeuropa. Teil IV. Der Handel der Karolinger- und Wikingerzeit*, Göttingen, Abhandlungen der Akademie der Wissenschaften in Göttingen, Phil-Hist. Klasse, Dritte Folge, 156, 1987, pp. 269-270. 다음 문헌에 정교한 삽화와 함께 바이킹 전설에 대한 훌륭한 소개내용이 담겨있다: J. Mjöberg, 'Romanticism and revival', in D. Wilson (ed) *The Northern World*, London, Thames & Hudson, 1980, pp. 208-238.

12) 바이킹이 주로 평화로운 교역상들이었다는 주장을 뒷받침하는 견해에 대해서는 다음 문헌 참조: E. Roesdahl *et al.*, *The Vikings in England and their Danish Homeland*, London, Anglo-Danish Viking Project, 1981, pp. 87ff; T. Capelle, 'Aktuelle Aspekte zum Handel der Wikinger', in Düwel *et al.*, op. cit., pp. 398-399. C. Weibull, 'De danska och skånska vikingatågen till Västeuropa under 800-talet: Orsaker och karaktär', *Scandia*, 1977, vol. 43, p. 65. 하지만 이 분야에서 저명한 스웨덴 역사학자라고 할 수 있는 Roesdahl은 동쪽 지역의 부유한 수도원들이나 타운들에 대한 약탈행위에 대해서는 부인하면서, 바이킹들이 평화적인 상거래 활동으로 부를 축적할 수 있었다고 주장하였다. 다음 문헌들은 상거래활동 보다는 약탈이나 조공활동을 옹호하고 있으며 스칸디나비아인들이 이에 어느 정도 직접 연관되어 있는지에 대해서는 신중하게 접근하고 있다: P. Grierson, 'Commerce in the Dark Ages: a citique of the evidence', *Transactions of the Royal*

Historical Society, 1959, 5th series, vol. 9, pp. 127-128, 그리고 P. Sawyer, *Kings and Vikings: Scandinavia and Europe AD 700-1100*, New York, Barnes & Noble, 1994, pp. 124-126. 그리고 은화의 양에 관해서는 T. Noonan, 'Ninth-century dirham hoards from European Russia, a preliminary analysis', in M. Blackburn and D. Metcalf (eds) *Viking-Age Coinage in the Northern Lands*, BAR International Series 122, Oxford, 1981, pp. 47-118도 참조.

13) H. Steuer, 'Der Handel der Wikingerzeit zwischen Nord- und Westeuropa aufgrund archäologischer Zeugnisse', in Düwel *et al*., op. cit., pp. 113-197 참조.

14) Grierson, op. cit., pp. 123-140. Hodges, op. cit., pp. 6-20, 104-129.

15) Hodges, op. cit., pp. 156-157. 덴마크 습격은 수입이 감소하면서 내부적인 싸움을 피하는 하나의 방법이었으며, 왕들은 자신의 재정상 의무를 더 이상 감당할 수 없었다고 다음 문헌은 언급하고 있다: Randsborg, in Redman, op. cit., p. 24. 다음 문헌도 참조: K. Randsborg, *The Viking Age in Denmark: The Formation of a State*, London, Duckworth, 1980, pp. 152-160.

16) Hodges, op. cit., p. 151.

17) 예를 들어, 다음 문헌들 참조: Hodges, op. cit., pp. 162-184; J. Callmer, 'Urbanization in Scandinavia and the Baltic region c. AD 700-1100: trading places, centres and early urban sites', in Ambrosiani and Clarke, op. cit., pp. 50-90.

18) S. Lebecq, 'Dans l'Europe du Nord des VIIe/IXe siècles: commerce frison ou commerce franco-frison?' *Annales*, 1986, vol. 41, p. 365. H. Clarke and B. Ambrosiani, *Towns in the Viking Age*, revised edition, London and New York, Leicester University Press, 1995, p. 29.

19) 다음 문헌은 'Frisian'이라는 용어가 프리슬란트의 반농반상을 의미하기보다는 북부 독일-네덜란드 해안 출신 상인을 의미하는 것이라고 언급하고 있다: D. Ellmers, *Frühmittelalterische Handelsschiffahrt in Mittel- und Nordeuropa*, Neumünster, Karl Wachholz Verlag, 1972, p. 29. 프리슬란트 사람들의 주도권은 스칸디나비아 사람들에 의해 도전받게 되었다: Roesdahl, op. cit., p. 87 참조.

20) 이에 대해서는 다음 문헌 참조: N. Lund, 'Knut des Heiliges beabsichtiger Zug nach England', in W. Paravicini, F. Lubowitz and H. Unverhau (eds) *Mare Balticum: Beiträge zur Geschichte des Ostseeraums in Mittelalter und Neuzeit*, Sigmaringen, Kieler Historische Studien 36, 1992, pp. 101-110. A. Binns, 'Towards a North Sea kingdom?', in A. Bang-Andersen, B. Greenhill and E. Grude(eds) *The North Sea: A Highway of Economic and Cultural Exchange. Character - History*, Oslo, Norwegian University Press, 1985, pp. 50-59.

21) *skipœn*은 선박징집제도(leding system)에서 선박을 공급하는 지역이었다. N. Lund, 'Is leidang a Nordic or a European phenomenon?', in Jørgensen and Clausen, op. cit., pp. 195-199. N. Lund, *Lid, leding og landeværn*, Roskilde, Vikingskibshallen, 1996 참조. 7세기 Dalriada 왕국의 선박징집제도에 대한 증거자료에 관해서는 다음 문헌 참조: N. Rodger, *The Safeguard of the Sea: A Naval History of Britain*, vol. 1: 660-1649, London, HarperCollins, 1997, p. 5. 그리고 앵글로색슨 잉글랜드

의 선박징집제도에 대해서는 같은 책 pp. 19-27 참조.

22) Rodger, op. cit., pp. 48-49. 저자는 다음과 같이 주장한다: 프랑스 정치가 잉글랜드의 부와 권력을 이용하게 됨으로써, [노르만 정복 the Norman Conquest]은 아일랜드, 웨일즈, 스코틀랜드의 생존과 독립을 보장하는 효과를 가져왔으며, (잉글랜드의) 식민지였던 노르웨이 북부와 서부 섬들을 이탈시키는 결과를 낳았다. 그렇지 않았으면 이런 지역들은 잉글랜드 통치하에 들어가거나 남아있었을 개연성이 상당히 높다.

23) K. Friedland, *Die Hanse*, Stuttgart, Verlag-Kohlhammer, 1991, p. 100.

24) J. Schildhauer, *The Hanse: History and Culture*, Leipzig, Edition Leipzig, 1985, p. 39. V. Henn, 'Über die Anfänge des Brügger Hansekontors', *Hansische Geschichtsblätter*, 1989, vol. 107, p. 64. A. von Brandt *et al.*, *Die deutsche Hanse als Mittler zwischen Ost und West*, Cologne and Opladen, Wissenschaftliche Abh. der Arbeitsgem. für Forschung des Landes Nordrhein-Westfalen, 27, 1963, pp. 9-37.

25) P. Johansen, 'Novgorod und die Hanse', in *Städtewesen und Bürgertum als geschichtsbildende Kräfte: Gedächtnisschrift für Fritz Rörig*, Lübeck, 1953, pp. 121-148. G. Theuerkauf, 'Hamburg und der Elbhandel im Mittelalter', in J. Ellermeyer and R. Postel (eds) *Stadt und Hafen*, Hamburg, 1986, pp. 33-43. P. Enemark, 'Vesteuropa, Lybæk og dansk handel i senmiddelalderen', *Historisk Tidsskrift*, 1991, vol. 91, pp. 361-401. C. Weibull, 'Lübecks sjöfart och handel på de nordiska rikena 1368 och 1398-1400', *Scandia*, 1966, vol. 32, pp. 1-123.

26) 이 점에 대해서는 다음 문헌 참조: Gerhard Theuerkauf, 'Binnen- und Seehandel zur Hansezeit an mecklenburgischen Beispielen', in Pelc and Pickhan, op. cit., pp. 179-189.

27) 슈트랄준트 평화협정의 의미에 대한 다른 견해는 다음 문헌들 참조: J. Götze, 'Von Greifswald bis Stralsund', *Hansische Geschichtsblätter*, 1970, vol. 88(1), pp. 83-122; P. Dollinger, 'Die Bedeutung des Stralsunder Friedens in der Geschichte der Hanse', *Hansische Geschichtsblätter*, 1970, vol. 88, pp. 148-162; A. von Brandt, 'Die Hanse und die nordischer Mächte im Mittelalter', in *Lübeck, Hanse, Nordeuropa: Gedächtnisschrift für A. von Brandt*, Cologne, Böhlau Verlag, 1979, pp. 13-37; J. Schildhauer, 'Veränderung in der Stellung der Hanse im Ost- und Nordseeraum vom Strahlsunder Frieden 1370 bis zum Frieden von Utrecht 1474', in *Kultur und Politik im Ostseeraum und im Norden 1350-1450*, Visby, Acta Visbyensia, IV, 1973, pp. 17-28.

28) J. Melin, A. Johansson and S. Hedenborg (eds) *Sveriges historia*, Stockholm, Tiden, 1997, p. 62.

29) S. Jenks, 'Der Frieden von Utrecht 1474', in S. Jenks and M. North (eds) *Die Hansische Sonderweg?*, Cologne, Quellen und Darstellungen Hansische Geschichte NF 39, 1993, p. 76.

30) Rodger, op. cit., pp. 117-130. I. Friel, *The Good Ship: Ships, Shipbuilding and Technology in England 1200-1520*, London, British Museum Press, 1995, pp. 15

and 146-150.

31) H. Lucas, 'John Crabbe: Flemish pirate, merchant and adventurer', *Speculum*, 1945, vol. 20, pp. 334-350. K. Koppmann, 'Der Seeräuber Klaus Störtebeker in Geschichte und Sage' *Hansische Geschichtsblätter*, 1877, vol. 3, pp. 37-58. M. Pühle, *Die Vitalienbrüder: Klaus Störtebeker und die Seeräuber der Hansezeit*, Frankfurt and New York, Campus Verlag, 1992. F. Benninghoven, 'Die Vitalienbrüder als Forschungsproblem', *Kultur und Politik*, op. cit., pp. 41-52. 이들은 Vitalienbrüder (식료품형제 Victual Brothers)라는 명칭을 스톡홀름 성에 주둔한 메클렌부르크 주둔군에게 식료품을 공급하려던 시도의 결과로 얻었다.

32) S. Ekdahl, '"Schiffskinder" im Kriegsdienst des Deutschen Ordens', *Kultur und Politik*, op. cit., pp. 238-274.

33) 용어에 대한 유용한 논의는 다음 문헌들 참조: M. Mollat du Jourdin, 'Guerre de course et piraterie à la fin du moyen age; aspects économiques et sociaux', *Hansische Geschichtsblätter*, 1972, vol. 90, p. 1. Rodger, op. cit., pp. 115-116 and 199-220.

34) A. Pérotin-Dumon, 'The pirate and the emperor: power and the law on the seas, 1450-1850', in J. Tracy (ed) *The Political Economy of Merchant Empires*, Cambridge, Cambridge University Press, 1991, p. 204.

35) Rodger, op. cit., p. 116 참조. 다음 문헌 참조: J. Fudge, *Cargoes, Embargoes and Emissaries: The Commercial and Political Interaction of England and the German Hanse, 1450-1510*, Toronto, University of Toronto Press, 1995, p. 13: "공해에서의 무정부 상태는 이를 중지시킬 수 있을 정도로 충분히 강력한 중앙정부가 잉글랜드에 존재 하지 않았기 때문에 지속되었다."

36) 이 주제에 대해 어느 저자는 다음과 같이 언급한다: "정치적인 의지와 정책들이 상인 제국을 만들어내기도 하였지만, 이와 동시에 당 시대의 해적활동을 양산하기도 하였다." A. Pérotin-Dumon, op. cit., p. 197. 다음 연구도 참조하라: D. Starkey, 'Pirates and markets', in L. Fischer (ed.) *The Market for Seamen in the Age of Sail*, Research in Maritime History 7, St John's Newfoundland, International Maritime Economic History Association, 1994, p. 75. 엘리자베스 시대 사략선 활동, 상업 및 식민지 팽창에 관해서는 다음 문헌 참조: G. Scammell, *The World Encompassed: The First European Maritime Empires c. 800-1650*, London, Methuen, 1981, pp. 458-504.

37) L. Tandrup, *Mod triumf eller tragedi*, Århus, Universitetsforlaget i Aarhus, 1979, vol. 1, pp. 60ff. K. Jespersen, 'Rivalry without victory', in G. Rystad, K-R. Böhme and W. Carlgren (eds) In *Quest of Trade and Security: The Baltic in Power Politics, 1500-1990, I: 1500-1890*, Lund, Lund University Press, 1994, pp. 136-137.

38) '힘의 투사 활동(power projection activities)'과 관련된 논의는 다음 문헌 참조: J. Glete, 'The Swedish navy and the Baltic, 1500-1809', in Rystad *et al.*, op. cit., pp. 42 and 37ff.

39) (영국 본토 쪽에서 본) 좁은 해협(the Narrow Seas, Irish Sea 또는 English Channel 을 말함) 함대의 사령관이었던 Henry Mervyn 경의 말이 다음 글에 담겨있다:

Calendar of State Papers Domestic: Charles I, 1629-1631, London, 1860, clxxiii: 68, p. 348. 덴마크와 스웨덴의 보호권 매각 정책에 대해서는 다음 문헌 참조: Glete, in Rystad *et al.*, op. cit., pp. 34-36.

40) R. Albion, *Forests and Sea Power: The Timber Problems of the Royal Navy, 1652-1862*, Cambridge, MA, Harvard University Press, 1926, p. 184에서 인용.

41) J. Tracy, *Holland under Habsburg Rule 1506-1566*, Berkeley, CA, University of California Press, 1990, pp. 101-8. J. de Vries and A. van der Woude, *The First Modern Economy: Success, Failure and Perseverance of the Dutch Economy 1500-1815*, Cambridge, Cambridge University Press, 1997, pp. 364 and 372. 스웨덴의 계획에 대해서는 다음 문헌 참조: B. Porshnev, *Muscovy and Sweden in the Thirty Years' War 1630-1635*, Cambridge, Cambridge University Press, 1995, pp. 38-62, 그리고 L. Ekholm, 'Russian grain and Swedish war finances, 1629-1634', *Scandia*, 1974, vol. 40, pp. 101-103.

42) Rapport de S. de Maurier à Richelieu, 1638, in G. Forsten (ed.) *Akty i pis'ma k istorii baltiiskago voprosa v XVI i XVII stoletiakh*, vol. 31, St Petersburg, Zapiski istorikofilologicheskago fakulteta Imp. S. P. Universiteta, 1893, pp. 326-331.

43) S. Lomas (ed.) *The Letters and Speeches of Oliver Cromwell*, vol. 3, London, Methuen, 1904, pp. 168-169.

44) G. Hecksher, *Sveriges ekonomiska historia från Gustav Vasa*, vol. 1, Stockholm, Bonniers, 1935, p. 551에서 인용. K-G. Hildebrand, 'Salt and cloth in the Swedish economy', *Scandinavian Economic History Review*, 1954, vol. 2, pp. 74-102.

45) 다음 문헌에 Jacob 공작의 통치기간에 대한 간략한 개관이 담겨있다: G. von Pistohlkors (ed) *Deutsche Geschichte im Osten Europas: Baltische Länder*, Berlin, Siedler Verlag, 1994, pp. 251-257. 그리고 1658년 선대 목록은 다음 문헌 참조: R. Fagerlund, 'Den kurländska flottan år 1658', *Historisk Tidskrift för Finland*, 1980, vol. 65, pp. 68-69.

46) A. Attman, *Swedish Aspirations and the Russian Market during the 17th Century*, Göteborg, Acta Regiae Societatis Scientiarum et Litteratarum Gothoburgensis, Humaniora 24, 1985, p. 9. 다음 문헌도 참조: A. Attman, *The Struggle for Baltic Markets: Powers in Conflict 1558-1618*, Göteborg, Acta Regiae Societatis Scientiarum et Litteratarum Gothoburgensis, Humaniora 14, 1979. Attman의 연구에 대한 논의는 다음 문헌 참조: M. Roberts, *The Swedish Imperial Experience 1560-1718*, Cambridge, Cambridge University Press, 1979, pp. 26-42.

47) *Sveriges riksrådets protokoll (SRP)*, vol. 8, Stockholm, 1898, pp. 134-135. 1645년 덴마크와 맺은 평화협정은 Christina 여왕치하의 스웨덴과 리보니아 사람들이 소유한 선박들에 대해 외레순드 해협 사용료를 감면해주고 화물 단속을 면제시켜주었다. 스웨덴에 30년 동안 홀란드 지역을 양도함으로써 스웨덴의 서쪽 새로운 항구 예테보리로부터 덴마크의 국경선을 확장시켰다.

48) 매년 사용료를 두 배로 올리면서, 1637~1639년 사이의 수익은 229,000 리크스달러(riksdollars, 1리크스달러 = 2길더 50센트)에서 616,000 리크스달러로 비약적으

로 증가하였다. C. Hill, D*anish Sound Dues and the Command of the Baltic*, Durham, NC, Duke University Press, 1926, pp. 114-115.

49) 의미심장하게, 사절단은 지배권dominion이 아니라 사용의 문제로서 청어잡이 활동을 정의하기 시작했으며, 다음과 같이 적혀있다: "우리는 교역의 자유, 곧 바다와 운송 및 어업 이용에 대해 이야기한다. 바다는 소유물이 아니며 어떤 바다도 개인 소유가 아니다(*libertate commerciorum, adeoque de usu maris and transitu et piscatura. Maris nulla est proprietas, nulla maria sunt propria*). 하지만 바다는 모든 이에게 그들이 원하는 어디든 항해하는 것이 허용된다." SRP, vol. 8, p. 168.

50) C. Davenant, *An Account of the Trade between Great Britain, France, Holland, Spain, Portugal, Italy, Africa, Newfoundland, etc., with the Importations and Exportations of all Commodities*, London, 1712, p. 67.

51) D. Kirby, *The Baltic World 1772-1993: Europe's Northern Periphery in an Age of Change*, London, Longman, 1995, pp. 30-34.

52) A. Lambert, '"Part of a long line of circumvallation to confine the future expansion of Russia": Great Britain and the Baltic 1809-1890', in Rystad *et al.*, op. cit., pp. 297-334.

53) P. Kennedy, *The Rise and fall of the Great Powers: Economic Change and Military Conflict from 1500 to 2000*, London, Unwin Hyman, 1988, p. 212. P. Salmon, *Scandinavia and the Great Powers 1890-1940*, Cambridge, Cambridge University Press, 1997, pp. 85-98.

54) Salmon, op. cit., p. 82. G. Till, 'The North Sea in two world wars', in Bang-Andersen *et al.*, op. cit., p. 229. 한번은 독일함대가 1916년 봄 항구에서 나왔을 때, 그 결과로 벌어진 유틀란트 전투는 결론을 내지 못했다.

▌7장

1) Jordanes, *Getica: Om goternas ursprung och bedrifter*, Stockholm, Atlantis, 1997, pp. 38-39. Adam of Bremen, *History of the Archbishops of Hamburg-Bremen*, trans. F. Tschan, New York, Columbia University Press, 1959, p. 199.

2) Massingberd of Gunby archives, Lincolnshire Archives Office, MG5/3/2.

3) W. Blockmans, 'The economic expansion of Holland and Zeeland in the fourteenth-sixteenth centuries', in E. Aerts, B. Henau, P. Janssens and R. van Uytven (eds) *Studia historica oeconomica*, Leuven, Universitaire Pers, 1993, p. 50. J. de Vries and A. van der Woude, *The First Modern Economy: Success, Failure and Perseverance of the Dutch Economy, 1500-1815*, Cambridge, Cambridge University Press, 1997, pp. 198 and 352-353.

4) J. Faber, 'The decline of the Baltic grain trade in the second half of the seventeenth century', *Acta Historica Neerlandica*, 1966, vol. 1, p. 108에서 인용. 다음 문헌은 네덜란드 경제에 '결정적인 기여'를 한 곡물 무역에 대해 논하고 있다: R. Allen and R. Unger, 'The depth and breadth of the market for Polish grain, 1500-1800', in J. Lemminck and J. van Koningsbrugge (eds) *Baltic Affairs: Relations between the Netherlands and North-Eastern Europe, 1500-1800*, Nijmegen, 1990, pp. 2-3.

5) M. Bogucka, 'The role of Baltic trade in European development from the XVIth to the XVIIIth century', *Journal of European Economic History*, 1980, vol. 9(1), pp. 5-20. De Vries and van der Woude, op. cit., p. 373. 이 시기 동안 길더(guilder)의 은 함유량은 약 11g이었으며, 이는 매년 11,000kg 상당의 수익을 의미하는 것이다.

6) S-E. Åström, *From Stockholm to St. Petersburg: Commercial Factors in the Political Relations between England and Sweden 1675-1700*, Studia Historica 2, Helsinki, 1962, p. 107 (Roe). R. Davis, *The Rise of the English Shipping Industry*, Newton Abbot, David & Charles, 1972, p. 177 (Tryon).

7) H. Roseveare, 'Vicissitudes of Anglo-Swedish shipping 1660-8', in W. Minchinton (ed.) *Britain and the Northern Seas*, Pontefract, Lofthouse, 1988, pp. 25-33. H. Roseveare (ed) *Markets and Merchants in the Late Seventeenth Century: The Marescoe-David Papers, 1668-1680*, Oxford, British Academy and Oxford University Press, 1987.

8) D. Kirby, 'The Royal Navy's quest for pitch and tar during the reign of Queen Anne', *Scandinavian Economic History Review*, 1974, vol. 22, pp. 97-116.

9) S-E. Åström, 'Britain's timber imports from the Baltic, 1775-1830: some new figures and viewpoints', *Scandinavian Economic History Review*, 1989, vol. 37, pp. 57-71. De Vries and van der Woude, op. cit., pp. 423-428.

10) Davis, op. cit., p. 42.

11) E. Harder-Gersdorff, 'Lübeck, Danzig und Riga: Ein Beitrag zur Frage des Handelskonjunktur im Ostseeraum am Ende des 17. Jahrhunderts', *Hansisches Geschichtsblätter*, 1978, vol. 96, pp. 51-58. J. Petri, *Neuestes Gemählde von Lief- und Ehstland unter Katharina II und Alexander I*, vol. 1, Leipzig, 1809, p. 302.

12) M-L. Pelus, 'Wolter von Holsten: marchand Lubeckois dans la seconde moitié du XVIe siècle', *Quellen und Darstellungen zur hansischer Geschichte*, 1981, vol. 25, pp. 353-354. Bo Lönnqvist도 탈린 상인들이 목재와 콜타르 화물에 대해 제 값을 지불하지 않음으로써 핀란드 남부지역의 반농반상들을 착취하였다고 언급하고 있다: B. Lönnqvist, 'Skärgårdsbebyggelse och skärgårdskultur i Nyland', *Skrifter utgivna av Svenska Litteratursällskapet i Finland, Folklivsstudier*, 1980, vol. 13, p. 163.

13) J. Catteau-Calleville, *Tableau de la mer baltique*, vol. 2, Paris, Pillet, 1812, p. 249.

14) 동 앵글리어 연안의 상거래 규모와 성격을 추정하는 문제에 대해서는 다음 문헌 참조: N. Williams, *Maritime Trade of the East Anglian Ports, 1550-1590*, Oxford, Oxford University Press, 1988, pp. 1-49. 이와 관련한 다음 문헌의 논의도 참조: J. Bjørklund, 'Trade and cultural exchange in the seventeenth and eighteenth centuries', in A. Bang-Andersen, B. Greenhill and E. Grude (eds) *The North Sea: A Highway of Economic and Cultural Exchange. Character-History*, Oslo, Norwegian University Press, 1985, p. 158.

15) R. Pullat, 'Viron ja Suomen välisen alkoholisalakaupan historiaa 1820- ja 1930-luvulta', in *Meren kansaa. IX Itämeriseminaari Kotkassa 5-8.8.1992*, Loviisa, Kymenlaakson maakuntamuseon julkaisuja 20, 1994, pp. 124-125.

16) H. Benham, The Smugglers' Century: *The Story of Smuggling on the Essex Coast, 1730-1830*, Chelmsford, Essex Record Office, 1986, p. 18. 덩케르크 항의 무역에 대해서는 다음 문헌 참조: C. Pfister, 'Smuggling from Dunkirk in 1787', in Minchinton, op. cit., pp. 13-25.

17) Benham, op. cit., p. 76.

18) O. Hasslöf, H. Hennigsen and A. Christensen (eds) *Ships and Shipyards, Sailors and Fishermen: Introduction to Marine Ethnology*, Copenhagen, Rosenkilde & Bagger, 1972, p. 94에서 인용.

19) W. Rudolph, *Maritime Kultur der südlichen Ostseeküste*, Rostock, Hinsdorff, 1983, p. 34. N. Jacobsen, *Skibfarten i det danske Vadehav*, Copenhagen, 1937, p. 39.

20) W. Rudolph, 'Seefahrerdörfer der südlichen Ostseeküste. Tendenzen und Perioden der Entwicklung einer regionalen Sonderkultur (16. bis 19. Jahrhundert)', *Jahrbuch für Volkskunde und Kulturgeschichte*, 1977, vol. 10, pp. 105-130. W. Rudolph, 'Schutenschiffer als Mediatoren des internationalen maritimen Kulturaustausches im südlichen Ostseeraum', *Jahrbuch für Volkskunde und Kulturgeschichte*, 1986, vol. 14(29), pp. 130-136.

21) A. Pearsall, 'Steam enters the North Sea', in Bang-Petersen *et al.*, op. cit., p. 204.

22) 덴마크 해안 주변 지역 및 연안 간 상거래활동에 대해서는 특히 다음 문헌 참조: P. Holm, *Kystfolk: Kontakter og sammenhænge over Kattegat og Skagerrak ca. 1550-1914*, Esbjerg, Fiskeri -og Søfartsmuseum, 1991; Jacobsen, op. cit.. 독일의 발트해안 지역에 대해서는 다음 문헌 참조: Rudolph, op. cit. (1977), pp. 105-130. 핀란드의 해상무역에 대해서는 다음 문헌 참조: Y. Kaukiainen, *A History of Finnish Shipping*, London and New York, Routledge, 1993.

23) R. Wossidlo, '*Reise, Quartier, in Gottesnaam!': Das Seemannsleben auf den alten Segelschiffen im Munde alter Fahrensleute*, Rostock, Hinsdorff, 1959, pp. 1-3. 파뇌 섬 무역의 쇠락에 대해서는 다음 문헌 참조: M. Hahn-Pedersen, 'From cattle to containers: a cruise through three hundred years of seafaring in West Jutland', in M. Guldberg, P. Holm and P. Madsen (eds) *Facing the North Sea: West Jutland and the World*, Esbjerg, Fiskeri -og Søfartsmuseets Studieserie, 3, 1993, pp. 103-116, 그리고 'Rise - decline - fall: the shipping trade on Fanø - a comparative

analysis of the period of reorganization and final collapse, 1860-1920', in P. Holm and J. Edwards (eds) *North Sea Ports and Harbours - Adaptations to Change*, Esbjerg, Fiskeri -og Søfartsmuseets Studieserie, 1, 1992, pp. 73-119.

24) 공동소유의 사례에 대해서는 다음 문헌 참조: 다음에 실린 Simon Hart가 쓴 장 —*Maritieme geschiedenis der Nederlanden*, vol. 2, Bussum, 1977, pp. 107-115. S. Gerentz, 'Partrederiet i svensk sjöfartshistoria', *Sveriges sjöfartsmuseums i Stockholm årsbok 1944*, Lund, 1945, pp. 55-64. J. Schildhauer, *The Hanse: History and Culture*, Leipzig, Edition Leipzig, 1985, p. 150.

25) N. Frederiksen, *Sønderho: En skippersby i Vadehavet*, Esbjerg, Fiskeri -og Søfartsmuseet, 1989, pp. 104ff.

26) 1780-1860년 사이 네덜란드 지역의 공동소유 방식에 대한 광범위한 조사내용은 다음 문헌 참조: *Maritieme Geschiedenis der Nederlanden*, vol. 3, pp. 106-141. 1911년 스웨덴 총 선박톤수의 16%만이 공동소유 방식이었으나, 범선의 경우에 는 73%가 이런 공동소유 방식으로 지분이 투자되었다고 다음 문헌은 언급하고 있다: Gerentz, op. cit., p. 64.

27) G. Nikander, *Gamlakarleby stads historia*, Åbo, 1944, vol. 2, pp. 240ff.

28) 예를 들어, 1703년 러시아에 있던 영국 상인들에 대한 내용은 다음 문헌 참조: S. Dixon *et al.* (eds) *Britain and Russia in the Age of Peter the Great*, SSEES Occasional Papers no. 38, London, School of Slavonic and East European Studies, 1998, pp. 49-53. H. Piirimäe, *Kaubanduse küsimused Vene-Rootsi suhetes 1661.-1700.a.*, Tartu, Tartu Riikliku Ülikooli Toimetised 113, 1961, pp. 43ff.

29) 외국 상인들이 겪어야했던 문제에 대해서는 다음 문헌 참조: T. Lloyd, *Alien Merchants in England in the High Middle Ages*, Brighton, Harvester, 1982.

30) M. Malowist, 'A certain trade technique in the Baltic countries in the sixteenth-seventeenth centuries', *Poland at the XIth International Congress*, Warsaw, Polish Academy of Sciences, 1960, pp. 103-116. B. Porshnev, *Muscovy and Sweden in the Thirty Years' War 1630-1635*, Cambridge, Cambridge University Press, 1995, pp. 45ff. M-L. Hinkkanen-Lievonen, *British Trade and Enterprise in the Baltic States 1919-1925*, Helsinki, SHS, Studia Historica 14, 1984, pp. 148-169.

31) S. Tveite, *Engelsk-norsk trelasthandel 1640-1710*, Bergen-Oslo, Universitetsforlaget, 1961, p. 489.

32) A. Cowan, *The Urban Patriciate in Lübeck and Venice 1580-1700*, Cologne, Quellen und Darstellungen zur hansischen Geschichte NF 30, 1986.

33) H. Zins, *England and the Baltic in the Elizabethan Era*, Manchester, University of Manchester Press, 1972, p. 306.

34) T. Smout, *Scottish Trade on the Eve of the Union, 1660-1707*, Edinburgh, Oliver & Boyd, 1963, pp. 99-115.

35) Tveite, op. cit., pp. 497ff.

36) H. Röthel, *Die Hansestädte: Hamburg - Lübeck - Bremen*, Munich, 1955, p. 115에

서 인용.

37) M. North, 'The role of the Scottish immigrants in the economy and society of the Baltic region in the 16th and 17th centuries', in Minchinton, op. cit., pp. 21-24. W. Rudolph, *Die Hafenstadt; eine maritime Kulturgeschichte*, Leipzig, Edition Leipzig, 1979.

38) Kaukiainen, op. cit., p. 126.

▌8장

1) J. Hillaby (ed.) *The Journeys of Celia Fiennes*, London, McDonald, 1983, p. 114.

2) O. Magnus, *A Description of the Northern Peoples*, 1555, edited by P. Foote, vol. 1, London, Hakluyt Society, 2nd series, 182, 1996, p. 100. 발트 생선의 어획과 염장에 관한 상세한 사항은 다음 문헌 참조. S. Schultze, *Den swenske fiskeren*, Stockholm, 1778; N. Storå, 'Barrels and bundles of herring', in A. Fenton and E. Kisban (eds) *Food in Change: Eating Habits from the Middle Ages to the Present Day*, Edinburgh, John Donald, 1986, pp. 76-90.

3) T. Nashe, *The Unfortunate Traveller, and Other Works*, (J. Steane 편집 및 서문 작성 Harmondsworth), Penguin, 1972. pp. 406-407.

4) G. Coopland, 'A glimpse of late fourteenth-century ships and seamen from *Le Songe du Vieil Pélerin* of Philippe de Mezières (1327-1405)', *Mariners' Mirror*, 1962, vol. 48, pp. 190-191.

5) 규제사항에 관한 상세한 내용은 다음 문헌 참조. D. Schäfer, *Das Buch des Lübeckischen Vogts auf Schonen, Halle*, Hansische Geschichtsquellen 4. 1887.

6) A. Christensen. *La Foire de Scanie*, vol. 5, Recueils de la Société Jean Bodin, 1953, p. 254. O. Ventegodt, 'Skånemarkedets sild', *Maritim Kontakt*, 1990, vol. 14, pp. 3-5. D. Cushing, *The Provident Sea*, Cambridge, Cambridge University Press, 1988, pp. 98-99는 매년 5만 톤까지 잡았다고 언급하고 있다.

7) Coopland, op. cit., p. 190. Ventegodt, op. cit., pp. 3-19.

8) Jenkins, *The Herring and the Herring Fisheries*, London, P. S. King & Sons. 1927, p. 74. 1651년 발행된 『플래카드*Placart*』 지에서 재인용. "네덜란드 인이 분명 소비자 감시인들의 감시활동에 대해 민감했을 것이며, 감시인들은 1477년 런던의 시장과 부시장처럼 플러싱Flushing과 알크마르에서 교역상이 수입했던 '특정 청어 통'을 파기할 것을 명령할 수 있었다. 이 파기 명령을 받는 청어 통은 '거짓이나 속임수로 포장된 것들인데, 말하자면 청어 통에 변질된 청어를 썩어서 모아 펼쳐놓고 또 포장한 것으로 사람의 몸에 해로운 것이었다." W. Smit (ed.) *Bronnen tot de geschiedenis van den handel met Engeland, Schotland en Ierland*, 2 vols, Den Haag, Rijks-Geschiedkundige publicatien, 65, 1928, p. 1127에서 인용.

9) A. van Vliet, 'Zeevarenden op de visservloot, 1560-1680', *Tijdschrift voor Sociaal Geschiedenis*, 1996, vol. 22, p. 244.

10) Cushing, op. cit., p. 89는 최대 3,000척의 청어잡이 어선의 최대 추정치에 근거하여 연간 어획량을 120,000톤 정도로 언급하고 있다. Tracy, 'The herring wars: sea power in the North Sea in the reign of Charles V', *Sixteenth Century Journal*, 1993, vol. 24, p. 254에서는 16세기 중반에 400척의 홀란드 청어잡이 어선의 연간 어획량의 가치는 일반 보조금, 즉 연간 납세액 총액의 일곱 배였다고 추정한다.

11) 노르웨이, 홀란드, 영국에서의 곡물 가격 대비 생선 가격에 대해서는 다음 문헌 참조: A. Nedkvitne, '*Mens Bønderne seilte og Jœgterne for*', *Nordnorsk og vestnorsk kystøkonomi 1500-1730*, Oslo, Universitetsforlaget, 1988, pp. 25 and 42. P, Holm, *Kystfolk: Kontakter og sammenhœnge over Kattegat og Skagerrak ca. 1550-1914*, Esbjerg, Fiskeri -og Søfartsmuseet, 1991, pp. 101-103. H. Kranenburg, *De zeevisscherij van Holland in der tijd der Republiek*, Amsterdam, H. Paris, 1946, pp. 177-186.

12) Jenkins, op. cit., p. 95.

13) Holm, op. cit., p. 109. 이들 섬 지역에서 소작농들은 어업과 항해에 별로 신경을 쓰지 않았는데, 덴마크 해군 장교의 견해에 따르면, 그 이유는 그들이 "육지에서 매우 손쉽게 밥벌이를 할 수 있었고 먹거리도 풍부하였기" 때문이다. J. Kohl, *Resor i Danmark jemte en utflygt til Södra Sverige*, vol. 1, Stockholm, 1847, p. 170에서 재인용.

14) 북해 지역 트롤어업의 발전에 관해서는 다음 문헌 참조: R. Robinson, *Trawling: The Rise and Fall of the British Trawl Fishery*, Exeter, University of Exeter Press, 1996, pp. 34-48.

15) J. Walton, *Fish and Chips and the British Working Class 1870-1940*, Leicester, Leicester University Press, 1992, pp, 5-7. Robinson, op. cit., pp. 31-33.

16) Cushing, op. cit., pp. 79-101. 발트해 지역 청어 어업의 상황은 호전되었지만, 이곳에서도 역시, 어획물의 대부분은 공장에서 가공되거나 동물 사료로 공급되었다.

17) Robinson, op. cit., pp. 111 and 152. 로빈슨은 국제적 규제를 따르려는 의지는 지속되었으며, 국제적 규제의 상당 부분이 1890년대에 관철될 수 있었지만, 기술의 발전이 그 현안으로부터 트롤 어업을 벗어날 수 있도록 만들었고, 규제에 대한 선주의 관심을 감소시켰다고 주장한다. *Ibid*, pp. 103-104.

18) 대구전쟁(Cod Wars)에 관해서는 다음 문헌 참조: J. Thor, *British Trawlers and Iceland*, Gothenburg, University of Gothenburg, 1996; Robinson, op. cit., pp. 224-243.

19) 헉슬리*Huxley* 교수의 논평에 관해서는 다음 문헌 참조: Cushing, op. cit., p. 117; Robinson, op. cit., p. 98. 굴 및 홍합 서식지에 대한 남획 문제에 관해서는 다음 문헌 참조: R. van Ginkel, 'The abundant sea and her fates: Texelian oystermen and the marine commons, 1700 to 1932', *Comparative Studies in Society and History*,

1996, vol. 38, pp. 195-217; A. Fenton, 'Notes on shellfish as food and bait in Scotland', in B. Gunda (ed.) *The Fishing Culture of the Worlds*, vol. 1, Budapest, Akadémiai Kiadó, 1984, pp. 121-142.

20) Cushing, op. cit., pp. 191-205. W. Garstang, 'The impoverishment of the sea', and C. Petersen, 'What is overfishing?', *Journal of the Marine Biological Association of the United Kingdom*, 1900, vol. 6, pp. 1-69 and 587-594.

21) A. Holmberg, *Bohusläns historia och beskrifning*, Stockholm, 1845, 2nd edition, Örebro, 1867, p. 277. 보후스Bohus 지역 청어 어업에 관해서는 다음 문헌들 참조: H. Höglund, 'On the Bohuslän herring during the great herring fishery period in the eighteenth century', *Reports of the Institute of Marine Research*, 1972, vol. 20, pp. 1-86. G. Utterström, 'Migratory labour and the herring fisheries of western Sweden in the eighteenth century', *Scandinavian Economic History Review*, 1959, vol. 7, pp, 3-40. 다음 문헌에서는 18세기 스코틀랜드 청어 어업 역시 어획 시기에만 다른 지역에서 오는 노동자들과 다른 일을 하다가 오는 노동자들에 의존하였다고 언급하고 있다: M. Gray, *The Fishing Industries of Scotland 1790-1814*, Oxford, Oxford University Press, 1978.

22) 다음 문헌에서는 스코틀랜드 북동부 버키Buckie 지역의 전업 어부에 대해 언급하고 있다: P. Thompson, T. Wailer and T. Lummis, *Living the Fishing*, London, Routledge & Kegan Paul. 1983, p. 15. 이와 유사하게 외떨어진 어촌 마을이었던 히덴제Hiddensee 섬지역의 사례에 관해서는 다음 문헌 참조: H. Jüpner (ed.) *Karl Nernst's Wanderungen durch Rügen*, Peenemünde, Axel Dietrich, 1994, p. 109. 북서 유틀랜드 아거 탕에Agger Tange 지역 사례에 관해서는 다음 문헌 참조: H. Rasmussen, *Limfjordsfiskeriet før 1825: Sædvane og centraldirigering*, Copenhagen, Folklivs studier, 2, 1968, pp. 361-362.

23) 이 팜플릿 제작자가 바로 H. Schulte였다고 다음 문헌에 언급되어 있다: A Dissertation on the Public Fisheries of Great Britain, London, J. Tyler, 1813, p. 198.

24) 19세기 말부터 트롤어업 항구에서 점차 사라지기 시작했던 연한(年限) 계약 노동제도의 문제점과 남용에 관한 상세한 내용은 다음 문헌 참조: Robinson, op. cit., pp. 53-65.

25) J. Steenstrup, 'Nogle Træk af Fiskerbefolkningens Historie', *Historisk Tidsskrift*, 1905-1906, vol. 7(6), pp. 164-165. S. Ambrosiani, 'Från Uppsala läns hafskust: Strandkulturen', *Upplands Fornminnesförenings tidskrift*, 1916. vol. 32, pp. 295-308. O, Loorits, *Gedanken- Tat- und Worttabu bei den estnischen Fischern*, Tartu, 1939.

26) E. Reuter, *Flickan på Inderskär*, Åbo, 1848, p. 94.

27) O. Löfgren. 'De vidskepliga fångstmännen-magi, ekologi och ekonomi i svenska fiskarmiljöer', in L. Honko and O. Löfgren (eds) *Tradition och miljö*, Lund, Liber Läromedel, 1981, pp. 64-94. R. van Ginkel. 'Pigs, priests and other puzzles', *Etnologia Europaea*, 1987, vol, 17(1), pp. 57-68. R. van Ginkel, 'One drop of luck weighs more than a bucketful of wisdom', *Etnologia Europaea*, 1994, vol. 24(2), pp. 155-166.

28) Löfgren, op. cit., pp. 86-91.

29) L. Walmsley, *Three Fevers*, London, Collins, 1932; Otley, Smith Settle, 1992, p. 36.

▎9장

1) 17세기 중반에 출판된 *Een nieuw matros-liedeken*에 따르면, 육상에서 젊은 선원들은 담배와 술에 기대어 정신적 위안을 얻는 것을 경멸하면서도, 밤길을 내려가면서 춤 잘 추는 '젤란트 여자들'에게 쉽게 유혹되었다. D. Scheurkeer (ed.) *Onze manner ted zee in dicht en beeld*, vol. 1, 's Gravenhage, Martinus Nijhoff, 1914, p. 141. 보몬트와 플레처의 희곡 『경멸하는 아가씨*The Scornful Lady*』(1610)는 K. Andrews, 'The Elizabethan seaman', *Mariner's Mirror*, 1982, vol. 68, p. 260에서 재인용.

2) M. Oppenheim (ed.) *The Naval Tracts of Sir William Monson*, vol. XLIII, London, Navy Records Society, 1913, p. 434.

3) 디킨스의 에세이 '상인 잭*Mercantile Jack*'은 1860년대 그의 잡지 *All the Year Round*에서 출판된 총서 『비영리적인 여행가*The Uncommercial Traveller*』에 실려 있다. S. Palmer and D. Williams, 'British sailors, 1772-1870', in P. van Royen, J. Bruijn and J. Lucassen (eds) '*Those Emblems of Hell'? European Sailors and the Maritime Labour Market, 1570-1870*, Research in Maritime History 13, St John's Newfoundland, 1997, p. 112. 디킨스는 다음과 같이 적고 있다.

> 대부분의 기간 동안 … 전쟁 중에 무턱대고 하는 영웅적인 인식과는 다르게, 선원에 대한 현대적 시각은 선원을 유혹과 착취에 노출된 어리숙한 사람이거나 아니면 타락하고 난폭한 부적응자로 보는 극단 사이에서 가지각색이었다고 보는 것이 맞을 것이다.

4) 이러한 예들과 그 결론은 루돌프의 뛰어난 조사에서 찾을 수 있다. W. Rudolph, *Die Hafenstadt : eine maritime Kulturgeschichte*, Oldenburg, 1980.

5) G. Scammell, 'Manning the English merchant service in the 16th century', *Mariners' Mirror*, 1970, vol. 56, p. 143. 스캠멀은 승진을 위해서는 바다에서의 경력이 필수적이라고 주장한다.

6) 배리 쿤리프*Barry Cunliffe*에 따르면, BC. 1000년대에 셰틀랜드 제도에서 카디스Cadiz로 연결하는 대서양 연안 사회의 '활발한 이동 시스템'과, 율리우스 케사르에게 깊이 감명을 준 켈트 선원들의 기술에 대해서도 언급해야 한다. B. Cunliffe (ed.) *The Oxford Illustrated Prehistory of Europe*, Oxford, Oxford University Press, 1994, p. 354.

7) 북해를 횡단하는 이주와 이동에 관해서는 다음 책을 참조. J. Haywood, *Dark Age Naval Power: A Reassessment of Frankish and Anglo-Saxon Activity*, London,

Routledge, 1991; I. Wood, *The Merovingian Kingdoms 450-751,* London, Longman, 1994.

8) S. Lebecq, *Marchands et navigateurs frisons du haut moyen âge,* vol. 1, Lille, Presses Universitaires de Lille, 1983, pp. 137-138. S. Lebecq, 'On the use of the word "Frisian" in the 6th-10th centuries written sources', and D. Ellmers, 'The Frisian monopoly of coastal transport in the 6th-8th centuries AD', in S. McGrail (ed.) *Maritime Celts, Frisians, Saxons,* CBA Research Report 71, London, Council for British Archaeology, 1990, pp. 85-90 and 91-92.

9) C. Weibull, 'De danska och skånska vikingatågen till Västeuropa under 800-talet: Orsaker och karaktär', *Scandia,* 1977, vol, 43, p. 65.

10) 로저*N. A. M. Rodger*는 앵글로색슨 전투부대, '피어드 *the fyrd*' 호에 승무원을 배치하였던 재력가들이 바다에 대해 어느 정도의 실무지식을 갖고 있었는지를 추론했다. N. Rodger, *The Safeguard of the Sea : A Naval History of Britain,* vol. 1, London, Harper Collins, 1997, pp. 23-25. 영국으로 간 덴마크 이주자들의 사회적 지위에 대해서는 다음 책을 참조할 것. N. Lund, *De hœrger og de brœnder: Danmark og England i vikingetiden,* Copenhagen, Gyldendal, 1993, pp. 90-94.

11) 15세기 동안 발트해에서 코그선과 헐크선을 탄 승무원의 규모는 20명에서 50명 사이로 추정된다. 다음 책을 참조. M. Bogucka, 'Merimiesten värväys gdanskilaisiin aluksiin 1500-1700-luvulla', in *Meren kansaa: IX Itämeriseminaari Kotkassa 5-8.8.1992,* Loviisa. Kymenlaakson maakuntamuseon julkaisuja no. 20, 1994, p. 10.

12) C. Claesson, 'Om haxar och bondeseglation i Västerbotten', *Sjöhistorisk Årsbok,* 1945-1946, p. 202. 이어서 의원은 작은 배의 경비를 스톡홀름 상선의 선용품과 승무원 탑승에 드는 비싼 경비와 비교하였다.

13) J. Kohl, *Die Marschen und Inseln der Herzoathümer Schleswiq und Holstein,* Vol. 1, Dresden and Leipzig, 1846, p. 106.

14) G. Hadley, *History of the Town of Kingston-upon-Hull,* Kingston upon Hull, 1788, p. 424 - R. Davis, *The Rise of the English Shipping Industry,* Newton Abbot, David & Charles, 1972, p. 116에서 재인용.

15) C. Lloyd, *The British Seaman 1200-1860 : A Social Survey,* London. 1968, p. 34. 로이드*C. Lloyd*는 얼*P. Earle*보다 약간 더 높은 총계를 제시한다. 'English sailors, 1570-1775', in van Royen *et al.,* op. cit., p. 76. 스페인과의 전쟁 결과, 선원의 수는 엘리자베스의 통치가 끝날 때까지 5만 명으로 급증했지만, 그들 대부분이 1603년에 해고되었고, 상선 또는 어선 선대가 이들을 수용할 수 없어 대량 실업자를 양산하였다.

16) 다음 책들을 참조. J. Bruijn, 'Scheepvaart in de noordelijke Nederlanden', *Algemene geschiedenis der Nederlanden,* vol. 7, Bussum, 1979, p. 211 ; J. Lucassen, 'Zeevarenden', *Maritieme Geschiedenis der Nederlanden,* vol. 2, Bussum, 1977, p. 132. P. van Royen, 'Recruitment patterns of the Dutch merchant marine in the 17th to 19th centuries', in A. Bang-Andersen, B. Greenhill and E. Grude (eds) *The North Sea : A Highway of Economic and Cultural Exchange, Character - History,*

Oslo, Norwegian University Press, 1985, pp. 13-27. J. Bruijn and E. Eyck van Heslinga, 'Seamen's employment in the Netherlands, c. 1600-c. 1800', *Mariner's Mirror,* 1984, vol. 70, pp. 7-20.

17) J. Bruijn, *The Dutch Navy of the Seventeenth and Eighteenth Centuries,* Columbia, University of South Carolina Press, 1993, pp. 55, 133 and 201. K. Davids, 'Maritime labour in the Netherlands. 1570-1870', in van Royen *et al.,* op. cit., pp. 14-56.

18) J. Bruijn. 'The timber trade', in Bang-Andersen *et al.,* op. cit., p. 125. Andrews, op. cit., pp. 247-249. 브르흔은 해군 고등법원의 기록으로부터 영국 선원의 기원과 배경에 대한 많은 지식을 수집할 수 있다고 제안한다. 당대의 존 데인 John Deane 대령이 쓴 표트르 대제 해군Peter the Great Navy의 장교들에 대한 많은 정보는 다음 책에서 볼 수 있다. *The Russian Fleet under Peter the Great,* vol. 15, London, Navy Records Society, 1899. 이에 관한 투고 기사도 참조. van Royen *et al.,* op. cit..

19) 18세기의 네덜란드 해군에서처럼. Bruijn, op. cit. (1993), p. 179 참조.

20) J. Webb, 'Apprenticeship in the maritime occupations at Ipswich, 1596-1651', *Mariner's Mirror,* 1960, vol. 46, pp. 29-34. 1665년과 1720년 사이에 해군 고등법원에서 선서 증언을 한 선원 중 약 3/4은 런던과, 주로 영국의 남서부와 동해에 있는 연안 도시와 항구의 출신이었다. P. Earle, 'English sailors, 1570-1775', in van Royen *et al.,* op. cit., p. 81-82.

21) Scammell, op. cit., pp. 131-154, R. Marsden (ed.) *Select Pleas in the Court of Admiralty,* vol. 2, London, Selden Society, 1897, pp. 130-132. R. Davis, *The Rise of the English Shipping Industry,* Newton Abbot, David & Charles, 1972, p. 114. 석탄무역에 관해서는 다음 책을 참조. R. Smith, *Sea-Coal for London,* London, Longman, 1961; T. Willan, *The English Coasting Trade 1600-1750,* Manchester, Manchester University Press, 1967.

22) K. Davids, 'Maritime labour in the Netherlands, 1570-1870', in van Royen *et al.,* op. cit., pp. 62-66.

23) *Tegenoordige staat van Vriesland,* vol. 2, Amsterdam, 1786, p. 362 - van Royen, op. cit., pp. 8-19에서 재인용.

24) Rodger, op. cit., p. 115.

25) Bruijn, op. cit., pp. 35-38 and 198-200. 영국의 해군 사학자들은 또한 스튜어트 해군의 임금이 상선대의 임금보다 열악했다는 것을 알게 되었다. Andrews, op. cit., p. 255. Rodger, op. cit., p. 403.

26) Rodger, op. cit., p. 400, 17세기 초 제독 존 페닝턴John Pennington을 인용.

27) K. Cruse, *Curland unter den Herzögen,* vol. 1, Mitau, 1833, p. 155. R. Fagerlund, 'Den kurländska flottan år 1658', *Historisk Tidekrift för Finland,* 1980, vol. 65, pp. 62-70.

28) N-E. Villstrand, 'Manskap och sjöfolk inom den svenska örlogsflottan, 1617-1644',

Historisk Tidskrift för Finland, 1986, vol. 71, pp. 4-72, and 'Manskapsrekryteringen till Karl XI : s flotta', in *Med spade och gevär Rapport från symposium om det militära indelningsverket*, Axevalla, Meddelanden från Krigsarkivet 12, 1988, pp. 119-132. J. Glete, 'The Swedish navy and the Baltic, 1500-1809', in G. Rystad et al., in *Quest of Trade and Security : The Baltic in Power Politics 1500-1990*, vol. 1, Lund, Probus Förlag, 1994, pp. 24-25.

29) T. Nashe, 'Lenten stuff', in *The Unfortunate Traveller and Other Works, Harmondsworth*, Penguin Classics, 1972, 1985, p. 407. K. Andrews, *Elizabethan Privateering*, Cambridge, Cambridge University Press, 1964, pp. 4-5.

30) Andrews, op. cit. (1982), p. 250, 해적에서 해군장교가 된 헨리 메인웨어링*Henry Mainwaring*을 인용.

31) *Calendar of State Papers Domestic : Charles 1, 1629-1631*, London, 1860, clxii: 45, p. 206. J. Fedorowicz, *England's Baltic Trade in the Early Seventeenth Century*, Cambridge. Cambridge University Press, 1980, p. 175. R. Baetens, 'The organization and effects of Flemish privateering in the seventeenth century', *Acta Historiae Neederlandicae,* 1976, vol. 9, pp. 148-175.

32) R. Baetens, 'Dunkirk merchants and capital growth during the Spanish period', in W. Heeres *et al.* (eds) *From Dunkirk to Danig: Shipping and Trade in the North Sea and Baltic, 1350-1850*, Amsterdamse Historische Reeks, NEHA-serie III, 4, Hilversum, Verloren, 1988, p. 133.

33) 다음 책들을 참조. M. Pühle, *Die Vitalienbruder; Klaus Störtebeker und die Seeräuber der Hansezeit*, Frankfurt and New York, Campus Verlag, 1992 ; H. Malo, *Les Corsaires dunkerquois et Jean Bart,* 2 vols, Paris. 1913-1914.

34) 고트샬크는 네덜란드에서 배상금을 받으려던 시도가 좌절되면서 1538년에 또 다른 해적 크리스토퍼 폰 드론타임*Christoffer von Drontheim*과 합세하여 메클렌부르크 해안 골비츠Golwitz의 공작과 공모하여 작전을 개시하였다. 공작은 그에게 자신의 적수인 보증인들을 나포할 수 있는 나포면허장을 발급하였다. 결국에는 고트샬크가 이스트랜드의 덴마크 왕가의 재산 관리인으로 고용되지만, 엄청난 보상금을 끊임없이 요구하면서 보험 회사들에 대한 복수를 계속 이어갔다. C. Thorsen, 'En Københavns Søforsikring og Sørøveri in 16. Aarhundrede', *Historisk Tidsskrift,* 1921-1923, vol. 9(2), pp. 1-26.

35) K-F. Krieger, 'Die Anfänge des Seerechts im Nord-und Ostseeraum', in K. Düwel *et al.* (eds) *Untersuchungen zu Handel und Verkehr der vor- und frühgeschichtlichen Zeit in Mittel- und Nordeuropa. Teil IV. Der Handel der Karoliner-und Wikingerzeit*, Göttingen, Abhandlungen der Akademie der Wissenschaften in Göttingen, Phil.-Hist. Klasse, Dritte Folge, 156, 1987, pp. 246-265. A. Sandklef, *Äldre nor disk handelssjöfart,* Göteborg, Institut för västsvensk kulturforskning 11, 1982, pp. 2-17.

36) 고틀란트 해사법규Gotland Sea Law 제21조 - T. Twiss (ed.) *Black Book of the Admiralty*, vol. 3, London, Longman, 1874, pp. 72-75에서 재인용.

37) E. Ebel, 'Der Fernhandel von der Wikingerzeit … nach altnordischen Quellen', in

Düwel *et al.*, op. cit., pp. 269-270.

38) D. Burwash, *English Merchant Shipping, 1460-1540,* Toronto, University of Toronto. 1947, Newton Abbot, David & Charles, 1969, p. 55. Andrews, op. cit. (1982) p. 255. Scammell, op. cit. pp. 141-143.

39) J. Westerman, 'Om Sveriges fördelar och svrigheter i sjöfarten i jämförelse mot andra riken', *Kungliga vetenskapliga akademiens handlingar,* Stockholm, 1768, pp. 289-317. P. Bladh, 'Anteckningar under en ekonomisk resa från Finland', *Skrifter utgifna av Svenska Litteratursällskapet i Finland,* 1888, vol. 10, p. 58.

40) Westerman, op. cit. 베튼즈Baetens에서의 상세한 선원 임금을 위해서는 다음을 참조할 것. op. cit. (1988), pp. 117-139 ; Lloyd, op. cit., Scammell, op. cit., R. Hope, *A New History of British Shipping,* London, John Murray. 1990.

41) L. Grandjean (ed.) *Frederik IIs søret 1561,* Copenhagen, Høst, 1946. p. 22 ; G. Asaerts (ed.) *Maritieme geschiedenis der Nederlanden,* vol. 2, Bussum, 1977, p. 117. 통상 선박은 적재량에 따라 측정되었다. 그런데 1라스트에 해당하는 정확한 근대적 단위가 통일되지 않았는데, 주로 곡물이나 청어가 단위로 사용되었을 것이다. 네덜란드의 곡물 라스트는 약 3,000리터의 양이었다.

42) R. Wossidlo, '*Reise, Quartier, in Gottesnaam* : *Das Seemannsleben auf den alten Segelschiffen im Munde alter Fahrensleute,* Rostock, Hinsdorif, 1959, p. 29.

43) 이 단어들은 초기 북극 탐험가 루크 폭스*Luke Fox*의 표현이다. F. Dyer, 'The Elizabethan sailorman', *Mariner's Mirror,* 1924, vol. 10. p. 134에서 재인용.

44) B. Lubbock (ed.) *Barlow's Journal,* London, Hurst & Blackett, 1934, vol. 1, p. 34.

45) Ibid., p. 127.

46) Lloyd, op. cit., p. 63에서 인용.

47) C. Dixon, 'Seamen and the law : an examination of the impact of legislation on the British merchant seamen's lot, 1588-1918', 1981, p. 272 (런던대학 미출판 박사학위논문). Wossidlo, op. cit., pp. 107-108.

48) 단치히의 영국 영사는 1843년에 외무부에 다음과 같이 통보했다. "전체적으로 볼 때, −이것을 말하는 것이 유감스럽지만− 내가 만나게 되는 사람들 중 영국 상선 선원이 가장 상냥한 표현을 쓰지만 그들보다 더 성가시고 생각이 없는 부류는 없을 것이다." Hope, op. cit., p. 281에서 인용.

49) T. Waltari, *Finska sjömansmissionen,* 1875-1925, Helsingfors, 1925, p. 544.

50) 반면 폴란드, 에스토니아 및 라트비아는 이 증기선 통계 자료에 명기되어 있지 않다. Y. Kaukiainen, S*ailing into Twilight: Finnish Shipping in an Age of Transport Revolution, 1860-1914,* Helsinki, Suomen Historiallinen Seura (HS), 1991, pp. 24, 31-32 and 294-318. Y. Kaukiainen, *A History of Finnish Shipping,* London, Routledge, 1993, pp. 106-127. S. P. Ville, *Transport and the Development of the European Economy, 1750-1918,* London, Macmillan, 1990, pp. 55-56.

51) J. Brockstedt, 'Seefahrende an deutschen Küsten im Zeitalter der Industrialisierung

(1815-1914)', in J. Brockstedt (ed.) *Seefahrt an deutschen Küsten im Wandel 1815-1914,* Studien zur Wirtschafts- und Sozialgeschichte Schleswig-Holsteins, vol. 22, Neumünster, Karl Wachholtz Verlag, 1993, pp. 23-24 and 37. W. Kresse, 'Shipping industry in Germany 1850-1940', in L. R. Fischer and G. E. Panting (eds) *Change and Adaptation in Maritime History: the North Atlantic Fleets in the Nineteenth Century,* St John's, Newfoundland, 1985, p. 151. 'Germany'이라는 용어는 시종 사용되었다. 물론 1871년 이전에는 이 용어가 여러 독일 연방주들을 의미하고, 더욱이 그 국경이 19세기 동안 상당한 정도로 변했지만 말이다. 예를 들어, 슐레스비히 공국은 1864년까지는 덴마크령이었다.

52) Y. Kaukiainen, 'Coal and canvas: aspects of the competition between steam and sail, c. 1870-1914', *International Journal of Maritime Historyy,* 1992, vol. 4 (December), pp. 175-191. H. W. Nordvik, 'The shipping industries of the Scandinavian countries 1850-1914', in Fischer and Panting, op. cit., pp. 137-139. M. Hahn-Pedersen, 'Fanøs "jernalder"': portrœt af en brydningstid', in *Sjœk'len 1991: Årbog for Fiskeri -og søfartsmuseet,* Esbjerg, 1992, pp. 9-48. 흥미롭게도 증기선은 초창기에 영국에서 '범선의 대체물'이 아닌 '과거의 것과 병존하는 신흥 산업'으로 여겨졌다. S. Palmer, *Politics, Shipping and the Repeal of the Navigation Laws,* Manchester, Manchester University Press, 1990, p. 9. 영국의 연안 항해에 관해서는 다음 책을 참조. R. Simper, *East Coast Sail: Working Sail 1850-1970,* Newton Abbot, David & Charles, 1972, pp. 6-11; J. Armstrong, 'Coastal shipping: the neglected sector of nineteenth century British transport history', *International Journal of Maritime History,* 1994, vol. 6 (June), pp. 184-188.

53) S. Palmer and D. M. Williams, 'British sailors, 1775-1870', in van Royen *et al.,* op. cit., pp. 93-94. D. Papp, 'Något om estländsk allmogeseglation', *Budkavlen,* 1986, vol. 65, Åbo, pp. 35-36. P. Tenimäe, 'Laevanduse areng Vergi lahe piirkonnas', in I. Etverk (ed.) *Lahemaa uurimused II: Rahvuspargi asustusajalugu ja etnograafia,* Tallinn, Valgus, 1985, pp. 64-74.

54) P. C. van Royen, 'Mariners and markets in the age of sail : the case of the Netherlands', in L. R. Fischer (ed.) *The Market for Seamen in the Age of Sail,* Research in Maritime History 7, St John's, Newfoundland, 1994, pp. 50-51.

55) J. Lybeck, 'Raumalaislaivoilla purjehtineet merimiehet ja Rauman merimiesväestö purjehduksen murrosvuosina 1850-ja 1860-luvuilla', University of Turku, 1996, pp. 188-209 (미출판 석사학위논문).

56) V. C. Burton, 'Counting seafarers : the published records of the Registry of Merchant Seamen 1849-1913', *Mariner's Mirror,* 1985, vol. 71 (August), pp. 317-319. D. Williams, 'The quality, skill and supply of maritime labour : causes of concern in Britain, 1850-1914', in Fischer *et al.,* op. cit., pp. 41-52. 'The employment of foreign seamen: views of shipowners', 'British v. foreign seamen', *Journal of Commerce,* 6 March 1906, file Foreign Seamen on British Ships, Mersey Docks and Harbour Board, Newscuttings (3rd series), 42, in the archives of the Merseyside Maritime Museum.

57) E. Eriksen, *Vär gamle sjøfartskultur*, Oslo, Det Norske Samlaget, 1968, pp. 44-45. Y. Kaukiainen, 'Finnish sailors, 1750-1870', in van Royen *et al.*, op. cit., pp. 223-224. Kaukiainen, 'Från jungman Jansson till Kalle Aaltonen: Sjömän i Finlands handels -flotta 1860-1914- en kvantitativ översikt', *Historisk Tidskrift för Finland*, 1988, no. 3, temanummer Sjöfolk, Helsingfors, pp. 345-372. Y. Kaukiainen, 'Finnish and international maritime labour in the age of sail: was there a market?', in Fischer, op. cit., pp. 105-106 and 109.

58) 변화하는 노사 관계는 주로 핀란드와 독일 사례에서만 심도 있게 연구되어 왔다. 다음 자료들은 Y. Kaukiainen에 바탕을 둔다. 'Five years before the mast: observations on the conditions of maritime labour in Finland and elsewhere', in L. R. Fischer and W. Minchinton (eds) *People of the Northern Seas*, Research in Maritime History 3, St John's, Newfoundland, 1992, pp. 47-62. Y. Kaukiainen, 'The maritime labour market: skill and experience as factors of demand and supply', in P. C. van Royen, L. R. Fischer and D. M. Williams (eds) *Frutta di mare: Evolution and Revolution in the Maritime World in the 19th and 20th Centuries*, Proceedings of the Second International Congress of Maritime History 5-8 June 1996, Amsterdam, Dutch Association of Maritime History, 1998, pp. 153-159. H. Gerstenberger, 'Men apart : the concept of "total institution" and the analysis of seafaring', *International Journal of Maritime History*, 1996, vol. 8 (June), pp. 173-182. H. Gerstenberger and U. Welke, *Vom Wind zum Dampf. Sozialgeschichte der deutschen Handelsschiffahrt im Zeitalter der Industrialisierung*, Münster, Westfälisches Dampfboot, 1996, pp. 11-159.

59) 대서양의 반대편에서, 변화는 적어도 19세기 초 캐나다에서 발생한 것으로 보인다. E. W. Sager, *Seafaring Labour: the Merchant Marine of Atlantic Canada, 1820-1914*, Kingston, Ontario, McGill-Queen's University Press 1989, pp. 3-12. 다음 책도 참조할 것. M. Rediker, *Between the Devil and the Deep Blue Sea: Merchant Seamen, Pirates, and the Anglo-American Maritime World, 1700-1750*, Cambridge, Cambridge University Press, 1987.

60) Kaukiainen, op. cit., in Fischer and Minchinton, 1992, p. 52.

61) A. Björklund, 'Sjömän och sjömansfamiljer. En problemorientering', in A. Björklund and D. Papp, *Sjöfartsyrken i hamnstaden Gävle*, Rapport 4, Stockholm, Stockholms Sjöhistoriska museet, 1973, pp. 33-36. 신진 선장과 일등항해사를 위한 정규 교육의 중요성의 증가와 9세기 후반에 영국에서 에스토니아에 이르기까지 상선대의 해기사들을 위한 항해 학교의 증가는 선장의 역할의 전반적인 변화 중에서 핵심적인 부분이었다. 다음 책을 참조. Sager, op. cit., pp, 94-103; V. Aret, 'Eesti merekoolitus', in E. Kreem (ed.) *Eesti laevanduse aastaraamat 1995*, Tallinn, Eesti meremeeste liit, pp. 81-87; K. Kristenbrun and A. Kurepalu, *Käsmu*, Tallinn, Eesti entsüklopeediakirjastus & Lahemaa rahvuspark, 1994.

62) Gerstenberger and Welke, op. cit., pp. 46-47 참조.

63) Y. Kaukiainen, *Laiva Toivo, Oulu*, Helsinki, Suomalaisen Kirjallisuuden Seura (SKS),

1998, pp. 174-176, 262-263.

64) Gerstenberger, op cit., 1996, pp. 180-181. *Søens folk 6: Sejlskibskaptajn. Beretninger fra århundredskiftet,* Copenhagen, Nationalmuseet & Christian Ejlers' Forlag, 1987, p. 42.

65) S. Piper, *The North Ships: The Life of a Trawlerman,* Newton Abbot, David & Charles, 1974, p. 35, 출판사의 배려로 출처 인용.

66) Kaukiainen, op. cit., in Fischer and Minchinton, 1992, p. 59.

▌10장

1) '승조원seaman'은 일반적으로 (범선의 항해자뿐만 아니라) 증기선의 선원까지 아우르는 용어로 사용되고 있다.

2) J. Conrad, *The Mirror of the Sea and A Personal Record,* World's Classics, Oxford, Oxford University Press, 1988, p. 3. 『바다의 거울』은 원래 1904년과 1906년에 여러 잡지에 연재되었으며, 『단편 전기A Personal Record』는 1908-1909년 잉글리시 리뷰*English Review*에 연재되었고, 1912년 『추억담*Some Reminiscences*』이라는 책으로 출판되었다. 또한 G. Kåhre, *Den åländska segelsjöfartens historia,* Helsingfors, Söderström, 1940, p. 260 참조.

3) K. Forsell, *Äventyr till sjöss,* Stockholm, Folket i Bilds förlag, 1952, p. 20. K. Andersen, Matros : *Erindringer,* Ringkøbing, 1965, p. 9.

4) 일룸은 가족과 친척에게 보내는 글을 쓰고 있었기 때문에, 비슷한 상황에 있는 다른 선원들처럼 항구의 여흥에 대해 말을 아꼈다. P. Illum, *skipper Peter Illums dagbog 1804-1893,* Faaborg, Faaborg Byhistoriske Arkiv, 1992, P. 32. 인용문은 출판사의 허락을 받아 E. Karlsson, *Mother Sea,* Oxford, Oxford University Press, 1964, pp. 111-112에서 재인용.

5) K. A. Ekblom, 'Sjömannens memoarer', in *Sjöhistorisk årsskrift för Åland 1997-98,* vol. 10, Mariehamn, 1998, p. 137.

6) V. Burton, 'The work and home life of seafarers with special reference to the port of Southampton 1871-1921', unpublished PhD thesis, University of London, 1988, p. 370의 주 1에서 인용. R. Simper, *East Coast Sail : Working Sail 1850-1970,* Newton Abbot, David & Charles, 1972, pp. 6-8. S. Palmer and D. M. Williams, 'British sailors, 1775-1870' in P. van Royen, J. Bruijn and J. Lucassen (eds), *'Those Emblems of Hell'? European Sailors and the Maritime Labour Market, 1570-1870,* Research in Maritime History 13, St John's, Newfoundland, 1997, p. 109.

7) V. Burton, 'The myth of Bachelor Jack : masculinity, patriarchy and seafaring labour', in C. Howell and R. J. Twomey (eds), *Jack Tar in History : Essays in the History of Maritime Life and Labour,* Fredericton, New Brunswick, Acadiensis Press,

1991, pp. 179-183(인용문). G. Jackson, 'Scottish sailors', in P. van Royen et al., op. cit., pp. 150-151. J. Fingard, *Jack in Port : Sailortowns of Eastern Canada,* Toronto, University of Toronto Press, 1982, p. 93. E. J. Gorn, 'Seafaring engendered : a comment on gender and seafaring', *International Journal of Maritime History,* 1992, vol. 4 (June), p. 220. E. Sager, *Seafaring Labour : The Merchant Marine of Atlantic Canada, 1820-1914,* Kingston, Ontario, McGill-Queen's University Press, 1989, pp. 136-137. 매인 데 없이 이리저리 이동하는 항해자, 잭의 신화는 19세 기 수많은 평범한 육체노동자와 사무직 노동자들에게 일종의 남자다움을 대변 하는 이데올로기로 수용되었을 가능성이 크다.

8) W. Runciman, *Collier Brigs and their Sailors,* London, T. Fisher Unwin, 1926, p. 135.

9) O. Mortensøn, *Sejlskibssøfolk-fra det sydfynske øhav,* Rudkøbing, Langelands Museum, 1987, pp. 563-564.

10) S, Piper, *The North Ships : The Life of a Trawlerman,* Newton Abbot, David & Charles, 1974, p. 139.

11) A. Björklund, 'Sjömän och sjömansfamiljer, En problemorientering', in A. Björklund and D. Papp, *Sjöfartsyrken i hamnstaden Gävle,* Rapport 4, Stockholm, Stockholms Sjöhistoriska museet, 1973, pp. 43-44. Burton, op. cit., 1988, pp. 69-82, 105. D. Kirby, 'One hundred years of the Finnish Seamen's Church in London', *in 100 vuotta : 100 years of the Finnish Seamen's Mission in London,* Kajaani, Finnish Seaman's Mission in London, 1982, pp. 48-49.

12) T. Kajatkari, *Haapasaarelaisten merenkulkua,* Hamina, Haapasaari-Seura r.y., 1987, p. 61. J. Kloster, 'Kystkultur : en begrepsdrøfting', in *Norsk Sjøfartsmuseum årsberet-ning 1996,* Oslo, 1997, pp. 75-6. O. Ditlev-Simonsen, *En sjøgutt ser tilbake,* Oslo, J. W. Cappelens Forlag, [no date, 대략 1945년경], p. 237. D. Williams, 'The quality, skill and supply of maritime labour: causes of concern in Britain, 1850-1914', in L. R. Fischer, H. Hamre, P. Holm and J. R. Bruijn (eds) *The North Sea: Twelve Essays on Social History of Maritime Labour,* Stavanger, Stavanger Maritime Museum/The Association of North Sea Societies, Norway, 1992, pp. 46-47.

13) M. Rosenström, *Fartyget, himlen och havet : Verklighetsuppfattningen bland sjömän i långfart under segelsjöfartens sista era,* vol. 597, Helsingfors, Skrifter utgivna av Svenska litteratursällskapet i Finland 1996, p. 135. K. Andersen, *Første rejse : Erindringer,* Ringkjøbing, Borgens forlag, 1964, p. 227. F. Holm-Petersen and K. Lund *Sømœnd og skibe fra Dragør,* Borgen, [no date or place], p. 89. *Søerns folk 6 : Sejlskibskaptajn. Beretninger fra århundredskiftet,* Copenhagen, Nationalmuseet & Christian Ejlers' Forlag, 1987, pp. 43-44 and 75-76.

14) D. Bakka Jr, *Hav som levevei : Skip og slekt gjennom 300 år. Eidbo-Staubo-Oslo,* Bergen, Seagull, 1992, p. 108.

15) Runciman, op. cit., pp. 11-12(인용문). V. Møller Lassen, *Fra naturhavn til Nordens færgehavn. Historien om Frederikshavns havn,* Frederikshavn, Dafolo Forlag, pp.

72-73. J. Press, 'Philanthrophy and the British shipping industry, 1815-1860', *International Journal of Maritime History*, 1989, vol. 1 (June) pp. 107-108. C. Dixon, 'Seamen and the law : an examination of the impact of legislation on the British merchant seamen's lot, 1588-1918', unpublished PhD thesis, University of London, 1981, p. 263. M-L. Hinkkanen, 'When the AB was able-bodied no longer : accidents and illnesses among Finnish sailors in British ports, 1882-1902', *International Journal of Maritime History*, 1996, vol. 8 (June) pp. 87-104.

16) *Søens folk 6*, p. 50. 1840년대 이후의 고전적인 서술에 관해서는 R. H. 다나 Dana의 *Two Years Before the Mast*, 참조.

17) 손의 염증은 축축하고 차가운 상태의 무거운 밧줄을 끌어당기는 작업에서 생기는 것으로 일종의 직업병이다 : *Søens folk 6*, p. 80. 또한 H. Engström, *På Östersjön och oceanerna : Minnen från 10 år i segelfartyg*, Stockholm, LiberFörlag, 1979, p. 61 참조.

18) Mortensøn, op. cit., pp. 564-568.

19) J. Kinloch, 'The working conditions of Scottish East Coast seamen, 1685-1770', *International Journal of Maritime History*, 1997, vol. 9 (December) pp. 153, 159 and 165. *Søens folk 6*, pp. 26-27 and 39-42. G. Gøthesen, *Under seil : Sjømannsliv i seilskutetiden*, Oslo, Grøndahl & Søn Forlag, 1982, pp. 26-30.

20) Rosenström, op. cit., pp. 99-144. 로젠스트룀이 연구한 선원들은 원양항해자로 일관되게 활동하였지만 모르텐쇤이 연구대상으로 삼은 선원들은 발트해와 북해의 연근해무역뿐만 아니라 원양무역에도 종사하였던 바, 연구대상의 차이점은 충분히 감안되어야 한다.

21) J. Kusk Jensen, 'En sømands oplevelser i fred og krig', *Maritim Kontakt ⅩⅦ*, Copenhagen, 1995, pp. 46-49.

22) I. Löfström, *En psalm i kajutan : om skepp och sjöfolk och religiositet till sjöss på segelfartygens tid*, Uppsala, Erene, 1989, p. 75. Rosenström, op. cit., pp. 101-102. Adersen, op. cit. (1964), p. 31.

23) T. Bergholm, 'Masculinity, violence and disunity : waterfront strikers and strikebreakers in Finnish ports in the 1920s and 1930s', *International Journal of Maritime History*, 1996, vol. 8 (June) p. 25에서 언급한 바와 같이 '문화' 대신에 '직업의 기풍'이란 개념은 선원들이 공유한 심성적 세계관에 더 초점을 둔다.

24) Andersen, op. cit. (1964), p. 7. 또한 Runciman, op. cit., p. 12. M. Creighton, 'American Mariners and the Rites of Manhood, 1830-1870', in Howell and Twomey, op. cit., pp. 148-151, 참조. 금욕주의가 해양 소설에 어떻게 영향을 주었는지에 관한 흥미로운 예는 K. Bang, *Jutøy. 1. Havet ble blod: Roman fra Vestfold 1800-1864*, Oslo, Dreyers Forlag, 1978, p. 110 참조.

25) Andersen, op. cit. (1964), p. 14(인용문; 또한 'Stormminne från Nordsjön' by the author '-th', in *kring kajutlampan*, Göteborg, Svensk Sjöfarts Tidnings Förlag, 1977, p. 196 참조). A. Schumburg, *Från hav och land*, Stockholm, Förlags A.-B. Hansa,

1945, p. 87. *Søens folk 6*, pp. 56 and 59-60.

26) Y. Kaukiainen, 'The maritime labour market : skill and experience as factors of demand and supply', in P. C. van Royen, L. R. Fischer and D. M. Williams (eds), *Frutta di mare : Evolution and Revolution in the Maritime World in the 19th and 20th Centuries*, Proceedings of the Second International Congress of Maritime History 5-8 June 1996, Amsterdam, Dutch Association of Maritime History, 1998, p. 156.

27) E. Raussi, *Virolahden kansanelämää 1840-luvulla*, Helsinki, Suomalaisen Kirjallisuuden Seuran toimituksia 280, SKS, 1966, pp. 126-127(인용문). E. Eriksen, *Vår gamle sjøfartskultur*, Oslo, Det Norske Samlaget, 1968, pp. 38-39. K. G. Berg, *Redare i Roslagen : Segelfartygsrederier och deras verksamhet i gamla Vätö socken*, Nordiska museets Handlingar 100, Stockholm, Nordiska museet, 1984.

28) C. Johansson, 'Kvinnor i Nagu sjöfart', *Skärgård*, 1985, no. 2, p. 48. R. Simper, *In Search of Sail*, cited in *Classic Boat*, 1998, December, p. 62. K. E. Kallio, J. Karhula and T. Kaukoranta (eds), *Vanhaa Satakuntaa*, Vammala, Satakunnan Nuori-soseurain Liitto, 1934, p. 592. Rosenström, op. cit., p. 126. A. Thowsen, 'Comments', in Fischer *et. al.,* op. cit., p. 53. K. Weibust, *Deep Sea Sailors: A Study in Maritime Ethnology*, Stockholm, Nordiska museets Handlingar 71, pp. 229 and 259-260. K. Montin, 'Den moderna sjömannen' in *Sjömannen: från livsform till yrke*, Åbo, Meddelanden från sjähistoriska museet vid Åbo Akademi no. 20, 1997, p. 54.

29) Eriksen, op. cit., p. 122. Ekblom, op. cit., p. 147. Y. Kaukiainen, *Laiva Toivo, Oulu*, Helsinki, SKS, 1998, p. 284(인용문).

30) Karlsson, op. cit., p. 55. Andersen, op. cit., 1964, p. 172. E. Koivistoinen, *Gustaf Erikson: Purjelaivojen kuningas*, Porvoo, WSOY [Werner Söderström Osakeyhtiö], 1981, p. 173.

31) 유사한 사례에 대해서는 Rosenström, op. cit., p. 120 참조.

32) R. Wossidlo, *'Reise, Quartier, in Gottesnaam' : Das Seemannsleben auf den alten Segelschiffen im Munde alter Fahrensleute*, Rostock, Hinsdorff, 1959, pp. 1-3. V. C. Burton, 'Counting seafarers : the Published Records of the Registry of Merchant Seamen 1849-1913', *Mariner's Mirror*, 1985, vol. 71 (August), pp. 317-319.

33) Williams, op. cit., pp. 45-46(인용문은 p. 52). 또한 Gøthesen, op. cit., p. 29 참조.

34) Sir J. Bisset [in collaboration P. R. Stephensen], *Sail Ho! My Early Years at Sea*, Sydney, Angus & Robertson, 1958, pp. 271-272. 또한 Ditlev-Simonsen, op. cit., pp. 65, 82 and 237-238; A. Hartmark and O. Onarheim, 'Et sjømannsliv i en viktig epoke', in *Norsk Sjøfartsmuseum årsberetning 1987*, Oslo, 1988, p. 118; Mortensøn, op. cit., pp. 566-567; Simper, op. cit., 1972, p. 9 참조.

35) 영미계의 저술에서 이 문구는 F. W. Wallace, *Wooden Ships and Iron Men: the Story of the Square-Rigged Merchant Marine of British North America*, London,

Hodder & Stoughton, 1924로부터 유래하였다. 그러나 이 문구는 북부 해역권의 다양한 언어권에서도 널리 회자된다.

36) Conrad, op. cit., p. 64.

37) F. T. Bullen, *Men of the Merchant Service*, 1900, p. 321 — Burton, op. cit. 1988, pp. 136-137에서 재인용.

38) H. Gerstenberger, 'Men apart : the concept of "total institution" and the analysis of seafaring', *International Journal of Maritime History*, 1996, vol.8 (June), pp. 181-182(인용문). U. Kiupel, 'Arbeit und Gesundheit im industriellen Wandel : Das Beispiel der arbeitsbedingten Erkrankungen der Heizer und Kohlenziehler auf Seeschiffen 1880-1930', in J. Brockstedt (ed.), *Seefahrt an deutschen Küsten im Wandel 1815-1914*, Studien zur Wirtschafts — und Sozialgeschichte Schleswig — Holsteins 22, Neumünster, Karl Wachholtz Verlag, 1993, pp. 139-174. 화부실의 노동환경에 관해서는 Gerstenberger and Welke, op. cit., pp. 187-204 참조.

39) 그럼에도 불구하고 화부실은 스칸디나비아, 스코틀랜드 그리고 잉글랜드의 해양 소설에서 자주 등장하는 소재로 보인다.

40) Andersen, op. cit. (1964), p. 41.

41) *Søens folk 6.*, p. 25. Engström, op. p. 83. K. Forsell, *Äventyr till sjöss*, Stockholm, Folket i Bilds förlag, 1952, p. 9. Schumburg, op. cit., p. 39. H. Gerstenberger and U. Welke, *Vom Wind zum Dampf : Sozialgeschichte der deutschen Handelsschiffahrt im Zeitalter der Industrialisierung*, Münster, Westfälisches Dampfboot, 1996, p. 112. Rosenström, op. cit., p. 42. J. G. Bjørklund and I. Jensen, 'Norsk Sjøfart 1814-1900', in B. Berggreen, A. E. Christensen and B. Kolltveit (eds), *Norsk Sjøfart, 2*, Oslo, Dreyer, 1989, p. 101.

42) H. Mörne, *Meren leipä* [Havets bröd], Porvoo, WSOY, 1955, p. 124.

43) Conrad, op. cit., p. 115. 로이 클라크Roy Clark는 콘래드가 훗날 북해를 '내 노동의 학습장'으로 서술했을 때, 그것은 아마도 스코틀랜드 동해안의 선원들과 어부들로부터 처음 영어를 배웠다는 의미로 그렇게 표현하였을 것이라 해석한다. R. Clark, *The Longshoremen*, Newton Abbot, David & Charles, 1974, p. 22.

44) Mortensøn, op. cit., p. 232. A. Gustafsson, *Gynnande vind : Åboländsk bydgesjöfart under segel*, Uusikaupunki, Uudenkaupungin kirjapaino, 1974, p. 112. Schumburg, op. cit., pp. 102-103. J. Lie, *Eteenpäin! Kertomus merelta* [Gaa paa!], Tampere, 1886, p. 126. P. Blundell, *The Confessions of a Seaman*, London, J. W. Arrowsmith, 1924, pp. 143-144. L. Ringbom, *Tre skutor-tre färder-tre hamnar*, Helsingfors, Särtryck ur Nyländska Jaktklubbens Årsbok, 1946, pp. 183 and 186. L. Gullichsen, *Sjömans-minnen*, Borgå, Schildts, 1975, p. 121.

45) I. B. Thomas and F. A. Rasmussen, 'Havet tog og havet gav — en sømands erindringer 1836-1888', in *Maritim Kontakt X VIII*, Copenhagen, 1996, pp. 61-62. B. Hjorth, *Skibsreder H. N. Jeppesen fra Dragør : Hans slœgt og hans skibe*, Dragør lokalhistorike arkiv, 1989, p. 36. A. I. Ingerttilä, *Meren hengestä*, Rauma, Oy

Länsi-Suomi, 1982, pp. 10-11. J. Fokken, *Aus der letzten grossen Zeit der Segelschiffahrt : Ein ostfriesischer Kapitän auf Bremer und Hamburger Segelschiffen erzählt,* Bremen, Verlag H. M. Hauschild, 1988, pp. 27-28. Gerstenberger and Welke, op. cit., pp. 98-99. K. Montin, 'Grågrönt!-naturförhållanden och sjömännens arbete', in *Etnografi på hemmaplan,* Rapport 8, Åbo, Etnologiska institutionen vid Åbo Akademi, 1998, p. 120.

46) Schumburg, op. cit., p. 112. H. Tolleson, *Skutminnen : Sterner Johannesson berättar,* Borås, Bokförlaget Briggen, 1996, p. 15. L. Nordström, *Bottenhavsfiskare,* Stockholm, Albert Bonniers förlag, 1914, pp. 251-252.

47) 1857년까지, 선박들은 덴마크 왕실이 부과한 통관세, 즉 사운드 톨Sound toll을 납부하기 위해 이유 여하를 불문하고 크론보리에 정박해야 했다. 1870년 한 해 만 3만 척이 넘는 선박들이 크론보리를 경유해야 했고, 4만~5만 척의 선박들이 스카겐을 통과했다. G, Stenfelt, *Skepparlif på en lastångare,* Malmö, Förlags-Aktiebolagets boktryckeri, 1903, p. 10. B. Cogill, *When God was an Atheist Sailor : Memories of a Childhood at Sea, 1902-1910,* New York, Norton, 1990, p. 29. *Søens folk 6,* p. 28. Bakka, op. cit., p. 27.

48) Kloster, op. cit., p. 74. P. Holm, *Kystfolk : Kontakter og sammenhœnge over Kattegat og Skagerrak ca. 1550-1914,* Esbjerg, Fiskeri-og Søfartsmuseet, 1991, p. 219. Björklund, op. cit., p. 34. H. C. Johansen, 'Fiskerfamilier Thorøhuse fiskerleje på Fyn 1770-1901' in H. C. Johansen, P. Madsen and O. Degn, *Tre danske kystsamfund i det 19. århundrede,* Odense University Studies in History and Social Sciences, vol. 171, Odense, Odense Universitetsforlag, 1993, pp. 20-21.

49) Holm-Petersen and Lund, op. cit., pp. 92-93. F. Holm-Petersen (ed.), 'En sømands beretning', in *Årbog 1982 for Svendborg & Omegns Museum,* Svendborg, 1983, pp. 35-46. H. C. de Mierre, *The Long Voyage,* London, Harold Starke, 1963, pp. 276-277. Andersen, op. cit. (1964), p. 24. W. Wood, *North Sea Fishers and Fighters,* London, Kegan Paul, Trench, Trübner, 1911, pp. 44-45(인용문). F. Holm-Petersen, *Langfarere fra Marstal,* Norderstedt, Forlag Egon Heinemann, 1975, p. 68. H. Benham, *The Codbangers,* Colchester, Essex County Newspapers, 1979, p. 180. *Søens folk 6,* p. 101.

50) Y. Kaukiainen, *Sailing into Twilight : Finnish Shipping in an Age of Transport Revolution, 1860-1914,* Helsinki, SHS, 1991, p. 36.

51) Runciman, op. cit., pp. 11-12. J. Lie, *Luotsi ja hänen vaimonsa* [Lodsen og hans hustru], Helsinki, 1895, p. 153.

52) V. Kilpi in the novel *'Kirkolle',* cited in Kaukiainen, op. cit. (1998), p. 96. Ekblom, op. cit., p. 138. Ditlev-Simonsen, op. cit. pp. 62-63. Kusk Jensen, op. cit., pp. 42-43. Gullichsen, op. cit., p. 28.

53) E. Karlsson, *Mother Sea,* Oxford, Oxford University Press, 1964, p. 230의 인용문 은 옥스퍼드 대학 출판사의 승인을 받아 인용하였음. 축약된 인용문은 *Søens folk 6,* p. 56을 참조. 흥미롭게도 전간기 범선 선장의 아내는 남편이 자신의

배와 사랑에 빠졌다고 생각할 정도였다. P. Eriksson, *Hertiginnas sista resa*, Stockholm, Söderström, 1960, p. 71 참조. 19세기 선원들이 범선을 여성으로 간주하였다는 분석에 관해서는 Creighton, op. cit. pp. 157-159 참조.

54) Eriksen, op. cit., p. 33. Hartmark and Onarheim, op. cit., pp. 109-126. Mörne, op. cit., p. 132. N. P. Njardvik, *Merilinna* [Hafborg], Helsinki, Otava, 1993, p. 40.

55) Holm, op. cit., pp. 172-173. C. Sørensen (with A. Hjorth Rasmussen), *Langli-dreng bliver fisker : Claus Sørensens erindringer I 1888-1910*, Esbjerg, 1973, p. 57. S. Hede Hansen, *En fiskerdreng fra Rørvig, Bevaringsforeningen for Rørvig sogn,* 1980, pp. 6-9.

56) *Søens folk 6*, p. 119(인용문). Rosenström, op. cit., pp. 75, 88-90. Andersen, op. cit., 1965, p. 15. Bjørklund and Jensen, op. cit. p. 105. Gerstenberger and Welke, op. cit., p. 100.

57) Engström, op. cit., p. 67(인용문). Mortensøn, op. cit., pp. 211, 227. I. Ytterdal (ed.), *En hundreåring ser tilbake : Lars Ingvald Johnsens livshistorie fra et kystsamfunn i Aust-Agder*, Oslo, Norsk Folkeminnelags skrifter nr. 135, Norsk Folkeminnelag/ Lokalhistorisk Forlag, 1991, p. 74. Eriksen, op. cit., pp. 34-36 and 71-72. Gøthesen, op. cit. p. 40.

58) Stenfelt, op. cit. p. 208. Ekblom, op. cit., p. 148. Master G. E. Mattson of the *Suomi* from Turku, journal for 28 October 1869, the archives of the Sjöhistoriska Museet vid Åbo Akademi, A 413. 바람과 날씨와 관련된 해사 미신에 대해서는 Mortensøn, op. cit., pp. 211, 553-556 참조. H. Thalund, 'Vind og vejr', in *Årbog 1995 for Svendborg & Omegns Museum*, Svendborg 1996, pp. 108-114. Tolleson, op. cit., p. 73. *Søens folk 6*, pp. 27-28 and 54. Eriksen, op. cit., pp. 116-120.

59) Ship master J. F. Møller to his wife in 1847, in S. Benthien, 'Breve hjem : Ribekaptajnen J. F. Møllers breve til familien 1847-62', in *Sjæklen 1996 : Årbog for Fiskeriog Søfartsmuseet,* Esbjerg, 1997, p. 21.

60) Rosenström, op. cit., pp. 111 and 139. Gullichsen, op. cit., p. 140. S. Mäenpää, 'A woman at the sea: women on the sailing ships of Gustaf Erikson 1913-1937', in *Nautica Fennica 1995*, Helsinki, Maritime Museum of Finland Annual Report 1995, 1996, p. 28; L. Lindén, *Flicka på skepp*, Helsingfors, Holger Schildts Förlag, 1966, p. 131(인용문). 범선의 협소한 공간 사정을 고려하면, 항해자들은 홀로 있을 수 있다는 것 자체를 소중하게 생각했을 것이다.

61) N. Lindström, 'Om havet', *Sjömannen,* 1957, no. 3, p. 78; 인용문은 출판업자의 동의를 얻어 인용하였음. 또한 Runciman, op. cit., pp. 18-19. Eriksson, op. cit., p. 54 참조.

▌11장

1) E. R. Snow, *Women of the Sea*, London, Alvin Redman, 1963, p. vii.

2) J. Nadel-Klein, 'A fisher laddie needs a fisher lassie : endogamy and work in a Scottish fishing village', in J. Nadel-Klein and D. L. Davis (eds), *To work and to Weep : Women in fishing Economies*, Social and Economic Papers no.18, St John's, Institute of Social and Economic Research, Memorial University of Newfoundland, 1988, p. 198에서 인용. T. McGowran, *Newhaven-on-Forth : Port of Grace*, Edinburgh, John Donald, 1985, p. 22. 흥미롭게도 드세고 목소리가 큰 19세기 여성어부의 대중적 이미지는 마이클 앵커*Michael Ancher*와 같은 스칸디나비아 화가들이 어부를 영웅적으로 묘사했던 것과 크게 대조된다.

3) B. Blæsild, 'Omverdenens syn på sømandskonen', in M. Hahn-Pedersen (ed.) *I storm og stille : den sikre havn. Bidrag til sømandskonens historie*, Esbjerg, Fiskeri -og Søfartsmuseet, 1992, pp. 114-127 참조.

4) 예컨대 M. S. Creighton, 'Davy Jones' locker room : gender and the American whaleman, 1830-1870', in M. S. Creighton and L. Norling (eds) *Iron Men, Wooden Women : Gender and Seafaring in the Atlantic World, 1700-1920*, Baltimore, MD and London, Johns Hopkins University Press, 1996, pp. 118-137. E. J. Gorn, 'Seafaring engendered : a comment on gender and seafaring', *International Journal of Maritime History*, 1992, vol. 4 (June), p. 225(인용문).

5) S. Salminen, *Katrina*, Helsingfors, Schildt, 1936.

6) 바다 불가사리는 흙과 배합하여 비료로 활용되었다. 여기에 관해서는 다음의 문헌들 참조. C. Sørensen, *Langli-dreng bliver fisker : Claus Sørensens erindringer. I, 1888-1910*, ed. A. Hjorth Rasmussen, Esbjerg, 1973, pp. 7-18. N. Storå, 'Adaptive dynamics and island life : resource use in the Åland Island', in *Resurser, strategier, miljöer : Etnologiska uppsatser av Nils Storå utgivna den 29 maj 1993*, Åbo, Åbo Akademi, 1993, p. 222. T. Lummis, *Occupation and Society : The East Anglian Fishermen 1880-1914*, Cambridge, Cambridge University Press, 1985, p. 121. P. Thompson with T. Wailey and T. Lummis, *Living the Fishing*, History Workshop Series, London, Routledge & Kegan Paul, 1983 참조.

7) A. Strindberg, *Hemsöborna*, Stockholm, Albert Bonniers förlag, 1949, pp. 9-10. L. Brooks and R. H. Ducé (eds) *Seafarers, Ships and Cargoes : First-Hand Accounts of Voyages by Ships of the Mercantile Marine Written by Members of the Ships' Crews*, London, University of London Press, 1951, p. 47.

8) H. C. Johansen, 'Den danske fiskerbefolkning i perioden fra ca. 1700 til 1914', in J. Rogers (ed.) *Kustbygd i förändring 1650-1950 : Familj och hushåll i nordiska fiskesamhällen*, Meddelanden från Familjehistoriska projektet no. 8, Uppsala, Historiska institutionen, Uppsala universitet, 1989, pp. 30-31. H. C. Johansen, 'Fiskerfamilier i Thorøhuse fiskerleje på Fyn 1770-1901', and P. Madsen, 'Fiskerbefolkningen i Torup sogn', in H. C. Johansen, P. Madsen and O. Degn,

Tre danske Kystsamfund i det 19. århundrede, Odense University Studies in History and Social Sciences vol. 171, Odense, Odense Universitetsforlag, 1993, pp. 54-57 and 80. I. Talve, Suomenlahden ulkosaarten kansankulttuuri 1800-luvun loppupuoleta talvisotaan', in R. Hamari, M. Korhonen, T. Miettinen and I. Talve, *Suomenlahden ulkosaaret : Lavansaari, Seiskari, Suursaari, Tytärsaari*, Jyväskylä, Suomalaisen Kirjallisuuden Seuran toimituksia 630, 1996, pp. 223-224.

 9) H. Rudolph, 'Kvinnoarbete inom sjöfartsmiljö på södra Östersjöområdet, omkring 1900', in *Bottnisk kontakt IV, Skellefteå museum 5-7 februari 1988*, Skellefteå, 1989, p. 130. O. Löfgren, 'Kustsamhällen', in M. Hellspong and O. Löfgren, *Land och stad : Svenska samhällen och livsformer från medeltid till nutid*, Malmö, Gleerups förlag, 1994, pp. 125-126. 다음 자료도 참조할 것. B. Berggreen, 'Dealing with anomalies? Approaching maritime women', in L. R. Fischer, H. Hamre, P. Holm and J. R. Bruijin (eds) *The North Sea : Twelve Essays on Social History of Maritime Labour*, Stavanger, Stavanger Maritime Museum/The Association of North Sea Societies, 1992, pp. 114 and 117. Storå, op. cit., pp. 220-221. Talve, op. cit., pp. 140, 150-153 and 157.

10) Sørensen, op. cit., pp. 7-18. R. Skotheim, 'Female labour in Stavanger 1875-1910', in P. Holm and J. Edwards (eds) *North Sea Ports and Harbours: Adaptations to Change, Second North Sea History Conference, Esbjerg 1991*, Esbjerg, Fiskeri -og Søfartsmuseets Studieserie no. 1, 1992, pp. 125 and 127-128. D. Butcher, *Following the Fishing*, Newton Abbot, Tops'l Books, 1987, p. 11. 문단 후반 인용구는 P. Thompson, 'Women in the fishing : the roots of power between the sexes', *Comparative Studies in Society and History*, 1985, vol. 27, p. 11 참조.

11) Lummis, op. cit., pp. 121-127. A. van der Veen, 'Independent Willy-Nilly : fisher-women on the Dutch North Sea coast, 1890-1940', in Fischer et al., op. cit., pp. 184-185.

12) Lummis, op. cit., pp. 124-125. Thompson, op. cit., pp. 9-12. 참조.

13) T. P. Christensen, 'Sømandskonen i folketællingerne 1801-1901', in Hahn-Pedersen, op. cit., pp. 41(인용문). Nadel-Klein, op. cit., pp. 192, pp. 202-203.

14) B. Kragh, 'Sømandskonen i breve og dagbøger fra 1800-årene', in Hahn-Pedersen, op. cit., p. 60. 실제 19세기의 선원들은 책이 암시하는 독신 선원 이미지와 매우 다르게 통상 결혼했다. 19세기 말에 영국의 상선 선원 중 2/3 이상이 기혼이거나 홀아비 상태였다. 발레리 버튼*Valerie Burton*은, 노동인력의 젊은 나이를 감안하면 기혼이거나 홀아비 남성 비율은 예상치보다 훨씬 높다고 지적한다. V. Burton, 'The myth of Bachelor Jack: masculinity, patriarchy and seafaring labour', in C. Howell and R. J. Twomey (eds) *Jack Tar in History: Essays in the History of Maritime Life and Labour*, Frederiction, New Brunswick, Acadiensis Press, 1991, p. 187.

15) 핀란드, 올란드 섬 그리고 스웨덴을 대상으로 한 에스토니아 농민 교역에 관해서는 다음 문헌들을 참조. D. Papp, 'Mjöl mot strömming. Estländska jalor i

Ålands skärgård', *Budkavlen*, 1979, vol. 58, Åbo, pp. 5-23. D. Papp, 'Något om estländsk allmogeseglation', *Budkavlen*, 1986, vol. 65, Åbo, pp. 12-37. D. Papp, 'Estländsk allmogeseglation på Finland: Estlandssvenskt och estniskt', in C. H. Ericsson and K. Montin, *Maritima kontakter över Finska viken: Sjöhistoriskt forskarseminarium i Åbo 28 november 1997, Jungfrusund 5*, Åbo, Meddelanden från Jungfrusundsprojektet, 1998, pp. 92-120.

16) G. Högman, *Den åländska kvinnans historia 1700-1950*, Mariehamn, Skrifter utgivna av Ålands Kulturstiftelse XIV, 1990, pp. 409-411. P. H. Fricke, 'Seafarer and community', in P. H. Fricke (ed.) *Seafarer and Community: Towards a Social Understanding of Seafaring*, London, Croom Helm, 1973, pp. 4-5. D. Papp, *Åländsk allmogeseglation: Med särskild hänsyn till sjöfarten på Stockholm. Sjöfarten i Lemlands socken 1800-1940*, Lund Rabén & Sjögren, 1977, pp. 266-267. Löfgren, op. cit., p. 122.

17) S. N. Rasch, *En dansk bondeskippers historie: Fra englandskrigens og skudehandelens tid. Søren N. Raschs optegnelser ved H. K. Kristensen*, Ribe, Historisk samfund for Ribe amt, 1997, p. 8. M. Hofrén, *Pataholm: Kulturhistoriska notiser kring Smålandskustens gamla köpingsväsende*, Stockholm, Nordiska Museets Handlingar 25, 1946, P. 93. S. B. Ek, *Borstahusen: ett fiskeläges uppgång och fall*, Landskrona, Landskrona kulturnämd, 1980, pp. 22-24. Kragh, op. cit., p. 62.

18) B. Berggreen, *Idealmønstre og realmønstre: Kryssing av kjønsrollegrenser i norsk bondekultur ca. 1850-1920*, revised edition, Oslo, Athen, 1990, p. 105. P. Holm, *Kystfolk. Kontakter og sammenhœnge over Kattegat og Skagerrak ca. 1550-1914*, Esbjerg, Fiskeriog Søfartsmuseet, 1991, pp. 269-272. Thompson, op. cit., pp. 7-8.

19) I. Sutherland, *From Herring to Seine Net Fishing on the East Coast of Scotland*, Wick, Camps Bookshop, [no date], p. 196. S. Festing, *Fishermen*, Newton Abbot, David & Charles, 1977, p. 161.

20) 통계 수치에 대해서는 Papp, op. cit. 1977, pp. 121-127 참조. 그밖에 Löfgren, op. cit., pp. 120-126; Berggreen, op. cit., 1992, pp. 113-119; B. Berggreen, 'Norsk Bondesjøfart og sjøkvinder', in B. Berggreen, A. E. Christensen and B. Kolltveit (eds) *Norsk sjøfart, 2*, Oslo, Dreyer, 1989, pp. 13 and 16; C. Johansson, 'Kvinnor i Nagu sjöfart', *Skärgård*, 1985, no. 2, pp. 46-51; C. Sundqvist, 'Kvinnor ombord: Åbokvinnor i sjöfarten före första världskriget', *Historisk Tidskrift för Finland*, 1988, vol. 73, p. 490; C. Sundqvist, 'Kvinnor till sjöss', in *Bottnisk Kontakt VI, Länsmusset i Gävle 7-9 februari 1992*, Gävle, 1993, pp. 121-122; Storå, op. cit., p. 210; P-O. Högnäs and J. Örjans, *Med folk och fisk över Ålands hav*, Mariehamn, Ålands Skötbåtsförening, 1997, pp. 70-81; Y. Kaukiainen, *Suomen talonpoikaispurjehdus 1800-luvun alkupuoliskolla*, Historiallisia tutkimuksia LXXIX, Helsinki, 1970 참조.

21) B. Moring, 'Fiske och fiskarhushåll i Finland', in Rogers, op. cit., pp. 110-111. Storå, op. cit., pp. 216-217. Löfgren, op. cit., pp. 111-112. 또한 B. Moring, *Skärgårdsbor: Hushåll, familj och demografi i finländsk kustbygd på 1600-, 1700-*

och 1800-talen, Helsingfors, Finska Vetenskaps-Societeten, 1994. 참조.

22) 어업권과 관련해서는 E. Eklund, *Kustfiskare och kustfiske i Finland under den industriella epoken: Studier i en yrkesgrupps yttre villkor, sociala skiktning och organisation 1860-1970,* Helsingfors, Svenska social- och kommunalhögskolan vid Helsingfors universitet, Skrifter 5, 1994, pp. 26-27 참조.

23) 철도가 도입되기 전, 스코틀랜드 여성어부들은 생선을 팔기 위해 등에 생선 바구니를 메고 하루 20마일을 걸어 어시장으로 가곤했다. Nadel-Klein, op. cit., p.190. Ek, op. cit., p. 24(인용문). 또한 Sigurd Campbell의 Ångermanland 관찰에 대해서는 L-G. Tedebrand, *Strömming och demografi: Familj och hushåll i bottnisk kustbygd 1650-1950,* Umeå, Johan Nordlander-sällskapet & Kungl. Skytteanska Samfudet, 1995, pp. 53-54. 참조.

24) Berggreen, op. cit., 1990, pp. 117 and 122-123 참조.

25) Storå, op. cit., p. 210. Holm, op. cit., pp. 164-166. 래쇠에서, 토지는 종종 아들 대신에 딸에게 상속되었다. 20세기 초 셰틀랜드 섬들에서는, 농장의 거의 1/3이 여성 소유였으며, 번창 중인 어업 지구에서는 여성의 토지 소유 비율이 더 높았다.

26) Holm, op. cit., pp. 164. Nadel-Klein, op. cit., pp. 191, 194, 203(인용문) and 208.

27) Holm, op. cit., pp. 269-272. Kragh, op. cit., p. 64. 또한 D. Papp. '"Gode Make! Min Gumma!" En brevväxling mellan Tilda Mattsson och hennes man skepparen Matts Mattsson', *Skärgård,* 1985, no.2, pp. 40-45 참조.

28) Nadel-Klein, op. cit., Lummis, op, cit., pp. 133-136. Thompson, op. cit., pp. 3 and 15. 유사한 현상이, 20세기로의 전환 직후, 오슬로 남부 리쇠르Risør에 거주하는 일부 빈곤층 어부 가족에게도 일어났다. Molaug, *Vår gamle kystkultur, 1,* Osolo, Dreyers Forlag, 1986, pp. 374-375 참조.

29) Sundqvist, op. cit., 1993, p. 120. Johansson, op. cit., p. 46.

30) Skotheim, op. cit., pp. 128-129.

31) Van der Veen, op. cit., pp. 192-193. 네덜란드 여성어부들이 대체로 자신들의 부담을 남성들에게 떠넘기지 못하였다. 이런 상황은 예컨대 올란드 제도의 항해 가족의 사례와 완전히 다르다. 올란드에서는 남성들이 집으로 돌아온 뒤에도, 아내들은 가족 안에서의 핵심적인 역할을 포기하려 하지 않았기 때문에 오히려 갈등이 생기기도 하였다. Papp, op. cit., 1985, pp. 40-41.

32) 이것은 지역 특화 정도에 따라 다양했다. Johansson, op. cit., p. 52. Kragh, op. cit., pp. 64-66. Berggreen, op. cit., 1992, pp. 120-121. J. Fokken, *Aus der letzten grossenzeit Zeit der Segelshiffahrt: Ein ostfriesischer Kapitän auf Bremer und Hamburger Segelschiffen erzählt,* edited by K-H. Wiechers, Bremen, Verlag H.M. Hauschild, 1988, p. 14. 또한 요나스 리의 소설 『러틀랜드Rutland』 (1880)의 북해 교역에서의 크리스텐센Kristensen 선장 부부에 관한 부분 참조.

33) B. Berggreen, 'Skipet som hjem: Kvinner og barn på langfart, ca. 1850-1910', *NordNytt: Nordisk tidskrift for folkelivsforskning,* 1979, no. 5, p. 48.

34) M. v. Schantz, 'Alma Hongellin poikkeuksellinen elämä', *Merimiehen Ystävä*, 1994, no. 6, pp. 3-7. E. Rosenberger, *Auf grosser Fahrt: Tagebuchblätter einer Kapitänsfrau aus der grossen Zeit der Segelschiffahrt,* Minden i. W., Wilhelm Köhler, 1929, pp. 292-293. 또한 B. Greenhill and A, Giffard, *Women under Sail: Letters and Journals Concerning Eight Women Travelling of Working in Sailing Vessels between 1829 and 1949,* Newton Abbot, David & Charles, 1971 참조.

35) Kragh, op. cit., p. 66.

36) M. Peterson, *Matilda Petersons resejournal, 1872-1874, 1881,* edited by Guy Björklund, publication 24, Jakobstad, Jakobstads Museums, 1991, p. 26.

37) H. Springer, 'The captain's wife at sea', in Creighton and Norling, op. cit., pp. 100-102. 선장 아내인 노르웨이 출신 아말리 스크람*Amalie Skram*은 나중에 자신의 소설『공급*Forrådt*』(1892)에서 항해경험을 활용하였다.

38) B. Berggreen, 'Sjøkvinner: Om å oppdage et forskningsfelt', *Skärgård,* 1985, no. 2, p. 8.

39) M. Creighton, 'American mariners and the rites of manhood, 1830-1870', in C. Howell and R. J. Twomey (eds) *Jack Tar in History: Essays in the History of Maritime Life and Labour,* Fredericton, New Brunswick, Acadiensis Press, 1991, pp. 143-163. J. W. Nylander, *Sjöfolk: Minnen och berättelser,* Helsingfors, Eget förlag, 1901, pp. 67-85. 크라이튼은, 선장 아내에 대한 선원들의 적개심은 후부 선실의 특권, 권력과 부에 대한 분노와도 관련이 있다고 주장하였다.

40) I. Kaijser, 'Sjömannens yrke: ur hustruns perspektiv', in *Sjömannen-från livsform till yrke.* Åbo, Meddelanden från sjöhistoriska museet vid Åbo Akademi, no. 20, 1997, p. 45. Berggreen, op. cit., 1979, p. 47. Springer, op. cit., p. 93(인용문).

41) L. U. Scholl, 'The global communications industry and its impact on international shipping before 1914', in D. J. Starkey and G. Harlaftis (eds) *Global Markets: the Internationalization of the Sea Transport Industries since 1850,* Research in Maritime History 14, St John's, Newfoundland, 1998, pp. 195-215.

42) A. Blomqvist, *I stormens spår,* Helsingfors, Söderström, 1966, p. 93.

43) 이외에 문자해독 능력도 중요한 변수였다. 자신의 이름을 쓸 줄 아는 것을 문자해독 능력의 기준으로 삼는다면, 1863-1878년 사이 스칸디나비아 선원의 약 69%, 잉글랜드 선원의 72%, 독일 선원의 86%가 문자해독 능력이 있었고, 1890년대로 가면 이 비율은 90% 이상이 된다. E. Sager, *Seafaring Labour: The Merchant Marine of Atlantic Canada, 1820-1914,* Kingston, McGill-Queen's University Press, 1989, pp. 157-161.

44) 'Eikö kirjettä?', *Merimiehen Ystävä,* 1882, no.11, p. 90. M-L. Hinkkanen, 'Expressions of longing, sources of anxiety? The significance of contacts with home for Finnish sailors in London and Hull in the late nineteenth century', in L. R. Fischer and W. Minchinton (eds) *People of the Northern Seas,* Research in Maritime History 3, St John's, Newfoundland, 1992, pp. 74-76.

45) Kragh, op. cit., pp. 55-60, 64. C. Norrvik, *Briggen Carl Gustaf 1875-1889: Under österbottniska segel i ångans tidevarv,* Helsingfors, Skrifter utgivna av Svenska Litteratursällskapet i Finland no. 498, 1981, pp. 73-78.

46) 서신자료 'Mathilda o. Alfred Mattsons brevsamling' (plac. VIII: 3)는 Mariehamn Sjöhistoriska museet 문서 보관소에 있음. 또한 Papp, op. cit., 1985, pp. 40-45 참조.

47) S. Wold, P. Dragsbo and N. Frederiksen, 'Fanødragtens fødsel: myter og virkelighed', *Hjemme på Fanø, Bygd,* 1991, no. 2, pp. 13-17(인용문). Kaijser, op. cit., p.39.

48) van der Veen, op. cit., p. 191. 네덜란드 북해 연해의 어선 승무원들이 라디오 통신을 통한 정보수신은 1930년대 이전까지는 불가능했다.

49) 이 수치는 농촌 지역의 과부 비율 18.1%와 대조를 이룬다(1801년 인구조사 기준). Christensen, op. cit., pp. 46-52. Kaijser, op. cit., p. 45.

50) 다음 문서 참조. Molaug, op. cit., pp. 74-75. N. Frederiksen, *Sønderho: En skipperby i Vadehavet,* Esbjerg, Fiskeri- og Søfartsmuseet, 1989, pp. 28-29.

51) Kragh, op. cit., p. 55.

52) Sørensen, op. cit., p. 28. Holm, op. cit., p. 220.

53) Holm, op. cit., pp. 164-166, 173-174.

54) Berggreen, op. cit., 1990, pp. 117, 122-123

55) Storå, op. cit., pp. 219-221. T. Tikkanen, 'Fiskarliv i Malax skärgård på 1900-talet', in B. Lönnqvist and I. Nordlund (eds) *Fiskare och fiskemiljöer: En etnologisk undersökning av fisket i Malax,* Borgå, Skrifter utgivna av Svenska Litteratur-sällskapet i Finland no. 462, 1974, pp. 142-143.

56) Eklund, op. cit., pp. 80-81. L-G. Tedebrand, *Strömming och demografi: Familj och hushåll i bottnisk kustbygd 1650-1950,* Umeå, Johan Nordlander-sällskapet & Kungl. Skytteanska Samfundet, 1995, pp. 49-50. S. Dyrvik, 'Fiske og fiskare i Norge 1700-1920', in Rogers, op. cit. pp. 90-98. 테드브랑*Tedebrand*은 베스터노를랜드 Västernorrland에서의 근대화의 시작을 1870년대로, 디빅*Dyrvik*은 노르웨이 어업의 근대화를 1870년에서부터 1920년까지로 각각 추정한다.

57) O. Löfgren, *Fångstmän i industrisamhället: En halländsk kustbygds omvandling 1800-1970,* Lund, Skrifter utgivna av Etnologiska Sällskapet i Lund, 1977, pp. 147-151. O. Löfgren, 'När strandsittarna blev havsfiskare: En studie av ekologisk anpassning och ekonomisk utveckling i en halländsk kustby', in *Varbergs museum årsbok* 1967, Varberg, 1967, pp. 71, 80 and 85. 하지만 통합의 속도는 다양했다. 예를 들어, 할란드 해안 지대 근처의 부유한 농민들은 이미 1870~1890년 동안에 시장경제로 통합되었지만, 반면 소농들은 여전히 자급자족 경제 속에 있었다. 핀란드 남서부의 군도에서, 자급자족 경제는 대략 1930년대까지 유지되었다. M. Nerdrum, 'Skärgårdskvinnor och skärgårdskunskaper', in *Etnografi på hemmaplan,* Rapport 8, Åbo Etnologiska institutionen vid Åbo Akademi, 1998, pp. 140-142.

58) Holm, op. cit., p. 220. 그러나 스웨덴의 서부 해안 등 여러 어촌에서 어부들이 1900년까지, 심지어 그 이후에도 자신들의 그물을 직접 만들었다.

59) 영국 스튜어디스에 관한 서술은 리버풀 대학의 박사논문 준비 중인 사리 마엔파*Sari Mäenpää*로부터 도움을 받았다: 'Catering peronnel on British passenger liners, 1860-1939.' B. Greenhill and A. Giffard, *Travelling by Sea in the Nineteenth Century: Interior Design in Victorian Passanger Ships*, 1972, pp. 37-38. H. Rudolph, op. cit., p. 132. H. Rudolph, 'Über Möglichkeiten, das frühe Aufkommen der weiblichen Dienstleistungs-Seefahrenden im Ostseeraum nachzuweisen', in J. Brockstedt (ed.) *Seefahrt an deutschen Küsten im Wandel 1815-1914*, Studien zur Wirtschafts- und Sozialgeschichte Schleswig-Holsteins 22, Neumünster, Karl Wachholtz Verlag, 1993, pp. 197-202. B. Kolltveit and J. G. Bjørklund, 'Norsk sjøfart i det 20. århundret', in Berggreen et al., op. cit., p. 266. J. Fingard, *Jack in port: Sailortowns of Eastern Canada*, Toronto, University of Toronto Press, 1982, pp. 48, 57-61. 또한 G. Sætra, *Himmel og hav: Shipping and Beyond*, Arendal, Arnt J. Mørland, 1991, pp. 231-237 and 322-325 참조.

60) Sundqvist, op. cit., 1988, pp. 493 and 505-510. S. Mäenpää, 'A woman at sea: women on the sailing ships of Gustaf Erikson 1913-1937', in *Nautica Fennica 1995*, Turku, Maritime Museum of Finland Annual Report, 1996, p. 29. I. Kaijser, 'Kockar och byssor', in A. Björklund (ed.) *Sjöhistoriska fotografier*, Borås, Föreningen Sveriges Sjöfartsmuseum i Stockholm, 1992, p. 44.

61) U-L. Lundberg, *Mitä sydän halajaa*, Jyväskylä, Gummerus Oy, 1995, p. 112.

62) A. Björklund and L. Zerrander, 'Inledning', in *Kockor: trissor och kabysser. Kvinnor till sjöss berättar*, Stockholm, Statens sjöhistoriska museum, 1977, pp. 1-4. 1915년 Socialstyrelsen의 *Sjömansyrket i Sverige*의 인용에 대해서는 Björklund, op. cit., p. 44 참조. 1911~1912년 사이, 여성들은 스웨덴 상선 전체 노동력의 약 13%를 차지했다.

63) Creighton, op. cit., 1991, pp. 151-155 그리고 160-162 참조. 갤리선 노동자에 관해 클라이튼은, 갤리선 관리자들을 향한 노동자들의 분노는 불충분한 식사로 인한 불만 때문에 야기되었을 수 있다고 주장한다.

64) J. Maxtone-Graham, Titanic Survivor : *The Memoirs of a Stewardess, Violet Jessop*, Stroud, Sutton, 1997, pp. 52-63.

65) 예를 들어, 노르웨이에서는 어부 중 약 2.7%(1995년 기준)와 노르웨이 선급에 등록된 상선 승무원의 약 10.3%(1997년 기준)가 여성이었다. *Fiskeristatistikk/Fishery Statistics 1994-1995* and *Sjøfart/ Maritime Statistics 1997 (Noregs offisielle statistikk)*, Oslo, Statistisk sentralbyrå, 1998, pp. 18 and 67. *Folkoch bostadsräkningen 1990, del 5: Förvärvsarbetande och yrke, Statistiska Centralbyrån*, Stockholm, 1992, p. 57; *Väestön taloudellinen toiminta ja asuinolot 1970-1990, SVT/ Väestö 1995:6*; Tilastokeskus, Helsinki 1995, p. 45. 참조.

66) J. Hackman, 'Bygdesjöfart i Nagu under 1800-talet', unpublished MA thesis at the Åbo Akademi, 1973에 대해서는 Johansson, op. cit. p. 49. Berggreen, op. cit., 1985, p. 9. 발트해 동해안 항구인 웰스Wells와 클레이Cley의 여성의 선박 소유에 관한 정보는 마이클 스탐머*Michael Stammers*로부터 도움을 받았다. 일반적으로 여성들

은 지분을 주로 아버지나 남편으로부터 상속받았다. 종종 선주의 미망인들이 남편의 사업을 성공적으로 이어가기도 했다. H. Henningsen, *Sømanden og kvinden: Et kapitel of sømandslivet i sejlskibstiden*, Handelsog Søfartsmuseet på Kronborg, Søhistoriske Skrifter XII, Høst & Søns Forlag, Copenhagen, 1981, p. 28. K. G:son Berg, *Redare i Roslagen: Segelfartygsrederier och deras verksamhet i gamla Vätö socken*, Nordiska museets Handlingar 100, Stockholm, Nordiska museet, 1984, p. 327.

67) R. Kipling, *A Source Book of Lifeboats*, London, Ward Lock, 1982, pp. 16-27.

68) Fokken, op. cit., pp. 27-28. Second Chance to Learn Group, *Women's Work on the Waterfront 1916-1987. Research by Liverpool Women's History — Women's Lives*, [cyclostyled, no date, no place], Archives of the Merseyside Maritime Museum. 스웨덴 및 핀란드 여성 부두 노동자에 대해서는 Habour: *The Development of a Harbour and the Work* in a Harbour. X International Baltic Seminar in Kotka, *10-13 August 1994*, Publication 22, Kotka, Provincial Museum of Kymenlaakso, 1996에 실린 A. Björklund, A. Oinonen and T. Bergholm 기고문들 참조. 해사 여성에 관한 지속적인 연구 동향은 Jo Stanley and National Maritime Museum, Greenwich, the newsletter of the *Women and the Sea Network* 참조.

69) 레나의 해상 경험은 Maenpää, op. cit., pp. 23-33. L. Lindén, *Flicka på skepp*, Helsingfors, Holger Schildts Förlag, 1966 참조.

70) K. Andersen, *Første rejse: Erindringer*, Ringkjøbing, Borgens forlag, 1964, p. 30. K. Andersen, *Første rejse: Erindringer*, Ringkjøbing, Borgens forlag, 1964, p. 30. A. Meriläinen, '"The soul of the sea is calm and serene today." Excerpts from the life of Helvi Juola of Hailuoto island', in S. Tuohimaa, N. Työlahti and A. Fyhn (eds) *On the Terms of Northern Women: Articles Written by Women Researchers in Finland, Norway, Russia, Samiland, and Sweden*, Oulu, Femina Borealis Publication and Northern Gender Studies Publication no. 1 [no date], p. 114.

▌12장

1) 이 인용문은 B. Bryson, *Notes from a Small Islands*, London, Black Swan (a division of Transworld Publishers Ltd), 1995, p. 240에서 발췌한 것이다. 판권을 보유한 출판사의 허락을 받아 인용하였음.

2) G. Jackson, *The History and Archaeology of Ports*, Stockbridge, World's Work, 1983, p. 152. 이하 서술에서 영국의 사례는 이 책의 151-167쪽을 참조하였다.

3) S. Wiborg and K. Wiborg, *1847-1997: The World is our Oyster-150 Years of Hapag- Lloyd*, Hamburg, Hapag-Lloyd AG, 1997, pp. 354-355.

4) Government Statistical Service, *Transport Statistics Report: Cross Channel Passenger and Freight Traffic, May 1994*, London, HMSO, 1994, p. 136, Table 5.8. 또한 A.

H. Flicerman, 'Change and continuity in the port of Rotterdam', in P. Holm and J. Edwards (eds), *North Sea Ports and Harbours: Adaptations to Change*, Second North Sea History Conference, Esbjerg 1991, Fiskeri -og Søfartsmuseet Studieserie no. 1, Esbjerg, 1992, pp. 201-223 참조.

5) Jackson, op. cit, p. 158.

6) A. Haaland, 'En nordsjøhavn i spenningsfeltet mellom lokal-, kyst- og utenrikstraf-fikk: Bergen havn 1900-1940', in *Sjøfartshistorisk årbok 1992*, Bergen, Bergens Sjøfartsmuseum, 1993, pp. 43-98.

7) M. Fagence, 'City waterfront redevelopment for leisure, recreation, and tourism: some common themes', in S. J. Craig-Smith and M. Fagence (eds), *Recreation and Tourism as a Catalyst for Urban Waterfront Redevelopment: An International Survey*, Westport, CT, Praeger, 1995, pp. 138-140 and 150-152.

8) Jackson, op. cit., p. 159. 잭슨의 비판은 특히 성 캐서린 도크 재개발에 집중되었다.

9) A. Breen and D. Rigby, *The New Waterfront: A Worldwide Urban Sucess Story*, London, Thames & Hudson, 1996, pp. 11-23.

10) D. Williams, 'History of ports and harbours: adaptations to change. Conference summary', in Holm and Edwards, op. cit., p. 234.

11) R. Henderson, *Crossing the Channel: A Review of Post-war Continental Ferry Services*, Peterborough, Silver Link, 1997, p. 29. 그리고 터널에 관해서는 pp. 110-117 참조.

12) 'Færgen er I havn', in *DSB magasinet Ud & Se. Storebælt 1997*, 1997, Maj pp. 34-38. H. Sørensen and H. M. Brix, *Før færgerne forsvinder: En fortælling i billeder og ord om Storebælt*, Virbog, Mediegruppen Tone [no date], p. 5. 참조.

13) W. Sansom, 'The girl on the bus', from *Passionate North* (1950), reprinted in *The Killing Bottle: Classic English Short Stories*, Oxford, Oxford University Press, 1988, p. 212 (인용문). N. Robins, *The Evolution of the British Ferry*, Kilgetty, Ferry [no date], pp. 12-18.

14) Henderson, op. cit., p. 11, 그리고 디킨스의 *The Uncommercial Traveller* 인용은 p. 18 참조. 또한 A. Greenway, *A Century of North Sea Passenger Steamer*, London, Ian Allan, 1986; P. Korse 'Dampskibsfarten på Øresund', and K. Pederson, 'Landets flotteste Jernbanegaard', in K. Pederson (ed.), *Den sejlende Bro. HH-overfarten 1892-1992*, Helsingør, DSB/HH-overfarten, 1992, pp. 21-36 참조.

15) C. Krantz, *Vägen över Kattegatt, Rederiaktiebolaget, Göteborg-Frederikshavn-linjen*, Göteborg, 1960, p. 70. V. Møller Lassen, *Fra naturhavn til Nordens færgehavn. Historien om Frederikshavns havn*, Frederikshavn, Dafolo Forlag, 1989, pp. 114-115. M, Bent, *Coastal Express: The Ferry to the Top of the World*, London, Conway Maritime Press, 1987.

16) 영국해협 운송에서, 자동차 운송의 선구자는 스튜어트 G. 타운센드*Stuart G. Townsend*인데, 그는 1920년대 후반에 카페리를 처음 운항하였다.

17) J. Granfelt, *Tax-free -myyntimahdollisuuden mahdollisen poistumisen taloudelliset vaikutukset suomalaisen matkustaja-alustoiminnan toiminta- Ja kannattavuusedellytyksiin,* Helsinki, Liiketaloustieteellisen tutkimuslaitoksen sarja B 126/ Helsinki Research Institute for Business Administration, 1996, pp. 4-5.

18) U-L. Lundberg, *Mitä sydän halajaa, Jyväskylä,* Gummerus Kirjapaino Oy, 1995, pp. 87-88. Wiborg and Wiborg, op. cit., p. 179, 또한 W. Scammell, 'Snapper on board', in *Granta 61: The Sea,* spring, 1998, pp. 164-168 참조.

19) 이와 관련하여, 1999년 7월 유럽연합 내에서 면세 쇼핑의 종식을 가져온 유럽연합의 간접세 통일화 지침은 초국적 페리 운항에 난제를 유발하였다. 올란드 섬들은 이런 지침 적용이 되지 않은 지역으로 잔존하였으며, 발트 지역에서 현재 비-유럽연합 지역으로의 항로는 즉각적으로 영향을 받지 않았지만, 많은 다른 항로에서의 초국적 페리 운송은 심각한 타격을 받게 될 것이다. 예를 들어 보스니아 만에서 운항하는 페리 운송을 2001년 8월까지 유지하기 위해서 국가적, 지방적 차원의 거액의 보조금이 필요하였다.

20) E. Tudeer, *Det åländska folkets historia V: 1, 1920-1990,* Ekenäs, Ålands kulturstiftelse, 1993, pp. 186-187 and 250.

21) Lundberg, op. cit., pp. 269-272.

22) E. Pedersen, *Bornholmske strandinger: Strandinger ved Bornholms og Christiansøs kyster 1830-1986, Bind I 1830-1919, Bind II 1920-1986,* Rønne, Bornholmerens forlag, 1987 and 1988. 풍수해에 관해서는 *Bygd (Stilhed før strømmflod),* 1976, vol. 7, and *Bygd (Stormfloden 24. november, 1981),* 1982, vol. 13 참조.

23) M. Lauristin, 'Introduction', in M. Lauristan and P. Vihalemm (eds.), '*Estonia: The Disaster in Estonia Media,* Stockholm, Styrelsen för psykologiskt försvar, 1996, p. 9. 소련군 점령을 피해 발트해를 횡단한 에스토니아 피난민들이 이용한 선박은 대부분 작은 어선이었고, 피난 와중에 사망한 사람의 정확한 숫자는 알 수 없다. P. Puide, 'Põgenemine Roosti/Flykten till Sverige', in A-M. Dahlberg and T. Tamla (eds.), *Eesti ja Rootsi: Estland och Sverige,* Tallinn, Huma/Eesti Ajaloomuuseum [no date], pp. 141-142. L. Meri, the President of the Republic of Estonia, 'Speech at the Memorial Service for the Ship "Estonia"', Stockholm, 2 October 1994: http://www.president.ee/ststemen/SO21094.htm, 6 November 1998. 국민적 트라우마에 관해서, 우리는 1980년에 노르웨이의 시추선(accommodation platform) '알렉산더 L. 키엘란*Alexander L. Kielland*' 호가 북해의 에코피스크Ecofisk 유전에서 전복되어 123명이 사망한 사실을 기억해야 한다. Marriot, *Disaster at sea,* London, Ian Allan, 1987, pp. 123-128; S. Crainer, *Zeebrugge: Learning from disaster. Lessons in Corporate Respon-sibility,* London, Herald Charitable Trust, 1993, pp. 10-16 참조.

24) H. Salmi, 'Suru meni mutta pelko jäi', *Helsingin Sanomat,* 6 December 1997.

25) F. Martensen-Larsen, *Ulykken på havet den 21. November 1893,* Thisted, Sparekassen Thy i Thisted, 1973, pp. 48-49.

26) 고야의 전시 참화는 북해에서 일어난 그와 같은 대참사의 유일한 사례는 아니었다. '캡 아르코나*Cap Arcona*', '빌헬름 구스틀로프*Wilhelm Gustloff*', '슈토이벤

Steuben' 같은 독일 선박들은 모두 1945년 침몰하였으며, 수천 명이 목숨을 잃었다. D. williams, *Wartime Disasters at Sea: Every Passanger Ship Loss in World War I and II*, Sparkford, Patrick Stephens, 1997, pp. 227-236, Appendix 2A. H. Schön, *Ostsee '45: Menschen-Schiffe-Schicksale*, Sttuttgart, Motorbuch Verlag, 1984, p. 689. 또한 C. Dobson, J. Miller and R. Payne, *The Cruellest Night: Germany's Dunkirk and the Sinking of the Wilhelm Gustloff*, London, Hodder & Stoughton, 1979 참조.

27) G. Lindstedt, *Scandinavian Star: den sista resan*, Falun, Alfabeta Bokförlag, 1991, p. 142.

28) J. Conrad, *The Mirror of the Sea and A Personal Record*, World's Classics, Oxford, Oxford University Press, 1988, p. 141.

29) '에스토니아' 호 참사 직후, 여객 수치가 급격하게 떨어졌다. 이런 소위 '에스토니아 효과'는 특히 원양 노선에서 강하게 나타났는데, 이 노선이 정상적인 여객 수치를 회복하는데 2년이 걸렸다. 바다에서의 안전에 관한 규제에 관해서, 에스토니아 참사 이후 국제해상인명안전조약(SOLAS)의 가장 중요한 개정은 기존의 로로 여객선과 함수문의 손상 복원성에 관한 허가조건 강화였다. 더욱이 발트해와 북해의 8개국 사이에 체결된 1996년 스톡홀름 협정은 국제해상인명안전조약보다 훨씬 엄중한 선박 안전 관련 요구조건을 포함하였다. The Joint Accident Investigation Commission of Estonia, Finland and Sweden, *Final Reports on the Capsizing on 28 September 1994 in the Baltic Sea of the Ro-Ro Passanger Vessel MV Estonia*, Helsinki, Edita, 1997, pp. 137-141, 219-220. International Maritime Organization, 'IMO and ro-ro safety', January 1997 http://www.imo.org/imo/focus/ascii/roro.txt, 26 October 1998.

30) T. McGowran, *Newhaven-on-Forth: Port of Grace*, Edinburgh, John Donald, 1985, p. 50. I. Sutherland, *From Herring to Seine Net Fishing on the East Coast of Scotland*, Wick, Camps Bookshop [no date], pp. 53-56. R. Robinson, *Trawling: The Rise and Fall of the British Trawl Fishery*, Exeter, University of Exeter Press, 1996, p. 80.

31) J. Brockstedt, 'Seefahrende an deutschen Küsten im Zeitalter der Industrialisierung (1815-1914)', in J. Brockstedt (ed.), *Seefahrt an deutschen Küsten im Wandel 1815-1914*, Studien zur Wirtschafts-und Sozialgeschichte Schleswig-Holsteins, 22, Neumünster, Karl Wachholtz Verlag, 1993, pp. 23-24. C. O. Cederlund, 'Från sjöfartsstad till hamnstad', in A. Björklund and D. Papp, *Sjöfartsyrken i hamnstaden Gävle*, Rapport 4, Stockholm, Stockholms Sjöhistoriska museet, 1973, pp. 12-14. 또한 Y. Kaukiainen, *A History of Finnish Shipping*, London, Routledge, 1993, pp. 125-127 참조.

32) M. Mollat du Jourdin, *Europe and Sea*, Oxford, Basil Blackwell, 1993, pp. 233-234. R Hope, *A New History of British Shipping*, London, John Murray, 1990, p. 485.

33) N. Kinnock, 'Is the European Union Seafarer an endangered spaces?', A Speech to the Dublin Maritime Conference, 17, December 1996, http://europa.eu.int/en/comm/

dg07/speech/sp96336.htm, 20 October 1998. UNCTAD secretariat, *Review of Maritime Transport 1997*, New York and Geneva, United Nations, 1997, pp. 27-32. (등록 국가와 대비되는) 주거 국가는 선대의 이익이 관리되는 모회사가 위치한 곳을 의미한다.

34) L. R. Fisher, 'The efficiency of maritime labour markets in the age of sail: the post-1850 Norwegian experience', in L. R. Fisher (ed.), *The Market for Seamen in the Age of Sail*, Research in Maritime History 7, St John's, Newfoundland, 1994, p. 113. 조선에 관해서는 S. Ville (ed.), *Shipbuilding in the United Kingdom in the Nineteenth century: A Regional Approach*, Research in Maritime History no. 4, St John's, Newfoundland, 1993. *World Merchant Fleet: OECD Shipping and Shipbuilding*, Shipping Statistics and Market Review no. 1/2, Bremen, Institute of Shipping Economics and Logistics, 1997. *AWES Annual Report 1997-1998* [no date], Association of European Shipbuilders and Shiprepairers, pp. 51-64, 89-95 참조.

35) S. S. Andersen, *The Struggle over North Sea Oil and Gas: Government Strategies in Demark, Britain and Norway*, Oslo, Scandinavian University Press, 1993, p. 144.

36) I. R. Napier/North Atlantic Fisheries College, 'The fisheries industry's place in Shetland's economy', http://www.nafc.ac.uk/heritage/economy.htm and 'The aquaculture revolution', http://www.nafc.ac.uk/heritage/aqua_rev.htm, 29 October 1988; *Statistisk Årbok för Sverige 1998/ Statistical Yearbook of Sweden 1998*, Stockholm, Statistikca centralbyrån/Statistics Sweden, 1998, Table 108, p. 97. 또한 Global Resource Information Database in Arendal, 'State of the Environment Norway-fish resources', http://www.grida.no/soeno98/fishery.htm, 19 October 1998; T. Solhaug, *De norske fiskeriers historie 1815-1880*, Bergen, Universitetsforlaget, 1976, pp. 670-672 참조.

37) D. Penman, 'Fishermen braced for the deepest of cuts', *The Independent*, 18 December 1995.

38) 청어 포획은 1982년 북해의 남부 일대와 1983년 북해의 북부 일대에서만 허용되었다. FAO Fisheries Department, 'Review of the state of world fishery resources: marine fisheries, 2. Northeast Atlantic', Rome 1997, p. 5, http://www.fao.org/waicent/faoinfo/fishery/publ/circular/c920/area27t.htm, 19 October 1998.

39) 발트해로의 북해 바닷물의 대량유입은 1970, 1974, 1976, 1979년에 있었고, 그 뒤에 긴 정체기를 거친 이후 1993년 다시 발생했다. Helsinki Commission, *Third Periodic Assessment of the State of the Marine Environment of the Baltic Sea, 1989-1993: Executive Summary,* Baltic Sea environment proceedings no. 64 A, Helsinki, Helsinki Commission/Baltic Marine Environment Protection Commission, 1996, p. 24.

40) FAO Sofia, *State of the World's Fisheries and Aquaculture*, Rome, 1996, pp. 69-70. FAO Fisheries Department, op. cit., pp. 8-9. 하지만 FAO는 일부 어종과 관련해서 남획뿐만 아니라 환경적 요인들이 중요한 영향을 미친다고 결론 내렸다.

41) S. Tougaard, 'Sild er godt', in *Det daglige brød*, Copenhagen, Nationalmuseet, 1976, pp. 119-125. 또한 K. Monrad Hansen, *Fishing and the Environment. Conflict or Harmony?*, Esbjerg, Nordic Fishermen's Environmental Secretariat, 1997, pp. 7-8 참조.

42) P. Holm, 'The global fish market: internationalization and globalization, 1880-1997', in D. J. Starkey and G. Harlaftis (eds), *Global Markets: The Internationalization of the Sea Transport industries since 1850*, Research in Maritime History no. 14, St John's, Newfoundland, 1998, pp. 239-258. FAO Fisheries Department, op. cit., pp. 8-9. FAO Sofia, op. cit., p. 65. European Commission Department in charge of Fisheries (DG 14/EXPO98), 'The Common Fisheries Policy-Factsheets', http://europa. eu.int/comm/dg14/expo98/en/lev2_comfishpolicy.html, 20 October 1998.

43) T. Radford, 'Beneath the ocean bed lies enough frozen fuel to power the planet for centuries', *Guardian*, 8 September 1998. 하지만 대부분의 매장지는 텍토닉 플레이트(판상板狀을 이루어 움직이고 있는 지각의 표층)가 만나는 곳에 존재하는 것으로 보이며, 일본이나 인도네시아의 경우처럼 북쪽 바다들의 외곽에 존재하는 것으로 보인다.

44) J. Hagland, 'The oil adventure in North Sea seen from Norway', in A. Bang-Anderson, B. Greenhill and E. Grude (eds), *The North Sea: A Highway of Economic and Cultural Exchange. Character-History*, Oslo, Norwegian University Press, 1985, p. 269. 가스 생산은 1960년대에 시작되었고 석유 채굴은 1970년대 초 이후 시작되었다.

45) C. Harvie, *Fool's Gold: The Story of North Sea Oil*, London, Hamish Hamilton, 1994, pp. 4, 363. Andersen, op. cit., p. 144(인용문). C. Harvie and S. Maxwell. 'Scottish nationalism and North Sea oil', in T. C. Smout (ed.), *Scotland and the Sea*, Edinburgh, John Donald, 1992, pp. 231-232. M. Hahn-Pedersen, *A. P. Møller og den danske olie*, Copenhagen, Schultz Information, 1997, p. 280. 또한 Morten Hahn-Pedersen과의 대담에서 석유역사에 대해 많은 도움을 받았다.

46) *Northen Europe's Seas-Northern Europe's Environment: Report to the Nordic Council's International Conference on the Pollution of the Seas, 16-18 October 1989*, pp. 132-134. Northen Sea Task Force (Oslo and Paris Commissions, International Council for the Exploration of the Sea), *North Sea Quality Status Report 1993*, Fredensborg, Olsen & Olsen, 1993, pp. 110-111.

47) Dr J. Wills, 'Clean-up comparisons: the Exxon Valdez and the Braer', *Shetland News & Magazine* 1995, http://www.shetland-news.co.uk/greenroom/lessons.htlm, 29 October 1998.

48) Helsinki Commission, *Third Periodic Assessment of the State of the Marine Environment of the Baltic Sea, 1989-1993; Background Document*, Baltic Environment Proceedings no. 64 B, Helsinki, Helsinki Commission/Baltic Marine Environment Protection Commission, 1996, pp. 139-144.

49) I. Vuorinen, *Itämeren ympäristön tila*, Turku, Turun yliopiston täydennyskoulu-tuskeskus, 1994, pp. 26-29 and 105. 오염물질과 관련해서, 준설의 영향은 또한 주요 원천이 된다. North Sea Task Force, op. cit., pp. 101-104 and 109. *Northen Europe's Sea*, pp. 121-130.

50) 바다표범과 바닷새의 원인을 알 수 없는 대량 죽음은 환경 스트레스의 또 다른 징후이다. 1988년 약 1만 5천 마리의 바다표범이 북해와 스카게라크 해역에서

수 주간에 걸쳐 죽었다. 홍역 균에 감염되어 대량으로 사망하였는데, 많은 학자들은 바다표범이 오염된 환경에 오랫동안 노출되어 면역력이 약화되었을 것이라고 진단하였다. *Northen Europe's Seas*, p. 136. Vuorinen, op, cit., p. 40.

51) P. Lapintie, 'Saaristomerellä ennätysmäärä sinilevää', Helsingin Sanomat, 11 Setember 1998. Helsinki Commission, op. cit. (Executive Summary) p. 10. 1997년 남조류의 표면축적은 전체 발트해에서 지금까지 조사된 것 중에서 가장 광범하면서 오래 지속되었다.

52) 상트페테르부르크 지자체 폐수처리 시스템을 보면, 2005년까지 모든 하수의 정화계획이 진행 중이며, 특히 유럽부흥개발은행(EBRD)으로부터 차관과 같은 대규모 혁신 프로그램의 지원을 받아 폐수처리 시스템이 2015년까지 운영될 예정이다. 에스토니아 해안을 따라, 몇몇 소규모의 오물 정화시스템의 유익한 효과는 1990년대 말에 이미 입증되었다.

53) J. Sundström and L. Ånger, 'Svensk hjälp till renare vatten', *Sveriges Natur: Tema Östersjön*, 1996, no. 3, pp. 22-23.

54) I. Haahtela, 'Turhautuva Itämeren-tutkija', *Luonnon Tutkija*, 1998, vol. 102(3), Suomen Biologian Seura Vanamo, p. 87. 또한 Vuorinen, op. cit., pp. 10-12 참조.

55) 영국 하천에서 나오는 오폐수 유입은 마찬가지로 심각하며, 잉글랜드의 남동부 해안 영역은 명백히 영향을 받고 있다. 그러나 전반적으로 볼 때 이러한 폐수들이 대륙에서의 강과 해안의 사례에서와 같은 수준으로 영국 해안을 오염시키진 않는다.

56) *Quality Status Report of the North Sea, subregion 10: The Wadden Sea*, Wilhelm-shaven, Common Wadden Sea Secretariat, 1993, pp. 87-97, 125-129, 147-156. 또한 H. Veenstra, 'Tidevandslandskabets struktur og dynamik' 그리고 *Vadehavet-et dansk-tysk-hollandsk natuområde*, Bygd's Wetland series, Esbjerg, 1976에 수록된 다수 논문 참조.

57) Helsinki Commission, op. cit, (Executive Summary), pp. 16-17, 22. Helsinki Commission Environment Committee, Ninth Meeting, Isle of Vilm, Germany, *The State of the Baltic Marine Environment*, EC 9/98. North Sea Task Force, op. cit., pp. 75-76, 105-108 and 113-117.

58) Vuorinen, op. cit., p. 116. G. Svenson, 'Räddningsplan för Östersjöns miljö', in *Östersjön-ett hav i förändring*, Naturvetenskapliga forsningsrådets årbok 1992, Uddevalla, Naturvetenskapliga forskningsrådet, 1992, pp. 125-130.

59) *Northern Europe's Seas*, pp. 239-240.

60) P. Haavisto, 'Itämeri tarvitsee pelastusohjelman', *Helsingin Sanomat*, 8 August 1997.

61) *Progress Report, 4th International Conference on the Protection of the North Sea, Esbjerg, Denmark, 8-9 June 1995*, Copenhagen, Ministry of the Environment and Energy, Danish Environmental Protection Agency, 1995, pp. 16, 152-154. Helsinki Commission, op. cit. (Background Document), pp. 197-202.

62) I. Tuormaa, *Savon Sanomat*, 3 July 1997.

63) Helsinki Commission, op. cit., p. 1(원 인용문은 발트해에만 국한된 것이다). *Northern Europe's Seas,* pp. 11 and 240.

64) Helsinki Commission Environment Committee, op. cit. (Executive Summary), p. 27. Helsinki Commission, *Red List of Marine and Coastal Biotopes and Biotope Complex of the Baltic Sea, Belt Sea and Kattegat,* Baltic Sea Environment Proceedings no. 75 Helsinki, Baltic Marine Environment Protection Commission, 1998. '위태롭거나' '회복 불능 정도로 위태로운' 상태의 백분비는 각각 68.4%와 15%로 평가되었다.

65) A. Lappalainen and J. Pönni, *Suomenlahti kalastajan silmin. Tutkimus Suomenlahden likaantumisesta ja vapaa-ajankalastuksesta,* Kalatutkimuksia 107, Helsinki, Riista- ja kalatalouden tutkimuslaitos, 1996.

66) H. Popham and R. Popham (eds), *Thirst for the Sea: The Sailing Adventures of Erskine Childers,* London, Stanford Maritime, 1979, p. 116.

67) A. Brontë, *Agnes Grey,* Bungay, Suffolk, Penguin, 1988(초판 1847), pp. 240-241. M. A. Hiltzik, 'Old man and the sea: how the Soviet Union virtually ruined Estonia's marine tradition', http://www.balticsww.com/library/oldman.html, 11 March 1998. S. Festing, *Fisherman: A Community Living from the Sea,* Newton Abbot, David & Charles, 1997, pp. 67-68. R. Thoren, 'Skärgården globalt enastående', *Sveriges Natur,* pp. 16-18.

68) B. Jacobsen, *A girl before the mast,* New York, Charles Scribner's Sons, 1934, p. 236.

■ 사료 (연대기 등)

Catteau-Calleville, J., *Tableau de la mer baltique*, 2 vols, Paris, 1812.

Coopland, G., 'A glimpse of late fourteenth-century ships and seamen from *Le Songe du Vieil Pélerin* of Philippe de Mezières (1327-1405)', *Mariner's Mirror*, 1962, vol. 48, pp. 186-92.

Davenant, C., *An Account of the Trade between Great Britain, France, Holland, Spain, Portugal, Italy, Africa, Newfoundland, etc., with the Importations and Exportations of All Commodities*, London, 1712.

Defoe, Daniel, *The Storm*, in *De Foe's Works*, vol. V, Bohn's Standard Library, London, George Bell & Sons, 1905.

Forsten, G. V. (ed.) *Akty i pis'ma k istorii baltiiskago voprosa v XVI i XVII stoletiakh*, 21, 31, 2 vols, St Petersburg, Zapiski istoriko-filologicheskago fakulteta Imp. S. P. Universiteta, 1889, 1893.

Fruin, R. (ed.) *Informacie op het staet van Holland in 1514*, Leiden, Sijthoff, 1866.

Groenveld, S. and Vermaere, J. (eds) 'Zeeland en Holland in 1569: een rapport voor de hertog van Alva', *Nederlandse Historische Bronnen*, 1980, vol. 11, pp. 103-74.

Hjorth, J., *Beskrivelse over Östersöen og Finskebugten*, Copenhagen, 1840.

Koppmann, K. (ed.) *Das Seebuch*, vol. 1, Bremen, Hansische Geschichtsquellen, 1876.

Larson, L. M. (ed.) *The King's Mirror (Speculum regale: Konungs skuggsjá)*, New York and London, 1917.

Månsson, J., *Een Siö-bok sam innehåller om siöfarten i Östetsiön*, Stockholm, 1644, reprinted with an introduction by Herman Richter, Lund, 1925-8.

Oppenheim, M. (ed.) *The Naval Tracts of Sir William Monson*, vols 22, 23, 43, 45, 47, London, Navy Records Society, 1902-14.

Roseveare, H. (ed.) *Markets and Merchants in the Late Seventeenth Century: The Marescoe-David Papers, 1668-1680*, Oxford, British Academy and Oxford University Press, 1987.

Schäfer, D., *Das Buch des Lübeckischen Vogts auf Schonen*, vol. 4, Halle, Hansische Geschichtsquellen, 1887.

Schultes, H., *A Dissertation on the Public Fisheries of Great Britain*, London, 1813.

Schultze, S., *Den swenske fiskeren*, Stockholm, 1778.

Smit, W. J. (ed.) *Bronnen tot de geschiedenis van den handel met Engeland, Schotland en Ierland*, 65, 2 vols, Den Haag, Rijks-Geschiedkundige, 1928.

Twiss, T. (ed.) *Black Book of the Admiralty*, vol. 3, London, Longman, 1874.

■ 여행기, 소설, 시

Bladh, J., 'Anteckningar under en resa till Tyskland, Nederländerna och Paris åren 1799-1800', *Skrifter utgifna av Svenska Litteratursällskapet i Finland*, 1888, vol. 10, pp. 1-74.

Blicher, St. St., *Vestlig Profil af den cimbriske Halvøe*, vol. 23, Copenhagen, 1844, in *Steen Steensen Blichers Samlede Skrifter* (edited by Jeppe Aakjær and Helge Topsøe-Jensen), Copenhagen, 1929.

Bürkner , R., *Wanderungen durch das Samland*, Königsberg, 1844.

Camden, W., *Britannia* (reissued edition), Newton Abbot, David & Charles, 1972.

Cornelius, W., *Nordsee und Ostsee*, Leipzig, Georg Wigands Verlag, 1847.

Etzel, A., von *Die Ostsee und ihre Küstenländer*, Leipzig, 1859.

Heine, H., *Sämtliche Werke: Düsseldorfer Aufgabe*, vol. 6., 'L'île de Nordeney', pp. 283-306, Hamburg, Hoffmann & Campe, 1973.

Holmberg, A. E., *Bohusläns historic och beskrifning*, Stockholm, 1845 (revised edition, 1867).

Jüpner , H. (ed.) *Karl Nernst's Wanderungen durch Rügen*, Peenemünde, Axel Dietrich, 1994.

Kohl, J. G., *Die Marschen und Inseln der Herzogthümer Schleswig und Holstein*, 3 vols, Dresden and Leipzig, 1846.

—— *Resor i Danmark jemte en utflygt, til Södra Sverige*, 2 vols, Stockholm, 1947.

Kosegarten, L. T., *Poesieen*, 3 vols, Leipzig, 1798-1802.

Lund, N. (ed.) *Two Voyagers at the Court of King Alfred*, York, Michael Sessions,

1984.

——— 'Henrik Normans resa till Erik XIV's kröning 1561', *Hisiorisk Tidskrift,* 1885, vol. 5, pp. 259-96.

Nashe, T., *The Unfortunate Traveller, and Other Works,* edited and introduced by J. Steane, Harmondsworth, Penguin, 1972.

Reuter, E. 0., *Flickan på Inderskär,* Åbo, 1848.

Scheurkeer, D. (ed.) *Onze mannen ter zee in dicht en beeld,* 3 vols, 's Gravenhage, Martinus Nijhoff, 1914.

Smidt, H., *Seegemälde,* Leipzig, 1828.

——— *Seegeschichten und Marinebilder,* 2 vols, Berlin, 1855.

Topelius, Z., *Matkustus Suomessa,* reprint of 1873 edition, edited by Aarne Krohn, Espoo, Littera, 1984.

Wallin, J., *Beskrifning öfver badorterna å Sverges vestra kust,* Göteborg, 1858, reproduction edition, Bielefeld, 1970.

Zöllner, J. F., *Reise durch Pommern nach der Insel Rügen und einem Theile des Herzogthum Mecklenburg im Jahre 1795,* Berlin, 1797.

■ 바다 회고록

Andersen, K., *Første rejse: Erindringer,* Ringkjøbing, Borgens forlag, 1964.

——— *Matros: Erindringer,* Ringkjøbing, Borgens forlag, 1965.

Benham, H., *The Codbangers,* Colchester, Essex County Newspapers, 1979.

Bisset, J. (in collaboration with P. R. Stephensen), *Sail Ho! My Early Years at Sea,* Sydney, Angus & Robertson, 1958.

Blomqvist, A., *1 stormens spår,* Helsingfors, Söderström, 1966.

Blundell, P., *The Confessions of a Seaman,* London, J. W. Arrowsmith, 1924.

Brooks, L. and Ducé, R. H. (eds) *Seafarers, Ships and Cargoes, First-Hand Accounts of Voyages by Ships of the Mercantile Marine Written by Members of the Ships' Crews,* London, University of London Press, 1951.

Cogill, B., *When God was an Atheist Sailor: Memories of a Childhood at Sea, 1902-1910,* New York, Norton, 1990.

Conrad, J., *The Mirror of the Sea and A Personal Record,* World's Classics, Oxford, Oxford University Press, 1988.

de Mierre, H. C., *The Long Voyage,* London, Harold Starke, 1963.

Ditlev-Simonsen, 0., *En Sjøgutt ser tilbake,* Oslo, J. W. Cappelens Forlag, no date.

Ekblom, K. A., 'Sjömannens memoarer', in *Sjöhistorisk årsskrift för Åland 1997-98:* 10, Mariehamn, Ålands Nautical Club & Stiftelsen Ålands Sjöfartsmuseum , 1988.

Engström, H., *På Östersjön och oceanerna: Minnen från 10 år i segelfartyg,* Stockholm, LiberFörlag, 1979.

Eriksson, P., *Hertiginnas sista resa,* Stockholm, Söderström, 1960.

Fokken, J., *Aus der letzten grossen Zeit der Segelschiffahrt: Ein ostfriesischer Kapitän auf Bremer und Hamburger Segelschiffen erzählt;* Bremen, Verlag H. M. Hauschild, 1988.

Forsell, K., *Äventyr till sjöss,* Stockholm, Folket i Bilds förlag, 1952.

Gullichsen, L., *Sjömansminnen,* Borgå, Schildts, 1975.

Hartmark, A. and Onarheim, O., 'Et sjømannsliv i en viktig epoke', in *Norsk Sjøfartsmuseum årsberetning 1987,* Oslo, 1988.

Holm-Petersen, F. (ed.) 'En sømands beretning', in *Årbog 1982 for Svendborg & Omegns Museum,* Svendborg, 1983.

Illum, P., *Skipper Peter Illums dagbog 1804-1893,* Faaborg, Faaborg Byhistoriske Arkiv, 1992.

Jacobsen, B., *A Girl Before the Mast,* New York, Charles Scribner's Sons, 1934.

Karlsson, E., *Mother Sea,* Oxford, Oxford University Press, 1964.

Kusk Jensen, J., 'En sømands oplevelser i fred og krig', *Maritim Kontakt XVII,* Copenhagen, 1995.

Lindén, L., *Flicka på skepp,* Helsingfors, Holger Schildts Förlag, 1966.

Lubbock, B. (ed.) *Barlow's Journal,* 2 vols, London, 1934.

Nylander, J. W., *Sjöfolk: Minnen och berättelser,* Helsingfors, Eget förlag, 1901.

Peterson, M., *Matilda Petersons resejournal, 1872-1874, 1881,* Publication 24, Jakobstad, Jakobstads Museums, 1991.

Piper, S., *The North Ships: The Life of a Trawlerman,* Newton Abbot, David & Charles, 1974.

Rasch, S. N., *En dansk bondeskippers historie: Fra englandskrigens og skudehandelens tid. Søren N. Raschs optegnelser ved H. K. Kristensen,* Ribe, Historisk samfund for Ribe amt, 1977.

Rosenberger, E., *Auf grosser Fahrt: Tagebuchblätter einer Kapitänsfrau aus der grossen Zeit der Segelschiffahrt,* Minden i. W., Wilhelm Köhler, 1929.

Runciman, W., *Collier Brigs and their Sailors,* London, T. Fisher Unwin, 1926.

Schumburg, A., *Från hav och land,* Stockholm, Förlags A. -B. Hansa, 1945.

Søens folk 6: Seilskibskaptajn. Beretninger fra århundredskiftet, Copenhagen, Nationalmuseet and Christian Ejlers' Forlag, 1987.

Sørensen, C. (with A. Hjorth Rasmussen), *Langli-dreng bliver fisker: Claus Sørensens erindringer I 1888-1910*, Esbjerg, 1973.

Stenfelt, G., *Skepparlif på en lastångare*, Malmö, Förlags-Aktiebolagets boktryckeri, 1903.

Tolleson, H., *Skutminnen, Sterner Johannesson berättar*, Borås, Bokförlaget Briggen, 1996.

Wood, W., *North Sea Fishers and Fighters*, London, Kegan Paul, Trench, Trübner, 1911.

Ytterdal, I. (ed.) *En hundreåring ser tilbake: Lars Ingvald Johnsens livshistorie fra et kystsamfunn i Aust-Agder*, Oslo, Norsk Folkeminnelags skifter no. 135, Norsk Folkeminnelag/Lokalhistorisk Forlag, 1991.

■ 저서와 논문

Albion, R. G., *Forests and Sea Power. The Timber Problems of the Royal Navy, 1652-1862*, Cambridge MA, Harvard University Press, 1926

Andersen, S. S., *The Struggle over North Sea Oil and Gas: Government Strategies in Denmark, Britain and Norway*, Oslo, Scandinavian University Press, 1993.

Andrews, K. R., 'The Elizabethan seaman', *Mariner's Mirror*, 1982, vol. 68, pp. 245-62.

Arens, I., 'Seefahrts- und Handelsverbindungen zwischen Baltikum und Skandinavischen Norden in der Zeit der zweiten Hälfte des 17. Jahrhunderts', *Journal of Baltic Studies*, 1980, vol. 11, pp. 142-9.

Asaert, G. et. al., *Maritieme geschiedenis der Nederlanden*, 4 vols, Bussum, Unieboek, 1976-8.

Attman, A., *The Struggle for Baltic Markets: Powers in Conflict 1558-1618*, Göteborg, Acta Regiae Societatis Scientiarum et Litterarum Gothoburgensis, Humaniora 14, 1979.

Auden, W. H., *The Enchafed Flood, or the Romantic Iconography of the Sea*, Charlottesville, VA, University Press of Virginia, 1950.

Baetens, R., 'The organization and effects of Flemish privateering in the seventeenth century', *Acta Historiae Neerlandica*, 1976, vol. 9, pp. 48-75.

Bakka Jr, D., *Hav som levevei: Skip og slekt gjennom 300 år. Eidbo-Staubo-Oslo*, Bergen, Seagull, 1992.

Bang-Andersen, A., Greenhill, B. and Grude, E. H. (eds) *The North Sea: A Highway of Economic and Cultural Exchange. Character - History*, Oslo, Norwegian University Press, 1985.

Bass, G. F. (ed.) *A History of Seafaring Based on Underwater Archeology*, London, Thames & Hudson, 1972.

Berggreen, B., *Idealmønstre og realmønstre: Kryssing av kjønsrollegrenser i norsk bondekultur ca. 1850-1920* (revised version), Oslo, Athen, 1990.

Berggreen, B., Christensen, A. E. and Kolltveit, B. (eds) *Norsk sjøfart,* 2, Oslo, Dreyer, 1989.

Bergman, U., *Från bondelots till yrkesman,* Lund, Bibliotheca historica Lundensis 85, 1995.

Bjork, D., 'Piracy in the Baltic', *Speculum,* 1943, vol. 18, pp. 39-68.

Björck, S., 'A review of the history of the Baltic Sea, 13.0-8.0 ka BP', *Quaternary International,* 1995, vol. 27, pp. 19-40.

Björklund, A. and Papp, D., *Sjöfartsyrken i hamnstaden Gävle,* Rapport 4, Stockholm, Stockholms Sjöhistoriska museet, 1973.

Bogucka, M., 'The role of Baltic trade in European development from the XVIth to the XVIIIth century', *Journal of European Economic History,* 1980, vol. 9(1), pp. 5-20.

Bolin, S., 'Mohammed, Charlemagne and Ruric', *Scandinavian Economic History Review,* 1953, vol. 1, pp. 5-39.

Borger, G. J., 'Vorming en verandering van het Hollandsche landschap', *Holland,* 1978, vol. 10, pp. 86-100.

Brandt, A. von et al., *Die deutsche Hanse als Mittler zwischen Ost und West,* Wissenschaftliche Abhandlungen der Arbeitsgemeinschaft für Forschung des Landes Nordrhein-Westfalen 27, Cologne-Opladen, 1963.

Brockstedt, J. (ed.) *Seefahrt an deutschen Küsten im Wandel 1815-1914,* Studien zur Wirtschafts- und Sozialgeschichte Schleswig-Holsteins 22, Neumünster, Karl Wachholtz Verlag, 1993.

Bromley, J. S., *Corsairs and Navies 1660-1760,* London, Hambledon, 1987.

Bruijn, J. R., 'Dutch men-of-war: those on board c.1700-1750', *Acta Historiae Neerlandicae,* 1974, vol. 7, pp. 88-121.

—— *The Dutch Navy in the Seventeenth and Eighteenth Centuries,* New York, Columbia University Press, 1993.

Burton, A., *The Rise and Fall of British Shipbuilding,* London, Constable, 1994.

Burton, V., 'The Work and Home Life of Seafarers with special Reference to the Port of Southampon 1871-1921', unpublished PhD thesis, University of London, 1988.

Burwash, D., *English Merchant Shipping 1460-1540,* Newton Abbot, David & Charles, 1969 (reprint of 1947 University of Toronto publication).

Buss, R., *The Klabautermann of the Northern Seas,* Berkeley, CA, University of California Press, 1973.

Butcher, D., *Following the Fishing,* Newton Abbot, Tops' l Books, 1987.

Cabantous, A., *La Mer et les hommes: pêcheurs et matelots dunkerquois de Louis XV à la révolution,* Dunkirk, Westhoek, 1980.

Clarke, H. and Ambrosiani, B., *Towns* in *the Viking Age* (revised edition), London and New York, Leicester University Press, 1995.

Coles, B. and Coles, J., *People of the Wetlands: Bogs, Bodies and Lake-Dwellers,* London, Thames & Hudson, 1989.

Coles, J. and Lawson, A. (eds) *European wetlands in prehistory,* Oxford, Oxford University Press, 1987.

Corbin, A., *The Lure of the Sea: The Discovery of the Seaside in the Western World, 1750-1840,* Oxford, Polity Press, 1994.

Cordingly, D., *Marine Painting in England, 1700-1900,* London, Studio Vista, 1974.

Cordshagen, H., *Der Küstenschutz in Mecklenburg: Seine Geschichte von den Anfängen bis zum Jahre* 1945, vol. 3, Veröffentlichungen der Mecklenburgischen Landeshauptarchiv, Mecklenburg, Schwerin, 1964.

Crumlin-Pedersen, O., 'Viking seamanship questioned', *Mariner's Mirror,* 1975, vol. 61, pp. 127-31.

Crumlin-Pedersen, O. (ed.) *Aspects of Maritime Scandinavia, AD 200-1200,* Roskilde, Viking Ship Museum, 1991.

Crumlin-Pedersen, O. and Vinner , M. (eds) *Sailing into the Past,* Roskilde, Viking Ship Museum, 1986.

Cushing, D., *The Provident Sea,* Cambridge, Cambridge University Press, 1988.

Darby, H. C., *The Medieval Fenland,* Cambridge, Cambridge University Press, 1940.

—— *The Draining of the Fens,* Cambridge, Cambridge University Press, 1940.

Davids, K., 'Seamen's organization and social protest in Europe c. 1300-1825', *International Review of Social History,* 1994, vol. 99, supplement, pp. 145-69.

Davis, R., *The Rise of the English Shipping Industry,* Newton Abbot, David & Charles, 1972. Deacon, M., *Scientists and the Sea, 1650-1900: A Study if Marine Science,* London. and New York, Academic Press, 1971.

Dixon, C., 'Seamen and the law: an examination of the impact of legislation on the British merchant seamen's lot, 1588-1918', unpublished PhD thesis, University of London, 1981.

Dollinger, P., *The Hanse,* London, 1970.

Düwel, K., Jankuhn, H., Siems, H. and Timpe, D. (eds) *Untersuchungen zu Handel und Verkehr der vor- und frühgeschichtlichen Zeit* in *Mittel- und Nordeuropa Teil IV Der Handel der Karolinger- und Wikingerzeit,* Phil.-Hist. Klasse, Dritte Folge, vol. 156, Cöttingen, Abhandlungen der Akademie der Wissenschaften in Göttingen, 1987.

Dyer, F., 'The Elizabethan sailorman', *Mariners' Mirror,* 1926, vol. 10, pp. 133-46.

Ehrensvärd, U., Kokkonen, P. and Nurminen, J., *Mare Balticum: The Baltic - Two Thousand Years,* Helsinki, Otava/John Nurminen Foundation, 1995.

Ek, S. B., *Borstahusen - ett fiskeläges uppgång och fall,* Landskrona, Landskrona kulturnämnd, 1980.

Eklund, E., *Kustfiskare och kustfiske i Finland under den industriella epoken: Studier i en yrkesgrupps yttre villkor, sociala skiktning och organisation 1860-1970,* Skrifter 5, Helsingfors, Svenska social- och kommunalhögskolan vid Helsingfors universitet, 1994.

Ellmers, D., *Frühmittelalterische Handelsschiffahrt in Mittel- und Nordeuropa,* Neumünster, Karl Wachholz Verlag, 1972.

―――― 'Die Entstehung der Hanse', *Hansische Geschichtsblätter,* 1985, vol. 103, pp. 3-40. Ericsson, C. H. and Montin, K., *Maritima kontakter över Finska viken: Sjöistoriskt forskarseminarium i Åbo 28 november 1997, Junafrusund 5,* Meddelanden från Jungfrusundsprojekt, Åbo, 1998.

Eriksen, E., *Vår gamle sjøfartskultur,* Oslo, Det Norske Samlaget, 1968.

Etverk, I. (ed.) *Lahemaa uurimused II: Rahvuspargi asustusajalugu ja etnograafia,* Tallinn, Valgus, 1985.

Fenton, A. and Pálsson, H. (eds) *The Northern and Western Isles in the Viking World: Survival, Continuity and Change,* Edinburgh, John Donald, 1984.

Fischer, A. (ed.) *Man and the Sea in the Mesolithic,* Monograph 53, Oxford, Oxbow, 1995.

Fischer, L. R. (ed.) *The market for Seamen in the Age of Sail,* Research in Maritime History no. 7, St John's, Newfoundland, International Maritime Economic History Association, 1994.

Fischer, L. R. and Minchinton, W. (eds) *People of the Northern Seas,* Research in Maritime History 3, St John's, Newfoundland, 1992.

Fischer, L. R., Hamre, H., Holm, P. and Bruijn, J. R. (eds) *The North Sea: Twelve Essays on Social of Maritime Labour,* Stavanger, Stavanger Maritime Museum/The Association of North Sea Societies, Norway, 1992.

Foote, P. and Wilson, D., *The Viking Achievement,* London, Sidgwick & Jackson, 1970.

Friedland, K., Die *Hanse,* Stuttgart, Verlag-Kohlhammer, 1991.

Friel, I., *The Good Ship: Ships, Shipbuilding and Technology in England 1200-1520,* London, British Museum Press, 1995.

Fudge, J., *Cargoes, Embargoes and Emissaries: The Commercial and Political Interaction of England and the German Hanse, 1450-1510,* Toronto, University of Toronto Press, 1995.

Gade, J., *The Hanseatic Control of Norwegian Commerce During the Late Middle Ages*, Leiden, E. J. Brill, 1951.

Gallén, J., *Det 'Danska itinerariet'; Franciskansk expansionsstrategi i Östersjön*, Helsingfors, Skrifter utgivna av Svenska Litteratursällskapet i Finland no. 579, 1993.

Garstang, W., 'The impoverishment of the sea', *Journal of the Marine Biological Association*, 1900, vol. 6, pp. 1-69.

de Geer, S., 'Das geologische Fennoskandia und das geographische Baltoskandia', *Geogrcifiska Annaler*, 1928, vol. 1, pp. 119-39.

Gerndt, H., *Fliegender Holländer und Klabautermann*, vol. 4, Göttingen, Schriften zu niederdeutschen Volkskunde, 1971.

Gerstenberger, H., 'Men apart: the concept of "total institution" and the analysis of seafaring', *International Journal of Maritime History*, 1996, vol. 8 (June), pp. 173-82.

Gerstenberger, H. and Welke, U., *Vom Wind zum Dampf: Sozialgeschichte der deutschen Handelsschiffahrt im Zeitalter der Industrialisierung*, Münster, Westfälisches Dampfboot, 1996.

Gifford, E. and Gifford, J., 'The sailing performance of Anglo-Saxon ships', *Mariner's Mirror*, 1996, vol. 82, pp. 131-53.

Ginkel, R. van, 'Pigs, priests and other puzzles', *Etnologia Europaea*, 1987, vol. 17(1), pp. 57-68.

—— 'Farming the edge of the sea: the sustainable development of Dutch mussel fishery', *Maritime Anthropological Studies*, 1990, vol. 3, pp. 49-67.

—— 'One drop of luck weighs more than a bucketful of wisdom', *Etnologia Europaea* , 1994, vol. 24(2), pp. 155-66.

—— 'The abundant sea and her fates: Texelian oystermen and the marine commons, 1700 to 1932', *Comparative Studies in Society and History*, 1996, vol. 38, pp. 195-217.

Glete, J., *Navies and Nations: Warships, Navies and State Building in Europe and America, 1500-1860*, 2 vols, Stockholm, Almqvist & Wiksell International, 1993.

Gottschalk, M. K. E., *Stormvloeden en rivieroverstromingen in Nederland*, 3 vols, Assen/Amsterdam, van Gorcum, 1971, 1975, 1977.

Gøthesen, G., *Under seil: Sjømannsliv i seilskutetiden*, Oslo, Grøndahl & Søn Forlag, 1982.

Grandjean, L., *Frederik IIs Søret 1561*, Copenhagen, Høst, 1946.

—— *Skibbruddets Saga*, Copenhagen, Høst, 1947.

Gray, M., *The Fishinq Industries of Scotland, 1790-1814*, Oxford, Oxford University

Press, 1978.

Greenway, A., *A Century of North Sea Passenger Steamers,* London, Ian Allan, 1986.

Grierson, P., 'Commerce in the Dark Ages: a critique of the evidence', *Transactions of the Royal Historical Society,* 1959, 5th series, vol. 9, pp. 123-40.

Guldberg, M., Holm, P. and Madsen, P. (eds) *Facing the North Sea: West Jutland and the World,* vol. 3, Esbjerg , Fiskeri -og Søfartsmuseets Studieserie, 1993.

Gunda, B. (ed.) *The Fishing Culture of the World,* 2 vols, Budapest, Akadémiai Kiadó, 1984.

Hahn-Pedersen, M. (ed.) *I storm og stille: den sikre havn. Bidrag til sømandskonens historie,* Esbjerg, Fiskeri -og Søfartsmuseet, 1992.

Hamari, R., Korhonen, M., Miettinen, T. and Talve, I., *Suomenlahden ulkosaaret : Lavansaari, Seiskari, Suursaari, Tytärsaari,* Jyväskylä, Suomalaisen Kirjallisuuden Seuran toimituksia 630, 1996.

Hardisty, J., *The British Seas: An Introduction to the Oceanography and Resources of the North-West European Continental Shelf,* London, Routledge, 1990.

Hasslöf, O., Hennigsen, H. and Christensen, A. (eds) *Ships and Shipyards, Sailors and Fishermen. Introduction to Marine Ethnologv ,* Copenhagen, Rosenkilde & Bagger, 1972.

Harbour: The Development of a Harbour and the Work in *a Harbour. X International Baltic Seminar* in *Kotka, 10-13 August 1994,* publication 22, Kotka, The Provincial Museum of Kymenlaakso, 1996.

Harvie, C., *Fool's Gold: The Story of North Sea Oil,* London, Hamish Hamilton, 1994.

Haywood, J., *Dark Age Naval Power: a Reassessment of Frankish and Anglo-Saxon Activity,* London, Routledge, 1991.

Heeres, W. G. *et al.* (eds) *From Dunkirk to Danzig: Shipping and Trade in the North Sea and Baltic, 1350-1850,* Amsterdamse Historische Reeks, NEHA-serie III, 4, Hilversum, Verloren, 1988.

Heerma van Voss, L., 'Trade and the formation of North Sea culture', *Northern Seas Yearbook,* 1996, pp. 7-19.

Helsinki Commission, *Third Periodic Assessment of the State of the Marine Environment of the Baltic Sea, 1989-1993, Executive Summary,* Baltic Sea Environment Proceedings no. 64 A, Helsinki, Helsinki Commission/Baltic Marine Environment Protection Commission, 1996.

Hemming, C., *British Painters of the Coast and Sea: A History and Gazetteer,* London, 1988.

Henderson, R., *Crossing the Channel: A Review of Post-war Continental Ferry Services,* Peterborough, Silver Link, 1997.

Hinkkanen, M-L., 'When the AB was able-bodied no longer: accidents and illnesses among Finnish sailors in British ports, 1882-1902', *International Journal of Maritime History*, 1996, vol. 8 (June) pp. 87-104.

Hinkkanen-Lievonen, M-L., *British trade and enterprise in the Baltic states 1919-1925*, Helsinki, SHS, 1984.

Hodges, R., *Dark Age Economics: The Origins of Towns and Trade AD 600-1000*, 2nd edition London, Duckworth, 1989.

Högman, G., *Den åländska kvinnans historia 1700-1950*, Skrifter utgivna av Ålands Kulturstiftelse XIV, Mariehamn, 1990.

Holm, P., *Kystfolk: Kontakter og sammenhænge over Katteqat og Skagerrak ca. 1550-1914*, Esbjerg, Fiskeri -og Søfartsmuseet, 1991.

Holm, P. (ed.) *Fiskere og farvande: tværsnnit af moderne dansk fiskeri*, Studieserie 4, Esbjerg, Fiskeri -og Søfartsmuseets, 1994.

Holm, P. and Edwards, J. (eds) *North Sea Ports and Harbours: Adaptations to Change*, Studieserie 1, Esbjerg, Fiskeri -og Søfartsmuseets, 1992.

Hope, R., *A New History of British Shipping*, London, John Murray, 1990.

Hutchinson, G., *Medieval Ships and Shipping*, London, Leicester University Press, 1994.

Jackson, G., *The History and Archeology of Ports*, Stockbridge, World's Work, 1983.

Jenkins, J., *The Herring and the Herring Fisheries*, London, P. S. King & Sons, 1927.

Jenks, S. and North, M. (eds) *Die Hansische Sonderweg?*, vol. 39, Cologne, Quellen und Darstellungen Hansische Geschichte, 1993.

Johansen, H., *Shipping and trade between the Baltic area and western Europe 1784-1795*, vol. 171, Odense University Press, 1983.

Johansen, H. C., Madsen, P. and Degn, 0., *Tre danske kystsamfund i det 19. århundrede,* Odense, Odense University Studies in History and Social Sciences, Odense University Press, 1993.

Johansson, C., 'Kvinnor i Nagu sjöfart', *Skärgård* 1985, no. 2, pp. 46-55.

Jones, M., *Landförhöjning, jordägoförhållanden och kulturlandskap i Maxmo*, vol. 135, Helsingfors, Bidrag till kännedom av Finlands natur och folk, 1987.

Kåhre, G., *Den åländska segelsjöfartens historia*, Helsingfors, Söderström, 1940.

Kaukiainen, Y., *Sailing into Twilight: Finnish Shipping in an Age of Transport Revolution, 1860-1914*, Helsinki, SHS, 1991.

—— *A History of Finnish Shipping*, London, Routledge, 1993.

—— *Laiva Toivo, Oulu*, Helsinki, SKS, 1998.

Keuning, M. de, 'Strandroverij langs de Hollandse kust in de achttiende eeuw', *Tijdschrift voor zeegeschiedenis*, 1992, vol. 11(1), pp. 5-28.

Kinloch, J., 'The working conditions of Scottish East Coast seamen, 1685-1770', *International Journal of Maritime History*, 1997, vol. 9 (December), pp. 151-65.

Kirby, D., 'One hundred years of the Finnish Seamen's Church in London', in *100 vuotta: 100 Years of the Finnish Seamen's Mission in London*, Kajaani, Finnish Seamen's Mission in London, 1982.

—— *Northern Europe in the Early Modern Period: The Baltic World 1492-1772*, London, Longman, 1990.

—— *The Baltic World 1772-1993: Europe's Northern Periphery in an Age of Change*, London, Longman, 1995.

Klinge, M., *The Baltic World*, Helsinki, Otava, 1994.

Knotter, A., 'Amsterdamse scheepvaart en het Noordhollandse platteland in den 16de en 17de eeuw: het probleem van de arbeidsmarkt', *Holland*, 1984, vol. 16, pp. 281-90.

Kockor, trissor och kabysser: Kvinnor till sjöss berättar, Stockholm, Statens Sjöhistoriska Museum, 1977.

Koerner, J., *Caspar David Friedrich and the Subject of Landscape*, London, Reaktion, 1990.

Kranenburg, H., *De zeevisscherij van Holland in der tijd der Republiek*, Amsterdam, H. Paris, 1946.

Kreem, E. (ed.) *Eesti laevanduse aastaraamat 1995*, Tallinn, Eesti meremeeste liit, 1995.

Lamb, H., *Historic Storms of the North Sea*, Cambridge, Cambridge University Press, 1991.

Lambert, A., *The Making of the Dutch Landscape: A Historical Geography of the Netherlands*, 2nd edition, London, Academic Press, 1985.

Lauristin, M. and Vihalemm, P. (eds) *'Estonia': The Disaster in Estonian Media*, Stockholm, Styrelsen för psykologiskt försvar , 1996.

Lebecq, S., *Marchands et navigateurs frisons du haut moyen âge*, 2 vols, Lille, Presses Universitaires de Lille, 1983.

Lebecq, S., 'Dans l'Europe du Nord des VIIe/IXe siècles: commerce frison ou commerce franco-frison?', *Annales Economies Sociétés Civilisations*, 1986, vol. 41, pp. 361-77.

Lemminck, J. Ph. S. and van Koningsbrugge, J. S. A. M. (eds) *Baltic Affairs: Relations between the Netherlands and North-Eastern Europe, 1500-1800*, Nijmegen, Nijmegen Instituut voor Noord- en Oosteuropese Studies, 1990.

Lewis, A. R., *The Northern Seas: Shipping and commerce in Northern Europe, A. D. 300-1100*, Princeton, NJ, Princeton University Press, 1958.

Lloyd, T. H., *Alien Merchants in England in the High Middle Ages*, Brighton, Harvester, 1982.

Lloyd, T. H., *England and the German Hanse, 1157-1611*, Cambridge, Cambridge University Press, 1991.

Löfgren, O., *Fångstmän i industrisamhället: En halländsk kustbygds omvandling 1800-1970*, Lund, Skrifter utgivna av Etnologiska Sällskapet i Lund, 1977.

————— 'The reluctant competitors: fisherman's luck in two Swedish maritime settings', *Maritime Anthropological Studies*, 1989, vol. 2, pp. 34–58.

————— Kustsamhällen", in M. Hellspong, and O. Löfgren, *Land och stad: Svenska samhällen och livsformer från medeltid till nutid*, Malmö, Gleerups förlag, 1994.

Löfström, I., *En psalm i kajutan: om skepp och sjöjolk och religiositet till sjöss på segelfartygens tid*, Uppsala, Erene, 1989.

Lund, N., *De hærger og de brænder: Danmark og England i vikingetiden*, Copenhagen, Gyldendal, 1993.

————— *Lid, leding og landevœrn*, Roskilde, Vikingskibshallen, 1996.

McGrail, S. (ed.) *The Archaeology of Medieval Ships and Harbours in Northern Europe*, British Archaeological Reports International Series, 66, Oxford, BAR, 1979.

McGrail, S. (ed.) *Aspects if Maritime Archaeology and Ethnography*, London, Trustees of the National Maritime Museum, 1984.

McGrail, S. (ed.) *Maritime Celts, Frisians, Saxons*, CBA Research Report 71, London, Council for British Archaeology, 1990.

Mäenpää, S., 'A woman at sea: women on sailing ships of Gustaf Erikson 1913-1937', in *Nautica Fennica 1995*, Turku, Suomen merimuseo / Maritime Museum of Finland Annual Report 1995, 1996.

Mäss, V., *Muistsed laevad*, iidsed *paadid*, Tallinn, Horitsont, 1996.

Mickwitz, G., *Aus Revaler Handelsbüchern: Zur Technik des Ostseehandels in der ersten Hälfte des 16. Jahrhunderts*, vol. 9, Helsingfors, Societas Scientiarum Fennica, 1938.

Minchinton, W. (ed.) *Britain and the Northern Seas*, Pontefract, Lofthouse, 1988.

Molaug, S., *Vår gamle kystkultur*, vol. 1, Oslo, Dreyers Forlag, 1986.

Mollat du Jourdin, M., 'Guerre de course et piraterie à la fin du moyen age; aspects économiques et sociaux: positione de problèmes', *Hansische Geschichtsblätter*, 1972, vol. 90, pp. 1-14.

————— *Europe and the Sea*, Oxford, Basil Blackwell, 1993.

Moring, B., *Skärgårdsbor: Hushåll, familj och demografi i finländsk kustbygd på 1600-, 1700- och 1800-talen*, Helsingfors, Finska Vetenskaps-Societeten, 1994.

Mortensøn, O., *Sejlskibssøfolk: fra det sydfynske øhav*, Rudkøbing, Langelands Museum, 1987.

——— Renæssancens fartøjer: sejlads og søfart i Danmark 1560-1650, Rudkøbing, Langelands museum, 1995.

Nadel-Klein, J. and Davis, D. L. (eds) To Work and to Weep: Women in Fishing Economies, Social and Economic Papers 18, St John's, Newfoundland, Institute of Social and Economic Research, Memorial University of Newfoundland, 1988, pp. 190-210.

Nerdrum, M., 'Skärgårdskvinnor och skärgårdskunskaper', in Etnografi på hemmaplan, Rapport 8, Åbo, Etnologiska institutionen vid Åbo Akademi, 1998, pp. 133-49.

Nordvik, H. W., 'The shipping industries of the Scandinavian countries 1850-1914', in L. R. Fischer, and G. E. Panting (eds) Change and Adoption in Maritime History: The North Atlantic Fleets in the Nineteenth Century, St John's, Newfoundland, 1985.

Norrvik, C., Briggen Carl Gustaf 1875-1889. Under österbottniska segel i ångans tidevarv, Helsingfors, Skifter utgivna av Svenska Litteratursällskapet i Finland no. 498, 1981.

North Sea Task Force (Oslo and Paris Commissions, International Council for the Exploration of the Sea), North Sea Quality Status Report 1993, Fredensborg, Olsen & Olsen, 1993.

Öhman, M., Männen på lejdaren: Lotsningsverksamheten i Skärgårdshavet 1696-1996, Turku, Skärgårdhavets sjöfartsdisrrikt, Turku, 1996.

Olsen, O., Skamby Madsen, J. and Rieck, F. (eds) Shipshape: Essays for Ole CrumlinPedersen, Roskilde, Viking Ship Museum, 1995.

Östersjön: ett hav i förändring, Naturvetenskapliga forskningsrådets årsbok 1992, Uddevalla, Naturvetenskapliga forskningsrådet, 1992, pp. 125-30.

Palmer, S., Politics, Shipping and the Repeal of the Navigation Laws, Manchester, Manchester University Press, 1990.

Papp, D., Åländsk allmogeseglation: Med särskild hänsyn till sjöfarten på Stockholm. Sjöfarten i Lemlands socken 1800-1940, Lund, Rabén & Sjögren, 1977.

Paravicini, W., Lubowitz, F. and Unverhau, H. (eds) Mare Balticum: Beiträge zur Geschichte des Ostseeraums in Mittelalter und Neuzeit, vol. 36, Sigmaringen, Kieler Historische Studien, 1992.

Peesch, R., Die Fischerkommünen auf Rügen und Hiddensee , Berlin, Akademie-Verlag, 1961.

——— 'Kulturströmungen in den Küstenzonen der südlichen Ostsee', Deutsche jahrbuch für Volkskunde, 1962, vol. 8, pp. 3-29.

Pelc, O. and Pickhan, G. (eds) Zwischen Lübeck und Novgorod. Wirtschaft, Politik und Kultur im Ostseeraum vom frühen Mittelalter bis ins 20. Jahrhundert, Lüneburg, Nordostdeutsches Kulturwerk, 1996.

Polyani, K., 'Ports of trade in early societies', *Journal of Economic History*, 1963, vol. 23, pp. 30-45.

Popham, H. and Popham, R. (eds) *Thirst for the Sea: The Sailing Adventures of Erskine Childers*, London, Stanford Maritime, 1979.

Porter, R., *The Making of Geology: Earth Science in Britain, 1660-1815*, Cambridge, Cambridge University Press, 1977.

Pühle, M., *Die Vitalienbrüder: Klaus Störtebeker und die Seeräuber der Hansezeit*, Frankfurt and New York, Campus Verlag, 1992.

Quality Status Report of the North Sea, Subregion 10: The Wadden Sea, Wilhelmshaven, Common Wadden Sea Secretariat, 1993.

Robinson, R., *A History of the Yorkshire Coast Fishing industry, 1780-1914*, Hull, Hull University Press, 1987.

———— *Trawling: The Rise and Fall of the British Trawl Fishery*, Exeter, University of Exeter Press, 1996.

Rodger, N. A. M., *The Safeguard of the Sea: A Naval History of Britain. vol. 1: 660-1649*, London, Harper Collins, 1997.

Roding, J. and Heerma von Voss, L. (eds) *The North Sea and Culture 1550-1800*, Hilversum, Verloren, 1996.

Rogers, J. (ed.) *Kystbygd i förändring 1650-1950. Familj och hushåll i nordiska fiskesamhällen*, Meddelanden från Familjehistoriska projektet nr. 8, Uppsala, Historiska institutionen, Uppsala universitet, 1989.

Rönnbv, J. and Adams, J., *Östersjöns sjunkna skepp: En marinarkeologisk tidsresa*, Stockholm, Tiden, 1994.

Rosenström, M., *Fartyget, himlen och havet: Verklighetsuppfattningen bland sjömän i långfart under segelsjöfartens sista era*, Helsingfors, Svenska litteratursällskapet i Finland, 1996.

Royen, P. van, Bruijn, J. and Lucassen, J. (eds) *'Those Emblems of Hell?' European Sailors and the Maritime Labour Market, 1570-1870*, Research in Maritime History no. 13, St John's, Newfoundland, 1997.

Rudolph, W., 'Seefahrerdörfer der südlichen Ostseeküste. Tendenzen und Perioden der Entwicklung einer regionalen Sonderkultur (16. bis 19. Jahrhundert)', *Jahrbuch für Volkskunde und Kulturgeschichte*, 1977, vol. 10, pp. 105-30.

———— *Die Hafenstadt: eine maritime Kulturgeschichte*, Leipzig, Edition Leipzig, 1979 (also in English, *Harbor and Town: A Maritime Cultural History*, Leipzig, Edition Leipzig, 1980).

———— *Maritime Kultur der südlichen Ostseeküste: Schiffsbilder und Prestigekeramik der Fahrenleute*, Rostock, Hinsdorff, 1983.

———— 'Schutenschiffer als Mediatoren des internationalen maritimen Kulturaustausches im südlichen Ostseeraum', *Jahrbuch für Volkskunde und Kulturgeschihte,* 1986, vol. 29, pp. 130-6.

Salzman, L., *English Trade in the Middle Ages,* Oxford, Oxford University Press, 1931.

Sandklef, A., *Äldre nordisk handelssjöfart,* vol. 11, Göteborg, Institutet för västsvensk kulturforskning, 1982.

Sawyer, P. H., *Kings and Vikings: Scandinavia and Europe 700 AD-1100 AD,* New York, Barnes & Noble, 1994.

Scammell, G. V., 'English merchant shipping at the end of the middle ages: some East Coast evidence', *Economic History Review,* 1960-1, 2nd series, vol. 13, pp. 327-41.

—— 'Shipowning in England, c. 1450-1550', *Transactions of the Royal Historical Society,* 1962, 5th series, vol. 12, pp. 105-22.

—— 'Manning the English merchant service in the 16th century', *Mariner's Mirror,* 1970, vol. 56, pp. 131-54.

—— 'Shipowning in the economy and politics of early modern England', *Historical Journal,* 1972, vol. 15, pp. 385-407.

—— *The World Encompassed: The First European Maritime Empires c.800-1650,* London, Methuen, 1981.

Schildhauer, J., *The Hanse: History and Culture,* Leipzig, Edition Leipzig, 1985.

Schoorl, H., *Zeshonderd Jaar water en land: Bijdrage tot de historische geo- en hydrografie van de Kop van Noord-Holland in de periode 1150-1750,* Groningen, Wolters-Noordhoff, 1973.

Simper, R., *East Coast Sail: Working Sail 1850-1970,* Newton Abbot, David & Charles, 1972.

Sjömannen: från livsformen till yrke, Åbo, Meddelanden från sjöhistoriska museet vid Åbo Akademi no. 20, 1997.

Smout, T. C., *Scottish Trade on the Eve of the Union, 1660-1707,* Edinburgh, Oliver & Boyd, 1963.

Solhaug, T., *De norske fiskeriers historie 1815-1880,* Bergen, Universitetsforlaget, 1976.

Summers, D., *The East Coast Floods,* Newton Abbot, David & Charles, 1978.

Sundqvist, C., 'Kvinnor ombord: Åbokvinnor i sjöfarten före första världskriget', *Historisk Tidskrift för Finland* 1988, no. 3, temanummer Sjöfolk, Helsingfors, pp. 489-510.

Sutherland, I., *From Herring to Seine Net Fishing on the East Coast of Scotland,* Wick, Camps Bookshop, n.d.

Svennung, J., *Belt und Baltisch: Ostseeische Namenstudien,* vol. 4, Uppsala, Uppsala Universitets Årsskrift, 1953,

Tedebrand, L-G., *Strömming och demografi: Familj och hushåll i bottnisk kustbygd 1650-1950*, Umeå, Johan Nordlander-sällskapet & Kungl. Skytteanska Samfundet, 1995.

Thompson, P. 'Women in the fishing: the roots of power between the sexes', *Comparative Studies in Society and History*, 1985, vol. 27, pp. 3-32.

Thompson, P., Wailey, T. and Lummis, T., *Living the Fishing*, London, Routledge & Kegan Paul, 1983.

Tracy, J., 'The herring wars: sea power in the North Sea in the reign of Charles V', *Sixteenth Century Journal*, 1993, vol. 24, pp. 249-72.

Tudeer, E., *Det åländska folkets historia V: 1, 1920-1990*, Ekenäs, Ålands kulturstiftelse, 1993.

Tveite, S., *Engelsk-norsk trelasthandel 1640-171 0*, Bergen-Oslo, Universitetsforlaget, 1961.

Unger, R. W., *The Ship in the Medieval Economy, 600-1600*, London and Montreal, Croom Helm and Queen's University Press, 1980.

—— 'Dutch herring technology and international trade in the seventeenth century', *Journal of Economic History*, 1980, vol. 40, pp. 253-79.

Villain-Gandossi, C., Busuttil, S. and Adam, P. (eds) *Medieval Ships and the Birth of Technological Societies, vol. 1, Northern Europe*, Valetta, Foundation for International Studies, 1989.

Vliet, A. van, 'Zeevarenden op de visservloot, 1560-1680', *Tijdschrift voor Sociaal Gescliedenis*, 1996, vol. 22, pp. 241-59.

Voipio, A. (ed.) *The Baltic Sea*, Amsterdam, Elsevier, 1981.

Wagret, P., *Polderlands*, London, Methuen, 1968.

Walton, J., *The English Seaside Resort: A Social History, 1750-1914*, Leicester, Leicester University Press, 1983.

—— *Fish and Chips and the British Working Class 1870-1940*, Leicester, Leicester University Press, 1992.

—— 'Seaside resorts and maritime history', *International Journal of Maritime History*, 1997, vol. 9, pp. 125-47.

Weibull, C., 'De danska och skånska vikingatågen till Västeuropa under 800-talet: Orsaker och karaktär', *Scandia*, 1977, vol. 43, pp. 40-69.

Westerdahl, C., 'Itinerarieleden Blekinge-Reval', *Bottniskt Kontakt*, 1984, vol. 2, pp. 36-46.

—— 'The maritime cultural landscape', *International Journal of Nautical Archaeology*, 1992, vol. 21(1), pp. 5-14.

Willan, T. S., *The English Coasting Trade 1600-1750*, Manchester University Press, 1967.

Wossidlo, R., *'Reise, Quartier, in Gottesnaam': Das Seemannsleben auf den alten Segelschiffen im Munde alter Fahrensleute,* edited by P. Beckmann, Rostock, Hinsdorff, 1959.

Zins, H., *England and the Baltic in the Elizabethan Era,* Manchester and Totowa, NJ, Manchester University Press and Rowman & Littlefield, 1972.

　국제해양문제연구소는 라우틀리지 출판사에서 기획 출간한 '역사 속의 바다*Seas in History*' 총서의 번역 작업을 2015년부터 진행해 왔다. 그동안 5권의 총서 중 먼저『태평양』과『대서양』을 출간하였고, 이제 세 번째로『발트해와 북해』를 번역 출간하게 되었다.* 국제해양문제연구소가 '역사 속의 바다' 총서를 번역하기로 결정한 것은 연구소가 수행 중인 HK지원사업의 아젠다 '해항도시 문화교섭 연구'와 라우틀리지 출판사의 총서 기획 의도가 밀접한 연관이 있기 때문이다. '해항도시 문화교섭 연구'는 해항도시-해역-해역의 연쇄로 연결되는 분석단위를 상정하고 이 해역들의 물리적 역사와 인간의 상호작용 일체를 연구 대상으로 삼는다.** '역사 속의 바다'는 태평양과 같은 해역의 물리적 역사와 인간의 역사 사이의 상호 작용을 드러내는 것을 서술의 원칙으로 삼고 있는 바, '해항도시 문화교섭 연구' 방향과 대단히 유사하다.

　'역사 속의 바다' 총서 서문과『발트해와 북해』의 머리말은 해양사 총서의 의의와 발트해와 북해의 역사 집필 방향을 사족이 필요 없을 만큼 압축해서

＊ 국제해양문제연구소는 라우틀리지 시리즈의『태평양』(2016),『대서양』(2017)을 번역 출간한 바 있고,『인도양』은 2017년 후반기에 번역·출간될 예정이다.

＊＊ 국제해양문제연구소의 아젠다에 관해서는 정문수·류교열·박민수·현재열,『해항도시 문화교섭연구 방법론』(선인, 2014) 참조.

요약하고 있다. 또『태평양』과『대서양』의 번역을 담당한 연구소의 역자들이 각각 옮긴이 해제 형식으로 그 의의와 집필 방향을 소개한 바가 있다. 따라서『발트해와 북해』옮긴이들의 후기는 약간 다른 방식으로 네 가지 측면을 중심으로 서술하고자 한다.

먼저, '역사 속의 바다'는 해역사나 해양사를 의미한다. 그런데 크고 작은 바다와 대양의 역사는 어떻게 서술하여야 하는가? 역사의 이중적 의미와 정의에 관해 논자마다 의견이 분분하다. 그런데 여기에 해양이라는 수식어가 붙은 해양사의 정의는 태생적으로 논자마다 각양각색의 의견 개진이 가능한 바, 다양한 해법으로 귀결되는 것은 어쩌면 당연한 일인지 모른다. 그렇지만 옮긴이들이 이해하고 공유한 '역사 속의 바다' 기획에서 의도하는 해양사는 해양과 인간 모두를 역사의 행위자로 전제하고 해양과 인간의 상호작용 모두를 대상으로 삼는다는 것이다. 옮긴이들이 주제넘게 해양사의 정의와 서술의 대상에 대해 화두를 던지는 이유는 지금까지의 상대적으로 부진한 해양사 관련 저·역서들의 시각이 해양을 그저 정태적인 불변 상태의 배경 정도로 치부하고, 인간의 역사에 초점을 맞추고 있기 때문이다. 해양사 연구가 일천하다는 실정을 충분히 감안하더라도, 특히 한국의 경우는 이러한 비판이 설득력을 갖는다. 옮긴이들은 해양의 물리적 역사를 도외시한 해양사 연구와 서술은 바람직하지 못할 뿐만 아니라 제대로 된 연구와 서술이 어렵다는데 인식을 같이 한다. 그렇다면 해양을 정태적인 것으로 쉽게 수용하는 이유는 무엇일까? 옮긴이들의 생각으로는, 1장 바다의 과학적 '발견'에서 체계적으로 언급하고 있듯이 단기적인 시간의 척도*가 선호되었기 때문으로 보인다. 해양의 물리적 역사를 들여다보려면, 우리가 일상적으로 생각해 온 시간의 척도보다 훨씬 더 장기적인 시간의 척도가 필요하다.

---

* 운동이 지속하는 시간의 대략적인 크기.

해양의 물리적 역사가 아마도 거대사Big History의 장기적인 시간척도로 조망될 때, 해양은 영원불멸한 것이 아니라 변화무쌍한 역동적인 대상이 된다. 우주의 역사는 137억 년쯤 되고, 지구의 역사가 46억 년쯤 되며, 대양의 역사는 1억 5천만 년쯤 된다. 그런데 오늘날의 북해와 발트해의 윤곽은 1만 3천 년 전에 시작된 해빙의 결과로 비로소 형성되기 시작하였다. 한편 인류의 역사는 이보다는 훨씬 일천하다. 지구에서 산소대학살이 20~30억 년 전에 있었고, 호모 사피엔스가 출현한 것은 20~10만 년 전이었으며, 현생 인류의 조상이 아프리카 대륙에서 각 대륙으로 이동하기 시작한 것은 7만 년 전이었고, 인류가 농경사회로 접어든 것은 아무리 빨리 잡아도 1만 년 전쯤으로 추정된다. 오늘날의 발트해와 북해가 윤곽을 형성하였던 것이 1만 3천 년 전이었으니, 이 때 북유럽 바다들의 해안에 거주하던 사람들은 수렵·채집인들이었다. 해양사가 바다와 인간의 상호작용을 다루는 역사라면, 발트해와 북해 역사는 이때부터 시작되었을 것이다. 그래서 저자들의 표현을 빌면, 이 책은 이때부터 "북쪽 바다들의 자연적 현상을 다루며, 동시에 북쪽 바다들이 그 해안에 거주하는 사람들에 의해 정의되고, 이용되며, 경험되어 온 다양한 방식을 주목하고" 서술한다.

두 번째로 『발트해와 북해』는 해양의 물리적 역사를 보여주기 위해 장기적인 시간척도를 염두에 두면서, 논의의 중심이 저자들의 전공인 19세기에 집중된다. 19세기는 증기선 등장, '북해 및 발트해'와 다른 대양과의 연결성 강화, 그리고 국민국가의 해양에 대한 관심의 고조가 본격적으로 전개되었던 시기였다. 7장에서 상론하고 있듯이 범선에서 증기선으로의 전환은 조선술 발전의 결과였지만, 선박 소유기법과 해사 공동체의 변화를 수반하였다. 증기선은 같은 용적 톤수의 범선에 비해 건조비용이 3배나 더 들었으며, 운항 유지비용도 더 많이 들었다. 이런 이유로 증기선의 등장은 통상 선장과 선원이 선박 지분의 1/64에서 1/8을 공동으로 소유하던 방식을 밀어내고 선박소유와 운항이 분리되는 유한회사와 주식회사의 등장을 유리하게 만들었다. 또한 범선도르레장치tackle와 삭구장치에만 익숙한 채 살아왔던 해사 공동체로서는 즉시 제공할 수 없었던 운영기술을 요구하였다. 1880년대와 1890년대에, 증기선 기관실의 화부가 동일 나이 집단의 남성들에 비해 자살률이 두 배로 높았다는 사실은 "지속적으로 기계화 되어가는 시대에 불필요한 부속물로 전락되어 갔던" 범선시대 숙련선원들이 경험하였던 문화적 충격의 일단을 보여준다. 해양의 물리적 상태가 결정적인 영향력을 행사했던 노동과 교역의 계절적 주기는 점차 소멸되고, 이에 따라 나타났던 해사 공동체의 변화는 이 책의 곳곳에서 실감나게 서술되고 있다.

19세기 이전 해사 공동체는 육역세계의 관점에서 보면 주변부였지만 발트해와 북해를 하나의 분석단위로 보면 사정은 달라진다. 해사 공동체는 해역 안의 크고 작은 해사 공동체와 경제적·문화적 관계가 왕성했던 결절점이자 내륙의 후배지를 연결하는 접점이었다. 19세기 이전의 해사 공동체는 반농반어 또는 반농반상 공동체로, 9장에서 설명하고 있듯이 구성원들은 선원이 되어 배를 탈 수밖에 없었다. 농사일로는 충분한 생계를 보장받을 수 없었던 해사 공동체는 절실하게 어로든 교역을 모색하였다. 그러나 이로 인해 해사 공동체는 자신이 속한 육역세계로의 귀속성보다는 북해 및 발트해역으로의 귀속성, 즉 코즈모폴리터니즘이 배양될 수 있는 특이한 공간이 된다. 그런데 19세기를 기점으로 발생하는 변화는 발트해와 북해의 해사 공동체에서 시장을 겨냥한 전업 어부와 전업 교역상의 등장을 가능하게 만들었고, 보다 더 큰 대양으로의 연결성에 따라 그 기회의 이용 여부에 따라 해사 공동체는 격심한 부침을 경험하게 된다. 뿐만 아니라 저자들에 의하면 해사 공동체에서의 코즈모폴리터니즘은 인도양, 대서양 등 더 넓은 대양과의 관계가 활성화되면서 전 지구적으로 연결된 해역, 발트해 및 북해 해역, 연안 해역, 해사 공동체, 그리고 국민국가 사이의 중층적이고 복합적인 정체성을 경험하게 된다.

주권 국가들의 바다에 대한 관심은 15세기의 토르데시야스 조약과 자라고

사 조약 체결에서 그 기원을 찾을 수 있다. 이 책의 6~7장은 17세기에 전개된 네덜란드의 『자유해』와 잉글랜드의 『폐쇄해』 담론 논쟁뿐만 아니라 이 양대 해상 열강들의 상업적 군사적 경쟁, 즉 항해조례와 건함경쟁의 일단을 보여줌으로써, 스페인-포르투갈의 경쟁에 비해 한층 치밀해진 잉글랜드-네덜란드 경쟁을 그려내고 있다. 얼핏 보면 18세기가 "바다의 자유는 교역의 자유다"는 슬로건 하에 자유항행의 국제질서가 승리를 구가하는 듯 보였지만, 19세기에 이르러 북유럽의 국민국가가 해양을 둘러싼 경쟁을 벌이면서 해양이라는 공간은 국민국가의 주권이 투사되는 정치공간으로 변한다. 이 책에서는 바다 공간에 대한 재판권imperium과 지배권dominion이 영해의 확장뿐만 아니라 20세기의 트루먼 독트린과 유엔해양법 제정으로 귀결될 수밖에 없었던 실마리를 제공한다. 저자들은 20세기 발트해와 북해에서의 해양을 둘러싼 국민국가들의 경쟁은 해전이 아니라 협정과 협약에 의해 판가름 났다고 주장한다. 이러한 분석과 결론은 구세대의 역사가들이 지배와 정복, 유럽의 발견이라는 관점에서 바다와 대양을 정의하려는 경향과는 확실히 구별된다.

셋째 이 책은 발트해와 북해의 해사 공동체의 보편다양성을 은연중에 드러낸다. 저자들은 '발트해 세계'나 '북해 세계' 또는 북해와 발트해의 해사 공동체에 공통적으로 적용되는 해사 문화의 개념 도출과 일반화 시도는 주저하거나 망설인다. 그렇지만 해양을 통한 접촉이 새로운 상품과 사상의 확산에 크게 도움을 주었고, 해사 공동체가 영역국가의 후배지보다는 발트해 해역 및 북해 해역상의 크고 작은 해사 공동체와 더 광범하고 활기찬 연결망을 가졌다는 것을 보여준다. 동일한 맥락에서 저자들은 해사 공동체 주민들이 변화하는 그리고 다양한 해사 환경과의 관계에서 엄청난 적응력을 보여주었던 바, 해사 경험은 각양각색이라는 것을 강조한다. 예컨대 난폭하고 술 취한 바람둥이를 상징하는 '잭 타르Jack Tar'와 같은 선원의 이미지는 핀섬 일대에서는 통용되었지만, 잉글랜드 동해안에서 노르웨이 피오르드와 발트해 해안에 이르는 해사 공동체에서는 전혀 통용될 수 없었다고 주장한다.

왜냐하면 후자의 해사 공동체에서 선원살이는 대대로 전수되는 존경받는 직업이었기 때문이다. 한편 11장에서 서술하고 있듯이 저자들은 반농반어 공동체나 반농반상 공동체에서 여성의 사회적 지위는 천차만별이었다는 다양한 실례를 들면서도, 해사 노동에서의 젠더 기반의 미시적 노동 분업 내에서 고도의 기술을 요하고 명망 있는 작업은 남녀가 모두 유자격일 때 대개 남성에게 돌아갔다는 등 일반화도 시도한다.

끝으로 다시 장기적인 전망으로 돌아오면 이 책은 바다와 인간의 관계 역전을 다룬다. 유막과 기름으로 범벅이 된 바닷새는 인간 행위가 바다에 끼칠 수 있는 가장 강력하면서도 가시적인 피해를 상징하며, 바다와 인류 간의 상호작용에서 장기적인 역사변화, 즉 가해자의 역할과 피해자의 역할 전환을 상징한다. 8장에서 저자들이 언급하듯이 어류자원 고갈에 따른 가입 남획과 성장 남획 정책, 그리고 12장에서 분석하고 있는 유조선 사고, 산업화된 단지로부터 유입되는 오염물질, 부영양화와 같은 사태에 대한 유럽연합과 국민국가 차원의 다양한 치유 정책을 미래 전망과 더불어 다룬다. 인류 역사 초기에는 바다에서 살아가고 모험하였던 사람들을 위협하였던 것은 바다였지만, 오늘날 해양생태계를 위협하고 치유하는 대책을 모색하는 행위자는 인간이다. 저자들이 발트해와 북해의 환경문제에 대해 인간 행위자에 대해 희망적인 기대를 표현하면서도 전반적인 전망은 인류세Anthropocene를 지지하는 입장을 취한다. "세계의 크고 작은 바다들의 거대한 총체도 실제론 내륙의 호수처럼 모든 곳이 육지로 둘러싸여 그 곳으로 유입되는 각종 폐기물의 출구가 없는 제한된 실체에 불과하다. 이 거대한 호수가 오늘날 떠안아야 하는 심각한 오염의 부담을 고려하면, 사실상 바다의 자정능력은 허구이다." 옮긴이들이 판단하기론 저자들은 인류로 인한 지구온난화 및 생태계 침범을 특징으로 하는 현재의 지질학적 시기, 즉 인류세를 지지함으로써 발트해가 '쓰레기 해'로 변할 수 있다는 강력한 경고를 전하면서도 장기적인 시간 척도에서 보면 위기에 처한 것은 바다가 아니라 인간이라는 메시지를 전하고 있다.

이 책의 번역은 쉽지 않은 과정이었고, 우여곡절도 많았다. 책의 번역을 시작한 것은 2015년이었지만, 초고를 완성한 뒤 본격적인 윤독에 들어갔던 시기는 2017년 2월부터이다. 1장은 김낙현 대학원생이 초벌 번역을 하였고, 2장은 박민수 교수, 3장과 9장은 최은순 교수, 4장과 8장은 정남모 교수, 5~7장은 최진철 교수, 10~11장은 정진성 교수가 번역하였다. 정문수 교수가 12장을 비롯하여 전체 장을 검토하였으며, 2017년 3월 이후 이학수 교수가 동참하여 전체 장을 함께 검토하였다. 이 책에서 직면하게 되었던 다양한 언어, 생소한 지명, 그리고 방대한 자료는 번역의 진척을 방해하였지만, 옮긴이들은 번역 과정 속에서 다루었던 주제들이 현재 진행 중인 '해항도시 문화교섭 연구'와 관련성이 많아 최대한 기일을 줄일 수 있었고 그 과정에서 많은 자극을 받을 수 있었다.

2장을 담당한 박민수 교수가 번역 초고를 발표한 시기가 2016년 여름경으로 기억된다. 본격적인 윤독에 들어가기 전인 그해 12월 그는 과로로 타계하였다. 그는 생전에 수십 권의 번역서를 출간하였지만 이 책의 2장 원고가 그의 마지막 유고로 남았다. 그와 충분히 협의하는 것이 불가능하였기 때문에 2장은 최대한 수정을 자제하였다. 이 자리를 빌려 다시 한 번 그의 명복을 빈다. 3월부터 이학수 교수가 합류한 것은 번역의 완성도를 높이는 데 많은 도움이 되었다. 환갑을 훌쩍 넘긴 그는 해박한 전문지식뿐만 아니라 학문에 임하는 자세에서도 후배들에게 많은 귀감이 되었다.

2월 이후 십여 차례 원고를 윤독하고 검토하였지만, 번역에는 아직도 많은 오류가 있으리라 생각된다. 더욱이 해양과 인간 모두를 역사 행위자로 보는 해양사 서술과 '발트해와 북해'를 주제로 삼은 해양사가 국내에 사실상 전무하다는 사실과 본격적인 해양사 저·역서의 출간을 고대하는 현실을 감안하면, 번역의 오류가 저자들의 노고는 물론 학계의 기대감을 훼손할까 우려가 되는 것도 사실이다. 초판 출간 이후 시간을 두고 좀 더 많은 역주 작업을 하고 번역도 더 가다듬어 완성도가 높은 재판 출간을 통해 이러한 우려를 불식시키겠다는 다짐을 해본다. 이 책의 저자들인 커비와 힌카넨과는 개인적인 친분은 없었다. 옮긴이들이 학회 등에서 만난 유럽학자들은 대체로 이 책의 번역이 '해항도시 문화교섭 연구'에 많은 도움이 될 것이라는 조언을 주었다. 우리는 2018년 3월에 국제해양문제연구소가 주관하는 학술대회에 저자들을 초청하여 발트해와 북해에 대한 그들의 최신 성과와 또 이 책에 대해 논의할 기회를 가질 예정이다. 이미 스캠멀이 총서 시리즈 서문에서 밝혔듯이, 저자들의 학문의 폭과 깊이, 그리고 사료에 충실하면서도 상상을 자극하는 글쓰기는 '북해와 발트해'뿐만 아니라 해양사 전반의 이해에 많은 도움이 될 것으로 생각한다.

닐스 린스트롬의 시 〈바다에 대하여〉는 해양사 서술의 어려움을 아래와 같이 노래하였다. 옮긴이들이 보기엔 해양사 번역의 어려움을 노래하고 있는 것처럼 보인다.

바다에 대하여 이야기 하는 것은 쉽지 않지.
왜냐면 바다는 모든 단어들을 다 합친 것보다 더 크기 때문이지.
… 바다는 단지 거기 **존재**할 뿐이지.
어느 곳에서나 영원히 …
아마 가장 가까운 곳에서 오고 있겠지.
믿는 자들에게는
신(이자 자연)이니까.

옮긴이들을 대표하여
정문수